Sonja Yeh
Anything goes?
Postmoderne Medientheorien im Vergleich

Edition Medienwissenschaft

Für meine Eltern

Sonja Yeh (Dr. phil.) hat am Institut für Kommunikationswissenschaft an der Westfälischen Wilhelms-Universität Münster promoviert. Ihre Forschungsschwerpunkte sind Medienkultur, Medienphilosophie, Medien- und Kommunikationstheorien.

Sonja Yeh
Anything goes?
Postmoderne Medientheorien im Vergleich
Die großen (Medien-)Erzählungen von McLuhan,
Baudrillard, Virilio, Kittler und Flusser

[transcript]

Gedruckt mit Unterstützung des Förderungs- und Beihilfefonds Wissenschaft der VG WORT

D 6

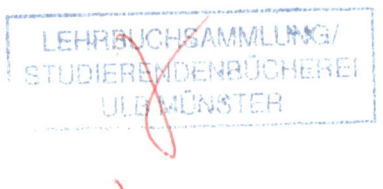

Bibliografische Information der Deutschen Nationalbibliothek
Die Deutsche Nationalbibliothek verzeichnet diese Publikation in der Deutschen Nationalbibliografie; detaillierte bibliografische Daten sind im Internet über http://dnb.d-nb.de abrufbar.

© 2013 transcript Verlag, Bielefeld

Die Verwertung der Texte und Bilder ist ohne Zustimmung des Verlages urheberrechtswidrig und strafbar. Das gilt auch für Vervielfältigungen, Übersetzungen, Mikroverfilmungen und für die Verarbeitung mit elektronischen Systemen.

Umschlaggestaltung: Kordula Röckenhaus, Bielefeld
Umschlagabbildung: Anselm Nölle, Riga 2011 © Anselm Nölle
Druck: Majuskel Medienproduktion GmbH, Wetzlar
ISBN 978-3-8376-2439-7

Gedruckt auf alterungsbeständigem Papier mit chlorfrei gebleichtem Zellstoff.
Besuchen Sie uns im Internet: *http://www.transcript-verlag.de*
Bitte fordern Sie unser Gesamtverzeichnis und andere Broschüren an unter:
info@transcript-verlag.de

Inhaltsverzeichnis

Danksagung | 11

Abbildungsverzeichnis | 13

Tabellenverzeichnis | 15

1. Einleitung | 17
1.1 Problemstellung, Erkenntnisinteresse und leitende Fragestellung | 19
1.2 Forschungsstand | 27
    1.2.1 Postmoderne Medientheorien – Ein umfassender Überblick | 28
    1.2.2 Zum Stand des Theorievergleichs | 44
1.3 Aufbau der Untersuchung | 49

2. Theoretischer Bezugsrahmen | 53
2.1 Setzung und Voraussetzung – Ein Beobachterprinzip | 53
2.2 Postmoderne – Zur Bestimmung eines Begriffs | 58
    2.2.1 Jean-François Lyotard und das Ende der Metaerzählungen | 64
    2.2.2 Anything goes! Feyerabend oder Feierabend
          mit der Wissenschaft? | 76
    2.2.3 Medientheorie und Postmoderne –
          Ein unabdingbarer Konnex | 82
2.3 Relative Inkommensurabilität –
    Zur Möglichkeit des Vergleichs von Disparitäten | 88

3. Vorgehensweise | 101
3.1 Auswahl der postmodernen Medientheoretiker und ihrer Werke | 101
3.2 Methodik des Theorievergleichs – Vergleichsdimensionen | 111

4. Systematische Rekonstruktion und kritischer Vergleich | 125
A) Inhaltliche Dimension (objekttheoretische Ebene) | 125
4.1 Problemhinsicht Medienwandel –
Gegenwartsentwürfe und Zukunftsszenarien | 125
- 4.1.1 Marshall McLuhan: The medium is the message/massage | 126
- 4.1.2 Jean Baudrillard: Simulationsthesen | 135
- 4.1.3 Paul Virilio: Dromologie | 146
- 4.1.4 Friedrich A. Kittler: Medienarchäologie | 153
- 4.1.5 Vilém Flusser: Kommunikologie | 162
- 4.1.6 Resümee der Problemhinsichten und kritischer Vergleich | 172

4.2 Problemlösungen – Subversive Strategien und ethische Forderungen | 188
- 4.2.1 Marshall McLuhan: Von schwebenden Urteilen und Meeresstrudeln | 188
- 4.2.2 Jean Baudrillard: Von Straßenprotesten zur Verführung | 190
- 4.2.3 Paul Virilio: Unfälle, Unterbrechungen und Entschleunigung | 198
- 4.2.4 Friedrich Kittler: Austreibung des Geistes aus den Geisteswissenschaften | 202
- 4.2.5 Vilém Flusser: Technoimaginieren | 204
- 4.2.6 Resümee der Problemlösungen und kritischer Vergleich | 209

B) Strukturelle Dimension (metatheoretische Ebene) | 215
4.3 Begrifflichkeiten und theoretische Voraussetzungen –
Medien und Kommunikation | 215
- 4.3.1 Marshall McLuhan: Medien als Extensionen des Körpers | 215
- 4.3.2 Jean Baudrillard: Medien als Produzenten von Nicht-Kommunikation | 219
- 4.3.3 Paul Virilio: Medien als Fahrzeuge und Katalysatoren von Geschwindigkeit | 224
- 4.3.4 Friedrich Kittler: Medien als Aufschreibesysteme | 227
- 4.3.5 Vilém Flusser: Medien als Codestrukturen | 231
- 4.3.6 Resümee der Begrifflichkeiten und kritischer Vergleich | 242

4.4 Abstraktionsgrad und Reflexionstiefe | 250

4.5 Strukturmerkmale | 253
- 4.5.1 Marshall McLuhans Mosaikmethode | 254
- 4.5.2 Jean Baudrillards verführerischer Diskurs | 264
- 4.5.3 Paul Virilios militante Logik | 269
- 4.5.4 Friedrich Kittlers Technikfachjargon | 276
- 4.5.5 Vilém Flussers nomadisches Denken | 281
- 4.5.6 Resümee der Strukturmerkmale und kritischer Vergleich | 287

C) Kontextuelle Dimension (hintergrundtheoretische Ebene) | 295

4.6 Soziale Voraussetzungen – Eine sozial- und theoriegeschichtliche Einordnung | 295

    4.6.1 Marshall McLuhan: Von Kunst, Literatur und der Toronto School | 296

        4.6.1.1 Marshall McLuhans soziohistorischer Kontext: Die 60er Jahre und die Popkultur | 296

        4.6.1.2 Marshall McLuhans theorie- und ideengeschichtlicher Kontext | 299

    4.6.2 Jean Baudrillard und das Ende der politischen Utopien | 306

        4.6.2.1 Jean Baudrillards soziohistorischer Kontext: Die Maiunruhen 1968 | 306

        4.6.2.2 Jean Baudrillards theorie- und ideengeschichtlicher Kontext | 309

    4.6.3 Paul Virilio: Von Kirchen, Bunkern, Architektur und Krieg | 323

        4.6.3.1 Paul Virilios soziohistorischer Kontext: Kriegserfahrungen | 323

        4.6.3.2 Paul Virilios theorie- und ideengeschichtlicher Kontext | 326

    4.6.4 Friedrich Kittler: Von Foucault bis zur Informationstheorie | 333

        4.6.4.1 Friedrich Kittlers soziohistorischer Kontext: Die apolitischen 1968er und der Kalte Krieg | 333

        4.6.4.2 Friedrich Kittlers theorie- und ideengeschichtlicher Kontext | 335

    4.6.5 Vilém Flusser: Persönliche und akademische Entwurzelung | 345

        4.6.5.1 Vilém Flussers soziohistorischer Kontext: Bodenlosigkeit | 345

        4.6.5.2 Vilém Flussers theorie- und ideengeschichtlicher Kontext | 350

    4.6.6 Resümee der sozialen Voraussetzungen und kritischer Vergleich | 359

        4.6.6.1 Resümee des soziohistorischen Kontextes | 359

        4.6.6.2 Resümee des theorie- und ideengeschichtlichen Kontextes | 361

5. Zusammenfassung der zentralen Ergebnisse | 367

5.1 Postmoderne Medientheorien und die These der relativen Inkommensurabilität | 367

    5.1.1 Ergebnismatrix des Theorievergleichs – Eine tabellarische Synopse | 373

    5.1.2 Vergleichslogische Ergebnismatrix | 373

5.2 So far – Diskussion und kritische Relektüre der postmodernen Medientheorien | 374

    5.2.1 Anything goes! Unsere postmoderne Postmoderne | 374

    5.2.2 Die großen Medienerzählungen der Postmoderne | 377

        5.2.2.1 Die Metaerzählung des medialen Fortschritts – Marshall McLuhan | 378

5.2.2.2 Die Metaerzählungen des Endes –
Jean Baudrillard und Paul Virilio | 379
5.2.2.3 Die Weiterführung der Metaerzählung Materialismus,
eine moderne Kippfigur – Friedrich Kittler | 385
5.2.2.4 Das Ende der Metaerzählungen – Vilém Flusser | 389
5.2.2.5 Fazit | 391
5.3 And from now on? – Wissenschaftliche Anschlussfähigkeit | 393

6. Fazit, Ausblick und Bewertung der eigenen Arbeit | 415

7. Literaturverzeichnis | 421

„Man darf nicht zögern, Theoretiker zu sein; man muß auf allen Fronten angreifen. Eine Überdosis Theorie erzeugt eine eigenartige Dynamik."
(HOUELLEBECQ 2001: 45)

„Die Wissenschaft ist eine der vielen Lebensformen, die die Menschen entwickelt haben, und nicht unbedingt die beste. Sie ist laut, frech, teuer und fällt auf."
(FEYERABEND [9]2004 [1975]: 385)

Danksagung

Meinen herzlichen Dank an alle, die mich bei diesem langwierigen, nervenaufreibenden Projekt unterstützt und immer wieder ermutigt haben.

Allen voran möchte ich meinem Doktorvater Prof. Dr. Joachim Westerbarkey für seine sehr geduldige Betreuung, sein Interesse an dieser Arbeit und seine entspannte Art danken. Er hat mich von Beginn an zu diesem Unterfangen ermutigt und mir gleichzeitig immer freie Hand gelassen. Ebenso möchte ich meinem Zweitgutachter Prof. Dr. Dr. h. c. Schmidt danken, der mich in meinem Vorhaben mindestens genauso wohlwollend unterstützt hat und mir mit seinem „Machen Sie mal!" immer viel Vertrauen entgegengebracht hat.

Für die finanzielle und ideelle Förderung möchte ich der Studienstiftung des deutschen Volkes und der Stiftung der deutschen Wirtschaft meinen besonderen Dank aussprechen, ohne diese die Arbeit nicht zustande gekommen wäre.

Genauso unverzichtbar gilt mein Dank meinen Eltern für ihre Unterstützung in jeglicher Hinsicht und den Rückhalt, den sie mir während meines ganzen Studiums gegeben haben.

Ganz besonders möchte ich mich auch bei meinen Korrekturlesern und Formatierungshelfern bedanken für Zeit und Mühe, anregende Diskussionen, kritische Anmerkungen und Verbesserungsvorschläge, die wesentlich zur Fertigstellung dieser Arbeit beigetragen haben. Vielen Dank André, Anselm, Antonio, Börg, Christian, Christine, Daniel, Guido, Holger, Jette, Julia, Kristin, Lena, Martin, Norbert und Steffen!

Vor allem möchte ich auch meinen Freunden und Mitbewohnern danken für die Aufheiterung, Ablenkung, Anteilnahme, Bespaßung, Fürsorge, Geduld, Unterstützung und Exzesse jeglicher Art. Ohne Euch wäre diese Zeit viel weniger unterhaltsam gewesen! Ihr seid einfach die Besten!

Abbildungsverzeichnis

Abbildung 1:   Inkommensurabilitätsproblem | 95
Abbildung 2:   Historische Einordnung des Kanons
                postmoderner Medientheorien | 108
Abbildung 3:   Theorieebenen-Modell | 119
Abbildung 4:   Abstraktionsspiel Flusser | 168
Abbildung 5:   Bewertung der Problemhinsicht | 173
Abbildung 6:   Flussers Diskurs- und Dialogbegriff | 238

Tabellenverzeichnis

Tabelle 1:   Forschungsstand und Literaturlage zu postmodernen Medientheorien | 39
Tabelle 2:   Häufigkeit der Nennungen postmoderner Theoretiker | 103
Tabelle 3:   Zusammenfassung Auswahlkriterien | 109
Tabelle 4:   Problemhinsicht McLuhan | 134
Tabelle 5:   Problemhinsicht Baudrillard | 145
Tabelle 6:   Problemhinsicht Virilio | 152
Tabelle 7:   Problemhinsicht Kittler | 161
Tabelle 8:   Problemhinsicht Flusser | 171
Tabelle 9:   Zusammenfassung Problemhinsicht | 187
Tabelle 10: Zusammenfassung Problemlösungen | 214
Tabelle 11: Medienbegriff McLuhan | 219
Tabelle 12: Medienbegriff Baudrillard | 224
Tabelle 13: Medienbegriff Virilio | 227
Tabelle 14: Medienbegriff Kittler | 231
Tabelle 15: Medienbegriff Flusser | 241
Tabelle 16: Setzungen und Voraussetzungen Medienbegriff | 244
Tabelle 17: Komponenten des Medienkompaktbegriffs als Vergleichsschablone | 247
Tabelle 18: Setzungen und Voraussetzungen Kommunikationsbegriff | 250
Tabelle 19: Zusammenfassung Abstraktionsgrad und Reflexionstiefe | 253
Tabelle 20: Strukturmerkmale McLuhan | 263
Tabelle 21: Strukturmerkmale Baudrillard | 269
Tabelle 22: Strukturmerkmale Virilio | 275
Tabelle 23: Strukturmerkmale Kittler | 281
Tabelle 24: Strukturmerkmale Flusser | 287
Tabelle 25: Zusammenfassung Strukturmerkmale | 295
Tabelle 26: Soziale Voraussetzungen McLuhan | 306
Tabelle 27: Soziale Voraussetzungen Baudrillard | 323

Tabelle 28: Soziale Voraussetzungen Virilio | 332
Tabelle 29: Kittlers Interpretation von Lacans Psychoanalyse | 341
Tabelle 30: Soziale Voraussetzungen Kittler | 345
Tabelle 31: Soziale Voraussetzungen Flusser | 359
Tabelle 32: Zusammenfassung Soziale Voraussetzungen von Theorien | 366
Tabelle 33: Ergebnismatrix des Theorievergleichs –
Eine tabellarische Synopse | 373
Tabelle 34: Vergleichslogische Ergebnismatrix | 373

1. Einleitung

„Anything goes?' – so der Haupttitel der vorliegenden Untersuchung – benennt programmatisch den Gegenstand, die grundlegende Problemstellung sowie das Erkenntnisinteresse der Arbeit und ist somit mehrdeutig zu verstehen:

Erstens rekurriert der Haupttitel „Anything goes?' auf das von Paul K. Feyerabend formulierte wissenschaftstheoretische Postulat der Postmoderne, das er 1975 mit der Veröffentlichung von „Wider den Methodenzwang. Skizze einer anarchistischen Erkenntnistheorie.' (^{9}2004 [1975]) in die Wissenschaftstheorie einführte. Jener Ausspruch ist mittlerweile zum Inbegriff postmoderner Theoriebildung avanciert. Hiermit ist also zunächst einmal der *Gegenstandsbereich* der vorliegenden Untersuchung benannt: postmoderne Theorien.

Zweitens bringt „Anything goes?' zum Ausdruck, dass diese allseits verwendete und inflationär gebrauchte Leitformel zum scheinbar charakteristischen Schlagwort der Postmoderne geworden ist. Postmoderne wird dabei häufig mit Willkür und Beliebigkeit, fehlender Präzision und Stringenz, mangelnder Kohärenz und Logik gleichgesetzt. Der Slogan „Anything goes?' ist gleichzeitig kennzeichnend für den theoretischen Status Quo des Diskurses: Eine additive Aneinanderreihung von Theorieansätzen und ein kontur- und profilloses Potpourri aus Ansichten, Perspektiven und Ideen lassen sich identifizieren. Somit bezeichnet der Haupttitel zugleich die *grundlegende Problemstellung*: den unbefriedigenden Zustand der postmodernen Theoriebildung. Die Formulierung in Form einer Frage fundiert die Fragestellung der vorliegenden Arbeit: Ist mit „Anything goes?' tatsächlich im wörtlichen Sinne alles möglich? Was verbirgt sich hinter der Benennung ‚postmodern' und wie ist der Status Quo postmoderner Theorien tatsächlich zu bestimmen?

In Zusammenhang mit der Frage „Anything goes?' steht auch implizit die Zielsetzung der Arbeit, einen systematischen und konstruktiven Beitrag zur Postmoderne-Debatte zu leisten und das Fragezeichen in ein Ausrufezeichen zu verwandeln. Diese Arbeit lässt sich insofern auf ein postmodernes ‚Anything goes' ein. Dementsprechend bezeichnet „Anything goes?' auch die scheinbar paradoxe methodische Vorgehensweise, die Theorien des postmodernen Diskurses mit ihrer vermeintlichen Inkommensurabilität[1] durch eine systematische Rekonstruktion und einem kritischen Theorievergleich einer Revision zu unterziehen.

Auch der Untertitel ‚Postmoderne Medientheorien im Vergleich' ist auf dreifache Weise zu verstehen:

Erstens deklariert und spezifiziert er den Untersuchungsbereich: postmoderne *Medien*theorien. Da sich diese Arbeit in den Kontext der Kommunikations- und Medienwissenschaft stellt, soll es hier um fachspezifisch relevante Gegenstände und Fragestellungen gehen. Zweitens benennt der Untertitel die methodische Vorgehensweise bzw. das Beobachtungsinstrument: den Theorievergleich. Und drittens wird die Zielsetzung der Untersuchung deutlich: Mithilfe eines Theorievergleichs werden ausgewählte postmoderne Theorien in ein komparatives Verhältnis gesetzt, um eine aussagekräftige Ordnung des noch nebulösen Diskurses zu leisten. Das Untersuchungsfeld ‚Postmoderne Medientheorien' soll hier anhand ihres eigenen Selbstverständnisses respektive anhand der ihr zugeschriebenen Eigenschaften überprüft werden. Es soll explizit herausgestellt werden, was sich unter der Etikettierung Postmoderne verbirgt. Die Arbeit versteht sich demnach als eine vergleichende Analyse von postmodernen Medientheorien und als Beobachter ihrer blinden Flecken und Voraussetzungen.

Der zweite Untertitel ‚Die großen (Medien-)Erzählungen von McLuhan, Baudrillard, Virilio, Kittler und Flusser' konkretisiert schließlich das Thema, indem es den Untersuchungsbereich durch die notwendig exemplarische Auswahl von fünf im kommunikations- und medienwissenschaftlichen Diskurs so bezeichneten postmodernen Medientheoretikern eingrenzt. Zudem wird damit die forschungsleitende Annahme formuliert, dass diese Theorien in Form großer Erzählungen nach Jean-François Lyotard konstruiert werden und insofern Metanarrative im Feld kommunikations- und medientheoretischer Diskurse darstellen.

Die vorliegende Arbeit wirft den Blick auf das Denken der Postmoderne, das in öffentlichen, künstlerischen, kulturellen und schließlich auch wissenschaftlichen Debatten insbesondere in den 1980er Jahren eine große Aufmerksamkeit erfahren hat. In diesem Sinne versteht sich diese Arbeit auch als eine Art Genealogie wissenschaftlichen Denkens, gerade weil postmoderne Theorien im Allgemeinen und postmoderne *Medien*theorien im Speziellen ihre Anziehungskraft und Hochzeit der Rezeption mittlerweile scheinbar überschritten haben. Zudem kann diese Arbeit auch in einem persönlichen Sinne gelesen werden, die die Herkunft des eigenen Denkens und die eigene wissenschaftliche Verortung aus der Perspektive einer genealogischen Betrachtung ausgewählter postmoderner Medientheoretiker nachzeichnet. Mit dieser wissenschaftsgeschichtlichen Analyse soll eine Lektüre vorge-

---

1 Zu dem Begriff der Inkommensurabilität und den Disparitäten im Einzelnen siehe Kapitel 2.3 zum theoretischen Bezugsrahmen, in dem der Terminus selbst sowie die (relative) Inkommensurabilitätsthese genauer erläutert werden.

legt werden, die das postmoderne Denken im medien- und kommunikationswissenschaftlichen Diskurs darstellt und die Merkmale, Charakteristika und Signaturen dieses spezifischen Denkens herausarbeitet und ein differenziertes Bild der Postmoderne vorlegt.

1.1 Problemstellung, Erkenntnisinteresse und leitende Fragestellung

Kaum ein kulturtheoretischer Begriff hat in den letzten Jahrzehnten eine derart steile Karriere gemacht wie der Begriff der Postmoderne. Der Ausdruck Postmoderne ist seit geraumer Zeit in der öffentlichen Diskussion und taucht regelmäßig in den Tageszeitungen, Magazinen oder Feuilletons auf. Anfang der 1970er Jahre haben auch wissenschaftliche Disziplinen wie Philosophie, Soziologie und insbesondere Kunst-, Literatur- und Medienwissenschaft versucht, den Begriff theoretisch zu fundieren und terminologisch auszudifferenzieren. Ende der 1970er bis Ende der 1980er hat der Begriff den Höhepunkt seiner Rezeption erfahren, und so schien die Postmoderne seit den 1990ern fast schon wieder verabschiedet. Doch ist der Terminus immer noch in fast allen Bereichen anzutreffen und wird in den verschiedensten sozialen, wissenschaftlichen, künstlerischen, kulturellen oder historischen Kontexten – oft inflationär – gebraucht. So vielfältig die Bezeichnungen und Selbstbeschreibungen des Phänomens Postmoderne in je spezifischen Zusammenhängen lauten, so disparat, heterogen und widersprüchlich ist ihr semantischer Gehalt. Es herrscht noch Uneinigkeit darüber, was im Einzelnen als ‚postmodern' überhaupt gelten soll. Die Bedeutung des Begriffs Postmoderne bleibt daher vage und wird aufgrund unterschiedlicher Untersuchungsgebiete, variierender Geltungsbereiche und je nach disziplinärer Provenienz und Fachspezifik mit disparaten Inhalten und Semantiken versehen. Uneinigkeit herrscht auch über das zeitliche Aufkommen des Begriffs und über die Konstruktion eines Epochenverständnisses. Sind wir am Anfang der Postmoderne, hat es sie jemals gegeben oder wird sie bereits wieder verabschiedet? Postmoderne wird aufgrund dieses uneinheitlichen Begriffsverständnisses oftmals mit bekannten Schlagwörtern oder Phrasen wie ‚Anything goes' oder ‚Das Ende der Metaerzählungen' gleichgesetzt und dadurch in „feuilletonistischen Plattitüden" (Leeker/Schmidt 2008: 36) ausgeschlachtet und trivialisiert. Diese beliebige Synonymsetzung, die bis hin zu einer Gleichsetzung und Diskreditierung des Phänomens mit Gleichgültigkeit und Indifferenz reichen, kann allerdings für eine wissenschaftliche Beschäftigung mit der Postmoderne nicht ausreichen.

Betrachtet man die als postmodern bezeichneten *Medien*theorien im Speziellen, so fällt auf, dass diese ein Ensemble aus heterogenen, inkompatiblen Ansätzen bilden. Das Forschungsfeld scheint nicht klar bzw. kaum konturiert zu sein, so dass jenes zunächst vielversprechende Pluralitätspostulat eher als paradigmatische Zersplitterung oder chaotisches Theoriepotpourri wahrgenommen wird. Eine gemeinsame Identität scheint den Theorien nur durch das Label ‚postmodern' bescheinigt zu werden, ohne inhaltlich hinreichend begründet zu sein. Doch selbst bei der Betrachtung der (Selbst-)Bezeichnungen oder Zuschreibungen kommt es zu keinem Konsens: Deklariert man diese nun als postmodern oder poststrukturalistisch (Pias 2010), als Medienphilosophien (Hartmann 2000, Lagaay/Lauer 2004, Mersch 2006), Philosophien der neuen Technologie (Ars Electronica 1989), Metaerzählungen der Medialität (Margreiter 2007) oder doch als Pseudo-Theorien (Faulstich 2004)? Empathie statt Analyse, Konfusion statt Präzision von Begrifflichkeiten und Monolog statt wissenschaftlichem Dialog prägen insbesondere die Problemdiagnosen und Prognosen der postmodernen Medientheorien. Heterogenität, Inkommensurabilität, Disparität hinsichtlich disziplinärer Herkunft, theoretischer Ansätze, begrifflicher Setzungen oder normativer Auslegungen durchziehen den Diskurs, so dass von Kritikern hervorgehoben wird, dass die Bezeichnung ‚Postmoderne' ein Begriff ist, der wissenschaftlich unbrauchbar und eher im populärwissenschaftlichen Bereich Anklang findet.[2] Dennoch kann gleichermaßen festgestellt werden, dass es in den instruktiven Einführungen einen Kanon zu geben scheint: Marshall McLuhan, Jean Baudrillard, Paul Virilio, Friedrich Kittler und Vilém Flusser können dabei als Klassiker postmoderner Medientheorien ausgemacht werden.[3] Es stellt sich also generell die Frage, was sich hinter dem Label ‚postmodern' verbirgt, um jene Theoretiker unter dieser Bezeichnung im Theorieraum der Medientheorie zu verorten. Daraus ergibt sich die erste Forschungsfrage:

1. *Was ist unter der Bezeichnung „postmodern" zu verstehen, wenn es um postmoderne Medientheorien geht?*

Da den postmodernen Theorien oftmals schon vor der Beschäftigung mit ihnen das Etikett der Willkür und des Anti-Rationalismus aufgedrückt wird und sie unter dem Schlagwort ‚Anything goes' gefasst werden, gilt man „inzwischen fast schon als intellektueller Spießer, als hoffnungsloser Anachronist oder gar als Reaktionär, wer von diskursiven Texten weiterhin Plausibilität, Kohärenz und ein Mindestmaß an Nachvollziehbarkeit einfordert oder erwartet." (Kirchmann 1998a: 10) Zuschreibungen wie Beliebigkeit, Willkür, Irrationalität oder Inkommensurabilität werden

---

2   Jean Baudrillard, der „David Bowie des zeitgenössischen Denkens" (Encke 2004: o.S.), Norbert Bolz, Paul Virilio, Jean-François Lyotard oder Paul Feyerabend werden häufig zitiert und oftmals als populäre Interviewpartner zu aktuellen, kultur- und gesellschaftskritischen Themen in den Feuilletons herangezogen (vgl. Bolz 2006: 68 f.; Fuchs 2006: o.S.; Schmidt 2005: o.S.; N.N. 2005: 162 f.; Encke 2004: o.S.; Kühne 2003: o.S.).
3   Hierzu siehe Kapitel 1.2.1 und Kapitel 3.1.

dabei unüberprüft hingenommen. Allerdings ist eine kritische Distanz gegenüber den als postmodern bezeichneten Theorien unverzichtbar, um diese „auf ihre tatsächliche Diskursführung, ihren Argumentationsaufbau, ihre ethischen Implikationen und ihren immanenten Rationalitätsgrad" (ebd.: 11) hin zu untersuchen, um sie im wissenschaftlichen Diskurs verorten zu können, da gerade die Überprüfung theoretischer und methodischer Stichhaltigkeit sowie faktischer Relevanz bisher unbeachtet geblieben ist und stattdessen entweder direkt als nicht vorhanden oder als ästhetische Strategie abgetan wurde. Insbesondere die vermeintliche Inkommensurabilität bzw. Unvergleichbarkeit und Unvereinbarkeit postmoderner Theorien wird dabei unhinterfragt vorausgesetzt. Ein tatsächlicher Theorievergleich hat dabei bisher kaum stattgefunden.[4] Aus diesem Grundanliegen lässt sich eine zweite forschungsleitende Fragen ableiten:

2. Sind die postmodernen Medientheorien tatsächlich so inkommensurabel und disparat, wie behauptet wird? Wie lässt sich die Identität der postmodernen Medientheorien beschreiben?

Durch die Analyse der narrativen Strukturen wird untersucht, inwiefern die (zumindest) terminologisch vorhandene Identität postmoderner Medientheorien auch vergleichbare inhaltliche und strukturelle Merkmale aufweist, obwohl die Theorieansätze auf den ersten Blick inkommensurabel anmuten: Das Ende der Gutenberg-Galaxis und das globale Dorf (McLuhan), Simulationsthesen (Baudrillard), Dromologie (Virilio), Medienarchäologie (Kittler) und Kommunikologie (Flusser) sind disparate Ausrichtungen und Forschungsschwerpunkte, die es auf identitätsstiftende Gemeinsamkeiten, vergleichbare Merkmale, Grundannahmen oder Leitmetaphern zu untersuchen gilt.[5]

Ein Hauptanliegen der Arbeit ist es daher, ein theoretisch konsistentes Instrumentarium zur Verfügung zu stellen, mithilfe dessen die postmodernen Medientheorien verglichen werden können. Es wird ein Überblick über die Ansätze gegeben, um „in diesem Dschungel, in diesem Dickicht von Meinungen, Thesen, Theorien, Auffassungen und Paradigmen" (Mitterer 2001: 77 f.) eine bessere Orientierung zu gewährleisten. Es stellt sich die Frage, „ob nicht auch hier eine Ordnung im kreativen Chaos durchschimmert." (Saxer 1993: 176) Als gemeinsames Themenfeld der postmodernen Medientheoretiker soll hier die Frage nach Medienwandel stehen.

---

4 Hierzu siehe genauer Kapitel 1.2, das den Forschungsstand und die Literaturlage bezüglich postmoderner Medientheorien und Theorievergleichen darlegt und dezidiert auf den Status Quo der Forschung eingeht, sowie insbesondere Kapitel 2.3 zur relativen Inkommensurabilitätsthese.

5 Zu der genauen Methodik der Untersuchung und den Vergleichsdimensionen im Einzelnen siehe Kapitel 3.2.

Demnach stellen die Medienhistoriografien der Theoretiker den zu analysierenden Gegenstandsbereich dar. Unter der Prämisse eines gemeinsamen Beobachtungsgegenstands Mediengeschichte kann evaluiert werden, in welcher Hinsicht die Theorien kommensurabel sind und was dem Diskurs Identität verleiht. Mit der Untersuchung exemplarisch ausgewählter Theoretiker (McLuhan, Baudrillard, Virilio, Kittler, Flusser)[6] werden die prominenten Denkfiguren, die bis heute im medientheoretischen Diskurs auftreten, aufgegriffen und in einen systematischen Zusammenhang gestellt. Die vorliegende Arbeit geht dabei über eine additive Aneinanderreihung der inhaltlichen Konzepte hinaus und leistet dadurch erstmalig eine Binnendifferenzierung des Diskurses als Orientierungsangebot und eine systematische Verortung der postmodernen Theorien in die komplexe Theorienlandschaft der Kommunikations- und Medienwissenschaften. Durch diese längst überfällige Systematisierung kann „gleichzeitig Ordnung und Problembewusstsein erzielt werden und das bedeutet, dass die Ordnungsstrategien des Fachs und die Muster seiner Modellbildung selbst zum Gegenstand kritischer Auseinandersetzung werden müssen." (Leschke 2003: Vorwort) Ziel der Untersuchung ist es, mit der Vielfalt theoretischer Positionen umzugehen, ein unabgeklärtes Nebeneinander zu klären, Konvergenzen und Divergenzen aufzuzeigen und durch eine Verhältnisbestimmung von Theorien Vielfalt zu organisieren, Transparenz zu schaffen und durch jenes reflexive Vorgehen Orientierung zu bieten (vgl. Greshoff/Kneer 1999: 7). Angesichts dessen leistet dieses Forschungsvorhaben – wie bereits im Titel angesprochen – einen Beitrag zur systematischen Rekonstruktion und historischen Verortung des medientheoretischen Forschungsfeldes, ihrer Ordnungsmechanismen und Funktionslogik. Es liegt dabei die forschungsleitende Annahme zugrunde, dass sich der Postmodernediskurs in spezifischer Weise strukturiert, auch wenn eine fehlende Struktur stets behauptet und sogar als Abgrenzungsmerkmal zu anderen Theoriekonzeptionen gebraucht wird. Eine zentrale Ausgangshypothese ist, dass sich die postmodernen Medientheorien in ihren strukturellen Eigenschaften sehr wohl ähneln und keineswegs inkommensurabel sind.

Theorievergleich als Reflexionsinstanz erlaubt es, die Ausbaufähigkeit und Anschlussfähigkeit von Theorien zu bewerten. Der zu leistende Theorievergleich muss über eine Dichotomie der Entscheidung, ob eine Theorie im Vergleich zu anderen

---

6   Zu den Kriterien der Auswahl der zu untersuchenden Theoretiker siehe Kapitel 3.1, in dem die Selektionskriterien expliziert und begründet werden. Der vorliegende Theorievergleich nimmt dabei nicht in Anspruch, einen vollständigen Überblick über die Vielzahl aller postmodernen Medientheorien zu geben, sondern stellt hier fünf exemplarische Positionen in Bezug zueinander. Repräsentativität soll und kann im Rahmen dieser Untersuchung keinesfalls angestrebt oder gar erfüllt werden. Zudem werden auch nicht alle wesentlichen Theoreme der Autoren dargelegt, sondern lediglich die medientheoretisch und medienhistoriografisch relevanten Aussagen.

besser oder schlechter ist, hinausgehen und eine grundsätzliche Ausdifferenzierung leisten. Oftmals ist eine Ablehnung von Theorievergleichen als eine Art Immunisierungsstrategie gegen Kritik einer Theorie durch andere zu verstehen, die zu einer Verstärkung theoretischer Schulenbildung und einer damit einhergehenden Zersplitterung des Fachs bzw. einer additiven Aneinanderreihung von Theorieangeboten beiträgt. Theoretischer Pluralismus, wie er im Allgemeinen in den Geisteswissenschaften und im Speziellen im postmodernen Theoriediskurs propagiert wird, soll allerdings nicht als Beliebigkeit missverstanden werden. Durch die Verhältnisbestimmung der Theorien kann genauer untersucht werden, was unter postmodernen Medientheorien im Speziellen verstanden werden kann.

Es geht dabei in logischer Konsequenz auch um eine Aufdeckung blinder Flecken[7] und der Herausstellung von unbeobachteten Voraussetzungen des Postmodernediskurses. Die postmodernen Medientheoretiker entwerfen theoretische und medienhistorische Modelle, die in ihrer immanenten Forschungslogik, ihren impliziten Semantiken und Systematiken, den theoretischen und methodischen Prämissen beleuchtet werden. Dabei wird vermutet, dass die strukturellen Eigenschaften postmoderner Medientheorien der Logik großer Erzählungen folgen oder wie Bachmann-Medick in ihrer Monografie ‚Cultural Turns. Neuorientierungen in den Kulturwissenschaften' einleitend formuliert: „Im Zuge der Postmoderne haben die Kulturwissenschaften bekanntlich das Ende der ‚Meistererzählung' von Emanzipation und Fortschritt ausgerufen. Doch sind sie dabei nicht selbst zum Ergebnis einer ‚großen Erzählung' geworden?" (Bachmann-Medick 2006: 7) Es liegt demgemäß die forschungsleitende Annahme zugrunde, dass die narrative Logik bzw. Struktur der postmodernen Medientheorien ebenfalls der Form von Metaerzählungen – ‚grand récits', wie Jean-François Lyotard (^{3}1994a [1979]) in ‚Das postmoderne Wissen' schreibt[8] – folgt und diese großen (Medien-)Erzählungen mit der Postmoderne noch längst nicht zu einem Ende gekommen sind. Vielmehr haben die Metaerzählungen in der Postmoderne (paradoxerweise?) eine medientheoretische Konkretisierung erfahren. Die (Medien-)Erzählungen der Postmoderne sind selbst schon wieder zu Metaerzählungen geworden. Eine dritte Forschungsfrage lautet demnach:

3. Welche blinden Flecken und unbeobachteten Voraussetzungen weisen die postmodernen Medientheorien auf?

---

7   Der blinde Fleck benennt die Unmöglichkeit, im Akt des Unterscheidens die verwendeten Unterscheidungskategorien der Beobachtung und Benennung zu beobachten. Denn Unterscheiden bedeutet, sich an das Unterschiedene zu halten und dabei die Unterscheidung zu vergessen bzw. notwendigerweise auszublenden. (Vgl. Foerster 1993: 26 f.; Schmidt/Zurstiege 2000: 151 f.)

8   Hierzu siehe genauer Kapitel 2.2, in dem auf den Begriff der Postmoderne und u.a. auf Lyotards Metaerzählungen näher eingegangen wird.

Das Interesse der vorliegenden Untersuchung gilt also dem Theoriefeld postmoderner Medientheorien und dem Verhältnis ihrer Theorieansätze zueinander sowie ihrem spezifischen theoretischen Vokabular. Die Darstellung und Synopsis der Ansätze sowie die Untersuchung struktureller Eigenheiten stellt dabei die *synchrone Perspektive* dar. Diese wird durch eine *diachrone Perspektive* ergänzt. Denn ebenso ist die Kontextualisierung in biografische, soziohistorische, theorie- und ideengeschichtliche Zusammenhänge Teil dieser Arbeit, da der Erkenntnisgewinn einer rein rekonstruierenden Arbeit eher als gering einzuschätzen und bereits in vielfältigen Einführungsbänden zu finden ist.[9]

Auf dieser Grundlage folgt eine Bewertung des Diskurses nach Anschlussfähigkeit und Brauchbarkeit für die Kommunikations- und Medienwissenschaft. Abschließend wird eine Einordnung der ausgewählten postmodernen Theorien in den Relevanzbereich kommunikations- und medientheoretischer Forschung vorgenommen. Es stellt sich die Frage, ob und inwiefern die postmodernen Medientheorien sogar eine entscheidende Rolle für die Identitätsstiftung und -stabilisierung der Kommunikations- und Medienwissenschaft spielen. Die vierte forschungsleitende Frage lautet demnach:

4. Wie anschlussfähig sind die postmodernen Medientheorien an den kommunikations- und medienwissenschaftlichen Diskurs? Welchen Stellenwert und welche Funktion haben sie für die Kommunikations- und Medienwissenschaft?

Nachdem nun die Ziele der vorliegenden Untersuchung expliziert worden sind, soll in Kürze erläutert werden, was hier *nicht* Erkenntnisinteresse sein kann: Die Theorien sollen nicht auf die Angemessenheit ihrer Beschreibungen medialer Gegebenheiten hin befragt werden. Der Wahrheitsgehalt oder die Richtigkeit der Theorien soll nicht an einer gesellschaftlichen (Medien-)Realität gemessen werden. Empirische Falsifizierbarkeit ist kein adäquates Kriterium für die Behandlung der forschungsleitenden Fragen. Es geht nicht um die Überprüfung einer irgendwie gearteten medial implementierten Realität als solcher und die Frage danach, ob die postmodernen Medientheoretiker Diagnosen und Prognosen liefern, die eingetroffen sind oder nicht. Vielmehr geht es um ihre Medienhistoriografien, um die von ihnen konstruierten Gegenwartsszenarien und Zukunftsprognosen und um die zugrunde liegenden unreflektierten Strukturen ihrer Geschichtskonzeptionen. Die theoretischen Annahmen sollen also weniger an einer empirisch und objektiv beobachtbaren Realität überprüft werden und in Bezug zu technologischen, sozialen oder ästhetischen Veränderungsprozessen gesetzt werden, sondern vielmehr zu Denkfiguren und begrifflichen Unterscheidungen sowie zu methodischen und theoretischen Voraussetzungen. Die Arbeit versteht sich insofern als theoretischer Diskurs, der

---

9 Siehe hierzu Kapitel 1.2 Forschungsstand.

sich über *theorieimmanente Motive* begründet. Das bedeutet, dass das Erkenntnisinteresse dieser Arbeit also *nicht* in einer Analyse empirischer Befunde zu Nutzungsbedingungen von Medien oder Funktions- und Wirkungsweisen spezifischer Medien liegt, sondern in einer Systematisierung des Postmodernediskurses und dessen Diskursstrukturen in der Beschäftigung mit historischen Wandlungsprozessen durch und mit Medien:

„Dieser Vergleichsrahmen ist auf einer höheren Abstraktionsebene angesiedelt als es inhaltliche, realitätsbezogene Theorien sind: es geht nicht darum, empirische Phänomene zu erfassen und zu erklären, sondern darum, den Aufbau und die Logik von Begriffs- und Aussagesystemen (eben: Theorien) zu analysieren, die ihrerseits soziale Realität erklären wollen." (Haller 2003: 25)

Diese Medientheorien liefern Beschreibungen zum medialen Wandel der Kommunikations-, Wahrnehmungs- und Gesellschaftsbedingungen und geben je spezifische Vorschläge zur (selbst-)reflexiven Sinnorientierung. Sie dienen der Selbstbeschreibung von Gesellschaft.

Zunächst mag es hochgradig paradox erscheinen, postmoderne Theorien, die sich jedweder Systematisierung und Ordnung explizit verweigern, systematisieren zu wollen. Durch Problemstellung, Themen- und Autorenwahl, systematische Methodik und den Anspruch, einen sinnvollen und vernünftigen Beitrag zur Postmodernedebatte zu liefern, folgt diese Untersuchung ‚modernen' Kriterien wissenschaftlicher Arbeiten. Der Vorwurf liegt nahe, diesem Vorhaben eine normative Perspektive zuzuschreiben, die mit dem Ordnungsgedanken selbst einer *modernen* Sichtweise entspricht und somit den Ansprüchen postmoderner Theoriebildung diametral gegenüber steht. Jedoch sollte der Systematisierungsversuch nicht als normative Kategorie verstanden werden, sondern vielmehr als Beobachtungsinstrument einer Beobachtung dritter Ordnung, die der Hinterfragung expliziter und impliziter Voraussetzungen dienen soll.[10] Insbesondere wird in dieser Arbeit deutlich gemacht, *dass die Verweigerung einer Systematisierung auf Seiten postmoderner Theoretiker noch längst nicht bedeuten kann und darf, einen Ordnungsversuch einfach zu unterlassen.* Vielmehr ist das Vorgehen ein zwingend notwendiges, das nicht den Leistungsanspruch der Theorien, sondern ihr Leistungs*vermögen* im wissenschaftlichen Diskurs herausstellt. Schlussfolgernd ist zu sagen: Die Untersuchung versteht sich demnach als notwendige grundlagentheoretische Ergänzung zu den allgemeinen Theoriedarstellungen. Es geht darum, den Diskurs auf der Beobachtungsebene zweiter Ordnung zu beginnen, „Verfügungswissen und Orientierungswissen […] zu verbinden und an eben dieser wissenschaftlichen Weltsicht

---

10 Zu Einzelheiten zu den Beobachterebenen siehe Kapitel 2.1, in dem das Grundprinzip von Setzung und Voraussetzung erläutert wird.

scheint es unserem Fach [der Kommunikationswissenschaft; Anm. d. Verf.] zu fehlen [...], vor allem auch der Kraft und des Willens des Fachs zur Selbstreflexion." (Karmasin 2008: 239 f.)[11] Es gilt, eine wissenschaftlich systematische Kommunikation über die Ordnungs- und Systematisierungsversuche der Kommunikations- und Medienwissenschaft zu betreiben. Eine ‚KommunikationsKommunikationswissenschaft', wie Karmasin vorschlägt,

„könnte eine systematische Selbstreflexion der Disziplin, ein fester Diskursort für Regeln 2. Stufe, eine institutionalisierte reflexive Theoriendiskussion oder vielleicht sogar ein zukünftiger Bestandteil des Faches selbst sein. [...] Dafür bedarf es der institutionellen Selbstreflexion, der Visibilisierung von Verborgenem, der Explikation von Implizitem, das Spielen mit Paradoxien und das Diskutieren der Regeln 2. Stufe, eben einer wissenschaftlichen Kommunikation über Kommunikationswissenschaft jenseits der Beliebigkeit, einer KommunikationsKommunikationswissenschaft eben." (ebd.: 240 ff.)

Zusammenfassend ergeben sich demnach folgende *Leitfragen und forschungstheoretische Annahmen* für die vorliegende Untersuchung:

1. *Postmoderne*: Was verbirgt sich hinter dem Begriff Postmoderne? Wie wird die terminologische Identität postmoderner Medientheorien begründet und welche Ein- und Ausschlussmechanismen werden damit generiert? Der inflationäre Gebrauch des Etiketts ‚postmodern' führt zu einer zunehmenden Verwirrung. Der Terminus wird somit zum umbrella term und omnipräsenten Schlagwort degradiert und verliert somit an Bedeutung und Trennschärfe. Gerade die Kategorisierung im medientheoretischen Diskurs ist (noch) schwammig und unpräzise.
2. *Inkommensurabilität*: Sind die Medientheorien miteinander vergleichbar? Gibt es inhaltliche Ähnlichkeiten und gemeinsame Strukturmerkmale, die die Identität postmoderner Medientheorien begründen? Diese werden auf ihre Voraussetzungen hin überprüft, um festzustellen, wie inkommensurabel sie wirklich sind in Bezug auf ihre medienhistoriografischen Überlegungen. Denn ihre Konzepte werden häufig als inkommensurabel bezeichnet, eine tatsächliche Systematisierung anhand eines reflexiven Theorievergleichs hat allerdings noch nicht stattgefunden.
3. *Blinde Flecken*: Welche impliziten Strukturen, Semantiken, Systematiken und Narrative sind in den Medientheorien zu finden? Welche ideologischen, methodischen und theoretischen Prämissen werden durch sie impliziert? Was sind die

---

11 Karmasin (2008: 239) spricht hier von Regeln 2. Stufe, Metaregeln, die methodologische und theoretische Festsetzungen explizieren, problematisieren und begründen sollen. Das eigentliche Problem liegt in der Explizierung und Qualität der Begründung für bestimmte Setzungen (vgl. Karmasin 2008: 239).

blinden Flecken der postmodernen Medientheoretiker? Und können diese impliziten Voraussetzungen Aufschluss darüber geben, ob es gemeinsame Strukturmerkmale gibt?

4. *Anschlussfähigkeit*: Wie anschluss- und leistungsfähig sind die theoretischen Konzepte für den wissenschaftlichen, insbesondere den kommunikations- und medientheoretischen Diskurs? Ziel ist die Erprobung der Anschlussfähigkeit der ausgewählten Medientheorien an kommunikations- und medienwissenschaftlichen Fragestellungen und deren Beiträge zu einem zeitgenössischen, zukünftigen Nachdenken über Medien.

Hinter diesen Leitfragen liegen folgende forschungsleitende Annahmen:

1. *Relative Inkommensurabilität*: Trotz der Behauptung, bei den postmodernen Medientheorien handle es sich um ein unüberschaubares, disparates Diskursfeld, können doch Gemeinsamkeiten und strukturelle Ähnlichkeiten identifiziert werden, die dem postmodernen Diskurs Identität verleiht. In ihren Voraussetzungen sind die Theorien daher durchaus vergleichbar.
2. *Blinde Flecken*: Die Art der Medienhistoriografie der postmodernen Theoretiker folgt der narrativen Logik moderner Metaerzählungen. Die postmodernen Medientheoretiker haben sich längst noch nicht von den Metaerzählungen verabschiedet, sondern folgen in ihren medienhistorischen Modellen der strukturellen und narrativen Logik großer Erzählungen. Die modernen Metaerzählungen werden lediglich durch andere ersetzt bzw. erfahren eine medientheoretische Konkretisierung. Somit wird der Ausspruch ‚Das Ende der Metaerzählungen' zu einem Paradox. Die modernen Metaerzählungen können nur verabschiedet werden, indem neue große Medienerzählungen an ihre Stelle treten.
3. *Anschlussfähigkeit*: Trotz ihrer als unwissenschaftlich deklarierten Theorieansätze haben die postmodernen Medientheoretiker doch einen konstitutiven Beitrag für die Identität der Kommunikations- und Medientheorie geleistet.

1.2 FORSCHUNGSSTAND

Dieses Kapitel stellt *erstens* die Literaturlage zu postmodernen Medientheorien dar und *zweitens* den Forschungsstand zum Theorievergleich im Allgemeinen. Zunächst wird der Untersuchungsgegenstand ‚postmoderne Medientheorien' in einen medienwissenschaftlichen Forschungszusammenhang gestellt. Hierbei ist von Interesse, ob überhaupt komparatistische Untersuchungen zu postmodernen Medientheorien vorliegen. Weiterhin wird aufgezeigt, auf welche Weise und unter welchen Gesichtspunkten diese miteinander verglichen wurden und nach welchen Kriterien die Theorien als postmodern bezeichnet werden. Da es das Erkenntnisinteresse der vorliegenden Arbeit ist, die Spezifik postmoderner Medientheorien zu erfassen, ist es notwendig, diese in Bezug auf nicht postmoderne Medientheorien zu betrachten. Kapitel 1.2.1 skizziert demnach Ordnungs- und Systematisierungsversuche des Fachs. Ziel ist es, den Status Quo postmoderner Medientheorien zu evaluieren und eine wissenschaftliche Verortung vorzunehmen. Schon ein kurzer Blick auf die Flut medienwissenschaftlicher Publikationen zu Grundlagendiskussionen gibt Aufschluss über die kontingenten Ordnungsstrategien und -muster des Fachs. Dabei wird deutlich, dass das medienwissenschaftliche und -theoretische Forschungsfeld uneinheitlich konturiert ist, gerade auch dann, wenn man den Blick auf medienphilosophische und die als postmodern bezeichneten Medientheorien wirft.

1.2.1 Postmoderne Medientheorien – Ein umfassender Überblick

> „Gefällige Gruppierungen irgendwelcher französischer Theoretiker als ‚Neue Philosophen', ‚Poststrukturalisten' usw., die ja ursprünglich der Orientierung dienen sollten, sind problematisch und verwirrend geworden. Ihr Nutzen läßt nach. [...] Es ist charakteristisch für die gegenwärtige intellektuelle Situation, daß die Lager sich auflösen, die Schulen, wenn überhaupt, sich erst wieder zu bilden beginnen. Orientieren kann man sich allenfalls an Namen, denn auch die Rezeption [...] erfolgt auf eine sehr eigene, eigenständige Weise, so daß der Anhaltspunkt nur in der Person des aneignenden Theoretikers liegt."
> (REESE-SCHÄFER 1995: 177 F.)

Die Beschäftigung mit dem „Theorie-Bündel" (Weber 2010a: 31) der postmodernen Medientheorien innerhalb der Kommunikations- und Medienwissenschaft hat bisher insbesondere in den instruktiven Einführungsbänden zur Grundlagenforschung des Fachs stattgefunden. Jene postmodernen Medientheorien werden dort zumeist als solche Theorien bestimmt, die sich hauptsächlich mit Transformationsprozessen und Übergangsphänomenen – von der Moderne zu einer wie auch immer gearteten Postmoderne – und deren medialen Formen im Verlauf des Wandels beschäftigen. Begriffe wie Identität, Kommunikation, Kognition, Wirklichkeit, Kultur oder Gesellschaft werden in Bezug auf verschiedene mediale Konstellationen hin thematisiert. Charakteristisch scheint dabei ein Denken zu sein, das den Prozess der ‚Postmodernisierung' auf einen bestimmten Fluchtpunkt richtet und mit Schlüsselbegriffen wie Medialisierung, Virtualisierung, Simulation (Baudrillard), Dromologie (Virilio), Dekonstruktion (Derrida), Schein (Bolz), Mediologie (Debray) oder Chronokratie (Weibel) beschrieben wird. In diesen basistheoretischen[12] Ansätzen wird die Frage nach medialem Wandel in Zusammenhang mit kognitiven, individuellen, ästhetischen, sozialen und kulturellen Auswirkungen thematisiert und im Kontext einer zusammenführenden Darstellung von anderen Basistheorien abgegrenzt. Bei der Sichtung der relevanten Forschungsliteratur bezüglich der kommunikations- und medientheoretischen Beschäftigung mit dem Untersuchungsgegenstand Postmoderne stehen folgende Fragen im Vordergrund:

- Welche Medientheorien werden als postmodern bezeichnet? Wird überhaupt die Bezeichnung postmodern gewählt oder werden alternative Zuschreibungen bevorzugt?
- Nach welchen Kriterien bzw. nach welcher Ordnungslogik wird den Medientheorien die Bezeichnung postmodern zugeschrieben? Gibt es eine einheitliche Zuordnung?
- Gibt es komparative Zusammenstellungen postmoderner Ansätze? Auf welche Weise und unter welchen Gesichtspunkten werden diese betrachtet? Wie stehen die Theorien zueinander in Beziehung (Binnendifferenzierung)?

Instruktive Einführungen und Überblicksdarstellungen sowie Kompendien, Textsammlungen zur Grundlagendiskussion, Lexika und Handbücher, die sich aus kommunikations- und medientheoretischer Sicht mit dem Untersuchungsgegenstand Postmoderne beschäftigen, finden sich in folgenden Werken[13]:

---

12 Weber bestimmt Basistheorie als „logisch konsistentes Set an Begriffen, Definitionen und Modellen, das empirisch operationalisiert werden kann." (Weber 2010a: 21) Basistheorien stellen einen Pool an Begriffen zur Verfügung, die miteinander relationiert ein Modell bzw. eine Denklogik ergeben, die in der Regel den Anspruch erhebt, die Wirklichkeit in irgendeiner Form strukturiert zu erfassen." (ebd.: 22) Sie bestehen aus unterschiedlichen Basiseinheiten bzw. Grundkategorien wie Akteur, Zeichen, Apparat, Struktur oder System. Basistheorien sind demnach zwischen Paradigmen, Supertheorien und Theorien mittlerer Reichweite zu verorten und somit auf einer Komplexitätsebene von Theorien hoher Reichweite anzusiedeln. Zur Ebenen-Differenzierung von Theorien und der Begriffsbestimmung ‚Basistheorie' äußert sich Weber (2010a: 18 ff.) in seinem Lehrbuch und Sammelband ‚Theorien der Medien'. Siehe hierzu auch genauer Kapitel 3.2.

13 Hier werden nur folgende Werke genannt, die in ihren Texten und Systematisierungen auch postmoderne Medientheorien behandeln, um die wachsende Anzahl der Einführungsliteratur auf die für die Forschungsfrage relevanten Textdarstellungen zu reduzieren. Insofern sind hier die Werke aufgelistet, die als zentralen Gegenstand *Medientheorien*,

Einschlägige *Sammelbände* mit Primärtexten, die einen Überblick über die relevanten (postmodernen) Medientheorien geben, sind die Sammelbände Ars Electronica (Hrsg.) (1989), Pias et al. (Hrsg.) (2002), Schöttker (Hrsg.) (1999) und Helmes/ Köster (Hrsg.) (2002):

Ars Electronica (Hrsg.) (1989) hat einige Aufsätze von den als postmodern bezeichneten Theoretikern, die sich dem Gegenstand der neuen Technologien philosophisch nähern, zusammengestellt. Bei den Texten von Hannes Böhringer, Heinz von Foerster, Vilém Flusser, Friedrich Kittler, Peter Weibel und Jean Baudrillard handelt es sich um Vorträge, die beim Medienkunstfestival Ars Electronica in Linz auf dem Symposium ‚Philosophien der Neuen Technologie' am 14. September 1988 gehalten wurden. Der Sammelband gibt somit einen ersten Überblick über das Spektrum medientheoretischer Positionen neuer Technologien durch eine exemplarische Auswahl von Primärtexten.

Claus Pias et al. (Hrsg.) (2002) führen in ihrem Sammelband ‚Kursbuch Medienkultur' Originaltexte ‚klassischer Autoren' auf und unternehmen damit den Versuch einer Kanonisierung medientheoretischer Texte. Zu den Klassikern zählen sie jene Theoretiker, die zentrale medienwissenschaftliche Probleme formulieren, Leitfragen entworfen haben und insofern schulbildend sind (vgl. Fahle 2002: 13). Allen gemeinsam ist die Ausrichtung medienwissenschaftlicher Fragestellungen als gleichzeitig immer auch kulturwissenschaftlicher Fragen:

„Deshalb widmet sich Medienwissenschaft dem Komplex der Kultur und die Kulturwissenschaft dem Komplex der Medien seit einiger Zeit wachsende Aufmerksamkeit. Während aber die Kulturwissenschaft mit ihrer gut einhundertjährigen Tradition bereits einen gesicherten akademischen Status beanspruchen kann und, weit wichtiger, einen eigenen Diskurs entwickelt hat, dem sie ihre Befassung mit den Medien unterstellen kann, ist die viel jüngere Medienwissenschaft erst noch im Begriff, sich zu konstituieren. […] Der Anspruch [des Sammelbandes; Anm. d. Verf.] bestand vielmehr darin, ein Spektrum oder einen Fächer medienkultureller Fragen in mehrfacher Hinsicht vorzuführen [.]." (Engell/Vogl 2002: 8 f.)

---

und nicht etwa Medienwissenschaft im Allgemeinen, behandeln und dabei auch postmoderne Medientheorien in ihrer grundlagentheoretischen Systematisierung berücksichtigen. Zudem soll angemerkt werden, dass sich die Auswahl der Fachliteratur ausschließlich auf deutschsprachige Fachliteratur beschränkt. Dadurch wird der eigene Beobachterstandpunkt expliziert und die eigene Forschungsperspektive konkretisiert. Es wird verdeutlicht, dass sich die Arbeit in der *deutschen Kommunikations- und Medienwissenschaft* verortet und damit anderssprachige relevante Fachliteratur unerwähnt bleibt und lediglich sporadisch als Anmerkung in Fußnoten auftaucht. Dadurch kann die Fülle an Literatur auf sinnvolle Weise gehandhabt werden.

Damit leisten die Autoren eine einführende Topografie medienwissenschaftlicher Basistexte, die aus eben jener medienkulturellen Perspektive abgeleitet werden. Allerdings soll die getroffene Auswahl der Basistexte als eine kontingente Auswahl verstanden und nicht als endgültig festgelegter Kanon behandelt werden. Daher werden die Theoretiker nicht nach Schulenzugehörigkeit und theoretischer Ausrichtung geordnet, sondern unter Bezeichnungen wie ‚Wege, Kanäle, Übertragungen', ‚Massen-Medien-Kultur' oder ‚Zeit der Kybernetik' thematisch zusammengefasst. Zu den Postmodernen im Konkreten bemerkt Pias im Sammelband ‚Theorien der Neuen Medien' von Stefan Weber (Hrsg.) (2010), in dem er das Feld postmoderner und poststrukturalistischer Medientheorien als Basistheorie einführend darlegt, dass die Postmoderne bzw. der Poststrukturalismus[14] jegliche Formen der Kohärenzgründung bestreitet, so dass es sich im wissenschaftlichen Diskurs als praktikabel erwiesen hat, „die Frage nach einem mehrheitsfähigen Theoriedesign mit einer *statistisch verlässlichen Liste von Eigennamen* zu beantworten." (Pias 2010: 277; Hervorhebung d. Verf.) Auch hier hält sich Pias an die Klassiker, die ihm als personenzentriertes Auswahlkriterium dienen.

Neben dieser kanonorientierten Ordnungslogik hat sich im Bereich der Sammelbände auch eine *chronologisch bzw. historisch orientierte Systematik* als brauchbar erwiesen, wie bei Schöttker (Hrsg.) (1999) und Helmes/Köster (Hrsg.) (2002) zu beobachten ist:

Detlev Schöttker (Hrsg.) (1999) versammelt in seiner kommentierten Anthologie ‚Von der Stimme zum Internet. Texte aus der Geschichte der Medienanalyse' bedeutende medientheoretische Texte, die chronologisch geordnet und thematisch gebündelt werden. Zielsetzung ist eine historische Entwicklungslinie medienanalytischer Arbeiten, „um die Geschichte medienanalytischer Publikationen, ihrer Wirkungen, Verbindungen und Erkenntnispotentiale von den Anfängen bis in die unmittelbare Gegenwart" (Schöttker 1999: 14) aufzuzeigen. Schließlich betrachtet er auch postmoderne Theoretiker, die er unter der Bezeichnung ‚Theoretiker der Bildmedien' (z.B. Baudrillard, Virilio, Flusser) und ‚neue Medientheorien' (z.B. Kittler, Bolz, Rötzer) subsumiert. Diese stellen für Schöttker die relevanten Theoretiker dar, die sich mit dem Übergang zu digitalen Medien beschäftigen und an die Thesen McLuhans anschließen (vgl. ebd.: 23).

Günter Helmes' und Werner Kösters (Hrsg.) (2002) historischer Systematisierungsansatz im Sammelband ‚Texte zur Medientheorie' beansprucht,

„zentrale medientheoretische Fragestellungen, Lehrgebäude und Prognosen zwischen Antike und unmittelbarer Gegenwart dem Kern nach zu präsentieren. Zentral sind diese Problemstellungen und Positionen insofern, als sie in historischer und/oder systematischer Hinsicht, also

---

14 Pias unterscheidet hier nicht explizit zwischen postmodern und poststrukturalistisch und gebraucht die Begriffe quasi synonym.

der kulturellen Signifikanz, der Wirkungsmächtigkeit, der Grundsätzlichkeit, der Generalisierbarkeit und der Dauerhaftigkeit nach, von außerordentlicher Bedeutung waren, sind oder vermutlich sein werden." (Helmes/Köster 2002: 19)

Von einer Kategorisierung in Schulen haben die Herausgeber bewusst abgesehen, um perspektivische Einschränkungen zu vermeiden und dem Eindruck zu entgehen, thematische Gruppierungen und Theorieschulen seien naturwüchsig entstanden. Vielmehr haben sie jene Texte ausgewählt, die aus medientheoretischer Perspektive Fragen nach Welt- und Selbstbezug des Menschen beantworten. Dabei geben sie Überschriften, die auf die thematische Schwerpunktsetzung des ausgewählten Primärtextes hinweisen.

Neben den Sammelbänden zu medientheoretischen Primärtexten, die nur teilweise postmoderne Medientheorien als eigene relevante Kategorie ausweisen, geben *Einführungsbände* und *Überblicksdarstellungen* eine kursorische Übersicht zu Medientheorien im Allgemeinen und postmodernen Medientheorien im Speziellen. Die Einführungen, die postmoderne Medientheorien behandeln, stellen diese dabei hauptsächlich additiv nebeneinander. Bemerkenswert ist, dass eine *thematische Ordnungssystematik* dabei dominant ist. Margreiter (2004; 2007), Mersch (2006), Hartmann (2000) und Lagaay/Lauer (Hrsg.) (2004) betrachten postmoderne Medientheorien als *Medienphilosophien*:

Reinhard Margreiter (2004; 2007) unternimmt in seinen Monografien zur Einführung in die Medienphilosophie den Versuch, Medien und Medientheorie unter philosophischen Gesichtspunkten zu betrachten und die Philosophie als eine *Medien*philosophie stark zu machen. Er betont die vernachlässigte Beschäftigung mit Medien in der Philosophie und stellt vier medientheoretische Diskursstränge vor. Die (post-)modernen Medientheorien (McLuhan, Baudrillard, Virilio, Flusser, Kittler, Postman, de Kerckhove, Bolz) stellen dabei einen Diskursstrang dar. Exemplarisch reiht er die drei Theoretiker Marshall McLuhan, Vilém Flusser und Paul Virilio unter den „Metaerzählungen der Medialität" (Margreiter 2004: III) auf und stellt ihre zentralen Theorieansätze grundlegend vor. In seiner erweiterten Monografie ‚Medienphilosophie. Eine Einführung' von 2007 fügt er diesen noch Jean Baudrillard, Neil Postman, Friedrich Kittler, Donna Haraway und den McLuhan Schüler Derrick de Kerckhove hinzu.

Dieter Mersch (2006) leistet ebenso eine philosophisch-historische Rekonstruktion ausgewählter Medientheorien. Bei den Theoretikern Flusser, Virilio, Baudrillard, Kittler und Luhmann spricht er nicht von postmodernen Medientheorien, sondern von Medienphilosophien, die sich mit der Entwicklung Neuer Medien seit den 1970er Jahren formiert haben. Diese thematisieren die digitale Kultur und erheben das mediale Dispositiv zu einer Kardinalkategorie des Philosophierens. Die Digitalisierung markiert hierbei die Schwelle zu einer neuen Epoche der Medienkultur, die es scheinbar nicht nur medientechnisch sondern auch medientheoretisch zu begründen gilt. Mersch spricht diesen Theorien dabei als gemeinsames Kriterium eine „Emphase des theoretischen Neuansatzes" (Mersch 2006: 132) zu. Er kritisiert, dass diese Medienphilosophien zwar einen theoretischen Neuanfang behaupten und sich dabei einer Selbstverortung im medientheoretischen Diskursfeld verweigern, dennoch auf Methoden der Semiotik oder der Phänomenologie zurückgreifen, ohne diese explizit auszuweisen: „Sie generieren sich auf diese Weise als eine Art Avantgarde, ohne sich ihrer eigenen Geschichtlichkeit zu versichern [...]." (ebd.: 16) Merschs Anliegen ist es, die historische Herkunft der Medientheorien „durch systematische Verortung in eine komplexe Theorielandschaft" (ebd.: 17) herauszustellen. Die vorliegende Arbeit unternimmt ebenso den Versuch, implizite methodische und theoretische Voraussetzungen aufzudecken und eine Binnensystematisierung des Diskursfeldes zu leisten und schließt somit an Merschs systematische Vorarbeit an und erweitert diese durch eine komparative Perspektive.

Frank Hartmann (2000) stellt in seiner Monografie ‚Medienphilosophie' einzelne Positionen der Kommunikations- und Medientheorie vor, denen er eine wachsende Relevanz zuspricht. Dabei merkt er an, dass die „wissenschaftlichen Systematisierungen oft genug Rätsel auf[geben]" (Hartmann 2000: 13) und er keinen Anspruch darauf erhebt, eine theoretische Synthese herzustellen oder die Position einer Denkschule oder eines Theoretikers vorzustellen. Vielmehr hat er diejenigen Ansätze ausgewählt, die jene Ko-Evolution von Medien und Gesellschaft thematisieren. Darunter fallen für ihn Marshall McLuhan und Vilém Flusser.

Alice Lagaay und David Lauer (Hrsg.) (2004) geben in ihrer Aufsatzsammlung ‚Medientheorien. Eine philosophische Einführung' einen Abriss über Medientheorien, die ihre Wurzeln nicht innerhalb der empirischen Medienwissenschaft haben, sondern sich vielmehr in den Geistes-, Sozial- und Kulturwissenschaften sowie in der Philosophie verorten. Ihre Topografie ausgewählter Medientheorien umfasst das theoretische Feld von Marshall McLuhan, Niklas Luhmann, Jean Baudrillard, Vilém Flusser, Friedrich Kittler, Paul Virilio bis hin zu Martin Seel, Mike Sandbothe und Lev Manovich. Bereits in der Einleitung machen sie darauf aufmerksam, dass es Medientheorien gegenwärtig nur im Plural gibt, dessen Folge oftmals Unübersichtlichkeit ist. Sie wählen keine Bezeichnung wie ‚postmodern' für die Kategorisierung der Theorien oder ordnen diese bestimmten Schulen zu, sondern sprechen lediglich von *philosophischen* Positionen. Sie stellen eine Auswahl einführender Texte zu elf zeitgenössischen Medientheorien zusammen, um eine „Übersicht durch begriffliche Klärung theoretischer Vokabulare und Positionen" (Lagaay/ Lauer 2004: 8) zu geben. Wie bei Margreiter ist das Anliegen jener überblicksartigen Aufzählung medientheoretischer Positionen, die „philosophische Relevanz des Mediendenkens" (ebd.: 27) herauszustellen und den Medienbegriff als Denkwerkzeug für die Bearbeitung grundlegender philosophischer Fragen stark zu machen. In ihrem Einführungsband stellen sie schließlich auch die Relevanz und Anschlussfähigkeit der ausgewählten Ansätze für philosophische Fragen und Probleme heraus.

Diese zweifache Zielsetzung der a) Ordnung bzw. Systematisierung und b) der Herausstellung der Relevanz und Anschlussfähigkeit der Theorien ist auch leitend für die vorliegende Untersuchung.

Neben dieser medienphilosophisch ausgerichteten Systematik gibt es eine weitere thematische Schwerpunktsetzung, die postmoderne Medientheorien grundsätzlich als *(medien-)kulturwissenschaftliche Ansätze* behandelt. Zu diesen zählen die Einführungsbände von Kloock/Spahr (2007), Kloock (2003) und Weber (Hrsg.) (2010).

Im Einführungsband von Daniela Kloock und Angela Spahr (2007) erfolgt eine Zusammenstellung derjenigen Theorien, die „am ehesten die Bezeichnung ‚kulturwissenschaftliche' Medientheorien treffen könnte" (Kloock/Spahr 2007: 9). Die Autorinnen sprechen dabei nicht explizit von postmodernen Medientheorien. Sie meinen Theorien, die den Gegenstand Medien nicht aus einer einzelwissenschaftlichen Sicht thematisieren, sondern eine (medien-)übergreifende Perspektive einnehmen: Nicht bestimmte Medieninhalte, sondern Effekte der Medien im Allgemeinen, Informations- und Kommunikationsverhältnisse, Wahrnehmungsmuster, die mediale Erfahrbarkeit von Wirklichkeit, Wissen und Erkenntnis werden in den im Einführungsband versammelten Theorien untersucht. Insbesondere soll mit dieser Zusammenstellung die Heterogenität der Zugänge zum Zusammenhang von Medien und Kultur aufgezeigt werden. Neben der thematischen Bündelung treffen sie eine kanonorientierte Auswahl der Theorien: „Deshalb scheint uns der Einstieg in das Thema über die heterogenen Ansätze der *‚Pioniere' oder ‚Klassiker' der Medientheorie immer noch richtig und sinnvoll*." (ebd.: 12; Hervorhebung d. Verf.) Zu diesen kanonisch geltenden Autoren zählen sie u.a. Marshall McLuhan, Vilém Flusser, Paul Virilio und Friedrich A. Kittler. Sie legen insbesondere Wert auf eine thematische Ähnlichkeit und die soziale Relevanz der ausgewählten Theoretiker für den medientheoretischen Diskurs.

Daniela Kloock (2003) nimmt in ‚Von der Schrift- zur Bild(schirm)kultur. Analysen aktueller Medientheorien' die Theorien in den Fokus, die Information und Kommunikation in den Vordergrund für Gesellschaftsbeschreibung heben. Relevant sind für sie u.a. semiotische (Baudrillard) und diskursanalytische Ansätze (Kittler) sowie Vordenker aktueller Medientheorien (McLuhan). Neben einer Systematisierung unternimmt sie einen ersten Versuch zur *komparativen Zusammenführung medientheoretischer Theoriestränge*, unter denen sie auch die postmodernen Ansätze von Flusser und Virilio genauer analysiert, indem sie ihre zentralen Ideen herausarbeitet und Argumentationslinien miteinander vergleicht. Hierbei reflektiert sie, welches Kommunikations- und Medienverständnis den jeweiligen Theoretikern zugrunde liegt und welche Gemeinsamkeiten sich bezüglich des Kommunikations- und Medienbegriffs finden lassen. Sie weist dabei auf die Schwierigkeit hin, die Ansätze aufgrund ihrer konträren Ausgangspunkte und Beurteilungen miteinander zu vergleichen, stellt jedoch grundsätzliche Gemeinsamkeiten fest:

1. Alle untersuchten Theoretiker reflektieren den Zusammenhang zwischen Informations-, Kommunikations- und Gesellschaftswandel.
2. Alle untersuchten Theoretiker konstatieren, dass die technischen Medien Gesellschaft und Kultur maßgeblich prägen.
3. Insbesondere die technischen Bilder sind prädominant im gegenwärtigen Zeitalter und für den kulturellen Wandel relevant geworden.

Diese Aspekte werden in dieser Untersuchung berücksichtigt und als quasi gemeinsamer Gegenstand der Beobachtung postmoderner Medientheoretiker konstatiert.

Stefan Weber (Hrsg.) (2010) hat in seinem Lehr- und Studienbuch ‚Theorien der Medien' das Spektrum medienkulturwissenschaftlicher Theorien aufgezeigt und eine Textsammlung zur Grundlagendiskussion verschiedener Autoren zusammengestellt. Die Anthologie bietet eine Übersicht über die weite Theorielandschaft in der Kommunikations- und Medienwissenschaft anhand einer Ausdifferenzierung von Basistheorien. Weber betont, dass jene überblicksartigen Kompendien, die derartige Systematisierungsversuche vorlegen, durchaus Sinn machen, da sie verschiedene Ansätze in einen größeren Zusammenhang setzen. Weitere Differenzierungen sind aber unbedingt vonnöten. So versteht er ‚Theorien der Medien' als Erweiterung zu Reinhard Margreiters Systematisierungsversuch, das Feld der Medientheorien in vier Diskurs-Stränge zu teilen. Weber hält diese Art Ausdifferenzierung für notwendig, „weil sie erlauben, Autoren und Positionen in einem Kontext zu lesen und damit deren Grundaussagen in einem größeren Zusammenhang zu verstehen." (Weber 2010a: 28). Gleichzeitig betont er aber die Notwendigkeit einer stärkeren Ausdifferenzierung. Er kritisiert, dass Margreiter moderne und postmoderne Medientheorien in einem Diskursstrang zusammenfasst und versucht selber in seinem einführenden Sammelband, die Systematik Margreiters zu erweitern. Die postmodernen Theorien unterteilt er daraufhin in französische (Baudrillard, Foucault, Lyotard, Virilio, Serres, Derrida) und anderssprachige Ansätze (Flusser, Weibel, Lischka, Bolz), wobei er postmodern und poststrukturalistisch synonym setzt.

Anstelle einer thematisch ausgerichteten Systematisierung wählen Leschke (2003) und Faulstich (1999; 2004) eine *an Theorietypen orientierte Ordnungslogik*:

Rainer Leschke (2003) bemerkt im Vorwort seines Lehrbuchs ‚Einführung in die Medientheorien', dass eine systematische Ordnung stets zwischen den Risiken „eines rigiden Systems und nonchalantem Chaos" (Leschke 2003: Vorwort) changiert, jedoch unabdingbar für eine gute Einführung ist. Additive Ordnungsmodelle sind für die Erzeugung von Erkenntnisgewinn defizitär, sie „verdienen jenes Misstrauen, das auf Sachverhalte und ihre theoretische Modellierung gerichtet sein sollte, nicht ganz zu Unrecht" (Ebd.). Er schlägt stattdessen ein *strukturelles Ordnungsmodell* vor, das sich an der Art und Form der theoretischen Modellbildung orientieren soll. Er entwirft ein Fünf-Phasen-Modell und unterscheidet dabei zwischen fünf Theorietypen, die sich historisch herausgebildet haben. In der vierten

Phase der ‚Generellen Medienontologien', die für die vorliegende Arbeit interessant sind, führt Leschke exemplarisch vier für ihn als postmodern geltende Theoretiker auf: McLuhan, Baudrillard, Virilio und Flusser. Ihre Theorieangebote stellt er additiv nebeneinander und reflektiert diese kritisch. Dabei stellt er fest, dass diese Theoretiker versuchen, das Wesen des Mediensystems selbst zu erfassen und Medien als Ursache für soziale und kulturellen Entwicklungen zu konzeptionieren. Es werden theoretische Beschreibungsformen ausgebildet, die einen universellen Anspruch an die Medien stellen. Leschkes Systematisierungsversuch legt eine einführende rekonstruktive Darstellung und kritische Analyse vor, ohne den Anspruch, die Konzepte der ‚Generellen Medienontologien' komparativ zu betrachten.

Werner Faulstich proklamiert in seinem Einführungsband ‚Medientheorien. Einführung und Überblick':

„Es scheint an der Zeit, das immer größer gewordene und mittlerweile kaum noch übersichtliche Feld programmatisch-theoretischer Beiträge zum Bereich Medien zu sichern und zu ordnen. Direkter Anlaß für diesen kleinen Überblick waren einige neuere Beiträge, die sich in Titel und Anspruch als Medientheorien gerierten, tatsächlich aber keine sind und damit nur neue Verwirrung schaffen." (Faulstich 1999: 5)

Um das Feld der Medientheorien zu ordnen, schlägt er eine Kategorisierung in vier Theorietypen bzw. -blöcke vor. Die Medientheorien von McLuhan, Virilio, Kittler, Postman, Bolz, Rötzer oder Flusser sowie jegliche Ansätze, die sich als Medienphilosophie bezeichnen, wie etwa jene von Manfred Faßler oder Frank Hartmann, diskreditiert er jedoch als „Pseudo-Medientheorien" (Faulstich 2004: 15). Diese stellen für ihn keine ernst zu nehmenden Entwürfe dar:

„Eher handelt es sich dabei um Beiträge, denen man vielleicht einen utopistischen, feuilletonistischen, literarischen, sprachkünstlerischen oder bestenfalls philosophischen Charakter zusprechen kann; vielfach werden sie aber auch als irrational, ‚Unsinn', krankhaft oder als bloßes Geschwafel kritisiert [...]." (ebd.: 14 f.)

Während in den anderen Einführungsbänden diese medientheoretischen Ansätze als zentrale Positionen auftauchen, werden sie von Faulstich als nicht-wissenschaftlich und unbrauchbar für die Medienwissenschaft klassifiziert. Sie bleiben von ihm unbeachtet, da diese „vielfach gigantische Luftblasen [...], irrationale Konzepte, bestenfalls philosophische Visionen oder literarische Entwürfe" (Faulstich 2002: 27) seien und in keiner Weise wissenschaftstheoretischen Standards genügen würden.

Für eine erste allgemeine, sehr grundlegende Einführung eignet sich der Band von Nele Heinevetter und Nadine Sanchez (2008), die in ihrem ‚Was mit Medien.... Theorie in 15 Sachgeschichten.' medientheoretische Ansätze auf sehr verständliche und leicht zugängliche Weise darstellen. Ihrem Selbstverständnis nach dient ihre Publikation als Heranführung an den Theoriebereich und ist insbesondere „für Beginner" (Heinvetter/Sanchez 2008: 10) geeignet.[15] Sie stellen heraus, dass die Auswahl der theoretischen Ansätze kontingent, dabei aber keineswegs beliebig ist. Unter der Titelbezeichnung ‚Was mit Medien und ab die Post. Keine Angst vor der Postmoderne' vereinen sie die Ansätze von Baudrillard, Flusser und Virilio und stellen diese in ihren Grundzügen vor.

Als *Metaeinführungen* zu Medientheorien im Allgemeinen und postmodernen Medientheorien im Speziellen können der Sammelband von Filk/Grisko (Hrsg.) (2002) und der Aufsatz von Grampp/Seifert (2004) genannt werden:

Christian Filks und Michael Griskos (Hrsg.) (2002) Publikation ‚Einführung in die Medienliteratur. Eine kritische Sichtung' listet im Unterschied zu anderen kommunikations- und medienwissenschaftlichen Einführungsbänden keine Zusammenstellung von Primärtexten relevanter Autoren oder eine Überblicksdarstellung und Kommentierung bestimmter Positionen. Das Kompendium versteht sich als eine – wie im Titel benannt – kritische Sichtung bereits vorhandener einschlägiger Publikationen zu kommunikations- und medienwissenschaftlichen Fragestellungen. Insofern dient diese Anthologie einer „einführenden, erweiterten und kommentierten Literatursichtung" (Filk/Grisko 2002: Vorwort), die mehrbändige Werke, Handbücher, Lexika, Anthologien, Essays und Aufsätze vorstellt. Diese kann somit als Metaeinführung, als Einführung in die Einführungsliteratur, verstanden werden. Innerhalb dieses Kompendiums geben Friedrich W. Block und Christiane Heibach (2002) einen kommentierten Überblick über die relevanten Publikationen im Forschungsbereich der Medientheorie und -philosophie. Sie stellen eine Auswahl der einschlägigen Einführungsliteratur vor. Dazu zählen die Autoren Pias et al. (Hrsg.) (2002) ‚Kursbuch Medienkultur', Hartmanns (2000) Medienphilosophie sowie die Einführungsbände von Kloock (2003) und Kloock/Spahr (2007), die in diesem Kapitel bereits behandelt wurden. Angelehnt an diese Auswahl stellen sie einzelne Theoretiker und ihre Positionen vor, die sie im medientheoretischen und -philosophischen Diskurs für bedeutend halten. Hier stehen Walter Benjamin, Marshall McLuhan[16] als eine Art Diskursbegründer der Medienphilosophie, Jean Baudrillard als postmoderner Medienkritiker, Vilém Flusser als digitaler Denker, Friedrich Kittler als Mediendiskursanalytiker, Niklas Luhmann und Siegfried J. Schmidt

---

15 Als „mittlerweile hinlänglich kanonisiertes Grundlagenwissen im Bereich der Medientheorien" (Engell 2008: 7) nennt Engell im Vorwort u.a. die Einführungsbände von Kloock/Spahr, Leschke und Mersch, die auch in dieser Sichtung der Forschungsliteratur angeführt wurden. Als „Mutter aller Einführungen" (Ebd.) bezeichnen die Autorinnen das ‚Kursbuch Medienkultur' von Pias et al.

16 Zu McLuhan bemerken sie, dass es kaum gründliche Untersuchungen zu seinen Werken gibt. Er werde zwar oft zitiert, dennoch selten analysiert.

als Vertreter der konstruktivistischen Systemtheorie sowie Winfried Nöth als Vertreter einer semiotischen Medientheorie im Mittelpunkt der kritischen Analyse.

Als weitere kritische Metaeinführung kann der Aufsatz ‚Die Ordnungen der Medientheorien. Eine Einführung in die Einführungsliteratur' von Sven Grampp und Jörg Seifert (2004) gelesen werden. Ihr Anliegen ist es, Ordnung in das Feld der medientheoretischen Quellentextsammlungen und Einführungen zu bringen und der inflationären Veröffentlichung von Überblicksdarstellungen durch eine Bewertung und Evaluation ausgewählter Einführungsbände[17] Herr zu werden. Ihre differenzierte Analyse erhebt den Anspruch, Orientierungswissen für das Fach zu liefern. Grampp und Seifert prüfen dabei anhand einer komparativen Analyse die Ordnungsstrategien der einzelnen Autoren auf Gemeinsamkeiten und Differenzen hin. Hierbei wird deutlich, dass die jeweiligen Autoren jeweils unterschiedliche, kontingente Ordnungskriterien für das Fach anlegen und über den Gegenstand des Fachs Uneinigkeit herrscht. Interessant und relevant für die vorliegende Untersuchung ist die Analyse insofern, als dass sie die Einführungsbände u.a. nach den Kriterien Selektion und Gegenstandskonstitution durchleuchtet. Anhand dieser Kategorien wird verdeutlicht, nach welchen Kriterien bestimmte Theoretiker in den Einführungsbänden ein- oder ausgeschlossen werden oder als relevant für den Bereich der Medientheorien erachtet werden (Selektion), und welchen Objektbereich der Medientheorie sie jeweils für konstitutiv halten (Gegenstandskonstitution). Die Analyse zeigt, dass gerade Theoretiker wie Vilém Flusser oder Friedrich Kittler einerseits als zentral für die Medientheorie und andererseits als wissenschaftlich unerheblich behandelt werden. Gerade im Bereich der postmodernen/medienphilosophischen Positionen herrscht große Uneinigkeit über deren Relevanz und Status. Die vorliegende Arbeit nimmt gerade dieses Diskursfeld genauer in den Blick.

Als *Nachschlagewerk* bzw. Eintrag im Nachschlagewerk soll zudem noch Gebhard Rusch (2002) aufgeführt werden. Rusch (2002) differenziert in seinem Eintrag zu Medientheorie im ‚Metzler Lexikon Medientheorie – Medienwissenschaft. Ansätze – Personen – Grundbegriffe.' zwischen fünf Theorietypen. Einer dieser Theorietypen definiert sich dabei durch seine metaphorische Charakterisierung dominanter Eigenschaften von Einzelmedien oder den Medien schlechthin. Rusch ordnet Marshall McLuhan, Vilém Flusser und Paul Virilio dieser Theorieart zu, denen er als zentrale Eigenschaft die „euphorische Begrüßung oder affektgeladene Schmähung" (Rusch 2002: 253) im Umgang mit Medien zuspricht.

Die hier zusammengetragene Literatur eignet sich besonders gut als Basislektüre für einen ersten Überblick über den Medientheoriekanon und die als postmodern bezeichneten Medientheorien. Diese ausführliche Zusammenstellung wird insbe-

---

17 Zu den untersuchten Einführungen zählen Faulstich (1999), Faulstich (2002), Kloock/ Spahr (2007), Leschke (2003), Weber (Hrsg.) (2010) und Lagaay/Lauer (2004).

sondere für die in Kapitel 3.1 vorgenommene Selektion der zu untersuchenden postmodernen Medientheoretiker relevant.

Eine Übersicht über die hier aufgeführten Kompendien mit medientheoretischen Grundlagentexten und Einführungsbänden[18] findet sich in tabellarischer Form:

Tabelle 1: Forschungsstand und Literaturlage zu postmodernen Medientheorien

Autor bzw. Herausgeber/Titel	Ordnungssystematik						Bezeichnung für ‚postmoderne'	Nennung der relevanten ‚postmodernen' Theoretiker
	additiv	kanonisch	Thematisch: medienphilosophisch	Thematisch: medienkulturwissenschaftlich	Chronologisch/ historisch	Theorietypen, -ebenen		
Sammelband mit Primärtexten								
Ars Electronica (Hrsg.) (1989): Philosophien der neuen Technologie.	X	-	-	-	-	-	Philosophien der neuen Technologie	Baudrillard, Böhringer, Flusser, Förster, Kittler, Weibel
Helmes/Köster (Hrsg.) (2002): Texte zur Medientheorie.	X	-	-	-	-	-	-	Baudrillard, Benjamin, Bolz, Foucault, Kittler, Luhmann, McLuhan
Pias et al. (Hrsg.) (2002): Kursbuch Medienkultur.	X	X	-	X	-	-	-	Baudrillard, Benjamin, Debray, De Kerckhove, Deleuze/ Guattari, Derrida, Flusser, Foucault, Kittler, Luhmann, Lyotard, McLuhan, Postman, Virilio
Schöttker (Hrsg.) (1999): Von der Stimme zum Internet.	X	X	-	-	X	-	Theorien der Bildmedien, neue Medientheorien	Baudrillard, Bolz, Flusser, Giesecke, Kittler, Postman, Rötzer, Virilio

---

18 Einschlägige Literatur zu einzelnen Autoren, die eine kritische Auseinandersetzung leisten, gibt es zahlreich. Beispielsweise sind hier der Junius Verlag mit seiner Zur Einführungs-Reihe, die orange press mit der absolute-Reihe oder der UTB Verlag mit der UTB Profile-Reihe zu nennen. Diese sollen in der Vorstellung des Forschungsstand vernachlässigt werden, da es hier um die Verhältnisbestimmung der Theorien zueinander geht und nicht einzelne Positionen isoliert betrachtet werden sollen. Für einen ersten Zugang zu den Theoretikern sind diese jedoch empfehlenswert.

Autor bzw. Herausgeber/Titel	Ordnungssystematik						Bezeichnung für ‚postmoderne'	Nennung der relevanten ‚postmodernen' Theoretiker
	additiv	kanonisch	Thematisch: medienphilosophisch	Thematisch: medienkulturwissenschaftlich	Chronologisch/historisch	Theorietypen, -ebenen		
Einführungsliteratur/Überblicksdarstellungen								
Faulstich (1999; 2004): Medientheorien; Grundwissen Medien.	X	-	-	-	X	X	Pseudo-Theorien	Bolz, Faßler, Flusser, Hartmann, Kittler, McLuhan, Postman, Rötzer, Virilio
Hartmann (2000): Medienphilosophie.	X	X	X	-	-	-	Medienphilosophien	Anders, Benjamin, Flusser, McLuhan
Heinevetter/Sanchez (2008): Was mit Medien… .	X	X	-	-	-	-	Postmoderne Theorien	Baudrillard, Flusser, Virilio
Kloock (2003): Von der Schrift- zur Bild(schirm)kultur.	-	X	X	-	-	-	Kulturwissenschaftliche Medientheorien	Adorno, Baudrillard, Benjamin, Flusser, Habermas, Kittler, Luhmann, McLuhan, Postman, Schmidt, Virilio
Kloock/Spahr (2007): Medientheorien.	X	X	X	-	-	-	Kulturwissenschaftliche Medientheorien	Benjamin, Flusser, Kittler, McLuhan, Postman, Virilio
Lagaay/Lauer (Hrsg.) (2004): Medientheorien.	X	-	X	-	-	-	Medienphilosophien	Baudrillard, De Kerckhove, Flusser, Kittler, Luhmann, Manovich, McLuhan, Sandbothe, Seel, Virilio, Winkler
Leschke (2003): Einführung in die Medientheorie.	-	-	-	-	X	X	Generelle Medienontologien	Baudrillard, Flusser, Kittler, McLuhan, Virilio
Margreiter (2004; 2007): Medienphilosophie.	X	X	X	-	-	-	Metaerzählungen der Medialität	Baudrillard, De Kerckhove, Flusser, Haraway, Kittler, McLuhan, Postman, Virilio
Mersch (2006): Medientheorien.	X	X	-	-	-	-	Medienphilosophien	Baudrillard, Flusser, Kittler, Luhmann, Virilio
Pias (2010) in Weber (Hrsg.): Poststrukturalistische Medientheorien.	X	X	-	-	-	X	Postmoderne/ poststrukturalistische Medientheorien (Französisch und anderssprachig)	Französisch: Baudrillard, Derrida, Foucault, Lyotard, Serres, Virilio Anderssprachig: Bolz, Debray, Flusser, Lischka, Weibel

Autor bzw. Herausgeber/Titel	Ordnungssystematik						Bezeichnung für ‚postmoderne'	Nennung der relevanten ‚postmodernen' Theoretiker
	additiv	kanonisch	Thematisch: medienphilosophisch	Thematisch: medienkulturwissenschaftlich	Chronologisch/historisch	Theorietypen, -ebenen		
Metaeinführung								
Block/Heibach (2002): Medientheorie und Medienphilosophie.	X	X	X	-	-	-	Medienphilosophie, postmodern, neue Medien, digitales Denken	Baudrillard, Benjamin, Flusser, Kittler, McLuhan
Grampp/Seifert (Hrsg.) (2002): Die Ordnungen der Medientheorien.	-	-	-	-	-	-	-	-
Nachschlagewerk								
Rusch (2002): Eintrag: Medientheorie.	X	-	-	-	-	X	Metaphorische Charakterisierung dominanter Eigenschaften von Einzelmedien oder den Medien schlechthin	Flusser, McLuhan, Virilio

Quelle: eigene Darstellung[19]

---

[19] Interessant wäre auch ein ausführlicher Vergleich verschiedener Ordnungssystematiken innerhalb jener Einführungsbände, um die Perspektivität und Kontingenz verschiedener Ordnungsstrategien des Fachs näher zu beleuchten. „In dieser Literaturgattung [Einführungs- und Überblicksliteratur; Anm. d. Verf.] wird allerdings nicht die einzig mögliche *Ordnung* der jeweiligen Fächer und Disziplinen präsentiert, sondern einerseits nur die zu einer bestimmten Zeit *diskurslegitime* und andererseits, wenn es sich z.B. um eine noch junge Disziplin wie die Medienwissenschaft handelt, Ordnungsversuche, die dem jeweiligen Feld ein eigenständiges Profil geben sollen. Hierdurch [durch eine Diskursanalyse der Konstitutionsgeschichte jeder Lehrbücher und Nachschlagewerke; Anm. d. Verf.] würde wiederum die Chance bestehen, strukturierte Forschungsprofile und eindeutige Zugehörigkeiten zu bestimmten Forschungsperspektiven, etwa hinsichtlich der Medienforschung, zu erarbeiten." (Kleiner 2006: 38) Dieses Vorhaben würde sich allerdings aufgrund seines Umfangs eher als eigenständiges Forschungsprojekt eignen und ist im Rahmen dieser Untersuchung nicht möglich. Dies kann in der vorliegenden Arbeit nur angedeutet werden, daher sei an dieser Stelle lediglich auf die mögliche Anschlussstelle für

Auffällig an den Systematisierungsversuchen ist, dass bisher eine *additive Aneinanderreihung* bekannter Namen überwiegt, anstatt den postmodernen Diskurs aus seinem bisher entdifferenzierten Beschreibungszustand zu lösen. Die hier aufgeführte Literatur wählt dabei entweder eine thematische Schwerpunktsetzung auf neue Medien und Technologien und stellt renommierte Theoretiker bzw. Klassiker oder bekannte Theorieschulen nebeneinander. Es lassen sich thematische Clusterungen und inhaltliche Konkretisierung, z.B. auf medienphilosophische (Margreiter, Mersch, Hartmann, Lagaay/Lauer) oder medienkulturwissenschaftliche Fragen (Kloock/ Spahr, Kloock, Weber, Pias) finden. Beliebt ist auch eine *chronologische* Darstellung bzw. historische Verortung medientheoretischer Positionen (Schöttker, Helmes/Köster). Bei Leschke, Faulstich und Rusch wird eher eine Systematisierung nach Theorietypen und -ebenen gewählt, während nur bei Kloock (2003) eine *komparative Perspektive* hinsichtlich medientheoretischer und insbesondere postmoderner Positionen eingenommen wird.

Nimmt man die Eingangsfragen und betrachtet die aufgelistete Literatur, so ist festzustellen, dass bereits bei der Selbstdefinition der Medientheorien neben der Bezeichnung postmodern diverse andere Begrifflichkeiten auftauchen. Bemerkenswert ist demnach, dass die postmodernen Medientheorien unter verschiedenen Bezeichnungen und Kategorisierungen geführt werden: So wird neben postmodernen Medientheorien von medienphilosophischen Positionen (Lagaay/Lauer, Mersch, Hartmann, Margreiter, Block/Heibach), Pseudotheorien (Faulstich), generellen Medienontologien (Leschke), poststrukturalistischen Theorien (Pias, Weber), kulturwissenschaftlichen Positionen (Kloock/Spahr, Kloock), Theorien der neuen Technologien (Ars Electronica), Theoretikern der Bildmedien oder neuen Medientheorien (Schöttker) oder Metaerzählungen der Medialität (Margreiter) gesprochen.[20]

---

weitere Forschungsvorhaben hingewiesen. Zudem wäre auch ein Vergleich mit nicht deutschsprachiger Forschungs- und Einführungsliteratur denkbar, um transkulturelle und geografische Unterschiede und Gemeinsamkeiten hinsichtlich Ordnungs- und Systematisierungsversuchen des Fachs auszumachen. Eine international vergleichende Fach- und Ideengeschichte würde jedoch vom Umfang her ebenso ein eigenes Forschungsprojekt begründen und wird an dieser Stelle als denkbarer Ausgangspunkt für weitere Forschungsvorhaben benannt.

20 Die unterschiedlichen Bezeichnungen dürften nicht verwundern, denn die Einführungsbände unterscheiden sich, wie Grampp und Seifert in ihrer Metaeinführung diagnostiziert haben, hinsichtlich zahlreicher Kriterien: „Je nach Ordnungs- und Selektionsprinzip zeichnen die Einführungen zuweilen sehr unterschiedliche und selektive Bilder." (Grampp/Seifert 2004) Insofern ist es nicht verwunderlich, dass die Selektion der Medientheoretiker, die in den jeweiligen Bänden vorgestellt werden, unterschiedlich ausfallen. Eine einheitliche Zuordnung kann daher nicht ausgemacht werden. So nennen Grampp und Seifert neben dem „Ringen um Definitionsmacht innerhalb der medientheoretischen

Die Vermischung moderner und postmoderner Ansätze, die Weber an der Systematisierung Margreiters bemängelt, demonstriert außerdem die *fehlende Klarheit des Etiketts ‚postmodern'*. Insofern hat sich bisher als praktikabelste Lösung ergeben, dass postmoderne Theoretiker anhand ihres Renommees als ‚Klassiker' oder ‚Pioniere' in den Diskurs eingeordnet werden, wie sich auch in dieser kurzen Zusammenfassung bestätigt hat. Eine Zusammenführung in Form eines systematischen Theorievergleichs hat bisher nicht stattgefunden, ist jedoch auf wissenschaftstheoretischer Ebene zwingend notwendig, um ein ausdifferenziertes Wissenschaftssystem zu gewährleisten. Ohne eine komparative Perspektive

„bleibt es letztlich in den zuvor erwähnten Einführungs- und Überblicksarbeiten bei der Dokumentation divergierender Konzeptionen von Medienwissenschaften, Medientheorien, Mediensoziologien und Medienphilosophien, dem Konstatieren eines Pluralismus verschiedener Ansätze und Interessen [...]. Vielmehr lässt sich ein vielfaches Durch- und Nebeneinander mehr oder weniger miteinander konkurrierender Theorieansätze sowie eine zunehmende Zersplitterung der Theoriediskussion konstatieren." (Kleiner 2006: 40 ff.)

Die bisherige Literaturlage zeigt, dass die zu beobachtende Differenzierung „in einer Fülle unverdaubarer Informationen [.] erstick[t], für die sich nicht von selbst eine mit Sinnkonstruktion verknüpfte Einordnung ergibt." (Reich/Sehnbruch/Wild 2005: 4) Weiterhin ist festzustellen, dass es zahlreiche Einzelbeiträge zu bestimmten Autoren gibt, allerdings Darstellungen fehlen, die jene Theoretiker in komparativer Perspektive betrachten und dabei sowohl den wissenschaftlichen Diskurskontext als auch inhaltliche und methodologische Differenzierungen berücksichtigen (vgl. Moebius/Peter 2004: 7).

Zusammenfassend kann demnach festgehalten werden, dass die vorliegende Arbeit an der Überblicks- und Einführungsliteratur zu (post-)modernen Medientheorien anschließt, jedoch zusätzlich in maßgeblicher Weise Primär- und bedeutende Sekundärtexte zu den ausgewählten Theoretikern heranzieht. Vergleichbare Forschungsvorhaben, postmoderne Theorien in einer *komparativen Perspektive* zu analysieren und systematisch zu rekonstruieren hat es bisher, wie gezeigt wurde, kaum

---

Zone" (Grampp/Seifert 2004) insbesondere die unterschiedlichen Kriterien der *Selektion*, *Gegenstandskonstitution*, der *wissenschaftshistorischen Verortung* und *disziplinären Anbindung* der Theorieansätze, die die Kontingenz der Ordnungs- und Systematisierungsversuche bedingen. Mit Selektion meinen sie die Auswahl der Theoretiker, die nach unterschiedlichen Kriterien, beispielsweise Prominenz des Theoretikers oder Theorieschulenzugehörigkeit ausgewählt werden, wohingegen die Gegenstandskonstitution den Objektbereich der Medientheorie absteckt und implizit das Medienverständnis der Autoren und Herausgeber angibt, was wiederum die Behandlung bestimmter Theoretiker in den Einführungsbänden bevorzugt.

gegeben. Diese metatheoretische, vergleichende Betrachtung stellt daher eine notwendige und längst überfällige Ergänzung und Weiterführung zu der bisher vorhandenen Literaturlage zu postmodernen Medientheorien dar und geht darüber hinaus, eine weitere Wiedergabe und Aufreihung postmoderner Ansätze zu liefern.

In methodologischer Hinsicht schließt die Arbeit am Theorievergleich an, der in den 1970ern erstmals mit Hondrich in der Soziologie diskutiert wurde. Im Folgenden wird daher der Forschungsstand zum Theorievergleich in den Sozialwissenschaften und der Kommunikations- und Medienwissenschaft näher beleuchtet.

1.2.2 Zum Stand des Theorievergleichs

Nach dem Positivismusstreit der 1960er Jahre bestand ein zunehmender Wunsch nach komparativen Perspektiven von Theorien, die in den 1970ern eine Diskussion um den Theorienvergleich auslöste. Die Tagung des 17. Deutschen Soziologentages 1974 in Kassel setzte sich zum Ziel, eine Zwischenbilanz der Soziologie Mitte der siebziger Jahre zu erstellen. Bei der Diskussion um den Theorienvergleich handelte es sich um eine grundlagentheoretische Kontroverse in der deutschsprachigen Soziologie, die eine Basis für theorie*vergleichende* sowie auch theorie*prüfende* Arbeiten geliefert hat. (Vgl. Matthes 1978: 7 f.)[21] Vergleichbar mit dem im vorigen Kapitel 1.2.1 diagnostizierten Status Quo postmoderner Theorien im Bereich der Kommunikations- und Medienwissenschaft wurde damals die Lage der Soziologie aufgrund seiner unübersichtlichen und ungeordneten Theorienvielfalt bemängelt. Das Problem einer „multiparadigmatische[n] Struktur der Soziologie" (ebd.: 19), einer grundsätzlichen Unübersichtlichkeit und einer fehlenden Systematisierung innerhalb sozialwissenschaftlicher Forschung wurde daraufhin thematisiert und grundsätzlich diskutiert. Die Frage des Theorienpluralismus und seiner einhergehenden Ordnungsproblematik wurde von Vertretern der Soziologie eingehend in der Theorievergleichsdebatte erörtert.[22] Im Zentrum der Tagung stand insofern der Theorienvergleich in den Sozialwissenschaften und grundlegende Fragen darüber, welchen Stellenwert Theorievergleiche innerhalb wissenschaftlicher Forschung einnehmen, welche Funktion diese erfüllen, aus welchen Gründen Theorievergleiche sinnvoll bzw. sogar notwendig sind und wie die methodische Durchführung aussehen soll. In den programmatischen Überlegungen ging es demnach hauptsächlich um eine Ordnung und Konsolidierung des Fachs Soziologie, um jener eben genannten Problemlage der Ausfaserung entgegenzuwirken und zudem „jenseits aller Darstellungs- und Abgrenzungsstrategien […] nach Lösungsmöglichkeiten für gemein-

---

21 Zu den zentralen Sammelbänden und Monografien hierzu zählen Bolte (Hrsg.) (1978), Hondrich/Matthes (Hrsg.) (1978), Lepsius (Hrsg.) (1976) und Holzer (1982).

22 Für Einzelheiten hierzu siehe beispielsweise Opp/Wippler (1990a und 1990b) und Klima (1971: 198 ff.).

sam definierbare Probleme Ausschau zu halten." (ebd.: 9) Die Aufmerksamkeit galt insbesondere dem Vergleich theoretischer Ansätze, um die Leistungsfähigkeit des Fachs zu erhalten und zu erhöhen (vgl. Hondrich 1976: Vorwort).

Zudem wurde diskutiert, wie Theorienvergleiche methodisch implementiert und bezüglich welcher Kriterien Theorien miteinander verglichen und konfrontiert werden sollten. Das Fehlen eines akzeptierten Vergleichsverfahrens und eindeutiger Beurteilungsmaßstäbe führte zu einer allgemeinen Fruchtlosigkeit von Bemühungen (vgl. Giesen/Schmid 1978: 232). Ein als programmatisch bezeichnetes Arbeitspapier von Hondrich gab jedoch erste grobe Richtlinien vor. Er legte konkret einen Katalog von Vergleichsdimensionen vor und somit einen ersten methodischen Vorschlag zur durchzuführenden Praxis von Theorievergleichen. In der vorliegenden Arbeit wird auf die von Hondrich vorgeschlagenen Vergleichsdimensionen zurückgegriffen, wobei jene modifiziert und auf die forschungsleitenden Fragen dieser Arbeit und der Auswahl der Theorien angepasst werden.[23] Diese Arbeit zeigt damit, wie a priori festgelegte Vergleichsdimensionen angewendet und je nach Forschungsgegenstand flexibel verändert oder erweitert werden können.

Bis zu Hondrichs programmatischem Arbeitspapier fehlten Untersuchungen, die auf systematische Weise Probleme eines Theorievergleichs und methodologische Anweisungen diskutierten (vgl. Opp 1978: 213). An seiner pragmatischen Zusammenstellung von Vergleichsgesichtspunkten wurde kritisiert, dass diese willkürlich ausgewählt und nicht zureichend begründet wurden. Allerdings wurde seitdem weder ein anschlussfähiger Gegenvorschlag unterbreitet noch wurden seine methodologischen Forschungsanweisungen in Form eines Katalogs von Vergleichsdimensionen systematisch aufgenommen, um de facto „in präziser Weise vergleichende logische Analysen verschiedener Theorien" (Opp/Wippler 1990b: 229) durchzuführen. Stattdessen manövrierte sich die Diskussion bemerkenswerter Weise schon Anfang der 1980er Jahre ins Aus. Die Theorienvergleichsdebatte wurde mit einem „resignativen Fazit abgeschlossen" (Bertemes 2005: 17) und hat kaum zu nachhaltigen Ergebnissen geführt. Es wurden keine universalen Standards des Theorievergleichs aufgestellt worden sind.[24] Noch immer dominieren „unübersichtliche und ausfasernde Diskussionslagen" (Bonacker/Greshoff/ Schimank 2008: 7) sowie eine „unkoordinierte Vielfalt" (Ebd.). Behauptungen, gewisse Theorien seien inkommensurabel, werden dabei meist voreilig aufgestellt. Denn die Inkommensurabilitätsthese geht von einer Unvergleichbarkeit von Theorien aus, jedoch wird dies kaum am

---

23 Zu den einzelnen Vergleichsgesichtspunkten, deren Modifizierung und Anpassung an den Forschungsgegenstand siehe Kapitel 3.2, in dem die Vergleichsdimensionen Hondrichs vorgestellt werden.

24 Die Forderung nach universellen Standards im Sinne einer stringenten Methodik ist prinzipiell problematisch, da somit Theorievergleiche stets stabil und in ihrer Umsetzung wenig flexibel wären.

Theoriematerial belegt, d.h., nicht in einer durchgeführten vergleichenden und methodisch reflektierten Auseinandersetzung gezeigt. So wird oft über eine unüberschaubare Vielfalt geklagt anstatt Theorienvielfalt auch als Chance zu begreifen (vgl. Greshoff 1999: 14). Bis heute hat sich an dem Forschungsstand zum Theorienvergleich wenig verändert, der Zustand der „multiplen Paradigmatase" (Luhmann 1981: 50) hat sich sogar weiter zugespitzt. Die Gespräche um Theorievergleiche leiden also immer noch an einem grundsätzlichen Problem: *Es herrscht ein eklatantes Ungleichgewicht von metatheoretischen Überlegungen über die Möglichkeit von Theorievergleichen sowie normativen Forderungen nach solchen und der eigentlichen praktischen Durchführung.* Die Diskussion bleibt auf der Ebene theoretischer und methodologischer Grundsatzdebatten stehen, ohne Theorievergleiche tatsächlich umzusetzen.

Dies ist bisher eher sporadisch und vereinzelt geschehen (vgl. Bertemes 2005: 17). In Anlehnung an Hondrichs Methode hat es in den letzten Jahren nur wenige Versuche gegeben, den Theorievergleich zu reanimieren: Bei Greshoff/Kneer (1999) und Greshoff/ Kneer/Schimank (2003) wurden Konzepte spezifischer sozialtheoretischer Grundlagenthemen wie ‚Struktur und Ereignis' sowie ‚Transintentionalität' miteinander verglichen. In Folge dessen wurde die Theorievergleichsdebatte nochmals grundlegend methodisch reflektiert (vgl. Schimank/Greshoff 2005). In diesem Zusammenhang sind auch die jüngsten Theorienvergleichstagungen 2005 in Dresden und in Marburg 2006 zu nennen, die den Theorievergleich als zu aktualisierenden und unabdingbaren Teil sozialwissenschaftlicher Arbeit verstehen. Die Beiträge und Ergebnisse sind in Bonacker/Greshoff/Schimank (2008) zusammengestellt. Verschiedene sozialwissenschaftliche Theorieansätze sind anhand eines konkreten empirischen Problemfalls, den des Nordirlandkonflikts als exemplarisch ausgewählten Gegenstand, in ein Vergleichsverhältnis gestellt worden.

Innerhalb der Kommunikations- und Medienwissenschaft im Speziellen hat eine systematische Komparatistik bisher nur ansatzweise stattgefunden bzw. diese bisher aber noch unausgereift und unterentwickelt ist (vgl. Melischek/Seethaler/Wilke 2008: 12). Die jüngste Veröffentlichung des Sammelbandes über Medien- und Kommunikationsforschung im Vergleich von Melischek/Seethaler/Wilke (2008) gibt einen Überblick über hauptsächlich geografisch, also ländervergleichende, kulturell- und zeitlich-, norm-, Inter-Media- und kategorialvergleichende kommunikationswissenschaftliche Forschung.[25] An dieser Kategorisierung wird schnell deut-

---

25 Das Spektrum komparativer Arbeiten in der Kommunikations- und Medienforschung kann kategorial wie folgt ausdifferenziert werden:
- *Zeitvergleiche*: Trend- und Panelstudien charakterisieren sich grundsätzlich durch den Vergleich zwischen zwei oder mehreren Zeitpunkten entlang der Zeitachse. Dabei werden entweder bestimmte Zeitabschnitte, d. h. Zeiträume, oder konkrete Zeit- bzw. Datumsangaben miteinander verglichen. Der Vergleich erfolgt demnach diachron.

lich, dass *metatheoretische Vergleiche* zu kommunikations- und medienwissenschaftlichen Basistheorien in dieser Zusammenfassung nicht auftauchen und im Allgemeinen kaum durchgeführt werden.[26] Es handelt sich bei den oben genannten Theorievergleichstypen um eine ganz andere „Spielart des Theorievergleichs" (Lindenberg/Wippler 1978: 219), da es nicht um einen Vergleich verschiedener Theorien als Gegenstand der komparativen Gegenüberstellung geht. Zur Komparatistik von Basistheorien innerhalb der Kommunikations- und Medienwissenschaft, also einem interparadigmatischen Theorievergleich, äußert sich Weber im Sammelband ‚Theorien der Medien', indem er im Abschlusskapitel das Theorienspektrum der Medienwissenschaft umreißt und die Frage nach der Mode von Theorien stellt:

„Ist die Wahl einer bestimmten wissenschaftlichen Theorie primär ein Kind der Zeit? Sind wissenschaftliche Theorien am Ende gar reine Modeerscheinungen, die kommen und gehen, sich wiederholen mögen und [...] die immer gleichen Fragen und Problemlösungsvorschläge in neue Begrifflichkeiten kleiden?" (Weber 2010b: 295)

- *Geografische Vergleiche*: Bestimmte Aspekte und Gegenstandsbereiche von Medien und Kommunikation werden miteinander verglichen unter Berücksichtigung räumlicher Dimensionen. Dabei kann es sich um Vergleiche zwischen verschiedenen Kulturen, Staaten, Ländern, Regionen, Kommunen oder bestimmten Märkten handeln.
- *Normvergleiche*: Bei dieser Art des Vergleichs werden Untersuchungsergebnisse oder Ist-Zustände mit einer bestimmten Norm, Soll- und Zielvorgabe, d.h. mit einem a priori angesetzten Maßstab, abgeglichen. Diese Vorgehensweise ist idealtypisch für Qualitäts- und Evaluationsforschung, für die normative Kriterien festgelegt werden, die im Idealfall erreicht werden sollen.
- *Inter-Media-Vergleiche*: Diese Art des Vergleichs nimmt unterschiedliche Einzelmedien in Hinblick auf organisatorische, institutionelle, rechtliche, politische, ökonomische, journalistische, semiotische, technische oder wahrnehmungspsychologische Eigenschaften in den Fokus. Besonders in der Wirkungsforschung sind Inter-Media-Vergleiche interessant, da dort Gemeinsamkeiten und Unterschiede der Einzelmedien hinsichtlich der Verbreitung, Nutzung, Rezeption und Wirkung untersucht werden.
- *Kategoriale Vergleiche*: Idealtypisch sind hier Vergleiche zwischen Personengruppen, die verschiedene Merkmale aufweisen, z. B. soziodemografischer Art. Untersuchungen mit der Methode des Experiments sind kategoriale Vergleiche, in dem zwei oder mehrere experimentelle Faktoren und zwei oder mehrere abhängige Variable mit verschiedenen Vergleichsgruppen geprüft werden.

(Vgl. Schulz 2008: 19 ff.)

26 Betrachtet man beispielsweise allein schon die zahlreichen Theorien mittlerer Reichweite aus der Medienwirkungsforschung, so wird schnell deutlich, dass diese relativ unverbunden nebeneinander stehen. Merten bezeichnet dies als die zentrale „Problematik der gesamten Wirkungsforschung" (Merten 1999: 380).

Webers Anliegen ist daher eine komparatistische Darstellung verschiedener Basistheorien anhand verschiedener Orientierungsmarker, um eine Ordnung im Theorieraum der Medienwissenschaft zu schaffen. Er unterscheidet Theorien anhand von sechs Grundkategorien bzw. binären Ordnungsrastern, die eine komparative Perspektive fruchtbar erscheinen lassen:

- Deskriptiv-analytische versus präskriptiv-normative Theorien,
- Affirmativ versus kritische Theorien,
- Optimistische versus pessimistische Theorien[27],
- Rein theorieimmanente versus empiriefähige Theorien,
- Realistisch versus konstruktivistische Theorien und
- akteursorientierte versus systemorientierte Theorien.

(Vgl. ebd.: 296 ff.)

Punkt 1-3 korrespondiert mit Hondrichs Vergleichsgesichtspunkt der Erkenntnisleistungen, indem dort nach der Art der Aussagen gefragt wird. Punkt 5 und 6 thematisieren die (erkenntnis-)theoretischen Voraussetzungen einer Theorie, während Punkt 4 nach dem Gegenstandsbereich einer Theorie (Vergleichsgesichtspunkt 1 bei Hondrich) fragt. Webers Unterscheidungen lassen sich demnach als brauchbare Ergänzung und Ausdifferenzierung der von Hondrich benannten Vergleichsdimensionen beurteilen. Auch hier zeigt sich wieder, dass die Reflexion und der Vorschlag von Unterscheidungsmerkmalen von Theorien zur Durchführung eines Theorievergleichs als normative Richtlinien genannt werden, ohne selbst zu einer praktischen Umsetzung zu gelangen.

Als einzige empirisch durchgeführte metatheoretische Studien in Form eines interparadigmatischen Vergleichs innerhalb der Medien- und Kommunikationswissenschaft sind die jüngste Studie von Raaz (2010) und die Arbeit von Bertemes (2005) zu nennen. Raaz hat ein systemtheoretisch fundiertes Vergleichsinstrument entwickelt und dieses am Beispiel der Werbeforschung exemplarisch getestet. Bertemes hat eine systematische und komparative Rekonstruktion ausgewählter Paradigmen zur Fernsehunterhaltung vorgenommen. In Anlehnung an Hondrichs in den 1970ern entwickeltem vergleichlogischem Instrumentarium wurde in Bertemes' Analyse die Methode des Theorievergleichs faktisch erprobt und erfolgreich in einer hermeneutischen Feinanalyse durchgeführt. Das bewährte Verfahren hat Anschlussstellen für weitere Forschungsvorhaben offeriert, innerhalb dessen sich die vorliegende Arbeit methodisch verortet.

---

27 Punkt 2 und 3 korrespondieren mit der erstgenannten Unterscheidung deskriptiv-analytisch versus präskriptiv-normativ und differenzieren diese insofern aus.

1.3 Aufbau der Untersuchung

Im Folgenden wird ein Überblick über die nachfolgenden Schritte und den kommenden Verlauf der Arbeit gegeben:

Zunächst wird in *Kapitel 2* der theoretische Bezugsrahmen bestimmt. Am Anfang steht dabei die Vorstellung des grundlegenden Beobachterprinzips von ‚Setzung und Voraussetzung' nach Siegfried J. Schmidt: Theoretische Setzungen können niemals voraussetzungslos geschehen. Unabdingbar ist somit die Visibilisierung und Reflexion expliziter und insbesondere impliziter Voraussetzungen bzw. blinder Flecken, die über eine metatheoretische Betrachtung, den Theorievergleich, methodisch herausgearbeitet werden. Das Prinzip der ‚Setzung und Voraussetzung' als theoretische Annahme stellt damit ein Beobachterprinzip höherer Ordnung und somit die theoretische Grundhaltung dieser Studie dar (*Kapitel 2.1*).

Weiterhin werden grundlegende Überlegungen und zentrale Konzepte des postmodernen Denkens vorgestellt (*Kapitel 2.2*). Dies wird anhand zentraler Quellen der theoretischen Fundierung der Postmoderne in der philosophischen Debatte – namentlich durch Lyotard und Feyerabend eingerahmt – vollzogen. Durch diesen theoretischen Referenzkontext wird allgemein verdeutlicht, was der Begriff Postmoderne im philosophisch-wissenschaftlichen Diskurs meint. Dadurch kann festgestellt werden, welche Zuschreibungen im Allgemeinen gemacht werden, wenn von Postmoderne die Rede ist und was unter den Konzepten und allseits verwendeten Metaphern und Phrasen wie ‚Ende der Metaerzählungen' oder ‚Anything goes' zu verstehen ist, die immer wieder mit der Postmoderne in Verbindung gebracht werden (*Kapitel 2.2.1* und *Kapitel 2.2.2*). Anschließend wird der unabdingbare Konnex zwischen Postmoderne und Medientheorien erläutert, um aufzuzeigen, aus welchen Gründen es sinnvoll und notwendig ist, das Phänomen Postmoderne aus einer medientheoretischen Perspektive zu betrachten. (*Kapitel 2.2.3*)

Als weitere notwendige theoretische Prämisse wird in *Kapitel 2.3* der Begriff der Inkommensurabilität eingeführt und die radikale Inkommensurabilität nach Kuhn und Feyerabend vorgestellt. Da jedoch für den Theorievergleich von einer relativen Inkommensurabilitätsthese ausgegangen wird, die als Grundlage und konstitutive Voraussetzung des Theorievergleichs dient, wird erläutert, inwiefern eine radikale Inkommensurabilitätsthese weder zielführend noch überzeugend ist. Es wird begründet, weshalb eine relative bzw. relativierte Inkommensurabilitätsthese das Fundament für die vorliegende Untersuchung bildet.

Diese Prämissen stellen den übergeordneten, theoretischen Orientierungs- und Bezugsrahmen dar, der dieser Arbeit zugrunde liegt. Sie sind für den Theorievergleich (*Kapitel 4*) und insbesondere für die abschließende Bewertung bzw. die Beantwortung der forschungsleitenden Fragen (*Kapitel 5*) relevant.

In einem nächsten Schritt wird die Methodik der Untersuchung transparent und demzufolge intersubjektiv nachvollziehbar gemacht, indem die Vorgehensweise des Theorievergleichs expliziert wird (*Kapitel 3*). Dabei wird sowohl dargelegt, *was* beobachtet wird, als auch insbesondere, *wie* der postmoderne Diskurs beobachtet wird. Zunächst wird eine Auswahl der zu analysierenden postmodernen Theoretiker nach vier Prämissen, dem Relevanz-, Sach-, Zeit- und Raumkriterium, getroffen und begründet. Die Selektion versteht sich als das *Was* des Theorievergleichs (*Kapitel 3.1*). In Anlehnung an Hondrichs (1976; 1978) Theorievergleich in den Sozialwissenschaften wird ein modifiziertes Beobachtungsinstrument vorgestellt, das den Theorievergleich anhand der Vorgabe von Vergleichsdimensionen inhaltlicher und struktureller Art leiten und systematisieren soll. Dies stellt das *Wie* bzw. das methodische Instrumentarium der Untersuchung dar (*Kapitel 3.2*).

In *Kapitel 4* geht es um die Durchführung des Theorievergleichs selbst. Vorerst werden die Theorieangebote der ausgewählten postmodernen Theoretiker vorgestellt, d.h., eine Topografie der ausgewählten Ansätze skizziert. Diese Positionen werden miteinander verglichen, indem sie zueinander mithilfe der in Kapitel 3.2 vorgestellten Vergleichsdimensionen in Beziehung gesetzt werden. Dabei soll eine Merkmalsmenge der postmodernen Medientheorien anhand rekurrenter textimmanenter Strukturmerkmale paradigmatisch erarbeitet werden. Die Theorieangebote werden jeweils grundlegend vorgestellt, um diese anschließend in eine systematische Ordnung zu bringen. Auf Grundlage jener werkimmanenten theorievergleichenden Analysen sollen die gemeinsamen und unterschiedlichen Strukturen einer zeitgenössischen, postmodernen Textproduktion der zu untersuchenden Theorieangebote diagnostiziert werden. Dieser Theorievergleich geschieht auf mehreren Abstraktions- und Beobachtungsebenen: Zum einen wird auf einer objekttheoretischen Ebene verglichen, *was* die postmodernen Theoretiker unter Mediengeschichte bzw. -wandel verstehen. Zum anderen wird untersucht, *wie* sie dies auf einer hintergrund- und metatheoretischen Ebene tun. In sechs Unterkapiteln geht es um einen Vergleich hinsichtlich der

1. jeweiligen medienhistorischen Modelle und ihrer konstatierten Problemhinsichten bzw. Gegenwartsdiagnosen und Zukunftsprognosen (*Kapitel 4.1*),
2. Problemlösungen, die sie bezüglich der festgestellten Problemhinsichten anbieten (*Kapitel 4.2*),
3. Begrifflichkeiten und der damit verbundenen expliziten und impliziten theoretischen Voraussetzungen (*Kapitel 4.3*),
4. Theorieebene, auf der die Ansätze angesiedelt sind (*Kapitel 4.4*),
5. Strukturmerkmale, die den logischen Status, die Argumentationsstrategien sowie Sprache und Stil umfassen (*Kapitel 4.5*) und

6. sozialen Voraussetzungen, d.h., der historische, gesellschaftliche und insbesondere berufssozialisatorische sowie theorie- und ideengeschichtliche Kontext, in dem die Theorien entstanden sind (*Kapitel 4.6*).

Die Ergebnisse des Theorievergleichs werden in *Kapitel 5* zusammengefasst und systematisiert. *Kapitel 5.1* ist als Erläuterung und Synopse des Theorievergleichs zu verstehen. Es werden die Gemeinsamkeiten und Differenzen der untersuchten Theoretiker herausgestellt. Die Ergebnisse des Theorievergleichs sind anhand einer tabellarischen Synopse[28] (*Kapitel 5.1.1*, vgl. Tabelle 33) und einer vergleichslogischen Ergebnismatrix (*Kapitel 5.1.2*, vgl. Tabelle 34) nachzuvollziehen. Erstere ist eine Zusammenfassung aller vorherigen Tabellen in einer. Letztere zeigt in komprimierter Form die vergleichslogischen Verhältnisse der Theorien auf. Hier wird demnach die forschungsleitende Annahme überprüft und die forschungsleitende Frage nach partieller (In-)Kommensurabilität der Ansätze beantwortet, indem auf den theoretischen Bezugsrahmen, die relative Inkommensurabilitätsthese, rekurriert wird.

Kapitel 5.2 behandelt auf einer höheren Beobachtungsebene die abschließende Bewertung des Diskurses, die Diskursreflexion als kritische Relektüre postmoderner Medientheorien. Die invisibilisierten Voraussetzungen und blinden Flecken des postmodernen Diskurses werden thematisiert und problematisiert. Die Problemhaftigkeit der theoretischen Voraussetzungen wird mithilfe des in Kapitel 2 formulierten theoretischen Bezugsrahmens transparent gemacht, d.h., die Ergebnisse des Theorievergleichs werden in den Kontext des postmodernen Denkens nach Lyotard und Feyerabend gestellt. Diese theoretische Rekontextualisierung ermöglicht es, die an den untersuchten Theorien erarbeiteten Eigenschaften in Bezug zu den allgemein philosophisch-wissenschaftlichen Theoremen als (post-)modern oder nicht bestimmen zu können. Es wird diskutiert, was unter dem Etikett ‚postmoderne Medientheorien' zu verstehen ist und was das Postulat ‚Anything goes?' für die untersuchten postmodernen Medientheorien bedeutet. Die in Kapitel 1.1 formulierten forschungsleitenden Fragen (1 und 3) werden hier beantwortet. *In Kapitel 5.3* steht die Evaluation der untersuchten Theorien hinsichtlich ihrer Leistung bzw. ihres Leistungspotenzials, ihrer Brauchbarkeit und Anschlussfähigkeit für die Kommunikations- und Medienwissenschaft im Vordergrund. Es wird herausgestellt, welchen Stellenwert postmoderne Medientheorien im Feld der Medientheorien im Allgemeinen einnehmen und somit die vierte und letzte forschungsleitende Frage nach

---

28 Die umfassende Ergebnismatrix, die alle vorherigen Tabellen in einer zusammenfasst, ist in der ursprünglichen Fassung der Dissertation als DIN-A2-Faltblatt im Anhang aufgetaucht. Diese kann aus drucktechnischen Gründen in dieser Publikation nicht realisiert werden, so dass sie im pdf-Format unter der transcript-Verlagsseite zu finden. Siehe http://www.transcript-verlag.de/ts2439/ts2439.php.

der Anschlussfähigkeit und Brauchbarkeit der Theorien beantwortet. Die forschungsleitenden Annahmen werden schließlich reflektiert.

Nach einer Beurteilung der Relevanz und Anschlussfähigkeit wird in *Kapitel 6* schließlich die Leistung der vorliegenden Arbeit selbstreflexiv herausgestellt (Fazit) und ihre Relevanz für weiterführende Untersuchungen skizziert (Ausblick).

2. Theoretischer Bezugsrahmen

2.1 Setzung und Voraussetzung – Ein Beobachterprinzip

Jede Handlung, die wir vollziehen, jeden Gedanken, den wir denken, oder jedes Gefühl, das wir empfinden, geschieht – bewusst oder unbewusst – als Selektion aus einer Bandbreite möglicher Handlungen, Gedanken und Gefühle. Die Entscheidung, so und nicht anders zu handeln, zu denken und zu fühlen, bezeichnet Siegfried J. Schmidt in ‚Geschichten und Diskurse' (2003a) als *Setzung*. Eine Setzung ist nur möglich, wenn sich vorher bereits andere Setzungen vollzogen haben. Alle bisherigen Setzungen stehen in einem Zusammenhang von Setzungen, die in jeweils konkreten Situationen vorgenommen wurden. In Form von Erinnerungen und Erzählungen können wir uns auf diesen Setzungszusammenhang als Gesamtheit von Lebenserfahrungen beziehen. Jene vorausgegangenen Setzungen, die Bedingung für weitere Setzungen sind, sind *Voraussetzungen*. Als Voraussetzungen einer bestimmten nachfolgenden Setzung sind jene als Voraussetzung einer bestimmten Setzung von der Setzung abhängig. Insofern begründet und erzeugt der *Grundmechanismus von Setzung und Voraussetzung*[1] sich selbst. Setzung und Voraussetzung stehen in einem *autokonstitutiven* Zusammenhang, da die Voraussetzung als Bedingung der Setzung und die Setzung wiederum Bedingung für die Voraussetzung ist. Diese Logik ist demnach als ein sich selbst konstituierender Prozess wechselseitiger Generierung zu beschreiben. Ohne Setzung keine Voraussetzung und vice versa. Setzung und Voraussetzung sind daher stets auch strikt *komplementär*:

---

1 Schmidt übernimmt die Begriffe Setzung und Voraussetzung Hegels ‚Wissenschaft der Logik', der Setzen und Voraussetzen als einen sich selbst konstituierenden Prozess beschreibt, der jeglichem Erkennen und Handeln zugrunde liegt (vgl. Schmidt 2003a: 28; Hegel 1965).

„In diesem Sinne sind Setzung und Voraussetzung autokonstitutiv aufeinander bezogen und bestätigen sich in jedem Setzungsprozess gegenseitig: Setzungen operieren auf der Grundlage von Voraussetzungen, Voraussetzungen orientieren die Sinngebung von Setzungen. [...] Aktanten fangen nirgendwo voraussetzungslos an, sondern sie fahren fort mit Setzungen auf dem ‚Plafond' vielfältiger Voraussetzungen." (ebd.: 32; 49)

Diese Logik bzw. Forschungsstrategie soll hier als theoretisches Grundprinzip etabliert werden, da jegliches Erkennen, Beobachten und Handeln auf diesem Grundmechanismus von Setzungen und Voraussetzungen basiert. Denn „was immer wir tun, wir tun es in Gestalt einer Setzung." (Schmidt 2003a: 27)[2]

Setzungen sind dabei stets selektiv und produzieren notwendigerweise Kontingenz, da auch immer andere Entscheidungen getroffen und somit andere Setzungen vollzogen werden können. Wir handeln, indem wir aus einem Pool von unendlich vielen Handlungsmöglichkeiten eine auswählen, wobei im Moment des Handlungsvollzugs andere Handlungsalternativen immer ungenutzt bleiben. Jede weitere Handlungsrealisierung in Form einer Selektion wird zugleich zu einer Voraussetzung neuer Setzungen. Dabei hätte jedoch stets auch anders gehandelt werden können, so dass jede Setzung kontingent ist. *Selektion und Kontingenz*[3] sind demnach ebenso als komplementär zu verstehen. Handeln geschieht nie voraussetzungslos, jedoch sind die Voraussetzungen für die setzende Instanz nicht bewusstseinspflichtig. Denn im Augenblick der Setzung ist der Beobachter blind für seine Voraussetzungen. Beobachten ist nur möglich durch die implizite Vorannahme bzw. Voraussetzung eines Nicht-Beobachtens (vgl. Jünger 2002: 37). Beobachtung und Nicht-Beobachtung, Beobachtbares und Nicht-Beobachtbares verhalten sich demnach komplementär zueinander.

---

2 Siegfried J. Schmidts ‚Geschichten und Diskurse' als eine sich selbst begründende und auf sich selbst anwendbare Philosophie legt den Fokus nicht auf Objekte, Entitäten und Ontologien, sondern verschiebt ihr Augenmerk auf Prozesse und Wirkungszusammenhänge. Prozessorientierung ist die Basisstrategie, die das Theoriegebäude stützt.

3 Als weitere basale Kategorie nennt Schmidt den „generativen Mechanismus von *Reflexivität*" (Schmidt 2003a: 24; Hervorhebung d. Verf.), um Kontingenz zu bearbeiten und zwischen kognitiver Autonomie und sozialer Orientierung zu vermitteln. Das Kontingenzproblem wird durch einen fiktiven, reflexiven Bezug auf gegenseitig unterstelltes kollektives Wissen, den sogenannten operativen Fiktionen, vermindert. Handlungsunsicherheit wird durch Orientierungs-Orientierungen und Erwartungs-Erwartungen, die durch das Kulturprogramm implementiert werden, minimiert. Für Einzelheiten zu den grundlegenden Begrifflichkeiten (Prozessualität, Setzung/Voraussetzung, Selektion/Kontingenz, Komplementarität und Reflexivität) vgl. Schmidt (2003a).

Das fehlende Bewusstsein für Voraussetzungshaftigkeit im wissenschaftlichen Diskurs ist besonders von Vertretern non-dualistischer Ansätze, innerhalb derer sich Schmidts Theorievorschlag verortet, thematisiert und problematisiert worden:

„Am Anfang der Philosophie stehen nicht Probleme, sondern *nicht-problematisierte Voraussetzungen*. Diese Voraussetzungen sind dichotomische Unterscheidungen (in der Erkenntnistheorie und Sprachphilosophie etwa die Dichotomien Sprache-Welt, Beschreibung-Objekt, Aussage-Gegenstand, Sein-Bewußtsein, Subjekt-Objekt und andere). Der Versuch, die Beziehung zwischen den Gliedern dieser Dichotomien zu klären, führt zu den philosophischen Problemen (Objektivitätsproblem, Referenzproblem, Identitätsproblem, Außenweltproblem, vor allem aber zum Wahrheitsproblem)." (Mitterer 1992: 11; Hervorhebung d. Verf.)

Non-dualistische Ansätze, die u.a. von Josef Mitterer vertreten werden, kritisieren dabei das den meisten erkenntnistheoretischen Auffassungen anhaftende dualistische Denk- und Theorieformat. Es geht Mitterer hauptsächlich um die Vermeidung traditionell-philosophischer Dogmen, die eine Absolutheit an Wahrheit und Erkenntnis einfordern, so wie es im dualistischen Philosophieren der Fall ist. Die dichotomen[4] Unterscheidungen setzen stets ein Diskursjenseits als Diskursregulativ und Erkenntnisziel voraus, so dass im dualisierenden Denken ein „pursuit of truth" (ebd.: 110), eine Suche nach Wahrheit, angestrebt wird. Mitterer nennt dies die „erkenntnistheoretische Verschleierung des Faustrechts" (Ebd.) und schlägt stattdessen eine „nicht-dualisierende Rede- und Argumentationsweise, den ‚pursuit of change'" (ebd.: 18) vor, wobei es nicht um die Ablösung alter Paradigmen durch ein neues im Sinne einer Kopernikanischen Wende geht, sondern vielmehr um die *explizite Problematisierung der dichotomen Voraussetzungen* im Zuge der Theoriebildung, die das eigentliche Manko der meisten Ansätze darstellt. Die *konsequente Thematisierung und Explizierung von Voraussetzungen und blinden Flecken als Startargument* kann aus denklogischer Sicht nicht verneint oder abgelehnt werden. Demnach sind nicht die Startoperationen und blinden Flecken per se problematisch, sondern vielmehr die *Unterlassung der Reflexion* derselbigen auf der Ebene wissenschaftlicher Analysen: „Ein kritisches Hinterfragen versteht sich da von selbst, die Finger werden im besten Fall in die Wunden der jeweiligen Theorieangebote gelegt, die blinden Flecken erhellt." (Weber 2001: 8) Die Aufdeckung dieser blinden Flecken

---

4   In dieser Darstellung wird ‚dichotom' und ‚dualistisch' synonym verwendet, so wie es auch bei Mitterer der Fall ist (vgl. Mitterer 1992: 14). Weber hat diese Gleichsetzung als ungenaue Differenzierung von Begrifflichkeiten kritisiert (vgl. Weber 1996: 184). Auf diese Differenzierungsproblematik soll im Folgenden nur hingewiesen werden, da im Rahmen dieser Untersuchung jene Ausdifferenzierung nicht zentral und daher eine synonyme Verwendung ausreichend ist.

und impliziten Voraussetzungen kann jedoch nur auf einer höheren Beobachtungsebene vollzogen werden:

„Beobachter 2. Ordnung setzen Beobachtungsprozesse in Gang, um die Voraussetzungen der Setzungen des Beobachters 1. Ordnung zu beobachten, wobei ihre eigenen Voraussetzungen als blinder Fleck wirken. Beobachter 3. Ordnung beobachten die Voraussetzungen des Beobachters 2. Ordnung mit Hilfe ihrer blinden Flecken usw." (Schmidt 2003a: 33)

Dabei sollte beachtet werden, dass die Beobachtungsebenen keine Hierarchisierung im Sinne einer Qualitätssteigerung von Beobachtung darstellen. Auch auf der Beobachtungsebene dritter Ordnung gibt es wiederum blinde Flecken, die im Vollzug der Beobachtung nicht beobachtet werden können, da die Beobachtung, d.h. die Operation des Unterscheidens und Benennens, eine notwendige Vereinseitigung ist, die im Prozess des Unterscheidens das Nicht-Beobachtete außer Acht lässt (vgl. Jünger 2002: 151 f.). Seine Beobachtungsprinzipien und -maßstäbe offen zu legen ist daher unabdingbar.

Wendet man diese theoretischen Vorüberlegungen auf die Medientheorien an, so kann folgende Beobachtungskonstellation beschrieben werden: Wissenschaft im Allgemeinen und Medien- und Kommunikationswissenschaft im Speziellen gelten als eine Explikationsform für gesellschaftliche Probleme. Medientheorie beschäftigt sich auf einer Beobachtungsebene zweiter Ordnung mit einem Explikationsfeld, das für mediale und als gesellschaftlich relevant einzuschätzende Probleme und Phänomene zuständig ist. Der medientheoretische Diskurs kann als Instanz gesellschaftlicher Selbstbeobachtung und -beschreibung aufgefasst werden. Gegenstand dieser Untersuchung sind demnach Aussagen des postmodernen Diskurses über den von ihnen beobachteten Problemzusammenhang medienhistorischer Entwicklungsprozesse. Jene Aussagen bzw. Beobachtungen der Postmodernen vollziehen sich auf einer Beobachtungsebene zweiter Ordnung, da sie als Beobachter Gesellschaft bzw. Aktanten in ihrem Alltagshandeln (Beobachter erster Ordnung) beobachten. In einem Theorievergleich wird folglich auf einer Beobachtungsebene dritter Ordnung beobachtet, wie die postmodernen Theoretiker Mediengeschichte beobachten und beschreiben. Mithilfe des Theorievergleichs wird schließlich auf einer metatheoretischen Ebene (Beobachtungsebene dritter Ordnung) der wissenschaftliche Diskurs (Beobachtungsebene zweiter Ordnung), also die thematisch und formal geordneten Zusammenhänge von selektierten Beiträgen postmoderner Medientheorien zum Gegenstandsbereich medienhistorischer Wandel, beobachtet:

„Man begibt sich damit jedoch notwendig auf eine Metaebene, man beobachtet Medienwissenschaften und ihre Konzepte, betreibt jedoch nicht selbst Medienwissenschaft und macht damit keine eigenständigen Aussagen über den Gegenstand der Medienwissenschaften, sondern nur darüber, inwieweit der Gegenstand durch ein medienwissenschaftliches Konzept konstituiert wird. Es wird also nicht darum gehen zu klären, ob ein Rad denn nun ein Medium sei oder nicht, sondern darum, warum McLuhan eine derartige Konstituierung des medienwissenschaftlichen Gegenstandes vornimmt und welche Funktionen und Erkenntniseffekte sich durch eine derartige Konstruktion des medienwissenschaftlichen Gegenstandes erzielen lassen." (Leschke 2003: 11f.)

Der Theorievergleich ist demnach metakritisch angelegt. Vergleichen wird dabei zur Basis- respektive zur elementaren Beobachteroperation von Wissenschaft erhoben. Konstitutives Selbstverständnis dieser Untersuchung, die sich demgemäß als Beobachtungs- bzw. Reflexionsinstanz dritter Ordnung versteht, ist es, die Finger in die Wunden von ausgewählten postmodernen Medientheorien zu legen und jene expliziten und meist impliziten Voraussetzungen zu thematisieren und kritisch zu beleuchten. Die postmodernen medientheoretischen Texte werden in ihrem partikularen und kontingenten Charakter, ihrer inneren Historizität und den von ihnen verwendeten theoretischen Denkfiguren und -strukturen hin überprüft. Es geht um die Reflexion eines Diskurses, seiner blinden Flecken, seiner theorieimmanenten Voraussetzungen und Vorentscheidungen, seiner Werturteile und Prognosen. In diesem Sinne versteht sich der Mechanismus von Setzung und Voraussetzung als Beobachterprinzip und somit als konstitutive theoretische Grundlage dieser Arbeit. Dabei wird der Begriff der Voraussetzungen nach Siegfried J. Schmidt auch im methodischen Instrumentarium selbst schon operationalisiert, indem zwei der Vergleichsdimensionen bereits den Begriff der Voraussetzungen im Titel tragen und den Fokus auf derartige implizite Startoperationen theoretischer und kontextueller Art werfen.[5]

Selbstverständlich unterliegt die Untersuchung selbst zwangsweise selektiver Perspektivierungen, z.B. die Einschränkung auf die Beobachtung von Medienwandel, die als bewusste Setzung notwendigerweise vollzogen werden muss. Dabei entstehen genauso unbeobachtete Stellen, die wiederum im Zuge dieser Setzung nicht selbstreflexiv beobachtbar sind. Aufgrund von notwendigen Selektionen werden stets andere Aspekte ausgeblendet, um überhaupt einen Problemfokus schaffen zu können. Jede Arbeit – und so auch diese – beobachtet mit kontingenten Kategorien und muss ihren Beobachtungsgegenstand daher zwangsweise selektiv behandeln.

Als forschungsleitende Grundvoraussetzung lässt sich zusammenfassen, dass jegliches Handeln und Kommunizieren, auch auf wissenschaftlicher Ebene, niemals voraussetzungslos ist. Daher ist notwendigerweise zu fragen: Wie voraussetzungsreich sind die zu untersuchenden Theorien? Welche inhaltlichen, theoretischen und

---

5 Siehe hierzu genauer Kapitel 3.2, in dem die Vergleichsdimensionen erläutert werden. Dabei werden in den Vergleichsdimensionen 3 (Begrifflichkeiten und *theoretische Voraussetzungen*) und 6 (*Soziale Voraussetzungen* im Sinne von Kontextbedingungen) mit dem Begriff der Voraussetzung operiert.

methodischen Voraussetzungen liegen den postmodernen Abhandlungen zu Grunde? Thematisieren die Theoretiker diese und explizieren sie die Beobachterproblematik? Denn nicht die Forderung nach Voraussetzungslosigkeit, sondern das *Reflexionsbewusstsein über die Notwendigkeit bzw. das explizite Darlegen von unvermeidbaren Voraussetzungen* innerhalb der wissenschaftlichen Aussagenproduktion soll in dieser Arbeit die leitende Grundüberlegung sein. Die Rede von einer erwünschten Voraussetzungslosigkeit kennzeichnet vielmehr eine mangelnde Explizierung oftmals impliziter (wissenschafts-)theoretischer und methodologischer Grundannahmen sowie eine fehlende Benennung oder Ausblendung von Kontextvariablen[6]. So kann das „Ideal der möglichst weitgehenden Voraussetzungslosigkeit" (Guttmann 1992: 272) als Farce entlarvt und die Voraussetzungshaftigkeiten und blinden Flecken, die jedem Theoretisieren anhaften, problematisiert werden.

2.2 POSTMODERNE – ZUR BESTIMMUNG EINES BEGRIFFS

> „Die Postmoderne ist keine neue Epoche, sondern
> eine semantische Katastrophe."
> (BOLZ 1997: 19)

Wie bereits zu Beginn der Arbeit erwähnt, ist der Terminus Postmoderne zu einer allseits verwendeten und inflationär gebrauchten Floskel geworden, deren semantischer Gehalt in höchstem Maße uneindeutig ist. Die Postmoderne erscheint als ein undefiniertes Spektrum verschiedener zeitgeistiger Phänomene und Trends oder als Mix „chicer Kulturmode" (Welsch 2008: 2). Der Begriff wird feuilletonistisch trivialisiert und verkommt zu einem inhaltsleeren Ausdruck: Ob Mode, Musik, Kunst, Literatur[7], Film, Medienszene etc., in der öffentlichen Diskussion ist der Terminus zu einer omnipräsenten Losung geworden: „‚Postmodern' ist heute, wie Eco einmal formulierte, ein Passepartoutbegriff, mit dem man fast alles machen kann." (Tepe 1992: 16) Im öffentlichen Diskurs ist also zu beobachten, dass der Begriff Postmo-

---

6 Weber (2005: 41 ff.) nennt hier den Zeitpunkt der Entstehung einer Arbeit, das politische Umfeld, die institutionelle Einbindung, die biografische Sozialisation, raumzeitliche und sprachliche Faktoren. Diese werden im Kapitel 4.6 eingehend untersucht.

7 Es wird auch gegenwärtig noch in zeitgenössischen öffentlichen Debatten mit dem Terminus operiert. Das erschienene Erstlingswerk ‚Axolotl Roadkill' von Helene Hegemann wurde 2010 als Beispiel für eine literarische Postmoderne heftig diskutiert. In den Feuilletons wurde darüber gestritten, ob es sich bei den von Hegemann kopierten Passagen um ein „Remix-Meisterwerk oder postmoderne[n] Plagiarismus" (Schäfer 2010: 1) handle. Siehe dazu z.B. auch die Diskussion in Die Zeit vom 18. Februar 2010 (vgl. Radisch 2010: 45; Joffe 2010: 46; Kümmel 2010: 46; Graf 2010: 47).

derne vielmehr ein allgegenwärtiges Motto beschreibt als eine philosophische Konzeption oder einfach als „grausames Synonym für *Beliebigkeit* oder *Desorientierung*" (Stäheli 2004: 13; Hervorhebung im Original) gehandelt wird. Die Trivialisierung des Terminus lässt auch seine bekannten Vertreter weniger als Philosophen, sondern „als Figuren, als Spielmaterial einer nach eigenen Kriterien funktionierenden Medienszene, die mit der philosophischen Arbeit nichts zu tun hat" (Engelmann 2007: 5 f.), auftreten. Die immerwährende Diskussion über die Semantik des Begriffs hat jedoch keineswegs zu seiner Klärung beigetragen, sondern die Verwirrung um den Ausdruck zusätzlich vergrößert:

> „Als die Postmoderne endlich begann, da glaubte fast schon keiner mehr daran. Zehn Jahre hatte man sie herbeigeredet, darum herumgeredet, hatte sie zerredet, wechselweise gepriesen und geschmäht, beschworen und begraben... [...] Die Analysen Lyotards waren entschieden zu verspielt, um im Detail populäres Geistesgut der achtziger Jahre zu werden; der Titel jedoch genügte, um das Vokabular der Zeit schockartig zu elektrisieren. Alle Welt wand und drehte sich wie in Trance um Postmoderne – ein Begriffsphantom, nicht geeignet zwar, irgendeine Realität präzis zu denotieren, aber um so schillernder in seiner Aura. Jeder sprach, keiner hatte eine klare Vorstellung davon." (Gächter 1991: 30)

Ob mit Postmoderne ein Zeitabschnitt, eine intellektuelle Strömung, eine Geisteshaltung, eine Ideologie oder der gegenwärtige Zeitgeist gemeint ist, bleibt unklar. Statt Präzision findet sich eine leere Worthülse, ein Begriffsphantom, ein Pseudobegriff, und dennoch ist die Postmoderne immer noch ein aktueller Begriff.

Blickt man genealogisch auf das Aufkommen des Ausdrucks zurück, so kann festgestellt werden, dass viele der als postmodern bezeichneten Phänomene, Ideen und Konzepte sich außerhalb des akademischen Diskurses an den Rändern der Universität entwickelt haben. Erst dann ist die Postmoderne in die Wissenschaft diffundiert, wo sie mit provokativen und neuartigen Diskursformen den konventionellen akademischen Kurs und den normalen Lauf der Theoriebildung aufgemischt haben[8]. Aber auch im wissenschaftlichen Bereich herrscht Unklarheit über den Begriff, der aus verschiedenen Gründen schillernd und vage geblieben ist, wie Wolfgang Welsch diagnostiziert:

Erstens stellt sich die Frage nach der *Legitimität* des Ausdrucks Postmoderne. Ob es überhaupt gerechtfertigt ist, von einer Postmoderne zu sprechen, ist in der Postmodernedebatte ein häufig aufkommender Streitpunkt. Stellt der Begriff Postmoderne nicht schlichtweg ein neues Label vor, das inhaltlich nichts Neues bietet? Einige Kritiker sind der Meinung, die

---

8 Siehe dazu auch Abschnitt 2.2.2, in dem Paul Feyerabends wissenschaftstheoretische Position erörtert wird.

„Postmoderne sei bloß alter Wein in neuen Schläuchen, und das Gerede von ihr sei nur der Reklamerummel profilierungssüchtiger Modepropheten oder der leicht zu entlarvende Fluchtversuch derjenigen, die sich durch die Ausrufung eines neuen Zeitalters von den unerledigten Pflichten der Gegenwart davonstehlen wollen." (Welsch 2008: 9)

Wenn die Postmoderne etwas, das noch im Entstehen ist, bezeichnet, so kann dieser nicht bereits a priori festgelegt werden. Inwiefern ist nicht die Festlegung eines Epocheneinschnitts eine unverschämte Anmaßung, die eigentlich Aufgabe zukünftiger Historiker wäre?

Zweitens ist auch der *Anwendungsbereich*, für den der Ausdruck Postmoderne Geltung beansprucht, umstritten. In der Literaturwissenschaft, der Architektur, der Kunst, der Soziologie, der Philosophie und selbst im Alltag findet der Begriff Verwendung. Die Rede ist zudem von einer postmodernen Theologie, einem postmodernen Reisen, vom postmodernen Patienten, vom postmodernen Körperkult oder vom postmodernen Meditieren (vgl. Ebd.).

Drittens herrscht Uneinigkeit über den *zeitlichen Beginn* der Postmoderne, betrachtet man genealogisch den Zeitpunkt ihres Auftretens. Schon um 1870 spricht der englische Salonmaler John Watkins Chapman von einer postmodernen Malerei, 1917 gebraucht Rudolf Pannwitz den Ausdruck des postmodernen Menschen, ein quasi nietzscheanischer Übermensch, während in der spanischsprachigen Literatur der Ausdruck Postmoderne erstmals 1934 bei Federico de Oníz auftaucht. 1947 bezeichnet Arnold Toynbee in seiner Enzyklopädie ‚A Study of History' die abendländische Kultur und den Übergang der Politik von nationalstaatlichen zu globalem Denken als Kennzeichen der Postmoderne. Diese setzt er zeitlich im Jahre 1875 an. (Vgl. ebd.: 12 f.) In der nordamerikanischen Literaturdebatte setzt sich der Begriff insbesondere mit Leslie Fiedlers Programmschrift ‚Cross the Border, Close the Gap' (dt. ‚Überquert die Grenze, schließt den Graben!') (Fiedler 1969: 57 ff.) in den 1960er Jahren durch. In der deutschen Literatur wird hingegen erst Ende des 20. Jahrhunderts auf den Begriff der Postmoderne rekurriert. Im Bereich der Architektur wiederum, den Welsch als postmodernen „Artikulationssektor par excellence" (Welsch 2008: 18) identifiziert, wird der Terminus Postmoderne von Charles Jencks Mitte 1975 eingeführt.

Viertens wird schnell deutlich, dass der *semantische Gehalt* der Postmoderne umstritten und klärungsbedürftig ist. Die Einen verbinden das Zeitalter der Technologien mit der Postmoderne, die Anderen feiern gerade ihren Abschied und fordern die Rückbesinnung auf ökologisch und alternativ. Während auf der einen Seite eine Übergangsphase gemeint ist, ist auf der anderen Seite von einem kulturellen Gipfel die Rede. (Vgl. ebd.: 9 ff.)

Bereits an diesem kursorischen Überblick kann die Disparität der Chronologie, der Verwendungsweisen und der Bewertung bzw. Relevanz abgelesen werden. Diese heterogenen Auffassungen von Postmoderne zeigen bereits, wie der Terminus zum Ausgangspunkt verschiedenartiger und vielfältiger Konstruktionen werden kann, die Schnittmengen aufweisen, sich widersprechen oder aber inkommensurabel erscheinen (vgl. Zima 1997: 14). Aufgrund solcher Unklarheiten und Uneinigkeiten erscheint es einfach, eine Begriffsklärung zu unterlassen, „es fortan wieder schlicht mit den althergebrachten Wortzusammensetzungen wie Post-amt, Post-bote und Post-scheck genug sein zu lassen und sich um die Post-moderne nicht weiter zu kümmern." (Welsch 2008: 10) Insofern bleibt der Postmodernebegriff als Slogan griffig, als inhaltliches Konzept jedoch schwammig. Dieser diffuse Begriffswirrwarr um die Postmoderne verdeckt die Tragweite des Begriffs, die jenseits oberflächlicher Polemik und eines kurzlebigen Modephänomens liegt, und resultiert oftmals in einer prinzipiellen „affektiven Ablehnung" (Reese-Schäfer 1995: 44) der Postmoderne. Dabei führt das inflationäre Auftreten des Terminus dazu, dass zahlreiche Meinungen zur Postmoderne kursieren, ohne sich jedoch mit dem Diskussionsstand genauer auszukennen oder die grundlegenden Texte rezipiert zu haben.

Dennoch hält die Diskussion um die Postmoderne an. Selbst 21 Jahre nach dem Erscheinen von Welschs ‚Unsere postmoderne Moderne' wurde die mittlerweile als Grundlagenwerk gehandelte Monografie 2008 zum siebten Mal neu aufgelegt: „Das ist überraschend, da doch viele erklären, die Debatte sei beendet, ‚Postmoderne' sei heute kein Reizwort mehr, und mit dem Übergang ins dritte Jahrtausend werde man die Vokabel wohl endgültig hinter sich bringen." (Welsch 2008: XIII) [9]

---

9 Welsch plädiert dafür, einen „vernünftigen Gehalt des als ‚postmodern' Bezeichneten zu entwickeln" (Welsch 2008: 1). Sowohl Welsch als auch Mike Sandbothe unterscheiden zwischen einem spezifischen, bedeutungsvollen und veritablen Postmodernismus, der jenseits von Beliebigkeit, Verwirrung, Begriffs- und Inhaltslosigkeit, Modetrend und Gleichgültigkeit steht, und einer diffusen Begriffsbestimmung entgegenwirkt (vgl. ebd.: 2; Sandbothe 1998: 41).Welsch unterscheidet an anderer Stelle sogar zwischen einem anonymen Postmodernismus, einem diffusen Postmodernismus und einem präzisen Postmodernismus. Zu einem *anonymen* Postmodernismus zählen die Theoretiker, die sich selber nicht als postmodern bezeichnen, jedoch aus dem postmodernen Grundbewusstsein heraus denken. Als Beispiel nennt er Wittgenstein und die Vielfalt von Sprachspielen sowie Kuhn und den wissenschaftstheoretischen Pluralismus. Der *diffuse* Postmodernismus, der bisher skizziert wurde, bezeichnet jene Unklarheit des Begriffs, der in den Feuilletons auftaucht und zwischen „wissenschaftlichen Universal-Mixturen in Lacan-Derrida-Tunke bis zu aufgedrehten Beliebigkeitsszenarien" (Welsch 2008: 2) changiert. Postmoderne tritt hier als Schlagwort für Beliebigkeit, Mixtur aus allem und Irrationalismus auf. Hierbei handelt es sich laut Welsch um eine Pseudo-Postmoderne. Im *präzisen* Postmodernismus erfährt Pluralität ihre Einlösung. Dieser bezeichnet die Ablösung von Einheitsvorstellungen und betont die Unglaubwürdigkeit und das fehlende Vertrauen in die Meta-Erzählungen. Im Zentrum steht der Gedanke der Pluralität. Der präzise Postmodernismus

Als weitere theoretische Voraussetzung neben dem grundsätzlichen Beobachterprinzip von Setzungen und Voraussetzungen liefert dieses Kapitel daher einen theoretischen Orientierungsrahmen für das Phänomen Postmoderne. Dabei ist zu betonen, dass Postmoderne hier *nicht in einem ontologischen Sinne* verstanden wird und womöglich noch einen Epochenstatus erhalten soll. *Die Postmoderne als Objekt an sich gibt es nicht.* Vielmehr erfolgt die Bestimmung von Postmoderne auf einer *diskursiven Ebene*, bei der es immer nur um *Zuschreibungen* von Eigenschaften und Merkmalen zum Begriff der Postmoderne und um *diskursive Konstruktionen* geht: „Plausibler scheint die Überlegung zu sein, daß der Begriff Postmoderne keinen nachweisbaren Gegenstand bezeichnet, sondern [...] eine Konstruktion ist [...]." (Zima 1997: 1) Da der Gegenstand, wie bereits zu Beginn des Kapitels erläutert wurde, uneindeutig, schwammig und somit problematisch ist, ist es zwingend notwendig, hier eine klare Perspektive und einen brauchbaren Theorierahmen vorzugeben, um das Phänomen Postmoderne sinnvoll zu konturieren. Dies wird durch die Bezugnahme auf die in der Forschung akzeptierten Positionen und als kanonisch und programmatisch geltenden Texte von Lyotard[10] und Feyerabend vollzogen. Sie gelten als quasi paradigmatisch und werden in der Postmodernerezeption und -diskussion gemeinhin als *die* Vertreter der Postmoderne herangezogen und zitiert.[11]

„analysiert sie [die Pluralität; Anm. d. Verf.] philosophisch, durchdringt sie denkerisch und verteidigt sie kulturell." (Welsch 2008: 81)

10 Lyotards ‚Das postmoderne Wissen' wird als Vorläufer und Grundlagenwerk bezeichnet, das die Diskussion über den Begriff der Postmoderne überhaupt anstieß. Dort spricht er von dem Ende der Metaerzählungen. Zu einem seiner Hauptwerke zählt auch ‚Der Widerstreit' (‚Le Différend' im Original) (1987), das eine Philosophie des Dissenses vorlegt und mithilfe sprachphilosophischer Überlegungen, die an Wittgenstein anknüpfen, eine Theorie der Gerechtigkeit zu formulieren versucht. Diese Überlegungen werden im Folgenden auch skizziert, wobei der Schwerpunkt der Darstellung von Lyotard auf den Metaerzählungen liegt. Auch die Ausführungen zum ‚Erhabenen' sind für das Verständnis der Postmoderne relevant. Allerdings spielt das Erhabene hauptsächlich in ästhetischen Diskursen wie der Kunst-, Kulturwissenschaften und der philosophischen Ästhetik eine tragende Rolle und taucht weniger bis gar nicht im medien- und kommunikationswissenschaftlichen Bereich auf. Daher soll das Erhabene in der vorliegenden Arbeit an dieser Stelle nur Erwähnung finden, allerdings nicht näher ausgeführt werden. Zu Einzelheiten siehe Lyotard 1994b.

11 So nennt Welsch Lyotard den „Paradephilosophen" (Welsch 2008: 10) der Postmoderne und konstatiert: „Lyotard ist der Autor eines philosophischen Postmodernismus. Kein anderer hat vergleichbar früh, vergleichbar präzis und ähnlich explizit ein Konzept von postmoderner Philosophie entwickelt." (Welsch 1987: 63). Auch Werner Jung führt sein Kapitel zur Postmoderne, wie folgt, ein: „Die zentrale Gestalt postmodernen Denkens und Philosophierens schlechthin ist der Franzose Jean-François Lyotard." (Jung 1995:

Die Zuschreibungen, die getätigt werden, wenn es im Allgemeinen um Postmoderne geht bzw. die Setzungen, auf die bei dem Terminus Postmoderne rekurriert werden, lassen sich maßgeblich auf jene Autoren und ihre programmatisch formulierten Phrasen vom ‚Ende der Metaerzählungen' und ‚Anything goes' zurückführen. Die Bezugnahme auf diese Theoretiker und ihre Grundüberlegungen als immer wiederkehrende Beschreibungsmuster für die Postmoderne zeigt die Relevanz dieser Konzepte für die Diskussion um das Postmoderneverständnis, gerade wenn es um die Postmoderne als philosophisches bzw. theoretisches Konzept geht. Sie sind bereits zum Ausgangspunkt und sogar Inbegriff des postmodernen Denkens geworden und sollen hier dazu dienen, die postmodernen *Medien*theoretiker, die auf ihre eigenen Voraussetzungen hinterfragt werden, nach diesen Zuschreibungen bzw. theoretischen Voraussetzungen bewerten zu können. Auf dieser Grundlage wird schließlich in Kapitel 5 Bezug genommen, um eine Beurteilung der postmodernen Medientheorien zu leisten.

Es wird an dieser Stelle also nicht die Postmoderne-Debatte in Gänze erörtert, da dies im Rahmen dieser Untersuchung ein sowohl unmögliches als auch wenig

---

215) Hütter/Hug/Perger (1992) bemerken in ihrem Vorwort des Sammelbandes ‚Paradigmenvielfalt und Wissensintegration. Beiträge zur Postmoderne im Umkreis von Jean-François Lyotard': „In Sachen ‚Postmoderne' konnte man an ihm nicht vorbei, er war ja inzwischen deren Zentralfigur geworden." (Hütter/Hug/Perger 1992: 11) An anderer Stelle wird Lyotard als der „Mentor" (Perger 1992: 13) der Postmoderne bezeichnet und seine Schrift „Das postmoderne Wissen" als „das Initialwerk der philosophischen Postmoderne." (ebd.: 23). In Walter Reese-Schäfers Einführung zu Lyotard heißt es: „Der Anstoß, den Jean-François Lyotard gegeben hat und durch den er international bekannt wurde, war die Einführung des Begriffs ‚postmodern' in die philosophische Diskussion." (Reese-Schäfer 1995: 7) In Bernhard Tilgs Aufsatz nennt er Lyotard den „Doyen der philosophischen Postmoderne." (Tilg 1992: 107) Stuart Sim bemerkt in seiner Monografie: "Lyotard is not the only theorist of the postmodern, but he has proved to be the one of the most influential in spreading the gospel of a qualitative change to modern social existence, and the notion of a ‚postmodern condition' is now well imprinted in the public mind." (Sim 1996: 48) Lyotards Werk ‚Das postmoderne Wissen' wird von Sim als Initialwerk der Postmoderne bezeichnet: „If we are to speak of ‚cult of postmodernism, then PC [The Postmodern Condition; Anm. d. Verf.] would most likely qualify as its ‚bible', a work almost endlessly pored over, and just as endlessly cited by an army of commentators: no study of postmodernism is complete without its reference to PC it would seem." (Sim 1996: 30) Auch Feyerabend wird als einer der Hauptvertreter der Postmoderne genannt. So schreibt Reinhold Knoll: „Heute mag man im Rückblick behaupten können, Feyerabend habe die postmoderne Diskussion eröffnet, was auch immer darunter zu verstehen sei, er habe eine unhaltbare Wissenschaftsgläubigkeit aufgedeckt und ihr den Mangel an gesellschaftlicher Verantwortung nachgewiesen." (Knoll 2006: 50)

zielführendes Unterfangen darstellt. Es soll explizit erwähnt werden, dass dieses Postmoderneverständnis kein allgemeingültiges ist und grundsätzlich anderen Vorstellungen von Postmoderne vorgezogen werden sollte. Es wird nicht behauptet, dass die Postmoderne durch die Konzepte ‚Ende der Metaerzählungen' oder ‚Anything goes' ausreichend beschrieben werden kann. Beispielsweise haben die Protagonisten der Postmoderne-Debatte in der Literaturwissenschaft (Fiedler) und Architektur (Jencks, Klotz) hauptsächlich in ihrem Feld nachhaltigen Einfluss ausgeübt. Diese sind für die Untersuchung postmoderner Medientheorien allerdings nebensächlich. Stattdessen geht es in dieser Arbeit um postmoderne Medientheorien und deren Beschaffenheit im Speziellen und nicht um Postmodernekonzepte und -debatten aus Literaturwissenschaft, Soziologie, Geschichte, Kunst, Architektur oder anderen Disziplinen und Diskursen.[12] Wenn der Gegenstand selbst nur durch *Zuschreibungen* fassbar ist, ist demnach eine Orientierung am Kanon sinnvoll, da dieser die in der Forschung als zentral und grundlegend geltenden Autoren ausweist. Dies gibt eine gewisse Perspektivierung und brauchbare Konturierung des Phänomens Postmoderne vor.

2.2.1 Jean-François Lyotard und das Ende der Metaerzählungen

> „Zu den beliebtesten Metaphern im Diskurs Postmoderne gehört die vom Ende der ‚Meistererzählungen', der großen Ideologien [...]."
> (SCHMIDT/SPIEẞ 1997: 75)

Versucht man sich an einer Definition und inhaltlichen Bestimmung des Begriffs Postmoderne, so gelangt man zu Jean-François Lyotard, der in seinem 1979 erschienenen Werk ‚Das postmoderne Wissen' (‚La Condition postmoderne' im Original)[13] das Konzept der Postmoderne in die Philosophie einführte und zu seiner

---

12 Betrachtet man beispielsweise Welschs Monografie ‚Unsere postmoderne Moderne' (2008) und seinen Sammelband ‚Wege aus der Moderne. Schlüsseltexte der Postmoderne-Diskussion' (Hrsg.)(1994), die bereits mehrfach wiederaufgelegt worden sind und als Standardeinführung zur Postmoderne gelten, wird deutlich, dass das Phänomen Postmoderne in zahlreichen Bereichen Einzug gefunden hat und Lyotards und Feyerabends Postmoderne-Konzeptionen bloß ein Teil einer großen Postmoderne-Debatte darstellen. Hierzu siehe beispielsweise Welsch (1994; 2008), Zima (1997), Koslowski/Spaemann/Löw (Hrsg.) (1986).

13 Welsch nennt Lyotards ‚Das postmoderne Wissen' eine „Programmschrift" (Welsch 2008: 170) der Postmoderne. Im Vorwort zu ‚Das postmoderne Wissen' heißt es außerdem: „Damit wurde das Buch zum Vorläufer und zum Grundlagentext einer Diskussion, die heute international unter dem Titel ‚Postmoderne' geführt wird." (Engelmann 1994:

Durchsetzung maßgeblich beitrug. Lyotard wird als *der* Autor der Postmoderne bezeichnet, der sich selbst explizit zu dem Begriff bekennt und diesen präzise und nachhaltig entfaltet hat.

Was sind Metaerzählungen?

Die Moderne charakterisiert sich für Lyotard durch die Metaerzählungen oder synonym dafür auch die Legitimationserzählungen, die Emanzipationserzählungen oder die großen Erzählungen (grand récits). Er definiert diese als die großen *Einheitstheorien bzw. Ideologien mit einem universalen Wahrheits- und Geltungsanspruch*. Das bedeutet, dass diese Metaerzählungen ein zentrales Prinzip der Welterklärung und der Geschichtsentwicklung zu Grunde legen, um auf Basis dessen zu allgemeingültigen Aussagen zu kommen. Zentral ist dabei, dass es sich um Erzählungen handelt, also um *narrative* und nicht etwa argumentative Formen der Sinnstiftung, die für das Wissen legitimierend wirken.[14] Die Moderne zeichnet sich gemäß Lyotard durch diese universalen Ideologien als absolutes Erklärungsprinzip der Wirklichkeit aus:

„Die ‚Metaerzählungen', von denen im Postmodernen Wissen die Rede ist, sind das, was die Moderne ausgezeichnet hat: progressive Emanzipation von Vernunft und Freiheit, progressive oder katastrophische Emanzipation der Arbeit (Quelle des entfremdeten Werts im Kapitalismus), Bereicherung der gesamten Menschheit durch den Fortschritt der kapitalistischen Techno-Wissenschaft und sogar, wenn man das Christentum selbst zur Moderne zählt (also im Gegensatz zum antiken Klassizismus), Heil der Kreaturen durch die Bekehrung der Seelen zur christlichen (cristique) Erzählung von der Märtyrerliebe." (Lyotard 1984a: 49)

Metaerzählungen erlangen grundsätzlich ihren legitimierenden Wert durch eine abstrakte, noch einzulösende Idee. Sie setzen allgemeingültige Werte vor, die für alle gleichermaßen gelten sollen und nach denen sich die Wirklichkeit auszurichten hat. Ihre Legitimität liegt in einem in die Zukunft verlagertem Versprechen wie Freiheit, Emanzipation oder Reichtum. Dieses teleologische Moment ist konstitutiv für die Metaerzählungen. (Vgl. ebd.: 49 ff.)

Die Aufklärung ist für Lyotard der Inbegriff des Modernen, da diese universell[15] gültige Ideologien enthält, die er als Metaerzählungen klassifiziert. Mit der Französischen Revolution und dem Programm der Aufklärung, der Emanzipation des

---

10) Diese Schrift verfasste er als Auftragsarbeit für den Universitätsrat der Regierung von Quebec. Sie ist ein Bericht über den Zustand der Wissenschaften in höchstentwickelten Staaten unter den Bedingungen neuer Informationstechnologien.

14 Beispielsweise handelt es sich bei Mythen auch um eine narrative Form der Sinnstiftung.

15 Universell und universal werden im Folgenden synonym verwendet.

Menschen, der progressiven Geschichtsbewältigung durch Vernunft, Freiheit und Fortschritt, hat die Moderne begonnen. Nicht mehr wird auf Gott als Rechtfertigungs- und Letzterklärungsinstanz rekurriert, sondern das Subjekt wird zur zentralen Erkenntnisinstanz für Wahrheit. Mit der Aufklärung ist die christlich-mittelalterliche Weltauffassung verabschiedet und durch ein subjektzentrisches Weltbild ersetzt worden. Darauf begründet sich die gesamte neuzeitliche Rationalität, die mit einem technisch-naturwissenschaftlichen Erkenntnisfortschritt, der Herrschaft der Vernunft sowie der Idee einer bürgerlichen Emanzipationsbewegung einhergeht. Diese Metaerzählung der Aufklärung, wie Lyotard konstatiert, legitimiert sich durch ein ethisch-politisches Ziel: die Emanzipation des Menschen durch die Vernunft. Dieser utopische Grundzug hat der Moderne seinen charakteristischen Modus verliehen – den des ‚Projekts'[16], das Lyotard als ein universalistisches und ideologisches Unterfangen bezeichnet. Die modernen Intellektuellen, die den Idealen der Aufklärung gefolgt sind, schöpften

„ihre eigene Legitimität und die der öffentlichen Rede, mit deren Hilfe sie das Gute vorgaben und sich zu dessen Sachverwalter machten, aus *der großen Erzählung der Emanzipation* [.]. Man konnte unterschiedlicher Meinung sein über die Frage, wie Emanzipation vorangetrieben werden sollte, aber was alle Intellektuellen immer gemeinsam hatten, war die *Autorität, über Emanzipation zu reden*. Diese war begründet in der allgemeinen Idee einer Geschichte, die sich auf ihr *‚natürliches' Telos* hin entwickelt – und das war die Emanzipation der Menschheit aus Armut, Unwissenheit, von Vorurteilen und vom Fehlen des guten Geschmacks. Aber wir haben keinen Rückhalt für diese großen emanzipatorischen Erzählungen." (Lyotard in Reijen/Veerman 1988: 157; Hervorhebung d. Verf.)[17]

---

16 Habermas spricht von der Moderne als einem „unvollendete[n] Projekt" (Habermas 1994: 177) und setzt diese mit der Aufklärung im 18. Jahrhundert gleich. Das Konzept der Moderne bindet er demgemäß an ein grundsätzliches Vertrauen in die emanzipatorische Vernunft und Rationalität gesellschaftlicher Entwicklung sowie eine gesellschaftskritische, herrschaftsfreie Öffentlichkeit. Dabei erhalten diese Ideen universellen Charakter. In einem derartig normativen Modernekonzept ist die Rede von einer Postmoderne bereits von Beginn an sinnlos geworden. Habermas spricht der Postmoderne somit jede Existenzberechtigung ab, da die Werte und Versprechungen der Moderne noch nicht eingelöst worden und somit unvollendet geblieben sind. Die Postmoderne bezeichnet er demgemäß als einen antimodernen Neo- oder Jungkonservatismus. (Vgl. Habermas 1994: 177 ff.)

17 Im Folgenden soll beachtet werden, dass die Bezeichnung ‚zitiert in' der Verweis auf ein Interview mit dem betreffenden Theoretiker ist, in dem sich der jeweilige Autor direkt äußert, wohingegen ‚zitiert nach' die Entnahme eines Zitats aus einer Sekundärquelle bedeutet.

Ebenso spricht Lyotard dem deutschen Idealismus nach Hegel bzw. der Transformation nach Marx ideologische und sogar totalitäre Züge zu, die kennzeichnend für eine Metaerzählung sind. Als Kritiker des subjektzentrischen Weltbildes und der neuzeitlichen Rationalität ersetzt Hegel das cartesianische Subjekt durch einen allgemeinen Weltgeist, ein quasi objektiviertes Subjekt. Mit der Dialektik versucht dieser, die zweiwertige Logik von Subjekt und Objekt aufzuheben und die subjektzentrische Rationalität von ihren Widersprüchen zu befreien. Jedoch ist auch der Idealismus Hegels der Logik moderner Metaerzählungen zuzurechnen. Mit Marx wird Hegels Philosophie vom Kopf auf die Füße gestellt und schließlich zu einer politisch folgenreichen Ideologie. Der Marxismus zeigt die realpolitische Deformation der Philosophie Hegels und reduziert das universelle Ziel der Emanzipation der Menschheit auf das Versprechen, den Klassenkampf in der kommunistischen Ordnung zu beenden und den Gegensatz von Herr und Knecht aufzulösen, um schließlich in totalitären Herrschaftssystemen zu enden. Dieser dialektische Materialismus mit seiner immanenten teleologischen Geschichtsauffassung wird ebenso durch eine allgemeingültige Idee geleitet, sich durch Arbeit zu emanzipieren. (Vgl. Engelmann 2007: 9 f.)

Die Emanzipation des Subjekts, die mit der französischen Revolution durch das Programm der Aufklärung begonnen hat (Kant), das Versprechen eines absoluten Wissens durch den geschichtlichen Begriff der Vernunft (Hegel) und die Idee des Fortschritts, in der die Geschichte teleologisch auf ein utopisches Ziel hinsteuert, sind jene zentralen einheitsstiftenden Metaerzählungen, die charakteristisch für den ideologischen Denkmodus der Moderne sind. Lyotard konstatiert, dass es ein derartiges ‚Projekt' der Moderne nicht mehr geben kann: Eine abstrakte Idee wie Freiheit oder Sozialismus kann nicht zum universellen Ziel ausgerufen werden und Allgemeingültigkeit beanspruchen, nach dem sich jegliches Handeln auszurichten hat. Insofern ruft Lyotard das Ende der Metaerzählungen aus.

Die Postmoderne und das Scheitern der Metaerzählungen

> „Der Untergang, und vielleicht sogar Zerfall, der Idee der Universalität kann das Denken und das Leben von der Obsession der Totalität befreien."
> (LYOTARD 1983A: 18)

Die Postmoderne kennzeichnet sich durch eben jene Skepsis an den modernen Metaerzählungen. Die großen Erzählungen haben an Glaubwürdigkeit eingebüßt, da sie ihr Versprechen auf Freiheit, Emanzipation, Aufklärung usw. nicht einlösen konnten. Denn die theoretischen Bemühungen der Moderne scheinen sich nicht bewährt zu haben, betrachtet man die soziale Realität. Die Idee der Naturbeherrschung durch die technisch-naturwissenschaftliche Rationalität ist an die Grenzen des Wachstums getreten und durch ein ökologisches Bewusstsein in Frage gestellt worden, während die hegelsche Logik und der teleologische Geschichtsverlauf zur Grundlage totalitärer Herrschaftssysteme geworden ist. Lyotard betont, dass gerade die politischen Systeme im 19. und 20. Jahrhundert Ideale wie Freiheit und Emanzipation des Subjekts propagieren, diese de facto aber nie eingelöst worden sind.[18] Die Ideale des Marxismus haben sich in ihrer realpolitischen Umsetzung ironischerweise sogar in ihr Gegenteil verkehrt:

„Heute wissen wir, daß der Marxismus nichts weiter getan hat und daß jede Revolution nichts weiter tut und tun wird, als dieselbe Wunde zu wiederholen. Die Lokalisierung und die Diagnose können sich ändern, aber bei dieser Art des Redigierens bricht dieselbe Krankheit wieder auf. Die Marxisten haben geglaubt, gegen die Entfremdung der Menschheit gearbeitet zu haben, aber die Entfremdung des Menschen hat sich – kaum verlagert – wiederholt." (Lyotard 1989: 37)

Es ist eine Diskrepanz zwischen den Idealen und der historisch-politischen Realität zu beobachten. Die Ideale der Aufklärung, die Idee eines Telos der Geschichte, der Fortschritt und die Emanzipation des Individuums müssen angezweifelt werden, da sich historisch Krisen und Katastrophen gezeigt haben, die nicht in den Verlauf einer fortschreitenden Geschichtsentwicklung eingereiht werden können. Die Metaerzählungen als Begründungsmodus der Moderne sind gescheitert. Der Grund des Scheiterns liegt in den totalitären Formen, zu denen jene Ideologien geführt haben. Das Projekt Moderne ist zerstört worden, indem versucht wurde, es zu verwirklichen. Gerade der Gestus des Festhaltens am europäischen Modernisierungsprozess hat sein Scheitern hervorgebracht. Die Menschheit hat vergeblich versucht, sich von Despotie, Barbarei, Elend und Unwissenheit zu befreien:[19]

„Neoanalphabetismus und Verarmung der Völker des Südens und der Dritten Welt, Arbeitslosigkeit, der Despotismus der Meinung, und das heißt des Vorurteils, dem die Medien Vorschub leisten, das Gesetz, wonach gut ist, was wirksam ist – all das ist nicht Folge unterbliebener Entwicklung, sondern von Entwicklung selbst. Das ist der Grund, weshalb man nicht mehr wagt, von Fortschritt zu sprechen." (Lyotard 1984b: 65)[20]

---

18 Diese postmoderne Kritik bzw. Ablehnung gegenüber den Metaerzählungen ist insbesondere im Bereich geschichtsphilosophischer und politischer Argumentation aufzufinden.

19 Hier ist Lyotard nicht der Erste, der diesen Gedanken verfolgt. Unerreicht ist in dieser Hinsicht Walter Benjamins Betrachtung über den Angelus Novus von Paul Klee.

20 So nennt Lyotard Auschwitz als weiteren paradigmatischen Namen für das Scheitern der Ideologie des Fortschritts als moderne Metaerzählungen.

Lyotard versucht deutlich zu machen, dass diese modernen Utopien als Zwangsvorstellungen entlarvt sind und so an Glaubwürdigkeit, allgemeiner Verbindlichkeit und Legitimationskraft verloren haben. Denn die Einlösung dieser allgemein postulierten Wertvorstellungen und Versprechungen bedeutet für Lyotard eine Überdeterminierung des individuellen Lebens durch abstrakte Vorgaben und Ideale. Die Moderne und ihre theoretische Fixierung auf Ideologien bietet kein ausreichendes Erklärungsmuster mehr für den Zustand einer technologisch hochentwickelten Informationsgesellschaft.[21] Die moderne Form der Legitimierung menschlichen Handelns durch Ideologien und große Erzählungen kann nicht mehr unhinterfragt akzeptiert werden. Denn Metaerzählungen sind zum einen aufgrund ihres universellen Anspruchs unmöglich geworden und zum anderen aufgrund unseres Bewusstseins bezüglich der Unmöglichkeit von Metaerzählungen als Ganzheitsprojekte bzw. Universalitätsentwürfe. Die modernen Utopien, die als Heilsvorstellungen erschienen, haben sich in ihrer Realisation als Unheilsvorstellungen oder Dystopien herausgestellt. Die moderne Haltung der „Ein-Heils-Imaginationen" (Welsch 2008: 183) hat laut Lyotard dabei die Ambivalenz und Kontingenz dieser Utopien nicht ausreichend berücksichtigt, sondern übersehen und missachtet. Demnach hat die Moderne sich selbst delegitimiert, indem sie die Ambivalenz des Modernisierungsprozesses nicht erkannt hat.

Lyotard betont, dass dabei nicht die Inhalte der großen Erzählungen wie Fortschritt oder Emanzipation per se veraltet sind, sondern bloß die Form der Erzählung obsolet geworden ist. Die Werte der Moderne sind weiterhin erstrebenswert. Postmoderne wird in diesem Sinne als *reflexive Weiterführung der Moderne* und als ein spezifischer Gemüts- und Geisteszustand verstanden: „So gesehen, bedeutet der Postmodernismus nicht das Ende des Modernismus, sondern dessen Geburt, dessen permanente Geburt." (Lyotard 1994c: 201) Er begreift die Postmoderne insofern nicht als chronologisch nachgelagerte Epoche *nach* der Moderne, sondern vielmehr als eine andersartige Haltung gegenüber der Moderne und ihren philosophischen Systemen bzw. als Wechsel des Legitimationsmodus von diskursiven und insbesondere wissenschaftlichen Aussagen. Demnach versteht sich die Postmoderne nicht als eine Anti-Moderne oder ein Retro-Programm der Moderne, sondern das Präfix ‚post-', weist auf einen neuen Blickwinkel hin. Konzeptuell handelt es sich

---

21 Zeitlich verortet Lyotard das postmoderne Zeitalter am Ende der 1950er Jahre, die er mit dem Ende der europäischen Wiederaufbauphase zusammenbringt. Diese postindustrielle Kultur charakterisiert sich durch eine technologische Transformation des Wissens, die sich über Beschleunigung, Digitalisierung und Vervielfältigung von Informationen, beispielsweise durch Videokonferenzen und elektronischen Journalismus, definiert (vgl. Lyotard ³1994a [1979]: 21). Lyotard spricht allgemein von einer Veränderung der Wissensstruktur und des Informationstransfers, die er als „Informatisierung der Gesellschaft" (Lyotard ³1994a [1979]: 30) bezeichnet.

um eine Revision überkommener Denkmuster. Lyotard spricht dabei von einem „Redigieren der Moderne" (Lyotard 1989: 68). Nicht der Verzicht auf Heilsvorstellungen per se ist daher die Alternative zur modernen Utopie, sondern die *Form der Utopie* unterliegt in der Postmoderne einer Korrektur. Postmoderne bedeutet daher paradoxerweise eine Art Wiederaufnahme und Weiterführung der Grundideen der Moderne durch den Bruch bzw. durch die Anerkennung des Scheiterns des ‚Projekts der Moderne' und der Bekenntnis zur radikalen Vielfalt, zum Pluralen und Heterogenen. (Vgl. Engelmann 2007: 5 ff.)[22] Dabei wird die Verabschiedung der Ganzheit nicht als Verlust erfahren, wie noch im Pathos der Moderne, sondern als positiv empfunden.

Sprachspiele als kleine Erzählungen und das Pluralitätspostulat

Lyotards Gegenentwurf der kleinen Erzählungen, die den modernen Metaerzählungen diametral entgegenstehen, ist seine Theorie der Sprachspiele, die er an die Sprachpragmatik des späten Ludwig Wittgenstein anlehnt. Er versucht, diesen als methodischen Ansatz zur Beschreibung des sozialen Zusammenhangs zu begründen. An die Stelle des universalistischen Denkens und der ideologischen Unifikationsbestreben der Moderne tritt eine Pluralität an Denkansätzen und Geisteshaltungen, die sich gegen jede Art der Dominanz durch ein einheitliches Prinzip richtet. Lyotard konstatiert, „daß die *eine* Vernunft Ideologie ist, daß man es im Gegenteil mit der Vernunft im Plural zu tun hat." (Lyotard in Reijen/Veerman 1988: 124; Hervorhebung im Original) Statt eines Totalitarismus von Weltentwürfen wird der Plural kleiner Erzählungen, das Heterogene, das Provisorische, das Differente, das Hybride, die Bricolage und das Spiel propagiert.[23] Im Gegensatz zur Moderne, die

---

22 Ebenso spricht Welsch von der Pluralität als das kennzeichnende Signum bzw. als „Schlüsselbegriff der Postmoderne. Sämtliche als postmodern bekannten Topoi – Ende der Meta-Erzählungen, Dispersion des Subjekts, Dezentrierung des Sinns, Gleichzeitigkeit des Ungleichzeitigen, Unsynthetisierbarkeit der vielfältigen Lebensformen und Rationalitätsmuster – werden im Licht der Pluralität verständlich." (Welsch 2008: XVII) Radikale Pluralität ist nach Welsch die Grundverfassung postmoderner Gesellschaften. Ein prinzipieller Pluralismus durchdringt alle Lebensbereiche und äußert sich konkret in der Vielzahl differenter Lebensentwürfen, Wissensformen, Handlungsmuster, Familien- und Berufsmodellen. Das Recht auf Verschiedenheit und Diversität unterliegt insofern einem moralischen Impetus, der jeden Totalitäts- und Ausschließlichkeitsanspruch ablehnt.

23 All jene Begriffe sind bereits auch Kennzeichen der *ästhetischen Moderne* der 1880er-1920er Jahre. Moderne ist in diesem Sinne kein aufklärerisches Projekt im Sinne Habermas, „sondern zu allererst eine Kategorie fragmentierter gesellschaftlicher Erfahrungs- und Bewußtseinsformen unter den Bedingungen der industriell-kapitalistischen Warenproduktion." (Wehling 1992: 18) Die ästhetische Moderne versteht sich als kritische Gegenstimme zur gesellschaftlichen Modernisierung und den Tendenzen der Technisierung

sich nach Lyotard vorwiegend an Logik, Kohärenz, Geschlossenheit und Vollständigkeit orientiert, versteht sich die Postmoderne eher als unsystematisches, offenes und fragmentierendes Experiment (vgl. Lyotard ^{3}1994a [1979]: 14 ff.). Der Bruch mit den modernen Schemata von Chronologie, Fortschrittsglauben, historischer Linearität, Systemhaftigkeit und Essenzialismus ist charakteristisch für den Eintritt in postmoderne Verhältnisse (vgl. Welsch 1994: 13). Multiplizität von Perspektiven sowie Diskontinuität, Differenz und eine radikale Pluralisierung sind zentrale Paradigmen der Postmoderne, die Lyotard versucht, sprachphilosophisch zu begründen. *Lyotards Philosophie der Postmoderne lässt sich demnach als metatheoretischer Diskurs über Prinzipien, Ideale, Universalitäten und Totalitäten beschreiben, die in der Auflösung begriffen sind.*

Während bisher geschichtsphilosophische und politisch-ethische Überlegungen im Vordergrund standen, werden in seiner Theorie der Sprachspiele vorwiegend sprachphilosophische bzw. sprachanalytische Überlegungen zentral. Gesellschaft wird in diesem Sinne nicht als ein funktionierendes Ganzes verstanden, sondern als ein Sprachspiel, das Beziehungen zwischen den Teilnehmern schafft, was für das Bestehen von Gesellschaften erforderlich ist: „Das soziale Band ist Sprache [...]." (Lyotard 1982: 85) Dabei betont Lyotard, dass Sprachspiele nicht ohne weiteres vereinheitlicht oder zusammengeführt werden können. Die Inkommensurabilität zwischen Satzordnungen, die Unübersetzbarkeiten sowie Paradoxien zu akzeptieren und diese sogar zu suchen ist eine postmoderne Haltung. In seinem sprachphiloso-

---

und Ökonomisierung. Der Glaube an die zweckrationale Vernunft ist brüchig geworden und wird mithilfe der Literatur als Sinn- bzw. Erkenntniskrise moderner, funktional ausdifferenzierter Gesellschaften thematisiert. Die Geburtsstunde dieser ästhetisch-literarischen Moderne lässt sich dann in Bezug zur französischen Diskurstradition der modernité verstehen und fällt namentlich mit Charles Baudelaire (1821-1867) als Wegbereiter zusammen. Baudelaires Großstadtlyrik bringt erstmals eine urbane Wahrnehmungspoetik mit den ästhetischen Prinzipien des Chocs, des Widerwärtigen und des Hässlichen hervor. Das Morbide, ein gewisser Pessimismus, Melancholie und eine abstoßende, düstere Welt werden gezeichnet, die Idee des Schönen wird zunehmend zugunsten einer Aufwertung des Abscheulichen aufgegeben. Stilmittel der Ironie, der Parodie, der Satire und eine Ästhetik des Hässlichen und des Fragments, die bereits in der Romantik zentral sind, werden mit der ästhetischen Moderne (Pariser und Wiener Moderne) semantisch virulent. Die Moderne in der Kunst- und Literaturwissenschaft wird demnach als eine Entstehung und Entwicklung bestimmter Kunst- und Literatur*formen* in Verbindung gebracht, die von Walter Benjamin als Paradigma der Moderne beschrieben wird. Baudelaires ‚Les fleurs du mal' (dt.: Die Blumen des Bösen) gilt dabei als Musterbeispiel der modernen Lyrik (vgl. Jauß 1984: 116). Zur Übersicht und für Einzelheiten siehe u.a. Kimmich (2006) oder Zima (1997: 8 ff.)

phischen Hauptwerk ‚Der Widerstreit' (1987) erläutert Lyotard seine Grundüberlegungen. Die Moderne beruht auf dem Prinzip einer

„universellen Sprache, das heißt einer Metasprache, die in der Lage wäre, ohne Rest all die Bedeutungen in sich aufzunehmen, die in den besonderen Sprachen niedergelegt sind. Der Zweifel an der ‚Vernunft' hat seinen Ursprung nicht in den Wissenschaften, sondern in der Kritik der Metasprache, das heißt im Niedergang der Metaphysik (und somit auch der Meta-Politik)." (Lyotard ²1996 [1986]: 89 f.)

Die großen Erzählungen greifen auf sogenannte Metasprachen zurück, mithilfe derer sich die Moderne legitimiert. In der postmodernen Zeit hat man endlich begriffen, dass es zwecklos ist, in einer Metasprache nach ihrer Einheit zu suchen. Keine Metasprache oder Metatheorie lässt sich hinreichend legitimieren: „Die Sprache ist ohne Einheit, es gibt nur Sprachinseln, jede wird von einer anderen Ordnung beherrscht, keine kann in eine andere übersetzt werden. Diese Zerstreuung ist an sich gut, sie muß geachtet werden." (Lyotard 1983b: 70) Lyotard argumentiert, dass jeder Satz oder jede Satzart verschiedenen Ordnungen untersteht: Befehlen, erzählen, beschreiben, fragen oder versprechen sind Ausprägungen unterschiedlicher Ordnungen. Ein Satz folgt auf den nächsten, der nach Satzregelsystemen innerhalb eines Diskursgenres mit dem nächsten Satz verknüpft wird. Die Verknüpfung und Fortführung von Sätzen ist jedoch kontingent und nie vorbestimmt. Sie geschieht demnach beliebig, jede Satzordnung kann mit jeder anderen kombiniert werden. Jeder Metadiskurs ist demnach auch nur ein Diskurs neben anderen und somit diesen gleichgestellt. Es gibt keine Über- oder Unterordnung von Diskursen. Die verschiedenen Ordnungen sind schlichtweg inkommensurabel. Es besteht demnach keine universal gültige Urteilsregel bezüglich der unterschiedlichen Diskursarten, da es keine übergeordnete Autorität gibt. Satzordnungen und Satzfamilien bilden somit eigene Universen mit unterschiedlichem Aussageanspruch. So kann ein normativer Satz nicht in eine andere Ordnung übersetzt werden und muss sich notwendigerweise strikt von anderen Satzordnungen, z.B. performativen oder interrogativen Sätzen, unterscheiden. Insofern ist der Widerstreit im Gegensatz zu einem Rechtsstreit unentscheidbar. (Vgl. Lyotard 1987: 215 ff.; Lyotard 1983b: 68 ff.) Allerdings gibt es Verkettungsregeln, die durch Tradition bzw. Lernen bestimmter Diskursregeln festgelegt sind bzw. wahrscheinlicher eintreffen. Diese Verkettungsregeln werden von Diskursgenres wie dem Referat, dem Essay, dem Tagebuch, der Komödie, der Tragödie usw., festgelegt. Sie sollen sicherstellen, dass der Diskurs sein je spezifisches Ziel erreicht, z.B. informieren, überreden oder überzeugen.[24] Beachtet man jene Verknüpfungsregeln, so können Sätze auf ein genrespezifisches Ziel

---

24 Allerdings räumt Lyotard ein, dass gegen jene Verkettungsregeln vermehrt verstoßen wird, wie sich z.B. in der modernen Literatur von James Joyce gezeigt hat.

miteinander verkettet werden. Lyotard vergleicht die Verkettungen mit einem Spiel. Spiele haben an sich wenige Gemeinsamkeiten. Ein Kartenspiel ist nicht in ein Tennisspiel zu übersetzen, ebenso verhält es sich mit Sprachspielen. Man kann beispielsweise einen mathematischen Beweis nicht in eine Narration übersetzen. Die Übersetzung selbst ist wiederum ein Sprachspiel. (Vgl. Lyotard 1983b: 72) Es gibt infolgedessen *keine Einheit der Sprache*. Sprachspiele werden durch implizite oder explizite Vereinbarungen bzw. Spielregeln durch die Spieler festgelegt. Jeder Spielzug in Form einer Aussage, die nicht den Regeln entspricht, wird aus dem Sprachspiel ausgegrenzt. Jeder Spieler ist somit Teilnehmer an einem wettstreitartigen Sprachspiel und muss sich an die Spielregeln halten. Insofern konzeptioniert Lyotard Sprache als eine Art Kämpfen im Sinne des Spielens. Sprache ist auf Dissens ausgerichtet und nicht etwa auf Wahrheit und Konsens.[25] Diese Spannung muss ausgehalten werden, anstatt sie in einem Konsens aufzulösen:

„Der Widerstreit ist der instabile Zustand und der Moment der Sprache, in dem etwas, das in Sätze gebracht werden können muß, noch darauf wartet. Dieser Zustand enthält das Schweigen als einen negativen Satz, aber er appelliert auch an prinzipiell mögliche Sätze. Was diesen Zustand anzeigt, nennt man normalerweise Gefühl. ‚Man findet keine Worte' usw. Es bedarf einer angestrengten Suche, um die neuen Formations- und Verkettungsregeln für die Sätze aufzuspüren, die dem Widerstreit, der sich im Gefühl zu erkennen gibt, Ausdruck verleihen können, wenn man vermeiden will, daß dieser Widerstreit sogleich von einem Rechtsstreit erstickt wird und der Alarmruf des Gefühls nutzlos war." (Lyotard 1987: 33)

Lyotard nennt dabei zwei große Gruppen von Sprachspielen. Er unterscheidet zwischen *narrativen* und *wissenschaftlichen* Diskursarten. Erstere sind diejenigen, die in einer Frühphase kultureller Entwicklung vorherrschen. Die narrative Diskursart enthält bereits eine Pluralität von Sprachspielen, da sowohl denotative als auch interrogative oder evaluierende Aussagen aufzuweisen sind. Zudem charakterisiert sich das narrative Wissen durch die Form des Erzählens, die eine reziproke Haltung voraussetzt. Wissen wird nicht einseitig vermittelt, sondern in einem kommunikativen, reziproken Akt generiert. Im Gegensatz dazu ist wissenschaftliches Wissen nicht auf den Akt der Kommunikation angewiesen. Es geht vielmehr um die Anei-

---

25 Das Streben oder die Sehnsucht nach einer allumfassenden Rahmenerzählung ist eine Fehlinvestition. So nennt Lyotard Habermas' Bemühungen um einen allgemeinen Konsens oder das systemtheoretische Denken Luhmanns als Beispiele für eine solche Fehlinvestition: „Die Sache ist gut, aber die Argumente sind es nicht. Der Konsens ist ein veralteter und suspekter Wert geworden." (Lyotard ³1994a [1979]: 190) Lyotard fordert den Dissens als einen natürlichen Widerstreit von Sprachspielen. Insofern verlangt er eine Gleichstellung von Wissensformen und drückt damit seine Ablehnung umfassender universaler Erzählungen aus.

nanderreihung denotativer Aussagen, die unabhängig von einem Rezipienten bestehen können. Das wissenschaftliche Wissen zeichnet sich demnach durch die Forderung nach einem *einzigen Sprachspiel* aus im Gegensatz zu der Pluralität der Sprachspiele im narrativen Wissen: „Die Wissenschaft spielt ihr eigenes Spiel, sie kann die anderen Sprachspiele nicht legitimieren […]. Das soziale Band ist sprachlich, aber es ist nicht aus einer einzigen Faser gemacht." (Lyotard ³1994a [1979]: 119) Problematisch am wissenschaftlichen Diskurs ist, dass Wissenschaftler ihr Wissen auch in Form von Erzählungen vorbringen, die dabei allerdings nur einen, den denotativen, Aussagetypen zulassen. Der Bereich wissenschaftlichen Wissens ist demnach geschlossen, konservativ und vorurteilsvoll gegenüber neuem und nonkonformistischen Denken:

„So führt sie (die Wissenschaft) über ihr eigenes Statut einen Legitimationsdiskurs, der sich Philosophie genannt hat. Wenn dieser Metadiskurs explizit auf diese oder jene große Erzählung zurückgreift, wie die Dialektik des Geistes, die Hermeneutik des Sinns, die Emanzipation des vernünftigen oder arbeitenden Subjekts, so beschließt man jene Wissenschaft zu nennen, die sich auf ihn bezieht, um sich zu legitimieren." (Lyotard ³1994a [1979]: 7)

Statt einer vermeintlich allgemeingültigen universalen Metasprache muss es eine Vielfalt von Metasprachen geben, die die heterogenen Ausdrucksformen des Wissens berücksichtigen und die Zerstreuung von Sprachspielen sowie die Zersplitterung der großen Erzählungen akzeptieren. Wissen ist generell zerstreut und kann nur in der sprachlichen bzw. kommunikativen Interaktion legitimiert werden und nicht über abstrakte Regeln einer als vermeintlich allgemeingültigen (wissenschaftlichen) Metasprache. Lyotard fordert radikal die Anerkennung anderer Sprachspiele und Formen der Wissensgenerierung und -legitimierung: „Es gibt in der Wissenschaft keine allgemeine Metasprache, in die alle anderen übertragen und in der sie bewertet werden können." (Lyotard ³1994a [1979]: 185 f.)

Zusammenfassend lässt sich Postmoderne im Sinne Lyotards wie folgt konturieren: Die Postmoderne wird nicht als zeitlich neue Epoche nach der Moderne konstruiert, sondern vielmehr als ein Reflexionsprogramm bzw. ein kritisches Hinterfragen moderner Wert- und Denksysteme. Sie ist insofern nicht als diachronepochale Zeitauffassung zu verstehen, sondern eher – bleibt man bei der epochalen Vorstellung – als eine synchron-plurale. Pluralität, Gleichzeitigkeit und Vielfalt werden zur konstitutiven Grundkonstante. Postmoderne nach Lyotard ist eher eine Geistes- bzw. Gemütshaltung gegenüber der Moderne und ihren Metaerzählungen. Das Präfix ‚post-' ist insofern im Sinne eines ‚re-' zu begreifen, es bedeutet ein Redigieren der Moderne als Korrektur der Fehler des Modernisierungsprozesses. Denn der teleologische Verlauf der Geschichte im Sinne einer Fortschrittserzählung hat bereits durch die Krisen und Katastrophen des 20. Jahrhunderts an Glaubwürdigkeit eingebüßt. Die Postmoderne versteht sich somit als die Unmöglichkeit der Vollendung der Metaerzählungen und der Einsicht in ihr notwendiges Scheitern. Ganzheitsvorstellungen müssen durch die kleinen Erzählungen, durch die Akzeptanz von Heterogenität, Pluralität und Dissens ersetzt werden.

An Lyotards Begriff der Postmoderne ist jedoch auch etwas Selbstwidersprüchliches. Dieser Selbstwiderspruch[26] dürfte in der These vom Ende der großen Erzählungen liegen. Man wird konzedieren müssen, dass die Erzählung vom Ende der Metaerzählung selbst wieder eine Erzählung ist. Wenn die These autologisch verwandt wird, also sich selbst einschließt, widerspricht sie sich selbst – wenn wahr, dann falsch: „[S]cience is a narrative which tries to pretend that it is not a narrative – and when one realizes this, one has entered into the postmodern condition where the old rules no longer have any purchase to speak of." (Sim 1996: 40) Im Grunde genommen kann festgestellt werden, dass die modernen Metaerzählungen monistischer Art durch die Metaerzählungen pluraler Art ersetzt wurden. Die Rede von der Postmoderne selbst stellt wiederum eine große Erzählung dar, die das Ziel der Freisetzung von Pluralität in sich trägt. Die postmoderne Metaerzählung nennt ein Ziel, eine Intention, nämlich das Gebot der Vielfalt: „Die Diagnose vom Ende der Meta-Erzählungen ist selbst eine Meta-Erzählung." (Welsch 1989: 23) Oder wie Lyotard selbst konstatiert, ist die Suche nach Paradoxien und Instabilitäten, das Nicht-Darstellbare, die Paralogie, die neue Grundlage der Legitimation von Wissen. *Dass auch Lyotard in einem grand récit die Geschichte von Moderne und Postmoderne erzählt und damit erzählt, dass das Erzählen nicht mehr möglich ist, zeigt die Unvermeidbarkeit narrativer Strukturen theoretischer Diskurse.* Die erzählende Theorie sollte dabei nicht ihren narrativen Charakter leugnen, sondern sie „als einen heuristischen Entwurf im konstruktivistischen Sinne" (Zima 1997: 28) explizieren:

„Man muß deshalb [...] sagen, daß die Einheit der Gesellschaft oder, von ihr aus gesehen, der Welt nicht mehr als Prinzip, sondern nur noch als Paradox behauptet werden kann. Die Letztfundierung in einem Paradox gilt als eines der zentralen Merkmale des postmodernen Denkens. *Die Paradoxie ist die Orthodoxie unserer Zeit.*" (Luhmann 1997: 1144; Hervorhebung d. Verf.)

Ob dies bei den postmodernen Medientheoretikern und ihren Theorieentwürfen der Fall ist, wird in Kapitel 4 überprüft. Als forschungsleitende Annahme gilt, dass das, was von den Postmodernen in einigen Fällen als neue ‚Methodik' propagiert wird, nicht immer überzeugend ausfällt. Einige einflussreiche und etablierte Medientheorien, die sich im postmodernen Diskurs verorten bzw. verortet werden, führen fak-

---

26 Wenn auch auf einem etwas anderen Blickwinkel, so spricht das Lügnerparadoxon des Epimenides diesen Widerspruch an: „Er ‚begeht' einen Widerspruch, weil er verunglimpft, worauf er selbst angewiesen ist. Ein Kreter sagt, daß alle Kreter lügen." (Perger 1992: 13)

tisch die modernen Metaerzählungen weiter oder setzen diesen neue, bloß andere Metaerzählungen entgegen, ohne dies selbst zu reflektieren. Denn die Abgrenzungsversuche gegenüber der Moderne lassen sich oft nur als radikalisierte und überspannte Form von Utopie bzw. Dystopie lesen. So gelten besonders diejenigen Ansätze als postmodern, die jenseits von Apokalypse und Utopie – die sich bei jeder Medienrevolution als ideologisches Beiwerk einstellen – der Kontingenzerfahrung theoretisch Raum geben und eingerastete Denkfiguren modifizieren. (Vgl. Margreiter 2004: 56)

2.2.2 Anything goes! Feyerabend oder Feierabend mit der Wissenschaft?

Paul Feyerabend ist mit seinem Slogan „Anything goes (Mach, was Du willst)" (Feyerabend ^{9}2004 [1975]: 35), den er 1975 mit der Veröffentlichung von ‚Wider den Methodenzwang. Skizze einer anarchistischen Erkenntnistheorie.' (^{9}2004 [1975])[27] in die Wissenschaftstheorie einführte, sowohl im wissenschaftlichen als auch im öffentlichen Diskurs bekannt geworden. Innerhalb der Scientific Community gilt er als „enfant terrible der Philosophie" (Stadler 2006: ix). Seine polarisierenden und stilistisch provokativen Aussprüche wie ‚Anything goes' oder Titel seiner Veröffentlichung wie ‚Wider den Methodenzwang' (^{9}2004 [1975]), ‚Wissenschaft als Kunst' (1984), ‚Erkenntnis für freie Menschen' (1979) oder ‚Zeitverschwendung' (1995a), wie er seine Autobiografie nennt, haben sein Image als Anti-Wissenschaftler begründet und verfestigt. Gerade sein Sarkasmus und seine Fähigkeit zur (Selbst-)Ironie und kritischen Distanz verspotten den akademischen Stil, das rationalistische Selbstverständnis, den Methodendogmatismus der Wissenschaft sowie die prätentiöse Art und Wichtigtuerei des akademischen Betriebs.[28] Daher hat

---

27 ‚Wider den Methodenzwang' war als gemeinsame Publikation mit seinem Freund Imre Lakatos geplant. Frühere Argumente Feyerabends sollten durch Lakatos kommentiert werden. Durch den Tod Lakatos' 1974 war Feyerabend jedoch gezwungen, das Buch selbst zu vollenden. Da ‚Wider den Methodenzwang' als Dialog angedacht war, hat er nach eigener Aussage die Thesen provokant formuliert, um Lakatos aus der Reserve zu locken: „Ich ordnete die Teile in einem passenden Zusammenhang an, fügte Übergänge hinzu, ersetzte Stellen durch radikalere und nannte das Ergebnis ‚Anarchismus'. Es gefiel mir, die Leute zu schockieren, und außerdem wollte Imre einen klaren Konflikt und kein nebulöses Gerede." (Feyerabend 1995a: 192)

28 So heißt es beispielsweise in seiner Autobiografie: „Hin und wieder betrat ich den Hühnerstall, schloß die Tür hinter mir und hielt eine Ansprache an die Insassen, eine exzellente Vorbereitung auf meinen späteren Beruf." (Feyerabend 1995a: 11) Im Briefwechsel mit seinem Freund Hans Peter Duerr schreibt er außerdem: „Ich hab' mir ‚Wider...' [Wider den Methodenzwang; Anm. d. Verf.] angesehen und fast gekotzt. Eine solche Scheiße

sich Feyerabend seit seiner provokanten Formel des ‚Anything goes' selbst über wissenschaftstheoretische Grenzen hinweg mit dem Vorwurf der Beliebigkeit, Willkür und Irrationalität auseinandersetzen müssen. Wenn die Postmoderne die Moderne überwinden möchte und somit alles verabschiedet, das mit Einheit und Ordnung in Zusammenhang steht, dann muss die Postmoderne als eine der Moderne diametral entgegengesetzte Epoche der Irrationalität, des Chaos und der Orientierungslosigkeit gelten, so das Verständnis der Kritiker.[29]

Feyerabend proklamiert, dass die Vielzahl von Denkstilen, Wissensformen und Praktiken nicht auf Ordnungs- und Einheitsdenken reduziert werden kann, sondern stets auch Unberechenbares, Nicht-Systematisierbares und Halbordnungen mitgedacht werden müssen. Es muss sich auf eine innere Unordnung eingelassen werden, um „vor lauter logischem Deduktionszwang und formaler Regelmäßigkeit die Eigenstruktur, um die es eigentlich geht" (Ebd.) zu berücksichtigen. Um diese Eigenstruktur ernst zu nehmen und Feyerabends Aussagen nicht voreilig als beliebig und irrational abzutun, soll im Folgenden genauer beleuchtet werden, welche wissenschaftstheoretischen Überlegungen und Implikationen hinter der provokanten Formel ‚Anything goes' stecken.

Im vorherigen Kapitel wurde bereits gezeigt, dass Lyotard zwischen dem wissenschaftlichen und dem narrativen Modus von Wissensgewinnung unterscheidet. Im wissenschaftlichen Modus herrscht eine Metasprache, die nur einen Satztypus, die denotative Aussage, zulässt und Kommunikation und Interaktion verhindert. Die narrative Form wie Mythen, Fabeln oder Legenden hingegen erlaubt eine Vielzahl an verschiedenen Aussagetypen. Wissenschaft ist in ihrem Gültigkeitsanspruch totalitär, disqualifiziert per se das Narrative und schließt somit eine Pluralität von Sprachspielen aus. Ähnlich argumentiert auch Feyerabend, der die totalitäre Haltung der Wissenschaft hinsichtlich ihrer Methoden und Legitimität der Wissensgewinnung problematisiert und für einen erkenntnistheoretischen Anarchismus plädiert. Er kritisiert den wissenschaftlichen Rationalitätstypus als alleingültigen und setzt sich für eine Vielzahl von Erfahrungstypen ein. Feyerabend richtet sich gegen einen ‚Methodenzwang' – wie es bereits im Titel seines Werks heißt – und jegliche normative Forderungen, Ansprüche und Festlegungen, wie Wissenschaft methodisch zu betreiben ist. Wissenschaft kann nicht mehr den Geltungsanspruch einer regelgeleiteten Methodik vertreten, sondern ist in der Postmoderne als „anarchistisches Unternehmen" (Feyerabend ^{9}2004 [1975]: 28) zu verstehen. Dahingehend stellt er zwei zentrale Behauptungen auf:

---

habe ich geschrieben! So unmenschlich rationalistisch. Jetzt will ich schnell noch umschreiben, was umzuschreiben geht." (Feyerabend 1995b: 212)
29 Mike Sandbothe spricht dabei von einem Anything-goes Missverständnis, da es sich bei diesem Gedankenvollzug um eine inhaltlich falsche Beweisführung handelt (vgl. Sandbothe 1998: 51).

- Regeln und Maßstäbe der Rationalität werden oft verletzt. Dies geschieht sowohl im Kontext der Entdeckung sowie in der Rechtfertigung wissenschaftlicher Annahmen.
- Jene müssen auch verletzt werden, um in der Wissenschaft voranzukommen. Insofern ist Wissenschaft entweder rational oder progressiv.

Daraus folgt sein Plädoyer für einen theoretischen und methodologischen Pluralismus, der in dem Grundsatz ‚Anything goes' seinen ironisch zugespitzten Höhepunkt findet.

In der Wissenschaftsgeschichte hat sich gezeigt, dass wissenschaftliche Erfolge und Fortschritt gerade dann erzielt werden, wenn die dogmatischen Regeln wissenschaftlichen Handelns missachtet worden sind. Feyerabend hat in ‚Wider den Methodenzwang' versucht zu zeigen, dass Rationalität und ihre Maßstäbe und Regeln oft mit wissenschaftlichem Fortschritt unvereinbar sind. Regeln und Maßstäbe werden häufig verletzt und müssen auch verletzt werden, um in der Wissenschaft Fortschritt erzielen zu können. Es muss auch immer irrationale und subjektive Momente geben, um Erkenntnisfortschritt zu gewährleisten:

„Erfolge treten ein, nicht weil man sich an die Vernunft gehalten hat, so wie sie in den bereits errungenen Abstraktionen vorlag, sondern weil man vernünftig genug war, unvernünftig vorzugehen. Für dieses unvernünftig-vernünftige Vorgehen, für diese den Rationalismus immer wieder rettende Irrationalität gibt es in der Geschichte der Wissenschaften zahlreiche Beispiele." (Feyerabend 1984: 68 f.)[30]

Die Wissenschaft verschreibt sich dem Prinzip der Vernunft, die den Forschungsprozess in seinem methodischen Vorgehen vereinheitlicht und durch dieses dogmatische Reglement zu einem Stillstand kommt. Die rationale Wissenschaft verfährt stets nach demselben Grundschema. Feyerabend fordert dazu auf, dieses Grundschema als exklusives Dogma abzulegen, wenn es um Erkenntnisgewinnung geht. Damit fügt er seiner deskriptiven wissenschaftshistorischen Analyse eine präskriptiv-handlungsbezogene Forderung hinzu. Seine Grundannahmen formuliert er dabei bewusst polemisch und provokativ: „Die Wissenschaft ist wesentlich ein anarchistisches Unternehmen: Der theoretische Anarchismus ist menschenfreundlicher und

---

30 Um seinen erkenntnistheoretischen Anarchismus faktisch zu begründen, liefert Feyerabend historische Fallstudien. Als prominentes Beispiel nennt er Galileo Galilei als Repräsentant des methodologischen Anarchisten, der seiner Ansicht nach nicht durch rationale Argumentation, sondern hauptsächlich durch Überredungskunst, Intuition, ad-hoc-Hypothesen und Vorurteile zu neuen Ideen gelangt ist. Zu Einzelheiten siehe Feyerabend 92004 [1975]: 120 ff.

eher geeignet, um Fortschritt anzuregen als Gesetz- und Ordnungs-Konzeptionen." (Feyerabend ⁹2004 [1975]: 28)

Mit seiner anarchistischen Wissenschaftstheorie und dem Ausspruch ‚Anything goes' versucht Feyerabend nicht, das Ende rationalistischer Forschungslegitimationsstrategien per se zu verkünden: „Es ist schon wahr, daß zwei oder drei irrationale Schwalben noch keinen irrationalen Sommer machen, aber sie entfernen doch Regeln und Maßstäbe, die in rationalistischen Gebetsbüchern an prominenter Stelle auftreten." (Feyerabend 1979: 17) ‚Anything goes' bedeutet nicht, dass es überhaupt keine Regeln in der Wissenschaft mehr geben darf, sondern vielmehr, dass Probleme nicht nach a priori festgelegten Regeln gelöst werden sollen. Die je spezifischen Umstände von Problemen müssen untersucht und ständig erneuerte Strategien und Antiregeln gefunden werden. Dies fordert zu einer permanenten reflexiven Haltung gegenüber dem Problem und den allgemeingültigen Gesetzmäßigkeiten auf. Methodische Abweichungen und Antiregeln zwingen zu einer Hinterfragung bestehender methodischer Praxis und wissenschaftlichen Theorien, so dass dadurch überhaupt erst neue Hypothesen aufgestellt und Theorien ausgebaut werden können. Feyerabends Einsicht besteht darin, dass nicht detaillierte Vorschriften und Regeln im wissenschaftlichen Forschungsprozess für ihre Entwicklung verantwortlich sind, sondern die Rekonstruktion von Beurteilungs- und Vergleichsregeln, ohne diese selbst zu verabsolutieren. Vernunft darf nicht zu einer allgemeingültigen Ideologie und einem idealisierten Leitkonzept erstarren, sondern sie muss vielmehr als eine kritisch-rationale, *historische* Tradition verstanden werden. Alles muss erlaubt sein, jedoch nicht im Sinne von Willkür, sondern im Sinne eines *Reflexivierungsangebots von Kontingenz*, in dem auch Verstöße gegen wissenschaftliche Kriterien wie Konsistenz, Plausibilität, und Stringenz zulässig und sogar wünschenswert sind. Er kritisiert die „ängstlichen Nagetiere[.], die ihre Unsicherheit hinter einer finsteren Verteidigung des Status quo verbergen" (ebd.: 252) und die unhinterfragte Automatik des wissenschaftlichen Forschungsprozesses, die auf abstrakten, dogmatischen Rationalitätsmaßstäben beruht.

Ein Theorienpluralismus in der Wissenschaft ist zwingend notwendig und überhaupt erst erkenntnisfördernd. Nur durch Theorienkonkurrenz kann entschieden werden, ob sich Phänomene, die für eine Theorie als Anomalien auftreten, tatsächlich mit Hinblick auf andere Theorien eine Abweichung darstellen oder nicht. Insofern liefern alternative Theorien eine Art Überprüfungs- bzw. Falsifizierungsinstanz für Theorien. Philosophische Thesen sind nie endgültig wahr und abschließend begründbar. Historisch betrachtet sind in der Philosophie vermeintlich endgültige Erkenntnisse in späteren Generationen wieder hinterfragt worden. Bestimmte Theorien oder Problemlösungsmethoden, die zu einem bestimmten Zeitpunkt en vogue sind, sind demnach nie allgemeingültig, sondern stets historisch kontingent. Feyerabend spricht sich sogar dafür aus, Hypothesen zu formulieren, die gerade Beobachtungen, Tatsachen und empirischen Ergebnissen widersprechen. Die Unstimmigkeit zwischen Tatsachen und Theorien soll nicht etwa verringert, sondern stets vergrößert werden, um die Wissenschaft ständig in Bewegung zu halten. Feyerabend begründet diese Antiregel damit, dass es theorieunabhängige Tatsachen und Aussagen nicht geben kann, so dass man bewusst Aussagen formulieren muss, die im Widerspruch mit den bestehenden Theorien stehen: „Kein Gedanke ist so alt oder absurd, dass er nicht unser Wissen verbessern könnte." (Feyerabend ^{9}2004 [1975]: 139) Seine Antiregel richtet sich demnach gegen Konsistenzbedingungen von Theorien, in der neue Hypothesen mit bereits anerkannten Theorien in Einklang gebracht werden sollen. Dies ist unsinnig, da dadurch stets die ältere etablierte Theorie erhalten wird und nicht die bessere. Methodenvielfalt, das Konfligieren und der Widerstreit von Theorien sind demnach der eigentliche Motor des Fortschritts[31] (vgl. ebd.: 91).

Feyerabend geht in seiner Argumentation noch weiter und spricht sich explizit gegen eine Vormachtstellung der Wissenschaft im Allgemeinen aus. Er plädiert für neue kreative Perspektiven, schöpferischen Dilettantismus, Konfrontationen, wechselseitige Korrekturen und fruchtbare Überschreitungen von Disziplingrenzen. Verschiedene Ansätze bieten auch verschiedenartige Zugangsweisen zu einem Problem und beleuchten dadurch andere Seiten des Problems. Daher muss die Philosophie und die Wissenschaft die größtmögliche methodische Offenheit gewährleisten. Man muss jede Form der Wissensgewinnung für legitim ansehen, „sei dies nun in der antiken Mythologie, in modernen Vorurteilen, in den Elaboraten von Fachleuten oder den Fantasien komischer Käuze. Die gesamte Geschichte einer Disziplin wird herangezogen, um ihren neuesten und ‚fortgeschrittensten' Entwicklungsstand zu verbessern." (Feyerabend ^{9}2004 [1975]: 139) Mythos, Magie und Religion müssen ebenso als gleichberechtigte Erkenntnisformen anerkannt werden. Der Unterschied zwischen Wissenschaft und Nicht-Wissenschaft löst sich somit zunehmend auf.

---

31 Paradoxerweise gebraucht Feyerabend das aufklärerische, moderne Ideal des Fortschritts als leitende Prämisse für das postmoderne Theoretisieren. Der Begriff des Fortschritts ist hierbei jedoch positiv konnotiert und in diesem Sinne förderungswürdig. Was als fortschrittlich oder rückschrittlich beurteilt wird, bleibt dabei jedoch schwammig. Unklar ist, was Feyerabend genau unter Fortschritt versteht und weshalb er diesen Begriff positiv auflädt und zu seinen normativen Handlungsanweisungen gelangt. Geert-Lueke Lueken nimmt an, dass Feyerabend diese Fortschrittsthese nicht selber vertritt, sondern bloß den Anhängern aufzuzeigen versucht, dass ihr Interesse am Fortschritt im Konflikt mit dem Interesse an Rationalität steht. Feyerabend macht hingegen die irrationalen Aspekte der Wissenschaft gegen jegliche Rationalitätsdogmen stark und argumentiert insofern für eine *fortschrittliche* Wissenschaft, die einer *dogmatischen* Wissenschaft bzw. Vernunft diametral entgegensteht. Dass er dabei den Fortschrittsbegriff gegen den Rationalitätsbegriff stellt und ersteren eindeutig bevorzugt, bleibt jedoch willkürlich. (Vgl. Lueken 1992: 162)

Verschiedene Methoden des Erkenntnisgewinns sollen vermischt werden, so auch beispielsweise Kunst und Wissenschaft, denn „künstlerische Verfahren kommen überall in den Wissenschaften vor und besonders dort, wo neue und überraschende Entdeckungen gemacht werden." (Feyerabend 1984: 8) Nur durch eine solche anarchistische Erkenntnistheorie kann die mittlerweile unhinterfragte Legitimation der Wissenschaft wieder in Frage gestellt werden. Es muss eine tolerante „Demokratisierung der Wissenschaft" (ebd.: 60) angestrebt werden, denn

„wie Maden sitzen die Intellektuellen im Speck unserer Gesellschaft [...]. Wie andere Philosophien ist auch der kritische Rationalismus eine Schulphilosophie, entwickelt und verbreitet von akademischen Nagetieren [...]. Die Wissenschaft wird bewundert, ohne untersucht und verstanden zu werden; das (streng geregelte, „logische") Denken gilt ganz selbstverständlich als das A und O des Lebens; öde Schlagworte ersetzen Argumente, und Kritik ist nichts weiter als die Wiederholung von Phrasen wie „irrational", „ad hoc", „degenerierend", „unfalsifizierbar", „metaphysisch" und dergleichen mehr." (ebd.: 65 f.)

Feyerabend ist der Meinung, dass sich der Erfolg der Wissenschaft darauf begründet, dass ihr der Vergleichsmaßstab fehlt. Es geht dabei nicht um deren Etablierung durch das Qualitätskriterium der besseren Einsichten, sondern nur um einen Erfolg, der sich auf Institutionalisierung gründet. Einen Wettstreit von westlichem Denken und östlichen Mythen oder anderen alternativen Denkansätzen hat es nie gegeben, da sich die Wissenschaft durch Kolonialisierung durchgesetzt und somit ihren Herrschaftsanspruch institutionell legitimiert hat. (Vgl. Feyerabend 1978a: 52 ff.)[32] Er verspottet insofern regelrecht das, was im akademischen Betrieb unter Seriosität und Methodik wissenschaftlichen Arbeitens verstanden wird.

Resümierend kann konstatiert werden, dass Feyerabend mit dem Credo ‚Anything goes!' versucht, die Wissenschaft aus der starren Fixierung auf methodologische Anweisungen zu befreien und sich von einem neuzeitlichen Methodenideal zu lösen. Er sieht die Geburt der Kreativität aus dem Chaos als Fortschritt. Nicht die Ordnung, sondern Ideenemergenz aus der Unordnung wird als erkenntnisfördernd angesehen. Pluralität und Kontingenz treten an die Stelle von wissenschaftlichem Dogmatismus und methodischer Regelkonformität.

Betrachtet man nach der Darstellung von Lyotards und Feyerabends grundlegenden Thesen den Begriff der Postmoderne, so kann festgestellt werden, dass das Präfix ‚post-' nicht als eine Nachzeitigkeit zu verstehen ist, sondern ein Reflektie-

---

[32] Zur Veranschaulichung nennt er folgende Metapher des Pferderennens: „In einem Pferderennen müssen alle Pferde, auf die man wetten kann, das Rennen beenden, in den Wissenschaften werden nur die populären Pferde gut genug gefüttert, um im Rennen bleiben zu können. Am Ende wissen wir von ihren Erfolgen, aber wir wissen nicht, ob die Erfolge der übrigen Pferde nicht viel größer gewesen wäre." (Feyerabend 1984: 163)

ren bzw. Redigieren der Moderne und ihren Voraussetzungen. Die modernen Leitideen wie Fortschritt, Rationalität, Emanzipation etc. haben an Glaubwürdigkeit eingebüßt. Lyotard spricht davon, dass ein universal gültiges Ordnungsschema nicht mehr als metaphysischer Überbau dienen kann, um die Welt zu erklären. Totalitäre Grundparadigmen sind obsolet geworden. Ebenso argumentiert Feyerabend, dass der absolute Gültigkeitsanspruch der Wissenschaft und die Forderung, rational und methodengeleitet vorzugehen, dogmatisch sind. Vielmehr muss es eine Vielzahl an Theorien sowie alternative nicht-wissenschaftliche Erkenntniszugänge geben. Diese allgemeine Einsicht in die Pluralität kennzeichnet die postmoderne Lage.

Wie bereits bei Lyotard findet sich auch bei Feyerabend ein argumentativer Selbstwiderspruch, der darin besteht, dass der erkenntnistheoretische Anarchismus selbst nach Regeln und Methoden verlangt, um überhaupt für die Wissenschaft relevant zu werden. Regellosigkeit und Antidogmatismus sind ebenso dogmatisch, wenn sie zum Dogma und zur absoluten Leitregel erhoben werden. Die überpointierte Formel ‚Anything goes!' ist insofern ein immanenter Widerspruch bzw. ein bewusst paradoxes Postulat für eine programmatische Programmlosigkeit, eine prinzipielle Prinzipienlosigkeit, eine regelhafte Regellosigkeit, eine Methode von Anti-Methoden. Nimmt man sie zu wörtlich, so kann jener aufklärerische Impuls nur im Leeren verlaufen. Durch seine (Selbst-)Ironisierung gewinnt die Formel erst an Gehalt. Ein erkenntnistheoretischer Anarchismus als konzeptioneller Kern ist zusammenfassend die produktivste Vorgehensweise in der Wissenschaft, da keine Regel in Anspruch nehmen kann, die beste zu sein ohne einer normativen Idealisierung zu verfallen. So kann die Kontingenz und das Provisorische von Methoden und Theorien aufgedeckt werden, da alle Methodologien ihre Grenzen haben. Es geht nicht um die Ersetzung allgemeiner Regeln durch andere, sondern um die Explizierung der Begrenztheit absoluter Maßstäbe.

2.2.3 Medientheorie und Postmoderne –
Ein unabdingbarer Konnex

Entfernt man sich von dem Bereich der Philosophie und Wissenschaftstheorie und nimmt man das Konzept der Pluralität als idealtypisches Signum der Postmoderne ernst, so lässt sich diese kaum ohne Medien denken. Medienwandel bzw. eine veränderte Mediensituation, die sich in Begriffen wie Wissens- oder Informationsgesellschaft wiederfindet, ist eng mit dem Phänomen Postmoderne verbunden. Wolfgang Welsch spricht von den medialen und technologischen Entwicklungen als den „faktischen Voraussetzungen der Postmoderne." (Welsch 2008: 216), während Andreas Reckwitz sogar konstatiert, „dass die postmoderne Kultur mit der digitalen Revolution koinzidiert." (Reckwitz 2006: 97) Denn gerade mit den Veränderungen der Kommunikationstechnologien ist das Gleichzeitige beobachtbar geworden.

Vernetzung, Instantaneität und Virtualität sind zu den postmodernen Grundkategorien geworden. Mit dem Auftreten jedes neuen Mediums potenzieren sich die Beobachtungsmöglichkeiten von Gesellschaft (vgl. Schmidt/Zurstiege 2000: 209 f.). Die Pluralität von verschiedenen Lebensstilen, Problemlösungsstrategien, Entscheidungs- und Handlungsmöglichkeiten wird medial beobachtbar. Insofern scheint die postmoderne Haltung in engem Zusammenhang mit der Medialisierung der Gesellschaft, insbesondere der Digitalisierung im 20. Jahrhundert, zu stehen.

Unternimmt man den Versuch, die Postmoderne zu historisieren, ohne dieser direkt einen Epochenstatus zusprechen zu wollen, so kann Postmoderne auch als Wandlungsprozess auf vielfältigen Ebenen verstanden werden. Dieser betrifft ökonomische, politische, ästhetische, wissenschaftliche, philosophische oder soziologische Bereiche, die Veränderungen, Verschiebungen oder Brüche gegenüber der Moderne darstellen:

„Die Veränderungen von der industriellen Produktions- zur postindustriellen Dienstleistungs- und postmodernen Aktivitäts-Gesellschaft, die ökonomische Umstellung von Globalkonzepten auf Strategien der Diversifizierung, *die Strukturveränderungen der Kommunikation infolge der neuen Technologien*, das neue wissenschaftliche Interesse an nicht-deterministischen Prozessen, an Strukturen der Selbstorganisation, an Chaos und fraktaler Dimension, die philosophische Verabschiedung des rigorosen Rationalismus und Szientismus und der Übergang zu einer Vielfalt konkurrierender Paradigmen, all das sind Prozesse, die gewichtige Verschiebungen gegenüber Positionen der Moderne anzeigen." (Welsch 2008: 11; Hervorhebung d. Verf.)

Selbst Lyotard, der der Postmoderne explizit einen Epochenstatus abspricht und diese eher als bestimmte Geisteshaltung gegenüber der Moderne versteht, kann es nicht vermeiden, die Postmoderne zu historisieren. Demnach verortet er das postmoderne Zeitalter bzw. den Übergangs- und Wandlungsprozess am Ende der 1950er Jahre, die er mit dem Ende der europäischen Wiederaufbauphase zusammenbringt. Diese postindustrielle Kultur charakterisiert sich durch eine technologische Transformation des Wissens, die sich über Beschleunigung, Digitalisierung und Vervielfältigung von Informationen, beispielsweise durch die Satellitentechnik, die direkte transatlantische Videokonferenzen ermöglicht und die Ausweitung des Nachrichtenwesens, die einen elektronischen Journalismus hervorbringen, definiert (vgl. Lyotard ³1994a [1979]: 21). Die Veränderung der Wissensstruktur und des Informationstransfers, die Lyotard als „Informatisierung der Gesellschaft" (ebd.: 30) bezeichnet, nimmt Einfluss auf die politischen und ökonomischen Strukturen einer Gesellschaft, die Fragen nach Zugänglichkeit und Kontrolle der Kommunikationskanäle sowie neue rechtliche Probleme aufwerfen. Gerade diese technologischen und medialen sowie soziopolitischen Veränderungen lassen die Krise der Metaerzählungen deutlich zu Tage treten.

Schmidt und Spieß konstatieren, dass der Zusammenhang zwischen Medien(wandel), Kommunikation und (Post-)Moderne ein enges Bedingungsverhältnis darstellt. Medien geben ganz neue Möglichkeiten der (Selbst-)Beobachtung von Gesellschaft in je spezifischen historischen Kontexten. Bereits mit den Printmedien ist eine starke Verbindung mit der Entstehung einer bürgerlichen Öffentlichkeit im 18. Jahrhundert auszumachen:

„[W]ie stark der Zusammenhang zwischen bürgerlicher Gefühlskultur und Trivialliteratur in diesem Zeitraum gewesen ist; wie intensiv funktionale Differenzierung und die Ausbildung systemspezifischer Kommunikation interrelieren, oder wie stark Mobilisierung, politische Partizipation und Institutionalisierung von Konflikten auf die Ausbildung funktionierender Kommunikationsverbindungen angewiesen waren," (Schmidt/Spieß 1997: 87)

zeigt die enge Verknüpfung zwischen Medienwandel, neuen Kommunikationsmöglichkeiten und gesellschaftlichen Entwicklungen. Medien sind Instrumente der Wirklichkeitskonstruktion, sie geben veränderte Bedingungen der Wahrnehmung vor und sind verantwortlich für die Erschaffung von Öffentlichkeit. Zudem können sie als bedeutsame Instanzen der Sozialisation begriffen werden, die das Verhältnis von Kultur und Gedächtnis sowie von gesellschaftlichen Aus- und Entdifferenzierungsprozessen beeinflussen.[33] Massenmedien stehen in einem engen Verhältnis zu sozialer und kultureller Ordnung, Werte-, Mentalitäts-, Einstellungs- und Bedürfniswandel, indem sie jeweilige Zustände und Veränderungen öffentlich, also beobachtbar und kommunikationsfähig machen: „Kurzum: Medien sind Agenten soziokulturellen Wandels. Dabei werden Kommunikationen wie Mediensysteme zunehmend vernetzt und reflexiv, d.h. auf sich selbst angewandt." (ebd.: 89) Die Pluralisierung der Lebenswelten und die zunehmende Ausdifferenzierung von Medien und neuen Kommunikationsmöglichkeiten haben zu einem potenzierten Beobachtungsverhältnis geführt. Medien konstruieren Wirklichkeit durch die Art, wie sie beobachten und beschreiben. Die Beobachtungen sind dabei stets selektiv. Diese Selektivität ist in der Regel erst beobachtbar, wenn sie von anderen Beobachtern – von Beobachtern erster Ordnung, für die die jeweiligen Medienangebote bestimmt sind, und von Beobachtern höherer Ordnung, meist von anderen Medien – beobachtet und kommuniziert wird. Mit dem Hinzukommen neuer Medien werden diese Beobachtungsmöglichkeiten weiter potenziert. Gesellschaftliche Selbstbeobachtung wird zur Aufgabe der Medien, die als Beobachter zweiter und höherer Ordnung institutionalisiert und zur Grundlage der Medienkultur geworden sind.[34]

Dieser radikale Wandel der medialen Beobachtungsmöglichkeiten erzeugt Kontingenzerfahrung, die bereits von Modernisierungstheoretikern als Kennzeichen der

---

33 Zu Einzelheiten und Ausführungen siehe Schmidt 2003b.
34 Zu Beobachterkonstellationen und -ebenen siehe auch Kapitel 2.1.

Moderne charakterisiert wurde. Medien ermöglichen gerade eine „kontingenzerzeugende[.] Dauerbeobachtung und reflexive[.] Thematisierung" (ebd.: 91) Es ist sinnvoll, Postmoderne sowohl als ein kontinuierliches Resultat aus den Modernisierungsprozessen zu interpretieren als auch als deren Gegenpol. Denn mediale Dauerbeobachtung und reflexive kommunikative Thematisierung verändern auch immer den Zustand und das Selbstverständnis jedes beobachteten gesellschaftlichen Bereichs bzw. Systems. Postmodern sind sensu Schmidt und Spieß daher Gesellschaft bzw. Teile von Gesellschaft immer dann, wenn sie die Kontingenz ihres kulturellen Programms erkennen und reflektieren können. Dies ist erst mit einer Vermehrung von (medialen) Beobachtungsinstanzen und einer zunehmenden Reflexivität von Beobachtung des Mediensystems möglich. Pluralität entsteht durch medienbasierte kommunikative Angebote von Wirklichkeitsentwürfen. Als postmodern kann die Kontingenzerfahrung als „Einsicht in die *Endgültigkeit der Vorläufigkeit* durch Einsicht in die Konstruktivität *aller* Wirklichkeits-, Sinn- und Wertproduktion, und zwar einer Konstruktivität ohne verbindlichen Gesamtplan." (ebd.: 99; Hervorhebung im Original) bezeichnet werden. Schmidt und Spieß bringen dies zusammenfassend auf die Kurzformel „Modernisierung + reflexives Mediensystem = Postmoderne" (ebd.: 100), denn Kontingenzerfahrung als ein Reflexivwerden der Moderne und als gesteigerte Möglichkeit der Selbstbeobachtung muss zur Voraussetzung ein komplexes Mediensystem vorweisen, das Reflexivität überhaupt erst praktizieren kann.

Moderne und Postmoderne, die Schmidt und Spieß als Netzwerke von Tendenzen soziokulturellen Wandels und nicht als Epochenbegriffe fassen, sind daher stets mit *korrespondierenden Medienkonzeptionen* verbunden. Dieses Netzwerk besteht aus drei Dimensionen: 1. Strukturmerkmale, 2. Mentalitätssyndrome und 3. korrelierte Medienkonzeptionen. Für die Moderne skizzieren die Autoren das Zusammenspiel dieser drei Dimensionen wie folgt: *Strukturmerkmale* soziokulturellen Wandels wie beispielsweise Industrialisierung oder Demokratisierung gehen stets mit spezifischen *Mentalitätssyndromen* einher wie z.B. der politisch moralischen Idee der Aufklärung und den Glauben an Vernunft, Fortschritt und Wachstum. Medien nehmen dabei die Funktion ein, eine kritische Öffentlichkeit bereitzustellen und zu reproduzieren. Diese drei Faktoren bilden einen konstitutiven Zusammenhang und sind heuristische Beschreibungen für das Phänomen Moderne. Für die Postmoderne bleibt die Dimension der Strukturmerkmale gleich, Dimension zwei und drei, die spezifischen Mentalitätsmerkmale sowie die Medienkonzeptionen, ändern sich hingegen, was als systematisches Abgrenzungskriterium plausibel erscheint. Die Pluralisierung von Wirklichkeitskonstruktionen, das Misstrauen in Fortschritt, Vernunft, Rationalität und ungebrochenem Wachstum geht einher mit einem Wandel des Medienverständnisses. Medien werden nicht mehr primär als Agenten zur Herstellung kritischer Öffentlichkeit konzipiert, sondern als generelle Instanzen der Beobachtung zweiter Ordnung und der Bewusstmachung von Kontingenz. Nicht mehr die moderne Vorstellung einer verlässlichen Beobachtbarkeit sozialen Wandels, sondern die postmoderne Vorstellung der Unbeobachtbarkeit bzw. die Zersplitterung und Multiplizierung von Beobachterperspektiven wird durch die Dimension der Medienkonzepte relevant.

Diese veränderte Mediensituation und die multidimensionalen Wandlungsprozesse, die hier überblicksartig vorgestellt wurden, führen auch *zu einer veränderten Anforderung an die Reflexion über diese Phänomene, d.h. zu einer gewandelten Anforderung an die Theoriebildung.* Medientheoretischer Reflexionsbedarf besteht zunächst immer dann, wenn konkrete historische Medienumbrüche beobachtet werden, z.B. die Erfindung der Schrift, des Drucks, der technischen Übertragungsmedien oder der Digitalisierung. Die theoretische Auseinandersetzung mit Medien ist unabdingbar, um die offenkundige „Medialisierung der Welt" (Margreiter 2007: 10) und den „Vormarsch der Neuen Medien in unserer Kultur und Lebenswelt" (Ebd.) begreifen und beschreiben zu können. Die Frage nach der Medialität in Zusammenhang mit Erfahrung, Wahrnehmung, Denken, Wirklichkeit, Handeln, menschliches Selbstverständnis und Kultur muss in Anbetracht von Medienumbrüchen wieder aufgeworfen werden. Welche Rolle spielt dabei der „große[.] Paradigmenwechsel [...] des postmodernen Denkens (im 20. Jahrhundert)" (ebd.: 14)? Steuert das Nachdenken über eine postmoderne Situation nicht zwangsläufig auf ein Nachdenken über Medien hinaus? Im wissenschaftlichen Mediendiskurs wird vereinzelt sogar von einem media bzw. medial oder mediatic turn[35] gesprochen (vgl. Weber 1999: 3; Margreiter 1999: 9; Münker 2003: 16; Münker 2009: 31). Innerhalb dieses medial turn rücken mediale Konstellationen als gesellschaftliche Konstitutionsfaktoren in den Vordergrund der Theoriebildung:

„Der Blick auf Leitmedien und auf Medienkonstellationen erweist sich offensichtlich als eine produktive und integrative Optik, um komplexe soziale und kulturelle Sachverhalte begrifflich-theoretisch fassen und können. Medien eignen sich als taugliche Parameter, um kulturwissenschaftliche Arbeitsfelder zu organisieren." (Margreiter 2007: 260)

---

35 Unter einem turn ist eine thematische oder methodische Wende im Denken gemeint. Der turn-Begriff ist an die Vorstellung eines Paradigmenwechsels nach Thomas S. Kuhn angelehnt. Die bisher grundsätzlich geltenden Ansichten, Annahmen und Methoden sowie wissenschaftlichen Wahrnehmungs- und Ordnungsmuster verlieren an Gültigkeit zugunsten neuer Denkmodelle. Andererseits kann der turn-Begriff nicht nur als Paradigmenwechsel im Sinne einer Kopernikanischen Wende verstanden werden, sondern wie bei Doris Bachmann-Medick als Blickwinkelverschiebung, Neufokussierung, Richtungswechsel, konzeptuelle Verschiebung, d.h. als Abkehr von einheitstheoretischen und als Hinwendung zu neuen Erklärungsmustern. Als neue konzeptionelle Forschungsperspektive wird mit dem turn-Begriff der Untersuchungsgegenstand zu einer Analysekategorie. (Vgl. Bachmann-Medick 2006: 7 ff.)

Gerade die (post-)modernen Medientheorien von McLuhan, Baudrillard, Virilio, Flusser und Kittler verstehen sich als „reflexives Korrelat zur mittlerweile veränderten Mediensituation" (ebd.: 14) und sehen es als unabdingbare Voraussetzung, die Mediensituation und Medialität stets in Verbindung mit einer sogenannten Postmoderne zu beschreiben, d.h., eine Verflechtung von Medien, Medienentwicklung und Postmoderne als notwendige Voraussetzung von Mediendenken zur Grundlage zu machen. Die gegenwärtige Mediensituation kann nicht anders als postmodern gedacht werden, um angemessen beschrieben werden zu können. Innerhalb der Kommunikations- und Medienwissenschaft ist das allgemeine Grundanliegen der postmodernen Medientheoretiker, nach je spezifischen Medialitätskontexten zu fragen und die Medialität als grundlegende Konstante für historische Prozesse und ihre kognitiven, kulturellen, gesellschaftlichen und epistemologischen Konsequenzen in das Untersuchungsfeld zu rücken.[36] Wie derartige Veränderungen innerhalb medientheoretischer Diskurse reflektiert und welche gesellschaftlichen Selbstbeschreibungsmodelle und -muster für die postmoderne Medienkonstellation dargelegt werden, wird anhand des Theorievergleichs postmoderner Medientheorien in Kapitel 4 genauer untersucht. Es werden Gegenwartsszenarien und Zukunftsprognosen der Theoretiker untersucht, um festzustellen, wie Geschichte begründet wird oder wie der Mensch sowie Gesellschaft und Kultur konzipiert werden. Nach welchen Gesetzmäßigkeiten verläuft Geschichte und wohin steuert sie? Wie beeinflussen mediale Transformationen kulturelle und gesellschaftliche Prozesse und vice versa? Welche kulturgeschichtlichen Zäsuren und Umbrüche werden hervorgehoben?

Dass ein unabdingbarer Zusammenhang zwischen Medienwandel und Postmoderne bzw. Medientheorie(bildung) und Postmoderne auszumachen ist, ist hier bereits thematisiert worden und zeigt die Relevanz der Beschäftigung mit den zu untersuchenden postmodernen Medientheorien auf. Medienumbrüche machen auf Phänomene und Veränderungen aufmerksam, die beschreibungs- und erklärungsbedürftig geworden sind. In welche Richtung diese Entwicklungstendenzen gehen und auf welche Weise diese beschrieben werden, wird anhand der exemplarisch ausgewählten medientheoretischen Positionen von McLuhan, Baudrillard, Virilio, Kittler und Flusser in Kapitel 4 analysiert.

---

36 Die Beschreibung von Entwicklungen und Veränderungen medialer Konstellationen oder medienvermittelter Kommunikationsprozesse steht im Gegensatz zu Ansätzen und Theorien mittlerer Reichweite, die Fragen nach Rezeption und Wirkungen von Medien oder Medieninhalten stellen, bei den postmodernen Medientheorien im Vordergrund.

2.3 RELATIVE INKOMMENSURABILITÄT – ZUR MÖGLICHKEIT DES VERGLEICHS VON DISPARITÄTEN

„Die Inkommensurabilität betrifft immer nur ein bestimmtes Prinzip der jeweiligen Phänomengruppen – jenseits davon mögen sie etliches gemeinsam haben. Aber in diesem einen Punkt haben sie nichts gemeinsam, und dies zu verkennen ist genauso falsch wie nur noch dies zu sehen und die sonstigen Übereinstimmungen zu ignorieren."
(WELSCH 2008: 268)

Der Ausdruck Inkommensurabilität hat im klassischen Kernbereich der Rationalität, der Mathematik, seinen Ursprung. Er bezeichnet die Längenbestimmung von Diagonale und Seitenlinie eines Quadrats, die nicht gleichermaßen durch den Längen*maßstab* der rationalen Zahlen gemessen werden können. Legt man den Maßstab der rationalen Zahlen an, so kann eine der Linien, Diagonale oder Seitenlinie eines Quadrats, nicht bestimmt werden, sondern benötigt zu seiner Beschreibung eine andere Zahlenart, die der irrationalen Zahlen. Unter dem Gesichtspunkt der rationalen Zahlen sind die Längen insofern miteinander inkommensurabel. Dabei betrifft die Inkommensurabilität immer ein bestimmtes Prinzip einer Phänomengruppe, in diesem Fall das Längenmaß, in anderen Kategorien können jedoch Übereinstimmungen und Gemeinsamkeiten vorliegen. Unvergleichbarkeit herrscht hierbei nur hinsichtlich der Länge. (Vgl. Lueken 1992: 10) Daher kann konstatiert werden, dass Inkommensurabilität stets „mit hochgradigen Spezifikationsauflagen zu versehen" (Welsch 2008: 268) ist.[37]

Die Übertragung der Begriffsverwendung aus dem mathematischen Bereich in die Wissenschaftstheorie weist eine hohe strukturelle Ähnlichkeit auf. In beiden Bereichen geht es um die Inbeziehungsetzung zweier Gegenstände anhand eines Maßstabs. Inkommensurabilität bezeichnet insofern nicht nur die Schwierigkeit des Beziehungsverhältnisses der Gegenstände zueinander, sondern insbesondere auch die Problematik des Maßstabs an sich. Im Kontext der Wissenschaftstheorie ist von Inkommensurabilität dann die Rede, wenn es keinen gemeinsamen Rationalisätsmaßstab als Grundlage zur Bewertung von Theorien gibt. So wie Kreis und Gerade in

---

37 Neben der geometrischen Veranschaulichung schlägt Welsch auch das Beispiel des Vexierbildes vor, in der dieselbe Zeichnung einmal als Landschaft oder einmal als Gesicht gesehen werden kann. Im Vexierbild gibt es fundamentale Gemeinsamkeiten wie beispielsweise das Liniengefüge des Bildes. Jedoch sind die beiden Sichtweisen im anschaulichen Sinne inkommensurabel, da man sie nicht gleichzeitig sehen kann, sondern nur zwischen ihnen hin und her wechseln kann.

einem bestimmten Inkommensurabilitätsverhältnis zueinander stehen, so sind auch verschiedene Formen von Rationalität und Geltungsansprüche inkommensurabel. Thomas S. Kuhn und Paul Feyerabend[38] haben die Diskussion um das Problem der Inkommensurabilität im Bereich der Wissenschaftstheorie angestoßen. Sie konstatieren, dass es innerhalb der Geschichte wissenschaftlichen Fortschritts keine allgemeine Methode oder Theorie geben kann, die Fortschritt und Rationalität der Wissenschaft ausreichend erklärt. Revolutionäre Fortschritte werden eher durch den Regelbruch erzielt. Insofern kann es keine gemeinsamen Richtlinien und Rationalitätsstandards geben, um neue Theorien und Methoden zu beurteilen. Im Kern besteht keine Übersetzbarkeit und Vereinbarkeit von Theorien bzw. Paradigmen. Unter der Bedingung radikaler Inkommensurabilität ist eine Auseinandersetzung zwischen verschiedenen Theorien im Sinne einer rationalen Diskussion unmöglich:

„Es gibt kein gemeinsames Maß, keine gemeinsamen Rationalitätsstandards, denen radikal verschieden, etwa durch eine wissenschaftliche Revolution voneinander getrennte Theorien genügen. Also kann es auch nicht rational sein, solche Standards methodologisch zu fixieren. Das ist der Sinn der Rede von Inkommensurabilität in der Wissenschaftstheorie." (Lueken 1992: 11)

Im Folgenden wird überprüft, ob der Begriff der radikalen Inkommensurabilität nach Kuhn und Feyerabend als Beschreibungskategorie auf das Theoriefeld der postmodernen Medientheorien zutrifft.

Thomas S. Kuhn führte mit seinem Hauptwerk ‚Die Struktur wissenschaftlicher Revolutionen' (^{19}2006 [1969]) mit dem Begriff des Paradigmas auch den der Inkommensurabilität in die Wissenschaftstheorie ein. Wissenschaftlicher Fortschritt ist ein Wechselspiel von Phasen der Normalwissenschaft und wissenschaftlichen Revolutionen, in denen das vorher gültige Paradigma von einem neuen, mit dem alten unvereinbaren bzw. inkommensurablen Paradigma abgelöst wird. Es gibt keine allgemeingültigen Rationalitätsmaßstäbe und keine universelle Methodologie, die den Fortschritt der Wissenschaft erklären kann. Fortschritt wird nur durch den Bruch und die Ablösung des vorher gültigen Paradigmas durch ein neues Set rationaler Regeln und etablierter Standards erzielt. Dabei sind unterschiedliche Paradigmen in ihren Wahrheitsansprüchen unvergleichbar und in ihrem Kern unübersetzbar, also inkommensurabel. Kuhn diagnostiziert Inkommensurabilität in Hinblick auf 1. das Selbstverständnis der Wissenschaft, 2. ihrer Methoden, 3. ihres definierten Problembereichs und den gültigen Problemlösungen, 4. der Semantik von Begriffen bzw. der Bedeutungen von Ausdrücken, 5. der logischen Beziehungslosigkeit, 6. den unterschiedlichen Ontologien, die ein Paradigma vorgibt und 7. der Wahrnehmung der Welt (vgl. Lueken 1992: 26). Daraus leitet er drei Hauptaspekte

---

38 Siehe hierzu auch Kapitel 2.2.2.

der Inkommensurabilität[39] bzw. Unvereinbarkeit ab, die auf verschiedenen Ebenen angesiedelt sind (vgl. Bayertz 1981: 77 ff.):

1. Inkommensurabilität lässt sich erstens auf der Ebene der *Probleme* bzw. des *Problembereichs* feststellen. Es werden verschiedenartige Probleme als methodisch lösbar oder unlösbar definiert. Problembezug, Lösungsansätze und Problemdefinition sind demnach inkommensurabel. Jedes Paradigma definiert seinen eigenen Problembereich (‚was'), legt fest, welche Problemlösungen für sinnvoll und gültig zu erachten und wie diese methodisch umzusetzen sind (‚wie'). Durch neue Methoden, Problemgebiete und Lösungsnormen ergibt sich somit eine Neudefinition des Selbstverständnisses von Wissenschaft, die mit dem alten Paradigma unvergleichbar ist. Denn wissenschaftliche Probleme und ihre Lösungsnormen sind historisch kontingent und somit im zeitlichen Kontext grundsätzlich verschieden. Ein neues Paradigma definiert somit stets die zu lösenden Probleme und ihre Lösungsnormen neu.
2. Des Weiteren lässt sich Inkommensurabilität von Theorien auf begrifflicher Ebene feststellen. *Begriffe* haben inkommensurable Bedeutungen. Jede Theorie arbeitet mit ihren eigenen Begriffssystemen. Mit einem Paradigmenwechsel geht auch eine Verschiebung des Begriffsgefüges einher. Gleiche Termini werden anders gebraucht und verstanden oder gänzlich ausgetauscht. Es kommt zu Unübersetzbarkeit auf der Ebene der Terminologien. Das Vokabular wird ausgewechselt bzw. ändert seine Bedeutung radikal. Somit verschiebt sich das gesamte Begriffsnetz. Alte Ausdrücke und Begriffe rücken in ein neues Verhältnis zueinander. Selbst bei gleicher Begriffsverwendung auf rein sprachlicher Ebene können dieselben Begriffe Unterschiedliches bedeuten. Die Gleichheit der Termini ist in dem Falle nur scheinbar, denn die Bedeutung einzelner Begriffe hat ihren Wandel erfahren und differiert von Paradigma zu Paradigma. Es kann in dem Falle von einer semantischen Verschiebung gesprochen werden.
3. Der grundlegendste Aspekt der Inkommensurabilität lässt sich jedoch auf Ebene der *theoretischen Voraussetzungen* feststellen. Kuhn geht von einer grundsätzli-

---

39 Ob Kuhn tatsächlich Anhänger einer radikalen Inkommensurabilitätsthese ist, wurde im wissenschaftstheoretischen Diskurs diskutiert. Weitestgehend ist er als solcher rezipiert worden (vgl. Bertemes 2005: 14 f.; Kordig 1971; Lakatos 1974; Singer 1976, Putnam 1982 oder Klüver 1991). Stegmüller (1969: 1064), Hoyningen-Huene (1989: 212 ff.) sowie Bayertz (1981: 92) hingegen wenden ein, dass Kuhn selbst in seinen späteren Schriften die radikale Inkommensurabilitätsthese abschwächt, indem er sie differenzierter darstellt bzw. eine nuanciertere Inkommensurabilitätsthese vorstellt. Relevant ist hier, dass eine radikale Inkommensurabilitätsthese zunächst vorgestellt wird, um eine wissenschaftstheoretische Position zu verdeutlichen, die in verschiedenen Hinsichten verfeinert und relativiert werden kann.

chen Verschiedenheit von Weltbildern, sogenannten Metaparadigmen, aus (vgl. ebd.: 79).[40] Wissenschaftler betrachten die gleiche Sache, aber sehen unterschiedliche Entitäten und Gegenstände. Die gesamte Wahrnehmungsweise und die Interpretation der Welt verändern sich mit einem Paradigmenwechsel.

Allerdings ist zu beachten, dass Kuhns Paradigma-Begriff selbst sehr vage ist. So hat Masterman (1974: 61 ff.) in einer textkritischen Analyse allein 21 unterschiedliche Bedeutungen des Paradigmenbegriffs nachweisen können, die in die folgenden drei Gruppen untergliedert werden können:

1. Das *Metaparadigma* oder *metaphysische Paradigma* ist als Weltanschauung zu verstehen. Es geht hierbei um eine grundsätzliche theoretische Auffassung philosophischer Art. Das Metaparadigma ist mit dem Weltbild in Bezug zu setzen.
2. Das *soziologische Paradigma* meint die soziale Struktur der Wissenschaft. Jenes Paradigma ist wissenschaftssoziologischer Art und wird als allgemein anerkannte wissenschaftliche Errungenschaft verstanden.
3. Das *konstruierte Paradigma* oder das sogenannte Musterbeispiel, wie Kuhn selbst es nennt, meint die konkrete wissenschaftliche Behandlung eines Problems. Es dient als Vorbild oder Modell der Problemlösung für weitere wissenschaftliche Arbeiten.

Die Hauptaspekte der Inkommensurabilität, die Kuhn herausstellt, finden sich ebenso bei Feyerabend, wobei dieser auf den Paradigmenbegriff verzichtet und stattdessen einen sehr weiten Theoriebegriff bevorzugt.[41] Zudem lehnt er auch das Zweiphasenmodell wissenschaftlicher Entwicklung als Wechsel zwischen Normalwissenschaft und wissenschaftlicher Revolution entschieden ab. Feyerabends Verständnis von Inkommensurabilität betont vielmehr den Aspekt „der *Gleichzeitigkeit* und der *Wechselwirkungen*" (Feyerabend 1978b: 169; Hervorhebung im Original) von Theorien. Ihm geht es um eine synchrone Ausdifferenzierung, also einen Theorienpluralismus zum gleichen Zeitpunkt, und weniger um eine diachrone Abfolge inkommensurabler Paradigmata. Er spricht daher von Theorien, die inkommensurabel im horizontal ausdifferenzierten Sinne sind. Insbesondere hebt er dabei die Inkommensurabilität von Begriffen und Bedeutungen hervor, die sich nicht miteinander in Beziehung setzen lassen. Dieses „deduktive Getrenntsein von Sätzen und Be-

---

40 Dies ist am besten durch die sogenannte Kopernikanische Wende nachvollziehbar, die eine komplett neue Ontologie hervorbringt und das ptolemäische Weltbild gänzlich ablöst, da beide Sichtweisen über die Welt miteinander unvereinbar sind.

41 „Wenn ich von Theorien spreche, so meine ich auch Mythen, politische Ideen, religiöse Systeme, und ich fordere, daß eine so benannte Auffassung mindestens auf einige Aspekte alles Daseienden anwendbar sei." (Feyerabend 1981: 128)

griffen" (Lueken 1992: 27) ist bei Feyerabend zentral in Bezug auf die Inkommensurabilitätsthese. Wesentlich ist von diesen Annahmen ableitbar, dass Inkommensurabilität sensu Feyerabend eine „Unmöglichkeit gleichzeitiger Verwendung der von verschiedenen Theorien abhängigen Begriffe und Sätze sowie der entsprechenden Wahrnehmungen" (ebd.: 28) darstellt.[42] Dies beinhaltet auch die verschiedenen Methoden, Problemstellungen und -lösungen, die darauf zurückweisen, dass die in den Theorien enthaltenen Ontologien unvereinbar und unvergleichbar sind:

„Wir haben eine Auffassung (Theorie, Bezugssystem, Welt, Darstellungsweise), deren Bestandteile (Begriff, ‚Tatsachen', Bilder) nach bestimmten Prinzipien aufgebaut sind. Die Prinzipien verursachen eine gewisse ‚Abgeschlossenheit': es gibt Dinge, die nicht gesagt oder ‚entdeckt' werden können, ohne die Prinzipien zu verletzen (und das heißt nicht: ohne ihnen zu widersprechen). Sagt man derartige Dinge, entdeckt man sie, dann sind die Prinzipien außer Kraft gesetzt. Man nehme nun die Konstruktionsprinzipien, die jedem Bestandteil der Welt (der Theorie), jeder Tatsache (jedem Begriff) zugrunde liegen. Nennen wir sie universelle Prinzipien der betreffenden Welt (Theorie). Universelle Prinzipien außer Kraft setzen heißt alle Tatsachen und alle Begriffe außer Kraft setzen. Schließlich wollen wir eine Entdeckung oder eine Aussage oder eine Einstellung inkommensurabel mit der Welt (der Theorie, dem Bezugssystem) nennen, wenn sie einige ihrer universellen Prinzipien außer Kraft setzt." (Feyerabend ^{9}2004 [1975]: 352)

Feyerabend differenziert hierbei noch zwischen bloßer Verschiedenheit und Inkommensurabilität. *Inkommensurabilität* bedeutet für ihn eine Unvergleichbarkeit universeller Prinzipien[43] und folglich eine grundsätzliche Verschiedenheit im Sinne einer Unmöglichkeit, Theorien miteinander in Beziehung zu setzen. Sie ist als *radikale Verschiedenheit* zu verstehen. Inkommensurabilität bedeutet für Feyerabend *nicht per se Unvergleichbarkeit* von Theorien. Theorien können in einigen Aspekten verschieden sein, müssen aber nicht inkommensurabel sein. Dies trifft erst zu, wenn die Verschiedenheit auf der Ebene der universellen Prinzipien gegeben ist. Insofern sind Theorien nicht per se inkommensurabel, sondern nur unter bestimmten Vergleichsgesichtspunkten. Hier lässt sich der in diesem Kapitel anfangs benannte Vergleichsmaßstab anführen. Inkommensurabilität ist stets in Bezug auf den Beobachtungsmaßstab zu definieren und muss daher stets spezifiziert werden: „Theo-

---

42 Feyerabend betont die Unmöglichkeit der gleichzeitigen Wahrnehmung bzw. Sehensweisen, wie beispielsweise bei Vexierbildern, etwa dem bekannten Entenhasen oder der alten/jungen Frau (vgl. Feyerabend 1978b: 192 ff.). Auch Welsch gebraucht das Beispiel der Vexierbilder, um den Inkommensurabilitätsbegriff zu erläutern, wie bereits zu Beginn des Kapitels herausgestellt wurde.

43 Der Begriff der universellen Prinzipien wird dabei weder genau bestimmt noch einheitlich geführt.

rien können auf verschiedene Weise interpretiert werden. Sie sind inkommensurabel in einigen Interpretationen, vergleichbar in anderen." (Feyerabend 1974: 212)[44]
Für den Inkommensurabilitätsbegriff nach Kuhn und Feyerabend kann zusammenfassend festgestellt werden:

„Wenn auch irgendein Vergleich immer möglich ist, und wenn die Theorien auch in irgendeiner Interpretation kommensurabel gemacht werden könnten, so jedenfalls nicht mit den von der Wissenschaftstheorie für relevant gehaltenen Vergleichsmaßstäben und Interpretationen. Dies macht die Radikalität der Verschiedenheit inkommensurabler Theorien im Sinne Kuhns und Feyerabends aus." (Lueken 1992: 31)

Beide beziehen die Inkommensurabilitätsthese demnach auf Theorien im weitesten Sinne (Feyerabend) oder Paradigmen (Kuhn) als umfassende und in sich geschlossene, strukturierte Systeme und Komplexe.

Der Status Quo postmoderner Medientheorien charakterisiert sich ebenso durch mehrere Disparitäten auf verschiedenen Ebenen und eine behauptete Inkommensurabilität, betrachtet man kursorisch die medientheoretischen Ansätze:

1. Eine Disparität ist auf der Ebene der *disziplinären Provenienz* zu verorten. Ansätze aus der Soziologie, der Semiotik, der Philosophie, der Germanistik, der Literaturwissenschaft oder Politikwissenschaft etc. weisen auf ein heterogenes, multidisziplinäres Forschungsfeld hin. Die postmodernen Theorien finden zwar Anwendung im kommunikations- und medienwissenschaftlichen Diskurs, da sie sich mit dem Forschungsgegenstand Medien beschäftigen, werden aber nicht durch diesen erst hervorgebracht. Es kann also nicht von einer genuin medien- oder gar kommunikationswissenschaftlichen Herkunft der Theorien die Rede sein, da es sich vielmehr beim Forschungsgegenstand Medien um durchaus inter- und transdisziplinäre „Theorie-Importe in die und für die Medienwissenschaft" (Weber 2010a: 19) handelt. Dabei ist auffällig, dass keine konsentierten Normen für eine Übernahme oder Integration disziplinfremder Theorieimporte bestehen. Extradisziplinäre Theorieanleihen und -transformationen werden nicht einmal benannt und explizit ausgewiesen (vgl. Saxer 1993: 175).
2. Die disziplinäre Herkunft weist auf die Unmöglichkeit hin, jene Theorien unter einer einheitlichen theoretischen Perspektive zu subsumieren. Eine weitere Disparität tritt demzufolge in Hinblick auf die verschiedenartigen *theoretischen Perspektiven* auf. Neologismen bezüglich der theoretischen Ausrichtung wie

---

44 Ob auch Feyerabend als Vertreter der radikalen Inkommensurabilitätsthese bezeichnet werden kann, wird diskutiert. In den meisten Fällen werden sowohl Kuhn als auch Feyerabend jedoch als Vertreter einer radikalen Inkommensurabilitätsthese wahrgenommen. (Vgl. Bertemes 2005: 14)

Dromologie, Kommunikologie oder Medienarchäologie beschreiben die Verschiedenartigkeit der theoretischen Ausrichtungen und Forschungsschwerpunkte postmoderner Medientheoretiker. Gegenstandsbereich, Problembezug, Lösungsansätze und Problemdefinition sind demnach scheinbar miteinander unvereinbar.

3. Damit eng verbunden ist die dritte Disparität auf *begrifflicher Ebene*. Schon bei einer überblicksartigen Lektüre wird deutlich, dass bei den postmodernen Theoretikern z.B. bezüglich des Medienbegriffs unterschiedliche Bestimmungen und Definitionen vorherrschen. Was als Medium definiert wird, die intensionale Bedeutung, und welche Objekte und Phänomene der Medienbegriff umfasst, die extensionale Menge[45], sind jeweils unterschiedlich bzw. inkommensurabel, was u.a. an begrifflichen Festlegungen wie Aufschreibesysteme, Codes oder Simulakren demonstriert werden kann.

4. Zudem kann auf *normativer Ebene* eine vierte Disparität festgestellt werden. Die gegenwärtige Medienlage wird von den verschiedenen postmodernen Theoretikern unterschiedlich bewertet. Oftmals lässt sich beobachten, dass die Theoretiker zu kulturpessimistischen oder optimistischen Aussagen über die Medienentwicklung neigen. Diese oftmals explizite und in manchen Fällen auch implizite Stellungnahme demonstriert eine weitere Gegensätzlichkeit und Unvereinbarkeit der relevanten Ansätze.

Es lässt sich somit ein Theoriefeld identifizieren, das durch scheinbar eklatante Disparitäten durchzogen ist. Diese Art von Partikularität in der Theoriebildung weist auf ein Theoriefeld hin, das sich durch radikale Inkommensurabilität im Sinne Kuhns und Feyerabends auszeichnet. Der Begriff der Inkommensurabilität scheint insofern den Zustand der postmodernen Medientheorien angemessen zu beschreiben. Die Disparitäten, die in Hinblick auf den Postmodernediskurs festgestellt werden, lassen sich problemlos mit den drei von Kuhn identifizierten Ebenen des Inkommensurabilitätsproblems erklären. Die Disparität der disziplinären Provenienz (1.) kann der Inkommensurabilität auf Ebene der theoretischen Voraussetzungen zugeordnet werden und entspricht dem Paradigmentyp des Metaparadigmas. Die Disparität der theoretischen Perspektiven bzw. Problembezüge sowie die Disparität der normativen Ausrichtung (2. und 4.) entsprechen der Inkommensurabilität auf Ebene des Problembereichs. Dies ist mit dem soziologischen Paradigma vereinbar. Die begriffliche Disparität (3.) ist schließlich der begrifflichen Inkommensurabilität nach Kuhn zuzuschreiben, das wiederum dem konstruierten Paradigma entspricht.

---

45 Die intensionale Bedeutung ist die Menge der Merkmale, die zu dem Begriff gehören und ihn konstituieren, während die extensionale Bedeutung eines Begriffs jene Menge an Objekten bezeichnet, aus denen jener Begriff abstrahiert wurde (vgl. Kromka 1984: 65).

Abbildung 1: Inkommensurabilitätsproblem

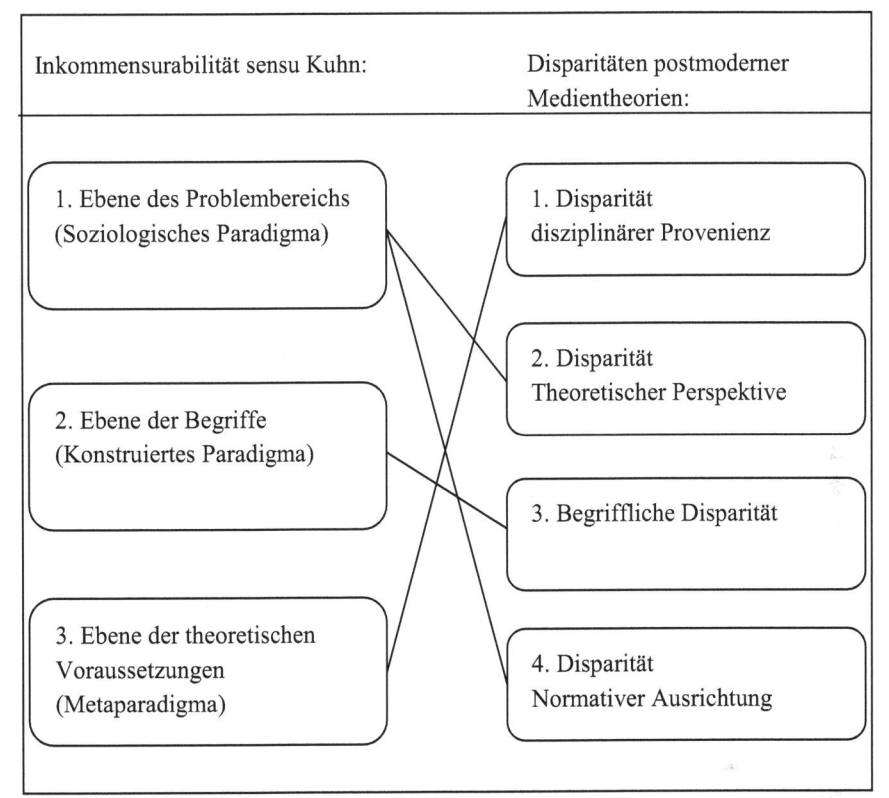

Inkommensurabilität sensu Kuhn:	Disparitäten postmoderner Medientheorien:
1. Ebene des Problembereichs (Soziologisches Paradigma)	1. Disparität disziplinärer Provenienz
2. Ebene der Begriffe (Konstruiertes Paradigma)	2. Disparität Theoretischer Perspektive
	3. Begriffliche Disparität
3. Ebene der theoretischen Voraussetzungen (Metaparadigma)	4. Disparität Normativer Ausrichtung

Quelle: eigene Darstellung

Diese radikale Inkommensurabilitätsthese erklärt zwar die „mittlerweile unüberschaubare Paradigmen- und Theorienvielfalt" (Weber 2001: 18), insbesondere die plurale Koexistenz rivalisierender Paradigmen in der Diskussion um das kulturphilosophische Konzept der Postmoderne, plausibilisiert jedoch längst nicht die fehlenden Ordnungs- und Systematisierungsversuche jenes Diskurses, auch im Bereich der Medientheorien. Vielmehr kennzeichnet sich der medientheoretische Postmodernediskurs durch ein allseitiges Bekenntnis zur Pluralität und Toleranz, de facto kann der Status Quo jedoch treffender durch inhaltliche Anteilnahmslosigkeit und fehlende inhaltliche Auseinandersetzung beschrieben werden (vgl. Schurz 1998: 29). Es scheint vielmehr eine Art „Plethora von kaum auf einander bezogenen Ansätzen" (Saxer 1993: 178) vorzuliegen.

Betrachtet man also den Inkommensurabilitäts- und Paradigmenbegriff von Kuhn sowie die Inkommensurabilitätsthese Feyerabends, so stellt sich die berechtigte Frage, inwiefern eine radikale Inkommensurabilität von Theorien zutreffend ist. Kuhns und Feyerabends Inkommensurabilitätsthese schließt ein Vergleichsverfahren prinzipiell aus, da verschiedene Paradigmen auf den drei oben vorgestellten Ebenen 1. unvereinbare Systeme der Weltanschauung, 2. unvergleichbare Problembezüge sowie 3. inkommensurable Begrifflichkeiten darstellen und daher keine Möglichkeit eines interparadigmatischen Theorievergleichs besteht. Allerdings ist zu beachten, dass die anfangs in dieser Arbeit benannten Disparitäten horizontal und nicht vertikal ausdifferenziert sind. Vertikale Ausdifferenzierung beschreibt die von Kuhn konstatierten Paradigmen, die aufeinander folgen und einander in Zeiten wissenschaftlicher Revolutionen ablösen und somit auch als asynchron bzw. diachron bezeichnet werden können. Vielmehr ist allerdings hier von einer horizontalen Ausdifferenzierung die Rede, die sich durch eine Gleichzeitigkeit mehrerer Theorien, also durch Synchronizität, auszeichnet. Es handelt sich in diesem Falle weder um Kuhns Vorstellung einer Normalwissenschaft, die sich durch ein *einziges Paradigma* charakterisiert, noch um die Phase einer wissenschaftlichen Revolution, in der zwei Paradigmen gleichzeitig auftreten. Vielmehr kann jenes zersplitterte Theoriefeld postmoderner Medientheorien als ein *multiparadigmatisches* bezeichnet werden (vgl. Luhmann 1996: 8), das sich als horizontal ausdifferenziert im Sinne Feyerabends versteht. Es ist von einem Status Quo einer „mehrfach-paradigmatischen Wissenschaft" (Bertemes 2005: 9) der Theoriebildung in Bezug auf postmoderne Medientheorien die Rede. Kuhns radikale Inkommensurabilitätsthese setzt hingegen voraus, dass ein Theorievergleich prinzipiell unmöglich ist. Jedoch kann nicht von einer absoluten Unmöglichkeit ausgegangen werden, da Paradigmen nicht einheitliche, homogene und geschlossene Systeme darstellen, sondern vielmehr als „eine lockere ‚Population' verschiedener Elemente" (Bayertz 1981: 90) beschrieben werden können. Damit besteht die Möglichkeit, dass gleichzeitig sowohl inkommensurable als auch kommensurable Beziehungen zwischen Paradigmen herrschen. Daher ist es sinnvoll, nicht von einer radikalen Inkommensurabilitätsthese auszugehen, sondern diese abzuschwächen und eine *relative oder relativierte Inkommensurabilitätsthese* zu vertreten, die als wissenschaftstheoretische Grundlage dieser Untersuchung dient. Bertemes weist darauf hin, dass die relativierte gegenüber der radikalen Inkommensurabilitätsthese zwei Vorteile aufweist:

1. den Vorteil einer größeren Differenziertheit der Inkommensurabilitätsbehauptung und
2. den Vorteil, dass nicht a priori über vergleichslogische Verhältnisse entschieden wird, die erst noch zu überprüfen sind.[46]

(Vgl. Bertemes 2005: 14)

---

46 Im Forschungsstand zum Theorievergleich, Kapitel 1.2.2, wurde angemerkt, dass oft nur die Behauptung von Inkommensurabilität besteht, diese allerdings kaum in einer vergleichenden Analyse faktisch erprobt wird.

Es erweist sich daher als sinnvoll, die Annahme einer radikalen Inkommensurabilitätsthese abzuschwächen, um einen Theorievergleich zu plausibilisieren. Giesen und Schmid weisen ebenso darauf hin, dass die

„radikale Inkommensurabilitätsthese, die die Unmöglichkeit eines methodologischen Theorievergleichs behauptet, [.] als unhaltbar zurückgewiesen werden [muss]. Nur in einer sehr moderaten Version, als Feststellung nämlich, daß Theorien, vor allem sehr allgemeine und umfassende Theorien – inkommensurabel sein können, wird man dieser These Gültigkeit zu sprechen dürfen. Daß nicht jede theoretische Aussage mit jeder anderen theoretischen Aussage sinnvollerweise verglichen werden kann, ist freilich in der Tat trivial." (Giesen/Schmid 1978: 236)

Die Verschiedenheit von Theorien kann nicht so radikal sein, dass sie keine Vergleichsgesichtspunkte aufweist, die nicht miteinander in Beziehung gesetzt werden können. Eine relativierte Inkommensurabilitätsthese hat demnach zur Folge, dass Vergleiche prinzipiell möglich und sogar notwendig sind. Zu zeigen ist dabei noch, *welche* gemeinsamen Gesichtspunkte jeweils aufzufinden sind, d.h., in welchen Vergleichsdimensionen gemeinsame Bezugspunkte bestehen und die radikale Inkommensurabilität widerlegt werden kann.

Gerade aus forschungspraktischen Gründen scheint eine radikale Inkommensurabilität die praktische Durchführung von Theorievergleichen eher verhindert zu haben. Die relativierte Inkommensurabilitätsthese hingegen begünstigt nicht nur die Realisierung eines Theorievergleichs, sondern verweist zudem auf die unbedingte Notwendigkeit zur Klärung vergleichslogischer Verhältnisse, die bereits 1974 auf dem Kasseler Soziologentag diskutiert wurde, jedoch resignativ fallengelassen und gegebenenfalls sporadisch wieder aufgenommen wurde. Daher ist es sinnvoll, von der Annahme auszugehen, dass Inkommensurabilität nicht per se besteht, sondern immer nur durch die festzulegenden Kriterien des Vergleichs (Vergleichsmaßstäbe bzw. -dimensionen) bestimmt wird. Insofern ist *Kommensurabilität bzw. Inkommensurabilität stets eine beobachterabhängige Größe und ein Theorievergleich notwendigerweise perspektivisch.* Damit wird ein Vorrang einer Teilnehmerperspektive eingeräumt, da nicht von der Position eines neutralen Beobachters ausgegangen wird. Gleichzeitig bedeutet die Behandlung des Inkommensurabilitätsproblems auch, dass Theorien mit ihren unterschiedlichen Geltungsansprüchen in ihrer Verschiedenartigkeit ernst genommen werden:

„Nur wenn Theorien von vornherein nicht völlig inkommensurabel sind, sondern zumindest partiell auf gemeinsamen Codes aufbauen, kann ein Rückgriff auf diese semantischen Gemeinsamkeiten im Rahmen kommunikativer Regeln die Differenz entschärfen oder sogar auflösen. [...] Eine ‚vermittelnde' Theoriesynthese setzt bereits eine basale Übereinstimmung der Fragestellung und Grundbegrifflichkeit der synthetisierbaren Theorien voraus [...]." (Reckwitz 2003: 90 f.)

Die Inkommensurabilitätsthematik ist gerade mit den postmodernen Theorien virulent geworden, wie auch Bertemes in seinem Theorievergleich zu ausgewählten Paradigmen der Fernsehunterhaltung anmerkt. Der Begriff der Inkommensurabilität wird hierbei ebenso wie bei Bertemes dem der Kommensurabilität vorgezogen, da Kommensurabilitätsthesen tendenziell einen universalistischen Vernunftbegriff der Moderne implizieren, während Inkommensurabilitätsthesen eher auf den heterogenen, pluralistisch-dezentrierten Vernunft- und Rationalitätsbegriff verweisen. (Vgl. Bertemes 2005: 15 f.)[47]

So ist abschließend festzuhalten, dass diese Arbeit nicht nur die *relative bzw. relativierte* vor der *radikalen* Inkommensurabilitätsthese, sondern auch den Begriff der relativen bzw. relativierten *In*kommensurabilitätsthese vor dem der relativierten Kommensurabilität bevorzugt. Die relativierte Inkommensurabilitätsthese bildet die Grundlage für die Durchführung eines Theorievergleichs. Das wissenschaftstheoretische Erkenntnisinteresse einer Notwendigkeit zur forschungspraktischen Durchführung eines Theorievergleichs postmoderner Medientheorien ist somit begründet und soll im Folgenden als theoretische Grundannahme dienen, um die „tribalen Verhältnisse, die sich selbst als Pluralismus beschreiben" (Luhmann 1996: 8) durch eine metatheoretische Perspektive zu überprüfen und zu ordnen:

---

47 Laut Bertemes kann für die moderne Position Habermas kommunikationstheoretischer Entwurf einer Universalpragmatik stellvertretend genannt werden. Demgegenüber steht Lyotards Konzept einer Heterogenität von Sprachspielen und Diskursarten. Welsch bezeichnet jenes postmoderne Inkommensurabilitätspostulat als „Nerv des Pluralitätstheorems" (Welsch 1997: 267). Habermas weist hingegen auf ein einheitliches, universalistisches Konzept von Vernunft hin und macht deutlich, dass eine „prinzipielle Möglichkeit eines wie immer okkasionellen, jedoch verständlichen Übergangs von einer Sprache in die andere" (Habermas 1988: 155) besteht, was auf eine Kommensurabilitätsvermutung schließen lässt, so die Argumentation Bertemes'. Lyotard indessen propagiert in ‚Der Widerstreit' eine gegen Habermas' relativierte Kommensurabilitätsvermutung gerichtete Theorie. Seine Theorie heterogener Sprachspiele wendet sich gegen die Grundidee eines Konsenses von Habermas und macht den Dissens, die Differenz, die Abweichung und Paralogie stark. Jenes segregierte Sprach- und Rationalitätsverständnis ergibt sich letzten Endes „zur Gänze aus der Heterogenität und Inkommensurabilität von Satz-Regelsysteme und Diskursarten. Präziser: aus der Absolutheit dieser Heterogenität und Inkommensurabilität." (Welsch 2008: 252) Lyotards Auffassung beruht nach Bertemes somit auf der Annahme einer radikalen Inkommensurabilität. Siehe hierzu auch genauer Kapitel 2.2.1.

„Das Problem wird nicht dadurch gelöst, daß man zeigt, daß die Inkommensurabilitätsthese irgendwelche Gemeinsamkeiten voraussetzen muß. Das Problem besteht darin, diese Gemeinsamkeiten ausfindig zu machen – und zwar von einem point of view aus und in Auseinandersetzung mit anderen points of views." (Lueken 1992: 127)

Das Konzept der Inkommensurabilität wird somit im Kapitel 3.2, in der die Methodik des Theorievergleichs vorgestellt wird, mithilfe von den an Hondrich angelegten Vergleichsdimensionen methodisch fruchtbar gemacht. Die Frage nach der Vergleichbarkeit und Kompatibilität der Theorien wird dadurch auf drei Ebenen, 1. einer objekttheoretischen bzw. inhaltlichen, 2. einer metatheoretischen bzw. strukturellen und 3. einer hintergrundtheoretischen bzw. kontextuellen Ebene, untersucht.[48] Der Begriff der Inkommensurabilität wird demgemäß in der vorliegenden Arbeit offener verstanden als bei Kuhn und Feyerabend, da mithilfe der Vergleichsdimensionen Hondrichs konkret geklärt werden kann, in welchen Hinsichten die Theorien *vergleichbar* und *kompatibel* sind.

---

48 Zu Einzelheiten siehe Kapitel 3.2.

3. Vorgehensweise

3.1 Auswahl der postmodernen Medientheoretiker und ihrer Werke

> „Sich auf eine Namensliste zu verständigen, bedeutet stets und unvermeidlich, zu einer selektiven Tradition beizutragen."
>
> (LINDER 2004: 23)

Wie bereits in Kapitel 1.2.1 gezeigt werden konnte, ist das Panorama postmoderner Medientheorien überaus vielfältig. Die Breite des theoretischen Feldes zwingt daher zu einer notwendig exemplarischen Selektion postmoderner Positionen. Bei dieser Auswahl soll ausdrücklich betont werden, dass sie selbstverständlich keinen Anspruch auf Vollständigkeit und Repräsentativität erhebt, sondern lediglich eine brauchbare und sinnvolle Auswahl zur Beantwortung der relevanten Fragestellungen aufzeigt und als vorläufige Clusterung bzw. idealtypische Zusammenfassung zu verstehen ist. Der unabdingbar selektive Charakter soll an dieser Stelle expressis verbis benannt sein. Sie ist demnach hochgradig kontingent, aber keineswegs beliebig und willkürlich, sondern folgt vier leitenden Gesichtspunkten:

1. Relevanz- bzw. Sozialkriterium:
Das Relevanz- bzw. Sozialkriterium beschreibt die Eigenschaft der *Etabliertheit bzw. des sozialen Renommees, der (Fach-)Relevanz, der Prominenz, des Bekanntheitsgrads*, den die Theoretiker im wissenschaftlichen, insbesondere kommunikations- und medienwissenschaftlichen Diskurs erlangt haben. Die Auswahl richtet sich dabei weitestgehend nach einem ‚Kanon'[1] medientheoretischer Texte und Autoren.

---

1 Kanon wird hier in Anführungszeichen geführt, da es selbstverständlich keinen einheitlichen Konsens über die als relevant geltenden (postmodernen) Medientheorien gibt. Die

In der Darstellung des Forschungsstandes (Kapitel 1.2.1) konnte bereits eine grundsätzliche Orientierung über die als postmodern benannten Medientheoretiker anhand von instruktiven Einführungen, Sammelbänden und Nachschlagewerken gegeben werden. Die dort aufgeführten Systematisierungen geben einen grundlegenden Überblick über die im medientheoretischen Diskursumfeld als relevant bezeichneten postmodernen Positionen, die Eingang in die Kommunikations- und Medientheorie gefunden haben und dort rezipiert und diskutiert wurden. Sie gelten für das Fach als die relevanten medientheoretischen Basistexte und sind selbst schon zur Referenzlektüre und zum Ausgangspunkt gegenwärtiger jüngerer Ansätze geworden. Problematisch ist dabei die kontingente und verschiedenartige Zuordnung, die eine prototypische, ‚kanonische' Zusammenstellung postmoderner Medientheorien erschwert. Es muss sich dabei notwendigerweise immer um eine selektive Auswahl handeln, „da es keinen allgemein verbindlichen Kanon für die ‚wichtigsten' Medientheoretiker und Medienphilosophen gibt, wohl auch grundsätzlich nicht geleistet werden" (Margreiter 2007: 10 f.) kann. Daher hat es sich als notwendig oder pragmatisch erwiesen, eben jene von Claus Pias als konsensfähige Auflistung von Namen vorzulegen (vgl. Pias 2010: 252). Die Einführungen zu Basistexten der Medientheorie sowie die Textsammlungen mit Grundlagentexten sind demnach als Orientierung zu verstehen, um die als relevant geltenden Medientheoretiker ausfindig zu machen. Dabei wurde darauf geachtet, dass die Einführungsbände aktuelle medientheoretische Selbstbeschreibungen (des Fachs) sind und – mit Ausnahme von dem Sammelband Ars Electronica (Hrsg.) (1989) – ab 1999 erschienen oder neu aufgelegt wurden. Orientiert man sich an Tabelle 1, die eine Auflistung der als postmodern benannten Theoretiker in den instruktiven Einführungs- und Sammelbänden zeigt und in Anlehnung daran eine quantitative Auflistung der Namensnennungen postmoderner Medientheoretiker erstellt, so ergibt sich folgende Reihenfolge:

Unterschiedlichkeit der Systematisierungen konnte bereits in der Darstellung des Forschungsstandes in Kapitel 1.2.1 aufgezeigt werden.

Tabelle 2: Häufigkeit der Nennungen postmoderner Theoretiker

Theoretiker*	Anzahl der Nennungen
1. Vilém Flusser	15
2. Jean Baudrillard	13
3. Paul Virilio	13
4. Friedrich Kittler	12
5. Marshall McLuhan	11
6. Walter Benjamin	6
7. Neil Postman	6
8. Niklas Luhmann	5
9. Michel Foucault	4
10. Norbert Bolz	4

Quelle: eigene Darstellung

* Hier sind diejenigen Theoretiker aufgelistet, die unter dem Label ‚postmodern', medienphilosophisch o.ä. geführt werden. Dabei wurde sich auf die zehn häufigst genannten ‚postmodernen' Medientheoretiker beschränkt.

Auch wenn die Einführungen, Textsammlungen und Lexikoneinträge in der Auflistung ihrer medientheoretischen Grundlagentexte divergieren, so kann dennoch festgestellt werden, dass die am häufigsten genannten postmodernen Medientheoretiker ein überraschend homogenes Bündel bilden. Trotz der differierenden Bezeichnungen und Ordnungskriterien zeigen die Systematisierungsversuche, dass die gleichen Namen auftauchen, so dass diese schon als kanonisch bezeichnet werden und unter der Kategorie postmodern (oder eben medienphilosophisch, poststrukturalistisch etc.) subsumiert werden können: „Weil aber die Personen und meist auch die Intuitionen eine gewisse Übereinstimmung aufweisen, ist die Orientierung an den Namen [...] in dieser postmodernen Theoriesituation noch die einfachste [...]." (Reese-Schäfer 1995: 188) Die zu untersuchenden Theoretiker, die in der Einführungsliteratur am häufigsten auftauchen, sind demnach Vilém Flusser (15), Jean Baudrillard[2] (13), Paul Virilio (13), Friedrich Kittler (12) und Marshall McLuhan (11).

---

2   In der englischsprachigen Einführungslektüre zu Baudrillard konstatiert der Autor William Merrin: „When Baudrillard is mentioned, it is almost without exception as a ‚postmodernist' [...]. He may also be described as a semiotician or McLuhanist, but his primary positioning is as ‚a leading light in the so-termed postmodern movement' [...]." (Merrin 2005: 3 f.)

2. Sachkriterium:

> „Die Vergleichbarkeit zweier oder mehrerer Gegenstände wird aber primär durch die Fragestellung begründet. In Bezug auf diese müssen die Vergleichobjekte ein Minimum an Gemeinsamkeit aufweisen, um vergleichbar und das heißt immer auch: im Hinblick auf ihre Unterschiede untersuchbar zu sein."
> (HAUPT/KOCKA 1996: 25)

Neben der Reputation ist bei der oben genannten Liste der als postmodern bezeichneten Theoretiker ein *gemeinsamer Gegenstandsbereich* ausschlaggebend, mit dem sich die jeweiligen Theorien auseinandersetzen. Angesichts der disziplinären, theoretischen, begrifflichen und normativen Disparitäten ist es notwendig, gemeinsame Explananda, d.h. gemeinsame Sachverhalte und Problembezüge zu finden, die von den Theorien behandelt werden (vgl. Opp/Wippler 1990b: 231). Übergeordnete Gesichtspunkte bzw. Problemkontexte definieren den Relevanzbereich für Theorievergleiche und können somit beurteilen, inwiefern die Auswahl bestimmter Vergleichsmerkmale adäquat oder inadäquat ist (vgl. Schneider 1999a: 287):

„Um nun tatsächlich eine *Vergleichbarkeit* zwischen der Aussagekraft unterschiedlicher Theorien zu erreichen, ist es notwendig, daß sich die verglichenen Theorien jeweils auch auf einen *vergleichbaren Gegenstandsbereich* beziehen müssen. Das heißt, wir müssen ihre Aussagen und Erklärungen hinsichtlich dieses Gegenstandsbereichs miteinander konfrontieren können." (Haller 2003: 82; Hervorhebung im Original)

Obwohl es so scheint, als seien die postmodernen Theorieangebote autonom und inkommensurabel, wie im vorangegangenen Kapitel anhand der Darstellung der Disparitäten postmoderner Medientheorien angedeutet wurde, so ist doch festzustellen, dass sich alle mit dem medialen Wandel und den individuellen und sozialen Strukturveränderungen beschäftigen. Es sind insofern diejenigen postmodernen Theoretiker von Interesse, die sich insbesondere im kommunikations-, medientheoretischen und kulturwissenschaftlichen Diskurs mit der Frage nach kulturellen, sozialen und individuellen Veränderungstendenzen, sprich medienkulturwissenschaftlichen Problemstellungen und Fragen auseinandersetzen: „*Einigkeit* scheint jedoch zumindest darin zu bestehen, dem *technisch-medialen Wandel* zentrale Relevanz für gesellschaftliche Prozesse zuzuweisen. [...] Mithin sind Medientheorien so gut wie immer auch Medienhistoriographien." (Grampp 2009: 25, 15; Hervorhebung im Original) Mediengeschichtsschreibung ist ein zentraler Bestandteil medientheoretischer Forschung. Medien sind schon immer Gegenstand vielfältiger Transformations- und Wandlungsprozesse gewesen. Insofern ist die Betrachtung von Medien im Wandel keine Neuheit. Grund für die Beschäftigung mit Mediengeschichte und Mediengeschichtsschreibung ist die immer wiederkehrende Brisanz gesellschaftlicher Problemlagen unter neuen, veränderten medialen und historischen Bedingungen. Zusätzlich kann derzeit eine neue Dynamik wissenschaftlicher Diskurse ausgemacht werden,

„in der sich eine neue epistemologische Wendung abzeichnet. Hier erscheint das Mediale als Zone der Vermittlung, als ebenso unbemerkbare wie unentbehrliche Ermöglichung aller Erkenntnis, Erfahrung und Sozialisierung, als Voraussetzung von Produktion, Reproduktion und Repräsentation. Er setzt Rahmen und Reichweite wissenschaftlicher Beobachtbarkeit; es wird zur Chiffre für die Bedingtheiten der untersuchten Welt schlechthin, eingeschlossen noch die Bedingtheit wissenschaftlichen Fragens selbst." (Engell/Vogl 2001: 6)

Medienhistoriografie erhält demnach eine zentrale Relevanz für medienwissenschaftliche Theoriebildung und soll hier als gemeinsamer Sach- bzw. Problembezug formuliert werden: „Medienhistorische Forschung ist heute ein Kernstück dessen, was die Geisteswissenschaften einmal waren." (ebd.: 5) Mediengeschichtsschreibung betreiben bedeutet, mediale Bedingungen und deren jeweilige historische Dimension zu betrachten, d.h., die historische Entwicklung und den medialen Wandel bzw. die Veränderlichkeit von Medien unter je spezifischen Bedingungen zu beobachten. Dieser Zusammenhang wird in der vorliegenden Arbeit als zentraler Beobachtungsgegenstand der postmodernen Medientheorien untersucht. *Medienhistorische bzw. medienhistoriografische Elemente* sind von zentraler Relevanz für die Medientheorie im Allgemeinen und für postmoderne Medientheorien im Speziellen.

Medienwandel kann als zentrale Problemhinsicht und somit als kleinster gemeinsamer Nenner postmoderner Medientheorien identifiziert werden, der die Heterogenität des Diskurses aufgrund eines gemeinsamen Gegenstandsbereichs reduziert. Eine maßgebliche Pointierung erfährt Mediengeschichtsschreibung bei den postmodernen Medientheoretikern daher, dass sie eine Aneinanderreihung chronologischer Einzeldaten oder das Auftreten von Einzelmedien beiseite lässt und stattdessen betrachtet, welche medialen Konstellationen auf ihre je spezifische Weise mit Kommunikationskonstellationen in einen Zusammenhang gestellt werden. Statt ausschließlich Einzelmedien und ihre Funktionen in ihrer historischen Dimension zu betrachten, werden von den postmodernen Medientheorien Apparaturen, Symboliken und Institutionen ins Blickfeld gerückt. So begründet sich auch die Nichtberücksichtigung der Autoren wie beispielsweise Benjamin, Kracauer oder Brecht, die eher Studien zu Einzelmedien vorlegen. Medien werden stattdessen als Kern kultureller, gesellschaftlicher, aber auch ästhetischer und sinnstruktureller Konstellationen thematisiert. Diese (Neu-)Perspektivierung zeigt sich gerade und erst durch eine medienhistorische Forschung.

Zu beachten ist außerdem, dass sich die ausgewählten Theoretiker in großem Umfang und möglichst explizit über den Problemzusammenhang Medien und Medienwandel äußern. Gleichzeitig wird dadurch das Themenspektrum der zu untersuchenden Theoretiker auf die Betrachtung medienhistorischer Entwicklungen gelenkt. Denn in vielen Fällen ist die Bandbreite der Themen beachtlich, so dass eine Einschränkung nicht nur sinnvoll, sondern auch notwendig ist.[3] Weiterhin kann festgestellt werden, dass in Anbetracht des Sachkriteriums Theoretiker wie Foucault, Deleuze, Althusser, Laclau und Derrida weniger interessant für die vorliegende Untersuchung sind, auch wenn sie unter dem Label poststrukturalistisch gefasst werden und ebenso historische Prozesse und Veränderungen betrachten. Jedoch fehlt dabei der Fokus auf mediale Aspekte historischer Entwicklungen. Mark Poster hebt beispielsweise hervor, dass die eben genannten Kulturtheoretiker der 1970er und 1980er Jahre den „umwälzenden Veränderungen der Medienkulturen entweder überhaupt keine Aufmerksamkeit widmeten oder Medien nur als Instrumente begriffen, die andere Institutionen wie den Kapitalismus oder repräsentative Demokratie verstärkten." (Poster 2008: 182)[4] McLuhan, Baudrillard und Flusser hingegen leisteten seiner Ansicht nach grundlegende Beiträge zur Konzeptualisierung von Medien. McLuhan, Baudrillard, Kittler, Virilio und Flusser sprechen ex-

---

3 Betrachtet man beispielsweise lediglich die Publikationsliste oder Vorlesungen Friedrich Kittlers, so lässt sich feststellen, dass er über Computerprogramme und -grafik gleichermaßen doziert und schreibt wie auch über Dichtung von Goethe und Keller, griechische Mythologie, die Geschichte der Kulturwissenschaften oder Musik und Mathematik, wie sein letzter Buchtitel bezeugt (vgl. URL: http://www.aesthetik.hu-berlin.de/mitarbeiter/kittler/). Gleichermaßen kann auch bei Baudrillard ein äußerst breites Themenspektrum ausgemacht werden, wenn er über den Terrorismus, die politische Linke, die Konsumgesellschaft, Fundamentalismus, Globalisierung oder aber über die Medien schreibt.

4 Nach Poster legt beispielsweise Derrida die Frage der Medien achtlos beiseite und konzeptualisiert diese bloß als neutrale Werkzeuge, „denen keine eigene kulturtheoretische Produktivität zuzusprechen ist." (Poster 2008: 184) Auch Foucault arbeitet nur mit Medienmetaphern wie der Technologie der Macht und Netzwerke, ohne das Wort Medien jedoch ausdrücklich zu gebrauchen. „Und abgesehen von gelegentlichen Kommentaren über die Bedeutung der Schrift bei der Sorge um das Selbst, thematisiert Foucault die Medien auch nirgendwo sonst als bedeutende Domäne dessen, was er ‚Subjektivierung' nennt." (Ebd.: 185) Poster führt Deleuze als weiteres Beispiel an, um die fehlende Thematisierung der Medien in einer weiteren bedeutenden Kulturtheorie des 20. Jahrhunderts aufzuzeigen. Weder in ‚Anti-Oedipus' noch in ‚Tausend Plateaus' wird der Begriff Medien erwähnt (vgl. Poster 2008: 185 ff.). Zusammenfassend stellt Poster fest, dass die „kulturelle Erforschung der Medien [.] von einer philosophischen Tradition behindert [wird], die auf der Epistemologie eines transzendentalen, unbedingten, kontextlosen ‚ich denke' beruht." (Ebd.: 191)

pressis verbis von Medien als einen zentralen Gegenstand ihrer Theorien, auch wenn sie diesen auf je äußerst divergente Weise beschreiben. Werden in dieser Arbeit medienhistoriografische Betrachtungen postmoderner Medientheoretiker als zentraler Beobachtungsgegenstand untersucht, so geschieht dies auf zweierlei Weise. Zum einen soll der Medienwandel und die entworfenen historischen Modelle und Prognosen inhaltlich betrachtet werden, zum anderen soll die Art der Geschichtsschreibung selbst, also die strukturellen Merkmale der medienhistoriografischen Ansätze analysiert werden. Ersteres fragt nach den medialen Dimensionen des Historischen bzw. den historischen Dimensionen des Medialen und dem zentralen Gegenstand der medienhistoriografischen Betrachtungen. Letzteres fragt nach der Konstruktionsweise von Mediengeschichtsschreibung und den historiografischen Verfahren und Schreibweisen an sich.

3. Zeitkriterium:

> „Notwendig ist allerdings, bei der Frage der Bewährung oder Verwerfung sozialwissenschaftlicher Theorien einen umfassenden Problem- und Zeithorizont ins Auge zu fassen"
> (HALLER 2003: 41)

Eine Eingrenzung der zu untersuchenden postmodernen Theorieangebote soll weiterhin durch ein *zeitliches Kriterium* stattfinden, um ein gewisses Maß an zeitlicher Homogenität zu gewährleisten. Insbesondere sind jene Theorien aus der ‚Hochphase' postmoderner Textproduktion in den 1970ern und 1980ern von Interesse, allerdings soll auch die unmittelbare Zeit davor nicht missachtet werden, um postmoderne Theoretiker, die sowohl das Sozial- als auch das Sachkriterium erfüllen, nicht voreilig aus der Auswahl auszuschließen. Im Gegensatz zur Literaturwissenschaft im angloamerikanischen Raum in den 1950ern und 1960ern und in der Architekturdebatte seit Mitte der 1970er taucht der Begriff Postmoderne in der Philosophie erst mit Lyotards Schrift ‚La Condition postmoderne' (dt. Übersetzung ‚Das postmoderne Wissen') (^{3}1994 [1979]) in den späten 1970ern auf. In dieser Untersuchung wird im Folgenden von der Postmoderne ausgegangen, die ihren Ursprung sowohl in den 1950ern in der Literaturwissenschaft (einzuordnen wäre hier McLuhan) als auch in der Philosophie der späten 1970er (Baudrillard, Virilio, Kittler, Flusser) hat. Gerade jene Disziplinen haben Einfluss auf die Medienwissenschaft und -theorie ausgeübt, während die Architekturdebatte keine für die Medientheorie relevanten Protagonisten hervorbrachte. Die Postmoderne wird hier zeitlich eingeschränkt auf einen Zeitraum der letzten 50 Jahre, also auf die zweite Hälfte des 20. Jahrhunderts. Somit können Debatten um vermeintlich geltende Begründer der Postmoderne wie

Friedrich Nietzsche durch die Prämisse der zeitlichen Eingrenzung aus der Analyse ausgeschlossen werden. Im Folgenden werden die Theoretiker mithilfe eines Zeitstrahls nach einem groben Erscheinungszeitraum der zentralen medientheoretischen Publikationen eingeordnet, um sie in ihrem historischen Kontext zu positionieren.

Abbildung 2: Historische Einordnung des Kanons postmoderner Medientheorien

1940/1950	1960/1970	1980/1990	2000/2010
/	McLuhan Virilio Kittler Flusser	Baudrillard	⟶ (t)

Quelle: eigene Darstellung

4. Raumkriterium:

Das Raumkriterium benennt die *geografische Herkunft* der Theoretiker. Hierbei soll beachtet werden, dass eine gewisse geografische Homogenität vorherrscht. Die Betrachtung beschränkt sich demnach auf die westliche Hemisphäre (Europa und Nordamerika). Gleichzeitig soll innerhalb dieser Homogenität eine gewisse Heterogenität der Ansätze in Hinblick auf geografische und kulturelle Provenienz gewährleistet werden. Es sollen nicht nur postmoderne Theoretiker aus dem europäischen oder noch restringierter aus dem französischen, sondern auch aus dem nordamerikanischen Raum Berücksichtigung finden. Dieses Raumkriterium ist von Interesse, da dadurch Gemeinsamkeiten und Unterschiede hinsichtlich verschiedener Wissenschaftskulturen untersucht werden können. Zusammenfassend sind die vier Auswahlkriterien tabellarisch aufgelistet:

Tabelle 3: Zusammenfassung Auswahlkriterien

	1. Relevanzkriterium	2. Sachkriterium	3. Zeitkriterium	4. Raumkriterium
Beschreibung	Kanon: konstruierte fachspezifische Homogenität	Thematische Homogenität: Medienwandel	Zeitliche Homogenität, eingegrenzter Zeitraum (ab Mitte des 20. Jh.)	Geografische Homogenität (westliche Hemisphäre), innere Homogenität
			McLuhan 1960/1970	
			Baudrillard, Virilio, Kittler, Flusser 1980/1990	

Quelle: eigene Darstellung

Diesen Selektionskriterien folgend wurden Herbert Marshall McLuhan[5], Jean Baudrillard, Paul Virilio, Friedrich A. Kittler[6] und Vilém Flusser als die zu untersuchenden postmodernen Medientheoretiker ausgewählt. Die Anzahl der Autoren wurde auf fünf Theoretiker eingegrenzt, da dies zum einen ein breites, heterogenes Spektrum der als postmodern bezeichneten Positionen ausweist und zum anderen unter forschungspragmatischen und arbeitsökonomischen Gesichtspunkten als möglich im Rahmen einer Dissertation erscheint. Da hier insbesondere auf die Disparität und Heterogenität des Diskurses verwiesen wird, ist es zweckmäßig, ein breites Spektrum zu wählen anstatt mit der Auswahl von zwei Theoretikern in die Tiefe zu gehen. Dies ist sicherlich in einer weiterführenden Untersuchung sinnvoll und zur Vertiefung notwendig.

Hinsichtlich der zu untersuchenden Texte muss betont werden, dass diese Arbeit selbstverständlich keine Analyse sämtlicher Werke leisten kann. Diese müssen selektiv gelesen werden, so dass die Untersuchung eine exemplarische Exegese der Texte jener ausgewählten Theoretiker umfasst und in keiner Weise Vollständigkeit beansprucht.[7] Die für diese Arbeit zentralen Texte von McLuhan sind sein Hauptwerk ‚Die magischen Kanäle' (‚Understanding media' im Original) (McLuhan ²1995 [1964]), ‚The medium is the massage' (McLuhan 1969a), ‚Die Gutenberg-Galaxis. Ende des Buchzeitalters' (McLuhan ²1995 [1962]) und ‚The global village. Der Weg der Mediengesellschaft in das 21. Jahrhunderts' (McLuhan 1995).

---

5   Herbert Marshall McLuhan wird im Folgenden nur noch als Marshall McLuhan bezeichnet, da er im gängigen Sprachgebrauch als solcher benannt wird.

6   Bei Friedrich A. Kittler wird im Folgenden auf den mittleren Namen bzw. die Abkürzung des mittleren Namens A. verzichtet.

7   Im Analyseteil (Kapitel 4) wird jeweils darauf hingewiesen, welche Texte für die einzelnen Vergleichsdimensionen relevant sind.

Zu Baudrillards relevanten medientheoretischen Schriften, die hauptsächlich in den 1970ern publiziert und in den 1980ern ins Deutsche übersetzt wurden, sind insbesondere ‚Requiem für die Medien' (Baudrillard 1972), ‚Agonie des Realen' (Baudrillard 1978a), ‚Der symbolische Tausch und der Tod' (Baudrillard ²1991a [1982]), ‚Videowelt und fraktales Subjekt' (Baudrillard 1989a), ‚Kool Killer oder Der Aufstand der Zeichen' (Baudrillard 1978b) sowie ‚Laßt euch nicht verführen!' (Baudrillard 1983a) zu zählen.

Virilio entwickelt seine zentralen Thesen in den Aufsätzen ‚Fahrzeug' (Virilio 1975) sowie ‚Fahren, fahren, fahren' (Virilio 1978) und den Hauptwerken ‚Rasender Stillstand' (Virilio 2002), ‚Ästhetik des Verschwindens' (Virilio 1986), ‚Der negative Horizont. Bewegung/Geschwindigkeit/Beschleunigung' (Virilio 1989a), ‚Die Sehmaschine' (Virilio 1989b), ‚Die Eroberung des Körpers. Vom Übermenschen zum überreizten Menschen' (Virilio 1994), ‚Revolutionen der Geschwindigkeit' (Virilio 1993), ‚Fluchtgeschwindigkeit' (Virilio 1996a), ‚Krieg und Fernsehen' (Virilio 1997) und ‚Der reine Krieg' (Virilio 1984).

Kittler untersucht insbesondere in ‚Grammophon, Film, Typewriter' (Kittler 1986), ‚Draculas Vermächtnis' (Kittler 1993a), ‚Aufschreibesysteme 1800/1900' (Kittler ⁴2003 [1985])[8], ‚Austreibungen des Geistes aus den Geisteswissenschaften. Programme des Poststrukturalismus' (Kittler 1980), ‚Materialität und Medialität von Schrift' (Kittler/Greber 2002), ‚Eine Kulturgeschichte der Kulturwissenschaft' (Kittler 2001), ‚Arsenale der Seele. Literatur- und Medienanalyse seit 1870'' (Kittler 1989a) und diversen Aufsätzen wie ‚Fiktion und Simulation' (Kittler 1989b), ‚Gleichschaltungen. Über Normen und Standards der elektronischen Kommunikation' (Kittler 1998a) sowie ‚Hardware, das unbekannte Wesen' (Kittler 1998b), ‚Computeranalphabetismus' (Kittler 1996), ‚Signal-Rausch-Abstand' (Kittler 1995) und ‚Die Nacht der Substanz' (Kittler 1989c) die Veränderungen der Kulturgeschichte mit dem Fokus auf den Medienmaterialismus.

Für die vorliegende Untersuchung sind folgende ‚Hauptwerke'[9] Flussers von Interesse: ‚Kommunikologie' (Flusser ³2003 [1996]), ‚Ins Universum der technischen Bilder' (Flusser ²1989 [1985]), ‚Die Revolution der Bilder' (Flusser 1995a)[10], ‚Medienkultur' (Flusser 1997), ‚Vom Subjekt zum Projekt' (Flusser 1998a), ‚Die

---

8 Insbesondere in seiner Habilitationsschrift ‚Aufschreibesysteme 1800/1900' (⁴2003 [1985]) legt er eine kulturhistorische Studie vor, in der er die Medienentwicklung anhand der sich verändernden Kulturtechniken der Informations- und Datenspeicherung, -übertragung und -verarbeitung bis zu den analogen technischen Medien beschreibt.

9 Bei seinen Hauptwerken handelt es sich meist um Schriften, die post mortem erschienen und eine Zusammenstellung von unabhängigen Essays sind, die z.B. von dem Medienwissenschaftler Stefan Bollmann und Edith Flusser, seiner Frau, ausgewählt wurden.

10 Dies ist ein Sammelwerk mit zentralen Aufsätzen Flussers, die hier nicht im Einzelnen aufgelistet werden.

Schrift. Hat Schreiben Zukunft?' (Flusser 1992a), ‚Lob der Oberflächlichkeit. Für eine Phänomenologie der Medien' (Flusser 1993a) und ‚Gesten' (Flusser 1995b). Abschließend ist zu bemerken, dass die Selektion keine a priori Etikettierung darstellen soll, sondern bestimmte Denker und Positionen in einen Kontext einordnen und Hintergrund- und Kontextwissen zur Verfügung stellen möchte. Zudem kann jener Vorwurf ausgehebelt werden, denn die Aufgabe des durchzuführenden Theorievergleichs besteht gerade darin, jene Kategorisierungen zu überprüfen.

3.2 METHODIK DES THEORIEVERGLEICHS – VERGLEICHSDIMENSIONEN

> „Denn einen Vergleich vorzunehmen, bedeutet nichts anders, als die Unterschiede und Übereinstimmungen zweier Objekte hinsichtlich ex ante oder in actu festgelegter Kriterien zu markieren. Unvergleichbares ist also sehr wohl vergleichbar, ansonsten könnte man verschiedene Theorien gar nicht erst voneinander unterscheiden. […] [Daraus; Anm. d. Verf.] folgt, dass alle Gegenstände und speziell Theorien miteinander vergleichbar sind, sofern man nur bereit ist, einerseits einen hinreichend abstrakten Vergleichsgesichtspunkt anzuführen, andererseits die ‚[…] grundlegende [.] Relativität, Perspektivität und Kontingenz vergleichender Betrachtungen' zu akzeptieren."
> (RAAZ 2010: 29)

In diesem Abschnitt werden die Vergleichsdimensionen vorgestellt, die der systematischen Rekonstruktion postmoderner Medientheorien dienen. Wie in Kapitel 1.2.2 erwähnt, ist bisher keine stringente Methodologie des Theorievergleichs entwickelt worden, und es sind aus diesem Grund praktisch kaum in präziser Weise vergleichende logische Analysen von Theorien vorgenommen worden. Jeder Theorievergleich erschafft sein Objekt erst, d.h., dass jeder Theorievergleich stets vorgängigen Selektionen von Vergleichsgesichtspunkten, -maßstäben und -methoden unterliegt. Verschiedene Blickpunkte werden unter gemeinsamen, übergeordneten Kriterien zusammengefasst und hervorgehoben. Theorievergleiche sind demnach grundsätzlich und notwendigerweise perspektivisch und kontingent. Es wird stets etwas verglichen, das erst durch den Vergleich überhaupt konstruiert wird: „Vergleiche sind stets an eine Perspektive, an die Wahl spezifischer Unterscheidungen,

Vergleichsgesichtspunkte, Vergleichskriterien usw. gebunden. Vergleiche sind somit nicht neutral. Sie werfen vielmehr einen spezifischen, perspektivischen Blick auf dasjenige, was verglichen wird." (Kneer 1999: 51)

Um jedoch Perspektivität nicht in Perspektivlosigkeit, absolute Relativität und Beliebigkeit umschlagen zu lassen, werden im Folgenden die vergleichsrelevanten Gesichtspunkte vorgestellt, um die Kontingenz und Beobachterabhängigkeit eines Theorievergleichs zu reduzieren und die zentralen forschungsleitenden Aspekte nochmals zu verdeutlichen. Bei der Auswahl bestimmter Vergleichskriterien bildet sich die relevante Fragestellung ab, da selegiert wird, welche Fragen und Aspekte von Interesse sind. Gleichzeitig wird das Spektrum möglicher Beobachterperspektiven durch festgelegte Beobachterdimensionen eingegrenzt. Um die theoretischen Ansätze also sowohl inhaltlich als auch strukturell systematisch und sinnvoll ordnen und vergleichen zu können, wird im Verlauf Hondrichs (1976: 21 ff.; 1978: 314 ff.) Vorschlag zum Theorienvergleich in der Soziologie herangezogen. Er schlägt folgende Gesichtspunkte zum systematischen Theorievergleich vor:

1. Gegenstandsbereich
2. Problemhinsicht
3. Problemlösungen
4. Erkenntnisleistungen
5. Logischer Status
6. Strukturmerkmale
7. Verfahren der Datengewinnung
8. Prioritäten und Strategien
9. Relevanz der Theorie für Problemlösungen in anderen (nicht wissenschaftlichen) Sozialsystemen
10. Soziale Voraussetzungen von Theorien

(Vgl. Hondrich 1978: 317 und Hondrich 1976: 21 ff.)

Diese wurden für die vorliegende Untersuchung modifiziert: Zunächst wurde die Reihenfolge der Vergleichsdimensionen verändert. Zweitens wurde es als sinnvoll und praktikabel erachtet, die Vergleichsdimensionen 4-6 in einer zusammenzufassen, was in diesem Kapitel noch genauer begründet wird. Drittens wurde Dimension 7 ‚Verfahren der Datengewinnung' gestrichen, da es sich bei den postmodernen Medientheorien nicht um sozialwissenschaftliche Theorien handelt, die Methoden der empirischen Sozialforschung im strengen Sinne verwenden, so dass dieser Vergleichsgesichtspunkt obsolet wird. Viertens wird die Vergleichsdimension 8 ‚Prioritäten und Strategien' zu ‚Begrifflichkeiten und theoretische Voraussetzungen'[11]

---

11 Hier soll das Verständnis von Voraussetzungen sensu Schmidt (2003a) verwendet werden. Für theoretische Vorabannahmen gebraucht Hondrich die Begriffe „Prioritäten und

umbenannt und bereits an dritter Stelle behandelt. Schließlich wird Vergleichsdimension 9 ‚Relevanz der Theorie für Problemlösungen in anderen (nicht wissenschaftlichen) Sozialsystemen' in Kapitel 5.3 separat behandelt, wenn es um die Beurteilung der Brauchbarkeit der Theorien in einer abschließenden Bewertung geht.

Zudem stellt Hondrich die Vergleichsdimensionen additiv nebeneinander, während in der vorliegenden Untersuchung eine Unterscheidung der vergleichslogischen Dimensionen auf verschiedenen Ebenen für sinnvoll erachtet wird. Dies hat den Vorteil einer zusätzlichen vertikalen Differenzierung im Vergleichsverfahren. Die Stufen bilden somit eine Einteilung der Vergleichsdimensionen in verschiedene Beobachtungsebenen bzw. -dimensionen:

A) Inhaltliche Dimension (objekttheoretische Ebene):
1. Problemhinsicht Medienwandel – Gegenwartsentwürfe und Zukunftsszenarien
2. Problemlösungen – Subversive Strategien und ethische Forderungen

B) Strukturelle Dimension (metatheoretische Ebene):
3. Begrifflichkeiten und theoretische Voraussetzungen – Medien und Kommunikation [Erweiterung durch d. Verf.]
4. Abstraktionsgrad und Reflexionstiefe
5. Strukturmerkmale [Erweiterung durch d. Verf.]

C) Kontextuelle Dimension (hintergrundtheoretische Ebene):
6. Soziale Voraussetzungen – Eine sozial- und theoriegeschichtliche Einordnung

A) Inhaltliche Dimension (objekttheoretische Ebene):

1. Problemhinsicht Medienwandel – Gegenwartsentwürfe und Zukunftsszenarien:

Probleme sind nicht per se vorhanden und selbstverständlich. Es gibt keine vorfindlichen Problemhinsichten, sondern sie werden durch selektives Hinsehen von den Wissenschaften erst als solche identifiziert bzw. konstruiert und benannt (vgl. Schmidt/Zurstiege 2000: 33). So beginnt jede Theorie mit einer explizit begründeten Problemstellung, die nicht ein an und für sich existierendes Problem beinhaltet,

---

Strategien" (Hondrich 1978: 328) als Art, wie Theoretiker ihre Arbeit anfangen. ‚Prioritäten und Strategien' als Startoperationen zu verstehen, geht mit Schmidts Verständnis von Voraussetzungen einher. Unter Voraussetzungen versteht Hondrich hingegen Bedingungen in Politik, Wirtschaft usw., die das Entstehen bestimmter Theorien beeinflussen bzw. begünstigen. Soziale Einflussfaktoren und Bedingungsverhältnisse im Sinne von Entstehungskontexten der Theorien werden hier unter der Vergleichsdimension 6 untersucht.

sondern kulturell und historisch bestimmt, also kontingent, ist. Probleme bilden den Ausgangspunkt wissenschaftlicher Theoriebildung. Die Vergleichsdimension ‚Problemhinsicht' gibt an, welche Sachverhalte, Diskurse und Objekte eine Theorie für erklärungs- und interpretationsbedürftig ansieht (vgl. Hondrich 1976: 22). In diesem Fall ist der mediale Wandel als erklärungsbedürftiger Problembereich ausgewählt. Denn Medienwandel und -umbrüche erzeugen Reflexionsbedarf. Das Auftauchen neuer medientechnischer Innovationen ist seit Mitte des 20. Jahrhunderts exponentiell gestiegen.[12] Gerade durch den medialen Wandel der Digitalisierung besteht laut Medienphilosoph Stefan Münker die Notwendigkeit zur Reflexion, denn „[d]ie medialen Umbrüche der Moderne haben in ihrer bis heute ebenso einzigartigen wie immer noch zunehmenden Dynamik den Reflexionsbedarf immer wieder entsprechend erhöht." (Münker 2009: 7) Es soll festgestellt werden, welche Entwicklungen die Postmodernen beschreiben und welche Szenarien und Entwicklungstendenzen konkret prognostiziert werden. Die zentralen Fragen, die innerhalb dieser Vergleichsdimension zu beantworten sind, lauten: Was thematisieren die Theoretiker, welche Gegenwartsdiagnosen und Zukunftsprognosen stellen sie auf? Welche Probleme diagnostizieren sie hinsichtlich des medialen Wandels? Was sind ihre zentralen Konzepte und Problembereiche? Welche sozialen und individuellen Dimensionen des medialen Wandels werden in den Fokus gerückt?

2. Problemlösungen –
Subversive Strategien und ethische Forderungen:

Neben einer diagnostischen und deskriptiven Erkenntnisleistung der Explizierung des Problembereichs wird von Theorien auch eine explanatorische und präskriptive Erkenntnisleistung erwartet: „Problemlösungen sind dann die Erklärungsangebote, die eine Theorie für die jeweiligen Probleme macht." (Hondrich 1978: 325) Es wird evaluiert, welche Erklärungen und Lösungsansätze die jeweiligen Theorien hinsichtlich ihrer konstatierten Problembereiche liefern. Welche Problemlösungsvorschläge werden vorgelegt? Welche Potenziale und Chancen bzw. Risiken und Gefahren werden benannt? Welche Modelle, Metaphern, Begriffe oder Thesen stellt die Theorie zur Verfügung, um die von ihr aufgestellten Probleme zu lösen?

B) Strukturelle Dimension (metatheoretische Ebene):

3. Begrifflichkeiten und theoretische Voraussetzungen –
Medien und Kommunikation:

Ein grundlegendes Anfangsproblem jeder medienphilosophischen bzw. –theoretischen Überlegungen liegt in der Breite des Medienbegriffs. Der Begriff ist in wei-

---

12 Siehe hierzu beispielsweise Merten (1994: 142).

ten Teilen unklar und schwammig geblieben. Es herrscht kein Konsens über das, was als Medium bezeichnet wird. Unscharfe, konkurrierende und teilweise konträre Begriffsbestimmungen sowie heterogene Verwendungsweisen machen den Medienbegriff daher erklärungsbedürftig. Insofern ist eine theoretische Reflexion über Medien notwendig, um die Vielstimmigkeit und Vielfältigkeit des Terminus systematisch erfassen zu können. Es stellen sich dabei folgende Fragen:

- Was verstehen die Theoretiker unter Medien, wenn sie von Medienwandel sprechen? Mit welchen Begrifflichkeiten wird operiert? Welche Definitionen, semantischen Wort- und Assoziationsfelder[13] werden gebraucht? Der intensionale sowie der extensionale Inhalt des Medienbegriffs sind hierbei von Interesse.[14]
- Welche theoretischen Axiome, hintergrund- und metatheoretische Vorannahmen liegen den Setzungen zugrunde? Welche metatheoretischen Vorannahmen werden getroffen? Begriffsexplikationen sind stets nur mit ihren theoretischen Voraussetzungen zu verstehen, insofern weist der Medienbegriff selbst schon wieder auf seine Theorie hin. Begriff und theoretisches Konzept sind unmittelbar miteinander verknüpft.[15] Mithilfe des theoretischen Bezugsrahmens von ‚Setzung und Voraussetzung' werden jene impliziten und teilweise invisibilisierten Vorannahmen übersichtlich zusammengestellt. Es gilt zu fragen, welche erkenntnis- und hintergrundtheoretischen, geschichtsphilosophischen oder anthropologischen Grundannahmen dem Medien- und schließlich dem Kommunikationsbegriff zugrunde liegen und welche impliziten Annahmen diagnostiziert werden können.
- Wie differenziert werden diese Konzepte beschrieben, und welche Dimensionen werden dabei untersucht? Um eine Systematisierung dieses weiten Begriffsfeldes zu leisten, wird neben dem Bezugsrahmen von ‚Setzung und Voraussetzung' zur Untersuchung des Medialitätsverständnisses der Medienkompaktbe-

---

13 Bestehen zwischen verschiedenen Begriffen Zusammenhänge, ist es sinnvoll, nicht die Ausdrücke im Einzelnen isoliert zu betrachten, sondern das Wortfeld zu analysieren. „Als Wortfeld wird der Teilausschnitt des Wortschatzes einer Sprache bezeichnet, der inhaltsverwandte Wörter [z.B. synonyme Begriffe; Anm. d. Verf.] einschließlich ihrer Antonyme umfaßt." (Bertemes 2005: 32)

14 Intension und Extension beschreiben Eigenschaften von Begrifflichkeiten. Während die Intension den Begriffsinhalt als Gesamtheit der Merkmale und Eigenschaften meint, beschreibt die Extension den Umfang des Begriffs, d.h., die Gesamtheit der Dinge, auf die sich der Begriff erstreckt. Hierzu siehe auch Bertemes (2005: 31 f.) und Kromka (1984: 65 ff.).

15 Im Theorievergleich wird die Interferenz zwischen inhaltlicher und struktureller Ebene offensichtlich. Eine strikte Trennung dieser Ebenen ist kaum möglich, da beide wechselseitig aufeinander bezogen bzw. unmittelbar miteinander verwoben sind.

griff Siegfried J. Schmidts herangezogen. Mit *Medienkompaktbegriff* ist das systematische und sich selbst organisierende Zusammenwirken der vier Komponenten – 1. semiotische Kommunikationsinstrumente, 2. die jeweilige Medientechnologie, 3. die sozialsystemische Institutionalisierung medientechnischer Dispositive sowie 4. die Medienangebote – gemeint (vgl. u.a. Schmidt 2000: 93 ff.; Schmidt 2003b: 83 ff.; Schmidt 2003c: 354 f.; Schmidt/Zurstiege 2000: 170 ff.). Durch die Ausdifferenzierung in die vier Komponenten gibt sein Theoriekonzept brauchbare und differenzierte Vergleichsdimensionen vor, anhand derer die postmodernen Medienkonzepte gegenübergestellt werden können. Diese Vergleichsschablone soll aufzeigen, welche Dimensionen von den postmodernen Theoretikern berücksichtigt werden und um welche Komponente diese möglicherweise ergänzt oder modifiziert werden.[16] Daran zeigt sich auch, wie heterogen oder vergleichbar die Theorieangebote tatsächlich sind.

Dabei geht es nicht darum zu beurteilen, welche Bestimmung des Medien- oder Kommunikationsbegriffs am sinnvollsten, brauchbarsten oder empirisch operationalisierbar ist. Es wird herausgestellt, welche Perspektiven jewels auf den Medien- und Kommunikationsbegriff geworfen werden und welches Aussagepotenzial und welche Erkenntniseffekte die Begrifflichkeiten für die Kommunikations- und Medienwissenschaft haben.

4. Abstraktionsgrad und Reflexionstiefe[17]:

Diese Vergleichsdimension klärt, auf welcher Ebene der Verallgemeinerung bzw. Theorieebene sich bestimmte Aussagen befinden und für welchen Bereich sie Gültigkeit beanspruchen. Hier werden Art und Umfang des Gegenstandsbereichs untersucht. Es wird eine systematische Unterscheidung von Theorietypen geleistet, indem der Grad der Allgemeinheit bzw. die Reichweite bestimmt wird (vgl. Haller 2003: 35 f.). Auf welcher theoretischen Reflexionsebene befinden sich die jeweiligen Theorien? Auf welchem Abstraktionsniveau werden Aussagen getroffen? Wie sind Reichweite, Abstraktionsgrad und Reflexionstiefe zu beurteilen? Um die Theorien hinsichtlich ihres Geltungsbereichs analysieren zu können, soll auf die Diffe-

---

16 Dabei gilt das Schema nicht als unveränderlicher Maßstab, denn gleichzeitig wird dabei auch überprüft, welche Komponenten außerhalb der genannten Dimensionen zu finden sind. Auch die Erweiterung durch neue Komponenten und noch nicht gedachte Dimensionen ist möglich und kann somit die Leistungsfähigkeit der Postmodernen für den wissenschaftlichen Diskurs herausstellen. Dieser Maßstab soll also nicht als normative Leitlinie betrachtet werden, sondern vielmehr als heuristische Schablone.

17 Hondrich bezeichnet diese Vergleichsdimension als ‚Gegenstandsbereich' (vgl. Hondrich 1976: 21).

renzierung verschiedener Theorieebenen von Stefan Weber rekurriert werden. In seinem Einführungsband ‚Theorien der Medien' (2010) unterscheidet er mithilfe einer Ebenen-Differenzierung vier verschiedene Theorietypen, die hier nach dem Grad ihrer theoretischen Komplexität geordnet sind:

1. Paradigmen,
2. Supertheorien
3. Basistheorien und
4. Theorien mittlerer Reichweite.

Paradigmen haben den höchsten Grad an Komplexität und geben ein „transdisziplinäres, übergeordnetes Weltbild" (Weber 2010a: 20) im Sinne Thomas Kuhns vor, wie z.B. realistische versus konstruktivistische oder naturwissenschaftliche versus kulturwissenschaftliche Weltbilder. *Supertheorien* können auf zweierlei Weise verstanden werden. Sie sind entweder a) Metatheorien bzw. Theorien zweiter Ordnung oder b) Theorien, die den Anspruch erheben, „etwas Ganzes zu erfassen" (ebd.: 21). Als Beispiel für die zweite Lesart von Supertheorien führt Weber die Systemtheorie an. Supertheorien haben laut Weber einen tendenziell universellen Charakter, während Paradigmen als totalitär bezeichnet werden können. *Basistheorien* hingegen sind solche Theorien, die

„ein in sich logisches konsistentes Set an Begriffen, Definitionen und Modellen anbieten, das empirisch operationalisiert werden kann. [...] Basistheorien stellen einen Pool an Begriffen zur Verfügung, die miteinander relationiert ein Modell bzw. eine Denklogik ergeben, die in der Regel den Anspruch erhebt, die Wirklichkeit in irgendeiner Form strukturiert zu erfassen." (ebd.: 21 f.)

Ulrich Saxer gebraucht ebenso den Begriff der Basistheorien und definiert diese als jene Theorien, die „große Gegenstandbereiche elementar und effizient erschließen" (Saxer 1998: 14) Sie sind auf einer grundsätzlichen, universalen Ebene angesiedelt und haben einen hohen Allgemeinheitsgrad (vgl. Saxer 1997: 53). *Theorien mittlerer Reichweite* wiederum unterscheiden sich von den Basistheorien durch einen eingeschränkten Geltungshorizont. Theorien mittlerer Reichweite widmen sich einem konkreten Phänomen oder Gegenstand. Beispiele für diesen Theorietyp innerhalb der Kommunikations- und Medienwissenschaft finden sich insbesondere im Bereich der Medienwirkungsforschung, z.B. die Theorie der Schweigespirale, der Agenda-Setting-Approach oder der Uses-and-Gratifications-Approach. Theorien mittlerer Reichweite befinden sich demnach auf einer niedrigeren Komplexitätsebene als Basistheorien, die wiederum forschungsleitend für erstere sein können und sich zwischen einer Empirieferne von Paradigmen und Supertheorien und empiriefähigen Theorien mittlerer Reichweite befinden.

Hondrich unterscheidet zwischen drei Theorieebenen, die Webers Differenzierung, wie folgt, entsprechen:

1. Objekttheorien, die a) Theorien mittlerer Reichweite sensu Weber sind,
2. Sozialtheorien, die mit b) Basistheorien gleichgesetzt werden können und
3. Wissenschaftstheorien, worunter Theorien der Theorien bzw. Metatheorien oder Theorien zweiter Ordnung fallen. Diese sind demnach mit c) Supertheorien vergleichbar.

Den Sozialtheorien, die sich mit sozial- und kulturwissenschaftlichen Problemen beschäftigen, wird eine hohe Reichweite zugeschrieben, während die Objekttheorie jene Ebene mittlerer Reichweite bezeichnet, in der konkrete Phänomene und Gegenstände untersucht werden:

„Theorien der Stufe I beschäftigen sich als ‚Objekttheorien' mit spezifischen sozialen Phänomenen wie Familie, Herrschaft, abweichendem Verhalten etc.; Theorien der Stufe II haben ‚das Soziale' schlechthin zum Gegenstand – sie umfassen also alle Gegenstände der Stufe I und erheben Anspruch auf jeweils höchsten Allgemeinheitsgrad bzw. jeweils größte Reichweite in den Sozialwissenschaften; auf einer dritten Stufe finden wir Theorien, die sich Theorien selbst als Objekts gewählt haben: Wissenschafts-Theorien bzw. ‚Theorien-Theorien'." (Hondrich 1976: 20)

Abbildung 3: Theorieebenen-Modell

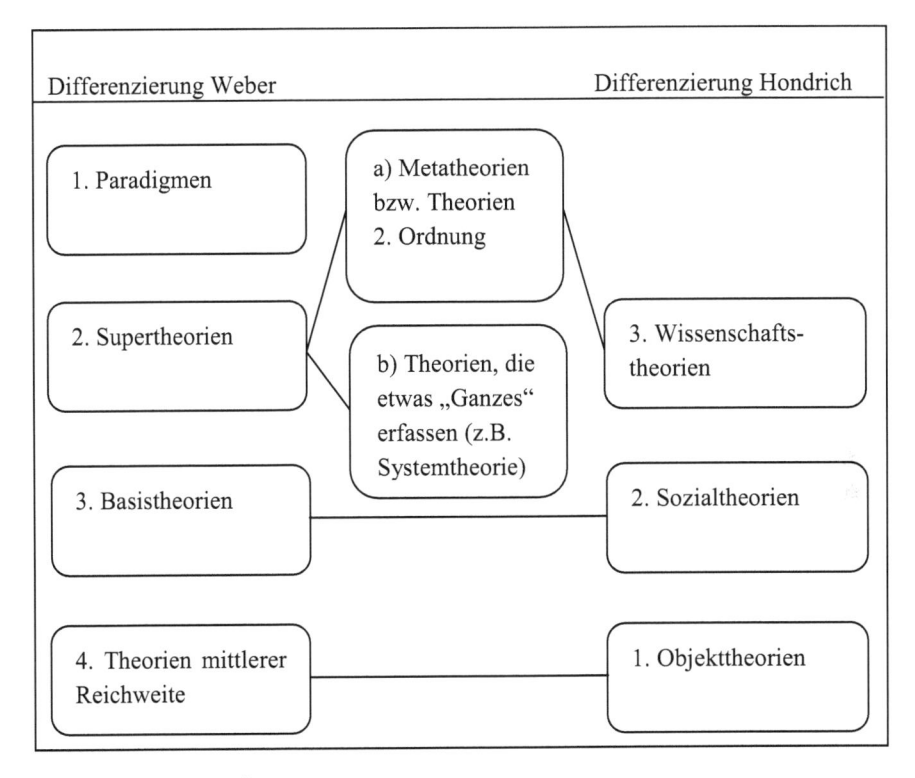

Differenzierung Weber		Differenzierung Hondrich
1. Paradigmen	a) Metatheorien bzw. Theorien 2. Ordnung	
2. Supertheorien		3. Wissenschaftstheorien
	b) Theorien, die etwas „Ganzes" erfassen (z.B. Systemtheorie)	
3. Basistheorien		2. Sozialtheorien
4. Theorien mittlerer Reichweite		1. Objekttheorien

Quelle: eigene Darstellung

5. Strukturmerkmale:
Wie bereits erwähnt, enthält dieser Vergleichsgesichtspunkt drei von Hondrichs Dimensionen: 1. die Dimension der ‚Erkenntnisleistungen', bei der die Art der Aussagen betrachtet wird, 2. die Dimension des ‚Logischen Status', welche die logische Struktur der Aussagen überprüft, und 3. die Dimension der ‚Strukturmerkmale', in der Eigenschaften wie Einfachheits-, Allgemeinheitsgrad-, Präzisions- und Konsistenzgrad analysiert werden. Hiermit sind grob diejenigen Eigenschaften einer Theorie gemeint, die „Elemente und Relationen zwischen den Elementen einer Theorie kennzeichnen." (ebd.: 22) Aufgrund der Interferenzen von theoretischen, sprachlichen und logischen Setzungen und Voraussetzungen der postmodernen Medientheorien erweist es sich als sinnvoll und praktikabel, diese Dimensionen für die vorliegende Untersuchung unter dem Überbegriff ‚Strukturmerkmale' zusammenzulegen, da diese dermaßen eng miteinander verknüpft sind, dass sie gar nicht getrennt voneinander betrachtet werden können.

Um zu untersuchen, von welcher Art die diskursiv-argumentativen Kommunikationsangebote der postmodernen Medientheoretiker sind, sind folgende Leitfragen von Interesse: Welcher *logischen Struktur*, z.B. kausal, funktional, dialektisch, folgen die theoretischen Aussagen? Welche Art der Argumentation liegt vor? Wie plausibel und stringent ist die Argumentation?[18] Wie präzise und konsistent sind die Aussagen? Diese Vergleichsdimension untersucht, wie komplex die Begründungszusammenhänge sind, welche kausalen Annahmen getroffen werden und wie die logische Argumentationsstruktur aufgebaut ist. Hieran kann die begriffliche und logische Kohärenz der Theorieangebote überprüft werden. Es handelt sich dabei um strukturelle Merkmale einer Theorie. Sie stellen die Gütekriterien von Theorien dar.

Ebenso geht es um den *sprachlichen Duktus* der Theoretiker. Welche Sprache und welche Metaphern werden gebraucht? Welche Art von Aussagen wird produziert und welche sprachliche Form wird dafür verwendet? Welche Konnotationen, theoretischen Implikationen, *Strukturen, Narrative, Rhetoriken, metaphorische oder methodologische Vorannahmen* führen die jeweiligen postmodernen Medientheorien mit sich? Gibt es Konzepte, Modelle, Metaphern, Stilmerkmale, rhetorische Figuren, die typisch sind und in den verschiedenen Theorien als vergleichbares strukturelles Merkmal wiederkehren? Kann man eine ‚*diskursive Grammatik*' der postmodernen Medientheorien ausmachen? Welchen *Aussageregeln* folgt der Postmodernediskurs und welche textuellen Tiefenstrukturen lassen sich finden? Familienähnlichkeiten und maßgebliche Differenzen der Theorieansätze können dadurch diagnostiziert werden.

C) Kontextuelle Dimension (hintergrundtheoretische Ebene):

6. Soziale Voraussetzungen von Theorien:
Ebenso gilt für den Theorievergleich, den Problemkontext und die Rahmenbedingungen zu rekonstruieren, in dem die Aussagen der postmodernen Medientheoretiker verwurzelt sind:

„Die jeweilige Wissenschaftskultur, verstanden als Netzwerk von sprachlichen, raumzeitlichen, biographischen, institutionellen, politischen, ökonomischen und sonstigen Faktoren, bestimmt ganz wesentlich das, was als wissenschaftlicher Diskurs produziert und als solcher akzeptiert wird. Mit anderen Worten: Die Suche nach einem voraussetzungsfreien Anfang der Theoriebildung oder im generellen Sinne der wissenschaftlichen Aktivität ‚an sich' ist eine Suche nach Absenz dieser genannten Faktoren, die gebündelt als die jeweilige Wissenschaftskultur bezeichnet werden können." (Weber 2005: 43)

---

18 Hondrich definiert dies als den ‚logischen Status' theoretischer Aussagen, der für ihn einen eigenen Vergleichsgesichtspunkt ausmacht (vgl. Hondrich 1976: 22).

Mit den sozialen Voraussetzungen – im Gegensatz zu den theoretischen – sind gesellschaftliche, soziale, kulturelle, politische, ökonomische und theorien- und ideengeschichtliche Bedingungen gemeint, die das Entstehen von Theorien begünstigt haben. Hierunter fallen für Hondrich sowohl philosophische Strömungen oder soziologische Axiome als auch wirtschaftliche oder politische Gegebenheiten (vgl. Hondrich 1976: 24). Durch diese Vergleichskategorie wird verdeutlicht, dass Wissenschaft stets als *spezifischer Bereich sozialen Handelns* in einer konkreten historischen Situation zu verstehen ist. Theoriebildung geschieht nicht voraussetzungslos, sondern in einem Netzwerk der genannten Faktoren, die eine jeweils historisch kontingente Wissenschaftskultur konstituieren: „[U]nerläßliche Voraussetzung jedes Vergleichs von Aussagen ist, den Problemkontext zu rekonstruieren, in dem diese Aussagen verankert sind." (Schneider 1999b: 143)

Neben einer bisher synchronen theorievergleichenden Perspektive wird hiermit eine diachrone Betrachtungsweise hinzugefügt.[19] Die Theorien sollen in Hinblick auf ihre historischen, ideen- und geistesgeschichtlichen *Kontexte* betrachtet werden. Es werden die Kontextfaktoren expliziert, die notwendige Rahmenbedingungen darstellen für jegliche wissenschaftliche Arbeiten:

1. Einerseits erfolgt eine Einordnung der postmodernen Medientheorien in *soziohistorische Kontexte*, wobei (berufs-)biografische, soziale, ökonomische, politische, kulturelle Hintergründe betrachtet werden, die das Hervorbringen der jeweiligen Theorien begünstigt haben. Es stellt sich die Frage, unter welchen außertheoretischen, nicht theorieimmanenten Bedingungen die Theorien entstanden und welche Entwicklungsimpulse als relevant zu erachten sind. Der *Entstehungszeitpunkt* der zu untersuchenden Theorien muss expliziert werden. Jede wissenschaftliche Arbeit ist historisch determiniert. Wenn bestimmte wissenschaftliche Argumente und Gedankenkonstrukte als zeitlich invariant erscheinen, so sind es doch nicht die Werke und Autoren, die zitiert werden. Das *politische Umfeld* sowie die *institutionellen Rahmenbedingungen*, wie z.B. die akademische Anbindung oder räumlich-topologische Faktoren, sind weiterhin zu nennen. Die *biografische Sozialisation* des Autors, d.h., die wissenschaftliche Laufbahn, Denkstile, präferierte Theorien und Methoden, verweist auf die wissenschaftliche Aussagenproduktion. Insbesondere *berufssozialisatorische Faktoren* wie die Professoren, unter denen der Wissenschaftler gelernt hat und Denkschulen, in die der Wissenschaftler hineinsozialisiert wurde, sind hierbei von Bedeutung. (Vgl. Weber 2005: 41 ff.)

---

19 Die synchrone Beobachtung ist der analytische Vergleich auf einer Zeitebene, während die diachrone Beobachtung verschiedene Zeitstufen betrachtet. In der diachronen Perspektive geht es um eine geschichtliche Kontextualisierung.

2. Andererseits erfolgt eine Einordnung in *Theoriekontexte*. Hierbei werden ideen- und geistesgeschichtliche Einflüsse untersucht. Denn „[e]rst der systematisch reflektierte Rekurs auf Ideen- und Sozialgestalt einer Wissenschaft und ihre Geschichte lässt Aussagen über deren Erkennensleistung zu." (Averbeck 2008: 265) Wissensproduktion entsteht nicht im luftleeren Raum, daher ist es notwendig, die Bedingungen und Voreinstellungen zu reflektieren. Die Explizierung der Theoriekontexte erlaubt zu beobachten, unter welchen Bedingungen der Organisation von Wissenschaft und Institutionalisierung die postmodernen Theoretiker gearbeitet haben, ob sich theoretische Schulen oder Fachgemeinschaften herausgebildet haben und ob es Rekurse auf Gründungsväter, Klassiker oder Schlüsselwerke gibt. Neben (erkenntnis-)theoretischen, logischen, sprachlichen und methodologischen Voraussetzungen, die mithilfe der vorherigen Vergleichdimensionen untersucht werden, sollen „Persönlichkeitshaltungen" (Karmasin 2008: 241), biografische, berufssozialisatorische, wissenschaftssozialisatorische und institutionelle Aspekte Beachtung finden: „Damit einher geht die grundsätzliche, wissenschafts- und wissenssoziologisch begründbare Annahme, dass die Ideengestalt einer Wissenschaft nicht ohne ihre Genese, einschließlich der Bedingtheiten durch ihre Sozialgestalt beschreibbar ist [...]." (Averbeck-Lietz 2009: 68) Einflüsse theoretischer Vorläufer oder fachliche Auseinandersetzungen mit Kollegen und Konkurrenten geben Aufschluss über die Positionierung im wissenschaftlichen Feld. Zudem wird dabei überprüft, inwieweit die jeweiligen Theoretiker intertextuelle Bezüge auch zueinander herstellen bzw. ob sich „Referenz- und Zitationsmilieus" (Averbeck 2008: 264) herausbilden. Hierbei stellen sich die Fragen: An welche Theorieschulen oder philosophischen Vordenker sind die Theorien angelehnt? Welche ideen- und geistesgeschichtlichen Einflüsse sind auszumachen? Welche Anleihen aus anderen Disziplinen können diagnostiziert werden? Gibt es Erkenntnisgewinne durch Übertragungen beispielsweise naturwissenschaftlicher Konzepte oder können derartige Übertragungen als „Mißbrauch der Naturwissenschaft als Metaphernlieferantin." (Sokal/Bricmont 2001: 31) entlarvt werden?

Die Kontexte und Entwicklungsimpulse der jeweiligen postmodernen Medientheorien als eine diachrone Perspektivierung erlaubt aufzuzeigen, dass Theoriegenese und Theoriebildung stets historisch kontingent sind. Zudem erleichtert dies eine Einordnung in den Relevanzbereich der Theorien in das Diskursfeld medientheoretischen Denkens. Es geht um die Reflexion der Bedingungen und Voreinstellungen der Wissensproduktion der untersuchten Theoretiker. Es werden Herkünfte und Entstehungsbedingungen ausgemacht, die jene Medientheorien grundlegend beeinflusst haben. Denn die Herkunft sagt nicht nur über die Theoriegebäude selbst etwas aus, sondern kann gleichzeitig Aufschluss über die Identität des eigenen Faches geben. Wie die Medienwissenschaft etabliert, beeinflusst und verändert wurde, kann an der Genese von Medientheorien gegebenenfalls abgelesen werden: „Medienwissenschaft bedarf [...] immer auch der Reflexion der eigenen Herkunft, da diese maßgeblich über Optionen von Medien sowie über die blinden Flecken ihrer Theoretisierung mit entscheidet." (Leeker/Schmidt 2008: 33)

Anhand der Aufstellung dieser analytischen Kategorien bzw. Vergleichsdimensionen sollen die Theorien, die scheinbar unvereinbare Gegenstände, Problemhinsichten und Problemlösungen aufweisen, auf differenzierte Weise gegenübergestellt, systematisiert und vergleichbar gemacht werden: „Man kann dann die Gesichtspunkte an den Theorien vorbeidefilieren lassen und konstatieren, wie weit die Theorien in den verschiedenen Hinsichten identisch sind oder divergieren, anders gesagt: wie weit sie dasselbe oder Unterschiedliches leisten." (Hondrich 1976: 21)

Inhaltlich wird herausgearbeitet, was die ausgewählten Theoretiker über medienhistorischen Wandel aussagen, welche Szenarien sie entwickeln und welche Handlungsvorschläge und Problemlösungen sie hinsichtlich ihrer Diagnosen und Prognosen vorgeben. Dadurch können die *strukturellen*[20] Bedingungen der Theoriebildung untersucht werden, die theoretische, sprachliche und logische Aspekte umfassen. Von Interesse ist, welche Systeme von Begrifflichkeiten für den Phänomenbereich Medienwandel verwendet werden. Nicht nur, *was* die Diskursteilnehmer über medialen Wandel beobachten, sondern *wie* sie dies tun, unter welchen Voraussetzungen und blinden Flecken Aussagen getroffen werden, ist dabei entscheidend:

- In *theoretischer* Hinsicht werden Reichweite, d.h., Reflexionstiefe und Abstraktionsgrad der Theorien, Allgemeinheitsgrad, Begrifflichkeiten und ihre theoretische Voraussetzungen herausgearbeitet. Dies wird unter den Vergleichsgesichtspunkten 3. Begrifflichkeiten und ihre theoretischen Voraussetzungen – Medien und Kommunikation, 4. Abstraktionsgrad und Reflexionstiefe sowie 6. soziale Voraussetzungen untersucht.
- Auf *sprachlicher* Ebene werden Explizitheitsgrad, Metaphernverwendung und Präzisionsgrad von Begrifflichkeiten untersucht. Hierbei interessiert, was für ein Sprachstil bei den Theoretikern vorherrscht. Die sprachliche Ebene wird grundlegend unter der Vergleichsdimension 5. Strukturmerkmale behandelt, in der auch die logische Ebene der Theorien untersucht wird.
- Auf *logischer* Ebene stehen die Strukturmerkmale der Theorien, d.h. Kohärenz, Stringenz, Konsistenz und Plausibilität der Argumentation, die Erkenntnisleistung der Theorien sowie die Art der Aussagen im Vordergrund.

---

20 Die Aufteilung zwischen inhaltlicher und struktureller Ebene dient zunächst zur Herstellung analytischer Trennschärfe, die jedoch in einem sich gegenseitig bedingenden Verhältnis zueinander stehen und faktisch nicht immer zu trennen sind. So sind die strukturellen Merkmale auch nur aufgrund von Inhalten überprüfbar und vice versa.

Der Theorievergleich umfasst somit sowohl die auf objekttheoretischer Ebene liegenden Inhalte, den konkreten Problemkontext, wie auch metatheoretische Annahmen wie die Logik der Begriffe, Prämissen, Strukturen und Kausalitätsannahmen als Maßstab für die kritische Auseinandersetzung mit den zu vergleichenden Theorien (vgl. Weiss 1999: 325 ff.). Jene zusätzliche analytisch-epistemologische bzw. wissenschaftstheoretisch-philosophische Perspektive wird um die Entstehungskontexte der Theorien als hintergrundtheoretische Ebene ergänzt. Mithilfe der aufgestellten Vergleichsdimensionen und Beobachtungsebenen und durch die inhaltliche und strukturelle Gegenüberstellung als *synchrone Perspektivierung* von Theorie sowie durch die Berücksichtigung sozialer, historischer, theorie- und ideengeschichtlicher Kontexte als *diachrone Betrachtungsweise* wird schließlich der Aussagewert, die Brauchbarkeit und Anschlussfähigkeit für die wissenschaftliche Weiterverarbeitung bewertet.

Ziel des Theorievergleichs ist es dabei nicht, die Theorien nach besser und schlechter zu klassifizieren und sich für eine Theorie zu entscheiden. Es geht nicht um eine Hierarchisierung der Ansätze. Die Vergleichsdimensionen, mithilfe derer der postmoderne Diskurs untersucht wird, setzen keine absolute, normativ-wissenschaftstheoretische Gewichtung voraus, sondern geben in systematischer Hinsicht brauchbare Vergleichsebenen vor (vgl. Hondrich 1976: 21). Es handelt sich also nicht um einen Entscheidungszwang für die ‚bessere' Theorie, sondern um einen *Dialogzwang*: „Vergleichen ist eine, wenn nicht *die elementare Orientierungsstrategie*" (Saxer 2008: 451; Hervorhebung d. Verf.). Sie erlaubt eine multiperspektivische Erfassung des Gegenstands im Sinne eines pluralistischen Paradigmas. Im Vordergrund des Theorievergleichs steht dabei, die Bandbreite der postmodernen Medientheorien anhand von systematischen Vergleichdimensionen strukturiert zu erfassen, diese zu ordnen und die Semantik des Labels postmodern im Bereich der Kommunikations- und Medienwissenschaft auf differenzierte Weise zu begreifen. Dadurch kann der Postmodernediskurs systematisch kultiviert werden: „Ein gelingender Vergleich reflektiert Kontingenz, er kehrt seine theoretischen Voraussetzungen reflexiv hervor [...]." (Raaz 2010: 30)

4. Systematische Rekonstruktion und kritischer Vergleich

A) INHALTLICHE DIMENSION (OBJEKTTHEORETISCHE EBENE)

4.1 PROBLEMHINSICHT MEDIENWANDEL – GEGENWARTSENTWÜRFE UND ZUKUNFTSSZENARIEN

> „So werden Medienrevolutionen nicht nur vorausgesagt oder festgestellt, sondern auch hergestellt, und zwar durchaus an ganz anderen Orten als an denen, für welche sie jeweils vorgesehen sind. Das legt die Vermutung nahe, dass auch für die Verkündung von Medienrevolutionen, zumal in den Medienwissenschaften, dasjenige gilt, was man für die Historiographie im weiteren Sinne veranschlagen mag, nämlich dass sie mehr über diejenigen aussagen, die sprechen, als über dasjenige, was zur Sprache gebracht wird."
>
> (BUSCHHAUS 2008: 206)

Im Folgenden wird die Medienhistoriografie der ausgewählten Theoretiker genauer untersucht und die damit verbundenen konstatierten Problembereiche dargestellt.[1] Die unterschiedlichen Gegenwartsszenarien und Zukunftsprognosen sollen im An-

---

1 Andere Themengebiete, die die jeweiligen Theoretiker in ihrem Gesamtwerk behandeln, werden hier ausgespart. Die Problemhinsicht wird auf die Konzeption von Medienwandel beschränkt, um einen medien- und kommunikationswissenschaftlichen Schwerpunkt zu setzen und das Untersuchungsfeld disziplinspezifisch einzugrenzen. Siehe hierzu Kapitel 3.1, in dem die Auswahlkriterien genauer erläutert wurden.

schluss daran im Resümee miteinander verglichen werden. Es wird also nun eine Rekonstruktion der Hauptaussagen geleistet, die im Vordergrund der medientheoretischen und medienhistoriografischen Arbeiten von McLuhan, Baudrillard, Virilio, Kittler und Flusser stehen.

4.1.1 Marshall McLuhan: The medium is the message/massage

> „Unsere übliche Antwort, mit der wir alle Medien abtun, nämlich, daß es [nur] darauf ankomme, wie wir sie verwenden, ist die befangene Haltung des technischen Dummkopfs."
> (MCLUHAN ²1995 [1964]: 29)

The medium is the message
McLuhan breitet seine Hauptaussagen insbesondere in seinem Hauptwerk ‚Die magischen Kanäle. Understanding Media' (²1995 [1964]) sowie in ‚Die Gutenberg-Galaxis. Ende des Buchzeitalters' (²1995 [1962]), und ‚Das Medium ist die Botschaft' (2001) aus. Die zentrale These Marshall McLuhans ist der vielzitierte Aphorismus ‚The medium is the message'. Er konstatiert, dass die entscheidende Botschaft eines Mediums nicht der distribuierte Inhalt, sondern vielmehr die Struktur bzw. die Medialität selbst ist. Demzufolge bestimmt die Form des Mediums, wie wir wahrnehmen, denken und uns sozial und kulturell organisieren: „Medienwissenschaft [...] beschäftigt sich nicht nur mit dem Inhalt der Medien, sondern mit den Medien selbst und der gesamten kulturellen Umgebung, in der sie aktiv werden." (McLuhan 2001: 170) Sie gibt die Bedingungen für Handeln, Erkennen und Sozialität vor, „weil eben das Medium Ausmaß und Form des menschlichen Zusammenlebens gestaltet und steuert." (McLuhan ²1995 [1964]: 23) Die eigentliche Botschaft ist insofern die Auswirkung, die das jeweilige Medium auf menschliche Ordnungszusammenhänge hat. ‚Die magischen Kanäle. Understanding media' versteht sich demnach als Versuch, den nachhaltigen Einfluss von Kommunikationsmedien auf Wahrnehmung und Denken (Mikroebene) sowie kulturelle und soziale Formationen (Makroebene) zu reflektieren.

Der Inhalt von Medien, der innerhalb der Medienwissenschaft beispielsweise in der Medienwirkungsforschung als zentraler Untersuchungsgegenstand behandelt wird, ist nicht nur nebensächlich, sondern völlig gleichgültig. Der Sinn bzw. die Botschaft eines Mediums liegt nach McLuhan nicht in der Decodierung bestimmter semiotischer Kommunikationsprozesse, sondern in der Art, wie die Medien die Menschen zueinander in Beziehung setzen: „Für die Art und Weise, wie die Maschine unsere Beziehung zueinander und zu uns selbst verändert hat, ist es vollkommen gleichgültig, ob sie Cornflakes oder Cadillacs produziert." (McLuhan

²1995 [1964]: 22) Die Botschaft des Mediums ist keine Dimension von Bedeutungen, sondern eine ontologische Größe, die Kommunikationsprozesse, Wahrnehmung, Kognition, gesellschaftliche Dynamik sowie Epistemologie präfiguriert.

The medium is the message – Extensions of man

McLuhan begründet seinen Ansatz in einer anthropologischen Auffassung von Medien. Das Medium ist nicht nur ‚message', sondern auch ‚massage', da es tiefgreifend auf den menschlichen Körper und den Wahrnehmungsapparat, die psychische Situation und die sozialen Strukturen eingeht. Er konzipiert die Medien als Erweiterungen des Körpers (‚extensions of man') und der menschlichen Sinne. Medien werden als technische Prothesen verstanden, in die sich natürliche Kapazitäten und menschliche Bewusstseinsleistungen zunehmend auslagern. Die existenzielle Konstellation des Menschen wird erst durch seine Auslagerungen und Ausweitungen, d.h., durch seine medialen Bedingungen und Möglichkeiten, begreifbar.

McLuhan legt seinen Überlegungen ein wahrnehmungstheoretisches Fundament zugrunde. Der Idealzustand ist für ihn demgemäß das harmonische Wechselspiel der Sinne, eine maximale Beteiligung aller Sinne im Wahrnehmungsprozess, der über das Zentralnervensystem gesteuert wird. Gerade durch die Medien wird der menschliche Wahrnehmungsapparat fortwährend irritiert, so dass das Verhältnis der Sinne zueinander ständig modifiziert wird. Dieses permanente Ungleichgewicht muss immer wieder ausgeglichen werden, um eine ganzheitliche Wahrnehmung unter Beteiligung aller Sinne herzustellen. Um diesen Ausgleich zu erreichen, kommt es neben den Ausweitungen zwangsweise auch stets zu Betäubungen der sinnlichen Wahrnehmung. Bei Überlastung, Überreizung oder körperlichem Stress reagiert der Körper bzw. das Zentralnervensystem mit Amputation des betroffenen Körperteils.² Körperausweitungen sind also nicht nur Entlastungen bestimmter Organe, sondern immer auch Ergebnis von Amputationen. Gleichgewicht wird nur hergestellt, wenn die gestörte Wahrnehmung als solche nicht wahrnehmbar ist, d.h., die Beeinträchtigung nicht bewusst erfolgt. Erweiterung und Betäubung spezifischer Sinne sind notwendigerweise eng miteinander verbunden: „Jede Erfindung oder neue Technik ist eine Ausweitung oder Selbstamputation unseres natürlichen Körpers, und eine solche Ausweitung verlangt auch ein neues Verhältnis oder neues Gleichgewicht der anderen Organe und Ausweitungen der Körper untereinander." (ebd.: 78 f.)

Amputationen stellen eine derart schockierende Erfahrung für den Menschen dar, dass die Wahrnehmung blockiert wird und der Mensch keiner Erkenntnis mehr

---

2 Als Beispiel nennt McLuhan das Rad als eine Absonderung des Fußes. Durch die Medien Schrift und Geld werden Handel und Verkehr beschleunigt und erweitert, was zu einer Überlastung des Fußes als Fortbewegungs- und Transportmittel führt. Die Amputation des Fußes hat die Erfindung des Rads als menschliche Ausweitung des menschlichen Körperteils Fuß zur Folge. (Vgl. McLuhan ²1995 [1964]: 75)

fähig ist: „Selbstamputation schließt Selbsterkenntnis aus." (ebd.: 59)³ McLuhan geht davon aus, dass der Mensch von seiner Technik als Ausweitung seiner selbst so sehr fasziniert ist, dass diese ihn regelrecht betäubt. Zum Selbstschutz bei Überreizung amputiert das Zentralnervensystem den störenden Sinn und schaltet diesen ab. Dieser Mechanismus verselbstständigt sich so weit, dass der Mensch immer neue Technologien produziert und zum Anhängsel bzw. „Servormechanismus" (ebd.: 81) seiner eigenen Technik wird:

„Physiologisch wird der Mensch bei normaler Verwendung seiner technischen Mittel (oder seines vielseitig erweiterten Körpers) dauernd durch sie verändert und findet seinerseits immer wieder neue Wege, um seine Technik zu verändern. Der Mensch wird sozusagen zum Geschlechtsteil der Maschinenwelt, wie es die Biene für die Pflanzenwelt ist, die es ihnen möglich macht, sich zu befruchten und immer neue Formen zu entfalten." (Ebd.)

Gerade in Hinblick auf die Mediengeschichte wird dieses wahrnehmungstheoretische Theorem relevant. Der Konnex von Wahrnehmung, Mediengeschichte und Medientheorie steht bei McLuhan in unmittelbarem Zusammenhang.

Vom lokalen zum globalen Dorf

McLuhan ruft in Anlehnung an seine Theoreme das Ende der Gutenberg-Galaxis und dem damit verbundenen typografischen Paradigma aus. Diesen Topos vom Ende des Buchdruckzeitalters verknüpft er mit einer utopischen Vision des globalen Dorfes, das mit den audiovisuellen Medien seine Realisation findet.⁴ Am Ende der medienhistorischen Entwicklung steht demnach die Utopie eines global village, einer transgeografischen Weltgemeinschaft. Im zweiten Teil von ‚Die magischen Kanäle' stellt McLuhan seine medienhistorischen Überlegungen genauer dar. Dass nach McLuhan die Medien die entscheidenden Kräfte sozialer Dynamiken und gesellschaftlicher Prozesse sind, wird hier historisch konkretisiert. Er teilt die Kulturgeschichte, die stets auch Mediengeschichte ist, in folgende Epochen:

---

3   McLuhan versucht dies anhand des Narziss-Mythos zu erklären. Narziss, der durch sein eigenes Spiegelbild als Ausweitung seiner selbst betäubt wird, ist nicht in der Lage, sich in seiner Technik wiederzuerkennen. Er interpretiert das Spiegelbild als eine fremde Erscheinung und ist daher unfähig zur Selbsterkenntnis.

4   Gerade der Begriff der Gutenberg-Galaxis und der des globalen Dorfes sind mittlerweile schon so topisch geworden, dass sie bereits als Referenzmetaphern anderer medienhistoriografischen Arbeiten in hohem Maße verwendet werden und erstere auch Eingang in die Grundbegriffe der Medientheorie gefunden hat (vgl. Höltschl 2005: 77 ff.). Siehe hierzu auch 4.1.6.

Die orale Stammeskultur

Die *orale Stammeskultur*, eine kollektivistisch ausgerichtete, geschlossene Gemeinschaft, in der die einzelnen Mitglieder durch mündliche Kommunikation zueinander in Beziehung treten, bezeichnet McLuhan als voralphabetische Epoche. Zeitlich setzt er diese erste Epoche bis ins 5. Jh. v. Chr. an. In der oralen Stammeskultur, die McLuhan als oral-mythisch bezeichnet, dominiert das Ohr als primär angesprochenes und herrschendes Sinnesorgan. Bereits in dieser ersten Epoche ist das Gleichgewicht der Sinne gestört, da hier der Hörsinn dominiert. Der Mensch erfährt eine „überwältigende Tyrannei des Ohres über das Auge." (McLuhan ²1995 [1962]: 34) Dieses Ungleichgewicht ist gleichzeitig der Grund für weitere medientechnische Entwicklungen, um den Sinnesapparat gleichmäßig auszulasten.

Die literale Manuskriptkultur

Die zweite historische Phase, die *literale Manuskriptkultur*, reicht vom 5. Jh. v. Chr. bis ins 15. Jh. n. Chr. In dieser Stufe der Medienentwicklung kommt es zu einer Zurückdrängung der reinen Dominanz des Auditiven. Durch die Erfindung der Schrift tritt das Visuelle zunehmend in den Vordergrund, so dass es zu einem vorübergehenden Gleichgewicht der Sinne kommt, da sowohl Auge als auch Ohr gleichermaßen belastet werden. Die alphabetische Schrift ist hier noch mit einer sozialen Praxis der „öffentlichen Rezitation" (ebd.: 107) verbunden, das ein Wechselspiel der Sinne ermöglicht. Jenes Zusammenspiel der Sinne ist durch einen ständigen Wechsel von Tonfall, Stil, Rhetorik, durch variierende Orthografie und Grammatik gekennzeichnet. Die historische Phase der Manuskriptkultur stellt ein Zwischenstadium dar, in der die orale Kommunikation ihre Relevanz für die Kommunikationssituation des Menschen noch nicht ganz verloren hat und die Schrift gleichzeitig an Bedeutung zunimmt. Zu dem kühlen Medium der Sprache tritt das heiße Medium des Manuskripts hinzu.[5] In dieser historischen Zwischenphase kommt es kurzzeitig noch zu einem harmonischen Wechselspiel der Sinne. Dieses wird jedoch in der kommenden historischen Epoche wieder grundlegend gestört (vgl. ebd.: 114).

Die Gutenberg-Galaxis

McLuhan nennt als drittes relevantes historisches Stadium die *Gutenberg-Galaxis*, die mit der Erfindung des Buchdrucks Mitte des 15. Jahrhunderts beginnt und bis ins 20. Jh. vorherrscht. Die Gutenberg-Galaxis mit ihrem typografischen Paradigma kennzeichnet einen radikalen Bruch mit den vorherigen Phasen. Es kommt zu einem Verlust der synästhetischen Wahrnehmung und führt zu einer einseitigen Be-

---

5   Zu der Unterscheidung zwischen kühlen und heißen Medien siehe Kapitel 4.3.1, in dem McLuhans Medienbegriff erläutert wird.

tonung des Visuellen. Die alphabetische Schrift ist nun nicht mehr mit der öffentlichen Rezitation verbunden, das noch ein Gleichgewicht der Sinne garantierte, so dass es zu einer Störung des Wahrnehmungsapparates kommt. Tast- und Hörsinn treten zugunsten einer einseitigen Betonung bzw. Dominanz des Visuellen zurück:

„Dabei übersehen wir natürlich die völlige Verschiedenheit des phonetischen Alphabets von irgendwelchen anderen Arten des Schreibens. Nur das phonetische Alphabet schafft eine Kluft zwischen dem Auge und dem Ohr, zwischen der semantischen Bedeutung und dem visuellen Kode; und so besitzt nur die phonetische Schrift die Macht, den Menschen aus dem Stammesdasein in die Zivilisation zu führen, ihm ein Auge für ein Ohr zu geben." (McLuhan ^{2}1995 [1964]: 33)

Der Buchdruck führt generell zu einer visuellen Homogenisierung, die schließlich auch epistemologische Konsequenzen nach sich zieht. Exakte Wiederholbarkeit sowie insbesondere Linearität sind durch den Buchdruck möglich und begünstigen in Folge analytisch-lineares, logisches, vernunftbetontes, rationales, abstraktes Denken. Jene epistemologische Ordnung identifiziert McLuhan als die abendländisch-neuzeitliche Kultur, die eine gesamte Metaphysik hervorbringt, „denn gerade die lineare Ordnung, in welcher die Wörter verwendet werden müssen, hat zur Folge, daß auch Eigenschaften in einer syntaktischen Zeitordnung untersucht werden, die in Wirklichkeit gleichzeitig sind [...]." (McLuhan ^{2}1995 [1962]: 89)

Neben diesen kognitiv-psychologischen befinden sich auch gesellschaftlich-kulturelle Strukturen im Wandel. Denn die Homogenisierungstendenz sieht McLuhan nicht nur auf visueller, sondern auch auf nationalstaatlicher Ebene:

„Unter den vielen unvorhergesehenen Auswirkungen des Buchdrucks ist das Erwachen des Nationalismus wohl die bekannteste. Die politische Vereinigung von Völkerschaften nach Idiom und Sprache ausgerichtet war undenkbar, bevor der Druck jedes Idiom zu einem umfassenden Massenmedium machte. Der Stamm, als erweiterte Form der Familie von Blutsverwandten, wird durch den Buchdruck gesprengt und durch eine Gemeinschaft von Menschen ersetzt, die einheitlich als Individuen ausgerichtet sind. Der Nationalismus trat als wirksames, neues visuelles Leitbild des gemeinsamen Schicksals und Status der Gruppe auf und war von der Geschwindigkeit der Informationsbewegung abhängig, wie sie vor der Erfindung des Buchdrucks unbekannt war. Noch heute ist der Nationalismus als Leitbild von der Presse abhängig [...]." (McLuhan ^{2}1995 [1964]: 271 f.)

Die Möglichkeit zur massenhaften Erzeugung von Schriftstücken führt auch zu einer räumlichen Ausweitung der Rezeption. Der Buchdruck bringt eine (Sprach- bzw. Schrift-)Identität hervor. Dadurch werden z.B. Dialekte zugunsten eines einheitlichen Sprachgebrauchs zunehmend verdrängt. Diese Form der Vereinheitlichung bzw. Homogenisierung nennt McLuhan als eine der grundlegenden und tiefgreifenden sozialen Veränderungen der „Gutenberg-Ära" (McLuhan ²1995 [1962]: 159) Das Zeitalter des Buchdrucks führt eine Forschritts- und Ausweitungslogik fort, die McLuhan als *Explosion* bezeichnet. Diese bedeutet eine beschleunigende Expansion in den Raum. Die Folge davon ist, dass das vorher bestehende Gemeinschaftsgefühl sich zunehmend zuungunsten einer Gesellschaft isolierter, entfremdeter und vereinsamter Individuen auflöst. Der Mensch steht im Zeitalter des Buchdrucks in einem objektivierten, distanzierten Bezug zur Welt.

Diese grundlegenden epistemologischen und gesellschaftlichen Implikationen werden nicht bereits mit Erfindung der alphabetischen Schrift, sondern erst durch den Buchdruck gesellschaftlich relevant[6]: „Mit Gutenberg trifft Europa in die technische Phase des Fortschritts, in der die Veränderung an sich zur archetypischen Norm des sozialen Lebens wird." (ebd.: 193) Die Medientechnik wird im Allgemeinen zum determinierenden Faktor gesellschaftlicher Entwicklung und das Buch im Speziellen zum Leitmedium dieser Epoche.

Vom Ende der Gutenberg-Galaxis zum globalen Dorf
Das *elektronische bzw. elektrische Zeitalter*[7] oder die Marconi-Galaxis[8], in der der Mensch wieder zu einem harmonischen Gleichgewicht der Sinne zurückfindet und in einer dorfähnlichen, aber global ausgeweiteten Gemeinschaft zusammenlebt, stellt für McLuhan die vierte und letzte Epoche in der Medienentwicklung dar. Die neue Konstellation der elektronischen Kultur des 20. Jahrhunderts steht der Buchdruckkultur in jeder Hinsicht diametral gegenüber und bedeutet eine epochale Ab-

---

6   McLuhan hat einen eurozentrischen Blick auf die Erfindung der Druckerpresse. Er argumentiert, dass der Buchdruck in der westlichen Welt im Gegensatz zum viel früheren Erscheinen in China als historischer Schnitt gesetzt werden muss. Die epistemologischen Implikationen der Abstraktion, der Logik, der Linearität hängen für ihn auf engste Weise mit dem Alphabet als semiotische Codierungsform zusammen. Die Erfindung des Buchsatzes mit beweglichen Lettern, die Herausbildung des Verlagswesens und eine voranschreitende Lesefähigkeit der Bevölkerung sind mit dem Alphabet verknüpft. Der Buchdruck hat diese epistemologischen und gesellschaftlichen Implikationen noch verstärkt und flächendeckend relevant gemacht.

7   McLuhan verwendet die Begriffe elektronisch und elektrisch quasi synonym, obwohl diese bereits im alltagssprachlichen Gebrauch verschiedene Phänomene bezeichnen. Bei der Rekonstruktion von McLuhans Grundüberlegungen wird die synonyme Verwendungsweise übernommen. Jedoch wird im weiteren Verlauf der Arbeit der Terminus elektronische Kultur bzw. elektronische Medien präferiert.

8   Guglielmo Marconi war ein Pionier der drahtlosen Telekommunikation und steht somit sinnbildlich für den Übergang von der Buchdruckkultur zu einem neuen medialen, dem elektronischen, Zeitalter.

lösung bzw. Umkehrung der Gutenberg-Galaxis: „In the electric age we are discovering new modes of rationality." (McLuhan/Fiore 1967: 38)

Auf der Ebene der Wahrnehmungsmodalitäten ist die höchste Stufe der Körpererweiterung, die des zentralen Nervensystems, erreicht. Dies führt schließlich zu einer holistischen und synästhetischen Wahrnehmung und Wahrnehmungsfähigkeit, die sich durch eine allgegenwärtige *Taktilität* als Zusammen- bzw. Wechselspiel aller Sinne kennzeichnet. McLuhan sieht die Ausgewogenheit der Sinne als Korrektiv zu einer einseitig geprägten visuellen Wahrnehmung des Gutenbergzeitalters. Während im mechanischen Zeitalter der Tastsinn anästhesiert wird, werden im elektronischen Zeitalter alle Sinne stimuliert. Mit dem Begriff der Taktilität meint er dabei nicht nur die Haptik, sondern ein ganzheitliches, allseitiges Begreifen aller Sinne: „Es beginnt nun klarzuwerden, daß das ‚Tastgefühl' nicht die Haut ist, sondern das Wechselspiel aller Sinne [.]." (McLuhan ^{2}1995 [1964]: 78) Der Tastsinn ist demnach der Sinn aller Sinne und gleichermaßen Gemeinsinn, sensus communis, da dieser alle Sinnesorgane zu einer holistischen Wahrnehmung ordnet. So kommt der Mensch laut McLuhan erst im elektrischen Zeitalter zu der Erkenntnis, dass im Laufe der Medienentwicklung die Sinne und die Wahrnehmung auf je spezifische Weise betäubt wurden und Medien als zentrale Einflussgröße kognitiver, sinnlicher und sozialer Prozesse erkannt werden müssen. Erst durch die elektronischen Medien ist der Mensch schließlich wieder fähig zur Selbsterkenntnis.

Mit dem Ende des Buchdruckzeitalters wandelt sich auch auf der Ebene sozialer Strukturen die mechanisch-lineare zu einer instantan-elektrischen Kultur: „Das sture Beharren auf den alten Schemata der mechanischen, einspurigen Ausdehnung von Zentrum zur Peripherie ist mit unserer elektronischen Welt nicht mehr vereinbar. Die Elektrizität zentralisiert nicht, sie dezentralisiert." (McLuhan ^{2}1995 [1964]: 66) Die Struktur sozialer Beziehungsmuster transformiert sich daher grundlegend von einer individualisierten, fragmentierten zu einer harmonischen, demokratisierten Öffentlichkeit. Elektrizität fungiert beziehungsstiftend und gemeinschaftsfördernd und löst die Probleme der Vereinzelung und Entfremdung auf zugunsten einer Gemeinschaftsstruktur, da „Minderheiten nicht mehr abgesondert, ignoriert werden. Allzu viele Menschen wissen allzu viel voneinander. Unsere neue Umwelt fordert Engagement und Teilhabe. Unwiderruflich sind wir aneinander beteiligt und füreinander verantwortlich geworden." (McLuhan 1984: 24)

Die Voraussetzung für diese Gemeinschaftsbildung begründet sich hauptsächlich im neuen Leitmedium Fernsehen[9] mit seinen spezifischen medialen Konstella-

---

9 In der Sekundärliteratur wird McLuhan häufig vorgeworfen, den Computer bzw. die Digitaltechnik nicht angemessen behandelt zu haben. In seinen Hauptwerken ‚Die magischen Kanäle' und ‚Die Gutenberg-Galaxis' wird die Entwicklung digitaler Technologien kaum benannt und erst recht nicht erläutert. (Vgl. Heilmann 2010: 125) Historisch ist es für McLuhan jedoch gar nicht notwendig, den Computer oder die digitale Technik als

tionen und technisch vermittelten Wahrnehmungsgewohnheiten. Die Welt *implodiert*, da alles gleichzeitig geschieht und die Menschen durch die elektronischen Medien miteinander verflochten werden. Im Gegensatz zur Explosion der Gutenberg-Galaxis als räumlicher Ausdehnungsprozess, kehrt sich diese Tendenz mit den elektronischen Medien um. Diese Form der instantanen Vernetzung der Welt zu einer Gemeinschaft ähnelt der Vergesellschaftung tribaler Kulturen, wie z.b. in der oralen Stammesgesellschaft. Daher spricht McLuhan von einem *global village*. Die weltweite Vernetzung löst die Trennung von Geschlechtern, Völkern, Raum und Zeit auf. Das Versprechen an eine demokratische, partizipative, harmonische Gesellschaft ist erfüllt:

„Wir leben heute im Zeitalter der Information und Kommunikation, weil elektrische Medien sofort und ständig ein totales Feld von gegenseitig sich beeinflussenden Ereignissen erzeugen, an welchen alle Menschen teilnehmen. Nun hat die Welt der öffentlichen gegenseitigen Beeinflussung die gleiche umfassende Weite des integrierenden Wechselspiels, das bisher nur für unser persönliches Nervensystem charakteristisch war. Das kommt, weil die Elektrizität ihrem Wesen nach organisch ist und bestätigt als organisch-soziales Bindeglied durch ihre technische Anwendung im Telegrafen und Telefon, im Radio und in anderen Formen. Die Gleichzeitigkeit der elektrischen Kommunikation, die auch für unser Nervensystem bezeichnend ist, bewirkt, dass jeder von uns für jeden Menschen auf der Welt gegenwärtig und erreichbar ist." (McLuhan [2]1995 [1964]: 377 f.)

Die distanziert-analytische Haltung, die nach McLuhan in der Wahrnehmung und im Denken der Gutenberg-Galaxis vorherrscht, wird im elektronischen Zeitalter durch Integration und Harmonie nicht nur auf kognitiver, sondern auch sozialer Ebene abgelöst. So ermöglicht die Implosion auf der Makroebene eine instantane Verständigung und dadurch eine harmonische und integrative Sozialstruktur. Auf der Mikroebene ermöglicht die Implosion ein Gleichgewicht und Wechselspiel der Sinne und folglich eine holistische und synästhetische Wahrnehmung und Wahrnehmungsfähigkeit.

Zusammenfassend kann konstatiert werden, dass jede historische Epoche eine je spezifische Medienlogik darstellt. Die technischen Medien sind dabei Hauptkräfte für jegliche sozialen und psychischen Entwicklungen. Sie formen die kommunikative Umwelt im evolutionären Prozess, das technisch-mediale Apriori determiniert alle historisch-kulturellen Phänomene, insofern kann die kulturelle Formation als

---

historischen Endpunkt zu konzeptionieren. Denn am Ende der historischen Entwicklung stehen die Taktilität auf kognitiver und die Implosion zum globalen Dorf auf sozialer Ebene, die bereits durch die analoge Medientechnik erreicht sind. Die digitale Technik bleibt daher weitestgehend unerwähnt, da sie eher als eine „technische Teilmenge der technisch-ästhetischen Obermenge Taktilität" (Ebd.: 128) verstanden wird.

modelliertes Derivat des technologischen Zustands verstanden werden. Gesellschaftlicher Wandel ist somit sensu McLuhan ein technisch induzierter Prozess. Dieses Geschichtsmodell wendet sich gegen eine Vorstellung einer subjektzentrierten Auffassung von Geschichte. Zur Veranschaulichung sind die historischen Entwicklungsstufen in einer kompakten, tabellarischen Übersicht dargestellt:

Tabelle 4: Problemhinsicht McLuhan

	1. Historische Phase	2. Historische Phase	3. Historische Phase	4. Historische Phase
Zeitraum	Bis 5. Jh. v. Chr.	5. Jh. v. Chr. bis 15. n. Chr.	15. bis 20. Jh.	Ab dem 20. Jh.
Kultur/ Gesellschaftsform	Orale Stammeskultur	Manuskriptkultur	Gutenberg-Galaxis (abendländische Kultur)	Elektronisches Zeitalter (Globales Dorf)
Leitmedium/ -code	Sprache	Manuskript, Schrift	Buch, Buchdruck	Elektronische Medien, Fernsehen
Menschenbild/ Kognitive und perzeptive Auswirkungen	Mensch als Mängelwesen, akustisch dominiert (Ohr überlastet)	Synästhesie, ausgeglichener Sinnesapparat (Gleichgewicht von Ohr und Auge)	Visuell dominiert, visuelle Homogenisierung (Auge überlastet)	Synästhesie, Taktilität, Erweiterung des Zentralnervensystems (Gleichgewicht aller Sinne)
Epistemologische Auswirkungen	Magisch-mythisches, intuitives, spontanes Denken	Übergang von mythischem zum logischen Denken	Neuzeitliche Epistemologie: Linearität, Logik, Rationalität, Fortschrittsdenken, Analytik, Zentralperspektive	Assoziatives, eklektisches, simultanes Denken
Soziale Auswirkungen	Geschlossene, traditionelle Gesellschaft, Kollektivität	Gemeinschaftsbildung, interaktive Gemeinschaft durch lautes Lesen	Explosion, Massenproduktion, Entstehung von Nationalstaaten, Wissenschaft, Bürokratie, Alphabetisierung, Individualismus, Anonymität, soziale Isolation, Privatsphäre, Urheberschaft	Implosion, Gemeinschaftsbildung, Demokratie, Partizipation, Instantaneität, Weltbürgertum
Kulturtechnik/ Medienleistung*	Sprechen, erzählen, hören	Rezitieren, vorlesen, hören	Lesen	Fernsehen
Kommunikation	Face-to-face-Kommunikation	Face-to-face-Kommunikation	Unberücksichtigt	Medial vermittelte, instantane Kommunikation
Wirklichkeit	Irrelevante Kategorie			

Quelle: eigene Darstellung[10]

---

[10] Diese tabellarischen Übersichten werden als Zusammenfassung der jeweils antizipierten Problemhinsicht der Theoretiker am Ende der Ausführungen angehängt. Zu diesen und den folgenden Tabellen ist anzumerken, dass sich die Theoretiker meist nicht in die hermetische Form dieser Darstellung hineinzwängen lassen. Eine derartige Kategorisierung

* Mit der Dimension ‚Kulturtechnik/Medienleistung' ist gemeint, dass Medien spezifische Auswirkungen auf das Agieren und Handeln des Menschen haben. Dieser setzt sich mithilfe von Medien und Codes auf bestimmte Weise mit der Welt in Beziehung. Insofern ändern sich mit den dominanten Medien und Codes auch die menschlichen Kulturtechniken. Wird der Mensch jedoch als passives Subjekt entworfen, geht es weniger um neue Kulturtechniken, die der Mensch kultiviert. In diesem Fall bringen die Medien bestimmte Veränderungen hervor, die sich auf die Lage des Menschen maßgeblich auswirken.

4.1.2 Jean Baudrillard: Simulationsthesen

> „Ich weiß nicht, wie möglicherweise das System umgestürzt werden könnte. Ich meine, daß alles schon passiert ist. Die Zukunft ist schon angekommen, alles ist schon angekommen, alles ist schon da. Es lohnt sich nicht, zu träumen oder irgendeine Utopie der Umwälzung oder der Revolution zu nähren. Es ist schon alles umgewälzt. Ich meine, alles hat schon seinen Ort verloren. Alles hat Sinn und Ordnung verloren. Es ist keine Übertreibung, wenn wir sagen, alles sei schon eingetreten."
> (BAUDRILLARD 1983B: 103)

Das Verschwinden der Realität

Der französische Soziologe und Kulturkritiker Jean Baudrillard entwickelt insbesondere in seinem frühen Hauptwerk ‚Der symbolische Tausch und der Tod' (Baudrillard [2]1991a [1982]) als zentrales Thema seine Theorie der Simulation. Seine zeitdiagnostische Gesellschaftsanalyse offenbart eine Grundhaltung der gegenwärtigen Zeit, die sich durch mediale Omnipräsenz kennzeichnet und dazu führt, dass die reale Erfahrungswelt durch eine simulierte überlagert wird und Realität verschwindet. Diese Auflösung geschieht aufgrund von Übersättigung mit Informationen und Zeichen, was er als künstlich simulierte Hyperrealität bezeichnet. Das Verschwinden der Realität ist für ihn der leitende Topos seiner Simulationsthesen. Baudrillard macht dabei insbesondere auf die Zirkularität und Selbstreferenzialität von Zeichen aufmerksam. Nichts verweist im Zeitalter der Simulation auf etwas außerhalb des Diskurses: Zeichen beziehen sich nicht auf diskursjenseitige absolute Größen, sondern stets auf Zeichen innerhalb des Diskurses. Dadurch verabschiedet

---

und Einordnung bedeutet stets eine Vereinfachung und Generalisierung der theoretischen Aussagen. Zugunsten der Übersichtlichkeit und Vergleichbarkeit wurde jedoch der Versuch einer Systematisierung unternommen.

er sich grundsätzlich von einem repräsentationslogischen Denken, wie in seiner Historiografie deutlich wird.[11]

Baudrillard unterscheidet zwischen verschiedenen Simulations- bzw. Verwirklichungsstufen durch Zeichenwelten, sogenannte Simulakren[12], die an die Stelle sinnlich erfahrbarer, unmittelbarer Realität treten. Simulakren nach Baudrillard sind abstrakte Systeme von Zeichen, die in einer bestimmten Beziehung zur materiellen Welt stehen. Ein Simulakrum je spezifischer Ordnung bildet ein Konstruktionsmodell von Wirklichkeit, aus dessen Sinnfundus Welt symbolisch erzeugt, gedeutet und reproduziert wird. (Vgl. Baudrillard 1978a: 31 ff.)[13] Jene symbolischen Ordnungen können als ein jeweils historisches Verhältnis zwischen materieller und symbolischer Wirklichkeit gedeutet werden. Realität ist somit prinzipiell ein Effekt der Zeichenverwendung. Die Veränderungen von Zeichenreferenz bestimmen die jeweilige historische Gesellschafts- und Realitätsordnung. Baudrillard entwickelt auf der Grundlage dieser Überlegungen ein strukturalistisches Analysemodell, das historische Veränderungen auf verschiedenen Ebenen aufzeigt.

Die archaische Gesellschaft

Baudrillard teilt die Geschichte in vier chronologisch aufeinanderfolgende Phasen[14] auf, von denen die letzten drei jeweils durch ein vorherrschendes Simulakrum gekennzeichnet sind. Die historische Epoche vor dem Auftreten des Simulakrums erster Ordnung behandelt er nicht ausführlich, sondern stets in Abgrenzung zur vorindustriellen Phase bzw. zum klassischen Zeitalter.[15] Bis zur Renaissance herrscht eine feudale Ordnung vor, eine klare Hierarchisierung und Zuordnung zu Klassen bzw. Ständen. Der soziale Status ist klar gekennzeichnet und unverrückbar. In Hin-

---

11 Hier zeigt sich eine offensichtliche Parallele zum konstruktivistischen Denken. Zunächst kann konstatiert werden, dass sowohl Baudrillard als auch konstruktivistisch orientierte Theoretiker an differenzlogischem statt an identitätsorientiertem Denken interessiert sind. Weiterhin ist festzustellen, dass die Vorstellung von *einer* Wirklichkeit der Auffassung von pluralistischen Wirklichkeitskonstruktionen gewichen ist.

12 Im Folgenden werden sowohl die Begriffe Simulakra als auch Simulakren als Plural von Simulakrum verwendet.

13 Zu Einzelheiten seines Simulakrenbegriffs siehe Kapitel 4.3.2.

14 Später hat Baudrillard das Modell um ein weiteres fünftes Stadium, das fraktale Stadium, ergänzt (vgl. Baudrillard 1992a: 11). Dieses Stadium bleibt hier unberücksichtigt bzw. wird dem Simulakrum dritter Ordnung zugeordnet, da Baudrillard selbst nicht trennscharf und systematisch zwischen dem Simulakrum dritter und vierter Ordnung unterscheidet.

15 In der tabellarischen Übersicht am Ende des Abschnitts werden diese vier Epochen der Vollständigkeit halber dargestellt. Explizit behandelt Baudrillard allerdings nur die Simulakren erster, zweiter und dritter Ordnung, da es ihm hauptsächlich um die Art der Zeichenhaftigkeit der Welt durch Simulakren geht.

blick auf diese feudalen und archaischen Gesellschaften spricht Baudrillard von „*grausamen* Gesellschaften" (Baudrillard ²1991a [1982]: 80; Hervorhebung im Original). Die Zeichen sind in dieser Phase nicht willkürlich, sondern stehen in einem verpflichtenden Verhältnis zu dem jeweiligen Stand. In dieser Kasten- und Ständegesellschaft gilt eine strenge symbolische Ordnung, in der bestimmte Zeichen stets eindeutig und rigide einem bestimmten Rang und Status zugeordnet sind.

Simulakrum erster Ordnung oder das Zeitalter der Imitation

Jedoch schafft es das Zeichen, sich zu emanzipieren und klassenübergreifend zu funktionieren: „Mit der Übertragung der Prestigewerte und -zeichen von einer Klasse auf die andere geht man notwendigerweise zugleich auch zur *Imitation* über." (Ebd.; Hervorhebung im Original) Dieser zeitliche Abschnitt von der Renaissance bis zur industriellen Revolution, das klassische Zeitalter, repräsentiert die zweite historische Phase. Der Übergang zu dem Zeitalter der Imitation kennzeichnet sich durch die Vermehrung bzw. Vervielfachung von Zeichen. Diese sind keine Fälschung vom Original, sondern als vom Zwang befreite Zeichen, eine bestimmte Stände- und Kastenzuordnung anzugeben und soziale Unterschiede auszuweisen:

„Keine Unterschiede mehr festlegend (es ist nur noch konkurrierend), von jedem Zwang befreit, universell disponibel, simuliert das moderne Zeichen doch immer noch eine Notwendigkeit, wenn es vorgibt, mit der Welt verbunden zu sein. Das moderne Zeichen träumt vom früheren Zeichen und möchte mit seinem Bezug auf das Reale eine *Verpflichtung* wiederfinden, aber es findet nur eine *Vernunft*: eben eine referentielle Vernunft, jenes Reale, jenes ‚Natürliche', von dem es leben wird. Aber diese Verbindung durch die Bezeichnung ist nur noch das Simulakrum einer symbolischen Verpflichtung: es produziert nur noch neutrale Werte, die in einer objektiven Welt ausgetauscht werden." (ebd.: 80 f.; Hervorhebung im Original)

Ferner konstatiert Baudrillard, dass das Simulakrum erster Ordnung die Freiheit hat, identische Objekte hervorzubringen. Das bedeutet, dass die erfahrbare Welt durch identische Abbildungen und Imitationen repräsentiert und nachgebildet wird: „Das reicht von der vorgetäuschten Hemdbrust bis zur Gabel, zu den Stuck-Interieurs und den großen Theatermaschinerien des Barock." (ebd.: 81) Insbesondere der Stuck[16], das Theater und die Mode sind Inbegriff der Befreiung und Demokratie der künstli-

---

16 Für Baudrillard ist der Stuck dasjenige Material, das alle anderen imitieren kann: „In den Kirchen und Palästen nimmt der Stuck alle Formen auf, imitiert alle Materialien, die Samtvorhänge, die Holzgesimse, die fleischigen Rundungen der Körper. Der Stuck zaubert aus dem unwahrscheinlichen Durcheinander von Materien eine einzige neue Substanz, eine Art von allgemeinem Äquivalent für alle anderen Materien, für alle theatralischen Gaukeleien geeignet, weil sie selbst eine Substanz der Repräsentation, Spiegel aller anderen ist." (Baudrillard ²1991a [1982]: 82)

chen Zeichen, da sie die Verpflichtung und Exklusivität der Zeichen für einen Stand oder eine Kaste aufbrechen. In dieser historischen Phase geht es grundsätzlich um eine perfekte Imitation der Welt. Das künstliche Zeichen funktioniert als Stellvertreter des Signifikats und bleibt seiner Referenz somit zwar nicht materiell, jedoch noch semantisch verhaftet. Baudrillard spricht bei der ersten Ordnung der Simulakren vom Naturgesetz, das im Simulakrum zweiter Ordnung durch das Wertgesetz des Marktes überholt wird. Die Nostalgie bzw. der Wunsch nach einer natürlichen Referenz der Zeichen ist bis zum Zeitalter der Imitation noch geblieben. Doch diese natürliche Referenz rückt im Laufe der historischen Entwicklung mit den jeweiligen Simulakren höherer Ordnung weiter in die Ferne. Das bürgerliche Denken wird durch die neue Logik des Materialismus und der Produktion aufgehoben.

Simulakrum zweiter Ordnung oder das industrielle Zeitalter der Reproduktion

Mit der industriellen Revolution und der damit einhergehenden Massenproduktion wird das klassische Zeitalter und mit ihm die historische Phase der Imitation abgelöst. Der Übergang vom Simulakrum erster zum Simulakrum zweiter Ordnung bedeutet einen Wechsel von dem Prinzip der Imitation zur *(Re-)Produktion* als die vorherrschende Form des Gesellschaftsverhältnisses, bei dem die präkapitalistische in eine kapitalistische Logik überführt wird.

Die industrielle Technik ermöglicht das Herstellen vieler identischer Objekte, macht Original und Imitat ununterscheidbar und die Produkte unendlich reproduzierbar. Das Verhältnis zwischen Original und Imitat als grundlegender Zusammenhang der Analogie im klassischen Zeitalter wird durch eine Logik der Indifferenz und Äquivalenz ersetzt. Die Frage nach einer ursprünglichen Referenz wird obsolet, da es bloß noch um Reproduktion und Vermehrung geht. Die Serie als neue kulturelle Logik charakterisiert sich durch Objekte, die ununterscheidbar voneinander geworden sind, so dass das Verhältnis zwischen Imitat und Original gestört wird. Das Verschwinden einer ursprünglichen Referenz identifiziert Baudrillard als grundlegende Voraussetzung, um überhaupt eine grenzenlose Reproduktion zu ermöglichen. Demnach ist das Reale das, *„wovon man eine äquivalente Reproduktion herstellen kann."* (ebd.: 116, Hervorhebung im Original) Der Bezugspunkt zur Erzeugung von Duplikaten ist ein allgemeines Objekt, das als solches keine Bedeutung mehr hat und nur dem Zwecke der Vervielfältigung dient. Die Welt wird nicht mehr imitiert, sondern industriell (re-)produziert: „Produktion, Warenform, Arbeitskraft, Äquivalenz und Mehrwert bezeichneten quantitative, materielle und messbare Verhältnisse [...]." (ebd.: 22) Die Technik verliert somit ihre Funktion als Produktivkraft und wird zu einem Medium neuer Sinnproduktion, in der nicht die Herstellung von Gütern und Waren, sondern die produktivistische Rationalität des Kapitals, d.h., die reine Vermehrung durch Reproduktion im Vordergrund steht. Dieser Prozess ist dabei eng mit einem allgemeinen Wachstumspathos verbunden.

Die ständige Anhäufung von Reichtum und der permanente Zuwachs haben sich als eigenes Prinzip in dieser historischen Phase verselbstständigt (vgl. ebd.: 24).[17]

Auch auf der Mikroebene diagnostiziert Baudrillard ein verändertes Verhältnis des Menschen zur technischen Apparatur. Er spricht von einer Entfremdungsbeziehung von Reproduktionstechnik und Mensch und entwirft ein Oppositionsverhältnis. Die Reproduktion sowie bereits die Imitation bringen stets ein Entfremdungs- und Angstgefühl beim Menschen hervor. Die technische Apparatur vergleicht Baudrillard mit Hexerei.[18]

Simulakrum dritter Ordnung oder das Zeitalter der Simulation

Das Stadium des Simulakrums zweiter Ordnung ist für Baudrillard allerdings von geringer Bedeutung und kurzer Dauer. Vielmehr konzentriert er sich in seinen Simulationsthesen auf die Überwindung dieser Ära:

„Ende der Arbeit. Ende der Produktion. Ende der politischen Ökonomie. Ende der Dialektik von Signifikant und Signifikat, die die Akkumulation von Wissen und Sinn, die lineare Abfolge des kumulativen Diskurses gestattete. Zugleich Ende der Dialektik zwischen Gebrauchswert und Tauschwert, die allein die gesellschaftliche Akkumulation und Produktion ermöglichte. Ende der linearen Dimension der Ware. Ende der klassischen Ära des Zeichens. Ende der Ära der Produktion." (Baudrillard ²1991a [1982]: 20)

Die Logik der seriellen (Re-)Produktion wird durch die *Simulation* als letzte Stufe der historischen Entwicklung ersetzt und somit die Serie als Simulakrum zweiter Ordnung im postindustriellen Zeitalter durch das *Modell* als Simulakrum dritter Ordnung abgelöst. Im letzten historischen Stadium ist für Baudrillard die Beziehung zwischen Signifikat und Signifikant bzw. Tauschwert und Gebrauchswert völlig zerbrochen. Das Zeichen hat sich vom Bezeichneten vollkommen emanzipiert und in letzter Konsequenz von jeglicher Referenz im Realen befreit.[19] Zeichen ver-

---

17 Damit schließt Baudrillard an Marx und seine Kritik der politischen Ökonomie an. Dies wird in Kapitel 4.6.2.2 näher erläutert, wenn es um die ideen- und theoriegeschichtlichen Kontexte geht, in die Baudrillard eingebettet ist.

18 Baudrillard bezieht sich hierbei auch auf Walter Benjamin, der die Fotografie als Reproduktionsapparatur interpretiert und in ihr eine Art Hexerei sieht. Die beliebige Reproduktion führt in einer letzten Konsequenz zum Tod, wie in dem Film ‚Der Student von Prag', in dem der Teufel das Bild eines Studenten vom Spiegelbild löst und diesen mithilfe des losgelösten Bildes in den Tod treibt. (Vgl. Baudrillard ²1991a [1982]: 85)

19 Genauso gilt dieses Prinzip für die politische Ökonomie, in der der Geldwert seinen Bezug zu einem Realobjekt verloren hat. Das Geld koppelt sich von der Produktion ab, es transformiert sich vom allgemeinen Tauschmedium zum Spekulationsmedium. Als Beispiel nennt Baudrillard den fehlenden Zusammenhang zwischen Börsengewinnen bzw.

weisen demnach nicht mehr auf ein allgemeines reales Objekt, sondern nur noch auf sich selbst. Alle Formen sind nicht mehr mechanisch reproduziert, sondern „im Hinblick auf ihre Reproduzierbarkeit selber konzipiert [.], wo sie nur noch unterschiedliche Reflexe eines erzeugenden Kerns, des Modells, sind." (ebd.: 89) Eine ursprüngliche Referenz ist nicht mehr auszumachen, die referenzielle Logik verschwindet, wodurch die Rede von einer objektiven, unabhängigen Wirklichkeit sinnlos wird. Ein Außen ist nicht mehr möglich, weil die Frage nach Realität und Fiktion obsolet geworden ist. Dies nennt Baudrillard Hyperrealität. Hyperreal ist eine Steigerung des Irrealen, denn der grundsätzliche Widerspruch zwischen real und irreal ist aufgelöst, da die Irrealität nun nicht mehr als Fiktion oder Traum interpretiert wird, sondern als *„halluzinierende[.] Ähnlichkeit des Realen mit sich selbst."* (Baudrillard ²1991a [1982]: 114; Hervorhebung im Original) Diese Überlagerung des Realen durch das Hyperreale wird insbesondere durch die Simulation in den Massenmedien deutlich:

„Gerade durch die Überfülle an Informationen kann die Geschichte verschwinden. Gerade durch Hi-Fi kann die Musik verschwinden. Gerade durch das Experimentieren kann die Wissenschaft ihren Gegenstand verlieren. Gerade wegen der Pornographie kann die Sexualität verschwinden. Überall findet sich der Stereoeffekt, der Effekt der absoluten Nähe des Realen: der gleiche Simulationseffekt. [...] Wir werden die Musik vor dem Stereo nicht mehr wiederfinden (es sei denn durch einen weiteren technischen Simulationseffekt), wir werden die Geschichte vor der Information und den Medien nicht mehr wiederfinden. Das ursprüngliche Wesen der Musik und das ursprüngliche Konzept der Geschichte sind verschwunden, weil wir sie nicht mehr von ihrem Perfektionierungsmodell trennen können, das zugleich ihr Simulationsmodell ist, und weil wir sie nicht von ihrer künstlichen Überhöhung in eine Hyperrealität, die sie auslöscht, trennen können." (Baudrillard 1994a: 17 f.)[20]

Wir treten in ein Zeitalter der Simulation ein, in der das Simulierte vom Realen aufgrund der technischen Perfektionierung nicht mehr zu unterscheiden ist. Diese

---

-verlusten und tatsächlicher Produktion. Es kann angemerkt werden, dass sich jedoch gerade mit der Finanzkrise 2008 gezeigt hat, dass derartige Spekulationen Auswirkung auf die Realwirtschaft haben können und demnach Gebrauchs- und Tauschwert noch miteinander verbunden sind.

20 Am Beispiel der Stereo-Wiedergabe von Musik macht Baudrillard die Substituierung der Realität durch die Hyperrealität noch deutlicher. Die technische Perfektionierung von Aufnahme-, Übertragungs- und Wiedergabeleistung der Abspielgeräte verbessert sich die Wiedergabequalität derart, dass sich der Unterschied zwischen Original und Abbild nicht mehr feststellen lässt. Zwischen Stereo-Sound und Live-Musik gibt es keinen merklichen Unterschied mehr. Die Musik als unabhängiges Ereignis wird somit hyperreal. (Vgl. Baudrillard 1990: 15 ff.)

historische Phase beginnt gegen Mitte des 20. Jahrhunderts, die den Übergang von der Industriegesellschaft in die Informationsgesellschaft einläutet. Objekte und Ereignisse sind den Zeichen nicht mehr vorgängig und somit Referenzpunkt, sondern sie werden selbst zu Zeichen bzw. Modellen.

Die Nivellierung von Realität und Fiktion durch die Selbstreferenzialität der Zeichen kennzeichnet die Epoche der Hyperrealität und das Ende der Metaphysik. Baudrillard spricht von einer „Implosion des Sinns" (ebd.: 51), die alle Grenzen zwischen Ursache/Wirkung und Subjekt/Objekt auflöst. Die Idee von den Dingen selbst ist verloren gegangen: „Anstelle des alten Realitätsprinzips beherrscht uns von nun an ein Simulationsprinzip." (ebd.: 8)[21]

Digitalität und die Selbstreferenzialität von Kommunikation

Nach der Serie als Simulakrum zweiter Ordnung bestimmt Baudrillard also nun das Modell als prädominierendes Prinzip des Simulakrums dritter Ordnung. Die Simulation und die Logik des Modells werden gerade durch die digitalen Medien realisiert und verstärkt. Medien sind nicht mehr bloße Produktivkraft wie noch im industriellen Stadium, sondern erreichen eine neue Stufe der Sinnproduktion, die weder durch Repräsentation noch Serialität, sondern durch „das *Aufzwingen von Modellen*." (Baudrillard 2002: 280; Hervorhebung im Original) gekennzeichnet ist. Der digitale Code spielt eine entscheidende Rolle bei der Veränderung der gesellschaftlichen Ordnung. Nicht die reine Wiederholung, sondern die minimale Modifikation zwischen zwei Termen ist der dominierende Modus. Jegliche Bedeutung ist in der Digitalität nur noch durch die Differenz 0 und 1 verkürzt. Die Binarität stellt für Baudrillard die vollständige Neutralisierung des Signifikats dar. In diesem hyperrealen Stadium gibt es weder Kommunikation noch Reziprozität, denn die Kommunikation des vernetzten Menschen ist rein selbstreferenziell (vgl. Baudrillard 1972: 290). Die Antwortmöglichkeiten (Ja/Nein) sind immer schon vorgegeben, so dass der Mensch selektiert und gleichzeitig vom Medium selektiert wird, da er gewissermaßen dazu gezwungen wird zu selektieren. Die binäre Struktur ist insofern eine ständige Reaktualisierung des Modells selbst und reduziert dadurch eine komplexe syntaktische Sprachstruktur des Kommunikationssystems zu einem dualen, sich wiederholenden System von Frage und Antwort, einem Szenario klarer Gegensätze. Bedeutung wird unmittelbar aufgedrängt. (Vgl. Baudrillard ^{2}1991a [1982]: 97 f.) Diese Simulationslogik hat nachhaltige Auswirkungen auf den Menschen, der aufhört, aktiv zu handeln:

---

21 Als Beispiel für die realitätsersetzende Simulation bzw. die Ununterscheidbarkeit von Realität und Simulation nennt Baudrillard den Spielfilm ‚Unternehmen Capricorn', in der die NASA eine Marsexpedition vortäuscht, die technisch eigentlich nicht realisierbar ist. Die Marslandung wird im Fernsehstudio gedreht und gesendet, so dass dies als reales Ereignis wahrgenommen wird.

„Kommunikation ist nicht Sprechen, sondern Sprechenlassen. Information ist nicht Wissen, sondern Wissenlassen. In beiden Fällen deutet das ‚Lassen' darauf hin, dass es sich um eine Operation, nicht um eine reine und einfache Aktion handelt. […] Überall ist das aktive Verb dem Hilfsverb gewichen (ungefähr so, wie die Botschaft dem Medium gewichen ist), und die Aktion an und für sich hat weniger Bedeutung als die Operation, als die Tatsache, dass sie erzeugt, induziert, bewirkt, technisiert worden ist." (Baudrillard 1989b: 9 f.)

Es geht insofern in der Kommunikation nicht mehr um die Botschaft, sondern nur darum, dass überhaupt kommuniziert wird.[22] Es gibt keinen finalen Zweck der Kommunikation mehr, denn es wird nur noch um des Kommunizieren willens kommuniziert. Es handelt sich um eine Implosion von Botschaft und Medium zugunsten des Mediums, wobei die Botschaft durch das Medium absorbiert und dadurch selbst eliminiert wird. Durch das Verschwinden der Botschaft werden auch die Rollen von Sender und Empfänger einbrechen, da sie nicht mehr durch Botschaft und Übertragungszeit voneinander trennbar sind. In einer mediatisierten, digitalen Gesellschaft werden Information, Bedeutung und Sinn implodieren. Insofern wird McLuhans Formel ‚Das Medium ist die Botschaft' bei Baudrillard umgedeutet in das Grundkonzept „The medium is the mass-age." (Baudrillard 1994b: 35) Im Begriff der Masse steckt für ihn der Grundgedanke der *Implosion* als eine Nivellierung von Medium und Botschaft, von Signifikant und Signifikat sowie von Sender und Empfänger: „Masse ist das Grundkonzept und die Formel ‚The medium is the mass-age' ist die Grundformel, weil hier gerade der Kern der Implosion ist – also dieses Zusammenschmelzen des Mediums und des Inhalts, der Botschaft." (Ebd.)

Mensch-Maschine-Schaltkreis

Außerdem ist die Anwesenheit der Kommunikationsteilnehmer kein entscheidender Faktor mehr, sondern jegliche Form der Kontaktaufnahme und des Austauschs läuft lediglich über Bildschirme und Interfaces. Nur noch elektrische Ströme, Bildschirme und Netze ermöglichen Kommunikation. Kommunikation ist durch die medialen Bedingungen so zusammengezogen, dass die Gesprächspartner unmittelbar aneinander angeschlossen sind. Die Bilder in den Medien werden pausenlos übertragen, es gibt keine Möglichkeit der Verzögerung, des Schweigens oder der Stille. Raum und Zeit sind aufgelöst worden, da es nur noch darum geht, schnell und ununterbrochen zu kommunizieren: „die Kontinuität des Kontaktes, das Feedback muss total sein wie in einem geschlossenen Schaltkreis, Bilder und Botschaften müssen einander ohne Unterbrechung folgen." (ebd.: 23) Durch die Bildschirmmedien verändert sich auch die gesamte sinnliche Wahrnehmung des Menschen grundlegend. Das Lesen des Bildschirms, das Baudrillard als digitales Abtasten de-

---

22 Baudrillards Simulationsthese ist stark mit einer Kommunikationstheorie verknüpft. Zu seinem Kommunikationsbegriff siehe Kapitel 4.3.2.

finiert, unterscheidet sich grundsätzlich von dem menschlichen Blick. Baudrillard spielt wie McLuhan von der zunehmenden Bedeutung des Taktilen. Dies interpretiert er allerdings nicht als ein harmonisches Zusammenspiel der Sinne und eine Stimulierung des gesamten Wahrnehmungsapparats, sondern im Gegenteil als Verlust des sinnlichen Wahrnehmungsvermögens.

In diesem Zusammenhang ist auch die radikale Veränderung des Verhältnisses vom Menschen, seinem Körper und sensorischen Wahrnehmungsapparat zur Technik zu begreifen:

„Das ganze menschliche Wesen, sein biologischer, mentaler, muskulärer und zerebraler Körper wird umgeben von mechanischen Prothesen oder Computerprothesen. Bei McLuhan ist all das als positive Erweiterung gedacht, als Universalisierung des Menschen dank seiner medialen Erweiterung. Das ist sehr optimistisch. Anstatt sich konzentrisch um den Menschen zu drehen, sind die Funktionen des menschlichen Körpers zu Satelliten geworden, die exzentrisch um ihn kreisen. Sie haben sich selbst in die Umlaufbahn begeben und plötzlich befindet sich der Mensch angesichts dieser orbitalen Auslagerung seiner Funktionen und seiner eigenen Technologien im Zustand der Exorbitanz und Exzentrizität." (Baudrillard 1992a: 38)

Der Mensch wird zum Sklaven seiner eigenen technischen Prothesen, da er seine Funktionen und Fähigkeiten vernachlässigt und somit zum völligen Anhängsel seiner Technik wird:

„Der Virtuelle Mensch, reglos vor seinem Computer, macht Liebe via Bildschirm und seine Kurse per Fernstudium. Er wird zum motorischen und zweifellos geistig Behinderten. [...] Wie man davon ausgehen kann, daß Brille oder Kontaktlinsen eines Tages zur eingebauten Prothese einer Gattung werden, die den Blick verloren hat, so darf man befürchten, daß die künstliche Intelligenz und ihr technisches Zubehör zur Prothese einer Gattung werden, der das Denken abhanden gekommen ist." (ebd.: 61)

Alle menschlichen Abläufe werden technisch gesteuert, so dass der Mensch passiv und abhängig von seinen Prothesen wird anstatt diese nach seinem Belieben zu nutzen. Statt sinnlicher Wahrnehmung und organischer Berührung wird jede sensorische Bedeutung auf das Konfrontieren mit Auge und Bildschirm reduziert. Der vernetzte Mensch beschränkt seinen sozialen Umgang lediglich auf Bilder und Bildschirme und begibt sich damit in einen „Zustand anthropologischer Ungewißheit" (Baudrillard 1989a: 125). Das Ende der technischen Entwicklung ist erreicht, da der Mensch gänzlich aus seinem Körper herausgedrängt wird und seine Fähigkeiten und Funktionen in seine technischen Apparate verlegt hat. Die neuen Technologien sind mit Prothesen zu vergleichen, die selbst schon wie genetische Bestandteile in den Körper integriert sind und ohne diese der Mensch nicht leben kann. Als Beispiele nennt Baudrillard Kontaktlinsen, Herzschrittmacher, aber auch Computer,

Video oder Bildschirme. Er spricht von einer „Struktur der Angeschlossenheit, der Einschaltung (nicht der Entfremdung) [...]. Ob es sich um Mensch oder Maschine handelt, ist dabei unentscheidbar." (Baudrillard 1992a: 68) Der Mensch befindet sich in einem neuen anthropologischen Status, in dem er weder Subjekt noch Objekt ist, „nurmehr eine Homöostase des Menschen durch die Maschine." (ebd.: 69) Der Mensch hat keinen Körper mehr, sondern sei nur noch an einen angeschlossen (vgl. ebd.: 117). Diesen ‚Kurzschluss' interpretiert Baudrillard als eine verzweifelte Selbstreferenz, als „endlose Angleichung des Menschen an sich selbst, weil er sich in seine einfachen Grundelemente auflöst: allerseits vervielfacht, auf allen Bildschirmen vorhanden, doch immer seiner eigenen Formel, seinem eigenen Modell treu." (ebd.: 113) Selbst das Gehirn ist mit dem Computer zu einem Möbiusband[23] verflochten.[24]

Zusammenfassend kann für Baudrillard konstatiert werden, dass sich seine Medienhistoriografie maßgeblich über spezifische Ordnungen von Simulakren definiert, die bestimmte gesellschaftliche Sozialstrukturen hervorbringen. Ebenso verändert sich die anthropologische Situation des Menschen im evolutionären Prozess. Imitation, (Re-)Produktion und Simulation sind dabei die relevanten historischen Phasen.

---

23 1858 konstruierte der Mathematiker August Ferdinand Möbius (1790-1868) das Möbiusband, auch Möbiusschleife genannt. Es handelt sich um eine endlich gekrümmte, einseitige Fläche im dreidimensionalen Raum, bei der man von einer Seite auf die andere gelangt, ohne den Rand zu überschreiten. „Den gordischen Knoten konnte man wenigstens durchhauen. Wenn man dagegen das Möbius-Band teilt, so entsteht daraus eine zusätzliche Spirale, ohne daß die Reversibilität der Oberflächen (hier die reversible Kontinuität der Hypothesen) aufgelöst würde." (Baudrillard 1978a: 32)

24 Im industriellen Zeitalter hingegen ist das Verhältnis zwischen Mensch und Technik noch klarer gewesen: Der Arbeiter hat der Maschine noch fremd gegenüber gestanden, Mensch und Maschine sind eindeutig trennbare Entitäten gewesen. Diese Entfremdung des Menschen von der Technik, des Arbeiters von seiner Maschine, ist mit den neuen Technologien aufgelöst worden, das Ende der Anthropologie erreicht.

Tabelle 5: Problemhinsicht Baudrillard

	1. Historische Phase	2. Historische Phase	3. Historische Phase	4. Historische Phase
Zeitraum	Bis 14. Jh. (bis zur Renaissance)	Spätes 14. Jh. bis Ende 18. Jh./ Anfang 19. Jh. (Klassisches Zeitalter: Renaissance bis industrielle Revolution)	19. Jh. bis 20. Jh. (Industrielles Zeitalter, industrielle Revolution)	Ab Mitte des 20. Jh.
Kultur/ Gesellschaftsform	Kasten-, Ständegesellschaft	Vorindustrielle Gesellschaft	Industrie-, Konsumgesellschaft	Medien-, Informations-, Wissensgesellschaft
Leitmedium/ -code	Nicht-medial, nicht-codiert	Simulakrum 1. Ordnung: Imitat, z.B. Stuck, Theater	Simulakrum 2. Ordnung: Serie, z.B. industrielle Maschinen	Simulakrum 3. Ordnung: Modell, z.B. Videotechnik, Computer
Menschenbild/ Kognitive und perzeptive Auswirkungen	Ganzheitliches Subjekt, Mensch	Ganzheitliches Subjekt, schöpferisches, künstlerisches, herstellendes, handwerkliches Individuum	Entfremdetes Subjekt; Mensch und Technik in einem Oppositionsverhältnis	Subjekt und Objekt ununterscheidbar: Mensch und Technik in einem integrierten Schaltkreis; Taktilität
Epistemologische Auswirkungen	Unberücksichtigt	Bürgerliches, vorkapitalistisches Denken	Serie: Fortschrittsdenken, Rationalität, materialistisches Denken, Akkumulationslogik, Dialektik	Modell: Binarität, Kombinatorik; Implosion, Nivellierung aller Dualismen (wahr/falsch, real/virtuell etc.)
Soziale Auswirkungen	Feudale Ordnung, soziale Hierarchien	Bürgertum, Entstehung der Mode, des Theaters, des Prestige	Kapitalismus, Wachstumspathos, gesellschaftliche Produktivität, Technisierung	Hyperkapitalismus, Digitalisierung, Informationsüberflutung, Medialisierung
Kulturtechnik/ Medienleistung	Unberücksichtigt	Imitieren; Herstellen von Nicht-Kommunikation	(Re-)produzieren; Herstellen von Nicht-Kommunikation	Simulieren; Herstellen von Nicht-Kommunikation
Kommunikation	Face-to-face-Kommunikation, Reziprozität	Nicht-Kommunikation	Nicht-Kommunikation	Interface- und Nicht-Kommunikation
Wirklichkeit	Sinnlich erfahrbare Wirklichkeit (Realitätsprinzip)	Imitierte Wirklichkeit	(Re-)produzierte Wirklichkeit	Hyperrealität (Simulationsprinzip)

Quelle: eigene Darstellung

4.1.3 Paul Virilio: Dromologie

> „Für mich ist die Geschwindigkeit der Analysefaktor Nummer eins."
> (VIRILIO 1993: 37)

Paul Virilio, der sich selbst als Urbanist bezeichnet, entwickelt ein ähnlich apokalyptisches Szenario wie Baudrillard, setzt jedoch andere Schwerpunkte. Er modelliert das von ihm benannte Wissenschaftsgebiet der *Dromologie*, welches den transhistorischen und transpolitischen Versuch bezeichnet, gesellschaftliche Verhältnisse in Abhängigkeit von Medien zu analysieren. Seine Dromologie (nach griech. „drómos" = Lauf), die Wissenschaft des Laufs oder der *Geschwindigkeit*, beschreibt die *Beschleunigung* als treibende Kraft und als zentrales historisches Apriori, das Gesellschaften strukturiert. Virilio beschäftigt sich mit dem Individuum und den sich verändernden Gesellschaftsstrukturen und Wahrnehmungsverhältnissen unter den Bedingungen eskalierender Geschwindigkeit, die ihren Ursprung in Aggression und Destruktivität, insbesondere im Krieg, hat.

Virilio zeichnet die historische Entwicklung anhand verschiedener Revolutionen der Geschwindigkeit nach. Medien im weitesten Sinne sind dabei die Produzenten der historischen Geschwindigkeitsordnungen. Er behandelt die Bedeutung der Mobilität für den Menschen und den Zusammenhang zwischen der menschlichen Bewegungsfreiheit und den Geschwindigkeitsepochen. Grundsätzlich spricht er von drei dromologischen Revolutionen, die sich innerhalb der historischen Entwicklung vollzogen haben: die erste dromologische Revolution des Transport- und Verkehrswesens im 19. Jahrhundert, die zweite dromologische Revolution der Transmissions- und Übertragungsgeschwindigkeit durch die Massenmedien im 20. Jahrhundert und die dritte und letzte dromologische Revolution der Transplantationen.

Von Tieren und Fahrzeugen – Die Revolution des Transportwesens

Am Beginn von Virilios Mediengeschichte steht das prähistorische Zeitalter, in der eine *metabolische Geschwindigkeit* vorherrscht. Die Frau ist das erste Fahrzeug, da sie das Transportmittel darstellt, um auf die Welt zu kommen. Zudem ermöglicht sie dem männlichen Jäger und Krieger durch das Tragen der Nachkommenschaft, sich frei zu bewegen. Der Mensch kann sich in diesem historischen Stadium noch mit der Geschwindigkeit, in der sich sein Körper bewegt, identifizieren, da er sich in einem natürlichen Tempo befindet. Die Fähigkeit, mobil zu sein, bedeutet grundsätzlich für Virilio, lebendig zu sein: „LEBENDIG sein heißt Geschwindigkeit sein. Ich kenne meine Geschwindigkeit, so wie ich den Körper kenne, der sie produziert. Auch mein lebendiger Körper ist ein dauerndes Umschalten, ein Geschwindigkeitswechsel; mein Leben, meine Biographie, das alles sind GESCHWINDIGKEITEN." (Virilio 1975: 167; Majuskelschrift im Original)

Der Mensch steht in dieser Phase in einem harmonischen Verhältnis zu Raum und Zeit. Durch die Verbesserung von Transportwegen und -mitteln wird die Mobilität erhöht. Die Entdeckung des Tieres als Reittier und Vehikel bzw. „METABOLISCHES FAHRZEUG" (ebd.: 166; Majuskelschrift im Original) macht den Menschen noch unabhängiger von einzelnen geografischen Punkten. Virilio nennt das Pferd als ein archetypisches Fahrzeug, das eine Veränderung in der Geschwindigkeitsordnung herbeiführt. Tiere wie Pferd, Dromedar, Elefant oder Strauß sind die ersten Medien der Bewegung. Der menschliche und animalische Körper treten dabei miteinander in eine Verbindung, um Geschwindigkeit zu erzeugen. Virilio bemerkt, dass bisher diese Art der Medien als reine Transportmittel betrachtet wurden, ohne dabei aber ihren informativen Gehalt zu erkennen, der darin besteht, Geschwindigkeit zu erzeugen bzw. „Geschwindigkeit [selbst] endlich als eine Information anzusehen" (ebd.: 167). Neben der Transportfunktion sind Medien maßgeblich dafür verantwortlich, das Verhältnis zum eigenen Körper und die Wahrnehmungsmodalitäten zu verändern.

Gerade die *erste dromologische Revolution des Transport- und Verkehrswesens*, mit der die Beschleunigung rapide vorangetrieben wird, macht dies deutlich. Zeitlich setzt Virilio diese Phase Ende des 18. Jahrhunderts und Anfang des 19. Jahrhunderts an. Mit der industriellen Revolution und dem damit verbundenen Ausbau von Verkehrswegen und der Erfindung technischer Transportmittel wie der Dampfmaschine oder dem Schiff kommt es zu einem grundlegenden Geschwindigkeitswechsel. Es geht nicht wie bei Baudrillard um die Möglichkeit einer massenhaften (Re-)Produktion, die für Virilio eine eingeschränkte Sicht auf die industrielle Epoche darstellt, sondern um die Herstellung von *technisch induzierter Geschwindigkeit* durch Dampfmaschine, Straßen, Autos, Eisenbahnen, Schienen usw. Während die vorindustrielle Art der Fortbewegung noch organisch gewesen ist, emanzipiert sich der Mensch zunehmend von seinem Abhängigkeitsverhältnis zur Natur. Die Fortbewegungsgeschwindigkeit übersteigt die des metabolischen Fahrzeugs so stark, dass dem Menschen die natürliche Mobilität zu langsam und lästig erscheint. Durch die neuen Transportmöglichkeiten wird schließlich auch der menschliche Bewegungsapparat weniger beansprucht, und die natürliche Beweglichkeit geht zunehmend verloren. Die Fortbewegung ist nur durch das Stillhalten des Passagiers zugunsten des Fahrzeugs möglich, so dass kinetische und taktile Eindrücke zunehmend verschwinden. Das Verhältnis zum Körper ändert sich damit grundlegend, der Mensch erleidet eine immer stärker werdende sensorische Deprivation. Technische Fahrzeuge sind also nicht nur lediglich Transportmittel, sondern auch folgenreich für die eigene Körpererfahrung und Wahrnehmung im Allgemeinen:

„Das spektakuläre Auftauchen der *Linearität, der Geradlinigkeit* mit der zunehmenden Geschwindigkeit der Fahrzeuge bekräftigt die der großen Kommunikationswege, der römischen Straßen, Königsstraßen, Eisenbahnlinien, Nationalstraßen und bald der Schnellstraßen und Autobahnen. Der im Vordergrund vorbeihuschende Streifen spiegelt nur die Geradlinigkeit oder richtiger die Begradigung wider, die die Landschaft durch die Eisenbahnlinie erfährt." (ebd.: 168; Hervorhebung d. Verf.)

Die Schnelligkeit der technischen Medien modifiziert die menschliche Perzeption, Zeit- und Raumerfahrung, da der Reisende durch das immer schneller werdende Fahrzeug eine kürzere Reisezeit hat und die Überwindung des Raums neu erlebt. Durch die Infrastruktur und den Bau neuer Verkehrswege, Tunnel, Brücken, Autobahnen und Schienen wird die Verkürzung bzw. bessere Überwindbarkeit von Raum- und Zeitdistanz weiter vorangebracht. Virilio spricht dabei von einer Zerstörung des Raumes und einer Auslöschung der Zeit(wahrnehmung). Die Reise selbst wird schließlich auf Abfahrt und Ankunft reduziert. Während in der vorindustriellen Zeit das Reisen als Bildung, Weltgewandtheit und Möglichkeit der Erfahrung verstanden worden ist, komprimiert die beschleunigte Bewegung durch Eisenbahn, Auto und schließlich Flugzeug den Gehalt des Realen und der Wahrnehmung. (Vgl. Virilio 1996a: 37) Das Gespür für die Dinge, das Erleben, die Erfahrung verschwinden zugunsten der schnellen Ortsveränderung. Die Fahrt selbst „wird zum bloßen Unwohlsein des Wartens auf die Ankunft, die Weltreise wird zur Herzbeschwerde." (Virilio 1975: 169) Virilio bezeichnet dies als „negative[n] Horizont" (Virilio 1989a: 181). Die industrielle Revolution ist demnach nur bloße Herstellung von Geschwindigkeit. Die industrielle Gesellschaft kennzeichnet sich dabei insbesondere dadurch, die Mittel der Übertragung und der Kommunikation für das Ziel selbst zu halten (vgl. Virilio 1975: 170). Bereits in dieser historischen Phase entwirft Virilio ein apokalyptisches Szenario: „Umweltverschmutzung, Bevölkerungsentwicklung, Rohstoffknappheit – beunruhigender als all das ist zweifellos die konstante Zunahme hoher Geschwindigkeiten; die Beschleunigung ist buchstäblich DAS ENDE DER WELT!" (ebd.: 172; Majuskelschrift im Original)

Das Zeitalter der Massenmedien und der rasende Stillstand

Dieses Endzeitszenario wird allerdings durch die *zweite dromologische Revolution der Massen- und Übertragungsmedien* weitergetrieben, die als audiovisuelle die automobile Revolution des Transportwesens ablöst. Mit der Revolution der elektronischen, insbesondere der optischen Kommunikationsmedien wie Funk und Fernsehen beginnt eine neue Epoche der unsteigerbaren Übertragungsgeschwindigkeiten. Im Zeitalter der Massenmedien kommt es zu einem ‚rasenden Stillstand' (Virilio 2002), einem Endzustand, in dem jegliche räumliche Entfernung durch die medial vermittelte Nähe ausgelöscht wird und der Mensch seine natürliche Bewegungsfreiheit gänzlich einbüßt. Virilio spricht von einer raumzeitlichen Implosion, da jegliche Entfernungen, Grenzen und Distanzen durch die unmittelbare Übertragungsgeschwindigkeit verschwinden:

„Wir gehören der ersten Generation an, die nicht mehr die traditionelle relative Geschwindigkeit kennt, sondern die absolute, die Lichtgeschwindigkeit. Es handelt sich hierbei um eine ganz und gar tragische Entwicklung, bei der die Welt allmählich in Nichts aufgelöst wird; [...] die Dauer und die Ausdehnung der Welt, der Raum und die Zeit sind dabei, zu Nichts zusammenzuschrumpfen." (Virilio zitiert in Jakob 1994: 119)

Der Grenzwert der Beschleunigung ist erreicht. Es herrscht eine Tyrannei der Unmittelbarkeit. Die instantane Übertragung und die dadurch evozierte Überschreitung von Raum und Zeit werden auch dazu führen, dass der Mensch keine Zeit mehr zur Verarbeitung und Reflexion der sinnlichen Eindrücke hat: „Zusehends beginnt alles sich zu bewegen, das Sehen löst sich allmählich auf und bald auch die Materie und die Körper." (Virilio 1986: 56) Der durch die Lichtgeschwindigkeit induzierte Geschwindigkeitsexzess führt außerdem zu einer körperlichen Bewegungslosigkeit. Demgemäß bezeichnet Virilio den Menschen im Zeitalter der Licht- und Übertragungsgeschwindigkeit als einen „Bewegungsbehinderten" (Virilio 1989a: 206), der seine körperliche Bewegungsfreiheit gänzlich verloren hat: „Der Endpunkt ist erreicht, wenn der Mensch unbeweglich, träge und völlig seßhaft geworden ist. [...] Mit der Lichtgeschwindigkeit beginnt die Leichenstarre, die absolute Bewegungslosigkeit der Menschheit." (Virilio zitiert in Rötzer 1986: 157)

Das Stadium der völligen Negation von Raum, Entfernung, Materialität, Körper- und Erdgebundenheit ist eingetroffen, da das menschliche Bewusstsein durch die Möglichkeit der medialen Direktübertragung digitaler Signale so revolutioniert wird, dass der Mensch nur noch bei Ereignissen außerhalb seiner physischen Präsenz gegenwärtig ist: „Es gibt keine Existenz ohne das Hier und Jetzt. Ab dem Moment, wo man sagt, Existenz ist hier und da, ist etwas zerbrochen." (Virilio zitiert in Kloock 2003: 220) Die Wahrnehmung ist so weit medial diszipliniert, dass am Ende eine Realität steht, „die kein menschliches Sehen mehr benötigt." (Kloock 2003: 65) Alle perzeptiven Fähigkeiten des Menschen werden durch die elektronischen Medien, die unmittelbaren Einfluss auf die Realitätswahrnehmung ausüben, automatisiert. Laut Virilio beobachten computergestützte Apparate, elektromagnetische Übertragungsmedien wie Funk, Radio oder Video, die Welt für uns, so dass durch diese Entwicklung eine Verdopplung der Realität stattfindet (vgl. Virilio 1989b: 24). Die Komprimierung von Information durch die Digitalisierung lassen Gegenständlichkeit und geografische Punkte zugunsten von Benutzeroberflächen und Interfaces verschwinden. Reales, das sich durch menschliche Sinneserfahrungen konstituiert, und Imaginäres, verstanden als eine medial vermittelte Nähe, stehen sich gegenüber. Doch mit der Echtzeitübertragung steht am Ende der historischen Entwicklung die Verschmelzung beider Realitäten zu einer, da die unaufhaltsame Steigerung der beschleunigten Bewegung den für uns erkennbaren Gehalt des Realen komprimiert hat: „Keine Verzögerung mehr! Kein Relief mehr! Es gibt keinen bemerkenswerten Unterschied mehr zwischen dem Wirklichen und dem Wirklichkeitseffekt." (Virilio 1989a: 187) Virilio bezeichnet den technisch erzeugten Realitätseffekt als synthetische Illusion, die eine dauerhafte Zerstörung der Wahrnehmung verursacht, denn „das geistige Bild der durch die Krümmung des Erdballs verdeckten Weite wird durch die instrumentelle Bilderwelt eines Computers verdrängt, der die Fähigkeit besitzt, dank der Rechengeschwindigkeit seiner integrierten Schaltkreise ein virtuelles Jenseits zu erzeugen." (Virilio 1994: 155) Die Vernichtung der Realität sowie der Mangel körperlicher Bewegungsfreiheit und der Verlust menschlicher Sinnesfähigkeiten haben sich mit der Digitalisierung vollzogen, so dass „die ‚Technosphäre' die Oberhand über die ‚Biosphäre'" (ebd. 126) gewonnen hat.

Die Revolution der Transplantationstechniken oder die Kolonialisierung des Körpers

Nach der ersten Revolution des Transportwesens und des Verkehrs und der zweiten Revolution der Datenübertragung und der absoluten Geschwindigkeit folgt schließlich die *dritte und letzte Revolution der Transplantationstechniken*, die sich ausschließlich auf den Körper als letztes vollständig einzunehmendes Territorium bezieht. Die letzte Revolution ist in dieser Hinsicht keine dromologische mehr, da keine Steigerung der Geschwindigkeit mehr möglich ist. Stattdessen geht es um die Kolonialisierung des Körpers durch die Technik.

Nachdem die menschliche Perzeption, Sensorik sowie Mobilität vollständig liquidiert worden sind, richtet sich die letzte Revolution auf den Körper, der durch Biotechnologie und Transplantationstechniken durchsetzt wird. Da die Endgeschwindigkeit mit den elektromagnetischen Wellen erreicht ist, führt der ursprüngliche Kolonialisierungswille letztendlich mithilfe der Biotechnologie auf sich selbst, d.h. auf den menschlichen Körper, zurück. Der Körper wird für Virilio Kolonialgebiet der technischen und elektronischen Implantate. Die Entwicklung nanotechnologischer Miniaturisierung und Gentechniken macht den Menschen zu einer überrüsteten Prothesenmaschine, um ihn leistungsfähiger zu machen. Was bleibt, ist das Dasein eines vollständig kolonialisierten „PLANETEN-MENSCH[EN]." (Virilio 1994: 122; Majuskelschrift im Original) mit seinem „*seelenlosen Körper*" (ebd.: 124; Hervorhebung im Original). Die Steigerung dieser letzten Revolution liegt demnach in der restlosen Technisierung des menschlichen Körpers, die Virilio auch als ‚Eroberung des Körpers' (Virilio 1994) bezeichnet. Die historische Entwicklung kulminiert in der Zerstörung des natürlichen Körpers durch gentechnische Modifikationen und das Eindringen künstlicher Implantate, Prothesen. Jegliche Selbst- und Welterfahrung wird somit getilgt und durch synthetische ersetzt. Die These vom

Verlust von Raum und Zeit sowie von Wahrnehmung und Erfahrung wird auf die Integrität des menschlichen Körpers als Letztinstanz des Menschen angewendet. Virilios historisches Modell der drei dromologischen Revolutionen folgt dabei stets einer kriegerischen Logik. Der Zusammenhang zwischen Krieg und Medien besteht darin, dass den jeweiligen Medien stets ein zerstörerisches Potenzial innewohnt. Beschleunigung, Medien und Krieg stehen in einem korrelativen, kausalen Zusammenhang. Hinter allen medientechnischen Entwicklungen verbirgt sich dabei das Militär. Der Krieg als Impulsgeber für Medienentwicklung begründet Virilio in der Motivation, das optische Sehen und Wahrnehmen zu verbessern, z.b. durch Wachtürme als frühe Massenmedien. Dieses militärische Denken findet sich auch in neueren technologischen Entwicklungen wie Fotografie, Kinematografie, Radar und computergestützten Anlagen wieder, die die Welt für uns beobachten: „Der Krieg ist zuerst ein Voyeur. Er ist eigentlich derjenige, der besser sehen will als die anderen oder schneller als die anderen." (Virilio 1987: 12)[25] Insofern hebt Virilio in seinen medientheoretischen und -historiografischen Überlegungen die Negativität der technischen Medien, insbesondere der elektronischen Übertragungsmedien im 20. Jahrhundert, hervor.

Resümierend kann konstatiert werden, dass Geschwindigkeit und Beschleunigung gleichermaßen medieninduziert sind. Alle historisch relevanten Zäsuren werden durch eine bestimmte Geschwindigkeitsordnung definiert. Zeitliche Überlieferung und räumliche Übertragung implizieren stets Veränderungsprozesse. Transport und Beschleunigung werden somit immer mit historischen Transformationen verbunden. Zudem bemerkt Virilio, dass raum-zeitliche Konstellationen nicht nur gesellschaftliche Ordnungen hervorbringen, sondern ebenso wahrnehmungsmodifizierend wirken.

---

25 Als Beispiel nennt er den unübersehbaren Konnex zwischen Schießen und Sehen in der Metaphorik des Kameragebrauchs oder des Films. Ästhetik und Gewalt haben für ihn unmittelbar etwas miteinander zu tun. Die fotografischen und kinematografischen Luftaufnahmen bieten ein neues Visualisierungsverfahren, das ihr kriegerisches Pendant in der Militärfliegerei besitzt. Unterhaltungsindustrie und Militärtechnik sind stets eng miteinander verbunden gewesen, so beispielsweise die Kinematografie, die ihren Ursprung im Militär hat. Die UFA ist seit ihrer Gründung abhängig von der Rüstungsindustrie gewesen, zunächst von Hochfinanz und später von Krupp. Die Nitrozellulose als das Material, aus dem Rohfilme hergestellt werden, ist gleichermaßen die Substanz für die Produktion von Explosivstoffen. (Vgl. Kloock/Spahr 2007: 144) Zu Einzelheiten siehe weiterhin Virilio 1989c.

Tabelle 6: Problemhinsicht Virilio

	1. Historische Phase	2. Historische Phase (1. dromologische Revolution)*	3. Historische Phase (2. dromologische Revolution)	4. Historische Phase (3. dromologische Revolution)
Zeitraum	Prähistorie bis Ende des 18. Jh.	Ende 18. Jh./ Anfang 19. Jh. bis 20. Jh.	Ab 20. Jh.	Ab 21. Jh.
Kultur/ Gesellschaftsform	Archaische, natürliche Gesellschaft der Jäger und Sammler	Industriegesellschaft (industrielle Revolution)	Informationsgesellschaft (Revolution der Übertragungsgeschwindigkeit)	Revolution der Transplantationen
Leitmedium/ -code	Metabolische, organische Fahrzeuge, z.b. Frau, Pferd, Esel	Technische Fahrzeuge, Transportmedien, z.B. Eisenbahn, Straßen, Schiffe	Übertragungsmedien, audiovisuelle Medien, z.B. Video, Foto, Film, Computer	Implantate, Prothesen, z.B. Mikromaschinen, Nano- und Biotechnologien
Menschenbild/ Kognitive und perzeptive Auswirkungen	Bewegter Körper, natürliche Mobilität	Beschleunigter Körper	Bewegungsinvalide, bewegungsloser Körper, Verlust sinnlicher Erfahrung	Prothesen-, technikdurchsetzter, kolonialisierter Körper
Epistemologische Auswirkungen	Unberücksichtigt	Lineare Denkstrukturen	Unberücksichtigt	Unberücksichtigt
Soziale Auswirkungen	Zähmung der Lebewesen, Besiedelung des Landes, Kolonialisierung, Entstehung von Handel	Errichtung eines Transport- und Verkehrswesens	Räumliche Überschreitung, zeitliche Verkürzung, Instantaneität, Medialisierung	Technisierung, Implosion, rasender Stillstand
Kulturtechnik/ Medienleistung	Transportieren, beschleunigen, Geschwindigkeit erzeugen	Transportieren, beschleunigen, Geschwindigkeit erzeugen	Beschleunigen, Geschwindigkeit erzeugen	Bevölkern, kolonialisieren, miniaturisieren
Kommunikation	Irrelevante Kategorie			
Wirklichkeit	Sinnlich erfahrbare Wirklichkeit	Verzerrte Wirklichkeitswahrnehmung	Medienwirklichkeit; Ununterscheidbarkeit von real und medial vermittelt; Wirklichkeit = Wirklichkeitseffekt	Unberücksichtigt

Quelle: eigene Darstellung

* Hierbei kann angemerkt werden, dass Virilio nicht so sehr die einzelnen Phasen bzw. Gesellschaftsformen an sich thematisiert, sondern vielmehr das ‚Dazwischen', der Übergänge, die Revolutionen, die zu den jeweiligen Epochen führen. Wie bereits erwähnt, ist die tabellarische Form der Darstellung stets eine Vereinfachung und Reduzierung. Insbesondere bei Virilio ist die historische Entwicklung nicht unbedingt als vierschrittiges Epochenmodell zu verstehen, sondern kann auch alternativ als „historische Beschleunigungskurve" (Margreiter 2004: 68) im Sinne eines exponentiell wachsenden Geschwindigkeitsanstiegs betrachtet werden. Über lange Zeit, von der Prähistorie bis zur Neuzeit, verläuft

die Beschleunigungskurve flach, ab dem 19. Jahrhundert steigt sie aufgrund der industriellen Revolution steiler an, bis die Kurve in der Ära der audiovisuellen Medien fast senkrecht steht. Jedoch kippt dieser Beschleunigungstrend vertikal ab, da sie eine so hohe Intensität erreicht hat, dass ihr Ende in einem rasenden Stillstand zu verzeichnen ist. (Vgl. ebd.) Leschke beschreibt Virilios historische Rekonstruktion als „schlichte Steigerung von Geschwindigkeit [.], was kein Epochenmodell mehr notwendig werden lässt. Vollkommen unabhängig davon, ob Steigerung der Geschwindigkeit linear, exponentiell oder in Schüben erfolgt, sie lässt sich mittels des Geschwindigkeitsmodells problemlos einordnen und erfassen." (Leschke 2003: 266)

4.1.4 Friedrich A. Kittler: Medienarchäologie

Friedrich Kittler zeichnet weder ein Endszenario noch affirmiert er die Medienentwicklung grenzenlos. Sein Anliegen ist grundlagentheoretischer Art innerhalb der Medienwissenschaft. Er moniert die fehlende Thematisierung technischer Materialitäten in den Geisteswissenschaften und fordert demnach eine medienarchäologische Fokussierung auf philosophische und geisteswissenschaftliche Fragen. Die literaturwissenschaftliche Methode der Hermeneutik kann den Kern ihres Gegenstandes nicht angemessen erfassen, da sie sich auf Sinnfragen konzentriert und dabei die medialen Produktionsmittel vollkommen ignoriert: „Blind sind Schreiber vor Medien, Philosophen vor Technik." (Kittler 1986: 145) Mit der provokativen Formel der ‚Austreibung des Geistes aus den Geisteswissenschaften' kritisiert er den zu starken Fokus auf zentrale geisteswissenschaftliche Kategorien wie Sinn und Verstehen. Er spricht sich explizit „gegen mentalistische Konstruktionen und Bewusstseinsannahmen und deren gute und böse Effekte auf die Welt" (Kittler 1994a: 116) aus. Stattdessen fordert er, sich mit technischen Materialitäten auseinanderzusetzen und die hermeneutische Methode durch eine Analyse technischer Speicher- und Übertragungsmedien zu substituieren. Damit begründet Kittler eine an Michel Foucault angelehnte Medienarchäologie[26], bei der es um eine Erweiterung des diskursanalytischen Ansatzes geht.[27] Angelehnt an Foucaults Begriffe des Dispositivs und Diskurses im Sinne eines Funktionszusammenhangs von sozialer Redepraxis, Techniken und Institutionen wird Medialität als ein Zusammenspiel aus Struktur und Funktion von Medien in kognitiver, sozialer und kultureller Hinsicht verstanden. Diesem Ansatz wirft Kittler vor, die technischen Bedingungen der gesellschaftli-

---

26 Er folgt damit der Überlegung Foucaults, wonach sich der Forscher der eigenen Gesellschaft wie ein Archäologe annähern muss, der Schichten und „Ebenen der Überlieferung und des Sinns" (Kloock/Spahr 2007: 168) abträgt, um an seinen eigentlichen Untersuchungsgegenstand zu gelangen und ihn wirklich präzise analysieren zu können. Siehe hierzu genauer Kapitel 4.6.4.2.

27 Vgl. Foucault (1973) und Foucault (1991).

chen Diskurse vor allem dort nicht mehr präzise genug in den Blick zu nehmen, wo Bücher nicht mehr die wichtigsten kulturellen Speichermedien sind: „Diskursanalysen [.] haben auch nach Standards der zweiten industriellen Revolution materialistisch zu sein." (Kittler [4]2003 [1985]: 502) Kittler versteht die Analyse dieser Speichermedien als Medienarchäologie, deren Schwerpunkt auf den technischen Bedingungen liegt, die das Entstehen gesellschaftlicher Formationen sowohl ermöglichen als auch verursachen: „Archäologien der Gegenwart müssen auch Datenspeicherung, -übertragung und -berechnung in technischen Medien zur Kenntnis nehmen." (ebd.: 501) Seine medienhistorischen Betrachtungen konzentrieren sich demnach auf die Veränderungen von ‚Aufschreibesystemen', ein „Netzwerk von Technik und Institutionen, die einer gegebenen Kultur die Adressierung, Speicherung und Verarbeitung von Daten erlauben." (ebd.: 501) Die historische Entwicklung erklärt er somit anhand verschiedener Aufschreibesysteme, die unterschiedliche Zugriffe auf die Welt ermöglichen.

Aufschreibesystem 1800 – Der Beginn von Medienhistoriografie

Kittlers Interesse an Mediengeschichte beginnt erst um 1800 mit dem ersten Aufschreibesystem. Die Vorgeschichte der oralen Kulturen ist für ihn weniger von Bedeutung, da die Art der Speicherung, Übertragung und Verarbeitung von Informationen, Wissen und Daten noch nicht-medial funktionierte. Kittlers Medienhistoriografie setzt insofern mit der Alphabetisierung Ende des 18. Jahrhunderts an. Er vertritt die These, dass sich mit dem Aufkommen neuer Medien stets *ein* herrschender Diskurs formiert. Dieses erste Aufschreibesystem, das *Aufschreibesystem 1800*, konstituiert sich durch ein Zusammenspiel mehrerer Instanzen: eine flächendeckende Alphabetisierung, die Etablierung eines universitären und staatlichen Bildungswesens, die Expansion des Buchwesens, die massenhafte Rezeption von Druckerzeugnissen sowie die wachsende Bedeutung des Bürgertums. In dieser ersten medienhistorisch relevanten Epoche, die nach Kittler in etwa von 1800 bis 1900 (± 15 Jahre) reicht, beginnt ein Prozess der allgemeinen Bildung durch die Familie, die Universität und den Staat. Ende des 18. Jahrhunderts vollzieht sich ein grundlegender Wandel im Bildungssystem, bei dem Mütter zur Primärinstanz der Erziehung werden. Heinrich Stephanis Lesefibeln sind in der Zeit zentrale Medien, um das mechanische Auswendiglernen von Wörtern als Buchstabenkombinationen abzulegen und das Lesenlernen über Laute statt über reine Buchstabennamen zu lernen. Die Stimme der Mutter ergänzt somit das Lehrmedium Buch. Die sogenannte Lautiermethode erlaubt es, optisch wahrgenommene Buchstaben und Wörter auch akustisch zu begreifen und eine Verbindung zwischen dem Visuellen und dem Auditiven zu schaffen. Lesen und Sprechen werden in einen Zusammenhang gebracht, das Verhältnis zwischen gesprochener und geschriebener Sprache ändert sich dadurch grundlegend. Da Buchstaben nun auch mit Lauten und Klängen in Verbindung gebracht werden, verliert das Optische an Bedeutung.

Weiterhin nennt Kittler die *Dichtung* als wichtige Instanz, um das Buch als universelles Medium um 1800 zu etablieren. Der Buchdruck hat die Verbreitung von Belletristik, insbesondere nationalsprachlicher Dichtung, gefördert. (Vgl. Kittler 1993b: 177 ff.) Das Lesen ist nicht mehr Privileg einer Elite, sondern durch die Einführung der allgemeinen Schulpflicht und der Alphabetisierung flächendeckend für eine breite Öffentlichkeit zugänglich. Die Dichtung ist außerdem Ausdruck des menschlichen Geistes, da durch sie komplexe sinnliche Eindrücke festgehalten und wiedergegeben werden. Die literarischen Texte sind die zentrale Form der Speicherung von Sinnesdaten (vgl. Kittler ^{4}2003 [1985]: 144): „Das Aufschreibesystem von 1800 arbeitet ohne Phonographen, Grammophone und Kinematographen. Zur seriellen Speicherung/Reproduktion serieller Daten hat es nur Bücher, reproduzierbar schon seit Gutenberg, aber verstehbar und phantasierbar gemacht erst durch die fleischgewordene Alphabetisierung." (ebd.: 143) In der massenhaften Rezeption von Dichtung zeigt sich nach Kittler eine grundlegende Veränderung der Diskurspraxis. Sie bringt gerade den Autor als Instanz geistiger Schöpfung und die Idee des geistigen Eigentums hervor. Das Schaffen von Texten wird nun auf ein Individuum statt auf ein Kollektiv zurückgeführt. Folglich sind im Zuge dessen auch Gesetze zur Sicherung von Autorenrechten entstanden, und das Verlagswesen hat sich in dieser Zeit etablieren können (vgl. ebd.:156 f.).

Laut Kittler lässt sich auch die zunehmende Bedeutung des Individuums und seiner Gedanken im akademischen Bereich erklären. Der Individualisierungsprozess zeigt sich demnach auch in der *Universität* im heutigen Sinne, die um 1800 entsteht. Während vorher philosophische Vorlesungen aus der Paraphrase, Erläuterung und Interpretation von kanonischen Texten bestanden hat, beginnen nun die Lehrenden, aktuelle Gedanken als Gegenstand intellektueller Beschäftigung in den Vordergrund zu rücken. Das Individuum gilt als Quelle des Wissens und nimmt somit den Platz traditioneller Texte ein. Kittler konstatiert, dass sich in dieser historischen Phase die Idee des Genies etabliert hat.

Kittler führt an, dass auch die Rolle des *Staates* für den Bereich der Bildung in dieser historischen Phase wächst. Um 1817 beginnt eine universelle Normierung und Disziplinierung von Bildung. Staatsbeamten werden zu Lehrenden ausgebildet. Schulen und Universitäten werden zur Staatsangelegenheit und die Bildungsidee schließlich zur Staatssache.

Zusammenfassend für die erste historische Zäsur kann konstatiert werden, dass Kittler das Zusammenspiel vier relevanter Aspekte, *Familie, Dichtung, Universität und Staat*, die das Aufschreibsystem 1800 formieren, nennt. Kittlers Auffassung zufolge wird mit der Philosophie um 1800 ein Menschenbild konstituiert, das dem Menschen einen Geist zuspricht, der nach Sinn- und Bedeutungskategorien individuelle Gedanken ausdrückt. Der Aufstieg einer Philosophie des Geistes, die Idee des geistigen Eigentums bzw. Urheberrechts sowie die Idee des Genies und des Autors ist demzufolge eine medienmaterialistisch fundierte Dimension bzw. ein diskursiver Effekt im Sinne Foucaults. Welt- und Selbstverständnis sind Folge eines Zusammenwirkens technischer, sozialer und institutioneller Größen.

Grammophon, Film, Typewriter – Das Zeitalter technischer Medien

Das Weltbild um 1800 wird mit dem *Aufschreibesystem 1900* zerrüttet. Das Aufschreibesystem 1800 wird ab ca. 1900 bis ca. 2000 durch das Aufkommen technischer[28] Analogmedien wie Grammophon, Film und Schreibmaschine ersetzt. Diese grundlegende Zäsur der technischen Datenspeicherung behandelt er in seiner gleichnamigen Monografie ‚Grammophon, Film, Typewriter' (1986). Erstmalig kommt es zu einem Einbruch der Schrift bzw. des Buchs als Universalmedium. Bis dahin galt die literarische Sprache als der Kanal schlechthin und Dichtung als die zentrale Kunstform. Das Buch war der universelle Datenträger, da es bis dahin keine Medienkonkurrenz gab, so dass die einzige Möglichkeit der Speicherung und Reproduktion von Daten schriftliche Erzeugnisse waren. Mit dem Aufschreibesystem 1900 wird das Monopol der Schrift bzw. des Buchs jedoch gebrochen. Durch die neuen technischen Analogmedien wird es möglich, auch Geräusche und Bilder technisch festzuhalten und zu reproduzieren. Die Form der Datenspeicherung und -wiedergabe spricht die Sinne adäquater an.[29] (Vgl. Kittler 1986: 48f.) Informationen müssen nicht mehr ausschließlich in Zeichen kodiert werden, sondern können sowohl visuell als auch akustisch durch die technischen Möglichkeiten aufgezeich-

---

28 Technische Medien hat es für Kittler schon immer gegeben, da alles Zeichenhafte mit akustischen oder optischen Mitteln schon technisch ist. So können schon Rauchzeichen, Trommelsprachen oder ähnliches bereits als Techniken bezeichnet werden. Doch erst mit dem Bau eines Telegrafennetzes im Zuge der napoleonischen Kriege, die als Urheber und Hervorbringer dieser Technik zu verstehen sind, kommt es zu einer erneuten sozialen Umstrukturierung. Es entsteht eine Trennung von literarischer Öffentlichkeit und militärischer Elite, die durch die Elektrizität implementiert wird. Mit Telegrafie und Morsesystem ist Informationsübertragung zu einer noch zeichenökonomischeren Praxis geworden. Kittler sieht hierin einen ersten Schritt zur Informatik. Die zentrale Leistung der Telegrafie ist für Kittler die Entkopplung von Information und Kommunikation.

29 Beispielsweise können mit dem Phonographen, dem Vorgänger des Grammophons, ohne Filterung Schwingungen aufgezeichnet werden, während im Schriftmonopol nur das gehört wird, das aus symbolischen Phänomenen, Buchstaben, Zahlen oder Noten hervorgeht. Das bedeutet, dass jegliche Geräusche ohne Selektion gespeichert werden, ohne diesen direkt Bedeutungen wie Wörtern, Stimmen oder Tönen zuzuordnen. Dies trifft genauso auf das Grammphon zu, mit dem Töne und Klänge wiedergegeben werden können. Der Film erweitert die akustische Ebene noch um eine visuelle. Durch Filmmontagetechniken ist es möglich, mentale Prozesse in bewegten Bildern sichtbar zu machen. Siehe hierzu auch genauer Kapitel 4.6.4.2.

net und wiedergegeben werden, wodurch sich der Zugang zur Welt grundlegend ändert. Während die schriftliche Form der Datenspeicherung und -übertragung auf dem Code von Alltagsprache, einer semantischen und nicht-formalen Sprache, beruht, funktionieren die technischen Analogmedien jenseits einer sprachlichen Codierung. Technische Analogmedien können alle Informationen ohne Selektion speichern, während mit der Schrift der Zugang zur Welt bereits semiotisch vorstrukturiert ist und die Art der Speicherung wie auch die der Rezeption immer schon in Kategorien semantischer Zuordnung abläuft. Mit den technischen Medien ist nun nicht mehr zentral, Inhalte zu entschlüsseln oder zu verstehen, sondern Daten werden einfach informationstheoretisch und nicht nach Bedingungen sinnstiftender Instanzen verarbeitet: „Technische Medien [...] nutzen physikalische Prozesse, die die Zeit menschlicher Wahrnehmung unterlaufen und nur im Code neuzeitlicher Mathematik überhaupt formulierbar sind." (Kittler 1993b: 180) Gerade die sinnesphysiologische, also optische und akustische, Orientierung garantiert den Erfolg der technischen Analogmedien (vgl. Kittler 1993a: 177).

Das Aufschreibesystem 1900 verändert auch die Auffassung von Individualität, Menschsein und Subjektivität grundlegend. Die Idee des Geistes löst sich auf, stattdessen liegt die Bestimmung des Menschen in der technischen Erfassung empirischer Daten zu Psyche und Körper, der *Psychophysik*: „Im Aufschreibesystem 1900 sind Diskurse Outputs von ZUFALLSGENERATOREN. Die Konstruktion solcher Rauschquellen fällt der Psychophysik zu, ihre Speicherung neuen technischen Medien, die psychophysische Meßwerte als Apparate implementieren." (Kittler ^{4}2003 [1985]: 249; Majuskelschrift im Original) Die Psychophysik als neue Art des (Selbst-)Verständnisses vom Menschen ist für Kittler paradigmatisch für diese historische Phase. An die Stelle der Analyse nicht messbarer Größen wie Seele oder Geist tritt die Untersuchung vom Gehirn und seinen Funktionen. In dieser historischen Epoche entwickelt sich eine naturwissenschaftliche Herangehensweise an den menschlichen Körper. Statt der Frage nach Bildung, Vorstellungskraft, Genie und der Autonomie des Subjekts geht es um eine exakte Herangehensweise und Messbarkeit menschlicher Fähigkeiten und körperlicher Eigenschaften mithilfe technischer Gerätschaften.[30] Damit wird das mit dem Aufschreibesystem 1800 vorherrschende Paradigma der humanistischen Bildungsidee und des humanistischen Menschenbildes durch die naturwissenschaftliche Herangehensweise des Testens und

---

30 Als Beispiel nennt Kittler das Tachistoskop, ein Gerät aus der experimentellen Wahrnehmungspsychologie, das kurze visuelle Reize darbieten kann. Mit einem Tachistoskop können Versuche zur Lese-, Schreib- und Hörfähigkeit durchgeführt werden. Die Probanden sollen sinnlose Buchstabenfolgen erkennen und wiedergeben, damit man die Abläufe kognitiver Prozesse messen und isolierte Hirnfunktionen untersuchen kann. (Vgl. Kittler ^{4}2003 [1985]: 322 ff.)

Messens physiologischer Abläufe ersetzt.[31] Das verstärkte Interesse an Faktizität, Messbarkeit und Objektivität führt zu einer Anhäufung an Datenmaterial und Speicherung jeglicher Informationen als neuartige Diskurspraxis.

Das Computerzeitalter

Die analogen Medien haben den Grundstein für eine medienhistorische Entwicklung gelegt, die in den digitalen Medien ihren Abschluss findet. Die optischen und akustischen Speichermedien[32] haben noch ein entscheidendes Defizit, das erst durch die technischen Digitalmedien, insbesondere den Computer[33], behoben wird:

„Kein allgemeiner Standard regelt ihre Steuerung und wechselseitige Übersetzung. [...] Dieses Menschenwerk abzuschaffen und einen allgemeinen Standard zu automatisieren, blieb der Digitaltechnik vorbehalten. [...] Die Geschichte dieser Techniken kommt [...] zum Ende, wenn Maschinen nicht nur die Adressenübertragung und die Datenspeicherung übernehmen, sondern mittels mathematischer Algorithmen auch die Befehlsverarbeitung steuern können." (Kittler 1993b: 171 ff.)

Die Medienentwicklung endet schließlich in der Digitalkultur von Maschinen und Programmen, dem *Aufschreibesystem 2000*[34]. Kittler sieht diesen Endpunkt der historischen Entwicklung von Medien gekommen, da die technischen Digitalmedien nicht nur Datenspeicherung und -übertragung übernehmen, sondern zusätzlich die Informationsverarbeitung mittels mathematischer Algorithmen steuern können (vgl. ebd.: 171). Die Kombination der drei Operationen, Datenspeicherung, -übertragung

---

31 Genauso operiert laut Kittler die Psychoanalyse, die das Individuum in isolierte Funktionen von Bewusstsein und Unterbewusstes auflöst. Die Psychoanalyse geht dabei wie bei einer Spurensicherung vor und gleicht damit medialen Aufzeichnungstechniken.

32 Kittler betont die Bedeutung der technischen Analogmedien, da er eine Reduzierung der Medienabfolge von Schrift auf Computer, der vielfach in der Mediengeschichtsschreibung als paradigmatisches Ablösungsmedium der Schrift angesehen wird, für verkürzt hält. Das Aufschreibesystem 1900 verringert die Bedeutung des Schriftuniversums maßgeblich und leitet in das Computerzeitalter ein.

33 Als Vorläufer des Computers und der Digitaltechnik nennt Kittler die Turingmaschine als erste universale diskrete Maschine, die sowohl alphabetische als auch numerische Daten bearbeiten kann. Kittler sieht im Computer den technisch perfektionierten Nachfolger der Turingmaschine. Zu dem Einfluss Alan Turings auf Kittlers Theoriebildung siehe auch Kapitel 4.6.4.2.

34 Kittler spricht nicht explizit von einem Aufschreibesystem 2000, sondern lediglich von den Aufschreibesystemen 1800 und 1900. Als logische Konsequenz der bisher skizzierten medienhistorischen Entwicklung kann hier jedoch von einem Aufschreibesystem 2000 gesprochen werden.

und -verarbeitung, wird mit dem Computer verwirklicht. Mit der Digitalisierung prognostiziert Kittler eine Nivellierung aller Unterschiede zwischen den Medien, da alles berechenbar wird und „standardisiert nach Übertragungsfrequenz und Bitformat [ist]. [...] Mit Zahlen ist nichts unmöglich. Modulation, Transformation, Synchronisation; Verzögerung, Speicherung, Umtastung; Scrambling, Scanning, Mapping – ein totaler Medienverbund auf Digitalbasis wird den Begriff Medium selber kassieren." (Kittler 1986: 7 f.) Der Computer übernimmt alle Funktionen vorhergehender Medien wie Radio, Fernsehen, Video, Telefon etc. Daten werden ausschließlich in Zahlen ausgedrückt, es gibt einen totalen Medienverbund, in dem die Medienvielfalt in einem Apparat vereint wird. Mit dem Computer können sämtliche Daten, ob Schrift, Ton oder Bild, in Form binärer Codes dargestellt werden. Die Digitaltechnik funktioniert ausschließlich auf numerischer Basis durch ein Binärzahlensystem, das als Voraussetzung eines allgemeinen Medienstandards dient. Insofern postuliert Kittler das nahe Ende der technischen Entwicklung von Medien:

„Der Tag ist nicht mehr fern, an dem die Signalverarbeitung an die Grenzen physikalischer Machbarkeit stößt. An dieser absoluten Grenze wird die Geschichte der Kommunikationstechniken buchstäblich abgeschlossen. Theoretisch bleibt damit nur die Frage, welcher Logik die Vollendung gehorcht haben wird. Von Freud bis McLuhan war die klassische Antwort darauf ein Gattungssubjekt, das gegenüber einer gleichgültigen oder störenden Natur nacheinander seine Motorik, seine Sensorik und schließlich auch seine Intelligenz an technische Prothesen veräußert haben soll." (Kittler 1993b: 188)

Auf der Mikroebene geht er davon aus, dass alles Menschliche hinter die Technik tritt und durch sie normiert, standardisiert, automatisiert und sogar gleichgeschaltet wird (vgl. Kittler 1998a: 255). Er betrachtet diese totale Programmierbarkeit des Menschen durch die digitalen Medien nüchtern, da auch der Computer, „wie alle anderen Medien vor ihm, den Menschen unterwirft." (Kittler 1993a: 181) Der Mensch ist schon immer Produkt seiner Medientechnologien bzw. Aufschreibesysteme gewesen. Ob als autonomes Subjekt um 1800 oder als naturwissenschaftlich bestimmbarer, messbarer Körper um 1900, der Mensch ist Effekt seines jeweiligen diskursiven Gefüges. Dies gilt ebenso für das digitale Zeitalter: „Nur was *schaltbar ist*, ist überhaupt." (ebd.: 182; Hervorhebung d. Verf.)

Auf der Makroebene prognostiziert Kittler ein soziales Gefälle zwischen den medienkompetenten Programmierern und den Benutzern. Er unterscheidet zwischen dem von der Computerindustrie programmierten, für den Verbraucher unzugänglichen *protected mode* und dem benutzerfreundlichen *user mode*. Die Differenz zwischen industriedominierter Hardware und benutzerfreundlicher Software führt dazu, dass denjenigen, die den Programmiersprachen nicht mächtig und somit den Benutzeroberflächen ausgeliefert sind, eine bedeutsame Grunderfordernis des technischen

Zeitalters fehlt. Sie sind „Computeranalphabeten" (Kittler 1996: 242), die sich in einer elektronischen Unmündigkeit befinden:

„Ich kann mir nicht vorstellen, daß die Leute nur noch Lesen und Schreiben in den 26 Buchstaben lernen. Sie sollen mindestens die 10 Zahlen dazu nehmen, das Integralzeichen, das Sinuszeichen und alles, was es an Zeichen gibt, des weiteren sollen sie zwei Softwaresprachen können, und dann verfügen sie über das, was im Moment Kultur ist." (Kittler in Griffin/Herrmann 1997: 294 f.)

Es entsteht eine soziale Schere zwischen den benachteiligten, von der Software und Benutzeroberfläche abhängigen Nutzern und den fähigen, kompetenten Programmierern, die mit der Hardware umgehen können. Im Zeitalter des Computers als Leitmedium stehen am Ende unmündige Anwender vor einem vollkommen „durchstandardisierten Interface" (Kittler 1998a: 261).

Die Quintessenz von Kittlers Geschichtsschreibung ist, dass die materiellen Unterschiede von Medien von zentraler Bedeutung für die Medienwissenschaft als Geisteswissenschaft sind, da unterschiedliche Speichermedien auch unterschiedliche Zugriffe auf die Welt und ein anders geartetes Verständnis von Welt und Selbst ermöglichen. Der Mensch kann durch hermeneutische Verstehensprozesse, also zeichenhaft und sprachlich, die Welt erschließen, oder durch Daten, die quantifizierbar und mathematisch sind. Dies hängt konstitutiv von der jeweiligen technischmedialen Materialität ab. Die gesellschaftlich vorherrschende mediale Präfiguration bzw. die Materialität der Speicherung, Übertragung und Verarbeitung von Daten determiniert das, was wir überhaupt erst verstehen können und wie wir uns sozial organisieren. Die materielle Beschaffenheit ist konstitutiv für die Wahrnehmbarkeit der Welt.[35]

---

35 Kittler richtet seine Aufmerksamkeit vermehrt auf die Technik als solche und nicht mehr so sehr, wie noch beim Aufschreibesystem 1800 auf soziale Institutionen oder soziale Praktiken.

4. Systematische Rekonstruktion und kritischer Vergleich | 161

Tabelle 7: Problemhinsicht Kittler

	1. Historische Phase	2. Historische Phase	3. Historische Phase	4. Historische Phase
Zeitraum	Bis Anfang 19. Jh. (Vorgeschichte)	19. Jh. (+/- 15 Jahre)	20. Jh. (+/- 15 Jahre)	Ab 21. Jh.
Kultur/ Gesellschaftsform	Orale Gesellschaft	Humanistische, bürgerliche Gesellschaft	Technisierte, wissenschaftsgläubige Gesellschaft (Kultur der Datenspeicherung)	Informationsgesellschaft (Computerzeitalter, Kultur der Datenzirkulation)
Leitmedium/ -code	Vormedial, Sprache (für Kittler kein Aufschreibesystem)	Aufschreibesystem 1800: Alphabetisierung, Familie, Dichtung, Universität, Staat	Aufschreibesystem 1900: technische Analogmedien, z.B. Grammophon, Schreibmaschine, Film	Aufschreibesystem 2000: technische Digitalmedien, z.b. Computer
Menschenbild/ Kognitive und perzeptive Auswirkungen	Unberücksichtigt	Subjekt, Geist, Seele, Genie, Autor, Individuum	Psychophysik: empirisch messbarer Körper, naturwissenschaftlich erfassbare Psyche	Mensch obsolet; automatisierte Technik
Epistemologische Auswirkungen	Unberücksichtigt	Unberücksichtigt	Logik, Kausalität, Analytik	Kombinatorisches, formales Denken
Soziale Auswirkungen	Geschlossene Gemeinschaft	Alphabetisierung, Literalisierung, Errichtung eines staatlichen Bildungswesens, Hervorbringung von der Idee des Geistes, des Humanismus, Entstehung des Verlagswesens, Autorenrechte	Technisierung, Verwissenschaftlichung durch technische Messbarkeit	Technische Vollautomatisierung, Programmierbarkeit
Kulturtechnik/ Medienleistung	Sprechen, rezitieren, erinnern, z.B. Reime, Verse, Erzählungen, Rhetorik, Mnemotechniken	Speicherung und Übertragung von Information in Form alphabetischer Codierung	Speicherung und Übertragung von Information in akustischer und visueller Form	Vollautomatisierte Speicherung, Verarbeitung und Berechnung von Information durch den digitalen Code
Kommunikation	Face-to-face-Kommunikation	Entkopplung von Interaktion und Kommunikation	Entkopplung von Kommunikation und Information	Entkopplung von Mensch und Medien
Wirklichkeit	Unberücksichtigt	Symbolische Wirklichkeit*	Imaginäre, reale Wirklichkeit	Simulierte, konstruierte, programmierte, errechnete Wirklichkeit

Quelle: eigene Darstellung[36]

---

36 Nach dieser Übersicht ist Kittlers Mediengeschichte in vier historische Epochen geteilt. Diese kann sicherlich genauso in drei oder fünf historische Phasen unterteilt werden. Das Zeitalter des Aufschreibesystems 1800 kann nochmals in zwei separate Phasen geteilt

* Kittler rekurriert hierbei auf Lacans Unterscheidung von symbolisch, imaginär und real. Siehe hierzu Kapitel 4.6.4.2 und Tabelle 29.

4.1.5 Vilém Flusser: Kommunikologie

Flusser rekonstruiert die mediengeschichtliche Entwicklung unter dem Gesichtspunkt jeweils dominierender kultureller Codes, die als Ordnungsprinzip die Situation bzw. kulturelle Lage des Menschen, seine Kommunikationsverhältnisse sowie Bewusstseins- und Denkstrukturen grundlegend verändern. Er formuliert insbesondere in seinen Werken ‚Kommunikologie' (^{3}2003 [1996]), ‚Ins Universum der technischen Bilder' (^{2}1989 [1985]) und ‚Medienkultur' (1997) seine Theorie über die kulturhistorischen Umbrüche und ihre Konsequenzen für Individuum und Gesellschaft. Er stellt dabei die Kommunikation ins Zentrum seiner Überlegungen und entwirft eine Medienkulturgeschichte, die die Bedeutung von Codes als Existenzgrundlage des Menschen hervorhebt.

Entropie, Kommunizieren und Kodifizieren

> „Erster Hauptsatz: Was nicht kommuniziert wird, ist nicht, und je mehr es kommuniziert wird, desto mehr ist es. Zweiter Hauptsatz: Alles, was kommuniziert wird, ist etwas wert, und je mehr es kommuniziert wird, desto wertvoller ist es. Dritter Hauptsatz: Wer kommunizieren will, darf wenig informieren."
> (FLUSSER 1995A: 8)

Die Kommunikologie basiert auf der Annahme, dass das Universum einem entropischen Prozess unterliegt, bei dem Energieformen zu Wärme zerfallen. Das Konzept der *Entropie*, das ursprünglich aus dem Zweiten Hauptsatz der Thermodynamik und der Informationstheorie stammt, beschreibt den irreversiblen Vorgang der Zerstreuung von Energie und des Zerfalls. Der Zweite Hauptsatz der Thermodynamik besagt, dass die Summe der Informationen ständig abnimmt, d.h. Informationen werden vergessen, verfallen, zerfallen oder verschwinden auf andere Weise. Entropie

---

werden, da Kittler zwischen Handschrift und Druckschrift unterscheidet. Da diese Unterscheidung allerdings weniger zentral ist, soll an dieser Stelle nur der Vollständigkeit halber darauf hingewiesen werden. Zugunsten der Übersichtlichkeit wird daher darauf verzichtet, diese in getrennten Spalten aufzulisten. Gleichzeitig wird hier nochmals die Form der tabellarischen Systematisierung problematisiert, die stets eine Vereinfachung der Aussagen darstellt.

beschreibt somit einen Zustand der Unordnung, der Auflösung, der Nichtverfügbarkeit, der Wahrscheinlichkeit und Desinformation. Diese Überlegungen wendet Flusser auf den Bereich der Medienkultur an. Er geht davon aus, dass der entropische Vorgang, der sogenannte Wärmetod, das Grundproblem der Menschheit ist. Denn anthropologisch gesehen ist der Mensch ein gegen den Informationszerfall, gegen das Vergessen und gegen den unweigerlich eintretenden (Wärme-)Tod engagiertes Wesen. Der Mensch besitzt die negativ-entropisch[37] ausgerichtete Fähigkeit, Informationen zu erzeugen und weiterzugeben[38], zu kommunizieren, und somit den Tod zu verzögern: „Die menschliche Kommunikation ist ein Kunstgriff, dessen Absicht es ist, uns die brutale Sinnlosigkeit eines zum Tode verurteilten Lebens vergessen zu lassen. [...] Die Kommunikationstheorie beschäftigt sich mit dem künstlichen Gewebe des Vergessenlassens der Einsamkeit." (Flusser ³2003 [1996]: 10)

Diese Grundüberlegungen bilden den Ausgangspunkt für Flussers Medienhistoriografie, die sich als Wandel bzw. Umbruch von Codes vollzieht. Der Mensch schafft sich ein Sinngefüge aus geordneten Symbolen und Codes. Die gesamte Menschheitsgeschichte ist demnach in den unterschiedlichen Entwicklungsstufen durch einen jeweils dominanten kulturellen Code erklärbar, der die Art und Weise des Wahrnehmens, Denkens und Erlebens sowie die kulturelle und gesellschaftliche Situation prägt. Der Mensch ist grundsätzlich auf Sinnzufuhr durch Bedeutungssysteme angewiesen. Er kodifiziert, um zu kommunizieren, gemeinsam den unausweichlichen Tod zu verzögern und der Welt Sinn und Bedeutung zu verleihen: „Man kodifiziert, um symbolisch zu kommunizieren, also Ordnung in die Welt zu tragen." (ebd.: 257)

---

37 Negativ-entropisch bedeutet für Flusser, dass erworbene Informationen gespeichert und an neue Generationen weitergegeben werden können. Die Speicherung bzw. Möglichkeit zur Akkumulation und Weitergabe von Information durch Kommunikation arbeitet gegen den natürlichen entropischen Vorgang des Informationsverlusts und -verfalls als wahrscheinlicher Prozess an.

38 Das Informieren besteht aus zwei Prozessen, dem Herstellen, d.h. einen Gegenstand aus seinem natürlichen Zustand zu zerren, und dem Erzeugen, das Umformen in Kulturobjekte. Als Beispiel nennt Flusser die Kuhhaut, die aus ihrem natürlichen Zustand gerissen und in eine unwahrscheinliche Form, z.B. in die eines Schuhs, gebracht wird. Das Herstellen und Erzeugen des Schuhs als Kulturobjekt exemplifiziert den negativ entropischen Prozess des Informierens, des ‚In-Form-Bringens'. Der Mensch versucht, den Prozess der Entropie als Tendenz zur Rückkehr von Kultur zur Natur zu verhindern und diesen Rückfall aus dem Unwahrscheinlichen der Kultur ins Wahrscheinliche der Natur und somit den Tod hinauszuzögern.

Abstraktionsspiel und die Dimensionalitäten von Codes

Flusser beschreibt die Mediengeschichte dabei als eine zunehmende Abstraktion, ein stetiges Zurückweichen von der konkreten Lebenswelt durch Codes:

„Zuerst trat man von der Lebenswelt zurück, um sie sich einzubilden. Dann trat man von der Einbildung zurück, um sie zu beschreiben. Dann trat man von der linearen Schriftkritik zurück, um sie zu analysieren. Und schließlich projiziert man aus der Analyse dank einer neuen Einbildungskraft synthetische Bilder." (Flusser 1990a: 149)

Der Mensch entfremdet sich vom konkreten Erleben und gelangt über verschiedene Abstraktionsstufen von der Vierdimensionalität von Raum und Zeit bis hin zu einer Nulldimensionalität der Technobilder. Diese Entwicklung nennt Flusser das *Abstraktionsspiel*:

„Zum Beispiel können wir die Zeitdimension aus dem Wirklichen ausklammern und dann versuchen, einerseits ‚Zeit' und andererseits ‚Raum' in Vorstellungen und Begriffe zu fassen. Aus einem derart vorgestellten und begriffenen Raum können wir die ‚Tiefe' ausklammern und dann versuchen, einerseits Flächen und andererseits Behälter in Vorstellungen und Begriffe zu fassen. Aus einer derart vorgestellten und begriffenen Fläche können wir die ‚Oberfläche' ausklammern und dann versuchen, einerseits Linien und andererseits Liniensysteme (‚Gewebe') in Vorstellungen und Begriffe zu fassen. Und aus einer derart vorgestellten und begriffenen Linie können wir den ‚Strahl' ausklammern und dann versuchen, einerseits Punkte und andererseits Punktsysteme (‚Mosaiken') in Vorstellungen und Begriffe zu fassen." (Flusser 1993a: 9)

Codewechsel respektive Umbrüche in der Kodifikation vollziehen sich stets dann, wenn der Glaube an die Codes und die Überzeugungsleistung verloren geht.[39]

Das konkrete Erleben und Erfassen – Der vier- und dreidimensionale Code

Die Stufe des konkreten Erlebens und Handelns besteht für Flusser innerhalb eines *vierdimensionalen* Raumzeit-Kontinuums und stellt eine Welt des unmittelbaren Erfahrens, Erfassens und Behandelns dar. Der Mensch entfernt sich zunehmend von der Welt des konkreten Erlebens. Zunächst wird die Vierdimensionalität in eine *Dreidimensionalität* überführt. Der erste Schritt ist die *Handlung*, in der der Mensch mittels seiner Vorstellungskraft Dinge *herstellt*. Mit der Bildhauerei werden zum Beispiel künstliche Körper erschaffen, der Mensch verwirklicht Dinge mit seinen Händen. In der historischen Phase der Dreidimensionalität geht es haupt-

---

39 Wie es zu der inneren Krise der Codes kommt und aus welchem Grund der Glaube an bestimmte Arten der Kodifizierungen verloren geht, bleibt vage.

sächlich um das manuelle Herstellen, das Begreifen, das Figurieren und Formen. Als paradigmatisch nennt Flusser hier die Venus von Willendorf, eine Venusfigurine der Altsteinzeit, die um 25.000 v. Chr. entstand. Diese historische Phase ist für Flusser jedoch von geringer Bedeutung. (Vgl. Flusser 1993a: 9 ff.)

Der zweidimensionale Bildercode
Ausführlich behandelt Flusser hingegen die nächste historische Stufe des *zweidimensionalen*, vor-alphabetischen Bildcodes. Die Gesellschaft bezeichnet Flusser als mythisch oder magisch und verortet sie zeitlich zwischen 4000 und 1500 v. Chr.: „Für das magische Bewusstsein ist alles belebt und die Menschen stehen zu allem in einem dialogischen Verhältnis. Jeder Baum hat einen Gott, jede Quelle eine Nymphe." (Flusser 1991b: 17) Die Welt wird szenisch beschrieben, so dass dreidimensionale Verhältnisse auf eine zweidimensionale Fläche gebracht werden. Szenische Darstellungen von Raum und Zeit werden in einem traditionellen Bild synchronisiert. Flusser bestimmt den Bildercode daher als den dominanten Code. Die Bedeutung der Hände, die etwas herstellen, manifestieren und begreifen, tritt zugunsten einer Fokussierung auf die Augen zurück. Statt etwas zu ‚be-greifen' und anzufassen, genügt es, Flächen zu betrachten und zu sehen. Das Handeln folgt in zweiter Instanz dem Sehen. Die Welt ist dadurch von einem körperlichen Umstand zu einem flächenhaften Sachverhalt geworden. Diese Stufe ist dadurch gekennzeichnet, dass die Tiefe abstrahiert und auf Flächen ‚reduziert' wird, die Sachverhalte darstellen. Die Höhlenmalereien von Lascaux und Altamira sind laut Flusser paradigmatisch für diese zweidimensionale Phase. In dieser Stufe der Höhlenmalerei steht die Geste der *Imagination*, des Bildermachens im Vordergrund, mithilfe derer sich der Mensch in Bezug zur Welt setzt. Doch diese Kodifizierungsstruktur verliert ihre Autorität als Vermittlungsleistung zwischen Mensch und Natur.

Vom Bild zur Schrift – Der eindimensionale Code

> „Kalkulus gegen Ritual, Begriff gegen Vorstellung, Buchstabe gegen Bild – das ist das Thema dieses Zeitabschnittes, von der prä-sokratischen Philosophie über die Scholastik bis zum Humanismus. Das ist der ‚Kern der Geschichte'."
> (FLUSSER ³2003 [1996]: 93)

Die Erfindung der alphabetischen Schrift stellt für Flusser die nächste große Zäsur dar, die durch die Abstraktion von Flächen auf Linien und den Übergang von einem Bild- auf einen Textcode charakterisiert wird: „Die Erfindung der Schrift besteht nämlich nicht so sehr in der Erfindung neuer Symbole, sondern im Aufrollen des Bildes in Linien (‚Zeilen')." (Flusser 1993a: 67) Es vollzieht sich ein historischer

Schritt von einer Zweidimensionalität in eine *Eindimensionalität*. Von 1500 v. Chr. bis 1900 n. Chr. dominiert der alphanumerische Code. Durch fortschreitenden Handel hat für Kaufleute die Notwendigkeit bestanden, Rechnungen zu erstellen oder Lagerlisten zu führen.[40] Das Zählen, Rechnen und Auflisten hat eine neue Form des Weltbezugs begünstigt. Sachverhalte sind zähl- und summierbar geworden: „Nicht mehr ‚geheimnisvolle Stiere‘, sondern ‚sechs Rinder‘. Die Fläche wurde aus der Welt abstrahiert, und die Szene verwandelte sich in einen linearen Vorgang." (ebd.: 14) Diese Linearität wirkt sich auch auf die kognitiven Strukturen aus, es vollzieht sich mit dem Wechsel der Codes auch eine Veränderung der Denkstrukturen und des menschlichen Bewusstseins:

„Die Geste des Schreibens gehorcht einer spezifischen Linearität. Dem abendländischen Programm entsprechend beginnt sie in der linken oberen Ecke vor; um auf die linke Seite zurückzukehren, springt sie genau unter die bereits geschriebene Linie und fährt fort, auf diese Weise vorzurücken und zu springen, bis sie die rechte untere Ecke der Oberfläche erreicht hat. Es handelt sich dabei um eine offensichtlich ‚akzidentielle‘ Linearität, um ein Produkt der Zufälle der Geschichte. [...] Gleichwohl ist es diese Struktur, die eine ganze Dimension unseres Seins innerhalb der Welt in eine Form bringt (in-formiert)." (Flusser 1995b: 33 f.)

Die Welt wird in eine historische, logische, wissenschaftliche und progressive Form gebracht. Die lineare Abfolge von Buchstaben erzeugt Fortschrittsdenken und ein historisches Bewusstsein. Das menschliche Denken richtet sich nach Ursache und Wirkung aus. Flusser spricht hierbei von einem Übergang vom Mythos zum Logos. Sprache wird durch das Schreiben in eine Folge und Logik gebracht, so dass die Gedanken durch spezifische Regeln wie Grammatik und Orthografie auf eine bestimmte Weise geordnet werden. Der alphanumerische Code bedeutet einen kulturellen Übergang vom vorstellenden, magisch-mythischen, szenischen zu einem begrifflich erklärenden Erfassen der Welt. Flusser konstatiert, dass die eindimensionale Kodifizierungsstruktur der Schrift eine neue Ontologie vorgibt, „das ‚offizielle Denken' des Abendlandes [...]. Die Geschichte beginnt strenggenommen mit dem Auftauchen der Geste des Schreibens, und das Abendland ist die Gesellschaft geworden, die durch Geschriebenes denkt." (ebd.: 39) Flusser diagnostiziert eine immer stärkere Ausbreitung des rationalen Bewusstseins, ein großes Vertrauen in die Wissenschaft sowie ein Zurückdrängen des mythischen Denkens und des voralphabetischen Programms. Der Glaube an Logik, Rationalität und Fortschritt ist für diese historische Phase kennzeichnend.

---

40 Flusser benennt hierfür exemplarisch den Stadtstaat Ugarit in Nord-Syrien als wichtiges Handelszentrum während der Bronzezeit. (Flusser 1993a: 14)

Die Krise des eindimensionalen Codes und das Zeitalter der Technobilder

Ein weiterer Schritt im Abstraktionsspiel vollzieht sich in etwa Anfang des 20. Jahrhunderts. Flusser spricht hierbei von einem „Einbruch des Technoimaginären" (Flusser ³2003 [1996]: 262), der unsere kulturelle Situation grundlegend verändert. Dieser Umbruch setzt bereits im 19. Jahrhundert durch die Erfindung der Fotografie ein und wird später durch Fernsehen, Video und Computer fortgesetzt. Die technisch-mediale Entwicklung bringt nach Flusser zeitgemäßere Codes hervor, die den alphabetischen Code und die Geste des Schreibens verdrängen. Der alphanumerische Code ist in eine Krise geraten, da dieser immer schlechter funktioniert, um der Welt Bedeutung zu verleihen. Das Alphabet ist im Gegensatz zum neuen Code der *Technobilder* primitiv und archaisch, wenig effizient und begrenzt, wohingegen die analogen und digitalen Modelle und Programme wesentlich exakter und reicher sind. Während die Schrift eine Form der Tiefendarstellung gewesen ist, legt das Technobild schließlich eine oberflächliche Wahrnehmung nahe.

Bei dem neuen Code handelt es sich um einen *nachalphabetisch technologischbildhafter Code*. Dieser *nulldimensionale Technocode* besteht aus einzelnen Punkten bzw. Pixeln und ist daher nicht mehr flächenhaft wie beim traditionellen Bild, sondern punktartig organisiert. Prozesse oder Kausalketten lösen sich in einem Universum der Partikel und Punkte auf: „Der gegenwärtige Zerfall der Wellen in Tropfen, der Dünen in Sandkörner, der Zahlenreihen in Mengen, des logischen Denkens ins Komputieren" (Flusser 1993a: 17) kennzeichnet den Abstraktionsschritt von der Linie auf einzelne Punkte als Übergang von der Eindimensionalität in die Nulldimensionalität. Das technische Bild unterscheidet sich dabei grundlegend von den traditionellen gemalten Bildern der mythisch-magischen Welt. Bei den technischen Bildern handelt es sich im Gegensatz zu den traditionellen Bildern um Bilder, die von Apparaten und Programmen hergestellt werden anstatt vom Menschen. Viel entscheidender ist dabei aber auch, dass die technischen Bilder keine Abbildungen von der Welt mehr sind. Stattdessen gibt es zwischengeschaltete Vermittlungsebenen, die zwischen dem Menschen und der Welt liegen. Insofern unterscheidet sich der Code der Technobilder ontologisch von dem traditionellen Bildercode. Während die voralphabetischen Bilder dem Menschen erlaubt haben, aus der Welt herauszutreten und sich ein Bild davon zu machen, sind die Technobilder ein Schritt aus den Textmodellen heraus, um jene Texte wieder vorstellbar zu machen: „Voralphabetische Bilder sollen die Welt bedeuten, und Technobilder sollen Texte bedeuten, welche Bilder bedeuten, welche die Welt bedeuten." (Flusser ³2003 [1996]: 102 f.) Die einzelnen Abstraktionsschritte vollziehen sich wie folgt: Um etwas bildlich zu fassen, muss man von der Welt Abstand nehmen. Um etwas zu beschreiben, muss man vom Bild Abstand nehmen. Um etwas als Technobild darzustellen, ist es notwendig, über eine Beschreibung zu verfügen:

Abbildung 4: Abstraktionsspiel Flusser

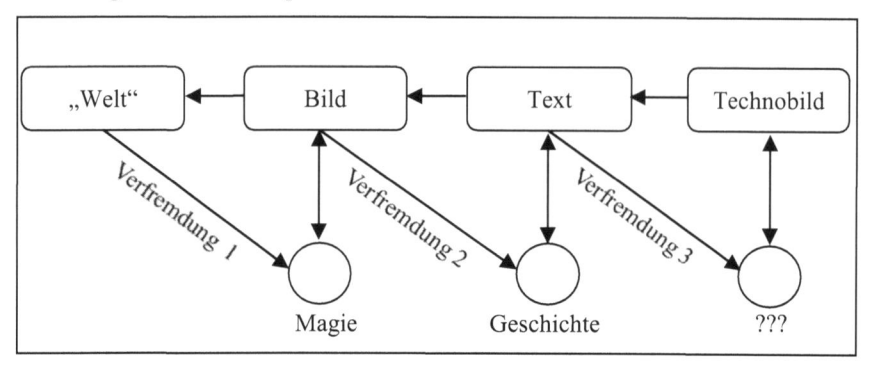

```
┌─────────────────────────────────────────────────────────────┐
│  „Welt" ←── Bild ←── Text ←── Technobild                    │
│        ╲         ╲         ╲                                │
│    Verfremdung 1  Verfremdung 2  Verfremdung 3              │
│        ╲         ╲         ╲                                │
│         ○         ○         ○                               │
│       Magie    Geschichte   ???                             │
└─────────────────────────────────────────────────────────────┘
```

Quelle: vgl. Flusser (^{3}2003 [1996]: 107)

All diese Umbrüche sind Einbrüche in die Daseinsstruktur des Menschen. Die veränderte kodifizierte Welt konstituiert ein neues Denken, das die linear-kausale Logik zugunsten eines kybernetisch spielerischen Denkens zurückdrängt: „Wir müssen die Phänomene als Produkte eines Spiels von Zufällen ansehen, wobei die Zufälle statistisch dazu neigen, notwendig zu werden." (Flusser 1991b: 7) Im Zeitalter der Telematik[41] revolutioniert laut Flussers kommunikologischen Geschichtsmodell der nulldimensionale Code die Art des Weltbezugs. Der Glaube und das Vertrauen in das abendländische Programm, in Wissenschaft, Vernunft, Fortschritt und Logik, werden grundlegend erschüttert (vgl. ebd.: 102). Flusser spricht in solchen Umbruchphasen von einer ontologischen Revolution.

In der gegenwärtigen Umbruchphase sieht Flusser die Gefahr, dass das Leben bedeutungslos werden könnte, da der Glaube an die linear kodifizierte Welt und deren dahinter stehenden Konventionen verloren geht:

„Wie kann man aus einem Code in einen anderen hinübersetzen, wo man doch zuerst den Code vereinbaren muß, in den man zu übersetzen hat? [...] Die Generationen, welche die linearen Schriften erfanden, müssen dies getan haben, um ihrem Leben eine neue Art von Be-

---

41 Telematik ist ein von Flusser eingeführter Neologismus, der „den allseitig vernetzten Computer und die entsprechende digitalisierte Kultur und Lebensform bezeichnet." (Margreiter 2004: 64) Für Flusser bedeutet die Vorsilbe ‚Tele-‚ das „Näherbringen von Entferntem" (Flusser 1997: 145), während die Nachsilbe ‚-matik' auf Automatik verweist. Der Begriff der Telematik versteht er somit „als eine Technik zum selbstbewegten Näherrücken von Entferntem" (Ebd.). Dies entspricht ganz der Möglichkeit einer dialogischen Vernetzung im Computerzeitalter. Der utopische Entwurf von Reziprozität, gegenseitigem Austausch und kreativen Umgang mit Informationen und Bedeutungen verbirgt sich hinter dem Begriff der telematischen Gesellschaft.

deutung zu geben – weil ihr Leben drohte, bedeutungslos zu werden. [...] Darum suchten sie nach neuen Bedeutungen: weil die alten nicht mehr ‚galten'. [...] Die Gefahr dabei war, in die Bedeutungslosigkeit, ins Nichts zu springen." (ebd.: 98 f.)

Der Mensch hat noch nicht gelernt, aus einem historischen, logischen, fortschrittlichen Denken herauszutreten, um in neuen, der Medienlage angemessenen Formen und Strukturen zu denken. Der Umbruch in die Phase der Technobilder ist daher noch nicht vollständig vollzogen, da die Einsicht in die Erschütterung des alphabetischen Codes sich noch nicht im Bewusstsein verankert hat. Nur wenige wissen bisher, wie der Technocode epistemologisch funktioniert und wie dieser zu bedienen und zu manipulieren ist. Flusser sieht daher einerseits die Gefahr, dass der Mensch sich programmieren lässt, andererseits die Chance, sich selbst zu verwirklichen. Die Zukunft der Technocodes ist insofern noch ungewiss und unbestimmt.

Vom Subjekt zum Projekt und die telematische Gesellschaft

Flusser betont, dass die Möglichkeit zur Selbstverwirklichung im technoimaginären Code liegt. Er nennt diesen möglichen Prozess den der Menschwerdung, da der Einzelne sich selbst aus seiner repressiven Subjektivität befreien kann. Der Mensch ist nicht mehr passives Subjekt, das ek-sistiert[42], sondern Verwirklicher und Gestalter seiner eigenen Möglichkeiten: „Wir sind nicht mehr Subjekte einer gegebenen objektiven Welt, sondern Projekte von alternativen Welten. Aus der unterwürfigen subjektiven Stellung haben wir uns ins Projizieren aufgerichtet. Wir werden erwachsen. Wir wissen, daß wir träumen." (Flusser 1991a: 157)

Flusser bezeichnet den Menschen als ‚Projekt', das seine eigenen alternativen Welten entwerfen kann, indem es in eine neue Bewusstseinsphase des kreativen Spielens und Entwerfens eintritt. Das mathematisch-kalkulatorische Denken des Computers erlaubt das *Kalkulieren*, das Zerlegen in Zahlen (Bits), und *Komputieren*, das Zusammensetzen von Bits zu Flächen, Tönen und Farben. Die digitalen Computercodes prägen die neue Bewusstseinsebene und machen das Entwickeln alternativer Welten, neuer Erkenntnis-, Erlebnis- und Verhaltensmodelle möglich (vgl. Flusser 1989: 50 f.). Das Kernproblem der Gegenwart liegt jedoch darin, das Potenzial des kalkulatorischen Denkens nicht erkannt zu haben und noch weiterhin im linearen, buchstäblichen Denken verhaftet zu sein. Insofern besteht noch eine gesellschaftliche Spaltung zwischen einer Elite, den „‚Technokraten', ‚Medienoperatoren' oder ‚Meinungsbildner[n]'" (Flusser 1991a: 153), die man allgemein als Programmierer subsumieren kann, und dem Großteil der Menschen, die sich eher

---

42 Unter ‚Ek-sistenz' versteht Flusser die menschliche Fähigkeit, von der gegenständlichen Welt in seine eigene Subjektivität zurückzuschreiten, d.h. durch die Fähigkeit des Imaginierens, aus einer Art Naturverfallenheit auszubrechen und mit der Geste des Bildermachens (Einbilden, Imaginieren) eine zweite Natur zu schaffen. (Vgl. Flusser 1990a: 142)

als Programmierte begreifen. Letztere haben noch nicht gelernt, formal-kalkulatorisch zu denken. Sie sind noch im diskursiv-historischen Denken verhaftet.

Auf sozialer Ebene droht daher einerseits das Dominiertsein durch den Code und eine „fascistische [sic!] Gesellschaft" (Flusser ²1989 [1985]: 24), in der die diskursiven Kommunikationsstrukturen vorherrschen, doch andererseits besteht die Möglichkeit, sich selbst zu entwerfen und Freiheit zu entfalten, indem man alternative Welten realisiert und dialogische Kommunikationsstrukturen schafft. Durch die dialogischen Strukturen wird die negativ entropische Tendenz der Informationsspeicherung und -vermehrung gefördert, während die diskursiven Strukturen diesem negativ entropischen Prozess zuwiderlaufen, da die Empfänger der Informationen nicht selbst wieder zu Sendern werden und Informationen somit nicht gespeichert und vermehrt werden können.[43] Solche rein diskursiven Kommunikationsstrukturen sind insofern „total und totalitär" (Flusser ³2003 [1996]: 267) und begünstigen eine faschistische Gesellschaft. Der Faschismus, den Flusser befürchtet, ist bei ihm nicht von politischer, sondern vielmehr von technischer Natur. Jedoch kann diese apokalyptische Tendenz verhindert werden, indem der Mensch sich der neuen Codes bedient und die diskursiven Kommunikationsstrukturen in ein dialogisches Netz zu einer Art „kosmischem Gespräch" (Flusser ²1989 [1985]: 68) umwandelt. Mit dem Technocode ist die Möglichkeit gegeben, den diskursiven Strukturen zu erliegen oder aber die durch die Massenmedien implementierten Diskurse in Netzdialoge umzuwandeln:

„Siegt die erste Tendenz, dann wird sich unsere Kommunikationssituation zu Totalitarismus und Massifizierung verfestigen. Siegt die zweite, dann ist eine unvorstellbare (und daher unbegreifliche) Öffnung für eine neue Daseinsform gegeben. [...] Infolgedessen müssen wir uns, wenn wir uns für eine menschenwürdige Gesellschaft engagieren, mit den neuen Techniken auseinandersetzen." (Flusser ³2003 [1996]: 229 f.)

Zusammenfassend ist festzuhalten, dass Flusser Mediengeschichte als Umbrüche von Codes konstruiert. Diese sind stets mit einer Revolution von Kommunikationsstrukturen verbunden. Die Codes können grundsätzlich als Apriori für gesellschaftliche und kognitive sowie epistemologische Strukturen verstanden werden. Für die Daseinsform des Menschen und die soziale Ausgestaltung der Gesellschaft ist dabei entscheidend, auf welche Weise die Codes genutzt werden, um die Gegenwart und Zukunft zu formen.

---

43 Die Unterscheidung zwischen Dialog und Diskurs gebraucht Flusser, um die gesellschaftlichen Kommunikationsstrukturen zu beschreiben. Die Termini werden in Kapitel 4.3.5 näher erläutert.

Tabelle 8: Problemhinsicht Flusser

	1. Historische Phase	2. Historische Phase	3. Historische Phase	4. Historische Phase	5. Historische Phase
Zeitraum	Bis 2.500.000 v. Chr.	2.500.000 bis 7000 v. Chr.	4000 bis 1500 v. Chr.	1500 v. Chr. bis 20. Jh.	Ab 20. Jh.
Kultur/ Gesellschaftsform	Natur	Altsteinzeit, archaische Gesellschaft	Magisch-mythische Kultur	Abendländisch-neuzeitliche Kultur	Informationsgesellschaft
Leitmedium/ -code	Vierdimensional (Raum-Zeit-Kontinuum)	Dreidimensionale Objekte, z.b. Bildhauerei, Statuen, Skulpturen (Venusfigurine)	Zweidimensionaler, voralphabetischer Code: Traditionelle Bilder, z.B. Höhlenmalerei	Eindimensionaler, alphanumerischer Code: Schrift, Alphabet	Nulldimensionaler, nachalphabetischer Code: Technobilder, z.b. digitale Fotos, Fernseh-, Videobilder
Menschenbild/ Kognitive und perzeptive Auswirkungen	Tier, Naturmensch	Mensch, Subjekt	Subjekt	Subjekt	Projekt
Epistemologische Auswirkungen	Intuitives Denken	Intuitives Denken	Magisch-mythisches Bewusstsein: spontanes, synchrones, bildhaftes Denken in Szenen	Neuzeitliche Epistemologie: Linearität, Logik, Rationalität, Fortschrittsdenken, Analytik, Kausalität	Posthistorisches Bewusstsein: kreatives, assoziatives, formal-kalkulatorisches, synthetisches, synchrones Denken
Soziale Auswirkungen	Naturverbundenheit, Naturalisierung des Menschen	Entstehung von Kultur und Handwerk, Herstellen von Kulturobjekten, Humanisieren der Natur	Entstehung von Kultur, Entstehung eines kulturellen Gedächtnisses	Alphabetisierung, Literalisierung, Entstehung von Handel, Wirtschaft, Wissenschaft; aufsteigendes Bürgertum	Massenkultur (,faschistischer' oder dialogischer Ausprägung), Informationsflut
Kulturtechnik/ Medienleistung	Erleben, erfahren	Herstellen, formen, fassen, (be-)handeln, verwirklichen (mit Händen)	Imaginieren, Ereignisse bedeuten	Lesen, schreiben, erklären, analysieren, Bilder und Szenen bedeuten	Kalkulieren, komputieren, Texte bedeuten
Kommunikation	Dialog und Diskurs	Dialog und Diskurs	Dialog und Diskurs	Dialog und Diskurs	Dialog und Diskurs
Wirklichkeit	Lebenswelt	Hergestellt, behandelte Wirklichkeit	Imaginierte Wirklichkeit	Beschriebene Wirklichkeit	Perfekt kodierte, komputierte Wirklichkeit

Quelle: eigene Darstellung; vgl. auch Hartmann 2000: 292[44]

---

44 In einigen Darstellungen wird von einem Fünf-Phasen-Modell, in anderen auch von einem Drei-Phasen-Modell bei Flusser gesprochen. Das Fünf-Phasen-Modell ist beispielsweise bei Leschke (2003: 281) und Kloock/Spahr (2007: 78) zu finden, während das Drei-Phasen-Modell u.a. bei Mersch (2006: 142), Grube (2004: 178 f.), Hartmann (2000: 292), Hochscheid (2011: 617 ff.) oder Michael (2009: 24) auftritt. Im Drei-Phasen-

4.1.6 Resümee der Problemhinsichten und kritischer Vergleich

Die Disparität der Problemhinsichten –
Vom global village bis zur Kommunikologie

In einer Zwischenbilanz zur Vergleichbarkeit und Gegenüberstellung der zuvor skizzierten Gegenwartsdiagnosen und Zukunftsprognosen McLuhans, Baudrillards, Virilios, Kittlers und Flussers lässt sich bereits auf den ersten Blick erkennen, dass die Theoretiker ganz verschiedene Problembereiche fokussieren. Die unterschiedlichen Schwerpunkte und inhaltlichen Disparitäten der Theorieangebote werden insbesondere in der Betrachtung der zentralen Bezugsaspekte deutlich.

McLuhan betrachtet die Medien als anthropologische Erweiterung des Menschen und prognostiziert nicht nur eine ganzheitliche Ausweitung des Körpers und der Sinne, sondern gleichzeitig die Wiederkehr einer gemeinschaftlichen, demokratisch organisierten Sozialstruktur. Er spricht hierbei von einer Implosion des Raums zu einem globalen Dorf durch die technischen Medien, die das Buchdruckzeitalter respektive die Gutenberg-Galaxis ablösen. Baudrillard hingegen thematisiert mit seinen Simulationsthesen die Wirklichkeitsfrage und betrachtet die Kodifizierungsstruktur von Simulakren bzw. die Referenzstrukturen von Zeichen. Virilio wiederum richtet seine Konzentration auf mediale Wandlungsprozesse in Hinblick auf Geschwindigkeit und Beschleunigung, während Kittler technische und mediale Materialitäten in den Vordergrund rückt. Flusser thematisiert ähnlich wie Baudrillard die Kodifizierungsstruktur und den Welt- und Wirklichkeitsbezug, operiert aber mit einem anderen Codebegriff. Flusser betrachtet konkret traditionelle Bilder, Schrift und technische Bilder als Codes, die die gesellschaftlichen Kommunikationsstrukturen bestimmen, während Baudrillard abstrakte Logiken der Imitation, Reproduktion und Simulation in den Vordergrund stellt. Im direkten Vergleich der Problemfoki sind die Disparitäten offensichtlich: Das Ende der Gutenberg-Galaxis, Simulation und die Selbstreferenzialität von Zeichen, Dromologie als Wissenschaftsdisziplin der Geschwindigkeit und Beschleunigung, Medienarchäologie als Beschäftigung mit Aufschreibesystemen und insbesondere technischen Materialitäten, und Kommunikologie als Fokussierung auf Kodifizierungs- und Kommunikationsstrukturen

---

Modell werden ausschließlich die drei Epochen seit den traditionellen Bildern betrachtet, die vor-alphabetische bzw. vor-geschichtliche Epoche der traditionellen Bilder, die alphabetische bzw. geschichtliche Epoche der Alphabetschrift und die nach-alphabetische bzw. nach-geschichtliche Epoche der Technobilder (vgl. Hartmann 2000: 292; Michael 2009: 24). Diese sind die zentralen Zäsuren bei Flusser, da erst mit dem traditionellen zweidimensionalen Bild Codes relevant werden, die sich zwischen den Menschen und die Lebenswelt schieben. Der Vollständigkeit halber sind hier die anderen beiden historischen Phasen mitberücksichtigt. Dadurch ist das Zurücktreten aus der Lebenswelt in seinen einzelnen Schritten nachvollziehbar und das Abstraktionsspiel lückenlos dargestellt.

stellen Problembereiche und teilweise neue Forschungsrichtungen dar. Die untersuchten Theoretiker betrachten also verschiedenartige Ursachen und Fluchtpunkte und prognostizieren demzufolge unterschiedliche Szenarien für die gesellschaftlichen Verhältnisse sowie das menschliche Dasein und die epistemologischen Wahrnehmungs- und Erkenntnisbedingungen.

Die Verschiedenartigkeit der Problemausrichtung bringt demgemäß auch ganz unterschiedliche Bewertungen und Prognosen hervor. McLuhan bewertet die Entwicklungstendenzen durchgehend positiv. Die Utopie einer vollständigen Stimulierung aller menschlichen Sinne durch die elektronischen Medien und einer globalen Weltgemeinschaft sind durch das Fernsehen eingetreten. McLuhans Medienoptimismus steht dem Kulturpessimismus Baudrillards und Virilios diametral gegenüber. In ihren apokalyptischen Szenarien ist die Menschheitsgeschichte sowohl mikro- als auch makroperspektivisch an einem Endpunkt angelangt. Ihre Visionen sind von einer „totale[n] Negativität" (Leschke 2003: 263) durchzogen. Alles geht dem Ende zu, so der Grundtenor von den medienkritischen Apokalyptikern. Mit den medientechnologischen Innovationen, insbesondere den audiovisuellen Medien, zeichnen Baudrillard und Virilio ein Endszenario des Realen und des Individuums. Baudrillard spricht von einer Welt, in der Reales und Mediales zwangsläufig zusammenfallen, alles simuliert ist und der Mensch als Sklave seiner technischen Prothesen endet. Virilio prognostiziert einen rasenden Stillstand, in der die menschliche Bewegungsfreiheit vollständig eingeschränkt und das natürliche Raum-Zeit-Verhältnis komplett gestört wird. Kittler und Flusser hingegen entwerfen weder ein apokalyptisches noch ein utopisches Szenario. Kittler steht den Entwicklungen tendenziell neutral bis kritisch gegenüber, während Flusser eine weitgehend optimistische Haltung hinsichtlich der Projektivität und Komputierbarkeit einnimmt, jedoch gleichzeitig die Gefahren einer ‚faschistischen' Gesellschaft sieht, die durch die diskursiven Kommunikationsstrukturen auftreten können. Entwirft man demgemäß eine eindimensionale Achse, die von Apokalypse bis Utopie reicht, so lassen sich die Theoretiker wie folgt einordnen:

Abbildung 5: Bewertung der Problemhinsicht

Baudrillard, Virilio	Kittler, Flusser	McLuhan
Medienpessimismus/Apokalypse		Medienoptimismus/Utopie

Quelle: eigene Darstellung

Diese inhaltlichen Diskrepanzen und Disparitäten hinsichtlich der Bewertungen lassen sich jedoch noch weiter konkretisieren und ausdifferenzieren.

Inkompatible Epochenkonstruktionen und inhaltliche Unterschiede

Neben dieser allgemeinen Problemorientierung sind auch Disparitäten in der *Epochenkonstruktion* zu erkennen. Betrachtet man die einzelnen historischen Phasen bzw. Zeiträume und inhaltlichen Kategorien anhand der Tabellen und vergleicht diese hinsichtlich der einzelnen vertikalen Spalten (historische Epoche/Phase) und horizontalen Zeilen (Zeitraum, Kultur und Gesellschaftsform, Leitmedium/-code, Menschenbild/Kognitive und perzeptive Auswirkungen, Kulturtechnik/Medienleistung, Kommunikation, Wirklichkeit), so fallen grundlegende Disparitäten auf. Anhand der Tabellen ist ersichtlich, dass die Epochenaufteilungen unvereinbar sind. Der Beginn der Mediengeschichte hat zeitlich unterschiedliche Anfangspunkte. Auch die relevanten medialen Zäsuren und Umbrüche sind divergent.

Die orale Stammesgesellschaft nach McLuhan, die Kasten- und Ständegesellschaft Baudrillards, die archaische Gesellschaft der Jäger und Sammler nach Virilio, die orale Gesellschaftsform Kittlers und die vierdimensionale Lebenswelt Flussers lassen sich nicht ohne weiteres vergleichen. Genauso wenig sind auch die anderen Epochen miteinander kompatibel. Es zeigen sich sowohl zeitliche als auch inhaltlich-sachliche Inkongruenzen. McLuhan entwirft vier Epochen, die sich durch Mündlichkeit, Schriftlichkeit, Buchdruck und elektronische Medien auszeichnen. Seine Mediengeschichtsschreibung beginnt im 5. Jahrhundert v. Chr. mit der Oralität, die von der Manuskriptkultur abgelöst wird, die bis in die Neuzeit reicht. Gerade die Buchdruckkultur ab dem 15. Jahrhundert und die der elektronischen Medien ab dem 20. Jahrhundert sind von tragender Relevanz für McLuhans Thesen. Auch Kittler nimmt die Trennung zwischen schriftlicher bzw. gedruckter Kultur und technischen Medien vor, wobei er die Hochzeit der Schriftkultur in die Zeit um 1800 verlegt und das humanistische Menschen- und Weltbild durch das Aufschreibesystem 1800 begründet sieht. Die Dominanz der Schrift- und Buchdruckkultur beginnt im Gegensatz zu McLuhan demnach nicht mit der Erfindung der Druckerpresse Mitte des 15. Jahrhunderts, sondern erst um 1800 mit der Institutionalisierung von Bildung und der zunehmenden Alphabetisierung durch Familie, Universität und Staat. Auch der Beginn der Mediengeschichte ist anders gewählt. Kittlers Interesse an Mediengeschichtsschreibung beginnt erst um 1800 mit dem ersten Aufschreibesystem. Seitdem diagnostiziert er als die relevanten Zäsuren jeweils die Jahrhundertwenden um 1900 und 2000. Für Flusser ist auf inhaltlicher Ebene ebenso die Differenz zwischen Schriftkultur und dem Universum der technischen Bilder gegeben. Die Schriftkultur beginnt für Flusser jedoch bereits mit 1500 v. Chr. mit der Erfindung der Schrift. Der Buchdruck ist für Flusser im Gegensatz zu McLuhan eine bloße Weiterführung des eindimensionalen Codes. Insofern gibt es in Flussers historischem Modell weder eine Zäsur Mitte des 15. Jahrhunderts mit der Erfindung der Druckerpresse noch einen Umbruch um 1800 wie bei Kittler. Die neuzeitliche Schriftkultur dauert dann bis Anfang des 20. Jahrhunderts an. Jedoch stellen die technischen Medien auch für Flusser einen Kontrast zur Schriftkultur dar, die er wie McLuhan und Kittler auch um die Jahrhundertwende im 20. Jahrhundert ansetzt. Den Beginn der Mediengeschichte legt Flusser allerdings schon in der Steinzeit an.

Nimmt man Baudrillards und Virilios medienhistorische Rekonstruktionen in den Blick, so fällt auf, dass diese ihre Modelle inhaltlich nicht an der Schrift oder dem Buchdruck orientieren und die Mediengeschichte daran ausrichten, sondern an der industriellen Revolution um 1900 als Referenzmuster. Die entscheidenden Epochen bei Baudrillard sind die vorindustrielle Phase der Imitation, das vom späten 14. Jahrhundert bis ins 19. Jahrhundert reicht, die industrielle Epoche der Reproduktion ab 1900 und schließlich die nachindustrielle Informationsgesellschaft der Simulation, das im 20. Jahrhundert beginnt. Ihm geht es nicht um bestimmte Kulturtechniken oder technische Innovationen, die wichtige Zäsuren in der Medienentwicklung darstellen, sondern um gesellschaftliche Logiken, die durch die Referenzialität der Zeichen hervorgebracht werden. Die Renaissance und die industrielle Revolution sind dabei zwei Referenzen, an denen sich die Epochenkonstruktion ausrichtet. Auch Virilio bestimmt als historischen Marker das Industriezeitalter und nicht den Buchdruck oder die Schrift als primäre Referenzfigur für seine Medienhistoriografie. Mit der Revolution des Transportwesens wird der gesellschaftliche Beschleunigungsprozess enorm vorangetrieben. Ab Beginn des 20. Jahrhunderts mit den technischen Massenmedien und der von ihnen induzierten Echtzeit endet dieser Beschleunigungsprozess im rasenden Stillstand. Seine Medienhistoriografie beginnt mit der Gesellschaft der Jäger und Sammler, ohne dass er dabei explizit einen Zeitpunkt oder Zeitraum angibt.

Die zeitlichen Disparitäten und inhaltlich-sachlichen Unterschiede der Medienhistoriografie zeigen, wie kontingent und divergent die historischen Modelle aufgrund der verschiedenartigen Ansatzpunkte und thematischen Foki sind. Trotz der offensichtlichen Inkompatibilitäten hinsichtlich der Problemstellung der untersuchten Theoretiker lassen sich dennoch Teilkommensurabilitäten finden.

Form über Inhalt
Es kann grundsätzlich festgestellt werden, dass Medien im weitesten Sinne unsere Wahrnehmung, unsere Kultur und die Erkenntnis von der Welt präformieren. Insofern lassen sich Veränderungen gesellschaftlicher, sozialer sowie individueller, kognitiver und epistemologischer Art auf Veränderungen im Mediengefüge zurückführen. Medienhistoriografie ist ein grundlegender Bestandteil für die Konstruktion medientheoretischer Annahmen. Alle Theoretiker konstituieren eine umfassende Geschichtsphilosophie, die durch Medientechniken oder Codes begründet wird. Alle Theoretiker schließen an die von McLuhan formulierte Grundüberlegung ‚The medium is the message' an und betrachten die Form und Struktur des Mediums, an-

statt Medieninhalte zu thematisieren. Mit dem Wechsel medialer Konstellationen kommt es zu Kulturrevolutionen, die das menschliche Dasein, das Selbstverständnis und die kognitiven Strukturen sowie die gesellschaftlichen und sozialen Bedingungen grundlegend verändern. Wie bereits in Kapitel 3.1 bei der Explizierung der Auswahlkriterien formuliert wurde, werden gerade diejenigen Theoretiker untersucht, die Medien im weitesten Sinne als Kern kultureller, gesellschaftlicher, aber auch ästhetischer und sinnstruktureller Konstellationen betrachten und dabei Medienumbrüche als Medienkulturwandel analysieren. Kultur selbst wird zur Medienkultur, Geschichte zu Medienkulturgeschichte. Grundsätzlich gilt, dass nicht das autonome Subjekt Motor der Geschichte ist, sondern eben Medien, Materialitäten, Techniken, Zeichen oder Codes. Dabei ist allen gemeinsam, dass das medienhistorische Modell durch Leitmedien oder -codes konstruiert wird, die bestimmten Epochen zugeschrieben werden, um damit gesamte Gesellschaftskonstellationen, Denk- und Wahrnehmungsstrukturen sowie epistemologische Bedingungen zu begründen.

Leitmedien und -codes als Strukturelemente medienhistorischer Mehrstufenmodelle

McLuhan nennt die Sprache, die Schrift, den Buchdruck und schließlich das Fernsehen als technische Leitmedien, die jeweils eine historische Phase dominieren. Sein Medienbegriff ist technikzentriert wie auch bei Kittler. Baudrillard spricht von Simulakren erster, zweiter und dritter Ordnung als die dominierenden Leitcodes, die jeweils mit dem vorindustriellen, klassischen Zeitalter, der Industriegesellschaft des 19. Jahrhunderts und der Informationsgesellschaft des 20. Jahrhunderts einhergehen. Ihm geht es wie auch Flusser weniger um materielle oder technische Aspekte, sondern um semiotische Gesichtspunkte. Virilio unterscheidet verschiedene dromologische Phasen, die durch Leitmedien im weitesten Sinne – Tiere, Fahrzeuge, Massenmedien und Transplantationstechniken – bedingt sind. Bei Kittler sind die Aufschreibesysteme als Netzwerke von Techniken, Institutionen und sozialen Praktiken verantwortlich für individuelle und soziale Strukturen. Auf das Aufschreibesystem 1800 folgt das Aufschreibesystem 1900 der technischen Analogmedien und schließlich mit dem Computer die letzte historische Phase der digitalen Medien. Auch für Flusser gibt es konstitutive Leitcodes, die den Zugang zur Welt und die Kommunikationsstrukturen vorgeben. Diese Leitcodes sind das traditionelle Bild, die Schrift und das Technobild, die jeweils eine voralphabetische, magisch-mythische, alphabetisch-neuzeitliche und nachalphabetische Informationskultur bedingen. Bei allen untersuchten Theoretikern zeigt sich eine Kausalität, in der Medien, Techniken bzw. Codes als Ursache für kulturhistorischen Wandel konstruiert werden. Dabei ist jeweils ein Medium bzw. ein Code innerhalb einer historischen Phase prädominierend. Leitmedien bzw. -codes, wie sie bei den untersuchten Theoretikern auftauchen, werden dabei generell als epochenkonstituierend verwandt. Sie strukturieren und formen die medienhistorischen Mehrstufenmodelle der Theoretiker.

Gemeinsam ist diesen Modellen, dass Mediengeschichte dabei meist als dreistufiges Phasenmodell konstruiert wird. Auch wenn meist vier oder fünf Phasen genannt werden, so sind meist drei von zentraler Bedeutung. In einer ersten relevanten Phase gibt es einen natürlichen Urzustand (orale Stammesgesellschaft bei McLuhan, natürliche Ordnung einer Kasten- und Ständegesellschaft bei Baudrillard, die archaische Gesellschaft natürlicher Mobilität bei Virilio, eine orale, nicht-mediale Gesellschaft bei Kittler und die vierdimensionale Lebenswelt der Altsteinzeit bei Flusser), die von einer Phase gefolgt ist, die sich kontrastiv zum natürlichen Anfangszustand verhält. Die Balance der beteiligten Sinnesorgane wird gestört (McLuhan), der Emanzipationsprozess der Zeichen beginnt (Baudrillard), es tritt eine radikale Beschleunigung ein (Virilio), Diskursformationen verändern sich grundlegend und damit auch Gesellschaftsstrukturen und Subjektkonstruktionen (Kittler) oder es beginnt ein Abstraktionsprozess, der vom konkreten Erleben wegführt (Flusser). Im dritten Schritt kommt es dann zu einer Radikalisierung der vorgegebenen Tendenzen (Baudrillards Emanzipationsprozess von Zeichen, Virilios Beschleunigung bis zum rasenden Stillstand) oder einer radikalen Abkehr (Kittler, Flusser) bzw. Rückkehr (McLuhan).[45]

Diese strukturelle Ähnlichkeit der Mehrstufigkeit weisen alle vorgestellten Mediengeschichtsmodelle auf. Zudem sind kommensurable historische Referenzräume sowie wiederkehrende historische Motive und Referenzfiguren in den medienhistorischen Konstruktionen festzustellen.

Kommensurable historische Referenzräume

Es ist bereits auf die sehr unterschiedlichen Epochenkonstruktionen der Theoretiker verwiesen worden. Auffällig ist dennoch, dass alle Theoretiker eine irgendwie geartete *vormediale oder vorcodierte historische Phase* postulieren. Sie gehen von einem *natürlichen Urzustand* aus.

McLuhans orale Stammeskultur einer archaischen, nicht-medialen, sprachlich geprägten Gesellschaft kennzeichnet diesen nicht-medialen Zustand. Erst mit der Schrift löst sich Kommunikation vom Körper der Anwesenden. Die Kasten- und Ständegesellschaft, die einem natürlichen Wertgesetz bzw. einer natürlichen Ordnung zwischen Zeichen und Referent folgt, stellt einen natürlichen, nicht-medialen bzw. nicht-codierten Urzustand bei Baudrillard dar. In diesem historischen Abschnitt ist reziproke Kommunikation noch möglich, bevor die Medien beginnen, Nicht-Kommunikation zu produzieren, indem sie symbolischen Austausch und damit face-to-face-Kommunikation verhindern. Wie Baudrillard vertritt auch Virilio eine „mehr oder weniger explizite [...] Unmittelbarkeits-Utopie, in der es einen na-

---

45 In Kapitel 4.5, in dem die Strukturmerkmale der Theorien analysiert werden, wird das Verhältnis von Kontinuität und Diskontinuität der historischen Modelle noch genauer erläutert.

türlichen, unvermittelten Balancezustand der Kommunikation (Baudrillard) beziehungsweise der raumzeitlichen Wahrnehmung (Virilio) gab" (Lagaay/Lauer 2004: 23), der durch das Aufkommen von Medien zerstört wird. Virilios archaische Gesellschaft der Jäger und Sammler, die durch eine organische, metabolische Geschwindigkeit charakterisiert wird und eine natürliche Bewegungsfreiheit des Menschen erlaubt, wird durch das Entdecken metabolischer Medien und später technischer Transportmittel grundlegend verändert. Kittlers Gesellschaft vor Auftreten des Aufschreibesystems 1800 zeichnet sich wie bei McLuhan durch Oralität aus, in der mündlich Gesprochenes an den menschlichen Körper gebunden ist und noch keine mediale Speicherung, Vermittlung und Verarbeitung von Informationen stattfindet. Flussers vierdimensionale, uncodiert erfahrbare Lebenswelt bildet den Anfangspunkt seines medienhistorischen Modells, der als natürlicher Urzustand bezeichnet werden kann. Erst mit dem Auftauchen von Medien bzw. Codes beginnt demnach Flussers Historiografie, die den natürlichen Ausgangszustand verändert.[46]

Während dieser natürliche Urzustand in allen Theorieangeboten unwiederbringlich verloren ist, gibt es nur bei McLuhan eine Art zyklische Rückkehr zu einer dorfähnlichen Gemeinschaft mit neuen medialen Vorzeichen. Für die anderen Theoretiker gibt es keine Möglichkeit der Rückkehr, sondern lediglich eine nostalgische Rückschau oder die neutrale Feststellung einer zwangsläufigen Veränderung durch Medien. Baudrillard betrauert den Verlust unmittelbarer face-to-face-Kommunikation, Virilio beklagt den Schwund der körpereigenen Mobilität. Kittler und Flusser sehen weder die Möglichkeit noch die dringende Notwendigkeit einer Rückkehr in den Urzustand.

Als weitere Gemeinsamkeit in der Epochenkonstruktion ist das *20. Jahrhundert als letzte relevante Zäsur der Medienentwicklung* zu nennen. Das Endstadium der Entwicklung ist erreicht, wenn technische Massenmedien eine Weltgemeinschaft (McLuhan) ermöglichen, uns in eine simulierte Welt (Baudrillard) oder in den rasenden Stillstand (Virilio) führen. Auch bei Kittler ist mit dem Computer die technische Entwicklung vorerst abgeschlossen, da alle Medien in einem integriert sind und alle Prozesse der Speicherung, Übertragung und Verarbeitung von Daten vollautomatisiert ablaufen. Dies ist zeitlich allerdings bei Kittler Ende des 20. Jahrhunderts anzusetzen. Auch für Flusser bedeutet der Übergang in den nulldimensionalen Code der technischen Bilder im 20. Jahrhundert, dass eine gänzlich neue und eine vorläufig letzte Stufe der historischen Entwicklung erreicht ist, wobei die Zukunft noch ungewiss bleibt. Alle Theoretiker mit Ausnahme von McLuhan beziehen sich

---

46 Allerdings kann auch umgekehrt argumentiert werden, dass Kommunikation mittels Codes und Medien nach Flusser eine quasi anthropologische, existenzialistische Grundlage des Menschen bildet. Der Mensch muss kommunizieren, um der Absurdität des menschlichen Daseins zu entkommen und seine Einsamkeit und den unabwendbaren Tod vergessen zu machen. Insofern kann es auch keinen a-medialen Zustand geben.

in der Phase der technischen Massenmedien auf digitale Techniken. Insbesondere wird die Leistung des Computers hervorgehoben und als Leitmedium schlechthin in der vorerst letzten historischen Phase benannt. Nur McLuhan behandelt nicht explizit die Differenz zwischen Analog- und Digitaltechniken, was der Tatsache geschuldet ist, dass er bereits 1981 verstarb und somit die zunehmende Bedeutung der Digitalisierung und des Computers nicht miterlebte. Der Computer ist insbesondere bei Kittler das relevante Medium, das alle anderen in sich vereint und daher das Ende der Medienentwicklung markiert. Für Baudrillard bedeutet der digitale Code die Möglichkeit der perfekten Simulation, in der es nur noch um Kombinationen und Permutationen aus Nullen und Einsen geht. Auch Flusser sieht im digitalen Code die Möglichkeit einer neuen Daseinsebene gegeben. Das Punktuniversum ermöglicht es, sich selbst als ‚Projekt' zu verwirklichen und eigene Welten zu entwerfen. Dabei spielt der Computer als Medium, in dem der digitale Code funktioniert, eine wesentliche Rolle. Virilio betont nicht so sehr die Differenz zwischen analogen und digitalen Medien, bezieht aber den Computer als zentrales audiovisuelles Medium mit ein, das zum rasenden Stillstand führt.

Kommensurable medienhistoriografische Referenzfiguren und Motive

Neben der Gemeinsamkeit einer ersten vormedialen oder vorcodierten historischen Phase und einer letzten Epoche der technischen Massenmedien des 20. Jahrhunderts, das insbesondere durch das Leitmedium Computer oder die Digitalisierung gekennzeichnet ist, gibt es Teilkompatibilitäten zwischen den einzelnen Theoretikern. *Es können grundlegende Motive identifiziert werden, die dem medienhistoriografischen Diskurs Stabilität, Identität und Konstanz verleihen. Auf der einen Seite werden die Schrift oder der Buchdruck als zentrale historische Marker verwendet, auf der anderen Seite gelten die Errungenschaften des industriellen Zeitalters als elementar, um Mediengeschichte daran auszurichten.*

Schrift und Buchdruck als medienhistorische Orientierungsmarker

Die Schrift bzw. der Buchdruck sind bei McLuhan, Kittler und Flusser zentrale Orientierungsmarker, nach dem sich das historische Modell ausrichtet. Grampp spricht in seiner Monografie vom Buchdruck als „*historiographische Referenzfigur* im medientheoretischen Diskussionszusammenhang" (Grampp 2009: 16; Hervorhebung d. Verf.). Er konstatiert, dass trotz methodischer und theoretischer Differenzen der Buchdruck die grundlegende Referenzfigur der Medientheorien ist und der Medienwissenschaft somit erst Legitimität, Stabilität und Identität verleiht. Seine Grundthese lautet:

„Die medienhistoriographische (Neu-)Perspektivierung gesellschaftlicher Prozesse und die damit verbundene Referenz auf den Buchdruck – einerseits als Gründungsfigur einer neuzeitlichen (Medien-)Gesellschaft, andererseits als Kontrastfigur für jüngere medientechnische Konstellationen – kompensiert die Heterogenität und die Defizite des medientheoretischen Diskursfeldes und wird so zu einer zentralen Komponente für Identitätsfindung und Legitimation medienwissenschaftlicher Forschung." (ebd.: 26)

Dies ist für die medienhistorischen Modelle von McLuhan, Kittler und Flusser weitestgehend zutreffend. Der Buchdruck bzw. die Schrift werden als wesentliche Anhaltspunkte bzw. als zentrale historiografische Referenzfiguren verwendet, um das medienhistorische Modell daran auszurichten. Beispielsweise gibt die Schrift bzw. der Buchdruck bei McLuhan, Kittler und Flusser als mediale Gründungsfigur der Neuzeit eine ganze Epistemologie vor, die sich durch Linearität, Logik, Abstraktion, Fortschrittsdenken und historisches Bewusstsein auszeichnet und sogar mit einer wirksamen narrativen Figuration ausgestattet wird: McLuhans Gutenberg-*Galaxis* oder Flussers *Universum* der technischen Bilder sind Beispiele für derartige narrative Beschreibungen, die auch sprachlich mit einer kosmischen Metaphorik untermalt werden und der Wirkmacht medialer Konstellationen Nachdruck verleihen. Der Ausdruck Galaxis oder Universum legt nahe, dass die Leittechnik Buchdruck oder der Leitcode technischer Bilder ganze kulturelle, gesellschaftliche, soziale sowie epistemologische Wahrnehmungs- und Erkenntnisbedingungen präfigurieren und organisieren. Medien werden damit zu einem „Legitimations-Topos" (Grampp/Wiebel 2008: 96) von Medienhistoriografie.[47]

Der Buchdruck dient bei McLuhan als Negativ- bzw. Kontrastfolie sowohl zur oralen Stammesgesellschaft bzw. zur literalen Manuskriptkultur als auch zum elektronischen Zeitalter. Dieser leitet maßgeblich die historische Phase der Gutenberg-Galaxis ein, die sich durch Individualisierung, Vereinzelung und einem gestörten Wahrnehmungsapparat auszeichnet. Mit der darauffolgenden Phase der elektronischen Medien wird diese Epoche jedoch überwunden und alle Tendenzen der Gutenberg-Galaxis verkehren sich in ihr Gegenteil. Der Buchdruck stellt in McLuhans Medientheorie insofern eine zentrale Figur historischer Selbstbeschreibung dar, die als zäsurale Instanz und Kontrastelement zu jüngeren Medienentwicklungen konzipiert wird. Ebenso wird diese historiografisch relevante Kontrastfigur bei Kittler als zentrales Motiv zur Mediengeschichtsschreibung verwendet. Er benutzt den Buchdruck als ein Element im Aufschreibesystem 1800, um dieses gegen die orale Kultur und die analogen Medien bzw. das Aufschreibesystem 1900 abzugrenzen. Zwar ist der Buchdruck nicht das einzige Element, jedoch bedeutsam, um Abgrenzung zu der vorherigen und der darauffolgenden Epoche zu schaffen. Bei Flusser steht anstelle des Buchdrucks die Schrift im Vordergrund, um Grenzziehungen vorzunehmen. Diese wird in ein Oppositionsverhältnis zum Bild gesetzt. Zum einen steht die

---

47 Grampp spricht sogar vom Buchdruck als „Meisternarratem" (Grampp 2009: 456), „Grundmetapher" (Ebd.) oder „Meisterfigur historischer Referenz" (Ebd.).

Schrift als Inbegriff der neuzeitlichen Epistemologie und somit der vormodernen, magisch-mythischen Epoche des traditionellen Bildes gegenüber. Zum anderen grenzt sie sich eindeutig von dem Universum der technischen Bilder ab, die eine gänzlich neue Erkenntnisebene und Dimensionalität hervorbringt.

Dieser Übergang von der historischen Phase der Schrift bzw. des Buchdrucks zum Zeitalter analoger und digitaler technischen Medien kennzeichnet regelrecht den Übergang von der *Moderne zu einer Postmoderne*. Hierbei wird die Moderne mit der Neuzeit gleichgesetzt und mit Zuschreibungen wie Rationalität, Logik, Vernunft, Linearität, Kausalität, Fortschritt, Analytik, Ausweitung, Explosion etc. belegt. Von dieser grenzt sich die Postmoderne ab und steht der neuzeitlichen Moderne und abendländischen Kultur diametral entgegen. Die Postmoderne wird demnach mit Adjektiven wie assoziativ, ästhetisch, nicht-linear, kreativ, kybernetisch oder spielerisch belegt. Dieser Umbruch wird weitestgehend als notwendig und wünschenswert angesehen. Gerade die Gemeinsamkeit zwischen McLuhans Gutenberg-Galaxis als die neuzeitliche Epoche der Logik, der Linearität, des Fortschritts und des historischen Bewusstseins und Flussers abendländischer Kultur, die durch den eindimensionalen Schriftcode implementiert wird, ist dabei offensichtlich. Beide schreiben dieser historischen Phase die gleichen Attribute zu: Fortschrittsdenken, Linearität, Logik, Wissenschaftsgläubigkeit usw. Der Unterschied liegt darin, dass McLuhan zusätzlich zwischen Manuskript- und Buchdruckkultur differenziert und diesen Epochen unterschiedliche Merkmale und Bewertungen zuschreibt. Flusser hingegen trifft keine Unterscheidung zwischen Handschrift und Druckschrift und betrachtet dadurch einen viel größeren Zeithorizont, dem er die Attribute der Neuzeit beimisst. Während McLuhan die Neuzeit ab Beginn des Buchdrucks bis zu ihrer Ablösung im 20. Jahrhundert konzipiert, fasst Flusser die Epoche der Eindimensionalität zeitlich von der Erfindung der Schrift bis ins 20. Jahrhundert hinein. Diese zeitliche Disparität ist durch die verschiedenartigen Foki zu erklären, wie im vorherigen Abschnitt bereits erläutert wurden. Während McLuhan kulturhistorische Brüche durch medientechnologische Erneuerungen begründet, legt Flusser den Schwerpunkt auf die Art der Kodifizierung. Dabei ist die Unterscheidung zwischen Hand- und Druckschrift unerheblich, da der alphabetische Code derselbe bleibt. Trotz dieser unterschiedlichen medienhistoriografischen Setzungen thematisieren beide wieder die Ablösung dieser neuzeitlichen Phase durch neue Technologien und eine damit einhergehende grundlegende Veränderung sinnlicher, kognitiver Erfahrungen sowie sozialer und epistemologischer Grundkonstellationen.

Bei Kittlers Medienhistoriografie steht hingegen nicht die neuzeitliche Moderne im Vordergrund, sondern eine *aufklärerische Moderne*, die sich durch das humanistische Bildungsideal und einen starken Subjektbegriff auszeichnet. Die Idee der Autorschaft, des Genies, des Geistes oder der Seele sind hierbei charakteristisch für die Epoche des Buchdrucks. Es vollzieht sich demnach eine Verabschiedung vom autonomen Subjekt, vom Begriff des Geistes zugunsten einer Hinwendung zu einer voranschreitenden Automatisierung der Technik.

Das Industriezeitalter als medienhistorischer Referenzraum

Bei Baudrillard und Virilio orientiert sich das medienhistorische Modell hingegen nicht am Buchdruck oder an der Schrift, sondern am Industriezeitalter. Baudrillard geht es um einen Autonomisierungsprozess von Zeichen, einer sukzessiven Ablösung der Referenz auf Realität. Dieser Prozess endet schließlich in einer vollständigen Umkehrung der Repräsentationslogik von Zeichen und Bezeichnetem. Die technische Reproduzierbarkeit im Industriezeitalter stellt dabei ein kurzes Übergangsstadium dar, das eine allmähliche Auflösung einer außermedialen Referenz initiiert und somit von Baudrillard in Opposition zum historischen Stadium der Imitation gesetzt wird. Repräsentation wird durch Reproduktion als neue gesellschaftliche Logik substituiert, Produktion respektive Reproduktion schließlich von der Simulation abgelöst.

Bei Virilio kann das Industriezeitalter als Ausgangspunkt für eine drastische Geschwindigkeitssteigerung identifiziert werden, da mit der Revolution des Transportwesens der Beschleunigungsprozess radikal vorangetrieben wird. Die körpereigene Mobilität ist bereits durch die Fortbewegung mit organischen, metabolischen Fahrzeugen wie Esel oder Pferd eingeschränkt worden und wird mit dem industriellen Zeitalter nochmals reduziert. Insofern steht das Industriezeitalter als Anfangspunkt für eine technisch-mediale Beschleunigung, die mit den audiovisuellen Massenmedien und der Übertragungsgeschwindigkeit im Zeitalter der Lichtgeschwindigkeit letztlich ihren Endpunkt findet.

Während Baudrillard die Reproduktionstechnik und industrielle Maschinen hervorhebt, sind für Virilio vielmehr technische Fahrzeuge und Transportmittel relevant. In beiden Fällen wird jedoch deutlich, dass das industrielle Zeitalter sowohl kontrastiv zu den anderen Epochen gesehen wird, gleichzeitig aber auch als Initiation oder Anstoß von Entwicklungstendenzen (Autonomisierungsprozess der Zeichen, Beschleunigung) interpretiert werden kann. In diesen Fällen handelt es sich nicht um einen Übergang von einer neuzeitlichen oder aufklärerischen Moderne zu einer Postmoderne. Postmoderne wird hier nicht als etwas nach der Neuzeit oder nach dem Humanismus, sondern als eine *postindustrielle*[48] *Phase* verstanden. Es geht um eine zunehmende Technisierung der Welt, der die Theoretiker kritisch gegenüberstehen.

---

48 Der Begriff der ‚postindustriellen Gesellschaft' wurde von Alain Touraine eingeführt und schließlich mit dem Soziologen Daniel Bell weiterentwickelt. Letzterer charakterisiert die postindustrielle Gesellschaft durch einen laufenden Technisierungsprozess, durch die zunehmende Bedeutung der Wissenschaft und durch eine technokratische Umgestaltung der Sozialentwicklung (vgl. Welsch 2008: 27).

Implosion als medienhistorisches Motiv

Ein weiteres Motiv, das bei McLuhan, Baudrillard und Virilio vornehmlich auftritt, ist das der *Implosion*. McLuhan spricht von einer Implosion aller zeitlichen und räumlichen Dimensionen. Im elektronischen Zeitalter wird die Welt zu einem globalen Dorf zusammengezogen. Absolute Nähe und Partizipation am Weltgeschehen sowie ein globales Zusammengehörigkeitsgefühl sind die Konsequenz. Diesem technologischen Idealismus stellen sich Baudrillard und Virilio zwar diametral entgegen, greifen aber ebenso das Motiv der Implosion auf.

Während McLuhan ein Zusammenrücken durch das Aufbrechen räumlicher und sozialer Barrieren prognostiziert und den Prozess der Implosion positiv bewertet, zeichnet sich die implodierte Gesellschaft bei Baudrillard durch Nicht-Kommunikation, Verantwortungslosigkeit und Isolation aus. Die elektronischen Massenmedien sind nicht Instrumente gesellschaftlicher Vergemeinschaftung, sondern führen im Gegenteil dazu, Reziprozität und Austausch prinzipiell zu unterbinden. Baudrillard räumt ein, dass der Mensch zwar zu einer Unmittelbarkeit der Kommunikation zurückkehrt, wie auch McLuhan mit dem globalen Dorf als Weltgemeinschaft prognostiziert, doch verändert sich die Art der Teilnahme radikal. Statt Anwesenheit funktioniert Kommunikation nur noch über eine universelle Abwesenheit der Kommunikationsteilnehmer. Jeglicher Kontakt, jede körperliche Anwesenheit und jede Aussage werden überflüssig zugunsten einer Kommunikation über Bildschirme und Interfaces. Jedoch geht es bei Baudrillard neben einer Implosion im raumzeitlichen Sinne noch vielmehr um eine Implosion traditioneller Dualismen wie Wirklichkeit/Simulation oder Subjekt/Objekt. Er konstatiert, dass sich alle Distinktionen und binären Oppositionen auflösen und ununterscheidbar werden, und dies im Allgemeinen negative Folgen nach sich zieht: „Die Implosion kann für uns in der heutigen Zeit nur gewaltsam und katastrophal sein, weil sie aus dem *Scheitern* jenes Systems der gesteuerten Explosion und Expansion resultiert, das uns im Abendland seit einigen Jahrhunderten als Grundlage gedient hat." (Baudrillard 2010: 67; Hervorhebung im Original)

Virilio hingegen konzentriert sich wie McLuhan auf die raumzeitlichen Dimensionen, die durch die elektronischen Massenmedien aufgelöst und transformiert werden. Die neue Ordnung der Übertragungs- und Lichtgeschwindigkeit ist durch das Unmittelbare bzw. das Instantane gekennzeichnet. Doch statt einer globalisierten Weltgemeinschaft erliegt der Mensch bloß der Illusion, an mehreren Orten gleichzeitig sein zu können. Die Folge ist die absolute Bewegungslosigkeit des Menschen sowie eine grundlegende Irritation und Störung seines perzeptiven Apparats. Anstelle einer utopischen Version einer Weltgemeinschaft und eines organischen Gleichgewichts entwirft Virilio ein Untergangsszenario und unterscheidet sich dabei lediglich in der Bewertung der Implosion von McLuhan.

Der Gedanke der Implosion wird bei Baudrillard und Virilio insofern gegen McLuhan gelesen: Während McLuhan eine positive Entwicklung bezüglich sozialer

Beziehungen durch die elektronischen Massenmedien sieht, bewerten Baudrillard und Virilio die gleichen Tendenzen der Implosion als Verlust körpereigener, perzeptiver Fähigkeiten (rasender Stillstand) oder als Absorbierung und Kollaps konträrer Pole (Auflösung der Kommunikation, Hyperrealität). Statt Vergesellschaftung kommt es zu einer Aufhebung von Sozialität.

Prothesenhaftigkeit von Medien als wiederkehrendes Motiv von Medientheorie

Ebenso verhält es sich mit McLuhans *prothesentheoretischen Annahmen*, auf die sich Baudrillard, Virilio und Kittler beziehen. Während McLuhan eine Ausweitung des zentralen Nervensystems durch die elektronischen Massenmedien vorhersieht, bewertet Baudrillard die neuen technologischen Möglichkeiten eher als eine Konfusion, in der der Mensch und seine Technologie in ein Umkehrverhältnis eintreten. Die Technik penetriert und assimiliert den Menschen. Dies beginnt bereits im Zeitalter der Reproduktion, in der es zu einem Entfremdungsgefühl zwischen Mensch und Maschine kommt. Baudrillard verweist dabei explizit auf McLuhans Narziss-Mythos. Reproduktion ist für Baudrillard eine narzisstische Täuschung der Technik bis zu dem Punkt hin, an dem der Mensch durch seine technische Verdopplung bzw. durch die Reproduktion seines eigenen Bildes sich selbst nicht mehr erkennt. Im Zeitalter der Simulation wird der Mensch schließlich gänzlich zum Sklaven seiner eigenen Prothesen.

Auch Virilio schließt an McLuhans Prothesentheorie an und konstatiert, dass Mensch und Technik in ein nicht mehr zu trennendes Beziehungsgeflecht treten. Ganz im Gegensatz zu McLuhan jedoch bedeuten die elektronischen Medien keine Verlängerung und Ausweitung der menschlichen Fähigkeiten sowie eine Stimulierung aller Sinnesorgane, sondern wie bei Baudrillard eine negativ gewendete Abhängigkeit des Menschen von seiner Technik. Baudrillard und Virilio gehen beide davon aus, dass menschliche Körper von der Technik durchsetzt und der Mensch unfähig wird, ohne die Technik zu funktionieren. Sie entwerfen ein Verlustszenario, wohingegen McLuhan die Technik auch und vielmehr noch als Erweiterung der menschlichen Fähigkeiten begreift. Trotz der unterschiedlichen Bewertung ist ihnen doch gemeinsam, dass sie die Medientechnik und ihre Auswirkungen auch stets in Zusammenhang mit dem Körper und der menschlichen Sinneswahrnehmung denken.

Auch Kittler nimmt an einzelnen Stellen die prothesentheoretischen Grundlagen auf. Mit dem Aufschreibesystem 1800 verändert sich das Verhältnis von gesprochener und geschriebener Sprache grundlegend, so dass dies auch Auswirkungen auf die Sinneswahrnehmung hat. Ähnlich wie McLuhan geht Kittler in dieser historischen Phase von einer Synästhesie der Sinne aus. Jedoch anders als bei McLuhan, der eine optische Prädominanz mit der Alphabetisierung in Verbindung bringt, sieht Kittler die zunehmende Bedeutung des Auditiven. Die Sprache erfährt in der historischen Phase der Alphabetisierung einen starken Bedeutungswandel, da das Lesen durch die Mütter als Erziehungsinstanz nicht nur visuell, sondern auch auditiv gelehrt wird. Auch Kittlers Ansicht ist der McLuhans entgegengestellt, da Letzterer gerade den Verlust synästhetischer Erfahrung mit Beginn der Gutenberg-Galaxis und dem Ende der Manuskriptkultur beklagt.

Insgesamt kann das Motiv der Prothesenartigkeit von Medien bzw. Technik in Bezug auf den Menschen bei McLuhan, Baudrillard, Virilio und Kittler identifiziert werden.

Zusammenfassung

Zusammenfassend kann festgehalten werden, dass die Problemhinsichten auf einer objekttheoretischen bzw. inhaltlichen Ebene disparat und inkommensurabel sind. Die Schwerpunktsetzungen, Gegenwartsdiagnosen und Zukunftsprognosen sind völlig unterschiedlich in ihrer thematischen Ausrichtung. Ebenso wenig lassen sich die Epochenkonstruktionen und die Bewertung bezüglich der Richtung von Medienentwicklung, die von apokalyptischen Szenarien bis zu medienoptimistischen Utopien reichen, miteinander vereinbaren. Trotz dieser eklatanten Unterschiede können dennoch einige inhaltliche Gemeinsamkeiten identifiziert werden, die den Diskurs als inhaltlich nur teilweise inkommensurabel qualifizieren: Hinsichtlich der Epochenkonstruktionen ist auffällig, dass alle Theoretiker Mediengeschichte als *Mehrphasenmodell* konstruieren, das sich in den je spezifischen Epochen maßgeblich durch bestimmte *Leitmedien oder -codes* strukturiert. Die Theoretiker konstruieren dabei den *Anfang der Mediengeschichte als ein vormediales bzw. uncodiertes Stadium und setzen den Endpunkt der Medienentwicklung im 20. und 21. Jahrhundert mit den elektronischen Massenmedien bzw. den digitalen Techniken und Codes*. Insbesondere konnten bei den untersuchten Theoretikern McLuhan, Kittler und Flusser die Schrift bzw. der *Buchdruck als eine zentrale Referenzfigur für Medienhistoriografie* identifiziert werden, die als moderne Kontrastfolie zur neuen postmodernen Lage etabliert wird. Die Postmoderne verhält sich dabei diametral zu der neuzeitlichen (McLuhan, Flusser) bzw. aufklärerischen (Kittler) Moderne und ihren epistemologischen Implikationen. Genauso wird das *industrielle Zeitalter* bei Baudrillard und Virilio als ein historischer Orientierungsmarker verwendet, um eine postindustrielle Phase einzuläuten, die in einer kritischen Haltung zu den Entwicklungstendenzen zunehmender Technisierung steht.

Als weiteres gemeinsames Motiv von McLuhan, Baudrillard und Virilio taucht das *Konzept der Implosion* auf, um das letzte historische Stadium zu kennzeichnen, das sich durch eine raumzeitliche Verkürzung bzw. die Verschmelzung gegensätzlicher Pole charakterisiert. Zudem sind die *prothesentheoretischen Annahmen* McLuhans in ähnlicher Weise bei Baudrillard, Virilio und Kittler wiederzufinden. Das Verhältnis von Technik und Körper sowie die Veränderungen perzeptiver Konstellationen durch die Medien werden auf je spezifische Weise thematisiert und problematisiert. Abseits dieser teilweise gemeinsamen historiografischen Referenzfiguren von Schrift bzw. Buchdruck, industriellem Zeitalter bzw. Industrialisierung, dem Konzept der Implosion und der prothesentheoretischen Annahmen sind die Theoriekonstrukte miteinander unvereinbar.

Tabelle 9: Zusammenfassung Problemhinsicht

		McLuhan	Baudrillard	Virilio	Kittler	Flusser
Gegenwartsdiagnose und Zukunftsprognose		Ende der Gutenberg-Galaxis, Globales Dorf: Weltgesellschaft, Demokratisierung, Synästhesie, Ausgeglichenheit aller Sinnesorgane	Simulation, Hyperrealität: Verschwinden der Realität, Fraktalisierung, Mensch-Maschine-Kurzschluss (Prothesensklave)	Dromologie: Eskalierende Beschleunigung, Bewegungslosigkeit des Körpers	Medienarchäologie: Medienmaterialismus, Technisierung der Welt	Kommunikologie: Information und Entropie, Krise der Codes: Gefahr einer diskursiven Gesellschaft vs. Möglichkeit dialogischer Strukturen
Epochenkonstruktionen	Vormediale Phase	1. Orale Stammesgesellschaft (Mündlichkeit)	1. Feudalgesellschaft (natürliche Ordnung)	1. Archaische Gesellschaft (metabolische Geschwindigkeit)	1. Orale Gesellschaft	1. Naturzustand 2. Altsteinzeit
	Übergangsphase	2. Manuskriptkultur (Schriftlichkeit)	2. Bürgerliche Gesellschaft (Imitation)	/	/	3. Magisch-mythische Gesellschaft (traditionelle Bilder)
	Neuzeit (Moderne)	3. Gutenberg-Galaxis (Buchdruck)	3. Industriegesellschaft (Reproduktion)	2. Industriegesellschaft (Transportmedien)	2. Literale Gesellschaft (Aufschreibesystem 1800)	4. Alphabetische, abendländisch-neuzeitliche Gesellschaft (Schrift)
	Übergangsphase	/	/	/	3. Kultur der Datenspeicherung (Aufschreibesystem 1900)	/
	20./21. Jh. (Postmoderne)	4. Elektronisches Zeitalter; Globales Dorf (Fernsehen)	4. Informationsgesellschaft (Simulation)	3. Informationsgesellschaft (Übertragungsmedien), 4. Transplantationsgesellschaft (Implantate, Prothesen)	4. Kultur der Datenzirkulation, Informationsgesellschaft (Computerzeitalter)	5. Informationsgesellschaft (Technobilder)
Bewertung des Problems		Utopie	Dystopie			neutral
Medienhistoriografische Referenzfiguren	Buchdruck/Schrift	X	/	/	X	X
	Industrialität	/	X	X	/	/
	Implosion	X	X	X	/	X
	Prothesenartigkeit der Medien	X	X	X	/	/

Quelle: eigene Darstellung

4.2 PROBLEMLÖSUNGEN – SUBVERSIVE STRATEGIEN UND ETHISCHE FORDERUNGEN

In diesem Kapitel wird diskutiert, welche Problemlösungsvorschläge die vorgestellten Theoretiker bezüglich ihrer antizipierten Problemhinsichten anbieten.

4.2.1 Marshall McLuhan: Von schwebenden Urteilen und Meeresstrudeln

McLuhan stellt keine spezifischen Problemlösungsangebote bereit, da aufgrund seiner optimistischen Prognose des elektronischen Zeitalters der Endzustand erreicht und der bestmögliche Fall, das globale Dorf, eingetreten ist: die Rückkehr in eine dorfähnliche Gemeinschaftsstruktur unter neuen medialen Bedingungen und die Stimulierung aller Sinne durch die elektronischen Massenmedien. Die Krise wird demnach durch die Medienentwicklung selbst gelöst. Das Zeitalter des Buchdrucks mit all seinen sozialen, individuellen und epistemologischen Implikationen wird mit den elektronischen Medien überwunden. Das lineare, historische Denken wird zugunsten eines mosaikartigen, assoziativen Denkens verabschiedet. Diese Entwicklungen begrüßt und bestärkt McLuhan uneingeschränkt und fordert dazu auf, sich auf die Gegebenheiten einzulassen. Insofern bleibt er fast ausschließlich auf einer *deskriptiven Ebene, ohne präskriptive oder ethische Forderungen* auszusprechen.

Allerdings kann festgestellt werden, dass er auf *wissenschaftstheoretischer Ebene* präskriptive Forderungen äußert. Mit dem Ende der Gutenberg-Galaxis und somit dem Ende von Linearität, Rationalität, Logik und Kausalität muss ebenfalls eine Abkehr von herkömmlichen wissenschaftlichen Methoden vollzogen werden.[49] Es muss mit dem typografischen Paradigma und seinen epistemologischen Konsequenzen gebrochen werden. Statt Stringenz, Kohärenz und Konsistenz müssen Eklektizismus, Kreativität und assoziatives Denken in den Vordergrund treten, da die Beschreibungsform der Wirklichkeit nach dem Zeitalter des Buchdrucks durch Linearität und Logik nicht mehr angemessen ist. Dem neuen Leitmedium muss demnach auch ein neues Denken folgen.

McLuhan schlägt folglich eine „Mosaik-Methode" (McLuhan/Fiore 1969: 80 f.) vor, die er in seinen Werken eher beiläufig behandelt, die jedoch immer wieder in seinen Texten auftaucht. Diese meint eine Art eklektische Ansammlung von Ideen. Der Grundgedanke dieser Methode besteht darin, die Form der Linearität durch „eine mosaikartige Konfiguration" (McLuhan ²1995 [1962]: 269) zu ersetzen und spie-

---

49 Dass er dies selbst auch in seinen Werken umsetzt, wird in Kapitel 4.5.1 genauer erläutert. Dort werden die logischen, sprachlichen und stilistischen Charakteristika herausgearbeitet.

lerisch, assoziativ und impressionistisch vorzugehen. McLuhan betont, dass es nicht darum gehen kann, Untersuchungsfelder vollständig zu überblicken, sondern eher stückweise, spekulativ und sprunghaft zu verfahren. Dies ist beispielsweise durch Aphorismen, Wort- und Sprachspiele, Alliterationen, Anspielungen oder Sprichwörter gegeben, da diese für McLuhan einen eher unvollständigen, offenen Charakter von Aussagen darstellen und zu einem Mitdenken auffordern. Auch der Analogieschluss ist ein zentrales Moment dieser Methode. Man muss aus anderen Erfahrungsbereichen Ideen heranholen und sie nach dem Prinzip der Ähnlichkeit auf seinen Erkenntnisgegenstand anwenden. Diese eher unorthodoxe Form wissenschaftlichen Vorgehens führt dazu, den Leser am Gedankenverlauf teilhaben zu lassen, während die lineare Struktur, die im Zeitalter des Buchdrucks vorherrscht, den Rezipienten eher passiv konsumieren lässt (vgl. ebd.: 305). Generell ist entscheidend, dass der Rezipient aktiv einbezogen wird, so dass der neue Denkstil prinzipiell offen, flexibel und unvollständig bleibt, stets verschiedene Assoziationen, Bedeutungen und Anschlüsse anbietet und Ideenreichtum sowie unterschiedliche Richtungen des Weiterdenkens zulässt. Im Gegensatz zu dieser mosaikartigen Form des Denkens schließt die Logik Vielfalt und Reichtum an Ideen aus und erschwert somit durch ihre geschlossene Form das aktive Mit- und Weiterdenken (vgl. Kloock/ Spahr 2007: 43).

Genauso versteht McLuhan die „Methode des offenen ‚Feldes' und des schwebenden Urteils" (McLuhan ^{2}1995 [1962]: 342) als neue Denkmethode. Er fordert dazu auf, die Relativität und Kontingenz der eigenen Perspektive offenzulegen und zu reflektieren. Wie die Zentralperspektive in der Malerei ist ein fester Standpunkt ein Produkt des Gutenberg-Zeitalters und somit obsolet geworden. Es gibt keinen festen archimedischen Punkt, von dem Theorie ausgehen kann. Die Methode des schwebenden Urteils erlaubt es, „die Grenzen unserer eigenen Voraussetzungen zu überschreiten, indem wir an ihnen Kritik üben. Nun sind wir imstande, nicht bloß amphibisch in getrennten und unterschiedlichen Welten zu leben, sondern pluralistisch in vielen Welten und Kulturen zugleich." (ebd.: 38) Die Forderung nach einer neuen Theoriebildung und Methodik begründet McLuhan mit Edgar Allan Poes Parabel ‚A Descent into the Maelstrom', in der Seemänner in ihrem Boot in einen Meeresstrudel geraten, der sie mit Kreisbewegungen in die Tiefe zieht. Dabei kann sich einer der Seemänner retten, indem er sich auf die Bewegungen des Wasserwirbels einlässt, seine Funktionsweise erkennt und diese Erkenntnis zum Überleben nutzt. McLuhan drückt damit aus, dass Standpunkt- und Ortslosigkeit notwendige Bedingungen sind, um angemessen zu handeln. In Bezug auf Theoriebildung bedeutet es, dass Letztbegründungen nicht mehr möglich sind. (Vgl. ebd.: 96)

Auch auf der Darstellungsebene von Texten plädiert McLuhan dafür, die lineare Textanordnung zu durchbrechen und das „Buch im Buch selbst aufzuheben" (Kloock/Spahr 2007: 45). Hiermit versucht er, wissenschaftliche Analyse und Stringenz durch die Figur des Mosaiks zu ersetzen, wie noch in Kapitel 4.5.1 erläutert wird. McLuhan thematisiert und reflektiert in seinen wissenschaftstheoretischen Forderungen die Art der Theoriebildung und Methodik in den Geisteswissenschaften und setzt dies auch konsequent in seiner eigenen Textproduktion um.

4.2.2 Jean Baudrillard: Von Straßenprotesten zur Verführung

Die Simulation durch die Dominanz des binären Codes, die Ununterscheidbarkeit von wahr und falsch, real und virtuell, die zunehmende Sinnentleerung unserer medial-kommunikativen Kultur sowie die Erzeugung von Nicht-Kommunikation durch die Massenmedien sind Baudrillards thematisierten Problemfelder.

Um dieser Wirkmächtigkeit des Simulakrums dritter Ordnung zu entkommen, schlägt Baudrillard verschiedene Problemlösungen und Gegenbewegungen zur Theorie der Simulation vor, die sich im Laufe seines Œuvres verändert haben. In seinen früheren Schriften sieht er die Möglichkeit zur Durchbrechung der massenmedial induzierten Nicht-Kommunikation noch in politischen Handlungen wie Straßenprotesten als Möglichkeit zum Ausdruck direkten Feedbacks. Das Potenzial zur Reziprozität sieht er auch in der Graffitikunst. In seinen späteren Werken betrachtet er jedoch jede Form von Kritik, Protest und Revolte als hinfällig. Er spricht sich für einen metatheoretischen Perspektivwechsel und einer Verschiebung vom Subjekt zum Objekt sowie für Prinzipien der Affirmation des Zustandes aus, um alle Entwicklungstendenzen noch zu beschleunigen und damit ad absurdum zu führen. Zunächst werden seine Problemlösungsstrategien vorgestellt, in der Baudrillard noch eine kritische Haltung einnimmt, um anschließend seine Ausführungen zum Prinzip der Verführung und die Affirmationsstrategien systematisch darzulegen.

Kritik, Rebellion, Protest – Von Straßenrevolten bis zum Graffiti
Das Simulakrum dritter Ordnung konstruiert nach Baudrillard eine soziale Realität, in der jede Form der Kommunikation per se ausgeschlossen ist. Um diesen Modus der medial induzierten Nicht-Kommunikation zu durchbrechen, muss wieder eine unmittelbare, direkte Kommunikationssituation geschaffen werden. Diese Möglichkeit liegt für ihn im öffentlichen urbanen Raum, der als zentrale Stelle des Codes fungiert und politischen Widerstand genau dort möglich und wirksam macht. Kritik und Subversion entsteht demnach durch die Unmittelbarkeit der Kommunikation auf den Straßen. In Baudrillards Aufsätzen ‚Requiem für die Medien' (1972) und ‚Kool Killer oder Der Aufstand der Zeichen' (1978b) erläutert er, inwiefern durch Straßenproteste und Demonstrationen politischer und symbolischer Widerstand geleistet wird und dadurch Kritik am System geübt werden kann. Paradigmatisch sind

dafür die Mairevolten und Studentenproteste 1968, die für Baudrillard sowohl Ausdruck einer politischen Opposition als auch einer semiologische Rebellion[50] sind:

„Das wahre revolutionäre Medium des Mai waren die Wände mit ihren Parolen, die Siebdrucke oder handgemalten Plakate, die Straße, in der das Wort ergriffen und ausgetauscht wurde – all das, was unmittelbare Einschreibung war, was gegeben und zurückgegeben, was ausgesprochen und beantwortet wurde, was sich bewegte, zur gleichen Zeit und am gleichen Ort, reziprok und antagonistisch. In diesem Sinne ist die Straße die alternative und subversive Form aller Massenmedien, denn anders als jene ist sie nicht objektivierter Träger von Botschaften ohne Antwort, nicht auf Distanz wirkendes Übertragungsnetz, ephemeren und sterblichen Rede, einer Rede, die sich nicht auf der platonischen Bildfläche der Medien reflektiert." (Baudrillard 1972: 290)

Das gleiche subversive Potenzial sieht Baudrillard auch in dem subkulturellen Phänomen der Graffitikunst. In ‚Kool Killer oder Der Aufstand der Zeichen' (1978b) behandelt er die Rolle der *Graffiti* als eine weitere Form des politischen Protests im urbanen Raum. Sie gelten als Widerstand und kulturelle Artikulation gegen den dominanten Code. Diese Art der Gegenkommunikation birgt ebenso die Chance auf eine direkte und unmittelbare Erwiderung und Antwort. Graffiti ist „eine Überschreitung, nicht weil sie einen anderen Inhalt, einen anderen Diskurs einsetzte, sondern weil sie Antwort gab, dort, an Ort und Stelle, und *die Grundregel der Nicht-Antwort aller Medien brach*." (Baudrillard 1972: 297; Hervorhebung d. Verf.) Anders als die 68er-Bewegung vermitteln die Graffiti jedoch keine ideologischen Botschaften, sondern es sind bloß noch „mit Markers und Farbsprühdosen bewaffnete Jugendliche [notwendig], um die urbane Signalektik durcheinander zu bringen [...]. (Baudrillard 1978b: 31) Die Möglichkeit des Widerstandes liegt demnach nicht mehr in den Inhalten, sondern in der Struktur selbst. Graffiti ersetzen nicht den herrschenden Code durch einen anderen, sondern sie dekonstruieren diesen. Graffiti sind insofern eine Art

„Schrei, [.] Einwurf, [.] Anti-Diskurs, [.] Absage an jede syntaktische, poetische und politische Elaboriertheit, [.] kleinstes, radikales, durch keinerlei organisierten Diskurs einnehmbares Element. Irreduzibel aufgrund ihrer Armut selbst, widerstehen sie jeder Interpretation, jeder Konnotation, und sie denotieren nichts und niemanden: weder Denotation noch Konnotation, derart entgehen sie dem Prinzip der Bezeichnung und brechen als leere Signifikaten ein

---

50 Der Widerstand geht dabei von den gesellschaftlichen Gruppen aus, die vom Code unterrepräsentiert sind und marginalisiert werden. Studenten, Frauen oder Farbige haben durch die Proteste nicht nur eine Repräsentation im Code gefordert, sondern damit den Code selbst kritisiert, indem sie auf die Straßen gegangen sind und demonstriert haben. (Vgl. Huyssen 1992: 176)

in die Sphäre der erfüllten Zeichen der Stadt, die sie durch ihre bloße Präsenz auflösen." (Baudrillard 1978b: 26)

Sie verlegen die Art des Widerstandes auf das Terrain der Zeichen. Die Stadt als sozialer Raum wird neu codiert, die bestehende Ordnung der Zeichen gestört. In ihrer Rolle als *leere Signifikanten* entfalten die Graffiti gerade durch ihre Inhalts- und Bedeutungslosigkeit, durch das Fehlen einer politischen, ideologischen und kritischen Aussage, ihre subversive Kraft. Die politische und revolutionäre Botschaft von Graffiti sieht Baudrillard demnach in der *Verweigerung von Sinn*.[51] Insofern stellen für ihn die Graffiti einen symbolischen Widerstand dar, der auf einer rein semiotischen Ebene wirksam wird: „Mit den Graffiti bricht in einer Art von Aufstand der Zeichen das linguistische Ghetto in die Stadt ein." (ebd.: 28 ff.) Diese *Verschiebung von einer faktischen auf eine symbolische Ebene* wird mit den folgenden Problemlösungskonzepten noch verstärkt betrieben.

Das Ende der Kritik – Symbolischer Widerstand durch Affirmation und Übertreibung

Baudrillard konstatiert in seinen späteren Werken, dass jede Form von Kritik und Subversion nicht mehr auf einer faktischen, sondern nur noch auf einer virtuellen Ebene stattfinden kann. Eine Grundsatzkritik durch Revolten und Straßenproteste oder eine Verweigerung des Codes durch die Graffiti affirmieren die gegenwärtige Situation nur: „Wir wissen, dass jede Kritik, jede Gegenkraft, das System nur ernährt." (Baudrillard zitiert in Rötzer 1986: 29) Widerstand, Rebellion und Protest sind vom Code selbst produziert, so dass Kritik und Revolte lediglich eine weitere Spielform des Codes und demnach eine bloße Bestätigung des Status Quo darstellen. Subversion und Destabilisierung der bestehenden Ordnung kann insofern nicht mehr von außen herangeführt werden, Problemlösungsstrategien sind nur vom Systeminneren wirksam. Das bedeutet, dass die Dinge – metaphorisch gesprochen – pervertiert und verdreht werden müssen anstatt sie subversiv zu unterlaufen. Eine bedingungslose Affirmation der Zustände ist wirksamer, um den Weg des Systems in seine eigene Katastrophe zu beschleunigen. Die Problemlösung liegt demnach in der *Potenzierung, Radikalisierung, Übertreibung und Übersteigerung* des systemeigenen Prinzips, bis es sich in ihr Gegenteil verkehrt. Man muss über den Extrempunkt hinausgehen, um eine Eskalierung herbeizuführen, so dass das System in seiner Eigenlogik in sich zusammenbricht. Es geht darum, die Grenzen jeglicher Funktionalität zu überschreiten. (Vgl. Baudrillard ^{2}1991a [1982]: 13)

---

51   Er beschreibt dies anhand der Stadt New York zu Beginn der 1970er Jahre, in der er das „Hereinbrechen der Graffiti über die Wände, Busse und U-Bahnen" (Baudrillard 1978b: 23) in die codierten Koordinaten des Urbanen in New York als Attacke versteht, „um das gewöhnliche Benennungssystem aus der Fassung zu bringen." (ebd.: 26)

In konkretem Bezug auf Baudrillards Simulationsthesen bedeutet das, dass der Prozess der Simulation weitergeführt werden muss. Es geht darum, Realitätseffekte zu erzeugen, die realer als das Reale wirken: „Im Grunde besteht die der Simulation zugrundeliegende Taktik [...] darin, einen Realitätsexzeß zu provozieren und das System in einem Realitätsexzeß zum Zusammenbruch zu bringen." (Baudrillard 1978b: 15) Formen der Übersteigerung und Übertreibung sowie die Herbeiführung einer Umkehrung finden sich bei Baudrillard im *symbolischen Tausch* und in der *Metaphorik des Todes*. Darin sieht er die Möglichkeit zu einer *Reversibilität*, d.h., einer Umkehrung der Verhältnisse.

Der symbolische Tausch und die Metaphorik des Todes

Dieses Prinzip der Umkehrbarkeit wird durch den symbolischen Tausch repräsentiert, der nicht mehr auf der Ebene des Realen, sondern der Simulation selbst operiert. Diese Idee lehnt er an die Arbeiten des französischen Ethnologen Marcel Mauss (1990 [1925]) an.[52] Dieser beschreibt die Gabe[53] als basale Reziprozitäts- und Tauschbeziehung von Geben, Nehmen und dem großzügigen Erwidern von Geschenken als das elementarste soziale Phänomen. Es handelt sich um ein Ritual des sich einander überbietenden Schenkens als Modus des unmöglichen Tausches. Nach Mauss begründet die Gabe eine Schuld, die der andere mit einer Gegengabe ausgleichen muss. Dies führt zu einer Verschwendung der Güter, da eine Gabe stets mit einer größeren Gegengabe verbunden ist. In letzter Konsequenz endet der Tauschprozess in einer Spirale der Eskalation. Denn durch die Gabe, die nicht mehr erwidert werden kann, katapultiert sich das Prinzip selbst ins Jenseits. Nach dieser Logik bringt die Affirmation und Übertreibung das System selbst zum Kippen.

Baudrillards Problemlösungsvorschlag ist, das System durch eine Gabe herauszufordern, auf die es keine Gegengabe mehr geben kann. Die systemimmanente Eigenlogik wird ad absurdum geführt, indem eine symbolische Gewalt provoziert wird, eine „Reversion, der unaufhörlichen Reversibilität der Gegengabe, und umgekehrt der Machtergreifung durch die einseitige Austeilung der Gabe." (Baudrillard ²1991a [1982]: 64) Der Tod als Inbegriff des Exzesses, der Überbietung und der unmöglichen Gegengabe stellt dabei die vollendete Form des Tausches dar: „*In der Erwiderung auf die vielfache Herausforderung des Todes und des Selbstmords muß sich das System selbst umbringen.*" (ebd.: 66; Hervorhebung im Original)[54]

---

52 Hierzu siehe auch genauer Kapitel 4.6.2.2.
53 Siehe hierzu auch Bataille (2001).
54 Naturkatastrophen, Unfälle oder Terrorismus sind für Baudrillard solche Einbrüche des Todes. Als fundamentalste Form des Todes nennt er den Selbstmord. Der Selbstmord ist eine Opfergabe, auf die die Gesellschaft nicht mehr adäquat antworten kann. Wenn der Terrorist beispielsweise sein Leben opfert, so hat das System keine angemessene Form, diesen Tod mit einer Gegengabe zu erwidern, so dass es dauerhaft geschwächt wird.

Diese Problemlösungsstrategie lässt sich hier auch auf den Bereich der Kommunikation bzw. Nicht-Kommunikation übertragen. Als subversive Strategie gegen die massenmedial induzierte *Nicht-Kommunikation* schlägt Baudrillard das *Schweigen* vor. Er begreift das Schweigen als explizite Absage an den Sinn und an eine Determinierung durch die Medien. Es bedeutet eine Affirmation hinsichtlich der Nicht-Kommunikation. Insofern ist das Schweigen als eine Art Verweigerung, als resignative Haltung oder Gleichgültigkeit zu verstehen. Der Protest liegt in dem Eingeständnis begründet, dass Medien per se realen Austausch, Kommunikation und Partizipation verhindern, so dass das Schweigen als bewusste Verweigerungshaltung gegenüber dem Zustand der Nicht-Kommunikation gilt: „So besteht der strategische Widerstand in einer Absage an den Sinn und in einer Absage an das Wort – oder in der hyperkonformistischen Simulation der eigentlichen Mechanismen des Systems, die eine Form von Verweigerung und von Nichtrezeption darstellt." (Baudrillard 1983c: 107 f.) Die Umkehrung durch Affirmation ist auch als systemimmanente Eigenschaft im Wesen der Dinge verhaftet. Dies drückt Baudrillard mit den Überlegungen zur Virulenz bzw. Viralität aus Darin sieht er die systemeigene Zerstörungskraft als einen weiteren Problemlösungsansatz.

Virulenz und die Intelligenz des Bösen als systemeigene Problemlösung

Der Versuch, die hyperreale Welt anzugreifen und das System zu destabilisieren, mündet in Baudrillards Begriff der *Virulenz*:

„Auf Französisch haben wir zwei Worte, die miteinander spielen: violence und virulence. Violence ist die frontale Gewalt, während virulence eine neue Energieform auch in der Theorie ist. Die Virulenz zielt auf die Destabilisierung und Metastasierung der Systeme. Auch wenn wir auf alle politischen Hoffnungen verzichtet haben, bleibt diese Virulenz weiterhin möglich." (Baudrillard 1991c: 86)

Viren treten als eine Anomalie im Sinne einer Störung und Wucherung im Systeminneren auf und sind als eine Übercodierung des Systems selbst zu deuten. Sie sind durch einen „Überschuß an Funktionalität" (Baudrillard 1989a: 131) gekennzeichnet, wobei sich darin „eine Schadenfreude der Maschinen offenbart, perverse Effekte zu erzeugen oder zu steigern und ihre Zweckmäßigkeit durch ihre eigene Operation zunichte zu bringen." (Ebd.) Virale Epidemien sind insofern systemimmanente Strategien der Verteidigung bzw. (selbst-) therapeutische Maßnahmen. Der Exzess bringt stets auch das verdrängte Andere hervor, z.B. das Übermaß an Gesundheit den Virus oder das Übermaß an Sicherheit neue Bedrohungen. Dies nennt Baudrillard die *Intelligenz des Bösen* als eine bösartige Umkehrung der Struktur gegen sich selbst. Das strukturelle Gleichgewicht wird aus der eigenen inneren Organisation heraus durcheinandergebracht. Alle Systeme sind durch eine gewisse Immunschwäche, eine innere Virulenz, gekennzeichnet, die in allen Bereichen anzutreffen ist, z.b. in der Ökonomie, der Politik, der Biologie oder in den Informationsspeichern der Computerdatennetzwerke. Es handelt sich um eine interne Funktionsstörung des Systems, die den Code attackiert. Viren, Epidemien und Anomalien sollen jedoch nicht bekämpft oder abgeschafft werden, da sie prophylaktisch gegen die vorherrschende Ordnung wirken und somit effektive Indikatoren für die Ambivalenz und Umkehrbarkeit des Systems darstellen. Die Viralität ist daher Katastrophe und Warnsignal bzw. (Selbst-)Schutzmechanismus zugleich:

„Bei einem bestimmten Sättigungsgrad übernehmen sie selbst, ohne es zu wollen, diese Funktion der Umkehrung und Zerrüttung und gehen ihrer eigenen Zerstörung entgegen. [...] Das Schlimmste ist die Metastase im Krebs, der Fanatismus in der Politik, die Virulenz im biologischen Bereich, das Rauschen in der Information. Aber im Grunde ist das alles auch Teil des Besten, denn der Prozeß der Kettenreaktion ist ein amoralischer Prozeß, jenseits von Gut und Böse und umkehrbar." (Baudrillard 1992a: 80)

Die Viralität sieht Baudrillard demnach auch als eine Form der Metastabilisierung und Verteidigung des Systems, umfangreichere Zusammenbrüche zu verhindern. Im Falle der Implosion von Medium und Botschaft und der medial induzierten Nicht-Kommunikation durch Überinformation stellt beispielsweise der Datenvirus eine derartige virale Destabilisierungskraft dar.

Die Verführung und die Macht des Objekts –
Neue wissenschaftstheoretische Perspektiven

Baudrillards Suche nach Strategien der Umkehrung und Reversibilität führt ihn ab Anfang der 1980er Jahre mit ‚Laßt euch nicht verführen!' (Baudrillard 1983a) und ‚Von der Verführung' (1992b) in seiner Argumentation zum Prinzip der Verführung, das „als Träger der Reversibilität" (Blask 2005: 57) dient. Baudrillard argumentiert, dass er mit dem Prinzip der *Verführung* das Problem der Simulation aufgreift und lediglich von einer anderen Perspektive verhandelt. Ziel ist es, die für ihn sinnlos gewordene Kritik in Fatalität, Witz und Ironie zu verwandeln und somit „über seinen *kritischen* Schatten hinauszugehen." (ebd.: 30; Hervorhebung d. Verf.) Er versucht, sich gegen den Vorwurf des Kulturpessimismus zu wehren und mit der Verführung auf eine spielerische Art an das Simulationsproblem heranzutreten: „Im Grund genommen geht es bei der Simulation (um die ja alle meine Überlegungen kreisen) und der Verführung um dieselben Einsätze. [...] sie geht den Dingen nicht ‚auf den Grund' im Sinne einer ‚Theorie-Wahrheit' (théorie-vérité), sondern im Sinne einer Theorie-Fiktion (théorie-fiction)." (Baudrillard 1983a: 127) Insofern plädiert Baudrillard auf einer *wissenschaftstheoretischen Ebene* für eine parodistische Destruktion von Theorie. Theoriebildung selbst muss in den Blick genommen werden. Die Zerstörung von Theorie kann nicht durch ihre Kritik erfolgen, da die

Kritik selbst ein theoretisches Moment ist, sondern stattdessen durch die Entwicklung von *Pseudo-Theorien bzw. Theoriefiktionen* als eine Art theoretisches Verbrechen. Diese fiktionale Methode äußert sich konkret in metaphorischen Überlegungen zur Verführung.

Der Begriff der Verführung bleibt bei Baudrillard dabei unklar definiert. Vielmehr erläutert er das Konzept durch metaphorische Ausführungen: Die Liebe als Gegenpol zur Verführung strebt nach einer absoluten, bekenntnishaften Wahrheit. Während die Liebe nach einer Finalität und Erfüllung sucht, stellt die Verführung einen ritualisierten, spielerischen, duellhaften Prozess dar. Die Verführung bleibt dadurch stets rätselhaft und kennzeichnet sich durch einen dualen Charakter. Sie beschreibt einen ständigen Antagonismus, der sich durch eine geheimnisvolle Anziehung zwischen zwei Polen bestimmt, während die Liebe stets Exklusivität der Liebenden beansprucht. Die Verführung kennzeichnet sich eher durch das Prozesshafte, während die Liebe einen Zustand beschreibt. Anhand dieser metaphorischen Ausführungen zur Liebe und Verführung versucht Baudrillard, seinen wissenschaftstheoretischen Standpunkt deutlich zu machen. Es geht ihm um einen radikalen Perspektivwechsel. Das Problem ist nicht mehr so sehr die Simulation selbst. Es geht weniger um Lösungsstrategien für die medial produzierte Nicht-Kommunikation und das prekäre Verhältnis von Mensch und Medium, sondern um Veränderungen auf der Ebene der Theoriebildung und der eigenen Perspektivität. *Das Theoretisieren in Absolutheiten und klar fixierten Antagonismen, Oppositionen und Dualismen muss verworfen werden.* Stattdessen muss der *Übergang von einer Subjekt- zu einer Objektperspektive* vollzogen werden, denn

„[d]as Feld des Objektes ist das der Verführung, des Schicksals, der Fatalität oder einer anderen Strategie. [...] Aber das ist mehr eine Herausforderung als ein Fakt oder ein bestimmter philosophischer Standpunkt. Mir schien es besser über das Feld des Subjekts hinauszugehen und vom Objekt her zu sprechen, wenn das irgendwie möglich ist. Das ist vielleicht ein unmöglicher Standpunkt, den aber müssen wir im Sinne behalten und den Standpunkt des Subjekts ganz beiseitelassen." (Baudrillard zitiert in Rötzer 1986: 29 f.)

Die Differenz von Subjekt und Objekt muss aufgehoben werden, so dass beide Sphären als gleichberechtigt betrachtet werden.[55] Die Kategorien sind dadurch nicht mehr klar zu trennen, denn die Bestimmung von Subjekt und Objekt kann nur in der Relation zueinander definiert werden. An diesem Punkt ist „jeder Verführer zugleich schon Verführter und jedes Subjekt zugleich schon Objekt der Verführung."

---

55 Dies verdeutlicht Baudrillard anhand einer Anekdote: Die Versuchsratte in einem Labor ist nicht Objekt des Psychologen. Vielmehr hat diese selbst den Psychologen konditioniert, dass jener ihr beim Öffnen des Käfigs ein Stück Brot gibt. (Vgl. Baudrillard 1991b: 101 f.)

(Pias 2010: 259) Es geht Baudrillard darum aufzuzeigen, dass nicht das Subjekt etwas Aktives in der Beziehung zwischen Subjekt und Objekt darstellt, sondern stets durch das Objekt erst bedingt wird. Baudrillard verabschiedet sich mit dem Prinzip der Verführung somit von einer subjektzentrierten Philosophie. Wissenschaftstheoretisch bedeutet dies weiterhin, dass Kausalität und Determination, Ursache und Wirkung nicht mehr klar festlegbar sind. Antagonismen werden somit aufgelöst zugunsten eines *Denkens in Relationen*. Statt Absolutheiten ist das *ständige Wechseln von Positionen und Perspektiven, Prozessualitäten und Relationen* zu bevorzugen. Verführung ist damit für Baudrillard weder ein eindeutiger Standpunkt noch eine klar definierbare Methode, „sondern so etwas wie eine Herausforderung, eine rätselhafte und geheimnisvolle dual/duellhafte Beziehung, deren Regeln unausgesprochen bleiben und die gerade deshalb verführerisch ist." (Baudrillard 1983a: 129)[56]

Zusammenfassend kann bemerkt werden, dass Baudrillards Problemlösungen eine theoretische Wende in seinem Œuvre darstellen. Auffällig ist, dass der kulturpessimistische Ton zunehmend verschwindet. Zunächst sieht Baudrillard die Möglichkeit zur Kritik noch in den Straßenprotesten und Massendemonstrationen, anschließend dann auf einer symbolischen Ebene in der Graffitikunst als leere Signifikanten, die eine semiologische Rebellion im urbanen Raum bedeuten. Später konstatiert er, dass jedwede Art der Kritik obsolet geworden ist. Hier ist ein Bruch zu seiner vorherigen Haltung zu erkennen. Es geht ihm nicht mehr so sehr darum, konkrete Handlungsanweisungen, Problemlösungsangebote, ethische Forderungen oder Appelle auszusprechen, um die soziale Realität zu verändern oder ihren Untergang zu verhindern. Der symbolische Tausch und die Metapher des Todes sowie das Prinzip der Reversibilität, das durch eine grenzenlose Affirmation hervorgerufen wird, und die Virulenz als systemimmanente Subversionskraft sind Problemlösungsansätze, die sich auf einer metaphorischen und wissenschaftstheoretischen Ebene befinden. Mit dem Konzept der Verführung fordert er außerdem zu einer neuen Art des Denkens und Theoretisierens auf. Ein Perspektivwechsel von einer Subjekt- zu einer Objektsphilosophie, die Auflösung absoluter Positionen und Wahrheiten, das Denken in Relationen und Relativitäten anstatt in der Festlegung antagonistischer Pole sind die Forderungen, die er mit seinem Prinzip der Verführung ausdrückt. Seine Problemlösungsvorschläge weist er nicht als solche explizit aus, sondern umschreibt sie anekdotisch und metaphorisch. Weder sind die Verfüh-

---

56 Auch auf die Sprache hat dies einen direkten Einfluss. Die Sprache der Theorie-Fiktion passt sich formal ihrem Gegenstand an: „Vielleicht muss die Sprache terroristische, krachförmig und viral zugleich werden. Wenn man von Simulation sprechen will, muß die Sprache selbst simulatorisch werden. Wenn man von Verführung sprechen will, muß die Sprache selbst verführerisch werden. Dasselbe gilt, wenn man vom Fraktalen oder Viralen spricht. Die Sprache muß sich an das, worüber sie spricht, anschmiegen." (Baudrillard 1991c: 85)

rung, der symbolische Tausch und der Tod, die Virulenz bzw. Viralität und das Prinzip des Bösen klar definierte Konstrukte, sondern zunächst bloß Metaphern, die jedoch als theoretische Konzepte verstanden werden können, die in Opposition zu seinen Simulationsthesen stehen.

4.2.3 Paul Virilio: Unfälle, Unterbrechungen und Entschleunigung

Virilio spricht Appelle, ethische Forderungen und Handlungsanweisungen aus, um den von ihm beschriebenen Geschwindigkeitsexzess angemessen zu reflektieren. Insofern bleibt er nicht auf seiner kulturkritischen Position stehen und lamentiert über die gegenwärtige Problemlage, sondern bietet konkrete Problemlösungsvorschläge an und gibt Handlungsanweisungen, die von Verweigerungshaltungen über die Forderung nach Reflexion bis hin zu metatheoretischen Gedanken reichen.

**Ethik der Wahrnehmungsverweigerung –
Forderung nach einem Recht auf Blindheit**
Hinsichtlich eines grundlegenden Ohnmachtgefühls stellt sich Virilio die Frage, ob es überhaupt möglich ist, sich der unaufhaltsamen Beschleunigung zu entziehen. Insbesondere die Massenmedien sind omnipräsent, so dass es zu einem Informationsüberschuss kommt. Vor allem die audiovisuellen Bildschirmmedien beeinflussen die Wahrnehmung so stark, dass man sich dem Überangebot systematisch verschließen muss. Genauso wie es Lärmregulierungen in öffentlichen städtischen Räumen gibt, so muss auch „so schnell wie möglich eine Senkung der Ausstrahlungsintensität von Bildern gefordert werden." (Virilio 1996a: 134) Man soll sich, wenn möglich, der Flut an audiovisuellen Medien entziehen. Virilio postuliert eine „Ethik der Wahrnehmungsverweigerung" (Reschika 2001: 273), die beinhaltet, dass der Mensch das Recht auf eine freiwillig gewählte Blindheit, Kontrolle und Blockierung der Informationsangebote hat. Diese Verweigerungshaltung ist ein kleiner Schritt, sich den Entwicklungstendenzen und dem halluzinatorischen Effekt der Medien entgegenzustellen und die „Geschwindigkeitsdiktatur und Bewegungstyrannei" (Virilio 1996a: 101) zu bekämpfen. Er spricht sich dafür aus, Medienkompetenz zu entwickeln und die eigene Mediennutzung bewusster zu gestalten und zu regulieren.

**Die Frage nach der Technik stellen und
das Wesen der Technik reflektieren**
Weiterhin fordert Virilio eine „Transparenz des Militärischen" (Morisch 2011: 569). Generell beobachtet er ein Verschwinden des Militärs in den letzten Jahrzehnten. Er behauptet, dass die technologischen Entwicklungen ihre militärische, kriegerische Natur verschleiern und damit gleichzeitig die Bedrohung und Gefährdung der

Technologien heruntergespielt wird. Der Ursprung jeder Technologie liegt jedoch immer noch im Militärischen, doch ist dies nicht mehr erkennbar. Die Grenze zwischen Militärischem und Zivilem, beispielsweise bei der Nutzung von Internet und GPS, ist fließend, so dass die Gesellschaft nicht mehr erkennen kann, dass sie sich durch die technologischen Neuerungen auch selbst in Gefahr bringt. Wir werden blind gegenüber der Tatsache, dass in jeder Technik ein zerstörerisches Potenzial liegt. Insofern sind wir selbst schon ein Teil des Militärapparates geworden. Daher muss sich der Mediennutzer stets verdeutlichen, dass jede Technologie ihren Ursprung im Kriegerischen hat (Vgl. Virilio/Lotringer 1984: 23 ff.)

Dieses Bewusstmachen beschränkt Virilio nicht nur auf die Transparenz des Militärischen, sondern bezieht dies auch auf das gesamte Wesen der Technik. Um politisch zu denken und verantwortlich zu handeln, muss man immer auch die Frage nach der Geschwindigkeit und der Technik stellen. Dabei richten sich seine ethischen Forderungen nicht an bestimmte Institutionen in Politik oder Wissenschaft im Speziellen, sondern politisches Denken ist die Verantwortung jedes Einzelnen. Entscheidend ist, dass jeder den gegenwärtigen Status des Verschwindens und die Herrschaft der Beschleunigung erkennt und dieser Situation bewusst und verantwortungsvoll entgegentritt, denn die Veränderungen der Geschwindigkeiten und ihre Auswirkungen auf raumzeitliche Verhältnisse nicht wahrzunehmen, bedeutet eine absolute Ignoranz und Niederlage (vgl. Kloock 2003: 100). Das *Sich-Bewusst-Werden* und *Sich-Bewusst-Machen* sind Möglichkeiten, gegen den Verlust des eigenen Willens und gegen die Einschränkung der Bewegungsfreiheit durch die zunehmende Geschwindigkeit anzugehen. Über Technik und Geschwindigkeit zu reflektieren ist ausschlaggebend, um die Situation zu begreifen und zu lernen mit ihr umzugehen.

Die Kehrseite der Geschwindigkeit aufzeigen – Ein Museum des Unfalls errichten

Virilio betont, dass jeder technische Fortschritt zwangsläufig mit einem Verlust einhergeht. Die Technik enthält eine Kehrseite, die stets mitgedacht werden muss. Nicht nur der Ursprung der Technik im Militärischen muss vergegenwärtigt werden, sondern stets auch die möglichen Konsequenzen der technologischen Entwicklungen. Mit der Technik ist auch immer ihr Nicht-Funktionieren, ihr Ausfall und Zusammenbruch verbunden:

„Mit dem Schiff hat man den Schiffbruch erfunden, mit der Dampfmaschine und mit der Lokomotive die Entgleisung. Mit der Autobahn die Karambolage von 300 Wagen binnen fünf Minuten. Mit dem Fliegen den Absturz... Ich möchte einen provozierenden Vorschlag machen und verlangen, daß es mit der Ausstellung von Maschinen auch eine Ausstellung von Akzidentien, von Unfällen gibt. Jede Technik und jede Wissenschaft sollte den ihr spezifischen Unfall auswählen und als Produkt zeigen – und zwar nicht auf moralische Art, zur

Vorbeuge (als Sicherheitsmaßnahme), nein, sondern als Produkt, das ‚epistemotechisch' zu problematisieren wäre." (Virilio/Lotringer 1984: 36 f.)

Dahingehend spricht Virilio sich für eine Lösung aus, die er als ‚epistemotechnisch' bezeichnet. Er fordert dazu auf, stets beide Seiten, die innovative Leistung ebenso wie das Zerstörungspotenzial, mitzudenken. Für die Öffentlichkeit müssen nicht nur die Erfolge und Errungenschaften der Technik herausgestellt werden, sondern gleichermaßen auch an die Pannen und Zusammenbrüche erinnert werden. Virilio plädiert demzufolge für ein Sichtbarmachen der technischen Katastrophen. Die Technik muss stets mit ihrem Akzidenz gedacht werden, da die Erfindung jeder Maschine immer auch bedeutet, den Unfall zu provozieren: „Es gibt immer eine Kehrseite der produktiven Vernunft, und gerade diese verborgene Seite ist es, die mich interessiert [...]."Wir erreichen immer das Gegenteil des Gewollten, und eines Tages werden wir eine absolute Waffe, und das heißt: den absoluten Unfall haben." (Virilio in Rötzer 1986: 152) Er fordert, die negativen Folgen der Beschleunigung öffentlich zu problematisieren und zu monumentalisieren. Es soll beispielsweise ein Museum des Unfalls errichtet werden, in denen „Zugentgleisungen, Luftverschmutzungen, der Einsturz von Gebäuden etc. gezeigt werden" (ebd.: 37), um das Wesen der Technik zu enthüllen und gleichzeitig ein Innehalten und eine Unterbrechung zu erreichen. Das Aufzeigen der Gefahren hat das Ziel, den Menschen zu sensibilisieren und die technischen Innovationen nicht unhinterfragt zu loben, da auch sie den Tod nicht verhindern können, sondern ihn nur beschleunigen.

Entschleunigung, Verlangsamung, Unterbrechung
Neben der Problemlösungsstrategie, die Katastrophe und den Unfall zur Schau zu stellen, sieht Virilio weitere Maßnahmen für notwendig, um gegen den Geschwindigkeitsexzess anzugehen. Es ist jede Handlung gerechtfertigt, die der Entschleunigung, der Verlangsamung, der Unterbrechung oder Stilllegung dient. Streiks, Blockaden oder Abbrüche von Live-Schaltungen sind denkbare Geschwindigkeitshemmer. Das Bewusstsein von Zeit kann nur durch die Freilegung und Visibilisierung der Unterbrechungen zurückgewonnen werden. Die Beschleunigungsentwicklungen müssen so weit wie möglich gestoppt oder zumindest reduziert werden. Um der Bilderflut durch audiovisuelle Medien zu entgehen, sollen z.B. wieder eine Rückkehr zu Printmedien und eine Wiederbelebung des Schriftlichen stattfinden:

„Das Schriftliche, die Schrift gegen den Bildschirm! In der Epoche der realen Zeit, der Tyrannei der Direktübertragung kommt es manchmal darauf an, den Stecker herauszuziehen, den Strom abzuschalten [...], auf die Datenbanken, Satelliten usw. verzichten und zum Schrift- und Pressewesen zurückzukehren. Es kommt darauf an, Blockiersysteme zu entwickeln, die die Pannen des Informationswesens regeln." (Virilio zitiert in Jakob 1994: 127)

Dieser Problemlösungsvorschlag der Verlangsamung und Entschleunigung korrespondiert auch mit der Forderung nach Wahrnehmungsverweigerung. Virilio warnt generell vor den Gefahren der audiovisuellen Medien und schlägt vor, die Nutzung zu kontrollieren.

Demut und Selbstzurücknahme

Trotz der zahlreichen Handlungsempfehlungen verspürt Virilio hinsichtlich der gesellschaftlichen Verhältnisse ein starkes Ohnmachtsgefühl. Er stellt fest, dass es eigentlich keine Patentlösungen geben kann, um den unaufhaltsamen Beschleunigungsprozess und den rasenden Stillstand zu verhindern:

„Es stimmt allerdings, daß ich keine Lösung anzubieten habe, und ich würde sogar sagen, daß ich mir das zugute halte. Deshalb nämlich, weil wir das Zeitalter der Meisterdenker (wie Glucksmann sagt) erlebt und den illusionistischen Charakter des totalisierenden Denkens durchschaut haben. [...] Wir haben keine Lösung, weil es gar keine globalen Lösungen gibt, nur episodische, fragmentarische, momentane Lösungen, und an diesen arbeiten wir. [...] Das Ganze – das ist der große Bluff der Philosophiegeschichte." (Virilio in Rötzer 1986: 157 f.)

Eine mögliche Problemlösung liegt für Virilio insofern auch auf einer metatheoretischen Ebene. Er spricht sich für eine Veränderung im philosophischen, wissenschaftlichen und politischen Denken aus und fordert eine Art „bewußte Selbstzurücknahme des modernen Menschen, eine Preisgabe seines zerstörerischen Herrschaftsanspruches über die Natur [.], und zwar sowohl in wissenschaftlicher wie auch in alltagspraktischer Hinsicht." (Reschika 2001: 275) Es geht ihm um eine Haltung des Denkens, in der Totalitäten und Absolutheiten verabschiedet werden:

„Wenn es eine Rettung gibt, dann liegt sie in der Demut des philosophischen, des wissenschaftlichen und auch des politischen Denkens. Wir brauchen heute eine praktikable Demut, nicht die harmlose, gottgefällige Demut der Heiligen, sondern eine radikale wissenschaftliche und philosophische Demut. Wir sind nichts. Die Totalität wird uns immer unzugänglich bleiben. Ein Philosoph, ein Wissenschaftler, der sich zu dieser Demut bekennt, trägt zur Rettung der Menschheit bei. [...] Ich denke, daß die Zukunft der Menschheit in der Demut liegt." (Virilio zitiert in Rötzer 1986: 158 f.)

Dies stellt für Virilio eine philosophische bzw. wissenschaftstheoretische Grundhaltung dar. Wie Lyotard stellt er fest, dass die Zeit der großen Erzählungen vorbei ist und nur noch lokale, fragmentarische Lösungen gefunden werden können. Diese metatheoretische Forderung führt Virilio jedoch nicht weiter aus.

Zusammenfassend kann konstatiert werden, dass Virilio mit seinen Problemlösungsvorschlägen die Sinnfrage nach der Zielausrichtung der Technik stellt. Er fordert dazu auf, diese nicht unreflektiert hinzunehmen, sondern sie verantwortungsbewusst zu nutzen.

4.2.4 Friedrich Kittler: Austreibung des Geistes aus den Geisteswissenschaften

Aufgrund der zunehmenden Automatisierung der Technik schlägt Kittler als Problemlösung vor, sich eingehend mit dem technischen Stand der Dinge auseinanderzusetzen, um die Technik und die damit einhergehenden Veränderungen von Individuum und Gesellschaft zu begreifen. Auch in der Wissenschaft, insbesondere der Medienwissenschaft, müssen die technischen Materialitäten konsequent untersucht werden.

Technik verstehen, Programmiersprachen lernen, Medienkompetenz erwerben

Kittler fordert, sich auf die Hardware zu konzentrieren und ihre Logik verstehen zu lernen, um die in der Technik inhärenten Machtstrukturen verstehen zu können. So ist die Machtfrage nicht nur im Kontext menschlicher und gesellschaftlicher Beziehungen und Strukturen zu analysieren, sondern unter Berücksichtigung der Technologien, da der Technik niemals eine neutrale Position zugeschrieben werden kann (vgl. Kittler 1993a: 215).

Gesellschaftliche Machtverhältnisse formieren sich primär über die Medientechnik.[57] Kittler spricht von einem zunehmenden Computeranalphabetismus im digitalen Zeitalter und prognostiziert eine auseinanderklaffende Schere zwischen Computeralphabeten und Computeranalphabeten. Die Computeralphabeten sind für ihn diejenigen, die die Hardware verstehen und im protected mode arbeiten, während die Computeranalphabeten von der benutzerfreundlichen Software abhängig sind und nur im user mode agieren können. Seine Forderung besteht daher darin, *Programmiersprachen zu lehren*, um den abhängigen Nutzer in einen kompetenten Programmierer auszubilden. Denn gerade die benutzerfreundliche Software macht

---

57 Als Beispiel nennt Kittler den ‚Protected Mode', der um 1980 in den Rechner installiert wurde und „das Betriebssystem vor den Anwendern schützt" (Kittler 1993a: 212). Der User kann nicht uneingeschränkt programmieren, da er durch den protected mode nicht in das Systemdesign eingreifen kann. Der Benutzer wird dadurch vom System getrennt. Dieser Dualismus von System und Benutzer, Supervisor- und Usermodus, drückt für Kittler das tatsächliche Machtverhältnis aus. Der Benutzer muss sich den Möglichkeiten beugen, die ihm das System vorgibt, und kann nur in dem Rahmen gestaltend tätig sein, in dem das Programm es erlaubt. Macht entsteht demnach nur dort, wo die Chips programmiert würden. (Vgl. Kittler 1994b: 123ff.)

den User unmündig und vom System abhängig. Dieser muss die *Hardware verstehen lernen*, indem er sich Programmiersprachen aneignet. Zudem ist es notwendig, sich eingehend mit der Funktionsweise und der Materialität der Technik zu beschäftigen, um mit dem technischen Stand der Dinge kompetent umgehen zu können. *Medienkompetenz* bedeutet für Kittler insofern, die Technologien in ihrer Materialität zu begreifen: „Wem es also gelingt, im Synthesizersound der Compact Discs den Schaltplan selbst zu hören oder im Lasergewitter der Diskotheken den Schaltplan selber zu sehen, findet ein Glück. Ein Glück jenseits des Eises, hätte Nietzsche gesagt." (Kittler 1986: 5)

Vom Geist zur Materie – Perspektivwechsel der Geisteswissenschaften

Neben diesem pragmatischen Vorschlag fordert Kittler auch eine grundlegende Veränderung in den Medienwissenschaften. Korrespondierend zu seinem Problembezug schlägt er vor, dass die Geisteswissenschaften sich einem Materialismus verpflichten sollen und von einer technikorientierten Medienwissenschaft her neu justiert werden müssen, indem Medien als materielle Komponenten für die Konstitution von Selbst, Gesellschaft und Kultur ernst zu nehmen sind. Für unerlässlich erachtet er eine *medienmaterialistische Wende in den Sozial- und Geisteswissenschaften im Allgemeinen und in den Medienwissenschaften im Speziellen*, da das Konzept des Menschen als Zentrum der Theoriebildung für ihn nicht länger haltbar ist. Es ist notwendig, „die unmenschlichen Systeme mit in unsere Sozialstruktur" (Kittler 1994b: 123) hineinzudenken. Insofern ist die Funktion der Medienwissenschaft, die Geisteswissenschaften medientechnisch zu aktualisieren. Er fordert einen Paradigmenwechsel, der sich von einem hermeneutisch-verstehenden Wissenschaftsmodell weg und zu einem naturwissenschaftlich-szientistischen Konzept hin entwickelt. Seine Problemhinsicht und -lösung, die Geisteswissenschaften medienarchäologisch neu zu begründen, verhalten sich somit komplementär zueinander.

Gerade mit der historischen Entwicklung hin zum Computer sieht er die Notwendigkeit dieser *grundlagentheoretischen und methodischen Wende*. Konkret schlägt er vor, die Ausrichtung und Legitimation der Medienwissenschaft in folgenden Punkten neu zu begründen:

1. Unterschiedliche Materialitäten bringen unterschiedliche Epistemologien hervor. Die Analyse von Medien darf keine Analyse ihrer Inhalte sein, sondern eine der medial-materiellen Bedingungen.[58] Dabei ist der Fokus insbesondere auf die Materialität der Speicherung, Übertragung und Verarbeitung von Daten zu richten.

---

58 Darin spiegelt sich McLuhans ‚The medium is the message' deutlich wieder.

2. Die Betrachtung technisch-medialer Entwicklungen ist *militärischer Herkunft* und muss aus dieser Perspektive untersucht werden. Der Krieg ist der Ursprung technischer Entwicklung und muss in medienwissenschaftlichen Fragestellungen angemessen reflektiert und expliziert werden.
3. Bewusstseinkategorien, sprachliche Bedeutungen und Repräsentationen sollen zudem systematisch ausgeblendet werden, um den Zugang zur Welt als einen medienmaterialistischen zu betrachten. Formal-mathematische Bedingungen, die jenseits von Semantik zu verorten sind, müssen auch in den Geisteswissenschaften analysiert werden. Methodisch schlägt er daher vor, hermeneutische Analysen nach Sinn und Bedeutung zu unterlassen und stattdessen eine *an Mathematik und Naturwissenschaft angelehnte Technikanalyse* durchzuführen, wie er sie bereits in seinen medienhistorischen Ausführungen betrieben hat.[59]

Wissenschaftlicher Humor

Weiterhin empfiehlt Kittler den Kulturpessimisten, die Kulturverfallsthesen aufstellen, mit wissenschaftlichem Humor an ihren Gegenstand heranzutreten: „Rezeptionsästhetik mit Interzeptionspraxis, Hermeneutik mit Polemik und Hermenautik zu vertauschen – mit einer Steuermannskenntnis der Botschaften, ob sie nun Göttern, Maschinen oder Rauschquellen entstammen." (Kittler 1993a: 181) Er fordert eine wissenschaftliche Gelassenheit. Diesen Gedanken führt er jedoch nicht weiter aus.

4.2.5 Vilém Flusser: Technoimaginieren

Die Krise nach Flusser liegt gegenwärtig in einem radikalen Sinnverlust, da der Mensch sich in einer Umbruchphase zwischen dem textlich linearen Code und dem Technocode befindet. Der Mensch bewegt sich in einem Oszillationsfeld zwischen Gefahr und Chance, zwischen einer diskursiven, technikdeterminierten Gesellschaft und einer dialogischen, demokratischen Gemeinschaft. Als Problemlösungsansatz schlägt Flusser vor, dieser Grundkonstellation optimistisch entgegenzutreten und die Situation anzunehmen. Er fordert ein vertrauensvolles, mutiges Sich-Einlassen auf die Neuerungen des digitalen Zeitalters. Insofern affirmiert er die Entwicklungstendenzen und gibt Vorschläge, die Kommunikationsstrukturen so zu gestalten, um die kreativen Potenziale des Menschen bestmöglich auszuschöpfen.

---

59 *Methodisch* sieht er sich damit selbst in einer Traditionslinie mit Foucaults Diskursanalyse, die eine hermeneutische Vorgehensweise an Texte verweigert und die historischen Bedingungen fokussiert. Jedoch reicht dies Kittler nicht, da die Diskursanalyse im Bereich schriftlicher Speichermedien verhaftet bleibt. Er fordert eine *Ausweitung auf akustische und audio-visuelle Medien*. Siehe hierzu Kapitel 4.1.4.

Dialog statt Diskurs

Die Gefahr der gegenwärtigen Lage sieht Flusser darin, in eine Kommunikationsstruktur zu verfallen, in der der Rezipient bloß passiver Empfänger der durch die Massenmedien verbreiteten Informationen wird. Die Nutzung der technoimaginären Strukturen und des Technocodes liegt bisher bei einer Elite, während der Rest sich durch die dominanten Kommunikationsstrukturen der massenmedialen Amphitheaterdiskurse programmieren lässt.[60] Der Mensch darf sich nicht darüber beklagen, unfähig zum Kommunizieren bzw. Dialogisieren zu sein und die Verantwortung anderen, den Sendern, überlassen. Es besteht die Notwendigkeit, *diskursive Kommunikationsstrukturen in dialogische umzugestalten*, somit die Barriere zwischen Elite und Masse aufzubrechen und den Code der Experten zu demokratisieren.

Die Veränderung ist dabei keine technische, sondern vielmehr eine *erkenntnistheoretische, politische, ideologische* und *historische*. Technisch gesehen sind die Kommunikationsstrukturen nicht starr, sondern flexibel veränderbar, bisher fehlt nur der Wille, diese technischen Möglichkeiten vollständig auszuschöpfen. Es ist nicht das grundlegende Problem, z.B. das Fernsehen demokratisch zu gestalten und Empfänger zu Sendern zu machen, sondern unsere politischen Kategorien und Vorstellungen von Wahlen, Parlamenten oder Zensur neu zu justieren.[61] Schulunterricht ist z.B. auch nicht bloß diskursiv in Form von Frontalunterricht zu gestalten, sondern kann und muss Dialoge möglich machen. (Vgl. Flusser ³2003 [1996]: 226 f.) Flusser fordert dazu auf, in jedem Lebensbereich stärker zu dialogisieren. Denn die dialogische Kommunikation beinhaltet für Flusser stets das Element der Verantwortung gegenüber einem Anderen in der kommunikativen Situation, eine Antwort zu geben.[62] Sein Problemlösungsvorschlag enthält insofern eine *ethische* Dimension.

---

60 Flusser konstatiert, dass im gegenwärtigen Zeitalter amphitheatrale Strukturen vorherrschen. Diese sind bloß diskursiv, einseitig ausgerichtet. Zum Kommunikationsbegriff siehe Kapitel 4.3.5, in dem Flussers Kommunikationsbegriff sowie seine Unterscheidung zwischen diskursiven und dialogischen Medien vorgestellt wird.

61 Flussers Auffassung ist bereits in Brechts Radiotheorie und Enzensbergers Baukastentheorie zu finden. Enzensberger formuliert in Anlehnung an Brecht: „[D]ie elektronische Technik kennt keinen prinzipiellen Gegensatz von Sender und Empfänger. Jedes Transistorradio ist, von seinem Bauprinzip her, zugleich ein potentieller Sender." (Enzensberger 1970: 265) Enzensberger geht davon aus, dass ein emanzipatorischer Mediengebrauch möglich ist und somit jeder Empfänger auch zum Sender werden kann. Das Problem liegt dabei eben nicht im Technischen, sondern in der strukturellen und institutionellen Organisation von Medien. Das Verändern dieser Organisationsstrukturen ist Voraussetzung für einen angemessenen Umgang mit der Medienwelt.

62 Diese theoretische Ausrichtung zeigt eine Nähe zu der jüdischen Philosophie des Dialogs bei Martin Buber oder Emanuel Lévinas. Hierzu siehe Kapitel 4.6.5.

Kommunikationsschulen errichten und Kommunikologen ausbilden

Um die gegenwärtige Krise des alphabetischen Codes zu verstehen, sich in ihr orientieren zu können, aktiv in sie einzugreifen und die gesellschaftliche Lage mitgestalten zu können, müssen theoretische Überlegungen zur Kommunikation eine wichtigere Rolle einnehmen. Flusser plädiert dafür, den Dialog zu fördern und das Bewusstsein für die Möglichkeiten des Dialogisierens zu schärfen. Es geht ihm um eine stärkere Institutionalisierung von Bildungsstätten, die Kommunikation als Gegenstandsbereich und grundsätzliches Prinzip der gesellschaftlichen Lage behandeln. Es ist nötig, Kommunikologen auszubilden, die den Umgang mit dem neuen technoimaginären Code beherrschen, ihre Funktionsweise erklären können und diese Kenntnisse weitervermitteln. Es sollen demnach Kommunikationsschulen errichtet und Kommunikationstheorie betrieben werden.

Durch eine stärkere und vermehrte Institutionalisierung von Kommunikationsschulen besteht die Möglichkeit, am Kulturapparat teilzunehmen und die „totalitäre Diktatur dieses Apparats" (ebd.: 241) zu verhindern. Neben diesem grundsätzlichen Anspruch, den technoimaginären Code verstehen und nutzen zu können, sollten Kommunikationsschulen junge Akademiker auf Berufe im Kommunikations- und Mediensektor wie Public Relations, Werbung, Marketing, Journalismus, Film und Fernsehen vorbereiten.

Kommunikation muss prinzipiell als Grundlage unserer sozialen Verhältnisse betrachtet werden. Die Beschäftigung mit Kommunikation gehört daher zu den wichtigsten Grundlagen der kulturellen Lage und erstreckt sich von Wissenschaft und Politik über Wirtschaft und Religion bis hin zu Rechts- und Gesellschaftsfragen. Dabei soll Kommunikationstheorie nicht zur Universaldisziplin erhoben werden, sondern die verschiedenartigen geisteswissenschaftlichen Disziplinen aus der Perspektive der Kommunikation synoptisch fassen. Flusser konstatiert, dass *Kommunikationstheorien als Metatheorien erlauben, die Heterogenität der geisteswissenschaftlichen und künstlerischen Fächer systematisch zu raffen bzw. interdisziplinär zusammenzubringen.* Kommunikationstheorie schafft ein interdisziplinäres Verständnis von dem, was unter den Sammelbegriff der Kultur fällt. Generell fordert er mit diesem Problemlösungsvorschlag ein *stärkeres Reflexionsbewusstsein* für die kommunikativen Grundstrukturen unserer Gesellschaft.

Emanzipation und Selbstverwirklichung durch programmatisches Denken

Flusser spricht davon, sich durch die Möglichkeit des nulldimensionalen Codes selbstzuverwirklichen: „Wer des Zahlencodes mächtig ist, kann alternative Welten komputieren. Das ähnelt der Allmacht." (Flusser 1996a: 13) Für Flusser sind diejenigen frei, die mithilfe ihres kreativen Engagements und der technischen Möglichkeiten neue Informationen schaffen und nie da gewesene, unwahrscheinliche Zustände herstellen können. Die Programmierer sind dabei diejenigen, die sich auf die

Möglichkeiten der Codes einlassen und diese kreativ ausschöpfen, während die anderen in dem eindimensionalen alphabetischen Code verhaftet bleiben. Erforderlich ist ein „Sprung aus dem linear historischen Bewußtsein in ein kybernetisches, sinngebendes, spielerisches Bewusstsein." (Flusser 1992a: 85) Dieser Sprung muss insbesondere auch in der Wissenschaft gemacht werden. Insofern plädiert er für einen grundsätzlichen Perspektivwechsel und eine grundlegende Veränderung der Art zu denken.[63] Flusser unterscheidet hierbei insgesamt zwischen drei Denkformen:

1. Das *finalistische* Denken der religiösen Traditionen und mythischen Grunderfahrungen ist eine Form des linearen Denkens, da es auf einen End- bzw. Zielpunkt ausgerichtet ist. Das menschliche Dasein und die Welt sind einer Absicht oder einem Schicksal unterworfen, die einem bestimmten Ziel entgegenläuft. Die Frage des ‚Wozu?' ist hier prädominant, die Antwort ist somit stets eine, die eine Zweckmäßigkeit angibt.
2. Das *kausale* Denken ist ebenso linear, da es sich durch Ursache-Wirkungs-Zusammenhänge konstituiert. Es ist das Denken der Naturwissenschaften. Jedes Ereignis ist Folge einer Ursache, und Erstere wiederum Ursache neuer Folgen, so dass das menschliche Dasein als ein Netz von sich überlagernden Kausalketten konzipiert werden kann. Der Diskurs gewinnt so an Dynamik, da die prädominante Frage hier ‚Warum?' ist, dabei jedoch stets Absichten und Zweckmäßigkeiten ausklammert.
3. Das *programmatische* Denken ist hingegen die neue Form des Denkens, das Kontingenz zum Leitprinzip erhebt. Das Oszillieren zwischen Möglichkeit, Zufall und Notwendigkeit definiert diese Form des Denkens, das auch als ein formales Denken beschrieben werden kann. Nicht die Frage nach Absichten (wozu?) oder Kausalitäten (warum?) ist hier im Vordergrund, sondern die nach der Art und Weise (wie?).

(Vgl. Flusser 1993b: 22 ff.)

Die ersten beiden Varianten, das finalistische Denken und das kausale Denken, sind naive Vorstellungen, da sie auf erkenntnistheoretische und politische Weise prob-

---

63 „Für Verzweiflung ist daher kein Platz, ebenso wenig wie etwa ein mittelalterlicher Alchimist verzweifeln darf, weil er in einem modernen chemischen Laboratorium magische Formeln aufsagt, anstatt die Formeln der modernen Chemie zu verwenden. Solange er diese Formeln nicht gelernt hat, ist das moderne Laboratorium für ihn nichts anderes als eine seltsam aussehende Alchimistenstube." (Flusser ³2003 [1996]: 229) Flusser zieht diesen Vergleich zur Beschreibung der gegenwärtigen gesellschaftlichen Situation und seinem Problemlösungsvorschlag heran. Das moderne chemische Labor übersteigt die Bewusstseinsebene mittelalterlichen Alchimisten, da diese noch nicht gelernt haben, das Wesen der modernen Chemie zu begreifen.

lematisch sind. Das *finalistische Denken* ist insofern naiv, da es bestimmte Motive und Absichten hinter Zufällen sucht. Alle Ereignisse und Entwicklungen folgen einer bestimmten Zweckmäßigkeit und sind in gewisser Weise zielgerichtet und schicksalhaft vorbestimmt. Auch das *kausale Denken* versucht, alle Ereignisse in eine Kausalkette einzuordnen und rational zu erklären. Alle Ereignisse folgen in diesem Sinne einer linearen Logik, die notwendigerweise aus vorherigen Begebenheiten entstanden sind. Diese Art des Denkens ist nach einem Ursache-Wirkungs-Prinzip bzw. Reiz-Reaktions-Schema ausgerichtet. Es ist hinfällig, unsere konkrete Gegenwart aus einer abstrakten Zukunft (finalistisches Denken) oder aus einer abstrakten Vergangenheit (kausales Denken) erklären zu wollen. Motiv und Ziel bzw. Ursache und Folge sind im Zeitalter des Technocodes unzureichende und unterkomplexe Welterklärungsversuche.

Auf erkenntnistheoretischer, ästhetischer und politischer Ebene muss der Mensch lernen, *programmatisch* zu denken. Konkrete Gegebenheiten müssen vielmehr als eine Absurdität des Zusammenspielens von *Zufällen*, die zu Notwendigkeiten werden, verstanden werden:

„Wir müssen beginnen, in der Kategorie ‚Möglichkeit' zu denken, zu fühlen und zu handeln. [...] Die Kategorie ‚Möglichkeit' aber hat die der ‚Notwendigkeit' zur Folge: wirklich ist, was möglich war und notwendig wurde. Der Gegenbegriff zu ‚Notwendigkeit' ist Zufall. Wir müssen lernen, in den Kategorien ‚möglich', ‚notwendig' und ‚zufällig' zu denken, wenn wir uns im Universum der Punkte orientieren wollen." (Flusser 1993a: 18)

Von Entitäten zu Relativitäten

Auch die gesamte wissenschaftliche Theoriebildung muss sich hin zu einer *Ontologie der Intersubjektivität* bewegen. (Vgl. ebd.: 33)[64] Die Forderung nach einem Perspektivwechsel auf *wissenschaftstheoretischer Ebene* bedeutet, das Denken in Subjekt- und Objektpositionen, das Denken in Entitäten und den Glauben an die Solidität einer objektiven Welt abzulegen. Stattdessen schlägt Flusser vor, in Relationen und Feldern zu denken, denn Subjekt und Objekt sind nicht strikt voneinander trennbare Entitäten.[65] Als metatheoretischen Lösungsansatz schlägt er daher vor,

---

64 Als Beispiel nennt der die Informatik und Kybernetik, die er als derartige Theorien der Zukunft bezeichnet.

65 Er geht dabei von einem physikalischen Verständnis des Feldbegriffs aus und stellt fest, dass nicht die einzelnen Teilchen isoliert beobachtet werden können. Zur Veranschaulichung nennt er das Beispiel von Hirten und Schafherde. Es stellt sich für Flusser weder die Frage, ob die Hirten die Schafe weiden (aktive Form) oder ob die Schafe geweidet werden (passive Form). Entscheidend ist, dass Hirten und Schafe in einem Weideverhältnis stehen, das mathematisch als Funktion $F(xy)$ ausgedrückt werden kann. (Vgl. Flusser 1991b: 14)

Variablen stets in Beziehungsgefügen und Relationsgeflechten zu betrachten. Dualismen zwischen Subjekt und Objekt, Natur und Kultur werden bei Flusser in einer Beziehungsstruktur aufgelöst. Er sieht die Notwendigkeit, die Form des philosophischen Denkens zu verändern und mit relativen Begriffen zu operieren, um die gesellschaftliche Wirklichkeit angemessener beschreiben zu können: „Wir sollten auch wahr und falsch anders denken. Wenn wir beispielsweise mit wahrscheinlich und unwahrscheinlich operieren, kommen wir der Sache näher. Wir müssen immer relative Begriffe haben und es uns abgewöhnen, mit absoluten Begriffen zu arbeiten." (ebd.: 13) Dadurch ist alles durch verschiedenartige Konstellationen bzw. Verkettungen von Möglichkeiten beschreibbar. Flusser distanziert sich durch die Betonung auf das Relative und die Möglichkeitsverkettungen von ontologischen Konstruktionen und essenzialistischen Vorstellungen von Welt: „Ich weiß nicht, ob wir uns in einer Welt befinden. Wir befinden uns in einem Möglichkeitsfeld, aus dem eine Welt wird. Und dass wir uns darin befinden, ist auch nicht der richtige Ausdruck. Es müsste heißen, dass wir uns darin realisieren." (ebd.: 15) Die Relativität von Erkenntnis und die Pluralität von Erkenntnismodellen sieht er als adäquate wissenschaftstheoretische Lösung der Gegenwart.

Flussers Problemlösungsvorschläge sind sowohl pragmatische Anweisungen wie die Errichtung von Kommunikationsschulen als auch wissenschaftstheoretische Forderungen nach einer intersubjektiven Sichtweise und einem neuen programmatischen Denken. Zusammenfassend folgt nun ein Vergleich zwischen den einzelnen Problemlösungsvorschlägen der Theoretiker.

4.2.6 Resümee der Problemlösungen und kritischer Vergleich

Zunächst lässt sich feststellen, dass alle Theoretiker sehr unterschiedliche und inkommensurable Problemlösungsansätze vorstellen. Diese sind nicht nur vielfältig, sondern zumeist auch auf verschiedenen Ebenen anzusiedeln.

Disparate Problemlösungsvorschläge

McLuhan befürwortet als einziger der untersuchten Theoretiker die Entwicklungstendenzen uneingeschränkt und stellt daher keine ethischen und präskriptiven Forderungen. Er gibt keine konkreten Handlungsanweisungen oder Vorschläge, der neuen medialen Situation und kulturellen Lage entgegenzutreten, sondern rät bloß dazu, sich auf die Situation einzulassen. Jedoch plädiert er auf wissenschaftstheoretischer Ebene für ein Umdenken. Inadäquate Methoden, wissenschaftliche Theoriebildung und die Art der Darstellung, die noch der Logik des Buchdruckzeitalters verhaftet sind, müssen verabschiedet und durch neue Denk- und Darstellungsformen ersetzt werden. Zu diesen zählen die ‚Mosaikmethode', die ‚Methode des schwebenden Urteils' sowie patchworkartig angeordnete Text- und Bildstücke, die die Linearität des Buches durchbrechen.

Baudrillard sieht die Möglichkeit, gegen die Wirkmächtigkeit des Simulakrums dritter Ordnung anzugehen, zunächst in Straßenprotesten, Demonstrationen und der Graffitikunst. Diese stellen für ihn eine kritische Haltung gegenüber den Entwicklungstendenzen dar. Später konstatiert er, dass eine Kritik der Verhältnisse sinnlos ist und die Situation affirmiert werden muss. Seine Problemlösungsvorschläge reichen dabei vom symbolischen Tausch und dem Tod über die Virulenz bis hin zur Verführung und der Macht des Objekts. Bei Baudrillards Problemlösungsansätzen handelt es sich sowohl um konkrete beobachtbare Ereignisse als auch um abstrakte metaphorische Konstrukte auf wissenschaftstheoretischer Ebene.

Virilio hingegen rät zur Entschleunigung, zu einer Wahrnehmungsweigerung hinsichtlich der audiovisuellen Bilderflut bzw. zu einem Recht auf Blindheit als Maßnahmen, die Beschleunigungstendenzen zu stoppen oder zumindest zeitweise zu unterbrechen und zu verlangsamen. Zudem schlägt er vor, stärker auf die Kehrseite technischer Innovationen aufmerksam zu machen und diese öffentlich auszustellen. Dies soll ein allgemeines Reflexionsbewusstsein gegenüber der Technik und ihren Auswirkungen auf gesellschaftliche Verhältnisse schärfen. Als ethische Forderung ruft er zudem zu einer wissenschaftlichen Demut auf und schwächt damit seine apokalyptische Haltung ab.

Kittler empfiehlt, Programmiersprachen zu lernen, um den digitalen Code besser verstehen zu können. Programmieren ist die neue Medienkompetenz, die wie das Lesen und Schreiben erst einmal erlernt werden muss und dann unabdingbar wird. Es ist notwendig, technische Materialitäten eingehend zu studieren und die Funktionsweise der Technik zu begreifen. Auf die Medienwissenschaft bezogen fordert er einen Paradigmenwechsel von einer hermeneutischen zu einer materialistischen bzw. medienarchäologischen Betrachtungsweise von Medien und Kommunikation. Dieser Problemlösungsansatz bewegt sich auf einer grundlagentheoretischen Ebene.

Auch Flusser spricht davon, programmieren zu lernen, um sich kreativ und frei entfalten zu können. Er richtet jedoch seinen Fokus auf die neuen Technocodes statt auf technische Schaltungen. Ein zentrales Anliegen ist es, die Kommunikationsstrukturen dialogisch zu gestalten. Um ein Bewusstsein für die Bedeutsamkeit der Technocodes zu erlangen, ist es notwendig, Kommunikationstheorie zu betreiben, Kommunikologen auszubilden und Kommunikationsschulen zu errichten. Daneben muss aber generell ein neues Denken entstehen. Von einem kausalen oder finalistischen Denken muss zu einem programmatischen Denken übergegangen werden, genauso wie auch eine Feldperspektive und Relationen statt ontologische Positionen in den Vordergrund rücken sollen.

Teilgemeinsamkeiten 1 –
Problembewusstsein schaffen, Medienkompetenz fördern

Trotz dieser zunächst disparat erscheinenden Problemlösungsvorschläge aufgrund der unterschiedlichen Problemfelder können dabei einige *Gemeinsamkeiten* herausgestellt werden:

Auf einer *sozialtheoretischen Ebene* ist auffallend, dass Baudrillard, Virilio, Kittler und Flusser auf ähnliche Weise dazu auffordern, ein größeres *Problembewusstsein und Reflexionsvermögen* zu entwickeln, um die gesellschaftliche und kulturelle Lage besser verstehen zu können.

Baudrillard weist darauf hin, dass bestimmte Entwicklungen stets ihre Kehrseite hervorbringen. Gerade der Begriff der Virulenz macht dies deutlich. Das Wesen der Dinge beinhaltet stets auch das Andere, das Verdrängte. Ähnlich wie bei Baudrillard geht es Virilio darum, die vergessene Seite der Technik, die Katastrophe, den Unfall zu veranschaulichen und zu offenbaren. Während es bei Baudrillard um eine affirmative Haltung gegenüber der Katastrophe geht, um diese noch weiter voranzutreiben und zu beschleunigen, spricht Virilio lediglich von einem Sichtbarmachen der Katastrophe und des Unfalls. Beide thematisieren das Andere, die Kehrseite, wobei Baudrillards Haltung eine radikalere ist.

Weiterhin verlangt Virilio, sich bewusst zu machen, dass die Technik militärischen Ursprungs ist und die Zerstörungskraft genauso berücksichtigt werden muss wie auch das innovative Potenzial. Genauso weist Kittler darauf hin, dass die Technik ein Kind des Krieges ist. Beide fordern ein, das militärische Wesen der Technik näher zu betrachten und sich dadurch unserer kulturellen Situation zu nähern. Während Virilio dies auf emphatische Weise fordert, versucht Kittler, pragmatische Handlungsanweisen zu geben und schlägt vor, die Materialität und Funktionsweise der Technik genauer zu untersuchen.

Mit der Forderung, die medialen Bedingungen zu reflektieren und ein Problembewusstsein zu entwickeln, geht konsequenterweise einher, *Medien- bzw. Kommunikationskompetenz* zu fördern. Die Technik bzw. den Code verstehen zu lernen, bedeutet auch, ihn optimal zu nutzen und die neuen Möglichkeiten auszuschöpfen. Denn die Kompetenz, die technischen Medien zu begreifen, die Potenziale des digitalen Codes zu nutzen und programmieren zu lernen ist für Kittler und Flusser unabdingbar, um am gesellschaftlichen Leben teilzuhaben und dieses durch das Erlernen von Programmiersprachen aktiv mitzugestalten. Sie gehen davon aus, dass sich eine Kluft zwischen denen, die mit dem digitalen Code umgehen können und denen, die unfähig dazu sind, auftut. Beide sehen diese Art der Medienkompetenz als notwendig, um eine soziale Schere zwischen Programmierern und Nicht-Programmierern zu vermeiden. Soziale Gleichheit kann durch gleiche Voraussetzungen im Bereich der Medienkompetenz erreicht werden. Erst dadurch wird die Bedingung geschaffen, kreativ und frei agieren und sich entfalten zu können.

Den Theoretikern geht es darum, ein Problembewusstsein für die veränderte Medienlage zu entwickeln und verantwortungsbewusst zu handeln. Dies ist auch mit dem Wunsch nach Institutionalisierung und Monumentalisierung verbunden. Virilio empfiehlt die Errichtung von Pannenmuseen als Monument zur Reflexion von Beschleunigung, um sich der Kehrseite der Technik bewusst zu werden. Flusser verlangt, sich mit Kommunikation als übergreifendes gesellschaftliches Phänomen zu beschäftigen, systematisch Kommunikationstheorie zu betreiben und Kommunikologen auszubilden, indem Kommunikationsschulen errichtet werden.

**Teilgemeinsamkeiten 2 –
Wissenschaftstheoretischer Perspektivwechsel**

Betrachtet man die Grundhaltung der untersuchten Theoretiker hinsichtlich ihrer Problemlösungen, so kann resümiert werden, dass McLuhan, Kittler und Flusser dazu tendieren, sich den medialen Bedingungen anzupassen und sich auf diese einzulassen, während Baudrillard und Virilio eine kritische Haltung zeigen und versuchen, subversive Kräfte zu mobilisieren.

Zu Beginn seines theoretischen Œuvres spricht Baudrillard davon, dass Straßenproteste, Revolten, politischer Widerstand als Gegenkräfte wirken können. Auch die Graffiti interpretiert er als einen symbolischen Widerstand gegen die Ordnung der Simulakren. Virilios kritische Haltung liegt in der Entschleunigung. Generalstreiks, Blockaden, Störungen und Verlangsamung sind Kräfte, die gegen die Entwicklungstendenzen angehen können. Auffällig ist jedoch, dass beide ihre kritische Haltung ändern und eine positive Gleichgültigkeit propagieren. Während Virilio davon spricht, sich zurückzunehmen und eine wissenschaftliche Demut fordert, nimmt Baudrillard eine affirmative Haltung ein. Kritik ist nicht mehr möglich, man muss den Zustand affirmieren, bis er sich in sein Gegenteil verkehrt. Mit dem symbolischen Tausch und dem Tod erläutert er das Konzept der Affirmation und Reversibilität. Die Logik in eine Überlogik zu überführen geht über eine bloße Kritik hinaus. Auch im Begriff der Virulenz bzw. Viralität erkennt Baudrillard das Potenzial, das System durch immanente Abwehrkräfte ad absurdum zu führen. Auch Kittler schlägt mehr wissenschaftlichen Humor vor, was Virilios Begriff der wissenschaftlichen Demut ähnelt. Dieser Wandel in der Grundhaltung der Theoretiker korrespondiert mit einem postulierten *wissenschaftstheoretischen Perspektivwechsel*:

Alle Theoretiker fordern die *Revision moderner Denkmuster und erkenntnistheoretischer Perspektiven*. Dabei sind ihre metatheoretischen Lösungsansätze jedoch angesichts der inhaltlichen Divergenzen bezüglich ihrer Problemhinsichten unterschiedlich motiviert. McLuhan spricht von der Unangemessenheit logischer, linearer, geschlossener Wissenssysteme und fordert zu neuen Denk- und Erkenntnismethoden auf, die patchworkartig, spielerisch, eklektisch, assoziativ und offen sind. Baudrillard plädiert für eine Abkehr von Absolutheiten. Mit dem Prinzip der Verführung und der Idee des Objekts wendet sich Baudrillard von einer Subjektphilosophie und klaren positiven Einzelelementen wie Subjekt und Objekt ab. Stattdessen fordert er, *Relationen* stärker in den Blick zu nehmen. Seine Position bezeichnet er als *intersubjektiv*. Ebenso besteht Flussers metatheoretischer Vorschlag darin, ein neues Denken, das von Relationsgeflechten und Beziehungsgefügen anstatt von positiven Einzelteilen ausgeht, zu etablieren. Man muss beginnen, eine Feldperspektive einzunehmen und Relationen und Verknüpfungen zu betrachten, anstatt von einzelnen Entitäten und Positionen auszugehen. Hierin gleichen sich Baudrillard und Flussers Vorstellungen. Wie Baudrillard wendet sich Flusser von einer Subjektphilosophie ab. Das Subjekt ist nicht der Ausgang für theoretische Überlegungen, sondern bestimmt sich erst als eine Variable, die von einem ganzen Gefüge aus einzelnen Positionen abhängig ist. Virilio konstatiert ebenso wie Baudrillard, dass es unmöglich geworden ist, nach globalen Lösungen zu suchen. Das Denken in Absolutheiten und Totalitäten muss abgelegt werden. Es können nur noch fragmentarische, lokale und konkrete Lösungen gefunden werden. Kittler hingegen geht es weniger um wissenschaftstheoretische Kritik, sondern um eine grundlagentheoretische Wende innerhalb der Sozial- und Geisteswissenschaften im Allgemeinen und der Medienwissenschaften im Speziellen. Er fordert eine Abkehr von Hermeneutik und eine Hinwendung zu technischen Materialitäten, ergo eine Konzentration auf die Aufschreibesysteme. Er schlägt methodisch vor, naturwissenschaftliche Technikanalysen durchzuführen.

Zusammenfassend kann konstatiert werden, dass sowohl auf sozialtheoretischer als auch auf wissenschaftstheoretischer Ebene bei den Theoretikern Problemlösungsvorschläge auszumachen sind. Betrachtet man die Problemhinsicht gesondert, so kann den Theoretikern eine einseitige Betrachtungsweise vorgeworfen werden. Beispielsweise wird Baudrillard häufig auf seine Simulationsthesen reduziert. Dabei wird ihm die defätistische Haltung gegenüber den gesellschaftlichen Entwicklungen, die er prognostiziert, stets vorgehalten. Allerdings bieten die Problemlösungen eine Art *theoretische Wende*, in der er von einer kritischen, resignativen, defätistischen zu einer affirmativen Haltung übergeht und die Simulation aus einer anderen Perspektive betrachtet. Die Verführung oder die Intelligenz des Bösen sind Beispiele für diesen Wandel. *Der metatheoretische Perspektivwechsel zeigt, dass die Theoretiker ihr Theoriegebäude reflektieren. Damit relativieren sie die Radikalität und Universalität ihrer Thesen.* Mit den Problemlösungsvorschlägen werden die großen Medienerzählungen über die medienbestimmte Geschichte der Menschheit grundlegend einer Revision unterzogen.

Die theoretischen Problemlösungsvorschläge sind auf einer konkret inhaltlichen Ebene inkommensurabel, jedoch auf einer höheren Abstraktionsebene bloß noch teilweise (in-)kommensurabel. Ebenso kann festgestellt werden, dass die programmatischen wissenschaftstheoretischen Forderungen nach neuen Denkstilen und Erkenntnismethoden der Forderung Paul Feyerabends entsprechen und als postmodern identifiziert werden können.[66] Statt Letztbegründungen und starren Methoden- und Theoriekorsetts wird für mehr Offenheit plädiert und die Art der Theoriebildung grundsätzlich reflektiert und infrage gestellt.

Tabelle 10: Zusammenfassung Problemlösungen

	Sozialtheoretische Ebene: Pragmatische Handlungsanweisungen	Wissenschafts-/Metatheoretische Problemlösungsvorschläge
McLuhan	/	Wissenschaftstheoretischer Perspektivwechsel: - Mosaikmethode - Methode des schwebenden Urteils - Neue Form der Textproduktion
Baudrillard	Kritische Haltung: - Politischer Widerstand - Graffiti (semiologische Revolution, symbolischer Widerstand)	Wissenschaftstheoretischer Perspektivwechsel – Das Ende der Kritik: - Logik ad absurdum führen durch Affirmation, Übersteigerung, Umkehrung (Symbolischer Tausch und der Tod) - Systemeigene Abwehrmechanismen (Virulenz) - Abwendung von Subjektphilosophie, intersubjektive Sichtweise, Verabschiedung von Absolutheiten, Hinwendung zu Relationen und Relativitäten (Prinzip der Verführung und die Macht des Objekts)
Virilio	Problem- und Verantwortungsbewusstsein, Reflexionsvermögen: - Verlangsamung, Entschleunigung - Wahrnehmungsverweigerung - Katastrophen öffentlich ausstellen (z.B. Pannenmuseum) - Technik reflektieren	Wissenschaftliche Demut
Kittler	Medienkompetenz: - Programmiersprachen und Programmieren lernen - Materialität und Funktionsweise technischer Geräte untersuchen	Grundlagentheoretischer Perspektivwechsel: - Hinwendung zu Materialitäten: Materialismus - Methode: von Hermeneutik zu naturwissenschaftlichen Technikanalysen
Flusser	Kommunikationskompetenz: - Kommunikationsschulen errichten - Kommunikationstheorie betreiben - Kommunikologen ausbilden - Dialogische statt diskursive Strukturen vorantreiben Medienkompetenz, Reflexionsvermögen: - Technocode lernen, Programmieren	Wissenschaftstheoretischer Perspektivwechsel: - Feldperspektive, Intersubjektivität - Vom linearen zum programmatischen Denken

Quelle: eigene Darstellung

---

66 Siehe hierzu auch Kapitel 2.2.2.

B) STRUKTURELLE DIMENSION (METATHEORETISCHE EBENE)

4.3 BEGRIFFLICHKEITEN UND THEORETISCHE VORAUSSETZUNGEN – MEDIEN UND KOMMUNIKATION

> „Was nicht alles schon ‚Medium' genannt worden ist: ein Stuhl, ein Rad, ein Spiegel (McLuhan), eine Schulklasse, ein Fußball, ein Wartezimmer (Flusser), das Wahlsystem, der Generalstreik, die Straße (Baudrillard), ein Pferd, das Dromedar, der Elefant (Virilio), Grammophon, Film, Typewriter (Kittler), Geld, Macht und Einfluss (Parsons), Kunst, Glaube und Liebe (Luhmann)."
> (ROESLER 2003: 34)

Bereits auf den ersten Blick zeigt sich in der Medienwissenschaft im Allgemeinen und bei den postmodernen Medientheorien im Speziellen eine eklatante Diversität und Breite des Medienbegriffs. Dieses Kapitel leistet eine Systematisierung und komparative Zusammenführung des Medien- und Kommunikationsbegriffs der jeweiligen Theoretiker.

4.3.1 Marshall McLuhan: Medien als Extensionen des Körpers

Wie in Kapitel 4.1.1 ausgeführt, definiert McLuhan Medien zunächst als Ausweitungen des Körpers. Alle Medien sind Erweiterungen bestimmter menschlicher Dispositionen, Körperteile oder Sinne. Medien erfahren demnach als *prothetische Ausweitungen* eine allgemein *anthropologische Bestimmung*. Jenes anthropologische Postulat formuliert McLuhan in seinen Extensionsthesen und geht dabei von *ontologischen Entitäten wie Mensch, Technik und Körper* aus. Technik bzw. Medien sind hierbei grundsätzlich *anthropomorph* und notwendig, den Menschen auszustatten. Sie sind *kompensatorischer Natur* und Techniken, die die konstitutionellen Mängel des Menschen ausgleichen. Dabei ist die Technik keineswegs neutral, sondern sie charakterisiert sich durch eine immanente Ambiguität: Ausweitung und Selbstamputation des natürlichen Körpers. (Vgl. McLuhan ^{2}1995 [1964]: 73 ff.)

Die *anthropologisch-funktionale Grundlage* wird in McLuhans Medientheorie noch *wahrnehmungstheoretisch* spezifiziert. Denn die technischen Medien modifizieren auch grundlegend unsere Art der Sinneswahrnehmung. Die Beziehung der Sinne zueinander wird durch das jeweilig dominierende Medium bestimmt, das Gleichgewicht der Sinne kontinuierlich medial modifiziert. Medien verursachen fortwährende Irritationen, Spezialisierung sowie partiellen Narkotisierungen einzelner Sinne:

„Der Patient setzt Kopfhörer auf und stellt ein Geräusch von so großer Lautstärke ein, daß er vom Bohrer keinen Schmerz mehr spürt. Die Auswahl eines einzigen Sinnes zur starken Stimulierung [...] in der Technik ist zum Teil der Grund für die betäubende Wirkung, die die Technik als solche auf jene ausübt, die sie geschaffen haben und sie verwenden. Denn das Zentralnervensystem antwortet geschlossen mit allgemeiner Betäubung auf eine Herausforderung spezialisierter Erregung." (ebd.: 77 f.)

Spezialisierung und Betäubung einzelner Sinne durchziehen die Geschichte der Medien und bestimmen in verschiedenen historischen Gegebenheiten die Gesetzmäßigkeiten der Wahrnehmung. Grundsätzlich werden sie als Ermöglichungsgrund bzw. Bestimmungsfaktor jeglicher kognitiver und kultureller Praktiken verstanden. Das Mediale erhält damit bei McLuhan neben der anthropologischen Bestimmung auch *transzendentale* Züge, da Medien zu einer notwendigen Bedingung menschlichen Erkennens und Wahrnehmens erhoben werden.

Mediale Form versus Inhalt

McLuhan setzt dabei Medien größtenteils mit *Technologien oder materiellen Substraten* gleich. Entscheidend ist dabei, dass McLuhan einen Übergang des Erkenntnisinteresses von Inhalten medialer Produktionen auf die Form vollzieht. Sein Fokus liegt auf dem *technischen Dispositiv*, d.h. der Medialität selbst, während „der ‚Inhalt' jedes Mediums immer ein anderes Medium ist. Der Inhalt der Schrift ist Sprache, genauso wie das geschriebene Wort Inhalt des Buchdrucks ist und der Druck wieder Inhalt des Telegrafen." (ebd.: 22) Der Inhalt ist in diesem Sinne stets ein historisch und medientechnisch vorhergehendes Medium. Nur das Licht ist eine Art Letztmedium, das letzten Endes die Erkenntnis des gesamten Mediensystems ermöglicht: „Elektrisches Licht ist reine Information. Es ist gewissermaßen ein Medium ohne Botschaft." (Ebd.) Insofern wird der Inhalt als distribuierte Medienbotschaft oder Medienangebot im kommunikations- und medienwissenschaftlichen Sinne zugunsten einer *Dominanz der Form* des Mediums ausgeblendet. Interessant sind demnach nur die *strukturellen Eigenschaften und Auswirkungen* von Medien, die jegliche Kommunikations- und Wahrnehmungsprozesse, Kognition, gesellschaftliche Dynamiken sowie epistemologische Grundlagen bestimmen und die zentrale Instanz des Weltzugangs darstellen. Im Zentrum der Betrachtung stehen somit ästhetische, soziologische und (wahrnehmungs-)psychologische Fragen.

Von der Axt über das Kanu bis zum Buch – Universalisierung des Medienbegriffs

McLuhans Medienbegriff erfährt eine extreme *Breite und Unschärfe*. Nahezu jede technologische Erfindung weist mediale Qualitäten auf, so dass neben den bekannten Massen- und Kommunikationsmedien auch das Licht, das Rad, die Axt, Geld, Comics, Autos, Waffen, Pferde, Kanus oder die Dampfenergie zu Medien avancieren (vgl. ebd.: 122 ff.). Klare definitorische Merkmale werden von ihm nicht festgelegt. Was genau Medien sind, bleibt differenzierungsbedürftig. Wenn McLuhan das Buch als Leitmedium der Gutenberg-Galaxis nennt, ist unklar, ob er den Buchdruck als bloße Produktions- und Distributions*technik* mit dem Medienbegriff gleichsetzt oder auch soziale Einrichtungen und Praktiken des Buchdrucks miteinbezieht. Ob eine technische Apparatur oder soziale Institution wie das Fernsehen oder ein symbolisches Codesystem wie die Sprache als Medien bezeichnet werden können, ist dabei kaum explizit ausdifferenziert. Er reiht vielmehr alles, was Medien sind, additiv aneinander. Die kategorial sehr unterschiedlichen Phänomene werden *undifferenziert* unter dem Medienbegriff zusammengefasst. Die *extensionale Menge* wird dadurch sehr groß. Der Medienbegriff erfährt eine *radikale Ausweitung*, da dieser *kaum systematisiert* wird. Der Gegenstandsbereich wird dadurch *diffus*, verliert an Prägnanz und Trennschärfe, da nahezu jede Erfindung als Medium bezeichnet werden kann. Insofern kann hier von einer *Universalisierung* des Medienbegriffs gesprochen werden, da jede relevante historische Technologie als Medium verstanden wird. Die Medien gewinnen an universeller Bedeutung, da sie den Menschen und die Geschichte determinieren und im Zentrum jeglichen Wandels und jeglicher Entwicklung stehen. Medientheorie kann somit auch als Universaltheorie oder „Universalontologie" (Leschke 2003: 247) bzw. als Leitdisziplin soziologischer, anthropologischer, kulturwissenschaftlicher oder allgemein historischer Fragestellungen gelesen werden.

Heiße und kühle Medien – Fragwürdige Differenzierungen

Die einzige Unterscheidung, die McLuhan hinsichtlich des Medienbegriffs vornimmt, ist die zwischen *heißen und kühlen Medien*:[67]

„Ein ‚heißes' Medium ist eines, das nur einen der Sinne allein erweitert, und zwar bis etwas ‚detailreich' ist. Detailreichtum ist der Zustand, viele Daten oder Einzelheiten aufzuweisen. [...] Andererseits fordern heiße Medien vom Publikum eine geringe Beteiligung oder Vervollständigung. Heiße Medien verlangen daher nur in geringem Maße persönliche Beteiligung, aber kühle Medien in hohem Grade persönliche Beteiligung oder Vervollständigung durch das Publikum. Daher hat natürlich ein heißes Medium wie das Radio ganz andere Aus-

---

[67] Zu der Abgrenzung von heißen und kalten/kühlen Medien siehe auch Rörig (2006: 152).

wirkungen auf den, der es verwendet, als ein kühles Medium wie das Telefon." (McLuhan ²1995 [1964]): 35)

Ein heißes Medium ist eines, das nur einen Sinn anspricht. Es ist durch eine hohe Datendichte bzw. Detailreichtum gekennzeichnet, so dass das Medium dem Rezipienten wenig Raum für die eigene Vorstellungskraft lässt. Der hohe Detailreichtum des Mediums erfordert nur eine geringe Beteiligung des Rezipienten. Eine geringe Ausdifferenzierung respektive Detailgenauigkeit erfordert demgemäß eine hohe Beteiligung und Eigenaktivität des Rezipienten, um die Informationen eines kühlen Mediums komplettieren zu können.[68]

Mit der Leitunterscheidung kühl und heiß lässt sich bei McLuhan die historische Veränderungsdynamik nachzeichnen. Insbesondere wird dadurch der Umbruch von der Gutenberg-Galaxis zum elektronischen Zeitalter plausibilisiert, indem das heiße Medium Buch mit dem kühlen Medium Fernsehen kontrastiert wird. Diese Unterscheidung ist überaus *starr, undifferenziert und essenzialistisch*. Des Weiteren sind die Zuschreibungen der Eigenschaft heiß und kühl scheinbar *willkürlich* getroffen bzw. folgen keiner begründeten Systematik. Diese Unterscheidung ist analytisch ungenau und nicht einheitlich definiert. Es werden den Medien die Eigenschaften als intrinsische Merkmale statisch zugeordnet. Hierbei findet eine dispositionale Zuschreibung statt, anstatt auch externale Attributionen hinzuzuziehen, wie z.B. den sozialen oder individuellen Kontext der Mediennutzung.

Zusammenfassend lässt sich festhalten, dass McLuhan Anliegen nicht darin besteht, eine technisch-analytische Definition zu geben, die bestimmte intrinsische oder objektive Eigenschaften festschreibt, mit Ausnahme der Zuschreibungen von heiß und kühl. Vielmehr bezeichnet er „alle Medien [.] mit ihrem Vermögen, Erfahrung in neue Formen zu übertragen, [als] *wirksame Metaphern*" (ebd.: 97; Hervorhebung d. Verf.), die es vermögen, Erfahrungen und Wahrnehmungsmuster in neue Formen zu transformieren:[69]

---

68 Eine Fotografie ist für McLuhan beispielsweise optisch detailreich und heiß, während eine Karikatur detailarm und kühl ist, weil sie wenig optisches Informationsmaterial zur Verfügung stellt und daher auf die Vervollständigung durch den Rezipienten angewiesen ist. Ein kühles Medium ist beispielsweise auch das Telefon oder die Sprache, da der Zuhörer selbst viel ergänzen und sich aktiv einbringen muss, um das Medium zu nutzen.

69 Innerhalb kommunikationswissenschaftlicher Diskurse wird hingegen eher von einem funktionalen Verständnis von Medien ausgegangen. Medien werden demgemäß als Techniken der Speicherung, Übertragung und Verarbeitung von Daten und Informationen bestimmt. Sie schaffen Öffentlichkeit und dienen der Verbreitung von Kommunikationsangeboten. McLuhan vollzieht mit seiner Auffassung von Medien einen „Diskurswechsel vom schwachen Begriff des Mediums als bloßem Mittel der Information und Kommunikation zum starken Begriff des Mediums als Vermittlung" (Tholen 2008: 133). Folgt man

„Der Unterschied, ob Medien die Weltaneignung und ihre Bedeutungssysteme im Sinne einer durchgängigen Teleologie von Mittel-Zweck-Relationen erzeugen oder gar stiften oder ob sie nur ihre sinnliche Erfahrung und Wahrnehmung in mediengeprägten Diskursen und Dispositiven einrahmen und begleiten, also an ihrer Konstitution mitbeteiligt sind, ist für die Begriffsbildung der Medienwissenschaft nicht unerheblich." (McLuhan [2]1995 [1964]): 134)

Tabelle 11: Medienbegriff McLuhan

Definition/Intension	Medien als prothetische Ausweitungen des Körpers, der Organe und der Sinne	
Semantische Wort- und Assoziationsfelder	Medien, Technik, Technologien, Apparate, Werkzeuge, Instrumente, Prothesen	
Extensionsmenge	Alltagsgegenstände (Rad, Axt, Geld, Waffen, Kanu), Tiere (Pferd), Massenmedien (Sprache, Buchdruck, Fernsehen)	
Medienfunktion	Stimulierung des menschlichen Körpers und des Wahrnehmungsapparats; Etablierung gesellschaftlicher Strukturen (Individualisierung oder Kollektivierung)	
Voraussetzungen (sensu S.J. Schmidt)	- Anthropologie: Mensch als Mängelwesen - Wahrnehmungstheorie, Neurophysiologie: Erweiterung der Sinne - Prothesentheorie: Kompensation menschlicher Fähigkeiten durch Medien	
Ausdifferenzierung des Medienbegriffs	Heiße Medien	Kühle Medien
Beschreibung	Detailreich, geringe Beteiligung des Rezipienten erforderlich, Passivität, Stimulierung weniger Sinne	Detailarm, hohe Beteiligung des Rezipienten erforderlich, Eigenaktivität, Beteiligung vieler Sinne
Beispiele	Buch, Film, Zeitung, Radio, Vorlesung, Walzer, Städter, Papier	Karikatur, Comic, Fernsehen, Zwiegespräch, Dialog, Telefon, Sprache, Seminar, Twist, Provinzler, Stein

Quelle: eigene Darstellung

4.3.2 Jean Baudrillard: Medien als Produzenten von Nicht-Kommunikation

Auffällig an Baudrillards Theoriegebäude ist, dass er keine explizite Medientheorie vertritt. Nur ein Aufsatz enthält den Medienbegriff bereits im Titel und verabschiedet diesen zugleich: ‚Requiem für die Medien' (1972). Dort stellt er die charakteristischen Merkmale von Medien heraus:

Tholens Einschätzung, so ist der Bedeutungshorizont einer intentional und zielgerichteten Übertragung und Verbreitung von Informationen einer *schwachen* Begriffsbedeutung zuzuordnen, während McLuhan der *starken* Bedeutungsvariante zugewiesen werden kann. Das Credo ‚Das Medium ist die Botschaft' hat das Verständnis von Medien für die Medienwissenschaft erweitert.

„Die Massenmedien sind dadurch charakterisiert, dass sie anti-mediatorisch sind, intransitiv, dadurch, daß sie Nicht-Kommunikation fabrizieren – vorausgesetzt, man findet sich bereit, Kommunikation als *Austausch* zu definieren, als reziproken Raum von Reden und *Antwort* [...]. Die gesamte gegenwärtige Architektur der Medien gründet sich jedoch auf diese letztere Definition: *die Medien sind dasjenige, welches die Antwort für immer untersagt,* das, was jeden Tauschprozeß verunmöglicht (es sei denn in Form der Simulation einer Antwort, die selbst in den Sendeprozeß integriert ist, was an der Einseitigkeit der Kommunikation nichts ändert)." (Baudrillard 1972: 284; Hervorhebung im Original)

Die Massenmedien sind strukturell so ausgerichtet dass sie grundsätzlich Kommunikation und wechselseitigen Austausch verhindern. Das Definitionsmerkmal von Medien ist die *Produktion der Nicht-Kommunikation*: „[D]as Fernsehen ist *die Gewißheit, daß die Leute nicht mehr miteinander reden, daß sie angesichts einer Rede ohne Antwort endgültig isoliert sind.*" (ebd.: 286; Hervorhebung im Original) Offensichtlich wird an Baudrillards Konzeption medienvermittelter Kommunikation, dass er nicht zwischen verschiedenen Mediennutzungstypen unterscheidet, eine aktive Medienaneignung und einen kritischen, emanzipatorischen Mediengebrauch seitens des Rezipienten sogar gänzlich ausschließt. Jene Allmachtsvorstellung von Medien ist bei ihm in Bezug auf Massenmedien total.

Von Massenmedien bis zum Generalstreik – Ein weitschweifender Medienbegriff

Baudrillard versteht Medien zunächst einmal als *Massenmedien* im alltagssprachlichen Sinne. Sein Massenmedienbegriff umfasst dabei sowohl Makroformen[70] der Kommunikation, Medienschemata, -gattungen und -formate, Medientechniken, Institutionen, als auch Kommunikationsinstrumente und Codes, wobei er zwischen ihnen nicht ausdrücklich differenziert und *keine analytische Trennung* vornimmt. In ‚Videowelt und fraktales Subjekt' (1989a) spricht er beispielsweise von den klassischen Massenmedien Computer, Fotoapparat oder Fernsehen als *intelligente Maschinen*, die den Menschen in ein Abhängigkeitsverhältnis zum Medium stellt. Dabei betont er den technischen Aspekt: „Im Objektiv aber, auf Bildschirmen im Allgemeinen und vermittels aller *Mediatechniken* wird die Welt virtuell, das Objekt liefert sich ‚potentiell' aus und treibt sein eigenes Spiel." (Baudrillard 1989a: 124; Hervorhebung d. Verf.) An anderer Stelle steht nicht die Medientechnik im Vordergrund, sondern eine Makroform der Kommunikation wie die Werbung.

Neben der gebräuchlichen Bedeutung von Massenmedien zählt Baudrillard auch Ereignisse und Phänomene dazu, die über das alltagssprachliche Verständnis des

---

70 Makroformen der Kommunikation sind als „übergreifende symbolische Formen" (Schmidt/Zurstiege 2000: 177) zu verstehen, in die Diskurse eingebettet sind. Als Beispiele nennen Schmidt und Zurstiege den Journalismus, die PR oder die Werbung.

Medienbegriffs hinausgehen. Er zeigt dabei nicht klar und explizit kategoriale Unterschiede auf, so dass er auch das *Wahlsystem* als Massenmedium bezeichnet, da jede genuine Form von Feedback bereits im Keim erstickt wird. Die Antwortmöglichkeiten sind bereits durch die Fragemodalität vorgegeben, so dass es sich um eine bloße Simulation von Antwort handelt (vgl. Baudrillard 1972: 285). Weiterhin bezeichnet er den *Krieg* als Instrument der Macht und als ein Medium (vgl. Baudrillard 1978a: 60 ff.). Auch der *Generalstreik* oder die *Straße* als politisches Kampfmittel sind dem Medienbegriff zuzurechnen (vgl. ebd.: 290). Bei Letztgenannten spricht er von *revolutionären, subversiven bzw. reziproken Medien* und räumt ein, dass es als Ausnahme auch Medien gibt, die wechselseitige Kommunikation ermöglichen. Als Beispiel nennt er die Ereignisse in Frankreich im Mai 1968. Hier betont er, dass nicht die klassischen Massenmedien einen subversiven Einfluss auf bestehende politische Verhältnisse hatten, sondern vielmehr sind die Wände mit ihren politischen Parolen, handgemalte Plakate oder die Straße als Ort des Austausches die wahren revolutionären Medien. Sie widersprechen dem strukturellen Grundprinzip der medialen Nicht-Kommunikation, da sie eine Antwort an Ort und Stelle ermöglichen und „ganz einfach mit dem Code" (Baudrillard 1972: 297) brechen.

Kommunikation und Medien als unabdingbarer Zusammenhang – Dialog als symbolischer Tausch

Deutlich wird, dass Baudrillards *Medienbegriff stark mit dem Kommunikationsbegriff verknüpft* ist. Implizit ernennt er damit den Dialog zur idealen Form von Kommunikation. Sein Kommunikationsmodell basiert auf der Annahme, dass die optimale Kommunikation mit dem Auftreten von Medien und medialem Transfer verschwindet, da keine Reziprozität mehr gegeben ist. Seine Sehnsucht nach einer nicht-medialen Kommunikation weist auf eine *Hierarchisierung verschiedener Kommunikationsformen* hin. Evident wird bei Baudrillards Medienverständnis die implizit vorausgesetzte Annahme, dass die face-to-face-Kommunikation die einzige unverfälschte Unmittelbarkeit der Kommunikation ist. Reziprozität denkt Baudrillard äquivalent zum symbolischen Tausch in primitiven Gesellschaften und überträgt dies auf die Kommunikation:[71]

„[Macht] gehört demjenigen, der zu geben vermag und dem nicht zurückgegeben werden kann. [...] [D]ie Medien sind dasjenige, welches die Antwort für immer untersagt, das, was jeden Tauschprozeß verunmöglicht [...]. Darin liegt ihre wirkliche Abstraktheit. Und in dieser Abstraktheit gründet das System der sozialen Kontrolle und der Macht." (Baudrillard 1978b: 91)

---

71 Hierbei lehnt er sich an Mauss' Gabentausch an und überträgt diesen auf die Kommunikation als reziproke Tauschbeziehung. Hierzu siehe auch Kapitel 4.2.2 und 4.6.2.2.

Kommunikation ist insofern als ein symbolischer Tausch zu verstehen, in dem die Antwort als die Fähigkeit gilt, etwas auf die Gabe zu erwidern. Dies ist bei den subversiven, revolutionären Medien wie den Plakatwänden, Graffiti oder der Straße gegeben, da diese als freier Raum den symbolischen Tausch und die Rede mit Antwort ermöglichen. Die Wiederherstellung der Antwort ist die Durchbrechung und Umwälzung der Medienstruktur:

„Eine andere mögliche Theorie oder Strategie gibt es nicht. Jeglicher Versuch, die Inhalte zu demokratisieren, sie zu unterwandern, die ‚Transparenz des Codes' wiederherzustellen, den Informationsprozeß zu kontrollieren, eine Umkehrbarkeit der Kreisläufe zu erreichen oder die Macht über die Medien zu erobern, ist hoffnungslos – wenn nicht das Monopol der Rede gebrochen wird […]." (ebd.: 284 f.)

Codes, Simulakren und die Zeichenhaftigkeit von Medien

Baudrillard nähert sich dem Medienbegriff weniger durch die Zuschreibung intrinsischer Eigenschaften und definitorischer Merkmale, sondern vielmehr durch die Betrachtung der *Funktion bzw. struktureller Effekte und Auswirkungen* von Medien. Es geht ihm weniger um eine klare Begriffsbestimmung als um die Folgen von Mediatisierung:

„Das genau ist Massenmediatisierung. Nämlich kein Ensemble von Techniken zur Verbreitung von Botschaften, sondern das Aufzwingen von Modellen. […] In Wirklichkeit ist das große Medium das Modell. Das Mediatisierte ist nicht das, was durch die Presse, über das Fernsehen und das Radio läuft – sondern das, was von der Zeichen/Form mit Beschlag belegt, als Modell artikuliert und vom Code regiert wird." (ebd.: 289)

Medien sind systembegründende Faktoren, die durch ihre strukturelle Gegebenheit, d.h. durch ihren *Code*, zu konstituierenden Merkmalen der Gesellschaft werden. Die Funktion des Mediums, einen allgemeinen Code herzustellen, steht insofern im Zentrum von Baudrillards Medienverständnis. Er konzentriert sich bei der Analyse der Medien auf die Dimension der semiosefähigen Kommunikationsinstrumente im Sinne Siegfried J. Schmidts (vgl. u.a. Schmidt 2000: 93 ff.; Schmidt 2003b: 83 ff.; Schmidt 2003c: 354 f.; Schmidt/Zurstiege 2000: 170 ff.).

Baudrillard beschreibt die Logik der Medien und der Gesellschaft aus *semiotischer, zeichentheoretischer Sicht*. Der Medienbegriff muss in erster Linie über die Beziehung von Zeichen und Symbolischem begriffen werden. Der Begriff des *Simulakrums* ist für das Verständnis von Medialität dabei entscheidend. Was genau Simulakren sind, expliziert Baudrillard nicht. Stattdessen nennt er die drei Ordnungen von Simulakren, die Imitation, die Produktion und die Simulation. Daraus wird implizit ersichtlich, dass er mit Simulakren ein *bestimmtes Verhältnis von Zeichen und Bezeichnetem, von Symbolischem und Realität bzw. von Signifikant und Signifi-*

kat meint. Die je spezifische Referenzbeziehung zwischen beiden Größen versteht Baudrillard als Simulakrum. Simulakren sind demnach ein *abstraktes System von Zeichen*, die in einem bestimmten Verhältnis zur materiellen Welt stehen. Die verschiedenen Ordnungen von Simulakren stellen so ein jeweils unterschiedliches Modell der Realität dar. Die Ordnungen der Simulakren geben an, auf welche Weise wir uns mit der Welt in Beziehung setzen.

Im letzten historischen Stadium löst sich das Verhältnis von Zeichen und Bezeichnetem schließlich gänzlich auf. Die Funktion der Medien sei dann bloß noch die einer großen Simulations- und Illusionsmaschinerie: „Das ganze Szenario der öffentlichen Information und alle Medien haben keine andere Aufgabe als die Illusion einer Ereignishaftigkeit bzw. die Illusion der Realität [...] aufrechtzuerhalten." (Baudrillard 1978a: 62)[72] Das Reale beruht auf Zeichen, die nur noch selbstrekursiv auf andere Zeichen verweisen. Seine zeichentheoretische Schwerpunktsetzung findet sich insbesondere in seinem *Digitalitätsverständnis*. Baudrillard versteht darunter die vollkommene Neutralisierung des Signifikats durch die Medien. Kommunikation ist zu einem binären, signalartigen System von Frage/Antwort und Reiz/Reaktion ohne Bedeutungsspielraum verkürzt worden.[73]

Baudrillard geht davon aus, dass eine Medientheorie, die bloß materialistische Aspekte von Medien betrachte, insofern nicht haltbar ist. Die Semiotik bzw. die „als Semiokratie bezeichnete Dominanz der Zeichen" (Blask 2005: 23) gilt daher als Ausgangspunkt und theoretische Voraussetzung seiner Überlegungen. Nicht technisch-materielle Dispositive, sondern Zeichensysteme und symbolische Beziehungen bestimmen die gesellschaftliche Kodifizierungsstruktur (vgl. Baudrillard 1978a: 31).

Zusammenfassend kann konstatiert werden, dass Baudrillard nicht explizit und klar zwischen einem eher empirischen Massenmedienbegriff und der Medialität als übergreifendem Prinzip trennt (vgl. Mersch 2006: 158). Auf der einen Seite benutzt er einen weit gefassten Massenmedienbegriff und meint damit das Fernsehen, den Computer genauso wie die Straße oder den Generalstreik. Hierbei geht es sowohl um bestimmte Techniken als auch um soziale Praktiken oder Phänomene und Ereignisse, die mediale Qualität besitzen. Neben diesem Medienverständnis steht ein genereller Medienbegriff, in dem das Mediale als Tauschakt im Sinne Marcel Mauss bzw. als Form sozialer und gesellschaftlicher Beziehungen verstanden wird. Das Mediale ist hier eine nicht empirische, unbestimmte Größe, eine formgebende Instanz, die symbolische Ordnungen herstellt. Das Mediale definiert sich demnach durch die jeweilige Ordnung der Simulakren, die eine je spezifische Beziehung zwischen Signifikant und Signifikat darstellen. Am Ende löst sich der Verwei-

---

72 Disneyland nennt Baudrillard als paradigmatisches Beispiel für eine derartige Illusionsmaschinerie, die die Logik der *Zeichenhaftigkeit von Medien* demonstriert.

73 Siehe hierzu auch genauer Kapitel 4.1.2.

sungszusammenhang von Zeichen und Bezeichnetem auf, bis nur noch das Simulakrum als selbstreferenzielles Zeichen ohne Bezug zum Gegenstand existiert. Dies bezeichnet Baudrillard als den Verlust des Realen und meint damit das Ergebnis eines unendlichen Verweisungszusammenhangs von Zeichen. Das Reale ist laut Baudrillard ein bloßer Medieneffekt. Auffällig an dieser Skizze des Medienbegriffs von Baudrillard ist, dass er Medien nicht primär als technische Apparate versteht, sondern als eine bestimmte Größe, die Symbolisches formiert.

Tabelle 12: Medienbegriff Baudrillard

Definition/Intension	Medien als Produzenten von Nicht-Kommunikation		
Semantische Wort- und Assoziationsfelder	Massenmedien, Simulakren, Zeichen, Apparate		
Extensionsmenge	Simulakren (zeichenhaft), Massenmedien (Fernsehen), Ereignisse und Phänomene (Wahlsystem, Generalstreik), Dinge (Straße, Graffiti)		
Medienfunktion	Erzeugung von Nicht-Kommunikation, Nicht-Reziprozität, Etablierung von Machtverhältnissen		
Voraussetzungen (sensu S.J. Schmidt)	Zeichentheorie, Semiotik		
Ausdifferenzierung des Medienbegriffs*	Medialität als grundlegendes Prinzip: Simulakren	Massenmedien	Ereignisse, Phänomene, Dinge
Beschreibung	Verhältnis Zeichen zu Bezeichnetem; System von Zeichen	Massenmedien im alltäglichen Sinne	Alltagsgegenstände, Aktivitäten, Geschehnisse
Beispiele	Imitat (Stuck, Theater), Serie (äquivalente Objekte), Modell (Digitalität, binärer Code)	Video, Fernsehen, Computer, Werbung, Fotoapparat	Generalstreik, Wahlsystem, Graffiti, politische Parolen, Plakate

Quelle: eigene Darstellung

* Baudrillard selbst nimmt diese Differenzierung nicht vor. Hier könnte auch einfach zwischen Medien, die Kommunikation unterbinden und revolutionäre Medien, die Kommunikation ermöglichen, unterschieden werden.

4.3.3 Paul Virilio: Medien als Fahrzeuge und Katalysatoren von Geschwindigkeit

Von Tieren, Fahrzeugen, Massenmedien, Prothesen bis zu Kriegstechnologien

Virilios Medienbegriff ist sehr weit gefasst und enthält gleichermaßen *lebendige Organismen* wie etwa die Frau, Pferde und Esel sowie *Techniken, Institutionen, Alltagsgegenstände oder Einzelmedien*, zum Beispiel Autos, Architektur, Skulpturen, Fotografie oder Videobilder. Dabei unternimmt er keinen Versuch einer Systematisierung und stellt lediglich die Medien heraus, die in einer bestimmten Epoche besonders relevant sind. Geschwindigkeit bzw. Beschleunigung und Krieg sind für ihn dabei die übergeordneten Prinzipien, die stets mit dem Medienbegriff verbunden sind. Zunächst nennt er die *metabolischen Fahrzeuge*, Frau und Lasttiere, als Leitmedien, auf die anschließend *Transportmedien* und Fahrzeuge folgen: „Mit ihnen [den Fahrzeugen Pferd und Schiff; Anm. d. Verf.] ereignet sich ein außerordentlicher qualitativer Einschnitt; die Koppelung animalischer Körper (Pferd, Dromedar, Elefant, Strauß usw.) liefert die ersten Medien der Bewegung, die ersten Fahrzeuge der menschlichen Gattung." (Virilio 1975: 167) Jede Art von Verkehrsmittel gilt dabei als Medium. Hierbei unterscheidet er zwischen *dynamischen und statischen Fahrzeugen* bzw. Medien, wobei erstere mit technischen Transportmitteln gleichgesetzt werden können wie Autos oder Eisenbahnen und letztere jene Strukturen sind, die das Funktionieren der Fahrzeuge erst ermöglichen, wie beispielsweise Straßen oder Schienen. Weiterhin inkludiert Virilio alle *Massenmedien, Informations- und Transmissionsmedien*, in seinen Medienbegriff. Zuletzt nennt er die *Transplantationstechniken*. Körperprothesen und Implantate sind für Virilio Medien, die den menschlichen Körper durchsetzen und ihn weniger leistungsfähig machen, da der Mensch seine körpereigenen Fähigkeiten verlernt bzw. durch die technischen Prothesen substituieren lässt.

An diesem Überblick wird deutlich, dass Virilio ein *additives Medienkonzept* vertritt. Dabei richtet sich sein Medienbegriff an einer Dispositiv-Trias aus, die sich aus den Dimensionen Medien, Beschleunigung und Krieg zusammensetzt.

Dispositiv-Trias Medien-Beschleunigung-Krieg als universales Erklärungsprinzip

Medien-Beschleunigung-Krieg[74] ist Virilios Dispositiv-Trias, um gesellschaftliche Veränderungen und die gesamte Menschheitsgeschichte zu erklären. Für seinen Medienbegriff sind technische *Kriegs- und Militärtechnologien sowie Waffen-, Transport- und Informationssysteme* zentral.

Im Krieg liegt generell der Ursprung aller medientechnologischen Entwicklungen. Medien finden zunächst Anwendung im militärischen Bereich und werden erst später zivilgesellschaftlich relevant.[75] Der Wandel von Kriegsstrategien führt demgemäß stets eine Veränderung von Transportmitteln und Kommunikationstechniken mit sich. Medien im weitesten Sinne haben demnach eine *Mobilisationsfunktion*, die letzten Endes nicht nur zu Kriegszeiten anhält: „Mobilisierung, In-Gang-setzen der Körper, Reise, Exodus, Deportation, Verschleppung – stets gegenwärtig im

---

74 Der Zusammenhang von Medien und Krieg spielt auch bei Kittler eine zentrale Rolle. Dies wird im nächsten Abschnitt 4.3.4 bei der Darstellung von Kittlers Medienbegriff genauer behandelt.

75 Beispielsweise spielt für Virilio die Fotografie eine entscheidende Rolle beim Militär, zunächst bei der Ablichtung von Raketen und Geschossen, später dann in der Luftbildaufklärung. Erst hinterher findet die Fotografie dann Eingang in den nicht-militärischen, alltäglichen Kontext. (Vgl. Morisch 2011: 564)

Abendland, im Frieden wie im Krieg..." (Virilio 1978: 13) Virilio betrachtet dabei ausschließlich das destruktive Potenzial von Medien und spricht den Wandlungsprozessen jeglichen Fortschrittscharakter ab: „Menschenraub und Entführung sind die eigentlichen Motive für beschleunigte Fortbewegung." (Virilio 1989a: 34) Im Kern sind damit alle historischen und kulturellen Veränderungen ebenso als *Beschleunigungsprozesse* zu verstehen, die durch Kommunikationsmedien und Transportmittel realisiert werden. Virilios Medienbegriff und sein gesamtes medienhistorisches Theoriegebäude stützt sich damit auf die Phänomene Krieg und Beschleunigung. Geschichte wird demnach als totale Mobilmachung und als medial induzierter Beschleunigungsprozess verstanden, der auf destruktive Zielvorgaben ausgerichtet ist (vgl. Kirchmann 1998a: 94 f.).[76]

Medien spielen für Virilio eine zentrale Rolle, um jegliche Wandlungsprozesse zu erklären. Sie dominieren medienhistorische Prozesse, so dass Medientheorie bzw. die Dromologie zu einer Universaltheorie oder Universalontologie im Sinne Leschkes erhoben werden kann, da alles durch das Dispositiv-Dreieck Medien-Krieg-Beschleunigung als universelles Prinzip erklärt wird.

Materialistischer Medienbegriff mit transzendentaler Begründung

Die semiotische Qualität von Medien lässt Virilio vollkommen unberücksichtigt. Bedeutungen, Sinnfragen oder Interaktion zwischen Menschen stehen nicht im Vordergrund seiner Betrachtungen. Der Kommunikationsbegriff spielt für Virilio insofern keine Rolle. Stattdessen betrachtet er eher die technische Seite von Medien. Sein Verständnis von Technik und Technologie bleibt dabei vage und undifferenziert. Einerseits spricht er bereits im Zusammenhang von antiken Kriegsstrategien von Technik, andererseits benutzt er den Begriff erst mit Einsetzen der industriellen Revolution. Grundsätzlich gilt nur, dass Technik ausschließlich Kriegstechnik und immer destruktiv ist, um Geschwindigkeiten und damit Unfälle zu evozieren. Virilios Medien- und Technikbegriff lässt sich damit auf eine *materialistische Dimension* eingrenzen. Diese medienmaterialistische Reduktion lässt sich noch weiter einschränken. Betrachtet man die Massenmedien, so konzentriert er sich hauptsächlich auf die visuellen Medien. Auditive Medien wie das Radio spielen kaum eine Rolle bei der Untersuchung von Medialität.

---

76 Der Endpunkt der historischen und medialen Entwicklung ist auch im digitalen Zeitalter erreicht. Virilios *Verständnis von Digitalität* ist insofern stets mit dem Gedanken an Beschleunigung verbunden. Digitalsignale sind jene elektromagnetischen Wellen, die virtuelle Bilder erzeugen können. Durch Direktübertragungen und -schaltungen von Informationen entsteht eine neue Perspektive. Große Entfernungen werden unmittelbar überschritten, so dass man ein Sofortbild in Realzeit erhält. Digitale Medientechnologien sind in der Lage, die Beschleunigung so sehr voranzutreiben, dass eine absolute Geschwindigkeit erzeugt wird, die nicht mehr gesteigert werden kann.

Den konkreten technischen Materialitäten liegt generell eine transzendentale Begründung zugrunde. Krieg und Beschleunigung, Destruktion und Geschwindigkeit sind sowohl Ausgangspunkt als auch Auswirkung medialer Veränderungen. Ob Medien technischer bzw. materieller Natur sind, ist dabei sekundär, da es vordergründig und grundsätzlich immer um Beschleunigung und Zerstörungskraft als das Wesen des Medialen geht, das in den Dingen selbst liegt.

Tabelle 13: Medienbegriff Virilio

Definition/Intension	Medien als Transportmittel, Fahrzeuge, Erzeuger von Geschwindigkeit und Beschleunigung; Medien entstehen aus militärischen, kriegerischen Erfordernissen			
Semantische Wort- und Assoziationsfelder	Fahrzeug, Transportmittel, Massenmedien, Technologien und Techniken (der Übertragung, der Transmission, der Transplantation, der Information, des Transports, der Beschleunigung), Prothesen			
Extensionsmenge	Nutz- und Lasttiere, Techniken, Technologien, Fahrzeuge, Massenmedien, Prothesen, Implantate			
Medienfunktion	Transport, Beschleunigung, Geschwindigkeitserzeugung			
Voraussetzungen (sensu S.J. Schmidt)	Militär-, Technikgeschichte			
Ausdifferenzierung des Medienbegriffs	Metabolische Medien	Transportmedien, Fahrzeuge	Informationsmedien	Transplantationsmedien
Beschreibung	Organische Lebewesen	Verkehrsmittel 1. statische 2. dynamische	Übertragungstechniken, audiovisuelle Massenmedien	Körperprothesen, Implantate
Beispiele	Mensch, Körper, Frau, Pferd, Esel, Dromedar	1. Autobahn, Straßen, Schienen 2. Eisenbahn, Auto, Schiff, Flugzeug	Fotografie, Telegrafie, Telefon, Kino, Fernsehen, Computer	Implantate, Mikrochips, Prothesen

Quelle: eigene Darstellung

4.3.4 Friedrich Kittler: Medien als Aufschreibesysteme

Medien sind laut Kittlers Terminologie als *Aufschreibesysteme* zu verstehen. Im klärenden Nachwort für die zweite Auflage von ‚Aufschreibesysteme 1800/1900' definiert er diese als „das *Netzwerk von Techniken und Institutionen, die einer gegebenen Kultur die Adressierung, Speicherung und Verarbeitung relevanter Daten erlauben.*" (Kittler [4]2003 [1985]: 501; Hervorhebung d. Verf.) Medien sind demnach nicht nur Techniken, sondern ein Zusammenspiel aus technischen Materialitäten, Institutionen wie Staat oder Universität und sozialen Praktiken wie der Alphabetisierung. Zusammen bilden sie ein *System der Speicherung, Übertragung und Verarbeitung von Daten.* Die Trias der medialen Funktionen von Speichern, Übertragen und Verarbeiten von Informationen hat sich nach Kittler im Laufe der Mediengeschichte herausgebildet: Zunächst sind Speichermedien aufgetreten, beispielsweise Verse als zentrale Speichertechnik oraler Kulturen.[77] Anschließend sind Medien zur Übertragung und Speicherung von Informationen in den Vordergrund getreten wie die Schrift, der Buchdruck, der Phonograph oder der Film. Schließlich ist mit dem Computer die Funktionstrias vollendet worden, denn dieser macht die Ver- und Bearbeitung von Daten und Informationen möglich.[78]

Kittler begreift in diesem Sinne Medien zunächst einmal *funktional*: Medien sind grundlegend dazu da, Ereignisse in speicherbare, übertragbare und letztlich verarbeitbare Daten zu transformieren.

Technische Materialitäten als Apriori

Medien erfüllen diese Funktionen auf ihre je spezifische Weise, die entscheidend von ihrer *Materialität* abhängt. Damit verändert ein Medium durch seine technisch-materielle Form der Speicherung, Übertragung und Verarbeitung von Information das menschliche Selbstverständnis sowie soziale Formationen. Medien sind technisches Dispositiv und damit ein unhintergehbares Apriori für Kommunikation, Verstehen, Wahrnehmung, kulturelle Prozesse und gesellschaftliche Konstellationen. Das kulturelle Wissen wird durch die Aufschreibesysteme formiert, reguliert und produziert, die die Bedingungen des Denkens und der sozialen Reproduktion vorgeben. Demnach sind Aufschreibesysteme Medien bzw. Technologien und Institutionen, die jedem Sinn vorgängig sind. Medien sind insofern keine Instrumente oder Werkzeuge des Menschen, sondern die technischen Gegebenheiten und Dispositive, die den Menschen erst ermöglichen. Kittler spricht von einem „Phantasma vom Menschen als Medienerfinder." (Kittler 1986: 5f.) und negiert somit das instrumentelle Verhältnis von Mensch und Technik bzw. invertiert es sogar. Physikalische Träger ermöglichen überhaupt erst Sinn. Information sind in dieser Hinsicht nicht mit Sinn und Semantik verbunden, sondern sensu Shannon und Weaver als Gegenpol zum Rauschzustand (Chaos) zu verstehen.[79] Demgemäß ist Kultur eine umfassende Datenverarbeitungsmaschine. Soll eine bestimmte Kultur verstanden und analysiert werden, so muss das Augenmerk darauf gerichtet werden, wie jene Kultur ihre eigenen Informationen verarbeitet und welche historisch kontingenten tech-

---

77 Medien sind schon in den frühen Texten Kittlers präsent. Anfang der 1970er ist der Medienbegriff bei ihm noch weitaus untechnisch zu verstehen. In Anlehnung an Foucault untersucht Kittler diskursanalytisch die Sprache und insbesondere Sprachverbote und Ausschlussmechanismen.

78 Zur detaillierten Darstellung der historischen Entwicklung von Aufschreibesystemen siehe Kapitel 4.1.4, in dem die mediengeschichtliche Entwicklung sensu Kittler nachgezeichnet wird.

79 Die Informationstheorie von Shannon und Weaver, die als zentrale Einflussquelle für Kittlers theoretische Überlegungen gilt, wird in Kapitel 4.6.4.2 erläutert.

nischen und institutionellen Bedingungen die Datenzirkulation – also Input, Throughput und Output – regulieren. An Kittlers medienhistorischen Überlegungen wird deutlich, dass sein Medienbegriff sich immer stärker auf die Technik an sich bezieht und weniger das gesamte Netzwerk an Techniken und Institutionen berücksichtigt wird. Im Gegensatz zum Aufschreibesystem 1800, in dem er systematisch das Zusammenspiel mehrerer Faktoren wie Alphabetisierungskampagnen, Verstaatlichung von Bildung, drucktechnische Innovationen, einen expandierenden Büchermarkt und Veränderungen im Leseverhalten[80] aufzeigt, spielen außertechnische Faktoren immer weniger eine entscheidende Rolle. Kulturtechniken des Sprechens, Schreibens und Lesens werden mit sozialen Prozessen, technischen Innovationen und institutionellen Faktoren zum Aufschreibesystem 1800 verbunden, während das Aufschreibesystem 1900 bereits konsequent materialistisch begründet wird. Die technischen Analogmedien definiert Kittler fast ausschließlich als technische Apparaturen, die in ihrer Funktionsweise und den technischen Abläufen detailliert von ihm analysiert werden. So werden als Medien für ihn auch Grammophonnadeln, Plattenrillen, Projektoren, Filmbänder und Schreibmaschinentastaturen zu Gegenständen der Analyse, anstatt grobe Clusterungen von Medien vorzunehmen, wie es in einigen medientheoretischen Untersuchungen häufig der Fall ist, wenn beispielsweise von Bildmedien die Rede ist. Mit dem Aufschreibesystem 2000 ist dann bloß noch die technische Funktionsweise bzw. der technische Automatisierungsprozess in Medienverbundschaltungen für Kittler interessant. In erster Linie wird somit im Laufe der Mediengeschichte immer stärker der *technischen Materialität ein Apriori-Status* zugesprochen. Bestimmte Aufzeichnungs-, Übertragungstechniken oder Schaltzustände sind somit Grundlage der menschlichen Existenz, denn „der Geist namens Software [ist] als Emanation der Hardware selber entstanden." (Kittler 1998b: 125)

Konkrete Medieninhalte, Produzenten und Nutzer- bzw. Nutzungsaspekte werden zugunsten technologischer Strukturen vernachlässigt. Zudem werden Zeichensysteme und Kommunikationsinstrumente als sekundär betrachtet und zuweilen völlig ausgeblendet. Was zählt, sind nur *Materialitäten*: „Materialitäten der Kommunikation sind ein modernes Rätsel, womöglich sogar das moderne. [...] Es gibt [.] keinen Sinn, wie Philosophen und Hermeneutiker ihn immer nur zwischen den Zeilen gesucht haben, ohne physikalischen Träger." (Kittler 1993a: 161) Die *Vorgängigkeit materieller Strukturen* ist für Kittler der eigentliche Kernpunkt der Diskussion, der es erlaubt, unter der Voraussetzung technischer Bedingungen von nicht-technischen Dingen sprechen zu können: „Medien bestimmen unsere Lage" (Kittler 1986: 3) formuliert er explizit in ‚Grammophon, Film, Typewriter', was zunächst auf einen Reduktionismus von technologischer Basis und sozialem wie kog-

---

80 Kittler konstatiert, dass das intensive Lesen wie das Wiederlesen von Bibeltexten zunehmend durch das extensive Lesen, das Rezipieren ständig neuer Literatur, ersetzt wurde.

nitivem Überbau hindeutet. Jedoch räumt Kittler ein, dass eine Bandbreite an Realisierungsmöglichkeiten besteht, letzten Endes das technisch-mediale Dispositiv aber endbestimmend ist.

Krieg als originärer Ursprung von Medien

Eng verknüpft mit der Konzeption technischer Medien ist der *Krieg als Impulsgeber medientechnischen Entwicklungen* und gesellschaftlicher Dynamiken. Kittler verfolgt die Medienentwicklung anhand technischer Innovationsschübe, denen der Krieg als Ursprung und Ursache inhärent ist (vgl. Kittler 1986: 148 ff.). Alle technischen Forschungsergebnisse sind nach Kittler Reaktionen auf militärische Erfordernisse, z.B. das Radio als Produkt des Ersten Weltkrieges oder der Computer als Technik der „Berechenbarkeit überhaupt" (ebd.: 352) nach dem Zweiten Weltkrieg. Die Technik gelangt erst dann in Form von Kommunikationsmedien und Unterhaltungselektronik in das alltägliche Leben, um „zivile Anwender in eine undurchschaubare Simulation zu verwickeln." (Kittler 1993a: 212)

Zusammenfassend lässt sich feststellen, dass Kittlers Medienarchäologie sich als anti-hermeneutisch und technik-affin versteht, sie ist auf einen „informationstheoretischen Materialismus" (Kittler 1993a: 182) angelegt. Medien bestimmen sich durch ihre technische Materialität und die Art der Speicherung, Übertragung und Verarbeitung von Informationen. Soziale Sinnkommunikation kann laut Kittler niemals abgekoppelt von Materialität und technischen Bedingungen stattfinden. Aufschreibesysteme sind jeglichen soziokulturellen Formationen vorgelagert bzw. bringen diese erst hervor. Der Ursprung der Technik liegt dabei für ihn im Krieg, der überhaupt die Notwendigkeit für technische Entwicklungen erzeugt.

Tabelle 14: Medienbegriff Kittler

Definition/Intension	Medien als Aufschreibesysteme, als „Netzwerk von Techniken und Institutionen, die einer gegebenen Kultur die Adressierung, Speicherung und Verarbeitung relevanter Daten erlauben" (Kittler [4]2003 [1985]: 501)		
Semantische Wort- und Assoziationsfelder	Aufschreibesysteme, Technik, Technologien, Materialitäten, Schaltungen		
Extensionsmenge	Techniken, technische Materialitäten (Buchdruck, Grammophon, Film, Computer), Institutionen (Staat, Universität), soziale Praktiken (Alphabetisierung, Lesen)		
Medienfunktion	Speicherung, Übertragung und Verarbeitung von Informationen		
Voraussetzungen (sensu S.J. Schmidt)	- Materialismus - Informationstheorie (sensu Shannon und Weaver) - Archäologie und Diskursanalyse (sensu Foucault)		
Ausdifferenzierung des Medienbegriffs	Aufschreibesystem 1800	Aufschreibesystem 1900	Aufschreibesystem 2000
Beschreibung	Oralität und Literalität; Zusammenspiel aus Alphabetisierung, Familie, Dichtung, Universität, Staat	Technische Analogmedien	Technische Digitalmedien
Beispiele	Sprache, Schrift, Printmedien, Buch bzw. Buchdruck, Lehrmethoden des Lesens	Grammophon, Film, Schreibmaschine, Plattenrillen, Projektoren	Computer

Quelle: eigene Darstellung

4.3.5 Vilém Flusser: Medien als Codestrukturen

> „Denn was ist das ‚Medium' – die Vermittlung zwischen Sender und Empfänger – im Fall des Telefons: die Drähte oder die Sprache?
> (FLUSSER [3]2003 [1996]: 271)

Flusser beschäftigt sich in seiner Kommunikologie grundlegend mit den Begriffen *Kommunikation, Codes und Medien*. Der Medienbegriff ist eng mit dem Kommunikations- und Codebegriff verknüpft und nur in Zusammenhang mit diesem zu denken. Um den Medienbegriff von Flusser besser begreifen zu können, muss zunächst sein Verständnis von Codes und Zeichen klargestellt werden.

Codes als Grundlage menschlichen Seins

Kommunikation mittels Codes ist für Flusser eine existenzielle Grundkonstante des Menschen: „Kurz, der Mensch kommuniziert mit anderen, ist ein ‚politisches Wesen', nicht weil er ein geselliges Tier ist, sondern weil er ein einsames Tier ist, welches unfähig ist, in Einsamkeit zu leben." (ebd.: 10) Flussers Kommunikationsbegriff beruht auf einem existenzphilosophischen und anthropologischen Grundverständnis vom Menschen als *zoon politikon* und *animal symbolicum*. Codes sind dabei die zentralen *sinnstiftenden und bedeutungsschaffenden Instanzen* und demnach negativ-entropisch ausgerichtet. Flusser versteht diese als ein System von Symbolen im Sinne konventionalisierter Zeichen:

„Ein Code ist ein *System aus Symbolen*. Sein Zweck ist, Kommunikation zwischen Menschen zu ermöglichen. Da Symbole Phänomene sind, welche andere Phänomene ersetzen (‚bedeuten'), ist die Kommunikation ein Ersatz: Sie ersetzt das Erlebnis des von ihr ‚Gemeinten'. Menschen müssen sich miteinander durch Codes verständigen [...] Der Mensch ist ein ‚verfremdetes' Tier, muss Symbole schaffen und sie in Codes ordnen, will er den Abgrund zwischen sich und der ‚Welt' zu überbrücken versuchen. Er muss zu ‚vermitteln' versuchen, er muss versuchen, der ‚Welt' eine Bedeutung zu geben." (Flusser 1997: 23; Hervorhebung d. Verf.)

Codes sind historisch kontingente Erkenntnisschemata des Weltbezugs. Flusser erklärt, dass Symbole dabei auf verschiedene Weise zu Codes angeordnet werden. Der Code, der zu einer je spezifischen historischen Phase dominant ist, gibt der Welt nicht nur eine Bedeutung, sondern er strukturiert auch unser gesamtes Denken und Fühlen: Während das mythisch-magische Denken durch den flächenartigen Bildercode hervorgerufen wird, geht der lineare Schriftcode mit einem logischen, historischen Bewusstsein einher, und der punktartige Technocode begünstigt einen assoziativen Denkstil. Traditionelle Bilder, die Schrift und Technobilder[81] stellen die Leitcodes für Flusser dar, die einen ausschlaggebenden Einfluss auf den Zugang zur Welt und die Situation des Menschen haben.

Betrachtet man die *Extensionsmenge des Codebegriffs*, so ist dieser äußerst vielseitig und fast unerschöpflich. Abstrakte Phänomene wie Zahlen, lineare oder flächenartige Codes, die gesprochene Sprache, geschriebene Texte, Zeichnungen, Malerei, Skizzen, Literatur fallen darunter genauso wie konkrete Gegenstände, z.B. Steine, Knochen oder Münzen. Der Codebegriff erstreckt sich „vom Morsecode zur symbolischen Logik, von der Kriegstrommel bis zum Urbanismus, von der Maske bis zum Universitätscampus." (Flusser ³2003 [1996]: 245) Flusser unterscheidet auch zwischen *ästhetischen* Codes, z.B. Regeln von Musik- oder Filmkompositionen, *epistemologischen* Codes wie der Logik oder der Mathematik, und *ethischen* Codes, z.B. in Form von Gesetzbüchern oder der Moral (vgl. ebd.: 258 f.). Im All-

---

81 Flussers Differenzierung zwischen den *voralphabetischen traditionellen* und den *nachalphabetischen technischen* Bildern, lautet wie folgt: „[D]ie ersten sind Anschauungen von Gegenständen, die zweiten Komputationen von Begriffen. Die ersten entstehen durch Imagination, die zweiten durch eine eigentümliche Einbildungskraft, nachdem das Vertrauen zu Regeln verlorengegangen ist." (Flusser ²1989 [1985]: 14) Siehe hierzu auch Kapitel 4.1.5.

gemeinen kann jede Materialität zeichenhaft und bedeutungstragend sein. Dabei können die Zeichen

„punktartig (wie in Mosaiken), geradlinig (wie in Alphabeten), in Wellenlinien (wie in Arabesken), flächenartig (wie in Zeichnungen und Gemälden), oberflächlich (wie in Teppichen), körperlich (wie in der Skulptur und Architektur), vierdimensional (wie im Tanz und in Gesten), räumlich (wie in Drahtmodellen), zeitlich (wie in der Musik) oder in noch komplexeren Dimensionsverbindungen (wie im Film, im Theater, in Lichtreklamen und bei Verkehrszeichen) zu Codes geordnet werden." (ebd.: 77)

Der Codebegriff umfasst somit jegliche Art von Zeichenträgern im Sinne semiosefähiger Materialitäten. Codes sind Kommunikationsinstrumente, legt man den Vergleichsmaßstab des Medienkompaktbegriffs von Siegfried J. Schmidt an. Kulturelle Umbrüche und historischer Wandel sind also nicht durch technische Innovationen und Erfindungen oder mediale Entwicklungen zu erklären, sondern durch Codewechsel und Bedeutungsumbrüche.

In diesem Sinne sind Codes Kulturleistungen bzw. Kunstgriffe des Menschen, die ihn vom Tier unterscheiden. Menschliche Kommunikation durch Codes ist insofern keine natürliche Geste, sondern eine künstlich erzeugte. Das Erlernen und die Anwendung von Codes sind dabei jedoch nicht immer bewusstseinspflichtig. Durch den ständigen Gebrauch der Codes gewöhnt der Mensch sich an diese, so dass die Codes mit der Zeit naturalisiert, also als natürlich wahrgenommen werden. Unsere kodifizierte Welt wird zu einer Art zweiten Natur, die „uns den bedeutungslosen Kontext vergessen [.] lasse[.], in dem wir vollständig einsam und *incommunicado* sind, nämlich jene Welt, in der wir in Einzelhaft und zum Tode verurteilt sitzen: die Welt der ‚Natur'." (Flusser ³2003 [1996]: 10; Hervorhebung im Original). Flusser sieht den Zweck der Codes demnach darin, Wirklichkeit erleb-, erkenn- und erfahrbar zu machen. Dieser menschliche Drang nach Kommunikation, Kodifizierung und Sinnstiftung ist bei Flusser dominanter als die medientechnischen Voraussetzungen des Kodierens. Wirklichkeitswahrnehmung und Weltkonstitution sind demnach nicht primär medial bedingt, sondern vielmehr *codedominiert*.

Medien als strukturgebende Instanzen für Codes

Grundlegend für Kognition und Wahrnehmung sowie die soziale und kulturelle Lage sind laut Flusser also nicht mediale Materialitäten oder Techniken, sondern Codes. Es geht primär um Semantiken, Bedeutungsweisen und -konventionen, die für den Menschen sinnstiftend sind. Medientheoretisch bedeutsam ist demnach eher das Nicht-Technische. Kultur- bzw. geschichtsdeterminierende Faktoren sind vielmehr zu Systemen geordnete Symbole wie Texte und Bilder in ihrer Funktion als

Codes.[82] Flusser vertritt eher einen *schwachen technischen Medienbegriff* und damit einhergehend einen *starken semiologischen Kommunikationsbegriff*.

Kommunikation via Codes ist negativ-entropisch ausgerichtet und dient dazu, den wahrscheinlichen Prozess der Entropie durch unwahrscheinliche symbolische Formbildung, das Informieren, zu verzögern.[83] Neben diesem basalen Grundverständnis von Kommunikation geht es Flusser an zweiter Stelle um die Funktionen der Kommunikation. Diese liegen in der Erzeugung und Speicherung von Informationen. Kommunikation ist in dieser konkreteren Bestimmung als „symbolische[.] Übertragung von Botschaften" (ebd.: 244) in semiotischer Hinsicht zu verstehen. Für diese Funktion der symbolischen Übertragung und Vermittlung spielt der *Medienbegriff* schließlich doch eine zentrale Rolle. Dieser ‚verpestet' zwar die Überlegungen zu Kommunikation, wie Flusser selbst bemerkt, allerdings ist der Begriff aufgrund seiner wachsenden Popularität unvermeidlich (vgl. ebd.: 271).[84]

---

82 Joachim Michael und Michael Hanke sprechen davon, dass Flusser daher eher eine Kommunikations- als eine Medientheorie vertritt. Michaels Aufsatz beinhaltet die These, dass Flussers Kommunikologie eigentlich eine Medientheorie ohne Medien ist (vgl. Michael 2009: 23 ff.). Trotz Flussers tragender Rolle für die Medienphilosophie verweigert er sich regelrecht dem Medienbegriff und stellt den Kommunikationsbegriff in den Vordergrund seiner theoretischen Ausführungen. Hanke ist genauso der Ansicht, dass es sich vielmehr um eine Kommunikationstheorie handelt und die zentrale theoretische Bezugsgröße die Kommunikation ist. Der Medienbegriff taucht nur auf, da dieser aufgrund seiner steigenden Popularität unvermeidbar geworden ist. (Vgl. Hanke 2009: 39 ff.)

83 Während der Versuch, die Einsamkeit und den Tod zu vergessen einen *existenziellen geisteswissenschaftlichen Blickwinkel* auf den Kommunikationsprozess wirft, stellt der Versuch, Information zu speichern und weiterzugeben die *naturwissenschaftlich formale Erklärung* menschlicher Kommunikation dar. In beiden Fällen ist Kommunikation der Versuch, die Natur zu überwinden, zu leugnen bzw. zu vergessen, indem Codes als künstliche Gesten entworfen werden.

84 Joachim Michael spricht davon, dass Flusser eine ambivalente Haltung gegenüber dem Medienbegriff einnimmt und eigentlich ein „Unbehagen am Medienbegriff" (Michael 2009: 32) verspürt. Dies liegt darin begründet, dass Flusser zum einen der Ansicht ist, dass der Medienbegriff die Überlegungen zur Kommunikation überschattet und der Medienbegriff eigentlich unbedeutend oder zweitrangig ist, zum anderen kommt er aber aufgrund der steigenden Popularität des Begriffs nicht an ihm vorbei. Dies hat zur Konsequenz, dass er sich dem Medienbegriff regelrecht verweigert und von Kommunikationsstrukturen spricht, um den Codebegriff stärker in den Blick zu nehmen. Auch Michael Hanke beteuert im selben Sammelband: „In diesem Sinne steht Flusser in seinem ganzen Denk- und Schreibhabitus eher auf der Seite des Zweifels als der Gewißheit; seine theoretische Bezugsgröße ist dabei nicht der Medienbegriff; vielmehr ist, und darin schließen wir uns dem Resümee Dieter Merschs an, die Kommunikation das Bindeglied von Flus-

Grundsätzlich trennt Flusser die *Bedeutungsfunktion der Codes* und die *Übertragungsfunktion von Medien*. Sinnkonstitution auf der einen und Übermittlung auf der anderen Seite sind für ihn zwei unterschiedliche Sphären. Die Funktionsweise der Codes kann jedoch nur in der Form und Struktur von Medien beobachtet werden. Flusser definiert Medien als „*Strukturen (materielle oder nicht, technische oder nicht), in denen Codes funktionieren.*" (ebd.: 271; Hervorhebung d. Verf.) Zu den nicht-materiellen oder nicht-technischen Strukturen lassen sich beispielsweise die Sprache, die Wissenschaft oder die Kunst zurechnen, während Massenmedien wie Fernsehen, Radio oder Computer Beispiele für die technisch-materielle Seite von Medien sind. Medien definiert Flusser demgemäß als *Kommunikationsstrukturen*, die den Codes einen Rahmen geben und den jeweiligen Inhalt bestimmen. Medien funktionieren in diesem Sinne als Zuordnungsregeln von Zeichen. Sie sind solche Instanzen, die Kommunikation strukturell ermöglichen. Flusser unterscheidet bei seinem Medienbegriff somit zwischen *syntaktischer, struktureller* und *semantischer, inhaltlicher* Dimension. Die Funktionsweise von Codes, die semantisch-inhaltliche Ebene, hängt von dem Apparat bzw. den strukturellen Rahmenbedingungen, der syntaktisch-strukturellen Ebene, ab.[85]

---

sers umfassender Kulturtheorie, weshalb dieser auch ‚weniger als ein Medientheoretiker denn als Kommunikationswissenschaftler und Kulturphilosoph' zu gelten habe." (Hanke 2009: 56) Siehe hierzu auch Mersch (2006: 136).

85 Michael Hanke identifiziert sogar mindestens vier verschiedene Bedeutungsvarianten des Medienbegriffs bei Flusser. Er konstatiert, dass Flusser Medien 1. als Kommunikationsstrukturen, 2. als Chiffre für Massenmedien und als Kritik an nicht-dialogischer, 3. diskursiver Kommunikation, 4. als Synonym für Zeichen und Codes und als Mediationen zwischen Mensch und Welt versteht (vgl. Hanke 2009: 45 ff.). Was die zweite Verwendungsweise betrifft, in der Medien mit Massenmedien gleichgesetzt werden, so lässt sich feststellen, dass dies der ersten Gebrauchsweise von Medien als Kommunikationsstrukturen gar nicht widerspricht. Massenmedien sind laut Flusser Kommunikationsstrukturen, und zwar begünstigen diese amphitheatrale Diskurse. Die zweite Verwendungsweise kann somit unter die erste untergeordnet werden. Hanke behauptet auch, dass Flusser den Zeichen- und Codebegriff mit dem Medienbegriff zuweilen gleichsetzt. Dieser Auffassung kann jedoch teilweise widersprochen werden. Der Medienbegriff Flussers ist zwar so stark mit dem Kommunikationsbegriff verwoben, dass der Zeichen- bzw. Codebegriff zentral für das Verständnis von Medien ist, jedoch wird dieser bei Flusser nicht einfach mit dem Medienbegriff gleichgesetzt. Hier unterscheidet er in seiner Definition, dass Medien Strukturen sind, in denen Codes funktionieren, während Codes eben Symbol- und Zeichensysteme sind, die auf mediale Strukturen der Übermittlung angewiesen sind. Die Trennschärfe ist allerdings nicht immer klar gegeben, so ist beispielsweise die Sprache sowohl Code und Symbolsystem als auch Medium. Insbesondere in seinen frühen Werken wie ‚Filosofia da linguagem' (1966) oder ‚Lingua e realidade' (1963) gibt es Stellen,

Nach dieser Definition von Medien als nicht-materielle und materielle, nicht-technische und technische Kommunikationsstrukturen ist auch die *Extensionsmenge des Medienbegriffs* bei Flusser sehr groß. Demnach zählen Massenmedien wie Radio oder Fernsehen, aber auch Fußbälle, der Körper, Wartezimmer, Küche oder Schulklassen, Wissenschaft und Kunst, Vorträge, die öffentliche Meinung oder die Armee zu seinem Medienbegriff. Zentral dabei ist, dass Medien den Codes ermöglichen zu funktionieren. Das Verhältnis zwischen dem Zeichenhaften und den materiellen Strukturen, das Zusammenspiel materieller und nicht-materieller Komponenten, bestimmt das Mediale bei Flusser. Welcher Code auf welche Weise genutzt wird, ist für das Verständnis von Medialität entscheidend:

„Man kann zwar auf Französisch oder Englisch telefonieren, aber nicht mit Bildern oder Gesten, und man kann zwar durchs Telefon singen, aber der Genuß des Empfängers wird nicht sehr groß sein. Die Ebene der Hardware wurde zwar in Funktion eines Codes entworfen (das Telefon in Funktion der gesprochenen Sprache), der Code aber muß sich irgendwie dieser Hardware anpassen (man kann nicht singend telefonieren)." (ebd.: 270)

---

an denen er den Code- mit dem Medienbegriff gleichsetzt. In seiner vierten Verwendungsweise von Medien als Mediationen im Allgemeinen vertritt Flusser laut Hanke einen sehr *weiten Medienbegriff*, ähnlich wie er auch bei McLuhan zu finden ist. Medien sind diejenigen Gegenstände, die zwischen dem Menschen und seiner Umwelt vermitteln. Sie stellen bestimmte Wahrnehmungsmodi her und setzen den Menschen in Bezug zu seiner je spezifisch medial wahrgenommenen Welt. Eine Glasscheibe beispielsweise vermittelt eine bestimmte Sicht auf die Welt und stellt sich zwischen Mensch und der vom Menschen wahrgenommenen Wirklichkeit. Medien sind hier als jegliche Form von *Mediationen* zu verstehen, die zwischen Mensch und Welt vermitteln. Jede Art von kulturellen Errungenschaften bzw. Techniken kann als Medium bezeichnet werden. Diese Vermittlungsleistung von Medien im weitesten Sinne kann anhand des historischen Stufenmodells nachvollzogen werden. Die Kulturgeschichte entwickelt sich parallel zu der Genese der Medien, die es ermöglichen, zur Welt und zur Natur eine Verbindung herzustellen: „Symbole sind Instrumente, um diesen klaffenden Abgrund zu überbrücken – es sind Mediationen." (Flusser [3]2003 [1996]: 76) Auch hier setzt Hanke den Symbol- mit dem Medienbegriff gleich. Diese Ungenauigkeit lässt ihn zu der vierten Verwendungsweise von Medien kommen. Jedoch können die letzten drei Bestimmungen unter dem ersten Punkt subsummiert werden. Somit möchte ich empfehlen, Hankes Vorschlag eher als eine Ausdifferenzierung von Flussers Medienbegriff zu betrachten anstatt diese vier Verwendungsweisen gleichwertig nebeneinander zu stellen.

Dialogische und diskursive Medien

Der unmittelbare und notwendige Zusammenhang zwischen dem Medien- und dem Kommunikationsbegriff ist bei Flusser augenscheinlich: Medien ermöglichen und präfigurieren Kommunikation. Kommunikationsmedien sind aber genauso stark an *Nutzungsweisen* gekoppelt. Dabei unterscheidet Flusser zwischen zwei Arten der Kommunikation, dem *Dialog* und dem *Diskurs*.[86] Im ersten Teil seiner Kommunikologie spricht er dabei von diskursiver und dialogischer Kommunikation, ohne den Medienbegriff zu verwenden. Erst im zweiten Teil ist explizit von diskursiven und dialogischen Medien die Rede.

Medien ermöglichen generell *Informationsverbreitung* (diskursive Medien) und *Informationsherstellung* (dialogische Medien). Bei letzteren handelt es sich nicht um eine Mehrproduktion an Information, sondern um eine Synthetisierung von bereits vorhandenen Informationen in neue Informationen. Menschen stehen in einem permanenten Informationsaustausch in der Hoffnung, neue Informationen herzustellen. Flusser nennt dies den *Dialog*. *Dialogische Medien* wie das Internet dienen also der *Erzeugung von neuen Informationen* im Sinne eines *Zirkulierens von Informationen zwischen Sender und Empfänger*. Bei den Dialogen unterscheidet Flusser zwischen zwei Formen, dem *Kreisdialog*, so wie er in Kommissionen, Parlamenten oder runden Tischen vorzufinden ist, und dem *Netzdialog*, der in öffentlichen Diskussionen, im Post- oder Telefonsystem auftritt.

Die zweite Dimension der Kommunikation ist der *Diskurs*. Im Diskurs werden Informationen gesammelt und an andere Menschen weitergegeben, um diese weiter zu speichern. *Diskursive Medien* dienen demnach dazu, bereits *vorhandene Informationen zu bewahren und zu verteilen*. Bestehende Informationen werden vom Sender zum Empfänger übertragen. Diskursive Medien wie das Fernsehen ermöglichen keinen Austausch, sondern nur die *Distribuierung von Informationen von einem Sender zu einem oder mehreren Empfängern*. In dialogischen Medien kann ein direktes Feedback gegeben werden, während in diskursiven Medien die Antwort nur indirekt möglich ist. Flusser unterscheidet zwischen vier Diskursarten: 1. der *Theaterdiskurs*, der in Konzerten, in Schulklassen, Vorträgen oder im Theater auftritt, 2. der *Pyramidendiskurs*, den man aus Kirchen, Staatsverwaltungen oder Parteiapparaten kennt, 3. der *Baumdiskurs*, der in Wissenschaft, Technik und Kunst vorherrscht, sowie 4. der *Amphitheaterdiskurs*, der in Massenmedien wie Radio, Fernsehen oder Kino beobachtbar ist:

---

86 Für eine detaillierte Beschreibung seiner Ausdifferenzierung in diskursive und dialogische Medien siehe auch Flusser (^{3}2003 [1996]: 270 ff.).

Abbildung 6: Flussers Diskurs- und Dialogbegriff

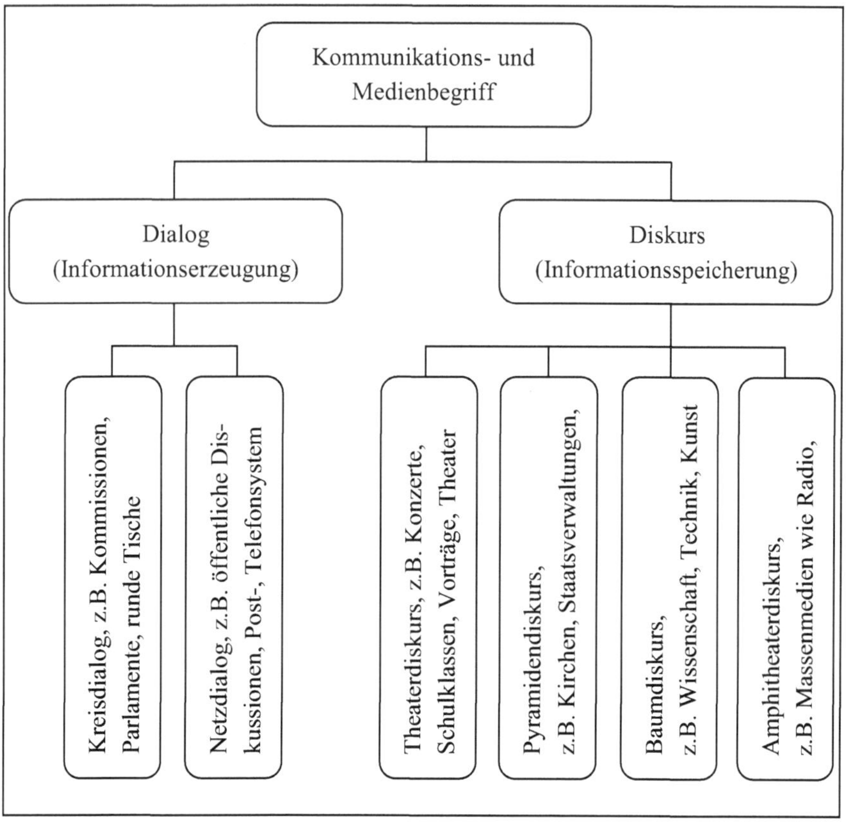

```
                    Kommunikations- und
                       Medienbegriff
                    /                \
             Dialog                    Diskurs
      (Informationserzeugung)    (Informationsspeicherung)
```

- Kreisdialog, z.B. Kommissionen, Parlamente, runde Tische
- Netzdialog, z.B. öffentliche Diskussionen, Post-, Telefonsystem
- Theaterdiskurs, z.B. Konzerte, Schulklassen, Vorträge, Theater
- Pyramidendiskurs, z.B. Kirchen, Staatsverwaltungen
- Baumdiskurs, z.B. Wissenschaft, Technik, Kunst
- Amphitheaterdiskurs, z.B. Massenmedien wie Radio,

Quelle: eigene Darstellung

Während dialogische Medien tendenziell zur Dynamisierung von Kommunikation dienen, da diese verantwortlich für Innovation und Neuheit sind, sind diskursive Medien für die Aufrechterhaltung bestimmter Informationen in einem kulturellen Gedächtnis zuständig. Dabei sind Dialog und Diskurs aber nicht als Oppositionen zu betrachten, vielmehr verhalten sie sich komplementär zueinander und sind wechselseitig aufeinander bezogen. Denn der Dialog als Synthetisierung und Herstellung neuer Information ist Voraussetzung für den Diskurs, der Information akkumuliert und speichert, da die zu verbreitende und zu speichernde Information zunächst durch dialogische Erarbeitung zustande kommt. Jeder Diskurs ist umgekehrt auch Voraussetzung für den Dialog, da die am Dialog Beteiligten gleichermaßen über die diskursiv empfangenen Informationen verfügen müssen, die in einem vorherigen

Dialog hergestellt worden sind. Jeder Dialog ist Voraussetzung für den Diskurs und vice versa.[87]

Insofern besteht nach Flusser die Gesellschaft aus einem *Kommunikationsgewebe von Dialogen und Diskursen*. Die Leistung der Kommunikation, die Einsamkeit zu überwinden und den Tod zu vergessen, können nur dann erreicht werden, wenn ein Gleichgewicht zwischen Dialog und Diskurs herrscht. Dominiert der Diskurs, fühlt sich der Mensch trotz ständigem Kontakt zu Informationen einsam. Überwiegt der Dialog, so fehlt dem Menschen die Speicherung der Information in einem historischen Gedächtnis. (Vgl. Flusser 1993b: 44)

Die gegenwärtige Lage und die Dominanz der diskursiven Massenmedien

Gegenwärtig sieht Flusser ein Zurückweichen des Dialogs durch die Dominanz des Diskurses. Flusser diagnostiziert, dass

„Theaterdiskurse und Kreisdialoge [.] nicht mehr richtig funktionieren [.] können, sie befinden sich in der ‚Krise'. Pyramidale Diskurse sind immer noch wichtige Kommunikationsformen, obwohl man vor einer Generation den Eindruck gehabt hat, sie ‚überwunden' zu haben. Baumdiskurse (vor allem aus Wissenschaft und Technik) scheinen die Szene zu beherrschen, aber es melden sich Vorgänge an, die daran zweifeln lassen. Charakteristisch für unsere Lage ist jedoch vor allem die Synchronisation von technisch hochentwickelten Amphitheaterdiskursen mit archaisch gebliebenen, aber immer besser bearbeitbaren Netzdialogen – eine totalitäre Entpolitisierung bei scheinbar allgemeiner Partizipation." (Flusser ³2003 [1996]: 34)

Theaterdiskurse, insbesondere Familie und Schule, befinden sich prinzipiell in der Krise, da sie auf dem alphabetischen Code beruhen, der überholt ist. Ebenso werden Kreisdialoge weniger relevant, da sie schon vor der industriellen Revolution durch den Fortschritt der Spezialisierung unzeitgemäß geworden sind. Insofern sind Theaterdiskurs und Kreisdialog archaische Formen der Kommunikation. Im Gegensatz dazu sind Pyramiden- und Baumdiskurse, wie sie in der Technik und Wissenschaft vorzufinden sind, noch bedeutsame Kommunikationsformen. Ebenso ist die massenmediale Kommunikation, die sich insbesondere durch Amphitheaterdiskurse und Netzdialoge auszeichnet, zentral und sogar dominant. Generell diagnostiziert Flusser ein Übergewicht der amphitheatralen, diskursiven Medien in unserer heutigen Gesellschaft: „Die Strahlen (die Kanäle, die Medien) strukturieren die Gesellschaft etwa wie ein Magnet im sich herum Eisenspäne strukturiert. […] Die Medien bilden von den Zentren, den Sendern, ausgestrahlte Bündel […] lateinisch ‚fasces'." (Flus-

---

87 Die Frage, ob der Dialog oder der Diskurs zuerst da war, ist somit eine Henne-Ei-Problematik. Jeder Dialog kann im Sinne Flussers als Serie von Diskursen und jeder Diskurs als Teil eines Dialogs angesehen werden.

ser 1998c: 68) Der Begriff der *Massenmedien* ist für Flusser damit zunächst negativ konnotiert. Flusser hebt den vornehmlich diskursiven Charakter von Massenmedien hervor, der lediglich einseitige Kommunikation vom Sender zum Empfänger ermöglicht. Radio, Fernsehen oder Printmedien senden Informationen aus, die vom Rezipienten passiv empfangen werden. Es lässt sich konstatieren, dass der Massenmedienbegriff in diesem Begriffsverständnis nicht deskriptiv, *sondern medienkritisch aufgeladen ist*.[88]

Flusser räumt allerdings ein, dass das Diskursive der Massenmedien nicht a priori festgelegt ist, sondern durch die *Gebrauchsweise und Verwendungsabsichten* des Mediennutzers bestimmt wird. Diskursive Medien können somit stets auch dialogisch und bilateral umfunktioniert werden, so dass die Menschen netzwerkartig miteinander verbunden werden können. Nicht der Gegenstand bzw. das Medium an sich, sondern die Dinge in Verhältnis zur Intentionalität sind zu betrachten. Die zentrale Aufgabe besteht darin zu hinterfragen, weshalb Massenmedien fast ausschließlich diskursiv genutzt werden, obwohl sie technisch gesehen auch dialogisch gebraucht werden können und vice versa.[89]

Zusammenfassend lässt sich feststellen, dass die Begriffe Kommunikation, Codes und Medien untrennbar miteinander verwoben sind, folgt man Flussers Überlegungen zu den *materiellen und nicht-materiellen Bedingungen von Kommunikation* und dem *Verhältnis von Codes, medialen Strukturen und Nutzungsformen*. Flusser selbst versteht sich explizit als *Kommunikations- und nicht als Medientheoretiker*. Die Aufgabe der Kommunikationstheorie sieht er darin, „das spezifisch Humane, das Symbol und den Code zu untersuchen." (Flusser ^{3}2003 [1996]: 261) Kommunikation hat dabei keinen natürlichen, sondern artifiziellen Charakter, da die Symbole bzw. die zu Codes geordneten Symbole erst durch den Menschen hervorgebracht werden. Kommunikation ist damit eine kulturelle Errungenschaft und der Mensch ein Kulturwesen, ein *animal symbolicum*, das die Welt nicht direkt, sondern stets durch kulturelle, sprachliche, kognitive Muster wahrnimmt. Sinnge-

---

88 Medien als Synonym für Massenmedien, wie Hanke vorschlägt, ist eine eingeschränkte Sicht auf den Medienbegriff bei Flusser, da dieser noch viel mehr umfasst als die Massenmedien. Dies kann allein schon durch die Ausdifferenzierung in die verschiedenen Arten der dialogischen und diskursiven Medien gezeigt werden.

89 So ist beispielsweise das Telefon, das sowohl aktiv als auch passiv genutzt werden kann, nicht bloß technischer Apparat, sondern als Verbindung zwischen Personen je spezifischer Verwendungsabsicht zu betrachten. Erst dann gibt es „eine menschenwürdige (humane) Gesellschaft, denn die dem Menschen eigene Würde ist es ja, Informationen zu erzeugen, weiterzugeben und zu speichern." (Flusser ^{2}1989 [1985]: 75 f.) Beispielsweise können auch Plakate, die tendenziell diskursiv gebraucht werden, dialogisch funktionieren, wenn man sie mit Graffiti besprüht, während Dorfplätze als dialogische Versammlungsorte auch diskursiv sein können, hört man sich eine öffentliche Rede an.

bung mittels Kodifizierung ist hierbei als anthropologische Grundkonstante der menschlichen Existenz zu verstehen. Gleichzeitig berücksichtigt Flusser in seinem Medienbegriff die technisch-materiellen Komponenten. *Medienverhältnisse sind demnach vorgeschaltete Strukturen und Systeme von Symbolen zur Ermöglichung und Präfigurierung von Kommunikation*, denn kommunikative Prozesse, Dialog und Diskurs, sind auf entscheidende Weise sowohl durch die (bildliche oder schriftliche) Art der Codierung als auch durch mediale Strukturen gekennzeichnet. Medialität versteht Flusser als Gewebe aus Codes und bezeichnet sie als die Art und Weise, Symbole zu manipulieren.

Tabelle 15: Medienbegriff Flusser

Definition/Intension	Medien als „Strukturen (materielle oder nicht, technische oder nicht), in denen Codes funktionieren" (Flusser [3]2003 [1996]: 271)	
Semantische Wort- und Assoziationsfelder	Kommunikationsmedien, Kommunikationsstrukturen, Technik, Materialität, Codes, Symbol, Dialog, Diskurs	
Extensionsmenge	Massenmedien (Radio, Fernsehen), Alltagsgegenstände (Fußbälle), Räume (Wartezimmer, Küche, Klassenräume), Institutionen (Militär, Postsystem, Universität), Makroformen der Kommunikation (Kunst, Wissenschaft), soziale Praktiken, Interaktionsräume (Erzählungen, Vorträge, öffentliche Meinung)	
Medienfunktion	Herstellung von Kommunikation (dialogisch oder diskursiv)	
Voraussetzungen (sensu S.J. Schmidt)	- Zeichentheorie, Semiotik: Codes, Systeme von Symbolen - Physik: Entropie	
Ausdifferenzierung des Medienbegriffs	Dialogische Medien 1. Kreisdialog 2. Netzdialog	Diskursive Medien 1. Theaterdiskurs 2. Pyramidendiskurs 3. Baumdiskurs 4. Amphitheaterdiskurs
Beschreibung	Informationsherstellung, Informationsaustausch; Zirkulieren von Informationen zwischen Sender und Empfänger 1. Demokratisch, direkte Teilnahme, face-to-face-Kommunikation 2. Demokratisch, keine face-to-face-Kommunikation	Detailarm, hohe Beteiligung des Rezipienten erforderlich, Eigenaktivität, Beteiligung vieler Sinne 1. Präsenzpublikum, direktes Feedback, offen für Dialog (enthält Kreisdialoge) 2. Hierarchisch, autoritär, unterbindet Dialog, keine Feedbackmöglichkeiten 3. Spezialisierter Diskurs, elitäre Kreisdialoge 4. Umkodierung der Baumdiskurse in Universalsprache, Massenkultur
Beispiele	1. Runder Tisch, Parlamente, Kommissionen 2. Postsystem, Telefonsystem, öffentliche Meinung	1. Erzählungen, Theater, Konzert, Schulklasse, Vorträge 2. Kirchen, Priestertum, Armeen, Staatsverwaltungen 3. Wissenschaft, Technik, Kunst 4. Radio, Fernsehen, Kino (Massenmedien)

Quelle: eigene Darstellung

4.3.6 Resümee der Begrifflichkeiten und kritischer Vergleich

Der Medienbegriff – Konzeptuelle und terminologische Disparitäten

Zusammenfassend wird festgestellt, dass das Medienverständnis der einzelnen Theoretiker auf terminologischer und definitorischer Ebene disparat ist. Es sind auffällige Divergenzen der begrifflichen und konzeptionellen Bestimmung von Medien (Körpererweiterungen, Zeichen, Beschleunigung, Krieg, Transport, Technik, Institutionen, Kommunikationsstrukturen) zu erkennen.

McLuhan definiert Medien als *prothetische Ausweitungen des Körpers und Erweiterungen der Sinne*. Sie sind demnach nicht nur Verlängerungen und Auslagerungen physischer, sondern auch psychischer Dispositionen. Dabei sind Medien materielle Substrate jeglicher Art, wobei insbesondere die Kommunikationsmedien wie Schrift, Buch oder Fernsehen gesamtgesellschaftliche Auswirkungen hervorrufen und als Leitmedien identifiziert werden können.

Baudrillard hingegen bestimmt als zentrales definitorisches Merkmal von Medien die *Produktion von Nicht-Kommunikation*, die Verhinderung symbolischen Austauschs und genuiner Reziprozität. Anders als bei McLuhan geht es Baudrillard primär um die *semiotische Qualität* von Medien und nicht um ein technisch-materielles Apriori. Im Begriff des Simulakrums steckt der Kern von Baudrillards Medienverständnis. Die je spezifische Referenzbeziehung zwischen Signifikant und Signifikat als abstraktes System von Zeichen ist ausschlaggebend, um gesellschaftliche Verhältnisse zu bestimmen.

Virilio wiederum geht es in seinem Medienbegriff weder zentral um ein prothesentheoretisches Medienverständnis[90], wie es McLuhan vertritt, oder um eine zeichentheoretische Perspektive auf Medien. Ihm geht es um Transportmittel, Fahrzeuge oder Übertragungstechniken, die grundsätzlich als Mittel der *Beschleunigung und Geschwindigkeitserzeugung* dienen. Diese dromologische Sichtweise ist weit vom medien- und kommunikationswissenschaftlichen Mainstream entfernt.

Betrachtet man Kittlers Definition der *Aufschreibesysteme* hingegen, so ist dieses Verständnis nah am Gegenstandsbereich der heutigen Medienwissenschaft anzusiedeln und begründet diesen nahezu (vgl. Grampp 2009: 108 f.). Aufschreibesysteme sind Netzwerke aus sozialen Praktiken, Techniken und Institutionen, die der Speicherung, Übertragung und Verarbeitung von Informationen dienen. Im Gegensatz zu Baudrillard, der die semiotische Seite der Medien hervorhebt, stellt Kittler insbesondere *technische Materialitäten* in den Vordergrund und weigert sich sogar, Bedeutungs- und Sinnfragen überhaupt zu stellen und symbolische Ordnungen, Zeichen oder Codes zu untersuchen. Es geht ihm um Daten und Signale als materielle Träger von Information. Auch wenn er wie McLuhan technische Dispositive

---

90 Dies trifft erst im letzten historischen Stadium zu, in dem er Transplantationstechniken und Prothesen als die dominanten Medien bestimmt.

betrachtet, lehnt er dennoch ein anthropologisch und prothesentheoretisch fundiertes Medienverständnis explizit ab, wie es in etwa bei McLuhan und in negativer Weise bei Baudrillard und Virilio der Fall ist.

Flussers Definition von Medien wiederum ist stark an den Kommunikations- und Codebegriff gekoppelt. Medien sind dabei die Ermöglichungs- und Rahmenbedingungen für Kommunikation. Sie sind *Kommunikationsstrukturen* technischer und auch nicht-technischer, materieller und nicht-materieller Art, die den Codes erlauben zu funktionieren und ihnen einen strukturellen Rahmen verleihen. Im Gegensatz zu McLuhan und Kittler stellt Flusser gerade die technisch-mediale Dimension, die Materialität, in den Hintergrund und konzentriert sich auf die semiotische Seite von Medien. Wie Baudrillard geht es ihm grundsätzlich um die zeichentheoretische Ebene von Codes und das dadurch induzierte Verhältnis von Mensch zur Welt. Flusser analysiert Codes als semiosefähige Kommunikationsinstrumente. Es geht ihm dabei weder ausschließlich um rein semiotische Fragen noch um bloß technisch-materielle Hardware. Er betrachtet beides gleichermaßen und verbindet einen starken semiologischen Kommunikationsbegriff mit einem schwachen technischen Medienbegriff. Medialität ist die syntaktische, strukturelle Dimension, während die Codes auf einer semantischen Ebene betrachtet werden. Ebenso berücksichtigt er die *Nutzungsweisen* medialer Strukturen.

Auch in der Funktion, die Medien erfüllen bzw. erfüllen sollen, unterscheiden sich die postmodernen Theorien voneinander. Für McLuhan dienen Medien der Verstärkung menschlicher *Sinne und Körperfunktionen* bzw. der Kompensation menschlicher Mängel.[91] Bei Baudrillard sind die Medien bloße Erzeuger von *Nicht-Kommunikation*. Ihr Wesen und ihre Funktion liegen darin, symbolischen Austausch per se zu verhindern. Bei Virilio erfüllen Medien die Funktion, *Raum und Zeit zu verkürzen*. Es geht darum, dass Medien *Geschwindigkeit erzeugen*. Ob durch Lasttiere oder technische Transportmittel, die die Reisegeschwindigkeit erhöhen oder durch elektronische Massenmedien, die in Echtzeit Nachrichten aus aller Welt übertragen, Medien erfüllen stets die Funktion der *Beschleunigung*. Kittler hingegen schreibt den Medien eine Trias an Funktionen zu: das *Speichern, Übertragen und Verarbeiten von Informationen*. Medien dienen der Vermittlung und dem Zirkulieren von Daten. Kommunikation wird hierbei technik- und informationstheoretisch verstanden. Auch Flusser konstatiert, dass die Funktion der Medien darin liegt, *Kommunikation zu ermöglichen*. Anders als Kittler geht es Flusser jedoch darum,

---

91 McLuhan befindet sich damit in der Tradition der frühen Technikphilosophie Ernst Kapps, der alle Werkzeuge und Instrumente als Organverlängerung des Menschen deutete. Der Mensch wird hier als Mängelwesen konzipiert, der zur Kompensation seiner Mängel Techniken erfindet, um überleben zu können. Siehe hierzu auch Gehlen 1986. Nähere Erläuterungen zu den ideen- und theoriegeschichtlichen Hintergründen von McLuhan finden sich in Kapitel 4.6.1.2.

den Tod durch Kommunikation vergessen zu machen und dem entropischen Prozess des Informationsverlusts entgegenzuwirken. Medien sind dabei die Voraussetzung dafür bzw. dienen dem Zweck der *Bedeutungskonstitution* durch Informationsübertragung (diskursive Kommunikation) und -erzeugung (dialogische Kommunikation).

Disparate Setzungen und Voraussetzungen des Medienbegriffs

An diesen konzeptionellen Disparitäten ist feststellbar, dass der Medienbegriff unterschiedlich theoretisch fundiert ist. Während McLuhan eine *anthropologische, wahrnehmungstheoretische bzw. neurophysiologische und prothesentheoretische* Grundlage wählt, ist Baudrillards Medienbegriff *semiotisch bzw. zeichentheoretisch* ausgelegt. Virilio hingegen verschreibt sich ganz einer *dromologischen* Basis bzw. begründet seine theoretischen Setzungen in der Militärgeschichte. Medien generieren sich aus dem *Krieg* als Ursprung jeder Technik. Kittlers Medienbegriff basiert sowohl auf *materialistischen* und *informationstheoretischen* Annahmen sensu Shannon und Weaver als auch auf *(medien-)archäologischen* und *diskursanalytischen* Grundlagen sensu Foucault. Flussers theoretische Überlegungen liegen in einem Mischungsverhältnis verschiedener Disziplinen. Er fundiert seinen Medien- und Kommunikationsbegriff gleichermaßen in der *Physik (Entropie und Wärmelehre)* als naturwissenschaftliche Basis seines Kommunikationsbegriffs, der *Existenzphilosophie* wie auch in der *Semiotik* als geisteswissenschaftlich ausgerichtete Erklärung kommunikativer Prozesse.

Tabelle 16: Setzungen und Voraussetzungen Medienbegriff

	Setzungen	Voraussetzungen
McLuhan	Medien als Erweiterungen des Körpers und der Sinne	Anthropologie, Wahrnehmungstheorie, Neurophysiologie, Prothesentheorie
Baudrillard	Simulakren, Medien als Produzenten von Nicht-Kommunikation	Zeichentheorie, Semiotik
Virilio	Transportmittel, Beschleunigungsinstrumente	Militär-, Technikgeschichte
Kittler	Aufschreibesysteme als Netzwerk von Techniken, Institutionen, sozialen Praktiken, die Informationen speichern, übertragen und verarbeiten	Materialismus, Informationstheorie
Flusser	Medien (diskursiv und dialogisch) als Kommunikationsstrukturen, in denen Codes funktionieren	- Naturwissenschaft: Physik (Entropie) - Geisteswissenschaft: Philosophie, Semiotik

Quelle: eigene Darstellung

Medien als gemeinsames Strukturierungsprinzip von Historiografie

Trotz der unterschiedlichen Vorstellungen und der teilweise inkommensurablen Voraussetzungen und Schwerpunktlegungen auf Medien kann auf einer höheren Abstraktionsebene gezeigt werden, dass sich alle Aussagen über Medien im weitesten Sinne auf einer *strukturellen Ebene* befinden. Medien sind, wie bereits McLuhan postuliert, *formgebende Instanzen*. Die Theoretiker thematisieren den Gegenstand nicht aus einer einzelmedientheoretischen Perspektive heraus und schreiben eine Radio-, Foto-, Film- oder Fernsehtheorie, sondern sie betrachten (mögliche) Effekte von Medien an sich auf gesamtgesellschaftliche, soziale, kulturelle sowie individuelle, kognitive, ästhetische Verhältnisse. Medialität ist die *Vorgängigkeit von Strukturen* und in dem Sinne ein Ordnungsprinzip. Dies kann dabei in der Technik und Form als die eigentliche Botschaft des Mediums (McLuhan), in Zeichen- bzw. Simulakrenordnung (Baudrillard), in einem Netz aus Techniken und Institutionen (Kittler), in einer Geschwindigkeitsordnung (Virilio) oder in einem Gewebe aus Codes (Flusser) liegen. Medialität ist bei allen untersuchten Theoretikern ein *apriorisches Konstituens des menschlichen Daseins*. Die Form der Medien induziert einen bestimmten Typus gesellschaftlicher Verhältnisse. Auch auf der Mikroebene können Medien beispielsweise als Prothesen konzeptioniert werden (McLuhan) und perzeptive und körperliche Mängel ausgleichen oder umgekehrt auch invasiv wirken und den Menschen eher in seinen Fähigkeiten behindern (Baudrillard, Virilio) anstatt seine Potenziale technisch zu entfalten.[92] Wahrnehmung und Erkenntnis, Verstehen und Handeln werden medial determiniert und gleichzeitig auch immer schon verändert und modifiziert. Medien sind nicht bloß noch Vermittelndes, sondern werden als „Transzendentalität aller kulturellen Praxis" (Mersch 2008: 197) ernst genommen.

Damit lösen die untersuchten Theoretiker sich von einem Modell, das sich entweder für produktions- oder rezeptionsanalytische Aspekte entscheidet. Sie distanzieren sich von inhalts- und wirkungsforschungsorientierten Ansätzen, die in der Kommunikations- und Medienwissenschaft prominent sind, und konzentrieren sich auf rein strukturelle Fragen. (Vgl. Kloock 2003: 185) Es geht nicht um Vermittlungs- und Distributionsqualitäten von Medien oder aber um die differenzierte Analyse von Strukturen eines Einzelmediums, sondern um individuelle und soziale Funktionen und Auswirkungen von Medien im Allgemeinen. Deutlich wird an diesen Theorien, dass Medien nicht als neutrale Übermittlungskanäle verhandelt werden, sondern bestimmte Strukturierungs- und Formatierungsleistungen vollbringen. Die Theoretiker versuchen nicht, mit dem Medienbegriff empirische Forschung zu

---

92 Der Prothesenbegriff bei McLuhan und Baudrillard ist stärker metaphorisch geprägt, während dieser bei Virilio denotativ gebraucht wird. In der letzten historischen Phase der Transplantationstechniken spricht er von tatsächlichen Implantaten und Körperprothesen, die den Körper durchsetzen.

betreiben, sondern diesen als Grundbegriff zu etablieren und sein Potenzial kulturwissenschaftlicher Fragestellungen zu prüfen. Dies geht über einen Medienbegriff hinaus, der in der empirischen Medienwissenschaft vorherrscht. Die Theorien sind dadurch alle grundsätzlich *generalistisch* und *universell* angelegt, da sie stets das gesamte gesellschaftliche System erklären wollen.[93]

Alles Medium? Eine Einordnung in die Kommunikations- und Medienwissenschaft

In dieser Hinsicht ist es gar nicht verwunderlich, dass die *Extensionsmenge* des Medienbegriffs eine Reihe an Phänomenen und Gegenständen enthält, die als Medien bezeichnet werden. Bei allen untersuchten Theoretikern ist die Extensionsmenge des Begriffs sehr groß. So umfasst McLuhans Medienbegriff Artefakte und Alltagsgegenstände wie Kleidung, Brillen, Geld, Waffen, Uhren oder das Rad genauso wie Technologien, z.B. der Buchdruck, oder Massenmedien wie das Fernsehen. Bei McLuhan hat jede technische Innovation nahezu mediale Qualitäten, während bei Baudrillard alles das Medium ist, was Nicht-Kommunikation erzeugt. Baudrillards Medienbegriff erstreckt sich dabei von Massenmedien im alltagssprachlichen Sinne über Gegenstände, Ereignisse und Phänomene wie Graffiti, Straßen, das Wahlsystem oder den Generalstreik bis hin zu Codes bzw. Simulakren im Allgemeinen, die ein abstraktes Verhältnis zwischen Signifikat und Signifikant angeben. Virilio ordnet auch jegliche Arten von Fahrzeugen, Transportmitteln wie Lasttiere, Autos oder Flugzeuge unter den Medienbegriff und schließt auch neben Massenmedien Transplantationstechniken, Prothesen und Implantate mit ein. Kittler beschränkt den Medienbegriff fast ausschließlich auf technische Apparate und untersucht jegliche Hardwaresysteme, angefangen von Grammophonnadeln bis hin zu Relaisschaltungen. Er hat dadurch einen klar umrissenen und deutlicher eingegrenzten Medienbegriff als die anderen Theoretiker. Nicht jede Technik bzw. technische Innovation ist gleich Medium wie etwa bei McLuhan, sondern nur solche, deren Funktion im Speichern, Übertragen, Verarbeiten bzw. Bearbeiten und Berechnen von Informationen liegt. Seine Extensionsmenge fällt somit noch verhältnismäßig klein aus. Flusser inkludiert in seinen Medienbegriff sowohl Massenmedien als auch Alltagsgegenstände wie Fußbälle, Diskursformationen wie Politik, Kunst oder Wissenschaft, räumliche Anordnungen wie Schulklassen oder die Küche sowie soziale Praktiken und Interaktionsformen wie Vorträge oder Erzählungen.

---

93 Dieser universelle Erklärungsversuch von Medien ist bereits im Resümee der Problemhinsichten in Kapitel 4.1.6 angesprochen, in der Mediengeschichte als universale Geschichte bzw. große Erzählung identifiziert wird.

Unternimmt man den Versuch einer Ausdifferenzierung und legt den Medienkompaktbegriff[94] im Sinne Siegfried J. Schmidts als Vergleichsschablone an, so ergibt sich folgende Matrix:

Tabelle 17: Komponenten des Medienkompaktbegriffs als Vergleichsschablone

	Kommunikations-instrumente	Medientechnologie	Sozialsystemische Komponente	Medienangebot
McLuhan	/	Technologien, Massenmedien	/	/
Baudrillard	Simulakren	Apparate, Massenmedien zur Imitation, (Re-)Produktion, Simulation	/	/
Virilio	/	Mittel zum Transport, zur Beschleunigung, zur Übertragung	/	/
Kittler	/	Techniken zur Entnahme, Speicherung, Übertragung, Verarbeitung, Vernetzung, Verschaltung von Daten	Institutionen, z.B. Bildungseinrichtungen, Verlage, Bibliotheken, Universitäten	/
Flusser	Codes, z.B. traditionelle Bilder, Texte, Technobilder	Technische Strukturen für Codes, z.B. Telefon, Fernsehen, Video	Institutionelle Strukturen für Codes, z.B. Universität, Telefonsystem, Militär	/

Quelle: eigene Darstellung

Besonders auffällig ist, dass die Theoretiker Medieninhalte bzw. Medienangebote gänzlich ausblenden und auch sozialsystemische Faktoren oder semiotische Kommunikationsinstrumente oft unberücksichtigt bleiben. Besonders von Interesse ist hingegen die Medientechnik im weitesten Sinne. Ebenso ist erkennbar, dass trotz der großen Extensionsmenge bei allen Theoretikern die Massenmedien zentrale Bestandteile des Medienbegriffs sind, wobei außer bei Kittler oftmals wenig klar definiert ist, was Massenmedien sind und wie der Begriff ausdifferenziert ist.

Dieser sehr weit gefasste Medienbegriff postmoderner Theoretiker ist aufgrund fehlender Eingrenzung und fehlender Präzision in den Kommunikations- und Medienwissenschaften häufig beklagt worden. Gerade in der sozialwissenschaftlich orientierten Publizistik und Kommunikationswissenschaft wird ein instrumenteller Medienbegriff bevorzugt, der Medien in das Feld des Kommunikationskanals oder Informationsträgers setzt (vgl. Mersch 2006: 11). Dieser „Medienmarginalismus" (Lagaay/Lauer 2004: 24), der Medien als bloße Transport- und Übermittlungskanä-

---

94 Dieser beschreibt den Massenmedienbegriff als systematisches und sich selbst organisierendes Zusammenwirken von vier Komponenten.

le konzipiert und gerade in der frühen Kommunikationswissenschaft vertreten wird, dementiert die Konstitutionsleistung der Medien geradezu. Die Perspektive, die die postmodernen Theoretiker mit ihrem Medienbegriff einnehmen, ist dem Medienmarginalismus diametral entgegengesetzt und kann als radikaler „Medienapriorismus" (ebd.: 25) bezeichnet werden. Die analysierten Theoretiker rücken dabei den Medienbegriff als *epistemologischen Schlüsselbegriff* ins Zentrum, der zum Verständnis von Erkenntnis, Wahrnehmung, Kommunikation oder auch sozialen Ordnungen beiträgt und damit einen Gegenentwurf zu der eben genannten Position einnimmt. Auch bei der Untersuchung der Begrifflichkeiten zeigt sich wie bereits bei der Analyse der Problemhinsichten in Kapitel 4.1, dass Systeme von Zeichen, Codes, Techniken, Apparaturen – kurz Medien – universelle Determinationsmacht einnehmen. Gerade die Kombination eines Medienapriorismus und die Konstatierung eines nicht-medialen Urzustandes führt zu der Tendenz theologischer Narrative, die entweder apokalyptische Untergangsvisionen wie im Falle von Baudrillard und Virilio hervorbringen oder eben Utopien wie bei McLuhan zeichnen.

Flusser setzt sich jedoch von einem ausschließlich deterministischen Medienverständnis ab, indem er einräumt, dass zudem die Art der Nutzung berücksichtigt werden muss. Anders als McLuhan, Baudrillard, Virilio und Kittler geht er nicht von einer totalen Determination medialer Form aus, sondern räumt den Rezipienten eine Freiheit ein, da diese in ihrer *Nutzungsweise* entscheidend für den entweder dialogischen oder diskursiven Gebrauch von Medien sind. Während McLuhan zwar die Aktivität des Mediennutzers im Falle von kühlen Medien berücksichtigt, geht er dennoch davon aus, dass diese Eigenschaft dem Medium selbst inhärent ist. Betrachtet man Baudrillards Verständnis von Medien, so negiert er die Möglichkeit dialogischer Kommunikation und Reziprozität grundsätzlich. Nur einige Medien wie die Straße, Graffiti oder der Generalstreik sind revolutionär und ermöglichen dialogische Kommunikation. Ebenso wie bei McLuhan sind dies intrinsische Eigenschaften der Medien, die reziproke Kommunikation entweder zulassen oder ausschließen. Derartigen Zuschreibungen inhärenter Merkmale sowie medialen Allmachtsverhältnisse stellt sich Flusser diametral entgegen. Er sieht zwar die Gefahr einer Übermacht medialer Strukturen, räumt aber die Möglichkeit ein, diese so verändern zu können, wenn der Wille dazu gegeben ist. Grundsätzlich konstatiert er, dass die technischen Strukturen der Medien je nach Gebrauchsweise dialogisch und diskursiv geschaltet werden können. Diese Strukturen sind dem Medium nicht per se eingeschrieben. Flusser wirft McLuhan in seinen ‚Vorlesungen zur Kommunikologie' sogar vor, dass dieser den Medien ein „metaphysische[s] Eidos" (Flusser ^{3}2003 [1996]: 272) zuschreibt bzw. eine „Mythisierung der Medien" (ebd.: 329) betreibt. Die strukturelle Wirkmächtigkeit der Medien wird laut Flusser bei McLuhan überschätzt, so dass diese eindimensionale Betrachtungsweise den Verwendungskontext der jeweiligen Medien ausblendet. Insofern lässt sich Flussers Theorieangebot als „pragmatische[r] Vermittlungsversuch[.] zwischen Medienmarginalismus und Medienapriorismus lesen" (Lagaay/Lauer 2004: 26), während die anderen Theorieangebote durch die Hervorhebung des Medienbegriffs auf je spezielle Weise ein großes Narrativ im Sinne Lyotards konstruieren. *Insofern kann davon gesprochen werden, dass der Medienbegriff in den meisten Fällen ein Kernelement dieser großen postmodernen Medienerzählungen bildet.*

Der Kommunikationsbegriff, seine disparaten Setzungen und Voraussetzungen

Bei der Analyse des Medienbegriffs wird deutlich, dass der Kommunikationsbegriff bei einigen der untersuchten Theoretiker eine zentrale Rolle einnimmt, während dieser bei anderen gänzlich unbedeutend ist. Demnach können auch in Bezug auf den Kommunikationsbegriff disparate Vorstellungen identifiziert werden.

Bei McLuhan und Virilio spielt der Kommunikationsbegriff überhaupt keine Rolle. McLuhan geht es gar nicht um Kommunikation, Verständigung, Bedeutungs- und Sinngenerierung, Austausch oder technische Übertragung sondern vielmehr um *Vergemeinschaftung*. Bedeutungs- und Sinnfragen sowie jegliche mediale Inhalte sind irrelevant, da es um die Form bzw. strukturelle Auswirkungen von Medien geht. McLuhan schmälert die semiotische Qualität von Medien auf ein Minimum bzw. schließt den Kommunikationsbegriff aus seinen theoretischen Überlegungen aus. Auch bei Virilio ist der Kommunikationsbegriff unbedeutend, da es ihm um die Trias Medien-Krieg-Geschwindigkeit geht, in der Fragen nach Bedeutungskonstitution oder Vermittlungsprozesse kein Platz eingeräumt wird.

Bei Baudrillard hingegen ist der Kommunikationsbegriff von zentraler Bedeutung. Sein *semiologisches Paradigma* kreist um die Begriffe *Simulakrum, Signifikant und Signifikat*. Kommunikation setzt Baudrillard mit *Reziprozität* und *symbolischem Tausch* bzw. *Austausch* gleich. Medien sind dabei der Kommunikation hinderlich und unterbinden per se Kommunikation im Sinne einer face-to-face-Interaktion. Ganz im Gegensatz zu Baudrillard, der Kommunikation als soziale Interaktion und symbolischen Austausch versteht, geht es Kittler um rein *technische Übertragungsprozesse*. Sinn- und Bedeutungsfragen ignoriert Kittler ebenso wie McLuhan und konzentriert sich auf die Materialität der Kommunikation, die in ihren medialen Ausprägungen, den technischen Apparaten und Aufschreibsystemen, zu beobachten ist. Kittlers Verständnis von Kommunikation ist *informationstheoretisch* begründet. Das Speichern, Übertragen und Verarbeiten von Informationen, das Zirkulieren von Daten wird bei Kittler als Kommunikation bestimmt.

Wie Baudrillard hält auch Flusser eine reziproke, dialogische Kommunikation für bedeutend. Jedoch muss diese keine face-to-face-Kommunikation sein, sondern kann auch medial vermittelt sein. Wie Kittler deutet Flusser Kommunikation auch als Übertragung von Botschaften und unterscheidet dabei zwischen zwei grundlegenden Formen der Kommunikation: *Informationsherstellung* durch dialogische und *Informationsverbreitung* durch diskursive Medien. Das Netz aus Dialog und

Diskurs formt dabei das soziale Gefüge. Somit ist Kommunikation grundsätzlich als *anthropologische Grundvoraussetzung zur Bedeutungskonstitution* des Menschen zu verstehen, der sich als animal symbolicum mithilfe von Codes mit der Welt in Beziehung setzt und ihr dadurch Sinn verleiht. Kommunikation folgt demnach einer semiologischen Prämisse, die in technische und materielle (dialogische oder diskursive) Kommunikationsstrukturen eingebettet ist. Sein Kommunikationsbegriff umfasst somit zahlreiche Aspekte: Neben einer geisteswissenschaftlichen, existenzphilosophischen, semiotischen und anthropologischen Perspektive auf die Kommunikation kommt gleichzeitig eine naturwissenschaftliche Begründungsebene hinzu, da Kommunikation auch als ein physikalischer Prozess des natürlichen Verlaufs von Informationszerfalls (Entropie) konzipiert wird.

Ebenso wie der Medien- ist der Kommunikationsbegriff in seinen Setzungen und Voraussetzungen disparat. Bei den theoretischen Annahmen sind grundsätzlich verschiedene Ansatzpunkte und theoretische Voraussetzungen erkennbar.

Tabelle 18: Setzungen und Voraussetzungen Kommunikationsbegriff

	Setzungen	Voraussetzungen
McLuhan	Vergemeinschaftung statt Kommunikation und Verständigung	Prothesentheorie
Baudrillard	Kommunikation als reziproker Austausch, symbolischer Tausch; Idealzustand: face-to-face-Kommunikation	Semiologisches Paradigma: Simulakrum, Signifikant/Signifikat
Virilio	Kommunikation unbedeutend	Dromologie (Medien-Krieg-Geschwindigkeit), Militär-, Technikgeschichte
Kittler	Kommunikation als technischer Übertragungsprozess	Informationstheorie (sensu Shannon und Weaver)
Flusser	- Kommunikation als Bedeutungs-/Sinnkonstitution - Kulturleistung des Menschen: Informationsherstellung (Dialog) und Informationsverbreitung (Diskurs)	- Naturwissenschaft: Physik (Entropie) - Geisteswissenschaft: Philosophie, Semiotik, Anthropologie

Quelle: eigene Darstellung

4.4 ABSTRAKTIONSGRAD UND REFLEXIONSTIEFE

Im Folgenden werden die Theorieangebote hinsichtlich Art und Umfang des Untersuchungsgegenstandes, ihrer Reichweite, ihres Abstraktionsgrades und ihrer Reflexionstiefe miteinander verglichen. Wie bereits in Kapitel 3.2 erläutert wurde, soll hier die Theorieebenen-Differenzierung von Stefan Weber zur Anwendung kommen, der zwischen Theorien mittlerer Reichweite, Basistheorien, Supertheorien und

Paradigmen unterscheidet, um Aussagen über Geltungsbereich und Reflexionsniveau der Theorien treffen zu können.[95]

Betrachtet man die medienhistorischen Ausführungen der Theoretiker, die in Kapitel 4.1 dargelegt wurden, so befinden sich alle Autoren in der Dimension der *Problemhinsichten auf der Ebene der Basistheorien*[96]. Mit hohem Allgemeinheitsgrad thematisieren sie hauptsächlich gesellschaftliche Entwicklungstendenzen, medienhistorische Wandlungsphänomene, Transformationsprozesse und deren Konsequenzen bezüglich der sozialen, kulturellen, epistemologischen, kognitiven und aisthetischen Bedingungen menschlicher Existenz. Dabei bieten sie einen jeweils eigenen Pool an Begrifflichkeiten an, um die Transformations- und Wandlungsphänomene zu erfassen und zu erklären. So sind Grundkategorien der untersuchten Theorien beispielsweise Codes, Simulakren, Zeichen, materielle und apparative Dispositive, mediale Strukturen oder Diskurse. Basistheorien kennzeichnen sich neben diesen Grundkategorien weiterhin durch einen zentralen Bezugspunkt. Dies zeigt sich durch Neologismen wie Dromologie, die als Forschungsschwerpunkt die Geschwindigkeit bzw. Beschleunigungsprozesse haben, oder die Kommunikologie als Kommunikationstheorie. McLuhans Mediumstheorie, Baudrillards Simulationsthesen und Kittlers Medienarchäologie zeigen ebenso zentrale Bezugspunkte auf, die Medien als prothetische Erweiterungen begreifen, die nach dem medialen Zugang von Wirklichkeit oder nach der Materialität und Technizität von Medien fragen. Hierbei ist anzumerken, dass alle untersuchten Theorien hinsichtlich ihres Gegenstandsbereichs eine *Tendenz zu Supertheorien* aufweisen, die grundsätzlich den Anspruch erheben, etwas als Ganzes zu erfassen (vgl. Weber 2010a: 21).

Während sich die Theoretiker in ihren antizipierten Problemhinsichten auf einer basistheoretischen Ebene aufhalten, lässt sich feststellen, dass alle Theoretiker hinsichtlich ihrer *Problemlösungen* ganz unterschiedliche Geltungsbereiche einnehmen. Auffällig ist, dass die Problemlösungsangebote aller Theoretiker auf einer *metatheoretischen, wissenschaftstheoretischen Ebene* angesiedelt sind. Es handelt sich um Reflexionen über Theorien, Theoriebildung und Methoden. Die Problemlösungsvorschläge sind auf der Ebene von Supertheorien in ihrer ersten Deutungsweise zu verorten, gebraucht man Webers Terminologie: Supertheorien werden in diesem Sinne als Theorien zweiter Ordnung bzw. Metatheorien oder Reflexionstheo-

---

95 Bei der Beurteilung des Reflexionsniveaus der untersuchten Theorien sollen die Inhalte, d.h. die antizipierten Szenarien, nicht wiederholt werden, sondern werden als bekannt vorausgesetzt, da diese in den vorherigen Kapiteln ausführlich erläutert wurden.

96 Hondrich nennt diese Theorieebene die der Sozialtheorien. Hier soll beachtet werden, dass Sozialtheorie sensu Hondrich (1976) stärker auf empirische Forschungen in der Soziologie rekurriert, so dass der von Weber (2010) vorgeschlagene Terminus Basistheorie zutreffender für die Beurteilung des Geltungsbereichs und Reflexionsniveaus von Theorien ist und im Folgenden verwendet wird.

rien verstanden (vgl. ebd.: 21). McLuhan kritisiert die Art der Theoriebildung im wissenschaftlichen Bereich, da diese der Logik der Gutenberg-Galaxis verhaftet ist. Er plädiert mit seiner ‚Mosaikmethode' und der ‚Methode des schwebenden Urteils' demgemäß für eine Revision theoretischer und methodischer Voraussetzungen. Baudrillard diskutiert die Möglichkeit, Gegentendenzen zur Simulation zu finden. Dabei befindet er sich auf einer Beobachtungsebene zweiter Ordnung, da er seine theoretische Haltung selbst thematisiert. Es geht ihm um eine angemessene theoretische Perspektive, die er schließlich in den Konzepten der Verführung als Plädoyer für eine intersubjektive Sichtweise, der Macht des Objekts, dem symbolischen Tausch und dem Tod als Strategien der Affirmation sowie in der Virulenz findet. Bei all diesen metaphorischen Ausführungen handelt es sich um meta- und wissenschaftstheoretische Überlegungen. Auf einer Reflexionsebene zweiter Ordnung fordert Virilio ebenso dazu auf, wissenschaftliche Demut und mehr Problem-, Verantwortungs- und Reflexionsbewusstsein zu zeigen. Dazu liefert er neben dieser allgemeinen Aufforderung konkrete Handlungsanweisungen. Beispielsweise schlägt er vor, ein Pannenmuseum zu errichten, um auf die Kehrseite der Technik aufmerksam zu machen. Kittlers Problemlösungsansatz ist grundlagentheoretisch begründet und befindet sich somit genauso auf einer Reflexionsebene über Theorien. Seine Forderung nach einer Neubegründung der Medienwissenschaft durch eine medienmaterialistische Perspektive ist als Theorie zweiter Ordnung und nach Weber als Supertheorie zu verstehen. Flussers Problemlösungen sind ebenfalls auf metatheoretischer Ebene anzusiedeln. Er fordert zu einem wissenschaftstheoretischen Perspektivwechsel auf und schlägt vor, lineare Denkformen wie das kausale oder finalistische Denken durch ein programmatisches zu ersetzen. Wie auch Virilio betont er, dass ein gewisses Reflexionsbewusstsein erforderlich ist und gibt konkrete Handlungsanweisungen für die Praxis. Dies äußert sich beispielsweise in der Schulung von Kommunikologen und der Institutionalisierung von Kommunikationsschulen genauso wie in der Erlernung des Technocodes.[97]

Zusammenfassend kann festgestellt werden, dass es sich bei den Theorien grundsätzlich um *Basistheorien* handelt. Alle Theorien befinden sich hinsichtlich ihrer *Problemstellung* auf demselben Reflexionsniveau. Die Theorieangebote wählen ihren Untersuchungsgegenstand hauptsächlich auf der Makroebene (gesellschaftlicher, kultureller Wandel), beziehen aber gleichzeitig die damit verbundenen Phänomene auf der Mikroebene (Wahrnehmungs-, Denkstrukturen, Aisthesis) mit ein. Man kann den Theorien somit eine hohe Reichweite zuschreiben. Sie weisen sogar Tendenzen zu Supertheorien auf und sind tendenziell universalistisch ausgerichtet. Auf Ebene der *Problemlösungen* werden hauptsächlich *meta- bzw. wissen-*

---

97 Wie bereits in Kapitel 4.2 bemerkt, können die Problemlösungen auch als theoretische Wende begriffen werden. Dies ist bei Baudrillard und Virilio der Fall, die ihre apokalyptischen Prognosen dadurch relativieren und reflektieren.

schaftstheoretische Lösungsvorschläge erteilt, so dass allen Theoretikern in Hinblick auf die Problemlösungen ein höheres Reflexionsniveau zugesprochen werden kann, das sich auf der Ebene von Supertheorien im Sinne von Theorien zweiter Ordnung bewegt. In der Vergleichsdimension ‚Abstraktionsgrad und Reflexionstiefe' sind die Theoretiker demnach durchaus kommensurabel. Auch in dieser Vergleichskategorie ist festzustellen, dass die Theoretiker versuchen, alles beschreiben und erklären zu wollen und die Basistheorien Tendenzen zu Supertheorien aufweisen. Paradoxerweise wird der Postmoderne gerade ein Misstrauen gegenüber solchen universalistischen Tendenzen und großen Erzählungen im Sinne Lyotards zugeschrieben, jedoch lässt sich auch anhand des Geltungsbereichs der untersuchten Theorien nachweisen, dass sie geradezu alles erklären und beschreiben wollen, auch wenn sie diesen Anspruch nicht explizit erheben bzw. sich sogar dagegen sträuben.

Tabelle 19: Zusammenfassung Abstraktionsgrad und Reflexionstiefe

	Problemhinsichten	Problemlösungen
Alle Theoretiker	Basis- bzw. sozialtheoretische Ebene	Supertheoretische Ebene (Theorie zweiter Ordnung bzw. Metatheorie, Grundlagentheorie und Wissenschaftstheorie)

Quelle: eigene Darstellung

4.5 STRUKTURMERKMALE

Rezipiert man die Sekundärliteratur zu postmodernen Theorien, so ist schnell feststellbar, dass das Postmoderne-Bashing im wissenschaftlichen Diskurs überaus beliebt ist, wenn es darum geht, deren logischen Status und den sprachlichen Duktus der Theorien zu be- und verurteilen. Es wird stets konstatiert, dass die Theorien ein „gebrochenes Verhältnis zur Theorie" (Pias 2010: 252) aufweisen, sich einer klaren Ein- und Zuordnung in wissenschaftliche Diskursfelder verweigern und eher rhetorische oder literarische Qualitäten besitzen als argumentative und logische (vgl. Leschke 2003: 244). Es werden Vorwürfe von „fundamentalen Widersprüchen, diskursiven Fehlleistungen, rhetorischen Schleifen, chiffreartigen Verkürzungen oder reinen Behauptungen" (Kirchmann 1998a: 28) geäußert, die die postmodernen Theorien abqualifizieren. Fehlende Kohärenz, Plausibilität und Stringenz, emphatische Behauptungen, willkürliche Verbindungen und Assoziationen und Suggestivformulierungen werden oft als harsche Kritik gegen postmoderne Theorien angeführt: „Der beliebig herausgegriffene Beleg ersetzt den kursorisch geführten Beweis, die Fülle divergenter und heterogener Beobachtungen eine stringente Methodik und emphatisch vorgetragene Behauptungen das überprüfbare Argument." (ebd.: 46) Diese Vorwürfe sind nicht gänzlich von der Hand zu weisen, doch gilt es hier, die Heterogenität des Diskurses in *stilistischer* wie *argumentativer* Hinsicht genauer zu beleuchten. Auffällig ist bereits bei einer kursorischen Lektüre, dass die Texte nicht streng wissenschaftlich sind, aber dennoch ein „diskursiv-argumentatives Kommunikationsangebot" (ebd.: 30) unterbreiten, das im wissenschaftlichen Diskurs Eingang gefunden hat.

4.5.1 Marshall McLuhans Mosaikmethode

> „Statt meine Ergebnisse traditionsgemäß steril in schön geordnete Versuchsreihen, Kategorien und Schubladen zu stecken, verwende ich sie wie Probebohrungen, um Einblick in gewisse Dinge zu gewinnen und Strukturen zu erkennen. Ich möchte lieber neue Gebiete abstecken als alte Markierungen auswerten. Aber ich wollte meine Forschung niemals als Offenbarung der Wahrheit verstanden wissen. Als Forscher habe ich keinen fixen Standpunkt, bin ich keiner bestimmten Theorie verpflichtet – weder der eigenen noch der von irgend jemand anderem."
>
> (MCLUHAN 1969B: 7)

Monokausale Begründungszusammenhänge durch Mediendeterminismus

McLuhan geht, wie bereits in Kapitel 4.1.1 herausgestellt wurde, von Leitmedien aus, die in einer historischen Epoche prädominieren und ein mehrstufiges Mediengeschichtsmodell begründen. Medien, insbesondere die Leitmedien, bestimmen die Lage des Menschen, seine Wahrnehmung und Kognition sowie die gesellschaftliche Konstellation zu einer gegebenen historischen Epoche. Insbesondere in der Gutenberg-Galaxis und dem darauf folgenden Zeitalter der elektronischen Medien wird deren Prägekraft offensichtlich. Die Allmacht der Medienform hängt dabei nicht von sozialen, ökonomischen, politischen oder kulturellen Parametern ab, sondern konstituiert diese erst. McLuhans Geschichtsmodell unterscheidet nach jeweils dominierenden Medientechnologien, die einander ablösende Epochen konstituieren. Kultur ist somit ein Derivat des medientechnologischen Zustandes, gesellschaftlicher und kognitiver Wandel ein technisch induzierter Prozess. Diese Auffassung zeigt einen klaren *mediendeterministischen Ansatz* bei McLuhan. Sein Modell der Mediengeschichtsschreibung fußt somit auf einer *monokausalen* Logik, in der die Medientechnologie allein historische Prozesse hervorbringt und erklärt. Seine Medientheorie begründet sich also nicht durch einen aktiven Menschen, der sich die

Medien zweckdienlich macht, sondern ganz im Gegenteil durch einen *Strukturdeterminismus der Medienentwicklung*. McLuhans Theoriegebäude verfügt über eine medial determinierte Genealogie, in der die Medien zum eigentlichen historischen Subjekt und Motor der Geschichtsschreibung werden. Diese reduktionistische und terministische Argumentation schließt den Menschen als aktiven Produzenten seiner kulturellen Wirklichkeit aus und bewertet damit technische Kontexte höher als inhaltliche und soziale. Sowohl auf Mikro- als auch auf Makroebene werden komplexere Zusammenhänge auf einseitige Ursache-Wirkungszusammenhänge reduziert: Unberücksichtigt bleiben individuelle Interessen, Mediennutzungsmotive oder -intentionen. Prozesse sozialer Aneignung und Verwendungsweisen von Medien, die interpretiert und ausgehandelt werden, gesellschaftliche Wünsche und Bedürfnisse, zeitgeistliche Diskurse, politische Machtkonstellationen, ökonomische Imperative oder rechtliche Regelungen, die auf die sozial relevante Durchsetzung bestimmter Medien oder sogar Leitmedien einwirken, vernachlässigt McLuhan gänzlich. Wechselseitige Zusammenhänge, in denen Medien auch als Bestandteil sozialer Praktiken interpretiert werden können, werden zugunsten einer monokausalen Erklärungslogik ersetzt. Medien müssen jedoch nicht nur formatisierend wirken, sondern sind auch ebenso kulturell und sozial formatiert. Dass Technik in weitere Dispositive eingebettet ist, kommt in McLuhans Theorieansatz nicht zur Geltung. McLuhan entwirft eine einseitige Kausalität von Technik auf soziale und individuelle Prozesse und ernennt Medien zum alleinigen Faktor historischer Prozesse.[98] Daher ist die Kritik einer Verengung oder Vereinseitigung der theoretischen Perspektive auf einen Technikzentrismus hinsichtlich Medien und Kultur bzw. Medien- und Kulturwandel gerechtfertigt.

Von Teleologie, Theologie und Bruchdiskursen

Derartige Leitmedienkonzepte sind in ihrer Argumentationslogik widersprüchlich. In McLuhans medienhistorischem Modell lassen sich sowohl *diskontinuierliche*, revolutionäre Verlaufsformen finden, die sich im abrupten Wechsel der Leitmedien widerspiegeln, als auch kontinuierliche, prozessual-evolutionäre Elemente, die sich im *zyklischen Verlauf* wiedererkennen lassen. Zum einen werden durch den Medi-

---

98 Winkler schlägt beispielsweise vor, die Medien weder als Resultat menschlicher Bedürfnisse noch als Ursache historischer Entwicklung aufzufassen. Eine Absolutsetzung einer Position, einer entweder technikzentrierten oder einer anthropologischen Perspektive, ist reduktionistisch. Stattdessen müssen derartige Wandlungsprozesse ko-evolutiv betrachtet werden. Dabei ist Technik sowohl Resultat sozialer Praktiken, die in der Technik ihren materiellen Niederschlag findet, und gleichzeitig Ausgangspunkt für nachfolgende Praktiken, indem sie den Raum definiert, in dem sich diese Praktiken ereignen. Diskurs und Struktur werden auf diese Weise miteinander verbunden und in ein wechselseitiges Verhältnis gesetzt. (Vgl. Winkler 2000: 9 ff.)

enwechsel stets neue Epistemologien, gesellschaftliche Konstellationen sowie kognitive Voraussetzungen geschaffen, die durch die historischen Brüche eingeleitet werden, zum anderen bewegt sich Mediengeschichte kreisförmig wieder auf einen anfänglichen Urzustand zu, nur unter neuen medialen Bedingungen. In dieser Konsequenz fallen die orale Stammeskultur und das elektronische Zeitalter bezüglich ihrer strukturellen Konstruktionsbedingungen zusammen. Diskontinuität durch historische und mediale Brüche, die ständig Neuanfänge produziert, und die zirkuläre, zyklische Entwicklungslogik spielen gleichzeitig zusammen und werden abschließend mit einem *teleologischen Endpunkt* versehen. Im Geschichtsmodell von McLuhan wird die Sehnsucht nach der verlorenen Gemeinschaft in der Utopie des globalen Dorfes wiedererlangt. Diese Geschichtserzählung folgt demnach keiner linearen Entwicklung oder einem dialektischen Prozess.

McLuhans Theoriegebäude konstituiert sich maßgeblich durch seine teleologische Ausrichtung, die ihren Fluchtpunkt im utopischen Endzustand des globalen Dorfes hat. Den elektronischen Medien wird dabei eine sinnstiftende Macht zugesprochen, die „ihnen quasi-religiöse Züge verleiht." (Neswald 1998: 2)[99] Durch das gesetzte utopische Ende des globalen Dorfes offenbart sich die historische Struktur des vorherigen Geschichtsverlaufs:

„Derjenige, der eine solche Fiktion entwirft, stellt sich an einen Punkt nach dem Ende, um dadurch den Weg dahin zu rekonstruieren. Diese fiktive Setzung erlaubt es, die Geschichte als eine sinnvolle Gesamtheit zu entwerfen. Anfang und Ende werden aufeinander bezogen, und die eigene Zeit des Dazwischen wird miteinbezogen. [...] Durch die Einbettung in eine sinnvolle Gesamtheit bekommt die eigene, sonst als kontingent erfahrene Zeit einen Sinn, und umgekehrt werden von der eigenen Zeitperspektive aus Anfang und Ende postuliert." (ebd.: 26)

Der Sinn der gesamten historischen Rekonstruktion erschließt sich demnach erst durch ihr festgelegtes Ende, das Gewissheit über das Ziel und die eigene Verortung im Geschichtsverlauf gibt. Der teleologische Endpunkt dient somit als Voraussetzung und Sinnsetzungsangebot für Geschichte. In diesem Zusammenhang werden auch die diskontinuierlichen Elemente jeder Geschichtsnarration plausibel.

Bruchdiskurse sind dabei als sinngebende strukturelle Elemente der Geschichtserzählung ebenfalls notwendig. Bei McLuhan wird die defizitär erfahrene Vergangenheit der Gutenberg-Galaxis mit dem neuen, gegenwärtigen bzw. zukünftigen elektronischen Zeitalter kontrastiert. Umbruchsituationen und zeitliche Einschnitte markieren damit den Wechsel zwischen Vergangenheit und Neuanfang ebenso wie

---

99 Ob diese theologische Note McLuhans Theorieangebot zugeschrieben werden kann, wie Neswald sie identifiziert, ist debattierbar, die teleologische Ausrichtung seiner Theorie kann jedoch zweifelsfrei festgestellt werden.

mit den dazugehörigen normativen Urteilen. Zeitliche Trennungen durch radikale Brüche finden ihren Extremausdruck in der Medienutopie des globalen Dorfes, das sich zu der als negativ zu bewertenden Buchdruckgesellschaft diametral verhält. Die einzelnen historischen Phasen stellen notwendige Durchgangsstadien auf dem Weg zum eigentlichen Ziel dar:

„Stufen- und Phasenmodelle z.b., ob sie eine aufsteigende oder absteigende Linie verfolgen, ordnen die Geschichte in einer Weise, in der jede Stufe ihren Sinn dadurch bekommt, daß die darauffolgende Stufe aus ihr entsteht, und das ganze Modell bekommt durch seinen Abschluß Sinn." (ebd.: 30 f.)[100]

Basisdichotomien zur Plausibilisierung von Mediengeschichte

McLuhans Epocheneinteilung konstruiert er mittels einfacher *Dichotomien* wie der Ablösung der Dominanz von Ohr und Auge, dem Wechsel von heißen und kalten Medien sowie der Umkehrung der Explosion in die Implosion. Medienwandel lässt sich mithilfe dieser Dichotomien als eine Reihe von Negationen vorheriger Mediensituationen erklären. Die Logik des radikalen Bruchs innerhalb der Medienge-

---

100 Die Unterscheidung zwischen diskontinuierlichen Geschichtserzählungen und kontinuierlichen, zyklischen Zeitstrukturen wird auch von dem Historiker Reinhart Koselleck getroffen. Koselleck unterscheidet zwischen einem transhistorischen und einem metahistorischen Verständnis von Revolution. Die transhistorische Revolution ist jene, in der historische Phänomene in einen Kreislauf eingebunden sind und die Zeitstruktur zyklisch angelegt ist. Revolution bedeutet in dem Falle eine Rückkehr zu einem bereits existenten Zustand. Ordnung wird durch Umkehr hergestellt, es wird ein Regulativ gedacht, das geschichtliche Veränderungen und Dynamiken steuert und selbst jenseits der historischen Entwicklung situiert ist. Das transhistorische Konzept ist dabei hochgradig metaphysisch aufgeladen. Der metahistorische Begriff für Revolution hingegen konzipiert Revolution aus der Perspektive des permanenten Wandels. Geschichte ist unumkehrbar und beschleunigt sich. Der Beobachter ist selbst Teil des historischen Wandlungsprozesses. Ordnung kann nicht durch eine regulative Instanz außerhalb der geschichtlichen Dynamik hergestellt werden. Alles wird nun unter der Prämisse einer permanenten Dynamik betrachtet. Es geht also ständig in eine unbekannte Zukunft. (Vgl. Koselleck 1977: 264 ff.) Beide Konzepte treffen auf McLuhan zu. Die transhistorische Variante ist offensichtlich, da er mit dem Ende der Gutenberg-Galaxis und dem Eintreten ins elektronische Zeitalter eine Rückkehr in eine dorfähnliche Gemeinschaft postuliert. Auf der anderen Seite lässt sich gleichzeitig ein metahistorisches Konzept erkennen. Mit dem Buchdruck ist erstmals ein permanenter Wandel gesellschaftlicher Verhältnisse möglich geworden, der Buchdruck hat die technische Phase des Fortschritts vorangetrieben. Wiederkehr und Fortschritt sind gleichermaßen in McLuhans historischer Figuration vorhanden und sogar miteinander verwoben.

schichte beruht auf den dichotomen Gegenüberstellungen von Medienkonstellationen bzw. den ihnen zugeschriebenen (ontologischen) Qualitäten und Eigenschaften. Ein zentrales Oppositionspaar, das die Mediengeschichte beschreibt, ist das der *Explosion und Implosion*. Mit dem Begriffspaar Explosion/Implosion wird der Übergang von der Gutenberg-Galaxis zum elektronischen Zeitalter markiert. Die Unterscheidung kennzeichnet eine umfangreiche historische Periodisierung kultureller Epochen und gleichzeitig einen Paradigmenwechsel auf epistemologischer Ebene:

„Nach dreitausendjähriger, durch die Techniken des Zerlegens und der Mechanisierung bedingter Explosion erlebt die westliche Welt eine Implosion. In den Jahrhunderten der Mechanisierung hatten wir unseren Körper in den Raum hinaus ausgeweitet. Heute, nach mehr als einem Jahrhundert der Technik der Elektrizität, haben wir sogar das Zentralnervensystem zu einem weltumspannenden Netz ausgeweitet und damit, soweit es unseren Planeten betrifft, Raum und Zeit aufgehoben." (McLuhan [2]1995 [1964]: 15)

Genauso verhält es sich mit der Basisdichotomie von *heißen und kühlen Medien*. Die Logik dieser binären Oppositionsstruktur ist nicht nur metaphorisch stark aufgeladen, sondern sie wird assoziativ und willkürlich nicht nur als Eigenschaften von Medien, sondern auch für alle anderen Dinge verwendet und zugeordnet:

„Vom Thema heiße und kalte Medien her betrachtet sind rückständige Länder ‚kühl' und wir sind ‚heiß'. Der ‚raffinierte Städter' ist ‚heiß' und der Provinzler ‚kühl'. Aber von der Tatsache der Umkehrung der Abläufe und Werte im Zeitalter der Elektrizität her gesehen war das vergangene Maschinenzeitalter heiß, und wir Zeitgenossen des Fernsehens sind kühl." (ebd.: 40)

Nicht nur die beliebige Zuordnung ist problematisch, sondern auch das Verständnis von Beteiligung des Rezipienten ist diffus. Es lässt sich lediglich herauslesen, dass die Aktivität des Rezipienten rein auf medientechnischen Strukturen beruht. Die Umstände der Beteiligung sind insofern stets von ihrem technischen Entwicklungsstand abhängig. Diese Betrachtung der Mediennutzung ist sowohl eindimensional als auch verkürzt.[101] Bedürfnisstrukturen oder soziale und kulturelle Kontexte werden per se ausgeblendet.

Die Basisdichotomien heiß/kühl, Explosion/Implosion bzw. Mechanisierung/ Kybernetik oder Buchdruck/elektronische Medien bedeuten eine überaus grobe und ungenaue Einteilung von Mediengeschichte. Auffällig ist, dass diese Gegensatzpaare stets auch normativ besetzt sind und sich in ihrer Bewertung diametral gegen-

---

101 Bereits in der Analyse der Begrifflichkeiten konnte bei McLuhans Medienbegriff herausgestellt werden, dass diese einfache Ausdifferenzierung zwischen heißen und kühlen Medien starr, essenzialistisch und willkürlich ist (vgl. Kapitel 4.3.1).

überstehen. Diese Urteile betreffen jedoch nicht nur die Qualitäten von Medien und historischen Epochen. Auch bezüglich einzelner Medien setzt McLuhan Prioritäten.

Normative Dimension – Hierarchisierung von Medien

Mit seiner Epochenkonstruktion trifft McLuhan klare Entscheidungen über die Relevanz einzelner Medientechniken. Es wird eine klare *Hierarchisierung* der Bedeutung von Medien offensichtlich. Während insbesondere Schrift, Buchdruck und das Fernsehen historisch relevant sind, werden alle anderen Medien in Bezug auf Mediengeschichtsschreibung nicht thematisiert und sind somit als historisch irrelevant einzustufen. Geschichtsträchtige Medien wie die Schrift, der Buchdruck oder das Fernsehen, werden allen anderen Medien übergeordnet. Dabei wird die Hierarchisierung bzw. Privilegierung bestimmter Medien nicht explizit und bleibt unzureichend begründet. Beispielsweise gelten die medientechnologischen Entwicklungen des 19. Jahrhunderts als nicht nennenswert. Zudem werden nicht nur bestimmte Medien als Leitmedien privilegiert, sondern auch die normative Bewertung der jeweiligen Leitmedien folgt einer hierarchischen Logik, die der Bewertung einzelner historischer Epochen folgt. Als erstrebenswert sieht McLuhan das Zusammenspiel aller Sinne, das durch die elektronischen Medien erreicht wird. Der Buchdruck hingegen führt zu kognitiven und sozialen Folgen, die unerwünscht sind.

Metaphorik und Rhetorik statt Wissenschaftssprache

Eine Analyse McLuhans auf einer *sprachlichen, stilistischen Ebene* zeigt, dass er keine wissenschaftliche Fachsprache, sondern eine sehr bildhafte, metaphorische Sprache gebraucht:

„Er [McLuhan; Anm. d. Verf.] hielt sich nicht lange mit der Vorstellung auf und warf uns [...] ohne Umschweife in einen reißenden Fluß von *Parabeln und Gleichnissen*. [...] Zwischen diese Behauptungen streute er *witzige Einzeiler und Wortspiele* – die seiner Meinung nach natürliche Form des Humors einer Kultur, für die komplexe Erzählstränge keine Bedeutung mehr haben." (Postman 1997: 7; Hervorhebung d. Verf.)

Aphorismen wie ‚The medium is the message', *Schlagwörter* und *Schlüsselbegriffe* wie die Gutenberg-Galaxis oder das globale Dorf, *Konglomerate von Zitaten, Analogieschlüssen, Wortspielen* und assoziativen Einfällen stehen im Zentrum seiner Aussagen. Dabei werden die grundlegenden Merkmale der Gutenberg-Galaxis mithilfe von *Analogiebildung, Metaphorik und Assoziationsketten* konstruiert: „Das Alphabet ist ein Gebilde, das aus Gliedstücken und Teilen besteht, die als solche keinerlei Bedeutung haben und wie Perlen schnurgerade und gemäß einer vorgeschriebenen Anordnung aneinandergereiht werden müssen." (McLuhan zitiert nach Abarbanell 2011) Schrift und Buchdruck kennzeichnen sich durch Linearität, die wiederum auf Folgerichtigkeit, Kausalität, Wissenschaft und Rationalität verweist und somit die gesamte Neuzeit begründet. Diese Eigenschaften sind kontingente Zuschreibungen, die jedoch in ihrer Kontingenz nicht ausgewiesen und stattdessen als selbstverständlich hingenommen werden.[102] Die Zusammenhänge werden oftmals nach *Prinzipien der Ähnlichkeit*, also nach ästhetischen statt nach argumentativen Kriterien, hergestellt. McLuhan bedient sich beispielsweise auch *etymologischer Herleitungen*, wenn er auf den gleichen sprachlichen Ursprung von Narziss und Narkose verweist und somit die vermeintliche Verwandtschaft zwischen dem Narziss-Mythos[103] und der Narkose bzw. Betäubung durch die Medien aufzeigt.

Auffallend ist, dass McLuhan die Rekonstruktion kausaler Strukturen von historischen Prozessen nicht ausreichend begründet und Beziehungsgeflechte verschiedener sozialer, politischer, ökonomischer, technischer oder kultureller Faktoren aufzeigt, sondern sein Geschichtsmodell vielmehr *ästhetisch, sprachlich, stilistisch und assoziativ* begründet.[104] Durch Negation wird der Rest der Geschichtsschreibung vervollständigt, so dass die Rationalität der Schriftkultur mit der Irrationalität der elektronischen Kultur kontrastiert wird, die Individualisierung mit der Kollektivierung, das Lineare mit dem Assoziativen usw. Seine Begrifflichkeiten sind nicht primär analytische Einheiten, sondern vielmehr Metaphern, die stark assoziativ aufgeladen sind. McLuhans Begriffe wie Prothese, Betäubung, Amputation oder Implosion sind zentrale Termini, die keine methodisch-systematischen Erklärungen liefern, sondern vielmehr seine quasi-literarische, metaphorische Schreibweise verdeutlichen. Bei der Unterscheidung von heißen und kühlen Medien, schreibt er den

---

102 So weist Krotz darauf hin, dass lineares Denken nicht ausschließlich mit dem Buchdruck in Verbindung gebracht werden kann. Der Konnex von Schrift bzw. Buchdruck und Linearität ist nicht zwangsweise vorhanden. So verläuft die Sprache selbst sowohl in der Produktion als auch in der Rezeption bereits linear, da schon ein Laut nach dem anderen produziert und rezipiert werden muss. Dass schon die Sprache sequenziell in Produktion und Rezeption abläuft, wird hier vernachlässigt. Lineares Denken ist also nicht zwangsweise ein Produkt des Buchdrucks. Linearität wird dennoch meist lediglich schriftlicher Kommunikation zugeschrieben. Zudem ist Schrift zwar in Zeilen angeordnet, jedoch erst durch charakteristische Unterbrechungen verschiedener Symbole als solche lesbar und daher ganz im Gegenteil eine bloße Linie. Zeitliche und kausale Abfolge sowie grammatikalische Konstruktionen konstruieren außerdem verschiedenartige Formen der Rezeption, die sich nicht einfach auf Linearität zurückführen lassen. (Vgl. Krotz 2001: 78)

103 Narziss wird durch seine eigene Abbildung betäubt, die er irrtümlich für einen anderen hält, und ist deshalb nicht empfänglich für die Worte der Nymphe Echo, die vergeblich um seine Liebe wirbt.

104 Leschke spitzt dies noch zu, indem er behauptet, dass „Argumentation [.] durch Rhetorik, Wissenschaft durch eine Art Gebrauchsliteratur substituiert [wird], so dass Ähnlichkeiten dort Evidenzen evozieren, wo eigentlich kausale Zusammenhänge zu belegen wären." (Leschke 2003: 250)

‚coolen' Medien einen Vorrang zu. Cool ist positiv konnotiert und bezeichnet daher auch gleich die positive Eigenschaft von Medien, die den Rezipienten zu einem aktiven Konsum verpflichten.[105] *Seine narrative Struktur ist somit eher sprachlich als logisch-argumentativ fundiert.* Der Spielraum für Interpretationen ist groß, da er allegorisch, sprunghaft und mosaikartig schreibt, anstatt eine methodisch-systematische Erklärung zu geben. Stringente Begründungen werden durch rhetorische Strategien ersetzt.

Experimentelle Darstellungsformen und grafische Textausbrüche

Auch in der Form der Darstellung folgt McLuhan nicht den wissenschaftlichen Konventionen von theoretischer Konsistenz, Stringenz und Seriosität. Mit der Verkündung des Endes der Gutenberg-Galaxis und dem damit einhergehenden Ende der Linearität vollzieht er auch *auf der Darstellungsebene eine Abkehr vom wissenschaftlichen Schreibstil*, wie insbesondere in seinem Buch ‚The medium is the massage' (1969), das in Zusammenarbeit mit dem Grafikdesigner Quentin Fiore entstand, deutlich wird. Dort arbeitet er mit grafischen Textausbrüchen, die jene gewohnten linearen Textzeilen durchbrechen, indem diese durch Bilder und Fotografien angereichert, Seiten ausgelassen, Texte kreisförmig oder spiegelverkehrt angeordnet werden (vgl. McLuhan/Fiore 1969). Diese spielerische Darstellungsform, die sich einer kohärenten Textanordnung verweigert, korrespondiert insofern mit der inhaltlichen Ebene und der narrativen Logik seiner theoretischen Aussagen.

Logische Inkonsistenz und stilistische Extravaganz als bewusste Methode

McLuhans Ablehnung eines kohärenten Text- und Theoriegebäudes und die Absage an „Denkschablonen des Gutenbergzeitalters" (Lagaay/Lauer 2004: 33) zeigt sich an der stilistischen Extravaganz, fehlender analytischer Präzision, Stringenz und logischer Kohärenz seiner argumentativen Darlegungen. Der Bruch mit dem wissenschaftlichen Schreibstil und der wissenschaftlichen Analyse ist bei McLuhan bewusst und intentional. Er selbst sieht seine Werke als literarische Arbeiten: „Da es eher mein Ding ist, die Gemeinschaft in Aktion zu zeigen, als etwas zu beweisen, kann man es tatsächlich als eine neue Romanform ansehen." (McLuhan 1996: 238) Rationalität und Analyse sind nicht mehr angemessene Methoden, um die Mediensituation zu beurteilen. Vielmehr muss man sich wie der Seemann aus Edgar Allan Poes ‚A Descent into the Maelstrom' (1841) inmitten des Wasserwirbels verhalten und sich auf die Lage einlassen, um diese zu begreifen. Dieser findet nämlich nur

---

105 So können McLuhans assoziative Verkettungen, lose Anspielungen und sein aphoristischer Schreibstil euphemistisch als kühl bezeichnet werden, da sie dem Leser genau abverlangen, eine „in hohem Grade persönliche Beteiligung oder Vervollständigung" (McLuhan [2]1995 [1964]: 29 f.) zu leisten.

aus dem Maelstrom[106] heraus, indem er sich auf die Situation einlässt und dabei ein Vergnügen empfindet, den Wasserstrudel so zu analysieren, dass er sich aus der Gefahr retten kann. Auch hier gebraucht er die rhetorische Figur des Gleichnisses, um seine Methode zu erläutern. Eine besondere Affinität zu Aphorismen ist an zahlreichen Stellen bei McLuhan auszumachen. Er selbst ist von dieser Art des Umgangs mit Sprache fasziniert, da Aphorismen unvollständig und vieldeutig sind und dazu anregen, über ein Problem besser nachzudenken.[107]

Auf der Ebene wissenschaftlicher Theoriebildung und methodologischer Prämissen kann McLuhan aus einer empirisch sozialwissenschaftlichen Perspektive vorgehalten werden, dass er im streng empirischen Sinne weder Kategorien noch analytisches Werkzeug bereitstellt. Der Gegenstandsbereich der Untersuchung ist zudem wenig bis gar nicht spezifiziert. Wissenschaftliche Analyse ist in diesem Fall Phänomenbeschreibung bzw. Beobachtung und Prognose. McLuhans Werke liefern mehr heuristische Entwürfe als wissenschaftliche Argumentationen. Er hat sich explizit gegen eine lineare Beweisführung gewehrt, da er diese als Ergebnis einer bereits überkommenen Buchkultur ansah. Stattdessen ist seine Vorgehensweise asystematisch, er spricht explizit von der „Mosaik-Methode" (McLuhan/Fiore 1969: 80 f.) als eine Art eklektische Ansammlung von Ideen. McLuhan thematisiert und reflektiert die Art seiner Theoriebildung und seine Besonderheiten auf sprachlicher, stilistischer Ebene.

Resümierend kann in Bezug auf die logische und sprachliche Struktur festgehalten werden, dass McLuhans Mediengeschichtsschreibung und seine Epochenkonstruktion via binäre Oppositionen einen hohen Grad an Einfachheit aufweisen. Komplexe soziale Wandlungsprozesse werden auf monokausale Begründungsmuster reduziert. Die Argumentationsstruktur gründet auf simplen Ursache-Wirkungs-Zusammenhängen. Dadurch wird die mediale Entwicklung in grobe Stationen eingeteilt, die sich durch Negationsketten und Basisdichotomien konstituieren und die historischen Abschnitte dadurch zu plausibilisieren versuchen. McLuhans medientechnologisch determinierte Genealogie fußt dabei auf eindimensionalen Argumentationssträngen. Mithilfe elementarer technologischer Medien wie dem Buchdruck oder dem Fernsehen können historische Prozesse gänzlich erklärt werden.

Auf sprachlicher, stilistischer Ebene ist offensichtlich, dass McLuhans Argumentation vielmehr durch ästhetische Merkmale (Metaphorik, Rhetorik, Analogie-

---

106 In der Literatur taucht sowohl die Schreibweise Maelström, Maelstroem als auch Maelstrom auf. Im Englischen wird häufiger die letzte Version verwendet, während im Deutschen alle Schreibweisen vorkommen. Im Folgenden wird zugunsten der Einheitlichkeit die Schreibweise Maelstrom bevorzugt.

107 Leschke hingegen konstatiert, dass McLuhan „so geradezu programmatisch offen und anschlussfähig [ist]. Er lässt sich nahezu in jeden Kontext integrieren und verfügt damit quasi über eine eingebaute Zitierfähigkeit." (Leschke 2003: 254).

schlüsse, etymologische Ableitungen, Parabeln, Assoziationen) gekennzeichnet ist als durch Logik, Kohärenz und Präzision. Die Art der Beweisführung reflektiert er jedoch sowohl in seinen Ausführungen seiner Methoden als auch in der Art der Darstellung. Dennoch ist festzustellen, dass McLuhan versucht, eine Universalgeschichte zu erzählen. Das Negativurteil über die Gutenberg-Galaxis sowie die Lobeshymnen auf die elektronische Zukunft sind allumfassend. Die radikale Medienaffirmation und der Kulturoptimismus sind dabei unreflektiert. Der Allgemeinheitsgrad der Aussagen ist somit sehr hoch und bereits im Medienbegriff angelegt.[108]

McLuhans narrative Struktur kann in diesem Sinne als große Erzählung bzw. moderne Metaerzählung im Sinne Lyotards gelesen werden, da er über die mediendeterminierte Gesamtgeschichte allgemeine, universale und spekulative Aussagen trifft. Die Geschichte, die ihren Bogen von der oralen Stammesgesellschaft über die Manuskriptkultur und die Gutenberg-Galaxis bis ins elektronische Zeitalter spannt, findet gerade in diesem ihre heilsgeschichtliche Erlösungsinstanz.

Tabelle 20: Strukturmerkmale McLuhan

	Art der Argumentation	Erklärung bzw. Beispiele
Logischer Status	Monokausale Begründungszusammenhänge	Medien induzieren Gesellschaftswandel
	Oppositionspaare, Basisdichotomien	Heiß/kühl, Explosion/Implosion, Auge/Ohr
	Bruchdiskurse und Teleologie/Theologie	Diskontinuität durch Leitmedienmodell; Kontinuität durch zyklische Medienentwicklung
	Hierarchisierung von Medien	Leitmedien (Sprache, Schrift, Buchdruck, elektronische Medien) versus periphere Medien
Sprachlicher Duktus	Deskriptive, optimistische Aussagen	Problemhinsichten
	Präskriptive Aussagen	Problemlösungen
	Metaphorik	Gutenberg-Galaxis, globales Dorf
	Analogiebildung, Ähnlichkeitsbeziehungen, Assoziationen	Narziss – Narkose; Kühle Medien – cool – positive Konnotation
	Aphorismen	Das Medium ist die Botschaft
	Etymologien	Narziss – Narkose

Quelle: eigene Darstellung

---

108 Siehe dazu genauer Kapitel 4.3.1, in dem der Medienbegriff von McLuhan genauer analysiert wird.

4.5.2 Jean Baudrillards verführerischer Diskurs

> „Ich bin nicht mehr in der Lage, etwas zu ‚reflektieren', ich kann lediglich Hypothesen bis an ihre Grenzen vorantreiben, d.h. sie der Zone entreißen, in der man sich kritisch auf sie beziehen kann, und sie an den Punkt kommen lassen, nach dem es kein Zurück mehr gibt; ich lasse auch die Theorie in den Hyperraum der Simulation eintreten – sie verliert darin jede objektive Gültigkeit, gewinnt aber vielleicht an Zusammenhalt, d.h. sie gleicht sich dem System an, das uns umgibt."
> (BAUDRILLARD 1990: 10)

Baudrillard zeigt seine Aversion gegenüber den medienwissenschaftlichen Positionen der 1970er auf: „Es gibt keine Medientheorie. Die ‚Medienrevolution' ist bislang, sowohl bei McLuhan als auch bei denjenigen, die gegen ihn Partei ergreifen, *empiristisch* und *mystisch* geblieben." (Baudrillard 1972: 279; Hervorhebung d. Verf.) Jenem Vorwurf der Mystik setzt er allerdings kein geschlossenes Theoriegebäude gegenüber, sondern vielmehr substituiert er McLuhans ‚mythischen' Diskurs durch seinen eigenen, indem er einen theoretischen Neuanfang postuliert, der jedoch ebenso einem Universalitätsanspruch gleichkommt.

Monokausale Begründungszusammenhänge durch Simulakrendeterminismus

Betrachtet man die Bedeutung der Simulakren für den historischen Wandel, so kann wie bei McLuhan ebenso ein *monokausaler Begründungszusammenhang* festgestellt werden. Baudrillard konstruiert einen linear-kausalen Zusammenhang zwischen Simulakren und den gesellschaftlichen Logiken. Das jeweilige Simulakrum bringt eine je spezifische soziale Ordnung und einen je spezifischen Zugang zur Wirklichkeit hervor. Die Simulakren, denen er eine universale Bedeutung zuspricht, geben ein semiotisches Raster als regulatives Prinzip vor. In der letzten historischen Stufe entfaltet die Macht der Simulakren ihr fatales und apokalyptisches Potenzial. Baudrillards medientheoretische Aussagen fußen somit auf *einer* allmächtigen Variablen. Komplexe Zusammenhänge historischer Prozesse werden auf *einseitige Kausalzusammenhänge* reduziert. Die Entwicklungsdynamik geht dabei maßgeblich von den Simulakren und der Wirkmächtigkeit medialer Konstellationen aus.

Weiterhin wird die theoretische Perspektive auf rein semiologische Aspekte verkürzt. Zusammenhänge zwischen technischen und semiologischen Gesichtspunkten werden nicht erläutert. Gründe, warum es überhaupt zu dem Wechsel von

Simulakren kommt und wie diese sich vollziehen, bleiben unzureichend erklärt. Der Entstehungszusammenhang wird nicht thematisiert, sondern lediglich behauptet.

Apokalypse now – Bruchdiskurse und Teleologie

Mit dem dreistufigen Stufenmodell der Geschichte von Imitation, (Re-)Produktion und Simulation konstruiert Baudrillard (Medien-)Geschichte als eine *diskontinuierliche Aufeinanderfolge von Epochen*, die durch die jeweiligen Simulakren erster, zweiter und dritter Ordnung konstituiert werden. Geschichte wird als eine Folge sich ablösender Stufen erzählt, die einander gänzlich substituieren. Gleichermaßen sind aber auch kontinuierliche Elemente im historischen Prozess beobachtbar. Geschichtswandel wird als *kontinuierlicher Emanzipationsprozess* der Zeichen von ihren Referenzobjekten beschrieben: Zeichen entfernen sich im Laufe der historischen Entwicklung immer mehr von dem zu Bezeichnenden und koppeln sich schließlich gänzlich davon ab, um bloß noch auf andere Zeichen zu verweisen. Dieser kontinuierliche Abnabelungsprozess gepaart mit den historischen Umbrüchen von Imitation, Reproduktion und Simulation, dieses Gemisch aus Kontinuität und Diskontinuität, führt zu der *teleologischen Ausrichtung* der Geschichte, die im apokalyptischen Stadium der Hyperrealität endet.[109] Bruchdiskurse und teleologische Ausrichtung, Diskontinuität und Kontinuität, sind konstruktive Elemente für Baudrillards medienhistorisches Modell.

Negationsketten und Basisdichotomien

Baudrillard arbeitet mit Negationsketten und Grunddichotomien, um den historischen Prozess zu plausibilisieren. Insbesondere wird dies durch die Kontrastierung eines Idealzustandes mit dem Endzustand der historischen Entwicklung deutlich. Er stellt dabei Kommunikation der Nicht-Kommunikation, Wirklichkeit dem Wirklichkeitsverlust, den symbolischen Tausch dem Tod oder die Kritik der Verführung gegenüber.[110] Face-to-face-Kommunikation wird als implizite optimale Kommunikation verstanden, die dem historischen Stadium der Massenmedien diametral entgegengesetzt ist. Diese werden in ihrer Struktureigenschaft als ausschließlich negativ eingestuft und für die Unmöglichkeit von Reziprozität und symbolischem

---

109 Seine Beobachtungen transferiert er gleichermaßen in die Entwicklung wissenschaftlicher Positionen und geht von einer Korrespondenz zwischen Theorieentwicklung und sozialem Wandel aus. Während Marx' materialistische Theorie die sozialen Strukturen des 19. Jahrhunderts, die Epoche der (Re-)Produktion, noch angemessen beschreiben kann, sind die Strukturen des 20. Jahrhunderts damit nicht adäquat erfasst. Daher haben materialistische Medientheorien ihren Stellenwert verloren und sind obsolet geworden. Konsequenterweise entspricht eine Simulationstheorie einer angemessenen Weise, soziale Wirklichkeit im 20. Jahrhundert beschreiben zu können.

110 Zu Einzelheiten siehe auch Kapitel 4.1.2, 4.2.2 und 4.3.2.

Austausch verantwortlich gemacht. Weder sind Kommunikation noch ein emanzipatorischer Gebrauch von Medien möglich. Durch die Gegenüberstellung mit dem natürlichen Idealzustand verleiht er dem letzten Stadium der Geschichte somit erst ihre absolut negative Färbung. Damit konstruiert Baudrillard eine binäre Opposition zwischen wünschenswerter face-to-face-Kommunikation und manipulativer medial vermittelter Kommunikation, ohne zu berücksichtigen, dass interpersonale Kommunikation ebenso manipulativ und nicht-dialogisch ablaufen kann. Seine Zuschreibungen folgen dabei einem klaren binären Schema. Antwort, Verantwortung und Nähe werden der interpersonalen Kommunikation zugeschrieben, während die mediale Kommunikation sich durch das genaue Gegenteil auszeichnet. Baudrillard versucht, die historischen Phasen auf diese Weise zu legitimieren und diese jeweils als positiv oder negativ zu bewerten. Dabei benutzt er bestimmte Motive, die als Orientierungsmarker bzw. historische Abgrenzungen dienen. Das Motiv der Implosion ist kennzeichnend für die letzte historische Stufe, die einen Zusammenbruch des Sozialen beschreibt. Wie schon in Kapitel 4.1.6 erläutert, gebraucht Baudrillard wie McLuhan die Basisdichotomie von *Explosion und Implosion*. Letztere steht der Explosion, der Ausbreitung durch Reproduktion im industriellen Zeitalter gegenüber. Gerade, wenn es um die Problemlösungen geht, argumentiert Baudrillard mithilfe von metaphorischen Gegensätzen. Das Böse als das Andere oder das Prinzip der Verführung als Gegenstück zur Kritik sowie der symbolische Tausch und der Tod sind Beispiele dualer Oppositionspaare, derer sich Baudrillard bedient.

Verführerische Rhetorik

Baudrillards Theoriekonstrukt hat nicht nur hinsichtlich seiner Argumentationslogik die Wege wissenschaftlicher Theoriebildung verlassen, auch die Art der Aussagen lassen sich nicht immer eindeutig dem wissenschaftlichen Diskurs zuordnen. Titel wie ‚Das Jahr 2000 findet nicht statt', ‚Requiem für die Medien' oder ‚Videowelt und fraktales Subjekt' sind Beispiele für Baudrillards *alarmistische und polemische Rhetorik*, die er in seinen Thesen gebraucht. Die Art der Aussagen, die durch seinen Sprachstil betont wird, ist dementsprechend auffällig *(ab-)wertend, resignativ, defätistisch und deterministisch*, wenn er vom Verschwinden aller Referenziale in der Hyperrealität, der unausbrechbaren Welt der Simulation und dem hilflosen, passiven und fraktalen Subjekt spricht (vgl. Kapitel 4.1.2). Seine Thesen sind durchzogen von einer Sprache des Untergangs, des Verlusts, des unabwendbaren Endes und der katastrophalen Auswirkungen durch die digitalen Medientechnologien:

„Genau das könnte es sein, was uns am Ende dieser technischen Umwälzung erwartet: ihr beschleunigtes Ende, ihre unmittelbare Auflösung – ein Erfolg des modernen Millenarismus, diesmal aber ohne Hoffnung auf irgend ein Heil, auf irgend eine Apokalypse oder Erlösung. Einfach den Untergang beschleunigen, die Evolution der Welt vorantreiben, um ihr Ende heraufzubeschwören." (Baudrillard 1994b: 13 f.)

Baudrillards Problemlösungsvorschläge stellen sowohl hinsichtlich seiner theoretischen Ausrichtung als auch hinsichtlich seiner sprachlichen Äußerungen eine argumentative Kehrtwende dar: „Die Determination ist tot, die Indetermination ist Königin." (Baudrillard ²1991 [1982]: 18) Dort verlieren seine Aussagen ihre defätistische Note. Seine pessimistische und resignative Haltung relativiert sich. Stattdessen nimmt Baudrillard eine *ironische* Sichtweise auf die Entwicklungen ein und macht *normative, präskriptive* Aussagen. Mit seinem metatheoretischen Ansatz reflektiert er sein vorheriges Theoriegebäude der allumfassenden Simulation, kritisiert seine eigene Argumentationsstruktur und führt seine eigene kritische Haltung ad absurdum. Seine negative Attitüde und Endzeitrhetorik wird dadurch generell relativiert (vgl. Kapitel 4.2.2).

Weiterhin zeigt sich sprachlich und stilistisch, dass seine Ausführungen von *Metaphorik, freien Assoziationen und spielerischen Analogien* durchzogen sind. Die Verführung, der Tod, das Böse, das Virale bzw. die Virulenz, die Systemüberschreitung, das Fatale oder die Ekstase sind Beispiele derartiger metaphorischer Vorstellungen, die jedoch weder präzise theoretisch erläutert werden, noch konkrete Analysekategorien darstellen oder empirisch belegt werden. Seine Textorganisation und Argumentationsfiguren zeichnen sich vielmehr durch *literarische, essayistische und poetische Beschreibungen* als durch klare, systematische, wissenschaftliche Definitionen aus.[111] Betrachtet man beispielsweise seinen Aufsatz ‚Requiem für die Medien', so ist ersichtlich, dass er zu seinen Aussagen und seinem Werturteil weniger durch rationale Argumentation gelangt, sondern vielmehr durch *sprachliche Verbindungen und Wortähnlichkeiten*. Er definiert Kommunikation als Austausch und „als reziproken Raum von Rede und *Antwort* [...] als Raum also einer *Verantwortung* [...]. Augenblicklich bewegen wir uns in einer Zeit der Antwortlosigkeit, der Unverantwortung." (Baudrillard 1972: 284 f.; Hervorhebung d. Verf.) Der Zusammenhang zwischen *Antwort und Verantwortung* und die prinzipielle ‚Unverantwortung' in einer ‚Zeit der Antwortlosigkeit', die er prognostiziert, sind weder stringent noch logisch oder konsistent begründet. Das strukturelle Machtgefälle, das durch die Massenmedien impliziert wird und den Menschen zum passiven Rezipienten degradiert, wird nicht durch kausale Begründungszusammenhänge herbeigeführt, sondern schlicht durch sprachliche Verbindungen hergestellt. Das prognostizierte Ende der Anthropologie, der Realität oder des Subjekts sind dabei *analytisch ungenaue Beschreibungen* und vielfach *unzulässige Verallgemeinerungen*, die jedoch klar seine dystopische Haltung begründen. Seine Gedankenführung ist von *logischen Brüchen und vielfältiger Verwendung von Metaphorik* durchzogen und erscheint dadurch eher *assoziativ* und *intuitiv*.

---

111 Beispielsweise handelt es sich bei ‚Cool Memories' (1989c) und ‚Cool Memories V. 2002-2004' (2007) nicht um wissenschaftliche Abhandlungen oder Analysen, sondern um Sammlungen von Aphorismen.

Anti-Theorie oder die Wissenschaft der imaginären Lösungen

> „Die sozialen Tatsachen interessieren mich überhaupt nicht [...]. In einem Diskurs werden wir nie aufteilen können, was die Tatschen und was der Diskurs selbst ist."
>
> (BAUDRILLARD 1983B: 74)

Baudrillard nennt seine Art des Theoretisierens in Anlehnung an Alfred Jarry Pataphysik als „Wissenschaft der imaginären Lösungen" (Baudrillard 1991b: 102). Da sich seiner Ansicht nach das Soziale[112] aufgelöst hat, ist auch die Soziologie überholt, um die gegenwärtige Lage angemessen zu beschreiben. Die Soziologie stellt somit kein brauchbares Theorie- und Methodeninstrumentarium bereit, die Auflösung des Sozialen zu reflektieren: „Die Hypothese vom Tode des Sozialen ist gleichzeitig die Hypothese ihres eigenen Todes." (Baudrillard 1979: 18) Das Ende der Soziologie, die durch ihre gewählte methodische Vorgehensweise lediglich auf der Kombination und Re-Kombination codierter Modelle basiert, ist eingeläutet. Insofern bezeichnet Baudrillard sich selbst als *Anti-Theoretiker*, der sich der herkömmlichen wissenschaftlichen Methodik und Stilistik bewusst widersetzt. Während er sich in seinen früheren Werken um Systematizität und argumentative Sorgfalt bemüht, lässt sich in seinen späteren Werken ein Bruch erkennen. Sein Stil bewegt sich zunehmend außerhalb der Methoden wissenschaftlichen Denkens.

Zusammenfassend kann konstatiert werden, dass Baudrillard sowohl inhaltlich als auch formal und sprachlich die konventionelle wissenschaftliche Vorgehensweise verlässt, dies aber stets mitreflektiert. Dennoch kann hinsichtlich der logischen Struktur festgehalten werden, dass er die historische Entwicklung monokausal begründet und reduktionistische, deterministische Aussagen trifft. Die historische Rekonstruktion mithilfe von Negationsketten und Dichotomien weist ebenso einen hohen Grad an Einfachheit auf. Komplexe soziale Wandlungsprozesse werden auf derartige eindimensionale Begründungsmuster reduziert. Dadurch entsteht bei Baudrillard ein Mehrstufenmodell mit groben historischen Phasen. Mithilfe von Simulakren und Massenmedien versucht er, die historischen Prozesse umfassend und in Gänze zu begründen. *Seine Simulationstheorie ist allumfassend und kann strukturell als moderne Metaerzählung und Universalgeschichte entlarvt werden.*

---

112 Unter dem Sozialen versteht Baudrillard – in Anlehnung an verschiedene soziologische Definitionsvorschläge – die Interaktion handelnder Akteure und das daraus resultierende Netzwerk. Eine konkrete Bestimmung des Begriffs leistet er allerdings nicht. Mit der Auflösung des Sozialen meint er die Einnahme administrativer Instanzen und Institutionen, die eigenlogisch operieren, um ein Geflecht an Sicherheit und Kontrolle herauszubilden, in das sich die passive Masse einfügt. (Vgl. Kneer 2005: 158 f.)

Die Geschichte verläuft von der Imitation über die (Re-)Produktion bis hin zur allumfassenden Simulation, in der Mediengeschichte ihr Negativende findet. Baudrillards apokalyptische Haltung bzw. Kulturpessimismus ist in Hinblick auf die Problemhinsicht total.

Tabelle 21: Strukturmerkmale Baudrillard

	Art der Argumentation	Erklärung bzw. Beispiele
Logischer Status	Monokausale Begründungszusammenhänge, Simulakrendeterminismus	Simulakren determinieren Gesellschaftsordnungen, epochenkonstituierend
	Oppositionspaare, Basisdichotomien	Kommunikation/Nicht-Kommunikation, Liebe/Verführung, Explosion/Implosion
	Bruchdiskurse und Teleologie	Diskontinuität (Imitation, Reproduktion, Simulation); Kontinuität durch kontinuierlichen Emanzipationsprozess von Zeichen
Sprachlicher Duktus	Resignative, defätistische, polemische Aussagen	Problemhinsichten
	Präskriptive, ironische Sprache	Problemlösungen
	Metaphorik	Verführung, Tod, Virulenz
	Wortähnlichkeiten, Analogiebildung, Assoziationen	Antwort – Verantwortung
	Aphorismen	‚Cool Memories' (Baudrillard 1989c), ‚Cool Memories V. 2002-2004' (Baudrillard 2007)

Quelle: eigene Darstellung

4.5.3 Paul Virilios militante Logik

Ontologisierung, Letztbegründungen und einfache Kausalitäten

Virilio entwickelt eine Trias aus Medien, Geschwindigkeit und Krieg als Ausgangspunkt jeglicher gesellschaftlicher und historischer Prozesse. Geschwindigkeit und Medien werden dabei zwangsweise miteinander gekoppelt und zunächst in einen *monokausalen Begründungszusammenhang* gebracht, da Beschleunigung und medieninduzierte Geschwindigkeit als Ordnungsmuster der gesamten Geschichtsschreibung konstruiert werden. Die Geschwindigkeit wird als *einfaches, linearvektorielles Erklärungsmuster* für die gesamte Menschheitsgeschichte begriffen. Die Komplexität kulturellen Wandels wird auf lediglich einen Faktor reduziert, so dass seine Bedeutung potenziert und letztendlich zur *totalisierten Bezugsgröße* aller Missstände, Unfälle und Katastrophen stilisiert wird. Die Geschwindigkeit avanciert zum konsequenten Begründungsmodus und allgemeingültigen Paradigma. Insofern kann Virilio vorgeworfen werden, einer unreflektierten *Ontologisierung* von

Beschleunigung und Geschwindigkeit zu verfallen, indem er diese auf die Ebene einer geschichtsmächtigen Substanz setzt:

„Virilios Versuch, die Uneigentlichkeit dieses Prozesses [der Menschheitsgeschichte; Anm. d. Verf.] auf *eine* substanzlogisch modellierte Größe ‚Geschwindigkeit' zurückzuführen, ist das vorläufig letzte Glied in einer langen geistesgeschichtlichen Tradition, [...] *eine* alle anderen Erscheinungsformen *begründende* Substanz dieser historischen Dynamik dingfest zu machen." (Kirchmann 1998a: 194; Hervorhebung im Original)

Dieses substanzlogische Denken erscheint bei einer relativen Bezugsgröße wie der Geschwindigkeit allerdings wenig plausibel.

Eine weitere ontologische Grundkonstante bei Virilio ist der Krieg. Er konzipiert diesen als eine *transhistorische Ursubstanz* jeglichen Seins und als Grundursache für Medienentwicklung schlechthin. Er belegt die Existenz und die Bedeutung des Krieges immer wieder an konkreten sozialhistorischen Gegebenheiten und gerät damit in ein „Paradoxon einer jeden *substanzlogischen Epistemologie und Geschichtsphilosophie*" (ebd.: 90; Hervorhebung im Original). Denn das, was er erklären möchte, nämlich den Krieg, ist immer schon vorhanden in dem, woraus es erklärt werden soll. Die Ursubstanz Krieg wird gleichermaßen zu einer abgeleiteten Größe, die sich aus der Macht der Geschwindigkeit ergibt. Diese Kausalität funktioniert nach beiden Seiten, denn genauso ist der Krieg ursächlich für Geschwindigkeit und Beschleunigung. Diese *paradoxe Argumentation* führt dazu, Krieg und Geschwindigkeit schlichtweg gleichzusetzen: „Die Geschwindigkeit ist Krieg." (Virilio 1980: 187) Die Größen stehen oftmals in keinem eindeutigen Verhältnis zueinander und sind unzureichend definiert. Dennoch werden sie zu *prinzipiellen und diffusen Leitkategorien* erhoben (vgl. Kirchmann 1998a: 90). Weitere Einflussfaktoren lässt Virilio unberücksichtigt und verleiht den Größen Krieg und Geschwindigkeit einen *Allmachtscharakter*. Die Komplexität historischen Wandels wird demnach auf eine verabsolutierte Kriegsdynamik reduziert. Krieg, Beschleunigung und Geschwindigkeit als Ursachen historischer Prozesse zu plausibilisieren sind Versuche von Sinnzuschreibungen, die von einem *undifferenzierten Apriorismus* zeugen. Diese *Letztbegründungsversuche* legen nahe, in einer komplexen Gesellschaft eindeutige Ursachen ausfindig machen zu wollen.

Fehlende Systematik, Unschärfe von Konzepten und zentralen Begrifflichkeiten

Wie soeben angedeutet sind die für Virilios Dromologie *zentralen Begrifflichkeiten* oftmals *vage konzipiert, notorisch unscharf oder vieldeutig*. Es werden weder eine präzise Terminologie noch deutlich voneinander differenzierte Begrifflichkeiten gebraucht. Virilio verwendet seine zentralen Begriffe *Geschwindigkeit, Beschleunigung und Bewegung häufig synonym*. Diese *sprachlichen Ungenauigkeiten* lassen sich auch im Inhalt feststellen, wenn die von ihm konstatierten Geschwindigkeitsstufen von jeweils anderen kausalen und historischen Fixierungen herrühren. Bei der Definition von Krieg greift er beispielsweise einerseits auf die konventionelle Bedeutung des Terminus als Bezeichnung für eine gewaltsame Auseinandersetzung zurück. Dabei wird der Krieg als empirischer Sachverhalt bestimmt. Andererseits verwendet er den Begriff rein metaphorisch als eine Art Sinnbild für jede Form organisierter Handlungen, die eine Überwindung räumlicher Distanzen sowie gesellschaftliche Beschleunigung hervorbringen: „Der Krieg ist schon seit jeher eine Baustelle der Bewegung, eine Geschwindigkeitsfabrik." (Virilio 1980: 187) Seine Definition von Krieg changiert *zwischen Faktizität und Metaphorik*. Mal wird Krieg als empirischer Sachverhalt verstanden, mal als vieldeutig konnotierte Metapher, so dass letzten Endes alles mit Krieg und Beschleunigung zu tun hat.

Kontinuität durch Revolutionen – Von der Teleologie des rasenden Stillstands

Mediengeschichte lässt sich bei Virilio als kontinuierlicher Entwicklungsprozess rekonstruieren, der ebenfalls diskontinuierliche Elemente integriert. Geschwindigkeit wird im Laufe der historischen Entwicklung *exponentiell gesteigert*. Die Konzentration auf die *Steigerungslogik* durch eine *kontinuierlich* anwachsende Geschwindigkeit bis zur Lichtgeschwindigkeit impliziert eine *teleologische Geschichtsschreibung*, die in letzter Instanz in einem Kollaps, im rasenden Stillstand endet. Die Menschheit steuert *sukzessive auf ein Ende* zu, das mit der Lichtgeschwindigkeit als historischem Grenzwert eingeläutet wird. An dieser Stelle ist erstmalig ein epochaler Bruch festzustellen, da keine progressive Geschwindigkeitssteigerung mehr möglich ist, so dass Virilio hier sein Augenmerk auf den menschlichen Körper und seine Kolonialisierung legt. Bereits in der bisherigen Epochenkonstruktion können diese Diskontinuitäten ausgemacht werden. Durch sein Phasenmodell und die Benennung von dromologischen Revolutionen werden Umbrüche und damit Diskontinuität impliziert. Virilio konstruiert gleichermaßen eine kontinuierliche Steigerung von Geschwindigkeit und damit einen kontinuierlichen Verlauf wie auch eine Genealogie sich ablösender Medienepochen bzw. dromologischer Revolutionen. Mediengeschichte wird als Abfolge von Revolutionen und gleichzeitig als konsequente Weiterführung von Geschwindigkeitssteigerungen konstruiert.

Oppositionen und Dichotomien

Virilio begründet sein medienhistorisches Modell mithilfe von *basalen Oppositionen*, die er jeweils auch normativ besetzt. So kontrastiert er z.B. sinnliche und mediale Wahrnehmung oder körperliche Mobilität/Motilität mit körperlicher Bewegungslosigkeit, wobei er ersteres jeweils positiv konnotiert und die historische Entwicklung in einen apokalyptischen Zustand des ‚rasenden Stillstands' damit begründet. Er geht dabei von einer Verlusterfahrung aus, die medial induziert wird und dem anfänglichen Idealzustand diametral entgegengesetzt ist. Oppositionspaare wie Nähe/Distanz, sinnliche/mediale Wahrnehmung oder Unmittelbarkeit/Vermitteltheit bilden ein Argumentationsmuster, das für Virilios Theorieangebot charakteristisch ist. Auch das Oppositionspaar Explosion/Implosion als historiografisches Referenzmotiv tritt bei Virilio auf. Das Motiv der Implosion kennzeichnet die historische Stufe des rasenden Stillstands und bedeutet ein Zusammenziehen raumzeitlicher Verhältnisse.

Kriegsrhetorik

> „Meine eigene Perspektive als Dromologie ist stets eine kritische, eine negative, und die Titel meiner Bücher zeigen dies überdeutlich: Der kritische Raum, Der negative Horizont, Die Unsicherheit des Territoriums usw. – stets negative Bestimmungen, die unheimliche Wirkung der Auflösung und der Zerstörung, den die Geschwindigkeit auf die Dinge und die Räume ausüben kann."
> (VIRILIO 1986: 150)

Virilios Art der Aussagen ist hochgradig *wertend, pessimistisch und apokalyptisch*. Seine prognostischen Äußerungen kennzeichnen sich durch rein negative Zuschreibungen zu den historischen Entwicklungsprozessen. Angst-, Verlust- und Endszenarien charakterisieren sein Schreiben: „Der Zerstörung der Nähe zu anderen wird wahrscheinlich in dem Maße gesteigerte Aggressivität folgen, wie es eine Kausalität zwischen Hypergeschwindigkeit und Hypergewalt gibt." (Virilio 1975: 35) Generell dominieren Auflösungs- bzw. Dematerialisierungs- sowie *Militär- und Kriegsmetaphorik*, die eine völlige Negation und Auflösung von Mensch und Wirklichkeit beschreiben. Virilios Sprache ist übertrieben negativ und höchst provokativ, die Grundstimmung des Endes ist stark dramatisiert: „Es handelt sich um eine regelrechte Politik des Schreibens, nicht um den organisierten Diskurs des Krieges und noch weniger um einen Diskurs über den Krieg, sondern um einen Diskurs im Kriegszustand, um ein Schreiben im Ausnahmezustand." (Virilio/Lotringer 1984: 43) Seine radikal pessimistische Einstellung schwächt er jedoch ab, wenn es um die Problemlösungen geht. Er fordert zu stärkerem Problem- und Reflexionsbewusstsein auf und plädiert für mehr wissenschaftliche Demut. Hier ändert sich auch der Typ der Aussagen von wertenden zu präskriptiven, normativen Aussagen.

Ästhetische statt logische Zusammenhänge

Virilios Begründungsmodus liegt häufig mehr auf sprachlichen Konnexen als auf logischen Zusammenhängen. Beispielsweise stellt er den Zusammenhang von Moderne und Linearität durch rhetorische Kniffe her anstatt durch logische Argumentation:

„Das spektakuläre Auftauchen der Linearität, der Geradlinigkeit mit der zunehmenden Geschwindigkeit der Fahrzeuge bekräftigt die der großen Kommunikationswege, der römische Straßen, Königsstraßen, Eisenbahnlinien, Nationalstraßen und bald der Schnellstraßen und Autobahnen. Der im Vordergrund vorbeihuschende Streifen spiegelt nur die Geradlinigkeit oder richtiger die Begradigung wider, die die Landschaft durch die Eisenbahnlinie erfährt." (Virilio 1975: 168)

Sein Begründungszusammenhang beruht hierbei auf reinen *Wortähnlichkeiten* von Linie und Linearität. *Analogien und Strukturhomologien* ersetzen dabei eine logische Beweisführung.[113] Das Oberflächenmotiv der Linearität lässt sich bei Virilio einfach durch die Geschwindigkeit ableiten. Eine andere sprachliche Ähnlichkeit findet sich in dem hergestellten Zusammenhang von Krieg und Medien. Statt kausaler Begründungsmodi zeigen sich vielmehr *ästhetische Relationen*, z.B., wenn er von Fernbedienung, Fernlenkung und Fernüberwachung in einem Atemzug spricht (vgl. Virilio 1978: 39).

Virilio spielt mit *Polysemien* von Begriffen, um seine Argumente zu plausibilisieren. So versucht er einen Zusammenhang zwischen der Steigerung von Geschwindigkeit und der Veränderung von Wahrnehmung herzustellen, indem er von einem „vorübergehenden Erblinden" (ebd.: 169) spricht, bei dem der Reisende zu einem blinden Passagier wird. Diese Verbindungen werden durch reine Wortspiele und Polysemien gezogen. Auf diese Weise versucht er auch, einen Zusammenhang zwischen der Geraden und Gerechtigkeit nachzuweisen, indem er die Verbindung durch das Wort rechts bzw. rechtens herstellt.

Zudem lässt sich auch eine ausschweifende Metaphorik in allen seinen Texten wiederfinden: „Wenn das Zugfenster eine Laterna magica ist, so lässt sie die Schatten der Wissenschaft erscheinen. Auch das Auto ist eine Dunkelkammer, die die

---

113 Leschke diagnostiziert dies als eine vermeintlich friedliche Koexistenz theoretischer Bemühungen, die sich durch fehlende Auseinandersetzung mit kausalen Erklärungsformen begründet: „Es werden also identische Oberflächenmotive [hier die Linearität; Anm. d. Verf.] mittels unterschiedlicher Ableitungen gestützt, ohne dass das Ganze in Konkurrenz oder Dissens ausartete: Beide Begründungsvarianten stehen versöhnlich nebeneinander, wiewohl sie sich, handelt es sich doch immerhin um Versuche der Kausalerklärung einer medientheoretisch entscheidenden Epoche wie der Schriftkultur, eigentlich ausschließen." (Leschke 2003: 267)

Bestandteile unserer Alltagswelt zu bewegten Partikeln, zu Parabeln werden läßt." (Virilio 1975: 169) Außerdem bedient sich Virilio häufig *rhetorischer Fragen*, um seine resignative Haltung hinsichtlich der zunehmenden Geschwindigkeit zum Ausdruck zu bringen: „Wenn uns der Platz am Ende der Straße, der zu Fuß in zehn Minuten zu erreichen ist, ebenso fern vorkommen wird wie Peking, was bleibt dann von der Welt? Was bleibt von uns?" (ebd.: 173)

Weiterhin ist auffällig, dass Virilios Argumentation keinem roten Faden folgt. Immer wieder finden sich auch Abschweifungen und Nebenthematiken, die näher ausgeführt werden, sowie kurze Exkurse, kleine Anekdoten und literarische Verweise. Sein Schreibstil ist eklektisch. So wechselt er beispielsweise in seinem Aufsatz ‚Fahrzeug' (1975) von Ausführungen über das Reisen zu einem Exkurs über den Autor Jack Kerouac, erzählt über Albert Speer und den Zweiten Weltkrieg, geht zwischendurch über zum Kalten Krieg zu den Massenmedien bis hin zu dem alltäglichen Umgang mit Zeit und Geschwindigkeit.

Dromologie als Theoriefiktion

Auch bei Virilio kann festgestellt werden, dass der Bruch mit wissenschaftlichen Gütekriterien intendiert erfolgt und von ihm reflektiert wird. Die Formen der Erkenntnisgewinnung durch die Wissenschaft sind nicht mehr angemessen, um ihren Gegenstand zu erfassen. Insofern ist die Benennung einer eigenen wissenschaftlichen Disziplin, der Dromologie, ein wenig provokativ gemeint. Diese bezeichnet Virilio vielmehr als Theorie-Fiktion, die sich sowohl transhistorisch, über verschiedene Epochen hinweg, als auch auf das Tierreich anwenden lässt:

„Aber ich stimme mit Baudrillard überein, daß Philosophie und Wissenschaft heute nicht mehr fähig sind, ihren Gegenstand zu begreifen. Deshalb muß man sich von den gängigen Praktiken befreien, um andere Verfahren und Zugänge zu entwickeln, wie sie die Dichter und Schriftsteller seit langem kennen und auch benutzen. […] Ich habe den Ausdruck Dromologie nicht ohne ein gewisses Amüsement erfunden, um eine Art Wissenschaft von der Geschwindigkeit anzuregen. Viele denken, die Dromologie sei bereits eine richtige Wissenschaft, aber für mich ist das eher eine Art Konstruieren, etwa so, wie man Häuser konstruiert, die dann auch wieder einstürzen, keine Wissenschaft in der überheblichen Bedeutung des Begriffs. Sie hat etwas von einer Theorie-Fiktion, von science-fiction, selbst im strengen Wortsinn." (Virilio in Rötzer 1986: 149 f.)

Es geht ihm darum, neue Formen der Erkenntnisgewinnung zu erproben und bewusst mit wissenschaftlichen Erkenntnismethoden zu brechen.

Hinsichtlich der Argumentationsstruktur der Medienhistoriografie bei Virilio kann resümiert werden: Beschleunigung und Geschwindigkeit sind der Antrieb für jegliche mediale Entwicklungen. Ebenso wird der Krieg als Letztbegründungsinstanz hinzugezogen. Diese Dimensionen werden zu Leitkategorien stilisiert und dabei zu absoluten substanziellen Größen ontologisiert. Dabei bleibt unklar, in welchem Verhältnis Geschwindigkeit und Krieg zueinander stehen, da sowohl Synonymsetzungen erfolgen als auch diffuse, meist monokausale Zusammenhänge konstruiert werden. Komplexe historische Veränderungsprozesse werden auf einfache Faktoren zurückgeführt. Zudem führen fehlende Begriffsbestimmungen der Konzeptionen zu einer gewissen Vagheit. Mithilfe von Negationen und Oppositionen wird ein medienhistorisches Mehrstufenmodell konstruiert, das sich durch kontinuierliche Elemente wie die beständige Geschwindigkeitszunahme sowie durch diskontinuierliche Merkmale und Umbrüche bzw. Geschwindigkeitsrevolutionen auszeichnet. Dadurch wird schließlich die teleologische Ausrichtung des rasenden Stillstands plausibilisiert. Ästhetische Relationen und sprachliche Zusammenhänge werden zwar als bewusste Stilmittel eingesetzt, jedoch in ihrer Funktion, Mediengeschichte zu plausibilisieren, generalisiert. Virilios Dromologie wird von ihm bewusst als Theoriefiktion bezeichnet. *Dennoch kann sein medienhistoriografisches Konzept in struktureller Hinsicht als universell angelegte Geschichtserzählung und insofern als moderne Metaerzählung identifiziert werden. Wie bereits bei McLuhan und Baudrillard sind die theoretischen Aussagen spekulativ und universal. Die Geschichte verläuft teleologisch auf ihr Negativende, den rasenden Stillstand zu. Virilios apokalyptische Haltung bzw. sein Kulturpessimismus sind dabei total.*

Tabelle 22: Strukturmerkmale Virilio

	Art der Argumentation	Erklärung bzw. Beispiele
Logischer Status	Monokausale bzw. triadische Begründungszusammenhänge	Trias Krieg – Geschwindigkeit – Medien
	Oppositionspaare, Basisdichotomien	Mobilität/Bewegungslosigkeit, Nähe/Distanz, sinnliche/mediale Wahrnehmung, Unmittelbarkeit/Vermitteltheit, Explosion/Implosion*
	Bruchdiskurse und Teleologie	Diskontinuität durch dromologische Revolutionen; Kontinuität der Geschwindigkeitssteigerung
	Letztbegründungen durch Leitkategorien und ontologisierte ‚Ursubstanzen'	Geschwindigkeit und Beschleunigung, Krieg
Sprachlicher Duktus	Pessimistische Aussagen	Problemhinsichten
	Präskriptive Aussagen	Problemlösungen
	Wortähnlichkeiten, Polysemien, Analogiebildung	Linie – Linearität, Fernbedienung – Fernlenkung – Fernüberwachung, Gerade – Gerechtigkeit – rechtens
	Oxymoron	Rasender Stillstand
	Rhetorische Fragen	vgl. Virilio 1975: 173
	Exkurse, Anekdoten, literarische Verweise	vgl. Virilio 1975

Quelle: eigene Darstellung

* Rörig hat eine Liste von Oppositionspaaren erstellt, in der er das Gegensatzpaar langsam/schnell verwendet und den jeweiligen Begriffen Virilios Assoziationen zuordnet. Hierzu siehe Rörig (2006: 156).

4.5.4 Friedrich Kittlers Technikfachjargon

**Monokausale Begründungen –
Krieg als Impulsgeber der Medienentwicklung**

Wie bereits in Kapitel 4.3.3 bei der Analyse des Medienbegriffs herausgestellt wurde, ist der Ausgangspunkt von Kittlers Mediengeschichtsschreibung der Krieg. Er konstruiert damit einen *monokausalen Wirkungszusammenhang*, in dem der Krieg als *Letztbegründungsinstanz* zum Hauptimpulsgeber für technische Innovationen schlechthin erklärt wird:

„Schon 1945, im halbverkohlten Schreibmaschinenprotokoll der letzten OKW-Lagen, hieß der Krieg der Vater aller Dinge: Er habe (sehr frei nach Heraklit) die meisten technischen Erfindungen gemacht. Und spätestens seit 1973, als von Thomas Pynchon Gravity's Rainbow herauskam, ist auch klargestellt, dass die wahren Kriege nicht um Leute oder Vaterländer gehen, sondern Kriege zwischen verschiedenen Medien, Nachrichtentechniken, Datenströmen sind. Raster und Moirés einer Lage, die uns vergißt [...]." (Kittler 1986: 6)

Die wichtigsten Innovationsschübe sind Ergebnisse militärischer Forschungs- und Entwicklungsprozesse. Kittlers Medienhistoriografie folgt „einem Modell militärstrategischer Eskalation" (Kittler 1993b: 188). Er zeigt die Verbindung von Krieg und Medien exemplarisch auf, *generalisiert* diese Beispiele aber unzulässig auf die gesamte Mediengeschichte.[114]

---

114 So nennt Kittler das Radio bzw. den Rundfunk als Produkt, das aus dem Ersten Weltkrieg hervorgegangen ist, da eine drahtlose Sprechverbindung zwischen Kampfflugzeugen und U-Booten dringlich geworden ist. Im Zweiten Weltkrieg sind Tonbänder zur Speicherung akustischer Daten verwendet worden, die Möglichkeiten für Propaganda und Spionage freigesetzt haben. Die ursprünglich militärisch benutzten Innovationen finden anschließend in Form von Unterhaltungselektronik Eingang in das zivile Leben: „Funkspiel, UKW-Panzerfunk, Vocoder, Magnetophon, U-Boot-Ortungstechnik, Bomberrichtfunk usw. haben einen Mißbrauch von Heeresgerät freigegeben, der Ohren und Reaktionsgeschwindigkeiten auf den Weltkrieg n+1 einstimmt. Radio, dieser erste Mißbrauch, führt von WW I zu WW II, Rock Musik, der nächste, von WW II zu WW III." (Kittler 1986: 170) Der Zweite Weltkrieg ist nach Kittlers Erklärung vordergründig eine nachrichten- und waffentechnische Angelegenheit, so dass militärgeschichtliche Wendepunkte wie Stalingrad, Auschwitz, Hiroshima und Nagasaki oder die Spaltung der Welt in NATO und Warschauer Pakt zugunsten der Konzentration auf die größte „boy meets

Dass Medientechniken im militärischen Bereich verwendet wurden, gibt allerdings noch keinen notwendig monokausalen Zusammenhang zwischen Kriegstechnologie als Ursache und Unterhaltungselektronik als Nebeneffekt her. Es stellt sich hierbei auch die Frage, ob der Konnex zwischen Krieg und Medien nicht schon antiquiert ist. Die kommerzielle Nutzung technologischer Errungenschaften ist derartig vorangeschritten, dass das Interesse an militärischen Ursprüngen und Nutzungen nahezu unbedeutend oder zumindest sekundär geworden ist. Gegen Kittlers Begründungsmodus von Krieg und Medien kann angemerkt werden, dass gerade die Loslösung bestimmter Technologien von ihrem militärischen Gebrauch und ihre Zweckentfremdung bzw. eine Nutzungsvielfalt differenzierter betrachtet werden kann. Kittler spricht in negativer Weise von Missbrauch oder zivilem Nebenprodukt der Kriegstechnologien, nicht aber etwa von Refunktionalisierung. Diese Trennung zwischen dem eigentlichen, primär militärischen Gebrauch und untergeordneter, sekundärer, akzidentiell-ziviler Verwendung ist *unterkomplex* und schließt eine gleichwertige Realisierung von Anwendungsmöglichkeiten im Vorhinein aus. Unterhaltungstechnologie verkommt innerhalb dieser Logik zum Abfallprodukt strategischer Programme.

Kittlers *militärisches Apriori* ist *argumentativ eindimensional*. Seiner linearkausalen Logik von Medien und Krieg liegt zugrunde, dass der Krieg zu einer übergeordneten Kategorie hochstilisiert und als abstrakte Größe ontologisiert wird, um damit schließlich die gesamte Mediengeschichte zu beschreiben.

Technikdeterminismus

Aufschreibesysteme werden als Funktionszusammenhang von medialer Technik und Institutionen zur vorgeschalteten Struktur, also zum *medialen Dispositiv* von Kultur erklärt. Es geht Kittler beim Aufschreibesystem 1800 noch um einen Wirkungszusammenhang von Medientechnologien und sozialen Instanzen, wie Familie, Universität und Staat. Die mediale Technik wird dabei in einen komplexen Funktionszusammenhang multipler Faktoren gesetzt, in dem die einzelnen Komponenten in einem wechselseitigen Verhältnis zueinander stehen. Jedoch ist innerhalb von Kittlers Œuvre eine Verschiebung hin zu einem *reduktionistischen und mediendeterministischen Beschreibungs- und Erklärungsmuster* auszumachen, in dem zunehmend nur noch die Technik eine tragende Rolle spielt. Ab dem Aufschreibesystem 1900 beschäftigt Kittler sich hauptsächlich mit den Medientechnologien an sich, die der Übertragung, Speicherung und Verarbeitung von Informationen dienen (vgl. Kittler 1993a: 8). Mit ‚Grammophon, Film, Typewriter' (Kittler 1986) tritt die

---

girl story des Jahrhunderts, der Vermählung von deutscher Raketen- mit angloamerikanischer Computertechnik" (Winthrop-Young 2005: 129) außer acht gelassen werden. Diese Beispiele veranschaulichen, dass Kittler die Entwicklungslogik der Medien im Allgemeinen stets auf militärische Erfordernisse zurückführt.

Technik per se stärker in den Vordergrund und wird zur *einzigen Ursache* für gesellschaftliche und geistige Veränderungen erklärt. Er betrachtet ausschließlich das technische Medium als Diskursregler und Apriori für Wissenschaft und Anthropologie (vgl. Kloock 2003: 29). Im Kern von Kittlers Arbeiten steht immer mehr die *Vorgängigkeit rein technisch-medialer Materialitäten*. Der späte Kittler wird zunehmend zum reinen *Techniktheoretiker*. Dabei bleibt unklar, welche Rolle er dem Mediennutzer zuspricht: Handelt eine sich selbst verwirklichte Technologie, oder können Menschen diese Innovationen nach Bedürfnis und Wünschen nutzen? Kittler lässt dies offen: „Wer das Aufschreiben besorgt, vermag ich ebenfalls nicht mit Sicherheit zu sagen." (Kittler [4]2003 [1985]: 503)

Inkonsequenter Technizismus

Kittlers Forderung nach einer technizistischen Ausrichtung der Geisteswissenschaften im Allgemeinen und der Medienwissenschaft im Speziellen bleibt in der Art, wie er selbst Medientheorie betreibt, jedoch inkonsequent. Er plädiert vehement dafür, sich in der Literaturwissenschaft einem technischen Standard zu verpflichten, der über das Schriftmonopol hinausgeht. Wir müssen lernen zu programmieren, mit dem digitalen Code umgehen, jedoch produziert auch Kittler genauso weiterhin Texte und keine Programme oder Techniken. Insofern wird die Materialität nicht nur hinsichtlich ihres Untersuchungsgegenstandes missachtet, wie Kittler konstatiert, sondern auch hinsichtlich ihres Outputs. So formuliert Leschke:

„Mediengeschichte ist von daher die Aufhebung der Literaturwissenschaft mit anderen Mitteln. Nur – so verschieden sind die Mittel nun auch wieder nicht – *geht es doch bei all dem immer nur um Geschichten. Konsequent wird dann auch von Zahlen immer nur geredet und geschrieben, nie jedoch mit ihnen gerechnet. Die Rede vom Ende der Geisteswissenschaften in der Medientheorie bleibt so auch nur eine Geschichte unter anderen*, eine Geschichte, die medientheoretisch gerade wegen ihrer pathetisch inszenierten monokausalen Struktur vergleichsweise einsilbig bleibt." (Leschke 2003: 293; Hervorhebung d. Verf.)

Brüche durch neue Diskursformationen und Teleologie als Automatisierungsprozess

Auch in Kittlers Medienhistoriografie findet sich eine Mischung aus diskontinuierlichen und kontinuierlichen Elementen. Einerseits konstatiert er, dass sich durch die verschiedenen Aufschreibesysteme gänzlich neue Diskursformationen bilden. Die Aufschreibesysteme lösen einander ab und geben neue soziale Voraussetzungen vor. Andererseits lässt sich ein kontinuierlicher Automatisierungsprozess der Technik erkennen. Die Technik operiert und funktioniert zunehmend autonom. Am Ende des technischen Entwicklungsprozesses steht dabei die vollautomatisierte Technik, die als teleologischer Fluchtpunkt der gesamten Mediengeschichte verstanden wird. Zwar ist der historische Endpunkt bei Kittler nicht normativ gefärbt und zeigt utopische oder apokalyptische Züge, dennoch ist die Vollautomatisierung der Technik als letzter Bestimmungsort zu begreifen.

Idiolekt Kittlerdeutsch[115]

Analysiert man den sprachlichen Duktus von Kittlers Texten, so kann festgestellt werden, dass er hinsichtlich der Verbindung zwischen Medien und Krieg den ‚kriegerischen' Charakter der Medien durch *Metaphorik, Polysemien, und Rhetorik anstatt durch Kohärenz, Stringenz und Logik* herstellt. Die Gleichsetzung von „Speichern/Übertragen/Berechnen" (ebd.: 352) und „Graben/Blitz/Sterne" (Ebd.) oder die Konsequenz der Medientechnik, „zivile Anwender in eine undurchschaubare Simulation zu verwickeln" (Kittler 1993a: 212), sind in dieser Verallgemeinerung wenig überzeugend und plausibel. Den streng kausalen Zusammenhang zwischen Kriegstechnologie und Medien stellt er häufig durch eine Vermischung aus historischen Fakten und *Rhetorik* her:

„Schriftspeichermechanik und Klangspeichermechanik sind Nebenprodukte des amerikanischen Bürgerkriegs. Edison, im Krieg ein blutjunger Telegraphist, entwickelte seinen Phonographen ja beim Versuch, die Arbeitsgeschwindigkeit des Morseschreibers über Menschenmaß zu steigern. Remington nahm im September 1874 die Serienfabrikation von Scholes-Modellen auf, einfach weil nach Ende des Bürgerkriegsbooms die Geschäfte langsamer gingen und freie Kapazitäten verfügbar waren. Die Schreibmaschine wurde zum Diskursmaschinengewehr. Was nicht umsonst Anschlag heißt, läuft in automatisierten und diskreten Schnitten wie die Munitionszufuhr bei Revolver und MG oder der Zelluloidtransport beim Film." (Kittler 1986: 283)

Der Konnex zwischen Telegrafie und Phonographie mit dem Bürgerkrieg, die er mit Edisons Tätigkeit als Telegrafist herstellt, ist eher eine brüchige Kausalkette. Auch *Wortspiele* wie die Schreibmaschine als Diskursmaschinengewehr und die *Doppelbedeutung* des Wortes Anschlag sind rhetorische, nicht sachliche Begründungen seiner Argumentation. (Vgl. Winthrop-Young 2005: 119) Weiterhin ersetzen *etymologische Konstruktionen* oder *Analogien* kausale Zusammenhänge: „Daß die Maus [des Computers; Anm. d. Verf.] von Mickey abstammt, beweist ihre Maßeinheit Mickey." (Kittler 1996: 247)

---

115 Geoffrey Winthrop-Young (2005), der nicht nur ein Grundlagenwerk zu Kittler verfasst hat, sondern auch der Übersetzer für die Texte Kittlers ins Englische ist, spricht von einem „Idiolekt Kittlerdeutsch" (Winthrop-Young 2005: 62 ff.), den er als poststrukturalistische Wissenschaftsprosa beschreibt, die aus einem Gemisch und Gewebe aus Leitmotiven, Wortspielen, kryptischen Verkündungen, freien Assoziationen, apodiktischen Behauptungen und rhetorischen Schnörkeln besteht.

Kittler operiert außerdem häufig mit *technischem Fachvokabular*, was Hartmann als Imponiergehabe deklariert: „Er verbindet geisteswissenschaftliche Gelehrtheit mit dem Imponiergestus eines Ingenieurs, der sich auf technische Details selbstverständlich einläßt und vor allem bei Geisteswissenschaftlern (die ja keine Formel nachrechnen!) damit punktet." (Hartmann 1998) Seine Ausführungen sind mit technischem Fachjargon durchzogen und beschreiben detailgenau die Abläufe und Funktionsweisen technischer Geräte. Er betrachtet beispielsweise Impulsgenerator, Anzeigeverstärker, Bandfilter, Sinus- und Rechtecksozillator oder Schreibmaschinentastaturen als Gegenstände seiner Untersuchungen. Insbesondere in ‚Grammophon, Film, Typewriter' (1986) geht es Kittler um Technikanalysen, Beschreibungen von technischen Details sowie um Entstehungsgeschichten von Medientechnik:

> „Das analoge Signal wird einfach digitalisiert, durch rekursive Digitalfilter geschickt, auf seine Autokorrelationskoeffizienten hin berechnet und elektronisch gespeichert. Eine Analyse, die mit modernen Mitteln Pschorrs Bandpassfilterung aufgreift. [...] Anstelle von Lungen und Stimmbändern treten zunächst zwei digitale Oszillatoren, ein Rauschgenerator für stimmlose Konsonanten und ein steuerbarer Frequenzgenerator für vokalische oder stimmhafte Phoneme. Binär wie im menschlichen Sprechen auch fällt sodann die Entscheidung, welcher der zwei Oszillatoren jeweils auf den Eingang der Rekursivfilter gehen soll. [...] In technischer Zukunft mag es gelingen, mit stochastischen Signalanalyseverfahren wie linearer Prädiktion oder Autokorrelationsmessung auch vergangenen Zeitereignissen wieder eine Zeitachse zuzuordnen [...]." (Kittler 1986: 118 ff.)

Kittler hantiert mit Termini wie Autokorrelationskoeffizient, Frequenzmodulation, Signalmultiplexing, Schallsignalamplituden oder Tiefpassfilter und bewegt sich durch ein Übermaß an informationstechnischen Fachbegriffen vom geisteswissenschaftlichen Jargon weg. Gleichzeitig versucht er einen Brückenschlag zu den ingenieurswissenschaftlichen Disziplinen.

Kittler entzieht sich bisweilen einem streng wissenschaftlichen, logischen Begründungsmodus zugunsten sprachlicher Extravaganzen und rhetorischer Kniffe. Dabei weisen seine Ausführungen und technischen Beschreibungen jedoch durchaus ein hohes Maß an Detailreichtum, Exaktheit und Präzision auf. *Zu Kittlers medienhistorischen Ausführungen auf einer logischen, argumentativen Ebene lässt sich festhalten, dass seine Geschichtserzählung ebenso universell angelegt ist. Zwar entwirft er keine utopischen oder dystopischen Szenarien, in ihrer logischen Merkmalsanalyse ähnelt sie jedoch der Grundstruktur moderner Metaerzählungen. Mediengeschichte wird rein technizistisch begründet bzw. noch weiterhin durch den Krieg als ursprünglicher Auslöser technischer Innovationen fundiert. Monokausalität, Reduktionismus durch Technikdeterminismus und die teleologische Ausrichtung, die in einer Vollautomatisierung technischer Prozesse endet, sind die domi-*

nanten Strukturmerkmale. *Medientechnik erlangt dadurch einen allmächtigen, universellen Status.*

Tabelle 23: *Strukturmerkmale Kittler*

	Art der Argumentation	Erklärung bzw. Beispiele
Logischer Status	Monokausale Begründungszusammenhänge	Krieg als Ursprung von medialen Entwicklungen; Technische Materialitäten induzieren Gesellschaftswandel
	Technikdeterminismus, Technikreduktionismus	Technik als einziger relevanter Faktor
	Bruchdiskurse und Teleologie	Diskontinuität durch Wechsel von Aufschreibesystemen; Kontinuität durch Automatisierungsprozess der Technik
Sprachlicher Duktus	Deskriptive Aussagen	Problemhinsichten
	Präskriptive Aussagen	Problemlösungen
	Metaphorik	Speichern/Übertragen/Berechnen – Graben/Blitz/Sterne
	Technisches Fachvokabular, detailreiche Beschreibungen	Autokorrelationskoeffizient, Frequenzmodulation, Signalmultiplexing, Schallsignalamplituden, Tiefpassfilter
	Etymologien, Polysemien, Wortähnlichkeiten, Assoziationen	Maus von Maßeinheit Mickey
	Wortspiele	Diskursmaschinengewehr = Schreibmaschine

Quelle: eigene Darstellung

4.5.5 Vilém Flussers nomadisches Denken

Multikausale Begründungszusammenhänge

Flusser konstruiert sein Geschichtsmodell als einen Code induzierten Prozess, in dem jede Epoche über dominante Codes verfügt. Er geht allerdings nicht von einer einzigen Ursache aus, sondern räumt ein, dass derartige Wandlungsprozesse nicht durch monokausale Begründungen erklärt werden können: „Ich bin damit einverstanden, dass Sie [Florian Rötzer, Interviewer; Anm. d. Verf.] den Übergang auf den technischen Einfluss zurückführen, allerdings mit der Einschränkung, dass die Technik allein zur Erklärung nicht ausreicht." (Flusser 1991b: 7) Stattdessen geht er von einem *sich gegenseitig bedingenden Funktionszusammenhang* aus, in dem ein kreatives, intentionales Handeln nicht ausgeschlossen wird, sondern die Medien auch Ausdruck der Veränderung sein können. Dem Einzelnen wird daher *keine absolute Passivität*, sondern die Fähigkeit zu aktivem, bewusstem Medienhandeln zugesprochen. Dabei sind Codes und mediale Strukturen zwar als Dispositive zu verstehen, diese können jedoch auf unterschiedliche Weise genutzt werden. Dadurch ist die gesellschaftliche Realität nicht bloß ein Substrat code- oder technikinduzierter Prozesse, sondern weiterhin durch soziale Praktiken und Nutzungsweisen bestimmt. So betont Flusser, dass gerade die soziale Nutzungsweise bedeutsam ist, um technische Strukturen dialogisch oder diskursiv auszurichten. Einfache Ursache-Wirkungszusammenhänge für historischen, gesellschaftlichen sowie epistemologischen Wandel schließt er damit aus und geht stattdessen von *wechselseitigen Beziehungsgeflechten* aus, die sowohl technische Strukturen als auch Symbolsysteme, Bedeutungsfragen und soziale Nutzungsweisen miteinbeziehen.

Ein kontinuierlicher Abstraktionsprozess und Codebrüche

Flusser konstruiert ein medienhistorisches Modell, das sich durch *mediale Umbrüche als diskontinuierliche Elemente* und gleichzeitig durch *kontinuierliche Merkmale* auszeichnet. Der Wechsel zwischen den Leitcodes Bild, Schrift und Technobild stellt die diskontinuierliche Verlaufsform des medialen Wandels dar. Gleichzeitig entwickelt Flusser eine Logik, die einen kontinuierlichen Abstraktionsprozess von einem vierdimensionalen bis hin zu einem nulldimensionalen Universum zeigt. Seinen *teleologischen Endpunkt* findet Flussers Mediengeschichte in der Nulldimensionalität des Punktuniversums. Dieser Endpunkt ist zwar hinsichtlich der technischen Entwicklungsmöglichkeiten gegeben, da es jenseits der Nulldimensionalität keine weiteren Innovationen geben kann, jedoch zeigt sich kein absoluter Stillstand hinsichtlich sozialer Entwicklungsprozesse. Geschichte steuert somit nicht auf ein unvermeidliches Ende im emphatischen Sinne zu. Weder wird ein apokalyptisches noch ein utopisches Ende prognostiziert. Das soziale Gefüge bleibt gestaltbar und die weitere Entwicklung offen. Insofern berücksichtigt Flusser Elemente von Kontingenz, Offenheit und Vieldimensionalität des geschichtlichen Prozesses in seinem medienhistorischen Modell.

Oppositionskette Bild – Schrift – Bild und die Basisdichotomie Dialog/Diskurs

Flussers Geschichtsmodell ist als Phasen- bzw. Stufenmodell konzipiert, das sich durch die Hauptcodes Bild und Text bzw. Schrift auszeichnet. Seine grundlegenden Überlegungen historischer Prozesse umfassen Bilder und Schrift als zentrale Oppositionen, die eine jeweils neue Epoche einläuten: „Ich will die Geschichte *sensu stricto* als eine Dialektik zwischen Text und Bild, zwischen imaginativem und konzeptuellem Denken, zwischen Vorstellungskraft und Begriffskraft schildern." (Flusser 1998c: 78; Hervorhebung im Original) Mit jedem neuen Leitcode, erst dem traditionellen Bild, dann der Schrift und schließlich dem technischen Bild, entfernt sich der Mensch sukzessive von der ‚objektiven' Welt. In diesem Dreischritt[116] bildet die *Schrift* eine Art *Oppositionsfigur* zu den Epochen der (traditionellen und technischen) Bilder: „Analog zu McLuhan und wiederum in Differenz zu Kittler findet der Buchdruck bei Flusser als dunkle Kontrastfolie Verwendung, vor dessen Hintergrund die Medienutopie, die mit dem Computer einhergeht, umso heller erstrahlen kann." (Grampp 2009: 152) Insofern stellt die Epoche des Buchdrucks mit ihrem dominanten linearen Code eine strategische Rolle für die Abgrenzung zum Computerzeitalter dar. Durch einfache Gegenüberstellungen von linear versus technoimaginär, Text versus Bild, kausal versus programmatisch, wissenschaftlich versus ästhetisch entfaltet sich das theoretische Konzept Flussers. Sein Epochenmodell ist sehr grob und stark vereinfacht. Es bleibt dabei die Frage offen, in welchem Verhältnis die technischen Bilder zum Text stehen und ob jene Technobilder nicht letzten Endes auch wieder linear decodiert und sequenziell gelesen werden.

Dialog und Diskurs sind ein weiteres *duales Oppositionspaar.* Zwar räumt Flusser ein, dass beide meist miteinander verwoben sind und der kommunikative Idealzustand auch nur durch ein Gemisch aus Dialog und Diskurs erreicht werden kann, stellt die Begrifflichkeiten jedoch zunächst gegeneinander.[117] Dem Dialog ordnet Flusser Wechselseitigkeit und Austausch zu, während der Diskurs grundsätzlich einseitig zur Informationsverbreitung angelegt ist.

Von der Naturwissenschaft bis zum Faschismus – Sprachliche Ableitungen

> „Vielleicht können wir wieder die Kunst als angewandte Wissenschaft oder die Wissenschaft als eine Theorie der Kunst ansehen."
> (FLUSSER 1991B: 8)

In seinen theoretischen Ausführungen bezieht sich Flusser auf naturwissenschaftliche Theorien, so dass in seiner Kommunikologie stets *naturwissenschaftliche Fachtermini* auftauchen. Zum Leitmotiv seines Theoriegebäudes ernennt er den Informationsbegriff, den er in der Entropie begründet und aus der Physik ableitet. Es besteht die Gefahr, dass die Gesellschaft aufgrund des entropischen Prozesses der natürlichen Informationszerstreuung eine ‚faschistische' Form annehmen könnte. Diese Herleitung folgt nicht den Regeln konsistent begründeter Annahmen, sondern willkürlich gesetzter *Analogien.* Die *etymologische Ableitung* aus dem Lateinischen

---

116 Die zwei Stufen vor der zweidimensionalen Bilderwelt, die vier- und dreidimensionale Welt, sind nur von marginaler Bedeutung, daher kann bei Flusser auch von einem dreischrittigen Modell gesprochen werden. Zu Einzelheiten siehe auch Kapitel 4.1.5.
117 In Kapitel 4.3.5 wird genau zwischen den Begrifflichkeiten unterschieden.

‚fasces' (= Bündel), die er auf die gesellschaftliche Dimension anwendet, fundiert sein Theoriegerüst. Im Römischen Reich waren ‚fasces' ein Amtssymbol der höchsten Machtinhaber. Flusser überträgt den Begriff auf ein totalitäres politisches System und wendet diesen schließlich auch technisch an. Der Faschismusbegriff wird dabei sprachgeschichtlich anstatt soziologisch abgeleitet. Somit sind die Konstruktionsprinzipien seiner Theorie weniger streng wissenschaftlichen Kriterien, sondern *ästhetischen und sprachlichen Aspekten* untergeordnet. Trotz seines naturwissenschaftlichen Fundierungsversuchs der Kommunikologie ersetzen demnach vielmehr *Analogien, Assoziationen oder semantische Ähnlichkeiten* argumentative Zusammenhänge, wenn Flusser beispielsweise das semantische Wortfeld von Typografie und typisierend gebraucht, um schließlich die Typografie beweglicher Lettern qua etymologischen Ähnlichkeiten zu typisierenden Denken miteinander zu verbinden (vgl. Flusser 1992a: 44 ff). Nach dieser Argumentationsstruktur lässt sich die gesamte neuzeitliche Epistemologie durch die Erfindung der Schrift ableiten, die ein analytisches, lineares, abstraktes und kausales Denken hervorbringt. Flusser bedient sich generell einer *metaphorischen Sprache*.[118] Diese reicht von astronomischen Metaphern (Universum der technischen Bilder) über Sprungmetaphern (den Sprung in den technoimaginären Code wagen) bis hin zu Speichermetaphern (eingraben, einschreiben).

Weiterhin substituiert er häufig rationale Erklärungen durch *Polysemien*. Beispielsweise spricht er davon, dass im Computerzeitalter die Finger wieder bedeutsamer werden, indem er die Computer*tasten* und das *Tasten* und Fühlen in einen unmittelbaren Zusammenhang bringt. Andere Relationen stellt er durch *Bedeutungsähnlichkeiten* her. Reihe und Linearität werden auf diese Weise miteinander in Zusammenhang gebracht anstatt durch kausale Analyse: „Beim Schreiben sollen Gedanken zu Zeilen ausgerichtet werden. Denn ungeschrieben und sich selbst überlassen laufen sie in Kreisen. [...] Bei dieser Betrachtung des Schreibens ist die Zeile, das lineare Laufen der Schriftzeichen, das Beeindruckenste." (Flusser 1992a: 10 f.) Während Flusser dem Bild das Imaginäre, Magische, Rituelle und Flächenhafte zuschreibt, trägt die Schriftkultur das Merkmal der Linearität, da Schrift in Zeilen bzw. Reihen geordnet und sowohl in ihrer Produktion als auch in ihrer Rezeption sequenziell, also diachron gelesen werde. Doch bereits bei McLuhans Analyse konnte gezeigt werden, dass die Zuordnung von Linearität und Schrift- bzw. Buchdruckkultur zwar ein beliebter, aber kontingenter Zusammenhang ist. Linearität kann bereits oralen Kulturen zugeschrieben werden und ist keine notwendige Erfin-

---

118 Zum besseren Verständnis seiner Metaphernverwendung gibt er Rezeptions- und Lesehilfen, beispielsweise in Form von Glossaren oder direkten Hinweisen. Zu Definitionen und zur Begriffsklärung geben u.a. Müller-Pohle/Neubauer (1992) und Kloock (2003: 107 ff.) einen kompakten Überblick.

dung der Schrift bzw. des Buchdrucks.[119] Das gemeinsame Merkmal der Linie ist einzig durch eine metaphorische Verbindung begründet, ein strukturell-logischer Zusammenhang wird nicht hergestellt.

Etymologische Verbindungen ersetzen ebenso eine argumentativ und intersubjektiv nachvollziehbare Beweisführung sachlicher Zusammenhänge:

„Die schreibende Hand gräbt die Furche und sät die Samen, und das lesende Auge klaubt das gereifte Getreide. Daher heißt ‚schreiben' (*scribere, graphein*) ursprünglich ‚ritzen, graben' und ‚lesen' (*legere, legein*) ursprünglich ‚klauben'. Das bedeutet, daß das schreibende und lesende Denken gezwungen werden, linear, prozessuell vorzugehen." (Flusser 1989: 41; Hervorhebung im Original)

Jene etymologischen Rekurse bedienen sich der impliziten Annahme, dass es einen Ursprung gibt, der wahr und unverfälscht ist. Dieser Zusammenhang ist vielmehr *mythisch* denn als wissenschaftlich valide zu bezeichnen. Auf diese Weise verbindet Flusser bestimmte kulturelle Codierungen mit spezifischen epistemologischen Eigenschaften. Linearität, Logik, Abstraktion und Fortschritt sind dem Text innewohnende Kennzeichen:

„Die Texte müssen nun nicht mehr gegen die vertriebenen Bilder angehen, sondern sie können ungehindert der ihnen innewohnenden Tendenz zur Linearität folgen. Wissenschaft, Technik, industrielle Revolution, kurz: Fortschritt ist die Folge dieser von den Bildern nicht mehr gebremsten Texte. Die Neuzeit." (Flusser 1998c: 80 f.)

Rüsselspitzenwackeln als Erkenntnismethode

Flussers Argumentationsstruktur zeichnet sich durch ein assoziatives, eklektisches Denken aus, das er als *nomadisches Denken* bezeichnet. Er hält diese Methode für erkenntnisfördernd:

„Wir sind nicht gewöhnt, an wissenschaftliche Texte ästhetische Kriterien anzulegen. Obwohl eine derartige Kritik an der Wissenschaft auch erkenntnistheoretisch fruchtbar wäre. [...] Die Grenze zwischen der Kategorie ‚Kunst' und der Kategorie ‚Wissenschaft und Technik' wird von solchen Bildern beseitigt. Die Wissenschaft stellt sich als reine Kunstform heraus und die Kunst als eine Quelle von wissenschaftlicher Erkenntnis." (ebd.: 28 ff.)

Es schwingt eine fast utopische (Wunsch-)Vorstellung mit, dass das rationale, kausale, historische in ein spielerisches, experimentelles Bewusstsein übergeht, insofern der Mensch dazu bereit ist, „den Sprung ins Abenteuer zu wagen." (ebd.: 32) In diesem Sinne muss Theorie literarisch und leidenschaftlich anstatt terminolo-

---

119 Siehe hierzu auch Fußnote 91.

gisch exakt und stringent sein. Bildhaftigkeit und Metaphorik sind festen Definitionen und empirischen Beobachtungen vorzuziehen. Es geht Flusser darum, den Anspruch auf eine absolute Wahrheit aufzugeben. Er betrachtet seine Ausführungen daher eher als Annäherungen an seinen Gegenstandsbereich und möchte statt verbindlichen, schlüssigen Textgebäuden eher experimentieren:

„Gleichgültig, welches das verfolgte Ziel ist, das Fahren ist keineswegs beendet, wenn es erreicht wurde. Alle Ziele sind Zwischenstationen, sie liegen neben dem Weg (griechisch metodos), und als Ganzes ist das Fahren eine ziellose Methode. Ganz anders als das Pendeln des Sesshaften zwischen privat und politisch ist das Fahren des Nomaden ein offenes Schweifen. Jedoch ist dieses ziellose offene Schweifen vielleicht ein perspektivischer, von Sesshaften begangener Irrtum. [...] Der sesshafte Lebensrythmus kann in hergebrachten, der nomadische muss in fraktalen Algorithmen ausgedrückt werden." (Flusser 1990b: 188)

Flusser konstatiert, dass das Philosophieren das Erbe des präsokratischen Denkens ist. Die Struktur der Philosophie ist stets diskursiv ausgerichtet gewesen. Logik, kausale Annahmen und rationale Analyse sind dabei leitende Maßstäbe, jedoch fordert Flusser dazu auf, vermehrt Zufälliges und Überraschendes zuzulassen. Man muss demnach seiner Fantasie freien Lauf lassen dürfen, um das geschlossene akademische Denken aufzubrechen und von verschiedenen Perspektiven betrachten zu können: „Man geht nicht von oben oder transzendent und nicht von unten oder strukturell vor, sondern man geht von der Seite aus. Es ist ein Seitensprung des Philosophierens." (Flusser 1991b: 11). Daher wählt Flusser für seine theoretischen Überlegungen nicht eine sachliche, geschlossene, analytische Textform, sondern versucht, auch lyrisch und essayistisch zu schreiben:

„Ich glaube, wir müssen uns mit Essays, mit kurzen und eng gestrafften Artikeln, mit lyrischem Einführen, mit ‚Gedankenblitzen' begnügen. Weder Dostojewski noch ‚Einleitung in die Allgemeine Theorie von Elefantenrüsselspitzen' also, sondern Short Story und ‚Phänomenologie des Rüsselspitzenwackelns'. Allgemeine Theorien sind nicht mehr zu lesen, sondern zum Kotzen. Was halten Sie davon?" (Flusser zitiert in Wagnermaier 2003: 117)

Was die Art der Aussagen angeht, so stimmt Flusser statt des „üblich gewordenen apokalyptischen Kammertons [...] den Generalbaß der Hoffnung an." (Ingold 1995: 219) Seine Aussagen bewegen sich generell zwischen kritischer Gegenwartsdiagnose und optimistischem Ausblick. Dabei entwirft er allerdings weder ein kulturpessimistisches Endzeitszenario noch eine unreflektierte Sozialutopie. In seinen Problemlösungsangeboten macht er normative Aussagen und bleibt auch dort in einem tendenziell optimistischen Ton.

Auf Ebene der argumentativen logischen Struktur ist Flussers Kommunikologie durch folgende Merkmale gekennzeichnet: Mediengeschichte wird aus dualen Op-

positionspaaren entworfen, wodurch die historische Entwicklung ihre Dynamik erhält. Genauso lassen sich gleichermaßen kontinuierliche wie diskontinuierliche Elemente finden, die das medienhistorische Modell konstruieren. Es lässt sich ebenso eine teleologische Ausrichtung ausmachen, wobei der Endpunkt lediglich medientechnischer Art ist. Flusser vermeidet dabei deterministische, monokausale Begründungen und entwirft weder eine kulturpessimistisches Katastrophenszenario noch eine Sozialutopie. Vielmehr kennzeichnet sich sein Verständnis von Medienwandel durch multikausale Funktionszusammenhänge und Momente von Offenheit und Kontingenz historischer Prozesse. Flussers Mediengeschichtsschreibung folgt demnach nicht ohne Weiteres der Struktur moderner Metaerzählungen.

Tabelle 24: Strukturmerkmale Flusser

	Art der Argumentation	Erklärung bzw. Beispiele
Logischer Status	Monokausale Begründungszusammenhänge, wechselseitige Funktionszusammenhänge, Beziehungsgeflechte	Codes, Medien als Dispositive, soziale Praktiken und Nutzungsweisen
	Oppositionspaare, Dichotomien	Bild/Schrift, Dialog/Diskurs, wissenschaftlich/ästhetisch, kausal/programmatisch
	Bruchdiskurse und Teleologie	Diskontinuität durch Leitcodes, Kontinuität durch lineare Abfolge von Dimensionalitäten
	Elemente von Kontingenz	Oszillieren zwischen Chance und Gefahren
Sprachlicher Duktus	Kritische bis optimistische Aussagen	Problemhinsichten
	Optimistische Aussagen	Problemlösungen
	Metaphorik	Sprung ins Universum der technischen Bilder
	Wortähnlichkeiten, Polysemien, Analogiebildung, Assoziationen, semantische Ähnlichkeiten	Linie – Linearität, Typografie – typisierendes Denken, Tasten (Fühlen und Computertastatur)
	Etymologien	Fasces – faschistisch
	Naturwissenschaftliches Vokabular	Entropie

Quelle: eigene Darstellung

4.5.6 Resümee der Strukturmerkmale und kritischer Vergleich

Zunächst ist anzumerken, dass das Postmoderne-Bashing nicht grundlos im wissenschaftlichen Bereich betrieben wird. Auffällig bei allen Theoretikern ist ein klarer Bruch mit dem wissenschaftlichen Duktus sowohl auf logischer als auch auf sprachlicher Ebene, womit sie häufig provozieren und so auf Ablehnung stoßen.

Anti-Theorie betreiben – Stilistisch-sprachliche Kreativleistungen

Auf *sprachlicher Ebene* lassen sich offensichtliche Gemeinsamkeiten erkennen. Hinsichtlich des sprachlichen Duktus entziehen sich alle genannten Theoretiker einem konventionell wissenschaftlichen Stil. Die theoretischen Aussagen gleichen eher essayistisch-literarischen Textorganisationen als wissenschaftlich-analytischen Abhandlungen.

Alle Theoretiker durchmischen ihre Ausführungen mit zahlreichen Metaphern (Gutenberg-Galaxis, Verführung, Virulenz, Universum der technischen Bilder), ästhetischen Relationen, Rhetorik, sprachlich vermittelten Ähnlichkeiten, Wort- und Sprachspielen, Assoziationen, Analogien, Polyvalenzen, Polysemien und etymologischen Ableitungen. Die Begründungen und Theorieentwürfe weisen logische Brüche, Inkonsistenzen sowie fehlende analytische Exaktheit und Differenziertheit auf. Linear-kausale Verhältnisse werden aufgestellt, häufig aufgrund von sprachlichen Ähnlichkeiten und weniger aufgrund logischer Argumentationszusammenhänge. Alle untersuchten Theoretiker pflegen einen eigenwilligen Duktus, der nicht als wissenschaftlicher Stil identifizierbar ist. Die sprachlichen Mittel lassen die Ausführungen eher wie literarische Beschreibungen erscheinen.

Was die *externe Konsistenz* der Theorien anbelangt, so ist deutlich geworden, dass alle untersuchten Theoretiker ihre Anschließbarkeit an ein gesichert geltendes fachliches Wissen explizit verneinen. Die fehlende Anschließbarkeit der Theorien wird demnach sowohl von Seiten des wissenschaftlichen Diskurses als auch von Seiten der postmodernen Theoretiker konstatiert. Dies wurde bereits zu Beginn der Arbeit als heuristische Anfangshypothese formuliert und konnte hier durch die Überprüfung logischer Strukturen, Argumentationsweisen, Schreibstil und Sprachduktus bestätigt werden. Die Aversion gegen ein streng geregeltes wissenschaftliches Arbeiten thematisieren die analysierten Autoren explizit und reflektieren die Art ihres Vorgehens. Sie sprechen davon, Theorie zu dekonstruieren, indem sie Anti-Theorie betreiben. Baudrillard, Virilio und Flusser beschreiben ihre Arbeit selbst als eine Art theoretische Fiktion bzw. *Theorie-Fiktion* (science-fiction) (vgl. Virilio in Rötzer 1986: 150). Auch McLuhan plädiert mit der ‚Methode des schwebenden Urteils' oder der ‚Mosaikmethode' dafür, neue Erkenntnismethoden zuzulassen. Ihr Ziel ist es generell, neue Formen des Nachdenkens über Medien, Gesellschaft, Kultur oder Individuen zu finden, die nicht in ein strenges strukturelles Korsett wissenschaftlicher Kategorien geschnürt sind.

Daher ist es problematisch, wissenschaftliche Gütekriterien wie Logik, Präzision, Stringenz, Kohärenz oder Konsistenz an diese Theoriefiktionen anzulegen, da die untersuchten Autoren solche Kriterien ablehnen. Jedoch sollte dies keinesfalls bedeuten, eine derartige Untersuchung der logischen und narrativen Strategien einfach zu unterlassen. Denn die Analyse der Strukturmerkmale hat herausgestellt, dass die untersuchten Texte im Bereich der narrativen Struktur starke Gemeinsamkeiten aufweisen und insofern durchaus kommensurabel hinsichtlich ihrer strukturellen Merkmale sind. Nimmt man dieses ‚Postmoderne-Chaos' also nicht als gegeben hin und untersucht ihre theoriefiktionalen Aussagen, so können bestimmte strukturelle Elemente identifiziert werden, die als stetige Merkmale in den postmodernen Medientheorien wiederkehren.[120] Es lassen sich gleiche Begründungsmerkmale und -figuren sowie ähnliche Konstruktionsprinzipien von Theorie erkennen:

Diskontinuität und Kontinuität
In der Analyse der Strukturmerkmale konnte herausgestellt werden, dass historische Modelle, die an Leitmedien und -codes orientiert sind, oftmals mit einem diskontinuierlichen Geschichtsverlauf einhergehen. Neue Medien bringen Medienumbrüche, Zäsuren bzw. Revolutionen hervor und erklären die Entwicklungsprozesse anhand von radikalen Neuanfängen. Gleichzeitig sind aber auch kontinuierliche Elemente aufzufinden, die nahelegen, dass sich Mediengeschichte als eine voranschreitende und unaufhaltsame Entwicklung auf einen bestimmten Zustand hin vollzieht.[121] Diskontinuität und Kontinuität stehen hierbei in einem diversifizierten Verhältnis: „Gekoppelt sind solche Leitmedienkonzepte mit einer auf Zäsuren basierenden *revolutionären* Verlaufsform oder aber mit einer *prozessual-evolutionären* Entwicklungslogik, häufig sogar mit einer diffusen Mischung aus beidem, mitsamt *teleologischem* Endpunkt." (Grampp 2009: 449; Hervorhebungen im Original)[122]

Diskontinuität und Kontinuität stehen in einem paradoxen Verhältnis zueinander, das Fortschritt und gleichzeitig Rückschritt, Überwindung und Rückfall, neu und alt in sich trägt. Insbesondere bei zyklischen Modellen wie bei McLuhan zeigt sich sowohl die Wiederkehr des Alten als auch gleichzeitig die Neuheit durch technische Innovationen. Diskontinuität dient zunächst als Beschreibungsinstrumentarium historischer Entwicklung und erzeugt Kontinuität und Finalität. Diskontinuität im historischen Verlauf ist Voraussetzung für Kontinuität und eine teleologische Ausrichtung: „Im Denkmodell der Ersetzung oder Substitution schattet sich die Finalität des teleologischen Schemas ab [...]." (Käuser 2006: 153)

---

120 Es ist nochmals anzumerken, dass sich die Analyse der inhaltlichen und strukturellen Eigenschaften der Theoriebildung schwer voneinander trennen lassen. Hier kann beobachtet werden, dass es bei der Untersuchung der Problemhinsichten (Kapitel 4.1) und der Strukturmerkmale (Kapitel 4.5) zu Interferenzen und unvermeidbaren Überschneidungen kommt. Jedoch wird zugunsten analytischer Trennschärfe der Versuch der Abgrenzung hier unternommen, um die strukturellen Eigenschaften nochmals genauer herauszuarbeiten und zu explizieren.

121 Siehe hierzu auch Kapitel 4.1, in dem die medienhistorische Genese der Theoretiker detailliert vorgestellt wurde.

122 Die teleologische Verlaufsform von Mediengeschichte wird im kommenden Abschnitt genauer erläutert.

Teleologischer Geschichtsverlauf

Die Theorien der postmodernen Medientheoretiker sind größtenteils teleologisch ausgerichtet. Die Hinführung auf ein bestimmtes Ziel hin verursacht, dass jeglicher Wandlungsprozess innerhalb der Geschichte als vorab fixierter Ablauf konstruiert wird. Dieser bereits vorbestimmte Verlauf verneint in seiner strukturellen Konzeption grundsätzlich einen offenen Charakter des historischen Prozesses. Der Ausgang der Geschichte ist bereits vorab eindeutig festgelegt und der Letztzustand

„immer Beendung und Vollendung der Geschichte nach Maßgabe einer prästabilisierten Ordnung. [...] So sind beispielsweise die marxistische Geschichtstheorie, Hegels Konzept einer Geschichtsvollendung in Gestalt eines absoluten Geistes oder McLuhans Medienontologie nicht als säkularisierte Varianten des eschatologischen Modells – hier allerdings nicht in ihrer apokalyptischen Version, sondern in der Figuration einer Rückkehr in den paradiesischen Urzustand." (Kirchmann 1998a: 177 f.)

McLuhans Konzept einer harmonischen Weltgesellschaft, Baudrillards Endzustand einer vollständig simulierten Welt und Virilios deterministisches Bild einer Beschleunigungs-Geschichte, die in einem rasenden Stillstand endet, sind in struktureller Hinsicht eindeutig teleologisch geprägt.

Im Zusammenhang mit der Teleologie als Strukturmerkmal medienhistorischer Modelle lässt sich auch eine rückwärtsgerichtete Sehnsucht oder *Nostalgie* nach einem früheren, idealen Urzustand. McLuhan sieht im globalen Dorf die Rückkehr zu einer gemeinschaftlichen Gesellschaftsstruktur, wobei die teleologische Hinführung zum Endzustand strukturelle und logische Voraussetzung für die Erfüllung ist. Aber auch in den dystopischen Szenarien ist dies ein wiederkehrendes Motiv. Baudrillard sehnt sich nach einer nicht medial vermittelten Realität. Mit dem kontinuierlichen Emanzipationsprozess der Zeichen steuert Geschichte kontinuierlich auf ihr Ende zu, an dem die Zeichen keine Referenz mehr außerhalb ihrer selbst haben, sondern bloß noch auf sich selbst verweisen. Virilio wünscht sich einen entschleunigten Zustand zurück, in der der Mensch eine natürliche Bewegungsfreiheit besitzt und die Sinneswahrnehmung nicht gestört wird. Stattdessen sieht er die stetige Entwicklung hin zu einem rasenden Stillstand, in dem beides verkümmert. Sowohl Baudrillard als auch Virilio postulieren im Gegensatz zu McLuhan eine zielgerichtete Wegführung vom idealen Urzustand hin zu einem diametral entgegengesetzten apokalyptischen Ende. In beiden Fällen, Utopie oder Apokalypse, ist die teleologische Grundstruktur für das gesamte Theoriekonstrukt konstituierend.

Auch bei Kittler und Flusser ist eine teleologische Ausrichtung erkennbar. Zwar ist diese nicht normativ belegt und reiht sich in das dichotome Muster Utopie oder Apokalypse ein, jedoch folgt das historische Modell dennoch einer Logik, die eine notwendige Zielgerichtetheit der Geschichte nahelegt. Kittlers teleologische Ausrichtung von Mediengeschichte zeigt sich in dem kontinuierlichen Automatisierungsprozess der Technik, die zunehmend autonomer funktioniert. Am Ende des technischen Entwicklungsprozesses steht die vollautomatisierte Technik, die ohne das Subjekt auskommt. Bei Flusser zeigt sich der finale Status in der Nulldimensionalität als Endzustand technischer Entwicklungsmöglichkeiten. Dabei legt er aber gleichermaßen nahe, dass Geschichte keinem finalen, vorbestimmten Endzustand entgegenläuft, sondern offen und kontingent bleibt. Die weitere Entwicklung hängt von einer Vielzahl von Faktoren ab, da die Codes und technisch-medialen Strukturen zwar eine Infrastruktur vorgeben, aber deren soziale Nutzung entscheidend ist.

Monokausale Theoriearchitektur und Letztbegründungen

Zudem werden durch Determinationsthesen, monokausale Begründungsmuster und reduktionistische Argumentationsweisen die medienhistorischen Entwicklungsprozesse erklärt.

In McLuhans Theoriegebäude wird die Determinationskraft der Medien offensichtlich. Die mediale Form bestimmt allein die historischen Prozesse, gesellschaftliche, kulturelle, soziale Verhältnisse sowie kognitive und epistemologische Strukturen. Sein Leitmedienkonzept unterstreicht diese monokausale Begründungslogik, da beispielsweise der Buchdruck für eine gesamte historische Epoche der Gutenberg-Galaxis verantwortlich ist, während die elektronischen Medien eine gänzlich neue Epistemologie hervorbringen. Dieser linear-kausale Begründungszusammenhang findet sich gleichermaßen bei Baudrillard. Er konstatiert, dass eine jeweilige Ordnung von Simulakren zu den historischen Umbrüchen und Entwicklungen maßgeblich beiträgt und eine je spezifische soziale und gesellschaftliche Ordnung schafft. Betrachtet man Baudrillards Konzept von Massenmedien, so lässt sich auch dort die monokausale Logik erkennen, da diese per se Nicht-Kommunikation herstellen. Die theoretische Perspektive wird auf einseitige Kausalzusammenhänge reduziert. Ebenso lässt sich für Virilios Theoriekonstrukt konstatieren, dass er die Geschwindigkeit als konstitutiven Faktor für historische Prozesse nennt und zudem alles auch auf den Krieg als ontologische Ursubstanz und Bezugsgröße zurückführt. Krieg und Geschwindigkeit sind die von ihm totalisierten Bezugsgrößen, die die Erklärung historischer Entwicklungen auf Einzelfaktoren reduzieren. Statt Medientechnologien oder Simulakren werden Entitäten wie Krieg und Geschwindigkeit zu Leitkategorien des historischen Wandels erhoben und in ein monokausales Erklärungsmuster gefügt. Auch für Kittler ist der Krieg theoretischer Ausgangspunkt der Mediengeschichtsschreibung. Technische Entwicklungen sind für ihn stets Produkte militärischer Forschung und kriegerischer Bemühungen. Auch er generalisiert die einseitige Verbindung von Krieg und Medientechnologie und konstruiert daraus einen notwendig kausalen Zusammenhang. Ein weiterer monokausaler Zusammenhang liegt in seiner konsequent technikdeterministischen Argumentation. Ursache für gesellschaftliche und geistige Veränderungen sind nach dem Aufschreibesystem 1900 nicht mehr Institutionen, Techniken und Praktiken, die in einen sich gegenseitig bedingenden komplexen Funktionszusammenhang gebracht werden, sondern bloß noch technische Materialitäten.

Dieses reduktionistische, monokausale Beschreibungs- und Erklärungsmuster für medienhistorischen Wandel ist allerdings bei Flusser nicht ohne weiteres erkennbar. Zwar geht er davon aus, dass historische Veränderungen codeinduziert sind, jedoch räumt er ein, dass dies nicht die alleinige Ursache ist. Codes und mediale Strukturen sind zwar als Dispositive zu begreifen, gleichzeitig müssen aber soziale Nutzungsweisen und Praktiken miteinbezogen werden. Codes, technischmediale Strukturen, Symbolsysteme, Bedeutungsfragen und die Art der Nutzung dieser Dispositive stehen in einem sich gegenseitig bedingenden Funktionszusammenhang.

Insgesamt kann konstatiert werden, dass ein monokausaler Begründungsmodus als Konstruktionsprinzip historischer Prozesse vorherrscht. Komplexitätsreduktion findet statt, indem soziale Zusammenhänge alleinig durch die Medien/die Technik/ontologisierte Größen wie Krieg oder Geschwindigkeit erklärt werden. Innerhalb dieser vereinfachten, monokausalen Theoriearchitektur lassen sich auch starke Tendenzen zu *Letztbegründungen* finden. McLuhan führt historischen Wandel auf Medientechnologien als Letztbegründungsmodus zurück, wohingegen Baudrillard Simulakren und damit ein semiotisches Apriori als Ursache sozialer Umbrüche konstruiert. Virilio und Kittler ontologisieren Konzepte wie Geschwindigkeit oder Krieg und ernennen diese zu substanzlogischen Urgrößen, von denen alles ausgeht. Auch Flusser sieht die Codes als maßgebliche Instanz, die den Zugang zur Welt erst ermöglicht, allerdings verabsolutiert er ihre Bedeutung nicht zu einem Alleinerklärungsfaktor für medialen und gesellschaftlichen Wandel.

Oppositionen und Basisdichotomien

Weiterhin konstruieren die Theoretiker mit Ausnahme von Kittler ein Argumentationsmodell, das sich durch Negationsketten und Basisdichotomien begründet. Duale Oppositionspaare sind als strukturelle Merkmale identifizierbar, die für die Erklärung historischer Umbrüche zentral sind. Durch die Setzung entgegengesetzter ontologischer Eigenschaften von Medien werden historische Epochen und gleichzeitig gesamte soziale und kognitive Konstellationen miteinander kontrastiert. Basisdichotomien plausibilisieren historische Zäsuren und geben ihnen gleichzeitig eine normative Färbung.

McLuhan konstruiert seine Epocheneinteilung mithilfe von Dichotomien wie Ohr/Auge, heiße/kalte Medien und Explosion/Implosion. Diese Basisunterscheidungen leiten radikale Medienumbrüche ein. Auch Baudrillard arbeitet mit Negationsketten und Basisdichotomien: Kommunikation/Nicht-Kommunikation bzw. face-to-face-Kommunikation/Massenkommunikation, Explosion/Implosion oder Realität/Simulation. Genauso wie bei McLuhan dienen diese Gegenüberstellungen der Konstruktion sich ablösender Epochen und ihrer Bewertung. So verhält es sich auch bei Virilio, der mithilfe von begrifflichen Oppositionen die Veränderungstendenzen beschreibt. Nähe/Distanz, sinnliche/mediale Wahrnehmung, Unmittelbarkeit/Vermitteltheit, Mobilität/Bewegungslosigkeit sind Oppositionspaare, die sein Theoriegerüst unterstützen. Auch die Dichotomie Explosion/Implosion taucht wie bei McLuhan und Baudrillard auf. Die Instantaneität und der Wegfall räumlicher Distanzen durch die elektronischen Medien, d.h., die Implosion des Raumes und eine neuartige medial vermittelte Nähe, sind bei McLuhan und Virilio sinngemäß zu verstehen. Bloß in ihrer Wertung gehen die Prognosen auseinander. Flussers zentrale Oppositionspaare sind die von Bild/Schrift bzw. Bild/Text und Dialog/Diskurs, die seine medienhistorischen Betrachtungen stützen. Solche Oppositionsketten ziehen weitere nach sich und erfüllen damit eine strategische Funktion, die verschiedenen historischen Phasen voneinander abzugrenzen und normativ zu besetzten: linear/imaginär oder linear/kalkulatorisch, kausal/kontingent oder wissenschaftlich, rational/ästhetisch sind derartige begriffliche Dichotomien.

Mediengeschichte als Universalgeschichte oder große Erzählung

Zusammenfassend kann festgehalten werden, dass die medienhistorischen Modelle sich durch ein *Mischungsverhältnis von Diskontinuität und Kontinuität* charakterisieren, wobei Elemente des diskontinuierlichen Verlaufs sich in den historischen Phasen, Brüchen und Revolutionen zeigen, während Elemente des kontinuierlichen Verlaufs in der *Teleologie* der Geschichtserzählung liegen. Die Veränderung der verschiedenen Leitmedien oder -codes haben meist einen zäsuralen Charakter und konstituieren eine Differenz zwischen vorherigem und darauf folgendem Zustand. Meist steht am Ende der Mediengeschichte ein prognostisches Element, das sich entweder als Heilsversprechen (McLuhan) oder in seiner negativen Variante als Katastrophe oder Apokalypse (Baudrillard, Virilio) herausstellt. Erkennbar ist bei McLuhan, Baudrillard und Virilio die Nähe zu einer *heilsgeschichtlichen Narrationsstruktur*. Insbesondere die melancholisch *nostalgische Verklärung* eines Idealzustands, sei es die dörfliche Gemeinschaft, die nicht medial vermittelte face-to-face-Kommunikation oder der natürliche Bewegungszustand, weist auf die *teleologische Ausrichtung* der medienhistorischen Betrachtungen hin. Duale *Oppositionspaare bzw. Basisdichotomien* sind ein weiteres grundlegendes strukturelles Merkmal, das als basale Gemeinsamkeit identifiziert werden kann. Zudem ist ein *monokausaler Begründungsmodus* bzw. die *Tendenz zu Letztbegründungen* bei allen Theoretikern außer bei Flusser dominant. Mediengeschichte anhand von Ursache-Wirkungs-Zusammenhängen zu rekonstruieren, führt notwendigerweise zu Reduktionen und Ausblendungen. Wechselwirkungen und Interdependenzen zwischen verschiedenen sozialen, ökonomischen, politischen oder kulturellen Faktoren werden zugunsten eines monokausalen Zusammenhangs von Leitmedien oder -codes auf sämtliche andere Veränderungsprozesse reduziert. Dabei bleiben mögliche koevolutive Entwicklungen unberücksichtigt und unbeobachtet. Medien und Codes sind in den vorliegenden Theorien so bedeutsam, dass sie gesamte gesellschaftliche Systeme und epistemologische Wahrnehmungs- und Erkenntnisstrukturen hervorbringen. Sie nehmen somit eine dominante und sogar universale Bedeutung ein, um den historischen Verlauf zu erklären. Sie sind ursächlich für jegliche Entwicklungsprozesse und sozio-historische Dynamiken. Die Dominanz und Omnipräsenz der Medien legen nahe, dass Medientheorie somit zu einer Universaltheorie und Medienwissenschaft zu einer Leitdisziplin wird. Mediengeschichte wird zu einer narrativen Form gesellschaftlicher Selbstbeschreibung. Dabei wird deutlich, dass stark monoperspektivisch argumentiert wird. Mediengeschichte wird entweder ausschließlich als Technikgeschichte, als Ordnung von Codes oder als Geschichte der Beschleunigung und Geschwindigkeit erzählt. Die narrative Struktur der untersuchten Theorien ist durch reduktionistische Argumentationsstrukturen (Monokausalität, Teleologie, Letztbegründungen, Basisdichotomien) und Tendenzen zu Generalisierungen und Universalisierungen gekennzeichnet. *Gerade aufgrund der herausgestellten strukturellen Merkmale und sprachlichen Extravaganzen kann konstatiert werden, dass die untersuchten Medientheorien solche Erzählungen produzieren, die nach Lyotard als Metaerzählungen bezeichnet werden können.*

Die Theoretiker versuchen, ein autonomes Theoriegerüst zu errichten und reflektieren dabei nicht ihre strukturellen Voraussetzungen, stattdessen beanspruchen sie allgemeine Gültigkeit. Hierbei wird deutlich, dass der Anspruch der Postmoderne nach Selbstreflexion im Bereich der Medientheorien nur begrenzt eingelöst wird. Die postmodernen Theoretiker produzieren wieder große Erzählungen, die einen universalen Anspruch haben, die gesamte Menschheitsentwicklung anhand eingeschränkter Problembereiche (z.B. Beschleunigungsparadigma) zu erklären. Die Ausnahme bildet Flussers Theoriekonzept, das zwar teilweise gleiche narrative Elemente aufweist, jedoch auch Momente von Offenheit und Kontingenz zeigt, die den Generalisierungen und Universalisierungstendenzen entgegenstehen. Weder konstruiert er Mediengeschichte als teleologische Erzählung noch geht er von rein monokausalen Verhältnissen aus, sondern berücksichtigt ein komplexes Beziehungsgeflecht an Faktoren.

Hinsichtlich der Frage nach Inkommensurabilität kann konstatiert werden, dass die systematische Hermetik der Ansätze, die zwar inhaltliche und strukturelle Divergenz nahelegen, ähnliche Begründungsmuster und -figuren aufweisen und insofern durchaus miteinander vergleichbar sind. Zwar werden inhaltlich diverse Narrationen ausgebildet, auf struktureller Ebene sind die Ansätze jedoch zweifellos kommensurabel.

Tabelle 25: Zusammenfassung Strukturmerkmale

Logischer Status	- Diskontinuität und Kontinuität - Teleologie - Monokausale Begründungszusammenhänge (außer Flusser: Multikausale Begründungszusammenhang) - Letztbegründungen (außer Flusser: Kontingenz) - Oppositionspaare, Basisdichotomien, Negationsketten (außer Kittler)
Sprachlicher Duktus	- Metaphern - Aphorismen - Etymologien - Wortähnlichkeiten - Assoziationen - Semantische Ähnlichkeiten - Sprachspiele - Polysemien - Analogien - Ästhetische Relationen, Rhetorik statt logisch begründete Annahmen

Quelle: eigene Darstellung

C) KONTEXTUELLE DIMENSION (HINTERGRUNDTHEORETISCHE EBENE)

4.6 SOZIALE VORAUSSETZUNGEN – EINE SOZIAL- UND THEORIEGESCHICHTLICHE EINORDNUNG

„Kontexte fungieren als eine Ressource oder Stütze, welche die Umwelt denjenigen anbietet, die sich in ihr befinden; doch müssen auch die Individuen oder gesellschaftlichen Gruppen auch ihrerseits die Fähigkeit besitzen, sie wahrzunehmen und zu nutzen. Daher tendieren Kontexte dazu, sich nach einer gewissen Zeit in Bezug darauf zu stabilisieren, was sie anzubieten haben, sowie in Bezug auf die Mühelosigkeit, mit der diese Ressourcen verwendet werden können. Dies gilt für das Alltagsleben genauso wie für die Forschung."

(NOWOTNY/SCOTT/GIBBONS 2005: 315)

Bisher wurden die postmodernen Theorien ‚von innen', also als Ergebnis theorieimmanenter, intellektueller Prozesse, untersucht. Doch auch der außertheoretische Kontext, wie historische, soziale und kulturelle Faktoren, beeinflusst die Theoriebildung. Deshalb wird die innertheoretische Perspektive mit dieser Vergleichsdimension um eine kontextualisierende Herangehensweise an die Theoriegeschichte erweitert.

4.6.1 Marshall McLuhan: Von Kunst, Literatur und der Toronto School

4.6.1.1 Marshall McLuhans soziohistorischer Kontext: Die 60er Jahre und die Popkultur

Der 1911 in Edmonton geborene Herbert Marshall McLuhan[123] erlangt mit seinen Hauptwerken ‚Die Gutenberg-Galaxis' (1962) und ‚Understanding Media – The extensions of Man' (dt. Die magischen Kanäle) (1964) große Prominenz.[124] Die Veröffentlichung seiner Werke lässt sich zu einem Zeitpunkt des Umbruchs der 1960er Jahre in Nordamerika ansiedeln,

„als Rassenunruhen, Hippies, Anti-Kriegsdemonstrationen, Unruhen in den Universitäten, die sexuelle Revolution, eine neu entstandene Drogenkultur und andere Phänomene das Ende der Welt anzukündigen schienen. Die nordamerikanischen Medien waren für Leute, die ihnen erklären konnten, was eigentlich passierte, so offen wie nie zuvor. Und niemand lieferte eine faszinierendere Erklärung als McLuhan" (Baltes/Höltschl 2002: 98)

McLuhans Thesen vom Ende der Gutenberg-Galaxis und dem Beginn eines neuen elektronischen Zeitalters fallen mit einer allgemeinen Aufbruchstimmung zusammen, die durch das Aufkommen der Pop-Art und der Entstehung einer Jugend- und Protestkultur gekennzeichnet ist. McLuhans Hauptschaffensphase fällt zudem in eine Zeit, in der in Amerika John F. Kennedy den ersten Fernsehwahlkampf führt. Die politische Situation in den 1960er Jahren, die Präsidentschaftswahlen von John F. Kennedy und Richard Nixon und die zunehmende Bedeutung des Fernsehens tauchen in McLuhans Analyse zu kühlen und heißen Medien prominent auf:

„Kennedy war der erste Fernseh-Präsident, weil er der erste prominente amerikanische Politiker war, der die Möglichkeiten und die Wirkungsweise des Ikonoskops begriffen hatte. [...] Ein politischer Kandidat ohne diese kühlen, undeutlichen Konturen, deren Leerstellen der Zuschauer seiner eigenen, ganz persönlichen Identifizierung ausfüllen kann, sorgt von ganz alleine für seine Hinrichtung auf dem elektrischen Fernseh-Stuhl – wie zum Beispiel Richard Nixon in seinen katastrophalen Diskussionen mit Kennedy im Wahlkampf 1960. Nixon war durch und durch heiß. [...] Und 1968 sahen wir dann einen neuen Nixon, der zurückhaltender war, auf Hochglanz poliert, völlig neu verpackt und umprogrammiert: ehrlich, bescheiden, ruhig und offen – mit einem Wort: ‚cool'." (McLuhan 1969b: 22)

---

123 McLuhan starb am 31. Dezember 1980.
124 Diese sind als Auftragsarbeiten für die Universität von Toronto entstanden.

Von der Scientific Community wird McLuhan in den 1960er und 1970er Jahren vorerst nicht ernst genommen und vielmehr im Bereich der Popkultur und in außerwissenschaftlichen Kontexten verortet.

McLuhan und die Populärkultur – Kunst Werbung und Medien

> „Was McLuhan's name too often in the newspapers for him to be taken seriously by the academy? The proper name's transfiguration into logo, trademark and cliché (a match in acoustic space to the Marlboro man, Chaplin's cane or Marilyn's flared-out skirts) did nothing to facilitate the esteem; and most of us are familiar with the superior tone, somewhere between irritation and playfully mocking, that in the right circles is elicited by this impostor-prophet, this garish and muddled showman, whose buzzwords are every man-in-the-street's common coin – Gutenberg galaxy, ‚hot' and ‚cold' media, message and massage, etc. – and whom no hard science type grants any seriousness or intellectual dignity."
> (DEBRAY 1996: 69 F.)

McLuhan tritt zunächst stärker in den Populärmedien als im wissenschaftlichen Bereich in Erscheinung. In den 1960er Jahren finden seine Thesen im Kunstmilieu Anklang, dort verursacht er „eine regelrechte McLuhan-Hysterie [...]. Schon 1968 [ruft] ihn das New York Times Magazine zum ‚Top-Propheten' der psychedelischen Kunst aus." (Marchand 1999: 246) Die Begeisterung für McLuhan in der Kunstszene geht sogar so weit, dass ein mehrwöchiges McLuhan-Festival in San Francisco veranstaltet wird. Der Aufstieg Andy Warhols und die Pop-Art entwickeln sich kongenial zu McLuhans Popularität.

Daneben ist er auch im Bereich der Werbung engagiert und arbeitet als (Kreativ-) Berater für verschiedene Firmen und Werbeagenturen. Mit seiner Veröffentlichung ‚Die mechanische Braut' von 1951, die eine kritische Untersuchung der Popkultur darstellt, spricht er auch nicht ausschließlich den wissenschaftlichen Bereich an. Werbeanzeigen und Karikaturen finden sich darin ebenso wie Essays zu seinen Lieblingsthemen und Artikel aus Zeitschriften und Zeitungen, die McLuhan eklektisch zusammensetzt. Er behandelt Themen wie den American Way of Life, das Pressewesen, Werbung, Comics, Radio, Groschenromane und weitere massenmediale Phänomene. McLuhans Theorien werden insbesondere von Leuten aus der Werbebranche rezipiert, die ihren Umgang mit Medien überdenken:

„Werbung schafft Umwelten, und die sind am wirksamsten, solange sie unsichtbar bleiben. Manche Leute glauben, eine Anzeige sei dann gut, wenn sie auffällt. Das ist ein ziemlicher Irrtum. Eine Anzeige arbeitet vollkommen unbewußt. Sobald man sie als Anzeige erkennt, kann sie ihre Funktion nicht mehr erfüllen." (McLuhan zitiert in Marchand 1999: 252)

Nach der Veröffentlichung von ‚Die Gutenberg-Galaxis' 1962 und ‚Die magischen Kanäle, Understanding Media' 1964 erlangt McLuhan einen noch höheren Grad an Aufmerksamkeit, und seine öffentlichen Auftritte mehren sich. Über ihn werden Beiträge in Zeitungen wie der New York Times, in Magazinen wie Newsweek oder Harper's Magazine, aber auch in Frauen-Zeitschriften wie der Glamour oder Vogue veröffentlicht. Die Publikationen erheben ihn Mitte der 1960er zum Medienguru und feiern ihn als Kanadas intellektuellen Kometen. Fernseh- und Radio-Talkshows stärken diesen Ruf. Den Höhepunkt seiner Medienkarriere erreicht er mit seinem Playboy Interview 1969 und einem Gastauftritt in Woody Allens ‚Der Stadtneurotiker' (1977). Während Wissenschaftler und Intellektuelle ihn als Scharlatan, Exzentriker oder Pseudowissenschaftler wahrnehmen und McLuhan oftmals feindselig gegenüberstehen, schätzen ihn Journalisten, Werbeleute und Stars wie Tom Wolfe, John Lennon, Bob Dylan oder der kanadische Premierminister Pierre Trudeau.

Moderne Literatur und Wahrnehmungstheorie

McLuhan beschreibt seinen eigenen Zugang zu Medien und Technologien vor der Veröffentlichung von ‚Die mechanische Braut' als extrem moralisch, wobei er die Massenmedien und jegliche Facetten des modernen Lebens als sündhaft empfindet. Erst die Lektüre der Autoren des 20. Jahrhunderts eröffnet ihm einen anderen Zugang zur modernen Welt, „der sich aus dem besonderen Charakter ihrer Wahrnehmung und Kreativität ergab. Mir wurde klar, dass künstlerische Kreativität alltägliche Erfahrung wiedergab – vom Abfallhaufen bis zu den schönsten Schmuckstücken. Ich machte Schluss mit dem Moralisieren und begann zu lernen." (McLuhan 1969b: 50)

James Joyce, Ezra Pound, William Butler Yeats oder T.S. Eliot verändern McLuhans Literaturverständnis und finden Eingang in sein Werk, so z.B. Eliots Ausführungen, dass Sinneseindrücke für den Leser von Bedeutung sind und weniger inhaltliche Aspekte. Es geht Eliot weniger um Sinnfragen eines Gedichts, sondern darum „eine Lesegewohnheit zu befriedigen, den Geist des Lesers abzulenken und ruhig zu stellen, während das Gedicht seine Wirkung auf ihn ausübt, so wie der Einbrecher sich stets mit einem Stück Fleisch für den Haushund ausrüstet." (Eliot 1933: 151) Ähnlich formuliert auch McLuhan in ‚Die magischen Kanäle': „Denn der ‚Inhalt' eines Mediums ist mit dem saftigen Stück Fleisch vergleichbar, das der Einbrecher mit sich führt, um die Aufmerksamkeit des Wachhundes anzulenken." (McLuhan ^{2}1995 [1964]: 38) Die Frage nach der menschlichen Wahrnehmung ist stets davon abhängig, welche Sinne dominant sind. Ob ein visueller oder auditiver

Modus der Wahrnehmung vorherrscht, ist grundlegend für die Art des Denkens verantwortlich.

Ebenso bezieht sich McLuhan explizit auf Joyce, insbesondere auf dessen letzten Roman ‚Finnegan's Wake', der „vom Ansatz her bereits seine ganze Medientheorie" (Baltes/Höltschl 2002: 68) enthält, wie er selbst behauptet. Darin entdeckt McLuhan inhaltliche Bezüge zu Massenmedien des 20. Jahrhunderts wie etwa Radio und Fernsehen. Auch auf einer formalen methodischen Ebene wird der Einfluss der genannten Autoren offensichtlich. So folgt McLuhans Art der Argumentation, die Mosaikmethode, dem eklektischen, patchworkartigen Denken von Joyce, Eliot und insbesondere Pound. Mit Letzterem verbindet ihn eine langjährige Brieffreundschaft. In seinen Werken betont McLuhan oft seine Bewunderung für Pounds literarische Technik, die er als patchwork- und mosaikartige Konstruktion versteht.

4.6.1.2 Marshall McLuhans theorie- und ideengeschichtlicher Kontext

Trotz seiner anfangs fehlenden Anerkennung im wissenschaftlichen Kontext, bewegt sich McLuhan stets auch im universitären Umfeld. Er studiert in Kanada an der Universität von Manitoba und an der Universität von Cambridge in England. Nach seiner Konvertierung zum Katholizismus 1937 umgibt er sich stets mit katholischen Intellektuellen und lehrt ausschließlich an römisch-katholischen Institutionen wie der St. Louis University in Missouri, der Assumption University in Windsor, Ontario, sowie dem St. Michael's College, einem katholischen Teil der University of Toronto. Mithilfe eines Forschungsstipendiums der Ford-Stiftung realisiert McLuhan Kommunikations- und Kulturseminare an der University of Toronto und gründet mit Edmund Carpenter, einem befreundeten Anthropologen und Kollegen, die Zeitschrift ‚Explorations'. Darin arbeitet er die Grundzüge seiner Medientheorie aus. Nahezu alle Aspekte seiner Haupttheoreme sind dort bereits angelegt. Neben Beiträgen von namhaften Autoren wie Jean Piaget, Siegfried Giedon oder e.e. cummings stehen somit im Vordergrund der Zeitschrift McLuhans medientheoretische Überlegungen.[125] Durch die Zeitschrift beginnen McLuhans Popularität und Ansehen zu steigen. Er erhält aufgrund dessen viele Angebote von anderen Universitäten. Um ihn zu halten, wird 1963 an der University of Toronto das Centre for

---

125 Beispielsweise befasst sich ein Beitrag ‚Kultur ohne Schrift' (1953) in der ersten Ausgabe von ‚Explorations, Vol. 1, Dezember 1953, mit der Mediengeschichte der westlichen Hemisphäre. Die Erfindung der Schrift wird mit der Ära der gesprochenen Sprache kontrastiert hinsichtlich der Verschiebung menschlicher Sinneswahrnehmung. Dieser Aufsatz erschien erstmalig 1997 in deutscher Übersetzung (vgl. McLuhan 1953: 68 ff.). In einer anderen Ausgabe von ‚Explorations' wird die Bedeutung der Druckerpresse für die Menschheitsgeschichte herausgestellt. Zudem beschäftigt McLuhan sich mit neuen Kommunikationsmedien und den Eigenschaften und Wirkungen des Fernsehens.

Culture and Technology gegründet und von McLuhan bis 1979 nach seinen Vorstellungen ausgestaltet und geleitet. Unter dem Begriff der *Toronto School of Communication* ist die Institutionalisierung der kanadischen Medientheorie bekannt geworden und steht in der Tradition der *Oralitätsforschung* von Rhys Carpenter, Milman Parry, Eric Havelock und Walter J. Ong. Sie hat ihren theoretischen Impetus weiterhin aus den Arbeiten von Harold Innis und McLuhan Anfang der 1950er Jahre bezogen. Beide behandeln als Gegenstand ihrer Untersuchung die Medientechnologien, die die geistigen Strukturen des Menschen sowie seine soziale und kulturelle Organisation beeinflussen. McLuhan gilt als einer der prominentesten Vertreter und Hauptimpulsgeber dieser Theorieschule.[126]

Marchand betont in seiner McLuhan-Biografie, dass sich McLuhan zwar im akademischen Umfeld aufhält, jedoch aufgrund seiner exzentrischen Art, seiner Popularität im außerwissenschaftlichen Bereich und seiner ungewöhnlicher Lehrmethoden stets Exot und Außenseiter bleibt:

„Obwohl er viele wirkliche Spitzenintellektuelle in seinem Leben kennen lernte, von Bernhard Muller-Thym bis Harold Innis – den Traum einer bunten Crew befreundeter, intellektueller Forscher konnte er sich nie erfüllen. Und ganz ähnlich gelang es ihm auch nie, eine wirklich inspirierende Gruppe von Studenten um sich zu versammeln – auch wenn er immer wieder einzelne hervorragende Studenten hatte, wie zum Beispiel den Jesuiten Walter Ong in St. Louis [...]." (Marchand 1999: 94)

Trotz der Institutionalisierung des Centre for Culture and Technology kann auch nicht von einer organisierten Forschergemeinschaft die Rede sein, in die McLuhan integriert ist.

Der New Criticism –
Disziplinäre Verortung in der Literaturwissenschaft

McLuhans disziplinäre Verwurzelung liegt in der Literaturwissenschaft bzw. der Literaturkritik. Er studiert bei Ivor A. Richards[127] und Frank R. Leavis am Trinity Hall College der Cambridge University englische Literatur, die beide einen großen Einfluss auf McLuhans Theoriebildung ausüben. Richards und sein Schüler William Empson können als Gründer dessen, was später als *New Criticism* bekannt geworden ist, benannt werden. Der New Criticism bezeichnet eine literaturkritische und -theoretische Strömung, die insbesondere in Nordamerika beheimatet ist. McLuhan versteht seine Arbeit als eine Weiterentwicklung bzw. Anwendung ihrer literaturkritischen Methode auf die elektronischen Medien.

---

126 Das Institut besteht heute noch und beschäftigt sich zu großen Teilen mit McLuhan Forschung. Siehe hierzu: http://www.utoronto.ca/mcluhan/tsc_theory.htm.

127 Als sein literaturwissenschaftliches Hauptwerk gilt ‚Practical Criticism' (1929).

Der New Criticism stellt sich gegen die Auffassung, Literatur über biografische Fakten der Autoren oder die Geschichte einzelner Ideen zu interpretieren. Literaturtheoretiker des New Criticism, wie ihn Richards und Empson vertreten, arbeiten sehr nah am lyrischen oder epischen Text und analysieren diesen gemäß des *Close Reading*, eine Methode zur Textanalyse. Jedes literarische Werk besitzt eine „*autonome[.] Struktur*, die unabhängig von anderen Faktoren nur für sich selbst betrachtet werden muss. Der Text definiert sich nicht durch die Beziehung auf etwas außer ihm, sondern stellt eine quasi-ontologische Eigenrealität dar." (Zapf 1996: 148; Hervorhebung d. Verf.) Literatur soll weder durch externe Faktoren noch durch Inhalte und textinhärente Bedeutungen erklärt werden. Stattdessen sind die formalen Prinzipien der Textorganisation selbst von zentralem Interesse, z.B. die Syntax, einzelne Wörter oder Wortreihenfolgen: „Oberstes methodologisches Prinzip dieser neuen ‚wissenschaftlichen' Verfahrensweise ist die Konzentration auf das einzelne Werk selbst als dem genuinen, je für sich bestehenden und in seiner Eigengesetzlichkeit zu untersuchenden Gegenstand moderner Literaturbetrachtung." (ebd.: 150) Es geht beim New Criticism insofern um eine Bevorzugung textimmanenter Strukturen und Formen sowie Komposition und innere Textorganisation vor Fragen des Inhalts und der Bedeutung von Texten. Unberücksichtigt für den New Criticism sind Fragen nach der Psychologie oder dem soziokulturellen Kontext des Autors. Ebenso wenig interessieren die Wirkungen des Textes auf Rezipienten und weitere Fragestellungen, die über den einzelnen Text hinausgehen und die Literatur selbst in einen größeren Rahmen und Kontext rücken.

McLuhans Affinität zum New Criticism und zu der Methode des Close Reading ist offensichtlich. Auch bei ihm steht im Zentrum seiner Analysen die Frage nach der Form, die unabhängig von Inhalt, biografischen oder historischen Kontexten, als maßgebliche Größe der Textinterpretation herangezogen wird. McLuhan analysiert rein formale, strukturelle Aspekte der Massenmedien und Kommunikationstechnologien, so wie die Vertreter des New Criticism Gedichte untersuchen. F.R. Leavis ist es auch, der die Literaturwissenschaft dazu ermuntert, massenmediale Produkte wie Radiobeiträge oder Zeitungsartikel genauso kritisch zu analysieren wie die Dichtung: „Angewandte Literaturwissenschaft sollte nicht bei der Analyse von Prosa und Lyrik stehen bleiben, sondern um die Analyse von Werbung (appellativer Charakter, stilistische Eigenarten) und von repräsentativen Passagen journalistischer und trivialer Prosa erweitert werden." (Leavis 1933: 6) McLuhan setzt dies zunächst im Bereich der Werbung um, da er der Ansicht ist, dass man sich von einer reinen Literaturkritik sensu Richards und Empson lösen und sich stattdessen auf die Gesellschaft und schließlich die Produkte der Massenkultur wie Werbung, Kino, Radio, Fernsehen konzentrieren muss. Insofern verabschiedet McLuhan, der selbst aus der Literaturwissenschaft kommt, das Textmodell und die mit diesem einhergehenden methodischen Theorieausrichtungen wie die Semiotik bzw. Hermeneutik, um den Textbegriff auf neue Perspektiven und Formationen medialer

Konstellationen und Kultur zu erweitern. Folglich werden Medien als Formationen individueller und kollektiver, kognitiv-psychologischer sowie gesellschaftsstrukturierender Sinnproduktion verstanden. Der Blick wendet sich ab von den medialen Inhalten hin zu systematischen, strukturellen Fragen. McLuhan stellt sich damit gegen die Feindseligkeit traditioneller Geisteswissenschaften gegenüber Medien. Die Kritik an Massenmedien und Fragen nach Massenkultur und Technik sieht er in einem „Gefühl des Ressentiments und aus einer vollkommenen Identifikation mit hoher literarischer Kultur" (Huyssen 1992: 171) und plädiert für eine generelle Ausweitung des Gegenstandsbereichs in die Populärkultur.

Seitenhieb aus der Wirtschaftswissenschaft – Harold Innis

Eine weitere bedeutsame Einflussquelle für McLuhans Theorie ist der kanadische Wirtschaftswissenschaftler Harold Innis. Ende der 1940er ist er McLuhans Lehrer und Kollege an der Universität von Toronto und lenkt dessen Interesse von der Literatur hin zur Technik. McLuhan versteht sein Werk ‚Die Gutenberg-Galaxis' als Fußnote zu Innis' ‚Empire and Communications' (1972 [1950]) und ‚Bias of Communication' (1951):

„Es passierte, während ich an dem Vorwort zu Innis' Empire and Communications arbeitete, daß ich die größte Entdeckung meines Lebens gemacht habe. Kurz gesagt besteht die Entdeckung in folgendem: 2.500 Jahre lang haben die Philosophen der westlichen Welt jede Technologie aus der Behandlung von Materie-Form-Problemen ausgeklammert. Innis hat viel Zeit seines Lebens darauf verwandt, um die Aufmerksamkeit auf die psychischen und sozialen Folgen von Technologien zu lenken." (McLuhan 1987: 5, zitiert in dt. Übersetzung nach Barck 1997: 5)

Innis untersucht die technologischen Grundlagen von gesellschaftlichen, sozialen Formationen und analysiert den Zusammenhang von Kommunikationsmedien in Wirtschaft und Gesellschaft. Sein Schwerpunkt liegt dabei auf dem Zusammenhang von Kommunikationstechnik und Machtverhältnissen.[128]

‚Empire and Communications' (1972 [1950]) untersucht die Weltreiche seit dem alten Ägypten und den jeweils prägenden Kommunikationsformen. Innis' zentrale Annahme besagt, dass die Kommunikationsmedien eine konstitutive Funktion

---

128 Zunächst gehören zu Innis' Untersuchungsfeldern die Geschichte der Kabeljaufischerei und des Pelzhandels. Siehe hierzu Innis (1954; 1956). Später beschäftigt er sich dann konkreter mit dem Einfluss von Kommunikationsmedien auf Strukturen sozialer Organisation. Konkret betrachtet Innis beispielsweise den Zusammenhang zwischen einer ressourcenbasierten Industrie, der Papierindustrie in Kanada, und einer kulturellen Industrie, der Informations- und Wissenszirkulation durch gedruckte Erzeugnisse. Innis untersucht hauptsächlich Technologien der Kommunikation und des Transports.

für die Gemeinschaftsbildung einer Gesellschaft übernehmen und Geschichte nicht primär durch das Subjekt und den Geist geprägt wird. Es geht ihm dabei um die Verteilung und Zirkulation von Wissen in Raum und Zeit. Medien als materielle Träger für Information und Kommunikation sind dabei Dispositive gesellschaftlicher Reproduktion und formieren sowohl die Kultur als auch die Psyche des Einzelnen. Unterschiedliche Kommunikationsmedien, so Innis, beeinflussen die Stabilität einer Gesellschaft hinsichtlich raum-zeitlicher Faktoren auf unterschiedliche Weise. Dabei unterscheidet er zwischen zeitüberdauernden harten Medien und raumübergreifenden weichen Medien. Papier und Papyrus als weiche Medien begünstigen aufgrund ihrer leichten Transportfähigkeit eine räumliche Ausdehnung, während harte Medien wie Steintafeln eine lange Zeitspanne überdauern, da sie schwer zerstörbar sind. Zeitüberdauernde Medien begünstigen grundsätzlich monarchische Herrschaftsformen, religiöse, konservative, traditionelle und stabile Gemeinschaften und Zentralisierung, während raumübergreifende Medien tendenziell demokratische Formen, Beteiligung und Verbreitung hervorbringen.[129]

Grundsätzlich übernimmt McLuhan den zentralen kommunikationstheoretischen Gedanken, dass Medien konstituierend für die soziale Organisation sowie für die menschliche Kognition und Wahrnehmung sind. Er überträgt Innis' Überlegungen in das Medienzeitalter und wendet diese auf die elektronische Kultur an. Die Raum- und Zeitorientierung von Medien, die Innis konstatiert, übernimmt McLuhan in abgewandelter Form, indem er zwischen heißen und kalten bzw. akustischen oder visuellen Medien unterscheidet. Dabei hat er insbesondere die die Instantaneität durch die elektronischen Massenmedien herausgearbeitet. Innis' nationalökonomischer und struktureller Zugriff auf die Medien hat McLuhans Denken eine materialistische, technikfokussierte Wende gegeben.[130]

---

129 Als Beispiel nennt er die ägyptische Zivilisation, die mit dem Bau der Pyramiden und dem Stein als dominantes Kommunikationsmittel die Grundlage für Monarchie schuf, mit der Verlagerung auf Papyrus hingegen eine demokratischere Staatsform entstand. Insofern können Innis' kommunikationstheoretischen Annahmen als eine Art Herrschafts- und Gesellschaftstheorie der Kommunikation verstanden werden.

130 Während McLuhan in seinem ersten Buch zu den Medien ‚The Mechanical Bride' (1951) [dt. Übersetzung: Die mechanische Braut. Volkskultur des industriellen Menschen.] noch explizit wertend und medienkritisch argumentiert, wird seine Haltung in ‚Understanding Media' (1964) zunehmend locker, ironisch und medienaffirmativ, wie Marchand in seiner Biografie von McLuhan schreibt. 1953 hat McLuhan diesen Wandel vollzogen, nachdem er den theoretischen Überlegungen von Harold Innis begegnet ist. (Vgl. Marchand 1989: 136 ff.) Weiterhin sieht Marchand karriereetechnische Gründe, die McLuhan in seinem Denken beeinflusst haben. Die Chance, die Literaturwissenschaft zu einer allgemeineren Kultur- und Gesellschaftsanalyse umzuwandeln und einer wissenschaftlichen Marginalisierung zu entgehen, ist nicht zu vernachlässigen. Die Relevanz-

Prothesentheoretische Annahmen als anthropologische Grundlage

McLuhans Medientheorie kann in eine Tradition techniktheoretischer Ansätze eingeordnet werden, wie auch Frank Hartmann (2010a: 51 ff.) und Dieter Mersch (2006: 109 ff.) zeigen. Technik, Werkzeuge bzw. materielle Artefakte werden in der Technikphilosophie als Instrumente der Welterschließung und der menschlichen Selbsterfahrung konzipiert: „Technik ist als solche Teil nicht nur menschlicher Selbstverwirklichung (als Emanzipation von Natur), sondern auch menschlicher Selbsterkenntnis (als quantitative Erweiterung und qualitative Wandlung seines Funktionskreises)." (Hartmann 2010a: 55) Diese Idee der Medien als Ausweitungen des Körpers bzw. der Sinne schließt an die Tradition der *Prothesentheorie* und *Technikphilosophie* des Hegelschülers Ernst Kapp an, der 1877 in ‚Grundlinien einer Philosophie der Technik' (1877) erstmals die technischen Neuerungen als Form von Projektionen des Körpers bzw. des Nervensystems konstruiert hat. Dieser geht davon aus, dass technische Werkzeuge und Waffen Organprojektionen, d.h., Verlängerungen menschlicher Organe sind, die nachgebildet und imitiert werden:

„Zunächst wird durch unbestreitbare Thatsachen nachgewiesen, dass der Mensch unbewusst Form, Functionsbeziehung und Normalverhältnis seiner leiblichen Gliederung auf die Werke seiner Hand überträgt und dass er dieser ihrer analogen Beziehungen zu ihm selbst erst hinterher sich bewusst wird. Dieses Zustandekommen von Mechanismen nach organischem Vorbilde, sowie das Verständnis des Organismus mittels mechanischer Vorrichtungen, und überhaupt die Durchführung des als Organprojection aufgestellten Princips für die, nur auf diesem Wege mögliche, Erreichung des Zieles menschlichen Thätigkeit, ist der eigentliche Inhalt dieser Bogen." (Kapp 1877: Vorwort)

Der Mensch schafft sich Werkzeuge und Maschinen als Prothesen seiner körpereigenen Anlagen, wobei er diese teilweise unbewusst nachahmt. Dabei versuche er, sich und seine Fähigkeiten mithilfe der Technologien zu optimieren. Der Mensch wird demnach grundsätzlich als *Mängelwesen* konzipiert.[131] Insbesondere Arnold Gehlen hat die Vorstellung des Menschen als Mängelwesen in den 1950ern prominent gemacht. Mithilfe von Techniken kompensiert der Mensch seine fehlenden Fähigkeiten, um überleben zu können. Die mangelhafte körperliche Ausstattung und die reduzierte Instinkthaftigkeit des Menschen führen zu einer Notwendigkeit, die Mängel mithilfe der Technik auszugleichen. (Vgl. Gehlen 1986: passim) Diese Auffassung von Mensch und Technik lässt sich auch in Freuds Bild des Menschen

---

setzung der eigenen Position nicht aufgrund ideen- und theoriegeschichtlicher Hintergründe, sondern aufgrund einer besseren sozialen Stellung im akademischen Betrieb hebt Marchand als markanten Grund der theoretischen Positionierung hervor.

131 Diese Auffassung lässt sich bereits in der Frühromantik bei Johann Gottfried Herder oder Friedrich Nietzsche finden (vgl. Mersch 2006: 109).

als „Prothesengott" (Freud 1974: 222) in ‚Das Unbehagen in der Kultur' wiederfinden. Danach deutet er die Prothesenhaftigkeit der Technik als Zeichen der menschlichen Armseligkeit. Der Mensch erhebt sich zu einem „Prothesengott" (Ebd.), indem er „alle seine Hilfsorgane anlegt." (Ebd.) Gleichzeitig räumt Freud ein, dass der Mensch zwar seine Fähigkeiten optimiert, wenn er sich der Technik bedient, jedoch teilweise noch nicht angemessen damit umgehen kann. Denn die technischen Erweiterungen sind „nicht mit ihm [dem Menschen, Anm. d. Verf.] verwachsen und machen ihm gelegentlich noch zu schaffen." (Freud zitiert nach Hartman 2010a: 55) Der Mensch steht der Technik somit grundsätzlich ambivalent gegenüber.

In die Tradition dieses anthropomorphen Technikbegriffs reiht sich McLuhan ein, wobei sein Technikbegriff dabei sehr weit gefasst wird. Alle vom Menschen hervorgebrachten technischen Artefakte sind Ausweitungen und Ergänzungen des Körpers sowie gleichzeitig auch Betäubungen. Der Gewinn der Ausweitung menschlicher Fähigkeiten durch die technischen Artefakte beinhaltet gleichermaßen den Verlust einer einseitigen Belastung einzelner Sinnesorgane. Demnach problematisiert McLuhan das Verhältnis von Technik und Mensch auf ähnliche Weise wie Freud den Prothesengott. Die *Exteriorisierung* menschlicher Fähigkeiten durch die Technik beschränkt sich dabei jedoch nicht bloß auf eine objektive Natur. Der Mensch verlängert seine Fähigkeiten auch auf einen sozialen, kollektiven Organismus hin. André Leroi-Gourhan hat auf diesen Zusammenhang zwischen Technik- und Symbolgebrauch aufmerksam gemacht. Der Mensch wird demnach als technik- und kulturschaffendes Wesen entworfen. Technikentwicklung ist somit als eine kontinuierliche Befreiungsgeste von der Natur zu betrachten. Werkzeuge sind ausgelagerte Operationen und symbolische Kompetenzen:

„Mit anderen Worten, ausgehend von einer Formel, die mit der bei den Primaten verwirklichten Formel identisch ist, stellt der Mensch konkrete Werkzeuge und Symbole her, die beide auf den gleichen Prozeß, oder besser auf die gleiche Grundausstattung im Gehirn zurückgehen. Die führt uns zu der Feststellung, daß die Sprache nicht nur ebenso charakteristisch für den Menschen ist wie das Werkzeug, sondern daß beide der Ausdruck ein und derselben menschlichen Eigenschaft sind." (Leroi-Gourhan 1995: 149)

Biologische Anlagen setzen sich damit konsequent in der Technik und im Technikgebrauch fort. So sind die Medien als eine Fortführung der ursprünglichen Befreiungsgeste zu verstehen. Werkzeuge als Entlastung der Hand, Sprache als weiterentwickelte Funktion des Mundes oder Schrift als Befreiung des menschlichen Gedächtnisses sind Beispiele für diese Auslagerungen, die auch soziale Konsequenzen mitführen. Die wahrnehmungstheoretischen und physiologischen Grundlagen von McLuhans Medientheorie sind in diese kulturphilosophische und anthropologische Tradition einzuordnen. Auch McLuhan betrachtet die technischen Voraussetzungen der Welterschließung unter kognitiven und körperlichen sowie sozialen Aspekten.

Tabelle 26: Soziale Voraussetzungen McLuhan

\multicolumn{2}{c}{Soziohistorischer Kontext}	
Zeit*	1960er Jahre
Ort	Kanada, England
Politischer Kontext	Protest-, Bürgerrechtsbewegungen, Wahlkampf John F. Kennedy und Richard Nixon
Ökonomischer, sozialer, kultureller Kontext	Jugendkultur, Hippie-Bewegung, Pop-Art, zunehmende Bedeutung der Werbung
Biografische Hintergründe**	Katholizismus
Berufliche/akademische Laufbahn	Studium der Literaturwissenschaft, universitäre Laufbahn, Toronto School of Communication
Theorie-, ideengeschichtlicher Kontext	
Fachepistemologie	Geisteswissenschaft
Fachtradition	Literatur-, Kulturwissenschaft
Rezeptionslinien: Theorieschulen, Theoretiker	- Toronto School of Communications; Oralitätsforschung: Rhys Carpenter, Milman Parry, Eric Havelock und Walter J. Ong - New Criticism: I.A. Richards, F.R. Leavis, William Empson - Wirtschaftswissenschaften: Harold Innis - Prothesentheorie: Ernst Kapp, Arnold Gehlen etc. als anthropologische Grundlage
Alternative Einflüsse, Denkmodelle	Moderne Literatur: Englische Autoren des 20. Jh. (James Joyce, Ezra Pound, William Butler Yeats, T.S. Eliot)

Quelle: eigene Darstellung

* Mit der Dimension ‚Zeit' ist hier nicht der Zeitraum gemeint, in dem die Theoretiker den Höhepunkt ihrer Rezeption erfahren haben. Dies ist bereits in Abbildung 2 dargestellt worden. Vielmehr ist der Zeitraum gemeint, der sie maßgeblich in ihrer Theoriebildung beeinflusst hat.

** Diese Dimension nennt die biografischen Elemente bzw. Besonderheiten, die Eingang in die Theorien gefunden haben.

4.6.2 Jean Baudrillard und das Ende der politischen Utopien

4.6.2.1 Jean Baudrillards soziohistorischer Kontext: Die Maiunruhen 1968

Der 1929 in Reims geborene Jean Baudrillard[132] durchläuft eine klassische universitäre Karriere. Er studiert Germanistik an der Sorbonne in Paris und später Soziologie und Philosophie. Nach dem Deutschstudium arbeitet er als Deutschlehrer an einer Mittelstufe, als Literaturkritiker und Übersetzer.[133] Er nimmt Mitte der 1960er eine Assistentenstelle bei dem Soziologen und Marxisten Henri Lefèbvre an der

---

132 Baudrillard starb am 6. März 2007 im Alter von 77 in Paris.
133 Baudrillard übersetzt u.a. Texte von Peter Weiss, Karl Marx und Bertold Brecht ins Französische.

Universität Nanterre an, um 1968 in der Soziologie mit ‚Das System der Dinge' zu promovieren und schließlich selbst Professor für Soziologie zu werden:

„Berufssoziologe wurde ich aus Opportunismus, so um das Jahr 1968. Damals war Soziologie die große Mode, und für mich erschloß sie die Möglichkeit einer akademischen Laufbahn: Ich verdiente damit besser. Ich fühle mich aber weder als Soziologe noch als philosophierender Philosoph. Allenfalls als Theoretiker. Als Metaphysiker, warum nicht." (Baudrillard zitiert nach Altwegg 1989: 18)

Baudrillard ist von 1986-1990 wissenschaftlicher Direktor am ‚Institut de Recherche et d'information Socio-économique' an der Universität Paris-Dauphine, bevor er sich zur Ruhe setzt und sich allein auf Veröffentlichungen und Vorträge konzentriert.

Betrachtet man die historische und geografische Lage Baudrillards, so wird deutlich, dass seine theoretische Ausrichtung stark durch die politischen Ereignisse in Frankreich geprägt ist. Insbesondere die politischen und sozialen Ereignisse 1968 in Nanterre dominieren sein akademisches Leben und beeinflussen seine Themenauswahl und die Art der Theoriebildung. Die 1960er Jahre können – ähnlich wie in Nordamerika – als eine Zeit des Umbruchs beschrieben werden. In Frankreich gibt es in dieser Zeit zahlreiche Proteste im hochschulpolitischen, kulturellen, politischen und wirtschaftlichen Bereich gegen den Gaullismus, den französischen rechtsgerichteten Konservatismus. Die Ideale der amerikanischen Jugendkultur und die Hippie-Bewegung breiten sich zunehmend in Europa aus und geraten mit den katholisch geprägten Werten der älteren Generation in Konflikt.[134] Insbesondere die studentischen Proteste des Mai 1968 in Frankreich können als ein entscheidender

---

134 Der Protest gegen den Vietnamkrieg in den USA und das Attentat auf Rudi Dutschke in Deutschland stoßen auch in Frankreich auf große Empörung und verstärken kommunistische und sozialistische Strömungen innerhalb der französischen Politik. Die Massendemonstrationen amerikanischer und westdeutscher Studentenbewegungen werden zu Beginn des Jahres 1968 zum Vorbild französischer Studentengruppen. Politisch ist ein eindeutiger Anstieg der Linken in den Präsidentschaftswahlen 1965 und den Parlamentswahlen 1967 zu verzeichnen. Die sozialen Spannungen finden in vermehrten Streikbewegungen, Straßendemonstrationen und bereits im Mai 1967 in einem befristeten Generalstreik Ausdruck. Ökonomisch steigt die Arbeitslosenzahl 1968 rasch an. Im Laufe des Jahres 1967 beginnen auch gesellschaftliche Agitationen durch linke Studentengruppen aus philosophischen und sozialwissenschaftlichen Fakultäten. Auch im Kulturbereich protestierten im Februar 1968 prominente Künstler, Intellektuelle und Filmschaffende wie Jean-Paul Sartre, François Truffaut oder Jean-Luc Godard erfolglos gegen die Absetzung Henri Langois' als Leiter der Cinémathèque française. Zu Einzelheiten siehe Goldschmidt (1973: 168).

historischer und politischer Einschnitt für Baudrillard genannt werden. Ihren Höhepunkt finden diese in der Besetzung von Verwaltungsgebäuden, der Schließung der Universität, gewaltsamen Konflikten mit der Polizei sowie Festnahmen und Inhaftierungen von Studenten, die auch eine allgemeine Empörung in der Bevölkerung hervorrufen. (Vgl. Goldschmidt 1973: 159 ff.)

Innerhalb dieses politischen und sozialen Rahmens bewegt sich Baudrillards Theoriebildung. Anfangs sieht er eine Möglichkeit der Kritik an den politischen und sozialen Verhältnissen durch Straßenproteste und Demonstrationen (vgl. Baudrillard 1972: 290). Er befasst sich mit den Massenprotesten und der Rolle der Medien im Kontext der Maiunruhen 1968 ausführlich in ‚Requiem für die Medien'. Insbesondere in ‚Die göttliche Linke' (1986) zeigt Baudrillard auch zunächst seine Sympathie für die linke Bewegung 1968, räumt dann aber später ein, dass jede Form von Kritik sinnlos geworden ist. Denn revolutionäre Energie kann gerade nicht mehr durch Protest und Kritik der Minderrepräsentierten gesammelt werden.[135] Ab den 1970ern distanziert er sich insofern von der radikal linksorientierten Haltung. Diese theoretische Wende ist durch die politische Situation beeinflusst: Nach dem Wahlsieg Mitterands und der französischen Sozialisten 1981 wirft Baudrillard den Linken vor, dass sie den politischen Vorgängen blind gegenüberstehen. Sie verkennen, dass die Realität und die Utopie bereits verschwunden sind. Politik ist bloß noch die Simulation politischer Bedürfnisse. Politik beruht lediglich noch auf Zeichen, Simulationen und simulierter Macht. Statt politischen Führern sind nun die Technokraten, Medienexperten und PR-Genies die führenden Akteure. Baudrillard selbst spricht dabei von einem Einbruch der Medien in den Bereich der Politik. Die französische Linke ist hingegen noch zu stark in veralteten Werten verhaftet und verkennt somit die Zeichenhaftigkeit der Politik, so dass der französische Sozialismus selbst nur noch als Simulakrum existiert. Die politische Linke ist nur noch dazu da, um das Ende der Politik zu beschleunigen. So legt Baudrillard „die Hinfälligkeit der alten politischen Rechts-Links-Dichotomie" (Meinecke 1987: 1) dar:

„Während die Rechte jedoch zynisch reagierte und das einzig Mögliche tat, um ihre Wahl zu rechtfertigen, nämlich diese durch aufsehenerregende, telegene, und immoralische Taten zu überschreiten, während sie die Masse als verräterisch erkannte und also als gewieften Gegner begriff, glaubte die Linke, als sie noch an der Macht war, tatsächlich und gutwillig an ihren sozialen Auftrag, der wiederum in nichts anderem bestehen konnte, als das Soziale, jene kapitalistische Wucherung, zu Tode zu simulieren." (Meinecke 1987: 2)

---

135 Blask beschreibt Baudrillards Entwicklung „vom kulturkritischen Entfremdungstheoretiker zum Kritiker klassischer linker Ideologien und zum distanzierten Diagnostiker der modernen Massen- und Mediengesellschaft." (Blask 2005: 13)

Es ist erkennbar, dass Baudrillards theoretische Entwicklung sich kongenial zur politischen Situation Frankreichs, insbesondere dem Pariser Mai 1968, entwickelt hat.

4.6.2.2 Jean Baudrillards theorie- und ideengeschichtlicher Kontext

Bereits in der Darstellung seiner Problemhinsichten und Problemlösungen (Kapitel 4.1.2) wird klar, dass Baudrillard zahlreiche theoretische Verweise und Rekurse auf soziologische Theorien vornimmt. Gleichzeitig distanziert er sich von bestimmten theoretischen Schulen. Theorie- bzw. ideologiehistorisch wird Baudrillard vielfach in den *französischen Poststrukturalismus* eingeordnet. Was genau die Zuschreibung ‚poststrukturalistisch' besagt, bleibt jedoch unklar, so dass diese als eine unzureichende Beschreibungskategorie gilt, um seine Überlegungen zu kontextualisieren: „Aus einer kollektiven zeitlichen Zuordnung (‚nach den Strukturalisten') kann zwar auf mögliche gemeinsame theoretische Voraussetzungen, nicht jedoch auf tatsächliche Gemeinsamkeiten in der Theoriebildung geschlossen werden – von irgendeiner Art organisatorischer Verbindung ganz zu schweigen." (Schetsche/ Vähling 2011: 70)

Um eine sinnvolle theoriegeschichtliche Einordnung vorzunehmen, ist es zweckmäßig, Baudrillards theoretische Bezugnahmen zu analysieren. Seine wissenschaftliche Laufbahn ist durch ganz unterschiedliche disziplinäre Einflüsse und Theorieschulen geprägt. Diese reichen von Hegel über Brecht, Durkheim, Sartre, Marx, Bataille, Debord, Mauss, Lacan, Foucault bis hin zum Strukturalismus, Marxismus, Situationismus und zur Semiotik (vgl. Lane 2000: 9 ff.; Merrin 2005: 1 ff.). Seine eigenen expliziten theoretischen Bezugnahmen sind dabei oft aber auch nur Erwähnungen und kurze Hinweise. So rekurriert er in der 1968 veröffentlichten Dissertation ‚Das System der Dinge' auf Roland Barthes, in ‚Das Andere selbst' aus dem Jahr 1987 auf Marx, Kierkegaard, Mauss und Bataille sowie in weiteren theoretischen Abhandlungen auf Lyotard, Deleuze, Lévi-Strauss, Derrida, Benjamin, McLuhan, Nietzsche, Marcuse oder Barthes. Neben diesen kursorischen Hinweisen gibt es auch zahlreiche ausführliche Bezugnahmen.[136]

Eine intensive Auseinandersetzung im Sinne einer systematischen Argumentation hinsichtlich seiner medientheoretischen Annahmen, die für diese Untersuchung

---

[136] Besondere Beachtung hat beispielsweise Michel Foucault gefunden, mit dem sich sowohl zahlreiche Ansatzpunkte und Überschneidungen als auch gleichzeitig eine explizite Ablehnung finden lassen. Die Beschäftigung mit dem Begriff des Anderen, mit den Themen Macht und Sexualität und Baudrillards 1977 veröffentlichtem Werk ‚Oublier Foucault' kennzeichnet eine Hinwendung zu einem nihilistischen, zunehmend apolitisch und teilweise zynischen Denken. In ‚Oublier Foucault' kritisiert Baudrillard, dass Foucaults Theorien der Sexualität und Macht obsolet sind. (Vgl. Blask 2005: 17 f.) Foucault soll jedoch in diesem Kontext keine Beachtung finden, da er für Baudrillards kommunikations- und medientheoretischen Überlegungen unbedeutend ist.

von Interesse sind, sind Baudrillards Bezugnahmen auf die Situationisten und Guy Debords ‚Die Gesellschaft des Spektakels', Hans Magnus Enzensbergers Aufsatz ‚Baukasten zu einer Theorie der Medien' (1970) sowie Marshall McLuhans Aphorismus ‚The medium is the message' in ‚Requiem für die Medien' (1972) sowie seine Referenz auf Marcel Mauss und seine ethnografischen Untersuchungen zu der Gabe als System des sozialen Tausches. Nachhaltigen Einfluss auf Baudrillards medientheoretische Annahmen haben insbesondere auch der Marxismus und der Strukturalismus genommen. Seine Simulationsthesen stützen sich grundlegend auf Karl Marx' Kritik der politischen Ökonomie und Ferdinand de Saussures strukturalistische Zeichentheorie.

Guy Debords ‚Die Gesellschaft des Spektakels' und die Situationisten

Baudrillard sympathisiert insbesondere in den 1960er und 1970er Jahren mit den *Situationisten*, einer linksradikal orientierten Gruppierung europäischer Künstler und Intellektueller:

„Ein Hang zur Radikalität habe ich immer noch, den habe ich mit den Situationisten gemein. Wir haben die Subversion nicht weggeworfen, trotzdem ist sie jetzt vorbei. 1968 kam das alles zur Explosion. Das war eine Epoche, die ist vorüber, aber nicht die Radikalität. Sie ist für mich immer noch ein Leitmotiv." (Baudrillard in Rötzer 1986: 33)

Jene ideengeschichtliche Orientierung korreliert mit den historischen Ereignissen des Mai 1968 in Frankreich, die auch maßgeblich von der intellektuellen Linken, u.a. auch den Situationisten, vorangetrieben wird. Die ‚Situationistische Internationale' wird 1957 von linken Literaten, Avantgarde-Künstlern und Intellektuellen gegründet. Guy Debord gilt als die zentrale Figur jener Gruppierung. In seinem Hauptwerk ‚Die Gesellschaft des Spektakels' (1996 [1967]) beschreibt er, dass die sozialen Verhältnisse moderner Industriestaaten durch eine zunehmende Bedeutung des Konsums und durch eine Scheinwelt von Werbung, PR und Propaganda charakterisiert sind. (Vgl. Debord 1996 [1967]: 157 ff.)

Die Gesellschaft des Spektakels feiert den Konsum und erhebt die Stars des Fernseh-, Film-, Show- und Pop-Business zu Rollenmodellen. Die Gesellschaft hat sich von ihren eigenen Bedürfnissen entfernt. Der Mensch begehrt nur noch das, was ihm modellartig medial vorgesetzt wird, wodurch er zum Konsumenten und passiven Zuschauer degradiert wird. Die Gesellschaft des Spektakels kennzeichnet sich zudem durch das Ende der Produktion. Der Mensch fühlt sich entfremdet, da sein Leben durch Pseudoerfahrungen dominiert wird. Die Realität bzw. das real Erlebte wird zunehmend durch seine Repräsentation in Werbung, PR und Propaganda ersetzt. Diese Haltung greift Baudrillard insbesondere in seinem Hauptwerk ‚Der symbolische Tausch und der Tod' (^{2}1991a [1982]) auf und arbeitet diesen Gedanken zu der Basis seiner auf Selbstbezüglichkeit fundierten Simulationsthesen aus. Seine Theorie der Simulation kann als logische Erweiterung von Debords ‚Gesellschaft des Spektakels' gelesen werden: Die Zeichen stehen nicht mehr für etwas außerhalb ihrer selbst, sie verweisen auf nichts Wirkliches mehr, es kann nicht mehr von einer Realität, sondern nur noch von einer Hyperrealität die Rede sein. Wenn die Realität systematisch zum Schauspiel wird, dann wird das Schauspiel selbst zur Realität, so die situationistische Behauptung. Baudrillards dystopische Haltung gegenüber der Medienentwicklung ist ähnlich wie die der Situationisten:

„Kurzum, es entsteht ein vielfältiges Universum von Medien, die in ihrer Eigenschaft als Medien homogen sind und die einander bedeuten und aufeinander zurückverweisen. Jedes ist in reziproker Weise der Inhalt eines anderen; ja, das ist letztendlich ihre Botschaft – die totalitäre Botschaft einer Konsumgesellschaft ... Dieser Komplex der Technik überträgt nichtsdestoweniger eine bestimmte Art von gebieterischer Botschaft: eine Botschaft des Konsums der Botschaft, der Inszenierung, der Autonomisierung und der Aufwertung der Information als Ware, der Glorifizierung des als Zeichen behandelten Inhalts. (In dieser Hinsicht ist die Werbung das zeitgenössische Medium par excellence.)" (Baudrillard 1967: 230)

Während Baudrillard diese Art der Kritik seitens der linksradikal orientierten Situationisten zunächst befürwortet, steht er diesen jedoch ab den 1970er Jahren zunehmend skeptisch gegenüber. Er beginnt, den Glauben an die emanzipatorischen Potenziale der Studenten- und Arbeiterbewegung zu verlieren.

Marx und Die Kritik der politischen Ökonomie

In Marx' Kritik der politischen Ökonomie geht es um die wirtschaftlichen Strukturen der kapitalistischen Gesellschaft und die Kritik an ihrer Produktionsweise. Er analysiert dabei in erster Linie die Ware als Spezifikum kapitalistischer Gesellschaften und unterscheidet dabei grundsätzlich zwischen dem Gebrauchswert und dem Tauschwert.[137] Der Gebrauchswert steht in einem unmittelbaren Zusammenhang mit den stofflichen und sachlichen Eigenschaften der Ware. Er ist eng mit den physischen Merkmalen des Gegenstandes verbunden und abhängig von den individuellen oder gesellschaftlichen Bedürfnissen. Der Gebrauchswert verwirklicht sich somit im Nutzen bzw. im Konsum der Ware. Der Tauschwert hingegen ist an keine bestimmte substanzielle Eigenschaft der Sache gebunden, sondern ist Ausdruck des

---

137 Der Gebrauchswert einer Sache misst sich an seiner Nützlichkeit, während der Tauschwert ein quantitatives Verhältnis anzeigt, nach der Waren auf Märkten getauscht werden können.

Wertes als Handelsgut. Der Tauschwert ist insofern ein Spezifikum kapitalistischer Gesellschaften, die grundlegend auf dem Austausch von Waren beruhen.[138]

Baudrillard bezieht sich in seinen Simulationsthesen auf diese Grundbegriffe von Marx. Mit dem Zeitalter der Produktion verbindet Baudrillard die marxistischen Kategorien wie „die materielle Evidenz von Maschinen und Fabriken, von Arbeitszeit, Produkt, Lohn und Geld [...] ebenso wie die eher formale, aber gleichfalls ‚objektive' Existenz von Mehrwert, Markt und Kapital" (Baudrillard ²1991a [1982]: 25 f.). Der gesamte Diskurs der politischen Ökonomie wird zur dominierenden gesellschaftlichen Logik:

„Heute haben alle Ideologien ihre Muttersprache in der politischen Ökonomie entdeckt. Alle Soziologen, Anthropologen usw. wenden sich dem Marxismus als dem maßgeblichen Referenzdiskurs zu. [...] Der ganze latente Diskurs des Kapitals ist manifest geworden, und überall ist ein sicheres Frohlocken bei dieser Himmelfahrt der ‚Wahrheit' zu vernehmen." (ebd.: 60)

Die zunehmende Bedeutung des reinen Tauschwerts überholt das natürliche Wertgesetz der präkapitalistischen Phase. Während in der vorindustriellen Phase noch der Gebrauchswert vorherrschend gewesen ist, dominiert mit den kapitalistischen Produktionsverhältnissen der Tauschwert. Das Industrieprodukt emanzipiert sich von seiner Vorlage, so dass der Wert nicht durch seine Bedeutung und seinen Nutzen, sondern durch seine Herstellungskosten bestimmt wird. Es gibt keinen Auslöser des Produktionsprozesses mehr, der die Produktion als einen Arbeits-, Herstellungs- und Erzeugungsakt definiert, sondern nur noch die Logik einer unendlichen Reproduzierbarkeit. Diese Logik bezieht Baudrillard nicht nur auf den Bereich der Ökonomie, sondern auch auf das gesamte Feld der Zeichen, der Bedeutungen und der Sinngebung. Der Bereich der Signifikation ist in formaler Hinsicht identisch mit der Sphäre des ökonomischen Tausches: Signifikant und Signifikat stehen in einer direkten Referenzbeziehung zueinander, genauso wie der Gebrauchswert unmittelbar mit seiner Nützlichkeit in Verbindung steht. Im industriellen Zeitalter verliert der Gebrauchswert jedoch zunehmend an Bedeutung, da der Tauschwert immer dominanter wird. Ebenso löst sich auch die Referenzbeziehung zwischen Signifikant und Signifikat auf. Zeichen verweisen nicht mehr auf etwas außerhalb ihrer selbst, sondern zunehmend auf sich selbst. Baudrillards historisches Modell beruht

---

138 Der Gebrauchswert einer Jacke besteht beispielsweise darin, sich vor Kälte zu schützen. Dieser Nutzen ist mit den stofflichen Eigenschaften der Jacke (Material, Größe, Dicke, Form usw.) unmittelbar verknüpft. Der Tauschwert hingegen ist nicht mit den substanziellen Merkmalen der Jacke verbunden, sondern zeigt den Wert an, womit die Jacke als Ware getauscht werden kann. Der Tauschwert einer Ware, z.B. der Jacke, kann mit Geldform, z.B. 50 Euro, ausgedrückt werden.

demnach auf einer Zusammenführung bzw. Analogisierung von Zeichentheorie und der Ökonomiekritik nach Marx. Die wirtschaftstheoretischen Grundlagen von Marx werden mit der strukturalistischen Zeichentheorie de Saussures zu Baudrillards Simulationstheorie synthetisiert:[139]

„Aus dem Wertgesetz im Sinne der Ökonomen oder im Sinne von Marx [...] ist das Wertgesetz im Sinne Saussures geworden: jeder Term eines Systems hat Wert nur durch seine Beziehung zu den anderen, zu allen anderen Termen; kein Term hat Wert an sich, vielmehr geht der Wert aus der totalen Austauschbarkeit der Elemente hervor. [...] Es ist dieses linguistische und strukturale Wertgesetz, das uns heute regiert und das einer phantastischen Ausweitung des ökonomischen Wertgesetzes entspricht." (Baudrillard 1978b: 20)

In dieser Hinsicht lässt sich Baudrillards historisches Modell in Anlehnung an Marx auch wie folgt lesen: Die klassische Periode der Imitation entspricht demnach einer präkapitalistischen Phase eines natürlichen Wertgesetzes. Der Gebrauchswert der Ware dominiert. In der industriellen Phase der Reproduktion wird der Gebrauchswert immer unbedeutender. Der Tauschwert dominiert schließlich über den Gebrauchswert, so wie es Marx für kapitalistische Gesellschaften beschreibt. In der historischen Phase der Simulation, die Baudrillard auch das strukturelle Wertgesetz nennt, kommt es schließlich zu einer völligen Entwertung. Gebrauchswert und Tauschwert werden ununterscheidbar zugunsten eines reinen Zeichenwerts. In dieser Phase werden alle Werte, seien es Natur, Gebrauchswert, Produktion, Sinn oder Wahrheit nivelliert. Am Ende der Entwicklung stehen dann schließlich die Theorie der Simulation und das damit einhergehende Ende der politischen Ökonomie, das Ende des Referenten, des Sozialen, des Realen, des Politischen. (Vgl. Huyssen 1992: 174 ff.) Baudrillard transferiert die Kritik der politischen Ökonomie nach Marx auf alle gesellschaftlichen Felder:

„Mit der Vorherrschaft der toten Arbeit über die lebendige Arbeit bricht die ganze Dialektik der Produktion zusammen. Gebrauchswert/Tauschwert, Produktivkräfte/Produktionsverhältnisse, all diese Entgegensetzungen, die den Marxismus regieren (nach dem gleichen Schema im Grunde wie das rationalistische Denken, das auf den Entgegensetzungen von wahr und falsch, Schein und Wirklichkeit, Natur und Kultur beruht), werden gleicherweise neutralisiert. Alles in der Produktion und Ökonomie wird vertauschbar, umkehrbar, auswechselbar nach der gleichen unbegrenzten Spiegelung wie in der Politik, in der Mode oder in den Medien." (Baudrillard ²1991a [1982]: 31)

---

139 Siehe hierzu den Abschnitt ‚Vom Marxismus zum Strukturalismus: Ferdinand de Saussures' Zeichentheorie, in diesem Kapitel.

Gerade in seinen medientheoretischen Überlegungen plädiert Baudrillard dafür, das marxistische Paradigma nicht auf seine materialistischen Grundlagen zu reduzieren, da diese unzureichend sind, um gesellschaftliche Dynamiken zu erklären.

Marxismuskritik – Enzensbergers ‚Baukasten zu einer Theorie der Medien'

Wie bereits in Kapitel 4.5.2 in der Analyse der Strukturmerkmale erwähnt, versucht sich Baudrillard von medienwissenschaftlichen Positionen seiner direkten Vergangenheit abzusetzen. So versucht er, sich von den marxistischen Mediendiskursen und Debatten der 1960er und 1970er Jahre abzugrenzen, die im Kontext der Maiunruhen 1968 stehen. Baudrillard stellt sich dabei in seinem Aufsatz ‚Requiem für die Medien' (1972) namentlich gegen Bertold Brecht und seine Radiotheorie aus den 1930er Jahren sowie gegen Hans Magnus Enzensbergers ‚Baukasten zu einer Theorie der Medien' (1970).

Aus einer marxistischen Perspektive werden die Medien dem gesellschaftlichen Überbau zugeordnet. Durch die Fokussierung auf materielle Produktionsverhältnisse wird keine angemessene Übertragung der Überlegungen zu Produktionsverhältnissen für Sprache, Zeichen, Bedeutung und Kommunikation vorgenommen, konstatiert Baudrillard. Materielle Produktionsverhältnisse als Basis und Kommunikation als Überbau werden grundsätzlich getrennt betrachtet. In diesem Sinne kann es gar keine marxistische Medientheorie geben. Brecht und Enzensberger versuchen jedoch, diese systematische Aussparung des marxistischen Paradigmas zu überwinden. Insbesondere sieht Baudrillard den Versuch bei Enzensberger, Medien und Kommunikation in eine Logik der Produktionsverhältnisse zu überführen:

„Man wahrt die allgemeine Form der marxistischen Analyse (dialektischer Widerspruch zwischen Produktivkräften und Produktionsverhältnissen), räumt dabei aber ein, daß die ‚klassische' Definition der Produktivkräfte eine beschränkte Definition ist und erweitert die Analyse im Hinblick auf die Produktivkräfte um jenes gesamte brachliegende Feld der Bedeutung und der Kommunikation." (Baudrillard 1972: 279)

Enzensbergers sozialistische Theorie der Medien erweitert die klassische Definition von Produktivkräften auf das Feld der Bedeutung und der Kommunikation und holt damit den Rückstand und die Beschränktheit der marxistischen Theorie, den Kommunikations- und Bedeutungsbereich auszusparen, auf. Dennoch stellt Baudrillard fest, dass die Verallgemeinerung der marxistischen Analyse, d.h. die Übertragung der Termini von Produktivkräften auf den Bereich von Sinn, Botschaft, Zeichen und Bedeutung, nicht möglich ist. Der theoretische Rahmen der marxistischen Analyse kann nicht auf Inhalte transferiert werden, da es keinen Sinn macht, die Medien in eine Basis-Überbau-Terminologie zu integrieren. Baudrillard stellt sich dem Ansatz Enzensbergers entgegen, denn zudem hält er die Annahme emanzipatorischer

Potenziale der Medien, wie sie Enzensberger vorstellt, für verfehlt. Enzensberger ist der Auffassung, dass die Medien bisher ein Monopol der herrschenden Klasse gewesen sind, die Struktur allerdings grundsätzlich egalitär ist, so dass die Medien nur für ihre eigentliche Bestimmung, die offene Kommunikation und den demokratischen Austausch, genutzt werden müssen. Die Medien müssen demnach aus dem Monopol der Herrschenden befreit werden, um ihre emanzipatorische Wirkung entfalten zu können und die massenhafte Teilnahme am gesellschaftlichen Prozess zu gewährleisten. Medien werden im Sinne Enzensbergers aus der Perspektive einer revolutionären Politik betrachtet, wobei diese einem sozialistischen Ziel dienen sollen, das sich durch eine offene Kommunikation und uneingeschränkten demokratischen Austausch auszeichnet. Medien werden somit zu Instrumenten einer sozialistischen Ideologie. Baudrillard bezeichnet dies als eine „Mystik der sozialistischen Prädestination der Medien, Kehrseite zwar, aber zugleich auch Komplement des orwellschen Mythos ihrer terroristischen Manipulation durch die Macht." (ebd.: 286) Er hält dem entgegen, dass die massenhafte Teilnahme an einem gesellschaftlichen Prozess durch den Besitz von Medien wie Fernsehgeräte, Radios oder Kameras noch längst nicht realisiert ist, da stets die Reziprozität und Antwortmöglichkeit des Rezipienten versagt bleibt.[140]

Weitere Marxismuskritik – Henri Lefèbvre

Von dem Marxisten und Soziologen Henri Lefèbvre, der sich in gewisser Weise einer französischen Variante der Kritischen Theorie verschreibt, wird Baudrillard an die Reformuniversität von Nanterre berufen und gerade zu Beginn seiner wissenschaftlichen Laufbahn beeinflusst. Lefèbvre führt in seinem Hauptwerk ‚Kritik des Alltagslebens' (1977)[141] Elemente des Strukturalismus, des Existenzialismus, der Psychoanalyse und der Phänomenologie zusammen.

Lefèbvre bemängelt an der Marxistischen Theorie, dass diese Umgestaltungen im Alltagsleben bisher unberücksichtigt gelassen hat, eine Revolution dies jedoch tun muss, da sie ansonsten zum Scheitern verurteilt ist. In ‚Kritik des Alltagslebens' (1977) versucht er, dieses Defizit auszugleichen und bezieht Veränderungen im Alltagsleben durch die neuen Technologien sowie kulturelle Phänomene ein. Von Lefèbvre angeregt, führt auch Baudrillard in ‚Das System der Dinge' (1991d)[142] Untersuchungen zu alltäglichen Gegenständen durch. Er unternimmt eine phänomeno-

---

140 Baudrillard spricht hier von Reziprozität und Antwort im Sinne der Möglichkeit eines Wiedergebens und somit der Machtaufbrechung. Wie im symbolischen Tausch in primitiven Gesellschaften bedeutet das Zurückgeben die Präsentation von Macht.
141 Der Titel ‚Kritik des Alltagslebens' (1977) ist eine Anspielung auf Marx' ‚Zur Kritik der politischen Ökonomie'.
142 ‚Das System der Dinge' ist im Gegensatz zu seinen in den 1980er Jahren verfassten fiktionalen Schriften noch sehr systematisch.

logische Analyse der Konsumgesellschaft, um zu zeigen, dass die Organisation der Alltagsgegenstände in der modernen Gesellschaft einen stärkeren Einfluss auf das Leben und das Verhalten der Menschen ausübt als die industriellen Produktionsverhältnisse:

„Der Verbrauch ist weder ein materieller Vorgang noch eine Erscheinung des ‚Überflusses'. Er läßt sich weder durch die Nahrungsmittel, die wir zu uns nehmen, noch durch die Kleidung, die wir tragen, noch durch den Wagen, den wir fahren, noch durch den oralen und visuellen Stoff der Mitteilungen und Bilder definieren, sondern nur durch die Organisierung dieser Dinge als Bedeutung habende Substanzen. Der Verbrauch ist die virtuelle Totalität aller Gegenstände und Mitteilungen, die in ein mehr oder minder kohärentes Gespräch einmünden. Der Verbrauch ist, soweit er sinnvoll ist, der Vollzug einer systematischen Manipulation von Zeichen." (Baudrillard 1991d: 244)

In den Fokus von Baudrillards Interesse rückt zunehmend die Zeichenhaftigkeit von Gegenständen. Diese gibt mehr Aufschluss über das Wesen der Dinge als ihre Materialität.[143] Die Welt der Gegenstände und deren Konsum bilden ein geschlossenes System, das sich unabhängig von den Subjekten verstehen lässt. Baudrillard konstatiert, dass die Gegenstände, ihre Farbe, Form und Materialität zu „Trägern einer signifikationsfreien Funktionalität geworden sind und künstliche Materialien in ihrer Homogenität den Zeichencharakter der Objekte noch unterstreichen." (Blask 2005: 18 f.) Die Produktion und der Konsum von Objekten folgen demnach nicht mehr einer Bedürfnisstruktur, sondern einem „Differenzierungsbedürfnis der Ware selbst, das als *Code* in ihr angelegt ist." (Schetsche/Vähling 2011: 72; Hervorhebung im Original) Auf Grundlage dessen entwickelt Baudrillard in ‚Der symbolische Tausch und der Tod' seine Ordnung der Simulakren, die verschiedene Verhältnisse zwischen materieller und symbolischer Welt, zwischen Signifikat und Signifikant ausweisen. Seine gesellschaftskritische Analyse stützt sich somit nicht mehr nur auf die Prämisse der Klassenunterschiede sensu Marx, sondern fokussiert eine zeichentheoretische Reduktion der bestehenden Ordnung:

„Der Marxismus bildete folglich nur ein – inzwischen alt gewordenes – Analyseinstrumentarium, das mit anderen wie der Semiologie und der Theorie des Symbolischen, die ihre Herkunft in der saussureschen Linguistik und der Ethnologie Claude Lévi-Strauss' hatten, versöhnt und verbunden werden sollte. Statt einer ‚Kritik der politischen Ökonomie' hieß das Programm also eine ‚Kritik der symbolischen Ordnung', die die Basis des Sozialen nicht in

---

143 Beispielsweise ist die Mode zwar materiell ein Kleidungsstück, ihr eigentliches Wesen liegt jedoch nicht in ihrer Materialität, sondern in der Vergänglichkeit und der Unterscheidung. Kleidung und Mode sind nach Baudrillard nicht mehr bloß materielle Dinge, sondern insbesondere zeichenartige Gegenstände.

den ‚jeweiligen Produktionsbedingungen' erblickte, sondern in der Form der Kommunikation." (Mersch 2006: 155)

Das Prinzip des ökonomischen Gütertausches wird so auf eine symbolische Ebene übertragen, insofern transformiert Baudrillard den historischen Materialismus und führt mit dem Begriff des Symbolischen ein semiologisches statt ein materialistisches Apriori ein. Baudrillard distanziert sich zunehmend von den konzeptionellen Annahmen des Marxismus, indem er die theoretischen Prämissen des historischen Materialismus und des Basis-Überbau-Schemas kritisiert. Der dialektische Widerspruch zwischen Produktivkräften und Produktionsverhältnissen muss somit eine Erweiterung erfahren, die er in Mauss' und Batailles Überlegungen zum Gabentausch sieht und daraus seine medienhistorische Rekonstruktion der Ordnungen von Simulakren entwirft.

Der symbolische Tausch und die Gabe nach Marcel Mauss und Georges Bataille

Insbesondere die Analysen von Marcel Mauss zur Gabe, zum Tausch und zum Geschenk in archaischen Gesellschaften lassen den strukturalistischen Einfluss auf Baudrillards Theorie erkennen. In seiner Simulationstheorie übernimmt Baudrillard Marcel Mauss' *Idee des Potlatch* als ein Ritual sich selbst überbietender immaterieller Geschenke, das den unmöglichen Tausch versinnbildlicht. Mauss beschreibt die sozialen Verpflichtungen einer Tauschzeremonie am Beispiel des Potlatch bei den Indianern Nordamerikas (vgl. Mauss 1990 [1925]: 91). Baudrillards ‚Der symbolische Tausch und der Tod' thematisiert die Aktion des Tausches als Eskalationsspirale, die kein materielles Äquivalent kennt. Der Potlatch wird als eine Form des symbolischen Tausches bestimmt, die durch die Erzeugung von Verpflichtung, Geschenke zu erwidern, eine bestimmte soziale Ordnung herstellt. Das Ritual der sich einander überbietenden Geschenke zeigt dabei die Verschwendung der Zeichen in seiner reinen Form. Das Geben stellt den Reichtum und die Autorität des Gebenden unter Beweis und setzt damit einen Zwang des Annehmens und Erwiderns der Gabe in Kraft. Diese Dynamik des Verschwendens und die dadurch hergestellte soziale Verbindung der am Tausch Beteiligten stehen im Zentrum der Betrachtung. Entscheidend bei dieser Struktur des Potlatch ist, dass nicht die Intention des Gebenden, sondern allein die symbolische Ordnung und die Struktur des Tausches von Belang sind. Bedeutung und Sinn sind somit nicht einem Interpretanten zuzuordnen, sondern den Strukturen und Objekten.

Wie bereits in der Darstellung der Problemlösungen (Kapitel 4.2.2) näher ausgeführt wurde, überträgt Baudrillard Mauss' Ideen zur Gabe und zum Potlatch auf die Simulationslogik. Die Gabe stellt für ihn eine symbolische Gewalt dar, die das System dazu zwingt, sich selbst zu überbieten und ad absurdum zu führen. Wie der Titel ‚Der symbolische Tausch und der Tod' andeutet, ist in letzter Konsequenz der

Tod das radikalste Geschenk, das die Unmöglichkeit des Tausches aufzeigt und keine weitere Steigerung mehr kennt. Der Tod kann nicht verhandelt oder erwidert werden und durchbricht das Prinzip von Gabe und Gegengabe, so dass ein Prozess der Eskalation des unmöglichen Tausches in Gang gesetzt wird.

Vergleicht man das Prinzip des symbolischen Tausches mit der politischen Ökonomie von Marx, so lässt sich feststellen, dass das von Marx postulierte Produktionsparadigma durch ein Konsumparadigma ersetzt wird. Das herrschende Produktionsparadigma, das Marx aufstellt, geht von einer Gleichheit zwischen Geber und Nehmer aus, jenes Tauschkonzept beruht auf äquivalenter Reziprozität. Im Konsumparadigma geht es allerdings vielmehr um die Ungleichheit des Geschenkaustauschs, das zum einen den Zwang zur Erwiderung der Gabe und damit symbolische Verpflichtung und soziale Bindung schafft, zum anderen aber auch Verschwendung, ein Übermaß an Gegengabe, anzeigt. Gerade Georges Bataille hat den Überschuss, die Verschwendung, die Transgression, den Exzess zu seinen theoretischen Grundlagen der Ökonomie gemacht. Es geht Bataille um die „Überschreitung des Selbst in der Selbstaufgabe und nicht in der Selbsterhaltung des *homo oeconomicus*" (Kämpf 1999: 219; Hervorhebung d. Verf.)

Vom Marxismus zum Strukturalismus:
Ferdinand de Saussures' Zeichentheorie

Wie bereits bei der Ausführung zu Baudrillards Bezugnahmen auf Marx deutlich wurde, verlagert Baudrillard seinen Fokus auf semiologische Fragestellungen: „Ist doch das Interesse an zeichentheoretischen Zusammenhängen auf der anderen Seite des Rheins immer auch in Auseinandersetzung mit dialektischen Diskursen aller Couleur und also mit Emanzipationsrhetorik, Fortschrittspathos, Befreiungsparolen usw. entstanden." (Windgätter 2004: 129) Baudrillards Argumentation basiert auf der *strukturalistischen Zeichentheorie*. Insbesondere seine theoretischen Überlegungen der Simulation fußen auf den linguistischen Grundannahmen Ferdinand de Saussures. Dieser geht von der Grundannahme aus, dass Zeichen nicht für sich alleine gelten, sondern erst in einem System der Sprache durch die Differenz zu anderen Zeichen an Bedeutung gewinnen. Zudem konstatiert er, dass Zeichen und Begriffe auf etwas außerhalb ihrer selbst verweisen und sich auf etwas beziehen. Diese Unterscheidung von Signifikant und Signifikat in der Zeichentheorie Ferdinand de Saussures beschreibt jenes zweistellige Relatum von Ausdrucksebene und Inhaltsebene. Anders als in der pragmatizistischen Semiotik, aufbauend auf Charles S. Peirce, in dem von einem triadischen System der Semiotik mit der Unterscheidung zwischen Syntaktik, Semantik und Pragmatik ausgegangen wird, ist in der Semiologie zentral, dass ein Bezug auf den Interpretanten weder hergestellt noch benötigt wird, sondern die Bedeutung von Zeichen und Zeichenzusammenhängen grundlegend durch das Schema binärer Oppositionen und durch die Differenz zu anderen Zeichen konstituiert wird.

Baudrillard negiert dabei die Annahme Saussures, dass die Zeichen eine Repräsentationsfunktion erfüllen. Er bestreitet die Referenz auf ein Außerhalb, Realität ist hingegen ein Ensemble aus Zeichen, die wiederum auf andere Zeichen rekurrieren. In Bezug auf die Medien bedeutet es, dass diese nicht mehr länger auf eine unabhängige Realität verweisen und eine Abbildfunktion einnehmen, sondern diese erst erschaffen. Es ist die „völlig inventarisierte, in den Spielarten des Realen künstlich wiederhergestellte Welt." (Baudrillard 1978a: 19) Insofern gibt es keine nichtmediale Realität, kein Außerhalb der Simulation mehr. Die Emanzipation der Zeichen ist eingetreten. Eine universelle Zeichenkombinatorik, die sich selbst genügt, hat zur Folge, dass jeder Inhalt, jede Bedeutung „in einem Sog von Indifferenz untergeht." (Breuer/Leusch/Mersch 1996: 39) Sowohl für die werttheoretische als auch für die zeichentheoretische Analyse gilt das gleiche Prinzip: Die Unterscheidung zwischen Gebrauchs- und Tauschwert wird wie auch die Differenz zwischen Signifikat und Signifikant obsolet. Der Tauschwert gewinnt an Bedeutung und besitzt schließlich Vorrang vor dem Gebrauchswert. Genauso gilt ein Primat des Signifikanten vor dem Signifikat. Nicht mehr die Objekte an sich sind ausschlaggebend dafür, was wir für real halten. Realität ist somit ein Effekt der Zeichenverwendung, ein Effekt des Signifikanten, der scheinbar objektiv auf eine Dinglichkeit außerhalb seiner selbst zu verweisen versucht. Realität ist das, was uns die Medien als solche zeigen. Insofern ist die Überlegung der Indifferenz von Signifikant und Signifikat und von Tausch- und Gebrauchswert auf die Begründung durch das linguistische Theorem de Saussures als Basis zurückzuführen.

Baudrillard als Reinkarnation von McLuhan

Gerade in der englischsprachigen Sekundärliteratur wird der Einfluss McLuhans auf Baudrillard beschrieben und diskutiert. Dort ist die Rede von einer „reincarnation of the Toronto sage" (Merrin 2005: 45), von einem „new McLuhan" (Kellner 1989: 73), „French McLuhan" (Gane 1991: 3 f.) oder „McLuhan of today" (ebd.: 4). Auch wird von einer „McLuhan renaissance" (Genosko 1999: 1) gesprochen.[144]

---

144 Merrin behandelt das Verhältnis von McLuhan und Baudrillard in Kapitel 3 seiner Monografie ‚Baudrillard and the Media' (2005) genauer und konstatiert, dass Baudrillards theoretische Grundlagen als Erweiterung von McLuhan und gleichzeitig als kritische Reaktion auf ihn gelesen werden können: „In Baudrillard we find a suitably McLuhanist extension and reversal of McLuhan, one allowing, following McLuhan's own metaphor, new light to be shone not on but through McLuhan's ideas, bringing with it also a clearer insight into Baudrillard's own project." (Merrin 2005: 47) In der deutschsprachigen Sekundärliteratur zu McLuhan und Baudrillard finden sich hingegen weniger Verweise auf theoretische Interrelationen und vergleichende Studien. Baudrillard selbst äußert sich zu McLuhan: „Alle zehn Jahre sondert die amerikanische Kultursoziologie großartige richtungsweisende Systeme ab, in denen eine diagonale Analyse der gesamten Zivilisation

Die konzeptuellen Überschneidungen zwischen McLuhan und Baudrillard sind bereits in Kapitel 4.1 (Problemhinsichten) und 4.3 (Begrifflichkeiten und theoretische Voraussetzungen) herausgearbeitet worden. Der Aphorismus ‚*The medium is the message*‘, *die Unterscheidung von kühlen und heißen Medien sowie die Oppositionsfigur von Explosion und Implosion* entlehnt Baudrillard McLuhans Thesen. Daher wird an dieser Stelle nur noch kursorisch auf die Inhalte verwiesen. Vielmehr steht McLuhan als Einflussgröße für Baudrillards Denken im Vordergrund, so dass auf die expliziten Bezugnahmen und den Entstehungskontext eingegangen wird:[145] „THE MEDIUM IS THE MASSAGE, prophezeite McLuhan: ein charakteristischer Spruch für die heutige, die ‚coole' Phase jeder Massenmedienkultur, die Phase einer Abkühlung, einer Neutralisierung aller Botschaften im leeren Äther. Die Phase einer Sinnerstarrung." (Baudrillard 2010: 42)

Baudrillards Beschäftigung mit McLuhan beginnt bereits 1967, als er ‚Die magischen Kanäle. Understanding Media' (^{2}1995 [1964]) in der linken französischen Zeitschrift ‚L'Homme et la société' (1967) rezensiert. Baudrillard bringt darin einerseits Faszination, aber andererseits auch Kritik an McLuhans Medienidealismus und -optimismus zum Ausdruck: „Offenkundig gibt es einen einfachen Grund für diesen [McLuhans; Anm. d. Verf.] Optimismus: Er beruht auf dem totalen Mißlingen, Geschichte zu verstehen, genauer, die soziale Geschichte der Medien zu verstehen." (Baudrillard 1967: 229) Laut Baudrillard konzentriert sich McLuhan maßgeblich auf die infrastrukturellen Veränderungen in und mit Medien, ohne dabei „alle die historischen Erschütterungen, Ideologien und das bemerkenswerte Beharrungsvermögen (und sogar Wiederaufleben) politischer Imperialismen, Nationalismen und bürokratischer Feudalismen in dieser Ära beschleunigter Kommunikation und Partizipation" (ebd.: 230) in den Fokus zu nehmen. Baudrillard postuliert, dass McLuhan einem technischen Determinismus und Reduktionismus verfallen ist. In den 1970er und 1980er Jahren jedoch erhebt er McLuhans Aphorismus ‚The medium is the message' zum Leitgedanken seiner eigenen theoretischen Überlegungen:

„Medium is Message, das ist zwar keine kritische Feststellung, aber in seiner paradoxen Form hat es analytischen Wert, wohingegen Enzensbergers Harmlosigkeit von wegen der ‚strukturellen Eigenschaften der neuen Medien', deren Versprechen, ‚keines der heute herrschenden Regimes... einlösen kann', sich zwar revolutionär gibt, in Wahrheit aber bloß mystisch ist." (Baudrillard 1972: 286)

---

    damit endet, daß sie in weitem Bogen zurückkehrt zur zeitgenössischen amerikanischen Realität als dem impliziten Telos und Modell der Zukunft." (Baudrillard 1967: 227)

145 Hierbei ist zu bemerken, dass eine strikte Trennung zwischen inhaltlicher und kontextueller Ebene oft nicht möglich ist. Um auf Entstehungskontexte einzugehen, müssen auch stets inhaltliche Bezüge hergestellt werden.

Neben der Kritik an den theoretischen Grundlagen des Marxismus nimmt Baudrillard in seinem Aufsatz ‚Requiem für die Medien' (1972) ebenso Bezug auf die medientheoretischen Überlegungen von McLuhan, dessen Aphorismus ‚The medium is the message' in diesem Aufsatz explizit Erwähnung findet. Er distanziert sich von der marxistischen Theorie und kommt dabei zu dem Schluss, dass weder der materialistische Ansatz noch die medientheoretischen Überlegungen von McLuhan eine angemessene Forschungsperspektive darstellen, um Kommunikation und Medien zu untersuchen. Er spricht McLuhan einen „urtümlichen Optimismus" (ebd.: 286) hinsichtlich seiner Prognosen zu, hält seine Theorie allerdings für analytisch wertvoller als eine marxistisch verklärte Medientheorie, die Medien als Motor des Klassenkampfes deklariert. McLuhans Formel ‚The medium is the message' „bewirkt einen Sinntransfer auf das Medium selbst als technologische Struktur." (ebd.: 289) Gemäß McLuhan konstatiert Baudrillard, dass die Medien auf der Ebene ihrer Form selbst bedeutend sind, während Fragen des Inhalts oder Fragen nach der Art der Mediennutzung in den Hintergrund treten: „Nicht als Vehikel eines Inhalts, sondern durch die Form und Operation selbst induzieren die Medien ein gesellschaftliches Verhältnis [...]." (Baudrillard 1972: 283) In seiner Bewertung verkehrt er McLuhans Credo jedoch in sein Gegenteil: „[T]he medium is the message signifies not only the end of the message, but also the end of the medium." (Baudrillard 1983c: 102) Es geht nicht mehr um die Botschaft, sondern einfach darum, dass kommuniziert wird. Baudrillard spricht dabei von der Implosion gegensätzlicher Pole. Wie bereits in Kapitel 4.1.2, 4.1.6 und 4.5.2 herausgestellt wurde, übernimmt Baudrillard dabei McLuhans *Oppositionsfigur von Explosion und Implosion*.[146]

---

146 Zu den inhaltlichen Gemeinsamkeiten zwischen McLuhan und Baudrillard siehe auch Kapitel 4.1.6. Dort wird genauer auf die Umdeutung von McLuhans Aphorismus ‚The medium is the message' in ‚The medium is the mass-age' eingegangen. Dabei wird insbesondere der Begriff der Implosion näher erläutert. Auch Gary Genosko, Senior Research Fellow des McLuhan Program in Culture and Technology an der Universität von Toronto, hat die Gemeinsamkeiten von McLuhan und Baudrillard in „McLuhan and Baudrillard. The masters of implosion" (1999) herausgearbeitet und die theoretischen Parallelen zwischen den Theoretikern expliziert. Dabei stellt das mcluhansche Verständnis von Implosion eine wichtige Einflussquelle für Baudrillards Denken dar. Genosko spricht dabei von einer „McLuhanization of French intellectuals" (Genosko 1999: 1) in den 1980er Jahren: „I consider the McLuhan renaissance to be a result of postmodern theory and the enormously influential role played by French social and cultural theory as it has been, and continues to be, translated into English and disseminated across and beyond disciplines. [...] Baudrillard's debts to McLuhan are substantial. [...] The Baudrillard Scene contained a good deal of McLuhancy. Baudrillard is not, of course, the only vector transmitting *macluhanisme*, but he is the main carrier." (Genosko 1999: 3; Hervorhebung im Original)

In ‚Von der Verführung' (1992b) rekurriert Baudrillard auf McLuhans Unterscheidung von heißen und kühlen Medien. Die Zuschreibung richtet sich dabei nicht nach einem Einzelmedium, sondern Baudrillard gebraucht die Unterscheidung von heiß und kühl vielmehr als einen Modus der Zeichenreferenz und schreibt sie gesamten historischen Epochen zu. Das industrielle Zeitalter der Produktion und der Arbeit stellen für ihn heiße[147] Prozesse par excellence dar, wohingegen das gegenwärtige Zeitalter der Simulation cool ist:

„Coolness: das ist das reine Spiel der Valeurs der Rede, der Verwandlungen der Schrift, das ist die Leichtigkeit und Distanziertheit dessen, was in der Tat nur noch mit Zahlen, Zeichen und Wörtern funktioniert, das ist die Allmacht der operationalen Simulation. Solange noch etwas vom Affekt und von der Referenz da ist, ist man im Heißen. Solange noch eine ‚Botschaft' übrigbleibt, ist man im Heißen. Aber wenn das Medium zur Botschaft wird, beginnt die ‚kalte' Ära." (Baudrillard ²1991a [1982]: 42)

Sobald jegliche Referenzialität verschwunden ist, treten wir in eine kalte Phase ein. Als Beispiel nennt Baudrillard das Geld, das nicht mehr wie in der heißen industriellen Phase Mittel der Warenzirkulation ist. Es hat sich sowohl von seinem Gebrauchswert als auch von seinem Tauschwert entfernt und sich zum selbstständigen Simulakrum entwickelt. Es gibt in der coolen Phase keine Referenzinstanz mehr, um Wertigkeiten von Geld festzulegen, denn es geht bloß noch um „*die Zirkulation selbst*, d.h. die vollendete Form des Systems in seiner zirkulierenden Abstraktion." (Baudrillard ²1991a [1982]: 42; Hervorhebung im Original)

Zudem übernimmt und invertiert Baudrillard in „Videowelt und fraktales Subjekt" (1989a) *McLuhans These von Medien als Ausweitungen des menschlichen Körpers*. Das instrumentelle Verhältnis zwischen Medien und Mensch verkehrt sich dabei in sein Gegenteil. Der Mensch wird abhängig von seinen eigenen Prothesen und verkommt dadurch zu einer Ausweitung seiner Technik, anstatt sein gesamtes Nervensystem zu erweitern, wie McLuhan konstatiert.[148] Baudrillard schließt sich dieser theoretischen Grundüberlegung McLuhans an und geht zunächst von einer Prothesentheorie der Medien aus, in dem die ontologischen Einheiten von Körper und Technik eine Synthese eingehen.

---

147 Heiß bedeutet für ihn die Referenzphase des Zeichens. Solange noch eine Referenzialität gegeben ist, befinden wir uns in einer heißen Ära. In der heißen Phase sind die Zeichen einzigartig, nehmen Bezug auf ein reales Signifikat und sind stark affektgeladen und kaum austauschbar.

148 Siehe hierzu auch Kapitel 4.1.2 und 4.1.6.

Tabelle 27: Soziale Voraussetzungen Baudrillard

Soziohistorischer Kontext	
Zeit	Ende 1960er Jahre bis 1980er
Ort	Frankreich
Politischer Kontext	- Gaullismus (französischer Konservatismus) - Mairevolten 1968: Studentenproteste, Arbeiterbewegung, nationale Streikbewegungen - Französischer Sozialismus der 1970er und 1980er Jahre (Mitterand) - Politische Ausrichtung: links, sozialistisch, situationistisch
Ökonomischer, sozialer, kultureller Kontext	Hohe Arbeitslosigkeit, Arbeiterbewegungen, nationale Streiks, Proteste von Intellektuellen, Künstlern, Filmschaffenden
Biografische Hintergründe	Maiunruhen, Protestbewegungen
Berufliche/akademische Laufbahn	Studium der Germanistik, Soziologie, Philosophie
Theorie-, ideengeschichtlicher Kontext	
Fachepistemologie	Geistes- und Sozialwissenschaft
Fachtradition	Germanistik, Soziologie, Philosophie

Rezeptionslinien: Theorieschulen, Theoretiker	- Situationismus: Guy Debords ‚Gesellschaft des Spektakels'
	- Marxismus bzw. Marxismuskritik:
	   - Karl Marx (Kritik der politischen Ökonomie
	   - Hans Magnus Enzensberger (Baukastentheorie)
	   - Henri Lefèbvre (Kritik des Alltagslebens)
	- Strukturalistische Linguistik: Ferdinand de Saussure (Zeichentheorie)
	- Marcel Mauss und Georges Bataille: Potlatch als symbolischer Tausch, die Gabe
	- McLuhan: The medium is the message, Unterscheidung zwischen Explosion/Implosion, heiß/kühl, prothesentheoretische Thesen

Alternative Einflüsse, Denkmodelle	/

Quelle: eigene Darstellung

4.6.3 Paul Virilio: Von Kirchen, Bunkern, Architektur und Krieg

4.6.3.1 Paul Virilios soziohistorischer Kontext: Kriegserfahrungen

Virilio spricht von seiner Theorie als eine Reaktion auf seine Kindheit und seine Biografie im Allgemeinen. Insbesondere den Krieg, den er als theoretisches Moment stark macht, sieht er als ein Ergebnis eines persönlichen Traumas. Sein Vater, italienischer Antifaschist und Kommunist, flieht vor Mussolini und emigriert nach Frankreich, wo Virilio 1932 in Paris geboren wird. Er verbringt seine Kindheit und Jugend in der Stadt Nantes an der französischen Atlantikküste, die landschaftlich stark von den Bunkern und Verteidigungsanlagen der Deutschen Wehrmacht geprägt und die vom Zweiten Weltkrieg und der Okkupation Frankreichs durch die Deutschen überschattet wird, wie er immer wieder betont:

„Meine Grundlage, mein Ansatzpunkt ist immer der Krieg gewesen. Ich habe das in allen meinen Büchern geschrieben: ich bin ein Kind des Krieges, ich habe ihn erlebt, er hat mich traumatisiert, und meine ganze Arbeit hat im Krieg einen Ursprung. Der Krieg ist mein Vater und meine Mutter, meine Universität. Meine Erkenntnisse verdanke ich nicht so sehr Marx oder Descartes, sie stammen aus der Erfahrung des Krieges, besonders des Zweiten Weltkrieges, dann aber auch aus der Erfahrung des Kriegszustandes der Abschreckung, der unsere heutige Situation kennzeichnet. [...] Nun, nicht ich habe mir den Krieg ausgesucht, sondern der Krieg mich. Ich bin 1932 geboren, 33 kam dann der Faschismus und 40 der Krieg; ich habe also meine ganze Jugend im Krieg verbracht. Wie ich schon öfters gesagt habe: nicht ich bin gegen den Krieg, der Krieg ist gegen mich, ganz und gar gegen mich, und meine Ideen sind auf gewisse Weise re-aktionär: sie sind eine Reaktion auf eine bestimmte Biographie und auf eine bestimmte Kindheit." (Virilio in Rötzer 1986: 151)

Er leistet 1952 selbst auch den Militärdienst als Kartograf in Freiburg ab und zieht 1956 als Wehrpflichtiger schließlich in den Algerienkrieg. Aus diesen Erfahrungen gewinnt er Einsichten in das Militär, die für seine künftigen Überlegungen eine zentrale Bedeutung erlangen. Wie bereits gezeigt wurde, sieht Virilio in allen medientechnischen Entwicklungen das Militär und den Krieg als Impulsgeber, den er als determinierende Konstante der Geschwindigkeit und Ursprung jeglicher Entwicklung bestimmt. Die kulturanthropologischen Abhandlungen, die die technologische Evolution der Beschleunigung beschreiben, sind für Virilio offensichtlich durch eine militärische Logik geprägt. Exemplarisch nennt er den Konflikt am Persischen Golf zu Beginn der neunziger Jahre als ersten elektronischen Weltkrieg, der mithilfe der digitalen Technologie in Echtzeit geführt wurde (vgl. Virilio 1997: 35). Virilio weist zudem darauf hin, dass die verschiedenen militärischen Konflikte seit dem 17. Jahrhundert zahlreiche Kriegsinvalide hervorgebracht haben, woraus die gesamte Industrie der Orthopädie entstanden ist. Die Herstellung von Prothesen als medizinisch-industrieller Bereich ist ebenso durch den Krieg hervorgegangen. Neben den dromologischen Revolutionen begründet er somit ebenso die letzte Revolution der Transplantationstechniken.

Die eigenen Kriegserfahrungen aus der Kindheit, Jugendzeit und noch im Erwachsenenalter spiegeln sich in seinem Theoriegebäude, in dem die gesamte Menschheitsgeschichte von militärischen Strukturen beherrscht wird. Während er in seinen früheren Schriften wie ‚Geschwindigkeit und Politik' (1980) noch stärker den Zusammenhang zwischen Krieg und Geschwindigkeit herausarbeitet, geht es in den folgenden Büchern wie ‚Ästhetik des Verschwindens' (1986), ‚Der negative Horizont' (1989a) oder ‚Die Sehmaschine' (1989b) eher um den Konnex zwischen Wahrnehmung und den Medien.

Von der Architektur bis zur Dromologie

Virilio wird weniger von akademischen Denkern und Geistesgrößen beeinflusst. Neben seiner späten akademischen Karriere sind insbesondere seine außeruniversitären Aktivitäten und beruflichen Tätigkeiten für seine Theoriebildung relevant. Im

Verlauf seiner Biografie lässt sich demnach ein weiterer zentraler Einflussfaktor aufzeigen: die Architektur.

Virilio beschäftigt sich mit Malerei und arbeitet zunächst als Glasermeister. In diesem Kontext ist er als Gehilfe für die Künstler Georges Braque und Henri Matisse tätig und arbeitet an der Produktion von Kirchenfenstern mit. Neben dieser handwerklichen Tätigkeit besucht er an der Sorbonne Vorlesungen und Seminare der Philosophie. Zu Beginn der 1960er Jahre eignet er sich autodidaktisch Kenntnisse über Architektur an. Die Architektur hat Virilio maßgeblich beeinflusst, wie er selbst auch betont: „Viele denken, die Dromologie sei bereits eine richtige Wissenschaft, aber für mich ist das eher eine Art Konstruieren, etwa so, wie man Häuser konstruiert, die dann auch wieder einstürzen, keine Wissenschaft in der ‚überheblichen' Bedeutung des Begriffs." (Virilio in Rötzer 1986: 150). In den 1960er Jahren arbeitet er im Architekturbüro von Claude Parent, ein seit den 1950ern etablierter französischer Architekt und Lehrer des späteren Erfolgsarchitekten François Seigneur. Diesen anti-akademischen Lebensweg verfolgt Virilio weiter und begründet Anfang der 1960er Jahre die Avantgarde-Gruppe ‚Architecture Principe' mit und verwirklicht im Zuge dessen auch den Bau einer Kirche in Nevers als seine erste architektonische Arbeit, die nach Virilios Aussage einem Bunker gleicht.[149] Diese Analogie der Form von Kirche und Bunker zeigt besonders treffend Virilios *Hauptpfeiler seiner Biografie: Kirche und Bunker, Architektur und Krieg*. Insbesondere ist in diesem Zusammenhang auch Virilios Ausstellung ‚Bunkerarchäologie' hervorzuheben, die er 1975 im ‚Musée des Arts Décoratifs' in Paris realisiert. Darin findet sich ein durch zahlreiche Wanderungen seit 1958 erschlossenes selbstfotografiertes und akribisch kartografiertes Inventar der Bunker, Befestigungs- und Verteidigungsanlagen des Zweiten Weltkriegs an der Atlantikküste. ‚Bunkerarchäologie' stellt seine Reflexionen über den Zusammenhang von Architektur und Krieg dar.[150] Mitte der 1970er Jahre ist er sechs Jahre als Architekturprofessor in Paris tätig und steigt später zu einer akademischen Position an der Pariser Ecole Spéciale d'Architecture auf, die er weitere 30 Jahre von 1968 bis 1998 innehat. (Vgl. Morisch 2011: 559 ff.)

In den 1970ern widmet Virilio sich unterschiedlichen Tätigkeiten. Er arbeitet beispielsweise als Redakteur einiger französischen Zeitschriften wie ‚Esprit', ‚Libération' und ‚Traverses' und gründet das ‚Interdisziplinäre Zentrum für Friedensforschung und Strategie-Studien' (CIRPES). Auffällig ist eine allmähliche

---

149 Bei dem Bauwerk handelt es sich um die Kirche Sainte Bernadette, die auch in Filmen wie ‚Hiroshima, mon amour' von Alain Renais oder auch dem gleichnamigen Roman von Marguerite Duras auftaucht.

150 1991 veröffentlicht er das Ergebnis seiner Recherche in dem Band ‚Bunkerarchäologie', der sowohl das selbstfotografierte Bildmaterial umfasst als auch Essays zu den Anlagen des Festungswalls. Diese architekturtheoretische Arbeit stößt auf große Resonanz.

Hinwendung von der Praxis zur Theorie. Am Collège International de Philosophie arbeitet er zudem 1990 unter der Leitung von Jacques Derrida als Forschungsleiter und beschäftigt sich im Rahmen dessen verstärkt mit der Urbanistik und schließlich der ‚Dromologie'. Dies markiert die Anfänge seiner provokativen theoretischen Position, die sich zunehmend von dem primären Gegenstandsbereich der Architektur abwendet und die zu seinen Beschleunigungsthesen führt, mit denen er schließlich prominent wird.

4.6.3.2 Paul Virilios theorie- und ideengeschichtlicher Kontext

Auffällig bei Virilio ist, dass er sich im Gegensatz zu McLuhan und Baudrillard an keine geisteswissenschaftliche Fakultät angebunden ist und keine klassische akademische Ausbildung absolviert hat. Ebenso wenig lässt er sich in eine theoretische Tradition oder Schule einordnen. Durch seinen nicht-akademischen Hintergrund wird er in der Sekundärliteratur häufig nur als Praktiker oder „intellektueller Provokateur" (Morisch 2011: 561) bezeichnet. Er selbst thematisiert seine Position außerhalb akademischer Kreise: „Es ist also eher eine Außenseiter-Position, und das meine ich nicht pejorativ. Ich beanspruche für mich dieses Außenseitertum und auch dieses Ghetto, gerade weil Frankreich noch immer das Paradies des Cartesianismus ist." (Virilio in Rötzer 1986: 147) In Kirchmanns kritischer Monografie zu Virilios Medientheorie heißt es außerdem, dass dieses Außenseitertum tatsächlich zutreffend ist, wenn man versucht, Virilio theorie- und ideengeschichtlich einzuordnen:

„So fragwürdig ein derart offen zur Schau gestelltes Außenseitertum auch sein mag und sowenig es letztlich mit Virilios tatsächlicher Reputation in Übereinstimmung zu bringen ist, so zutreffend ist diese Selbsteinschätzung im Hinblick auf seine potentielle Zugehörigkeit zu zeitgenössischen Philosophieschulen. Diesbezüglich wirkt Virilio in der Tat wie ein anachronistischer Einzelgänger, sieht man einmal von geringfügigen Affinitäten zu Baudrillard ab, mit dem er ein freundschaftliches Verhältnis verbinden soll." (Kirchmann 1998a: 22)

Virilio verweigert explizit die Ausrichtung seines Denkens an wissenschaftlichen Erkenntnismethoden, theoretischen Strömungen oder Denkschulen. Er selbst verweist bei den theoretischen Ursprüngen seiner Überlegungen stets auf seine eigene Biografie und weniger auf Zugehörigkeiten zu philosophischen Schulen. Es finden sich kaum explizite und ausführliche Bezugnahmen, sondern höchstens kursorische Verweise.[151]

---

151 Ideologie- bzw. theoriegeschichtlich hat er sich z.B. auf Überlegungen von Walter Benjamin, Theodor W. Adorno, Günther Anders, Michel Foucault, Gilles Deleuze, Jean Baudrillard, Maurice Merleau-Ponty sowie den deutschen Lyrikern Johann Christian Friedrich Hölderlin und Friedrich Georg Jünger bezogen (vgl. Morisch 2011: 561).

Jedoch können einige – zwar nur kursorische – Bezüge und Parallelen aufgezeigt werden, die sich in Virilios Theoriegebäude finden lassen und für seine medientheoretischen Annahmen relevant geworden sind.

Die Kanadische Schule – Die Toronto School of Communication

Transport, Bewegung und Geschwindigkeit sind bei Virilio die grundlegenden Dimensionen seiner Dromologie. Medialität bzw. mediale Strukturen bestimmen dabei die gesellschaftliche Konstitution. Mit seinen Grundgedanken schließt Virilio an die Kanadische Schule an, wobei insbesondere die Nähe zu Harold Innis zu erkennen ist, der die Medien in Bezug auf Raum und Zeit betrachtet. Auch Virilio betont, dass die Beschleunigung, die Verkürzung raum-zeitlicher Distanzen, in der Logik des Technischen liegt. Insofern werden wie bei Innis Medien auch als Verkehrs- und Informationsmittel begriffen.[152] Außerdem zeigen sich explizite Verweise auf McLuhan als Vertreter der Toronto School:

„[D]ie Eisenbahn werde durch ihre unerhörten Möglichkeiten, rasch die entferntesten Weltenden miteinander verbinden, der Welt den Frieden bringen, Kipling formulierte noch großzügiger: ‚Verkehr ist Zivilisation!', und für Lenin war die Revolution ‚Kommunismus plus Elektrizität'. Dieser schöne Optimismus lebt weiter in der *transmedialen* Prosa Marshall McLuhans, so wie sich seit dem 19. Jahrhundert die Vorstellung gehalten hat, daß die räumliche Trennung ein Übel sei, das an Konflikten, Haß und Missverständnissen schuld sei... und auch an sozialen Ungleichheiten." (Virilio 1975: 180; Hervorhebung im Original)

Gerade die raum-zeitlichen Verschiebungen der medientheoretischen Thesen von McLuhan sind für Virilio von Interesse. Ebenso spricht Virilio beispielsweise von der *Implosion* von Raum und Zeit, die in einer totalen elektronischen Vernetzung mündet und die Teilnahme am Weltgeschehen durch eine Echtzeit-Übertragung realisiert. Statt McLuhans Medienutopie des globalen Dorfes sieht Virilio jedoch eher die Kehrseite dieser absoluten Beschleunigung: Eine völlige Negation des Raumes und ein Verlust an Nähe und Präsenz.[153]

Frankreich und Jean Baudrillard

Virilio hält sich während der Maiunruhen 1968 in Frankreich auf, jedoch sind diese Ereignisse weniger relevant für seine theoretischen Ausführungen als bei Baudrillard. Inhaltlich finden sich Parallelen wie der apokalyptische Gestus, jedoch kann

---

152 Einzelheiten zu Innis wurden bereits in Kapitel 4.6.1 erläutert, so dass hier auf die Skizzierung seiner Grundthesen verzichtet wird.

153 Auch hier wird darauf verzichtet, die Thesen McLuhans und Virilios im Einzelnen zu wiederholen. Hierzu siehe Kapitel 4.1.1 und 4.1.3.

von keiner theoriegeschichtlichen Einflussnahme durch Baudrillard die Rede sein. Virilio pflegt eine im geistigen Milieu von Frankreich intellektuelle und freundschaftliche Beziehung zu Baudrillard, setzt sich aber auch gleichzeitig von dessen Ansichten ab:

„Zu Baudrillard habe ich ein freundschaftliches Verhältnis, auch wenn ich nicht immer seiner Meinung bin. Es gibt einen Neo-Nihilismus bei ihm, der mir nicht gefällt, und trotz allem Interessanten in der Arbeit Baudrillards stört mich, daß er den Begriff ‚Simulation' so überstrapaziert. Für mich ist die Simulation nur eine Phase in einem Prozeß. [...] Doch zu sagen, alles sei Simulation, finde ich übertrieben. Aber ich stimme mit Baudrillard darin überein, daß Philosophie und Wissenschaft heute nicht mehr fähig sind, ihren Gegenstand zu begreifen." (Virilio in Rötzer 1986: 148 f.)

Insofern kann konstatiert werden, dass er zwar intellektuellen Austausch gepflegt hat, seine Theoriebildung jedoch kaum durch theorie- und ideengeschichtliche Impulse in Frankreich beeinflusst ist.

Der italienische Futurismus

„Für eine politischere Sichtweise der Geschwindigkeit gibt es Marinetti und die italienischen Futuristen; und dann Marshall McLuhan, der einen Schritt in diese Richtung gemacht hat – das ist schon alles. Geschwindigkeit und Politik ist nicht so wichtig durch das, was darin gesagt wird, als dadurch, daß es eine Frage aufwirft."
(VIRILIO/LOTRINGER 1984: 44)

Anstelle von wissenschaftlichen oder philosophischen Einflussquellen kann vielmehr eine künstlerische Bewegung identifiziert werden, die Virilios theoretische Überlegungen maßgeblich prägt. Gerade der frühe *italienische Futurismus*[154] beschäftigt sich mit dem Kult der Geschwindigkeit, den die Futuristen für die Kunst produktiv machen. Charakteristisch für den Futurismus ist eine bedingungslose Be-

---

154 Unter dem Schlagwort versammeln sich Künstler aus der Literatur, der bildenden Kunst, der Musik, dem Film, der Mode, der Architektur oder der Fotografie mit dem gemeinsamen Ziel, die Gesellschaft künstlerisch sowie sozial umfassend zu erneuern und sich dabei von den technischen Errungenschaften und Innovationen leiten zu lassen. Die Kunstbewegung begreift sich von Beginn an auch als eine politisch agierende Bewegung. Insofern versucht der Futurismus nicht nur formalästhetische Maßstäbe zu setzen, sondern versteht sich viel umfassender als Lebensbewegung bzw. Lebensstil.

fürwortung der Zukunft, eine uneingeschränkte Verherrlichung der Geschwindigkeit, des technischen Fortschritts, der industriellen Lebenswelt, des Kriegs und des Militarismus. Ihrem eigenen Anspruch nach bezeichnen sich die italienischen Futuristen als Avantgarde des 20. Jahrhunderts, die durch das Gründungsmanifest des Dichters Filippo Tommaso Marinetti 1909 ins Leben gerufen wird.

Marinetti formuliert in seinem ersten Manifest des Futurismus eine Ideologie der Zukunft als Raum des Fortschritts und der schöpferischen Freiheit. Mit der zunehmenden Geschwindigkeit ab dem 19. Jahrhundert, z.b. durch die Erfindung der Eisenbahn, verändert sich das Verhältnis zum eigenen Körper, zur Bewegung und zur Wahrnehmung. Marinetti bewertet dies als die Möglichkeit zur Macht und Beherrschung von Zeit und Raum. Das Auto, das Eisenbahnnetz, die Straßen, das Telefon und schließlich das Flugzeug sind technische Errungenschaften, die Raum und Zeit zusammenschmelzen lassen, Entfernungen obsolet machen, Perspektiven verkürzen und verschieben.[155] In diesen technischen Produkten als Sinnbild für das Zukünftige zeigt sich, so Marinetti, ein neues Lebensmodell und -gefühl. Alles wird auf positive Weise beschleunigt. (Vgl. Schmidt-Bergmann 2009: 19 ff.)

Der italienische Futurismus ist bedingungslos technizistisch ausgerichtet und preist die Möglichkeiten technischer Apparaturen und Maschinen:

„Deshalb entwickeln und verkünden wir eine neue große Idee aus dem zeitgenössischen Leben: die Idee der mechanischen Schönheit; und daher preisen wir die Liebe zur Maschine, wie wir sie auf den versengten und rußgeschwärzten Wangen der Mechaniker aufflammen sahen. Habt ihr nie einen Lokomotivführer beobachtet, wie er liebevoll den großen und mächtigen Körper seiner Lokomotive wäscht? Es sind die präzisen und wissenden Zärtlichkeiten eines Liebhabers, der die angebetete Frau liebkost." (Marinetti 2009: 107)

Die Maschinen und technischen Apparaturen werden in der Kunst des Futurismus genutzt, um eine größtmögliche Steigerung von Wahrnehmungsintensität zu erreichen. Der als träge und schwer erfahrene Körper wird maschinell gesteigert und verbessert. Vorbehaltlos wird die technische und industrielle Maschinen- und Lebenswelt gelobt. Marinetti und die italienischen Futuristen formulieren eine Apotheose von Geschwindigkeit, Bewegung, Dynamik, maschineller Produktion, moderner Technik und der Revolutionierung von Informations- und Verkehrswesen und preisen die Schönheit der Schnelligkeit. Die thematische Nähe zu Virilio ist of-

---

155 Insbesondere wird die Aeropittura, die Flugmalerei, in der heroischen Phase des Futurismus in den 1930er Jahren kennzeichnend für neue Raum-Zeit-Dimensionen. Das Flugzeug wird als Sinnbild für die technischen Errungenschaften verstanden und als Motiv hervorgehoben. Das Fliegen wird als berauschendes modernes Erlebnis für Geschwindigkeit herausgestellt.

fensichtlich, jedoch betrachtet dieser die Veränderungen durch die technischen Möglichkeiten, die Beschleunigungstendenzen sowie die Modifikationen von Wahrnehmung, Raum- und Zeitempfinden ausschließlich negativ.

Die italienischen Futuristen hingegen verherrlichen geradezu die Geschwindigkeit, Bewegung und Technik und prognostizieren das Aufkommen eines neuen Typus Mensch: eine *hybride Mensch-Maschine* bzw. eine menschliche Kampfmaschine.[156] Die Symbiose aus Mensch und Technik bzw. die Erschaffung a-humanen und mechanischen Typus Mensch ist die utopische Idealvorstellung der italienischen Futuristen: „WIR FÜHLEN WIE MASCHINEN, WIR FÜHLEN UNS AUS STAHL ERBAUT, AUCH WIR MASCHINEN, AUCH WIR MECHANISIERT!" (Prampolini/Pannaggi/Paladini 1922: 110 f.; Majuskelschrift im Original). Gerade die Technik potenziert die Fähigkeit des Menschen, dadurch kann er das Altern und den Tod überwinden. Der neue industrialisierte und multiplizierte Mensch ist mechanisch konstruiert, grausam, allwissend und kämpferisch veranlagt (vgl. Bartsch 2002: 42). Auch Virilio geht hinsichtlich der Beziehung von Mensch und Technik von einer Aufrüstung des Menschen durch seine Prothesen aus und verweist dabei auch explizit auf die italienischen Futuristen:

„Tatsächlich handelt es sich bei alledem um die Verwirklichung des Traumes, den die italienischen Futuristen vor einem halben Jahrhundert träumten: Ein menschlicher Körper, der dank der Miniaturisierung von beinahe unsichtbaren ‚Mikromaschinen' vollständig durch die Technik gespeist wird. Allerdings ist ein wesentlicher Unterschied in bezug auf die Größenordnung der Geschwindigkeit feststellbar, denn es geht nicht mehr darum, mit der Beschleunigung der Motoren zu rivalisieren, indem man den beweglichen Körper des Menschen der Lokomotive oder der elektronischen Turbine anpaßt, deren relative Geschwindigkeit mittlerweile überholt ist, *sondern es wird versucht, den menschlichen Körper an das Zeitalter der absoluten Geschwindigkeit der elektromagnetischen Wellen anzugleichen*." (Virilio 1994: 113; Hervorhebung im Original)

Dabei problematisiert Virilio jedoch die Mutation der Körper zu Maschinen, während die italienischen Futuristen weniger den destruktiven als vielmehr ausschließlich die produktive Seite der Technik betrachten und ein neues technisches Lebensgefühl feiern.[157]

Zudem stellt der *Krieg* ein konstitutives Element des kulturpolitischen Programms der Futuristen dar. So heißt es im ersten futuristischen Manifest: „Wir wollen den Krieg verherrlichen – diese einzige Hygiene der Welt –, den Militarismus,

---

156 In Marinettis Roman ‚Mafarka-Le-Futuriste' kündigt er diesen neuen Typus Mensch an.
157 Diese Beschwörung und Vergötterung von Technik und ihres Potenzials sowie von der Geschwindigkeit sind der originäre Beitrag des italienischen Futurismus für die Avantgarden des 20. Jahrhunderts.

den Patriotismus, die Vernichtungstat der Anarchisten, die schönen Ideen, für die man stirbt, und die Verachtung des Weibes." (Marinetti zitiert nach Baumgarth 1966: 26) Der Krieg als Maximum eines universellen Dynamismus muss gepriesen werden, so die futuristische Grundideologie. Die Erfüllung des futuristischen Programms liegt demnach auf den Schlachtfeldern des Ersten Weltkriegs. Die Enge Verbindung zwischen Kunst, Kampf und Gewalt durch die Idealisierung des Krieges bildet einen Teil der ideologischen Kernaussagen Marinettis. Denn der Krieg vereint alle modernen, zukunftsweisenden Phänomene miteinander: Geschwindigkeit, Dynamik, Zerstörung, Stärke, technischen Fortschritt, Patriotismus. Mit dem Krieg gewinnt der Futurismus auch seine politische Dimension. Die Bereiche Ästhetik und Politik lassen sich analytisch kaum noch trennen, wie auch Virilio bemerkt: „Vergeblich hat man versucht das Werk Marinettis nach tausend politischen oder künstlerischen Kriterien zu klassifizieren, denn der Futurismus lässt sich nur durch eine einzige Kunst erschließen, die des Krieges und seines Wesens: die Geschwindigkeit." (Virilio 1980: 78)

Die ideologische Ausrichtung sowie die Hauptthematiken und grundlegenden Überlegungen der italienischen Futuristen, die zu ihrem ästhetischen und politischen Programm gehören, lassen sich alle in Virilios Dromologie wiederfinden: die Glorifizierung von Technik, Fortschritt und Geschwindigkeit, die Symbiose aus Mensch und Maschine zu einem nicht-menschlichen Typus, die Veränderung der Wahrnehmung, des Raum- und Zeitempfindens aufgrund der technischen Innovationen und der Krieg als Maximum eines universellen Dynamismus. Die Obsession mit diesen theoretischen Eckpfeilern teilt Virilio zwar, jedoch mit dem entscheidenden Unterschied, dass er die Lobpreisung und Verherrlichung kritisch betrachtet und sie problematisiert. Wie bereits in den Problemhinsichten in Kapitel 4.1.3 erläutert, analysiert er stets die Kehrseite der technischen Entwicklungen.[158]

Dromologie, eine theoriegeschichtliche Neuheit?

Virilio können kaum theorie- und ideengeschichtliche Bezüge zugesprochen werden, jedoch ist die Auseinandersetzung mit dem Phänomen der Geschwindigkeit und Beschleunigung in der Moderne nicht gänzlich neu. So weist auch Kirchmann

---

158 Auch Kritiker des italienischen Futurismus räumen ein, dass gerade in Hinblick auf die Ereignisse in Hiroshima bis Tschernobyl die technologischen Innovationen nicht vorbehaltlos gefeiert werden können. Zudem stellt sich die Frage, ob der Kult der Maschinen und der Technik im politischen Programm des Futurismus nicht maßgeblich für den Faschismus in Italien ab 1922 relevant geworden ist. Die ideologischen Implikationen des italienischen Futurismus, wie ihn Marinetti maßgeblich propagiert hat, veranlassen Kritiker häufig zu der Annahme, dass der Futurismus den Faschismus in Italien ideologisch unterstützt und schließlich die Machtergreifung Mussolinis begünstigt hat. Insofern wird dem italienischen Futurismus häufig ein totalitäres Potenzial zugeschrieben.

darauf hin, dass die Beschäftigung mit der Beschleunigung ein konstitutives Merkmal des Modernebewusstseins ist (vgl. Kirchmann 1998b: passim). Dabei verweist er insbesondere auf Peter Weibel, der eine Zusammenstellung solcher geschichtsphilosophischer Modelle des 18. und 19. Jahrhunderts in ‚Die Beschleunigung der Bilder. In der Chronokratie' (Weibel 1987: 6 ff.) dargelegt hat. Zudem benennt Kirchmann Elias Canetti, Arnold Gehlen und Blaise Pascal, die sich bereits mit dem Zusammenhang von Beschleunigung und Gesellschaftswandel beschäftigt haben. Ebenso stellt Klaus Beck fest: „Die Kritik an der Beschleunigung ist so alt wie ihre Erfahrung bzw. Vorstellung." (Beck 1994: 335) Jedoch kann Virilio zugesprochen werden, dass er mit seiner Dromologie den Zusammenhang zwischen Krieg, Medien und Beschleunigung herstellt und schließlich für die Medienwissenschaft relevant macht. Er bringt Geschwindigkeit mit Technik und Politik zusammen und stellt dabei die zentrale Frage nach Beschleunigungsprozessen und ihren individuellen und sozialen Konsequenzen.

Tabelle 28: Soziale Voraussetzungen Virilio

Soziohistorischer Kontext	
Zeit	Ab 1945 (Nachkriegszeit)
Ort	Frankreich
Politischer Kontext	Zweiter Weltkrieg, Algerienkrieg
Ökonomischer, sozialer, kultureller Kontext	Kriege
Biografische Hintergründe	Kriegserfahrungen in Kindheit und Jugend
Berufliche/akademische Laufbahn	Maler, Glasermeister, Redakteur, Friedensforscher, Studium der Architektur, Kunst
Theorie-, ideengeschichtlicher Kontext	
Fachepistemologie	Praxis
Fachtradition	Architektur
Rezeptionslinien: Theorieschulen, Theoretiker	- Toronto School of Communication: Harold Innis, Marshall McLuhan - Italienischer Futurismus: Filippo Thommaso Marinetti
Alternative Einflüsse, Denkmodelle	Architektur, Kunst

Quelle: eigene Darstellung

4.6.4 Friedrich Kittler: Von Foucault bis zur Informationstheorie

4.6.4.1 Friedrich Kittlers soziohistorischer Kontext: Die apolitischen 1968er und der Kalte Krieg

Friedrich A. Kittler ist in einem Kernjahrgang der 1968er Generation zur Welt gekommen. Der 1943 in Rochlitz, Sachsen, geborene Kittler[159] zeigt sich jedoch wenig beeindruckt von den Ereignissen dieser Zeit und hält sich von den Straßenkämpfen und Demonstrationen fern. Statt sich an den studentischen Aufruhen zu beteiligen, sitzt Kittler nach eigener Aussage lieber zu Hause, liest Hegel und Heidegger statt Marx und die Frankfurter Schule. Er hört weniger revolutionäre Musik wie die Beatles, Pink Floyd oder Jimi Hendrix und eignet sich eine Ingenieurs- und Technikexpertise an, indem er technische Schaltungen nachbaut:

„Im Falle meiner Generation, mit Hendrixstürzen und Pink Floyd in den Ohren, die davon überschwemmt und total beeindruckt wurden, habe ich versucht, mich nach diesen glücklichen Schocks wieder so zurückzubewegen, daß ich wenigstens technische Apparate nach Plan bauen konnte, die imstande waren, so etwas selber zu machen." (Kittler 1994a: 107)

Die Maiunruhen sind für Kittler insofern wenig bedeutend. Sein Interesse, politische Bedingungen in seinen Schriften zu diskutieren, ist sehr gering. Von der Kritischen Theorie sagt er sich beispielsweise explizit los und kritisiert, dass „alle [s]eine Generationsgenossen sich adonisieren ließen in ihrem Stil" (Kittler/Banz 1996: 44). Das eigentliche Erbe der Studentenunruhen 1968 ist für Kittler insofern nicht politisch-ideologisch, sondern vielmehr rein technisch geprägt. Technikgeschichte sowie Kriegs- und Militärgeschichte spielen für Kittler eine große Rolle. Gerade die *Aufrüstungspolitik* und die bedrohliche Stimmung in *Zeiten des Kalten Krieges* begünstigen Kittlers kriegerische Sprache sowie seine Themenwahl zur Verschränkung medien- und militärtechnischer Eskalationen. ‚Grammophon, Film, Typewriter' (1986) verweist sporadisch auf die soziale Lage zur Zeit des Kalten Krieges: Die Bedrohung durch die sowjetischen SS-20 Raketen, die atomare Bedrohung Westeuropas, die Rüstungskontrollverhandlungen, der Doppelbeschluss der NATO 1979 über die Begrenzung atomarer Mittelstreckenraketen, die Friedensdemonstrationen, Sitzblockaden und Menschenketten in Westeuropa, die Friedensbewegung in Deutschland zu Beginn der achtziger Jahre, die auch in Kittlers Wohnort Freiburg sehr aktiv war.

Klassischer akademischer Werdegang

Kittler beginnt seine universitäre Laufbahn mit dem Studium der Romanistik, Germanistik und Philosophie in Freiburg. Nach seiner Promotion 1976 über den Dich-

---

159 Friedrich Kittler starb am 18. Oktober 2011 in Berlin im Alter von 68 Jahren.

ter Conrad Ferdinand Meyer habilitiert er 1984 mit seinem ‚Aufschreibesystem 1800/1900'. Seine akademische Karriere führt er mit einer kurzen Lehrtätigkeit in Basel und von 1987 bis 1993 mit einer Professur für Neue Deutsche Literatur in Bochum fort. Seit 1993 ist er Inhaber des Lehrstuhls für Ästhetik und Geschichte der Medien an der Humboldt-Universität zu Berlin. Von 1997 bis 2008 hat er einen Lehrstuhl für Medienästhetik an der Humboldt-Universität zu Berlin inne, wo er von 2008 bis 2011 als Stiftungs-Gastprofessor für Medienphilosophie tätig ist.

Kittler ist zwar stets in universitäre Strukturen eingebunden, dennoch sieht er sich in einer Außenseiterposition, die darin begründet ist, dass er sich demonstrativ üblichen literatur-, medien- oder kulturwissenschaftlichen Denkordnungen verweigert und sprachlich mit akademischer Polemik provoziert.[160] Es lässt sich allerdings feststellen, dass ein gewisses Maß an Umstrittenheit in wissenschaftlichen Diskursen nicht unüblich und er trotz seines scheinbaren Rebellentums doch bereits in vieler Hinsicht zum Klassiker geworden ist: „Für mich ist es wirklich seltsam, wie so ein völliges Outsider-Buch [‚Grammophon, Film, Typewriter'; Anm. d. Verf.] nach zehn Jahren zum totalen Insider-Buch geworden ist, jetzt in dem Sinn, daß alle Welt von solchen Sachen spricht, und alle Welt meint nicht nur Universitäten." (Kittler in Griffin/Herrmann 1997: 286)[161]

Mittlerweile kann konstatiert werden, dass sich in der deutschen Medienwissenschaft so etwas wie eine *Kittlerschule* bzw. *Berliner Schule* herausgebildet hat, die sich institutionell an der Humboldt-Universität zu Berlin am Lehrstuhl für Medientheorien angesiedelt hat und einen Forschungsschwerpunkt auf den Bereich der Medienarchäologie legt.[162] Ob diese tatsächlich als eine theoretische Schule angese-

---

160 Mit ‚Austreibung des Geistes aus den Geisteswissenschaften' (1980) sowie ‚Aufschreibesysteme 1800/1900' (⁴2003 [1985]) hat Kittler innerhalb der deutschsprachigen Literaturwissenschaft mit seinem Affront gegen hermeneutische Ansätze an Bedeutung gewonnen. Die Literatur- und Geisteswissenschaften der 1960er sind sehr stark hermeneutisch geprägt, Textarbeit besteht vorrangig in Interpretationsarbeit. Dies erfordert laut Kittler den zwingend notwendigen „Ausweg aus diesem Pseudo-Humanismus" (Kittler 1994a: 96). Anfang der 1970er Jahre beginnt er, die zunächst randständige Diskursanalyse in die Literaturwissenschaft einzuführen. Somit setzt er sich mit dem provozierenden Titel ‚Austreibung des Geistes aus den Geisteswissenschaften' von der Meinung ab, dass es individuelle Sinnstiftung in Texten gibt, wobei jedoch dabei stets diskursive Regelhaftigkeit und anonyme Zusammenhänge und Regelsysteme vernachlässigt werden.

161 Auch Winthrop-Young konstatiert, dass Kittlers ursprüngliches akademisches Rebellentum einer Integration in den Kanon medientheoretischer Schriften gewichen ist: „Ob bewundert oder gescholten, ist er sicherlich immer auch das Objekt kanonisierter Missverständnisse." (Winthrop-Young 2005: 13)

162 Der Übergang von der Literatur- zur Medienwissenschaft und die zunehmende Bedeutung von Medien als Forschungsgegenstand in den 1970er Jahren kann auch Kittlers

hen werden kann, ist fraglich, jedoch kann bereits von einer „kittlerschen Medientheorie" (Krämer 2004: 201) oder einer Art „Kittler-Effekt" (Winthrop-Young 2005: 9) gesprochen werden. Die Kittlerschule kann als deutsches Pendant zur Toronto School of Communication verstanden werden. Während McLuhan paradigmatisch für die Toronto School of Communication und die kanadische Medientheorie im Allgemeinen steht, wird auch Kittler als zentraler Impulsgeber für einen technikzentrierten Teil der deutschen Medienwissenschaft genannt. Auch im Ausland wird er als zeitgenössischer Medientheoretiker rezipiert und teilweise als paradigmatisch für die deutsche Medienwissenschaft gehandelt.

Jedoch ist gerade Kittlers Technikdeterminismus und sein Hardwarefetischismus[163], der ihm häufig vorgeworfen wird, im medientheoretischen Diskurs keineswegs konsensfähig, so dass es problematisch ist von *der* deutschen oder *der* kanadischen Medienwissenschaft zu sprechen. Auffällig ist lediglich, dass die Theoretiker gerade auch aus einer interkulturellen Perspektive als repräsentativ für eine akademische Nationalkultur gelten.[164]

4.6.4.2 Friedrich Kittlers theorie- und ideengeschichtlicher Kontext

Kittlers kulturwissenschaftlicher, mediengeschichtlicher Überblick ist hinsichtlich seiner Bezugnahmen und Referenzen sehr vielfältig:

„Die verschiedenen Ansätze werden wechselseitig ineinander geschoben und neu gelesen: Der marxsche Materialismus erscheint technologisch aufgerüstet und als Medienmaterialismus weiterentwickelt, die hegelsche Dialektik wird mit Heideggers Seinsgeschichte fusio-

---

theoretische Binnenorientierung zu der Zeit begünstigt haben. Die Attraktivität der Medien als Untersuchungsgegenstand bei Kittler und sein Übertritt von der Literatur- zur Medienwissenschaft hat gleichzeitig auch die Frühphase dieser Umorientierung entscheidend mitgeprägt.

163 „*I just hate software*, ich kann sie nicht ausstehen. Ich bin ein furchtbarer Hardwarefanatiker." (Kittler 1994a: 101; Hervorhebung im Original)

164 Bei der Tagung „Medienwissenschaft – Ein deutscher Sonderweg?", die am 22.04.2009 an der Universität Siegen stattfand, wurde der Stellenwert der deutschen Medienwissenschaft und die Frage nach akademischen Nationalkulturen diskutiert. Hierzu siehe http://www.uni-siegen.de/locatingmedia/aktuelles/gumbrecht_audimax.html. Dieses Thema wurde auf der Konferenz „Media Transatlantic. Media Theory in North-America and German-Speaking Europe" an der University of British Colombia in Vancouver vom 08.-10. April 2010 erneut behandelt, wobei ein Schwerpunkt auf medientheoretische und -philosophische Fragestellungen gelegt wurde. Hierzu siehe http://www.mediatrans.ca/. Auffällig war die Identifizierung von einer deutschen und nordamerikanischen Medienwissenschaft, die sich insbesondere durch die Zuschreibung von Theoretikern zu einzelnen akademischen Nationalkulturen, u.a. Kittler und McLuhan, ergab.

niert, die foucaultsche Diskursanalyse um die Stelle des ‚Medien-Apriori' als eines ‚kulturellen Unbewussten' erweitert, die strukturale Linguistik und Dekonstruktion mathematisch zugespitzt, und schließlich wird Mediengeschichte als ‚Mediengeschick' mit Blick auf Turings ‚Universelle Diskrete Maschine' generalisiert." (Mersch 2006: 190)

Er orientiert sich äußerst kanonbewusst an großen, insbesondere deutschen Denkern wie Herder, Hegel, Nietzsche, Freud und Heidegger. Dabei finden sich gleichzeitig Bezugnahmen zu McLuhans Postulat, Medieninhalte auf ihre Technologien zurückzuführen, zu Turing sowie zu Shannons und Weavers informationstheoretischen Arbeiten und strukturalistischen sowie poststrukturalistischen Ansätzen von Foucault und Lacan. Diese Interdisziplinarität von Kittlers Gedankengut reicht von der Literaturwissenschaft, Medienwissenschaft, Technikgeschichte über Philosophie, Kultur- und Kunstwissenschaft bis hin zur Informatik und Mathematik, so dass eine klare Zuordnung zu einer theoretischen Strömung oder Schule beinahe unmöglich ist. Winthrop-Young identifiziert zahlreiche interdisziplinäre Einflussquellen für Kittlers Schaffen und gliedert seine akademische Karriere in drei Phasen: 1. Eine literaturwissenschaftliche, 2. eine der Medientechnologien und 3. eine der Kulturtechniken. (Vgl. Winthrop-Young 2005: 9 ff.)[165]

Französischer Strukturalismus und Poststrukturalismus – Foucault und Lacan

Sein Romanistikstudium und das, was Kittler selbst als „Ersaufen in ‚Heideggerei'" (Kittler 1994a: 96)[166] beschreibt, hat ihn zur Rezeption des *französischen Struktura-*

---

165 Zunächst können seine literaturwissenschaftlichen Schriften in der Frühphase seiner akademischen Laufbahn genannt werden. Das zweite Stadium lässt sich als Phase der medienwissenschaftlichen Arbeiten benennen, welche sich nicht gänzlich von der Literaturwissenschaft löst, sondern vielmehr als technische Vertiefung bzw. Schwerpunktverlagerung des literaturwissenschaftlichen, diskursanalytischen Rahmens gedeutet werden kann. Als dritte Phase können die jüngeren und jüngsten Arbeiten Kittlers verzeichnet werden, in denen er computertechnische Grundlagen historisch aufarbeitet und diese als Verbindungsglied zwischen Schrift, Mathematik, Musik und griechischem Alphabet versucht zu etablieren. Seine Spätphase ist gekennzeichnet von der Multiperspektivität, die die Mathematik in der Neuzeit genauso beleuchtet wie die Bedeutung der Kulturwissenschaft in der heutigen Wissenschaftslandschaft. (Vgl. Winthrop-Young 2005: 9 ff.)

166 Kittler betont an mehreren Stellen, dass Heidegger ihn maßgeblich in seinem eigenen Schaffen beeinflusst hat: „Was bleibt, ist seine lebenslange Umschreibung eines Heideggerwortes: Seinsgeschichte." (Kittler 2002a: 39) Kittlers Affinität zu Heidegger drückt er darin aus, indem er von sich selbst behauptet, „eigentlich im Wesentlichen nur Heideggers Technik-Begriff auf die Medien übertragen" (Kittler/Banz 1996: 21) zu haben. Obwohl Kittler selbst nie während seiner Studentenzeit in Freiburg Heidegger-Seminare

lismus und Poststrukturalismus, insbesondere zu Michel Foucault und Jacques Lacan geführt. Wie bereits in der Vorstellung der Problemhinsichten in Kapitel 4.1.4 deutlich wurde, weisen besonders seine frühen Arbeiten einen starken Einfluss Foucaults und Lacans auf. Seine späteren Werke lösen sich jedoch zunehmend vom poststrukturalistischen Kontext. Kittler selbst sieht sich nicht dem Poststrukturalismus zugehörig, den er als „Unbegriff" (Kittler 2002a: 31) bezeichnet, einige Grundüberlegungen jedoch zentral für seine Medientheorie sind.

Von der Diskursanalyse und Archäologie – Michel Foucault

> „Am schlimmsten fand ich eben, daß Foucault gestorben ist, ohne dass ich ihn jemals kennengelernt habe. Er war für mich der wichtigste Mensch von all denen, weil er der historischste war, und deshalb am besten anzuwenden bzw. in andere Bereiche zu übertragen. [...] Foucault bietet so viele konkrete Methoden an und ließ andererseits so viele historische Felder offen, daß man unendlich viel arbeiten konnte. Zu den Medien hatte sich Foucault kein einziges Mal geäußert."
> (KITTLER IN GRIFFIN/HERRMANN 1997: 289)

Kittlers historisch ausgerichtete Medienwissenschaft tritt das Erbe von Foucaults ‚Archäologie des Wissens' (1973) an und modifiziert diese. Die intensive Beschäftigung und Einflussnahme durch Foucault zeigt sich in der theoretischen Ausrichtung, Menschen und Institutionen als Diskursergebnisse von bestimmten Praktiken und Redeordnungen zu verstehen. Kittler richtet sich vehement gegen die Vorstellung, dass Textinterpretationen den eigentlichen Bedeutungsgehalt eines Textes herausarbeiten müssten. Foucault verzichtet auf hermeneutisches Vokabular wie Verstehen und Erklären zugunsten von der Betrachtung diskursiver Regeln, Techniken und Institutionen. Insofern versteht Kittler seinen eigenen theoretischen Beitrag als Erweiterung zu Foucaults diskursanalytischem Ansatz, den er methodisch auf die literaturwissenschaftliche Textanalyse überträgt. Er bezieht sich explizit auf „Foucaults elegantestes Buch" (Kittler 2002a: 38), ‚Die Ordnung der Dinge'

---

besuchte, sondern „nebenan mit minderen Denkern Vorlieb nehmen mußte" (Kittler 2003: 156), beschreibt er seine eigene Arbeit als eine Aktualisierung Heideggerscher Technikanalyse im digitalen Zeitalter. Kittlers theoretische Haltung ist nicht nur durch die Affinität zu Heidegger, sondern noch stärker und treffender durch Bewunderung und Verehrung für ihn zu beschreiben: „Man wird mich nie dazu bringen, ein Wort gegen Heidegger zu sagen." (Kittler 2002a: 84)

(1974), in dem Foucault die Geschichte als Abfolge von Wissensordnungen beschreibt. Jede Epoche kennzeichnet sich durch bestimmte Episteme, Denk- und Sprachordnungen, welche „die Bedingungen definier[en], unter denen jegliches Wissen möglich ist." (Foucault 1974: 213) Kittler stimmt insofern mit Foucault überein, dass Wissen oder Literatur weder auf ein gesellschaftliches Sein (sozialgeschichtlich orientierter Interpretationsansatz) noch auf ein transzendentes Bewusstsein (hermeneutischer Ansatz) zurückzuführen sind. Es geht weder um ein Abbild sozialer Strukturen, die in den Texten auftauchen, noch um Sinngehalte oder den Ausdruck menschlicher Grundbefindlichkeiten einer textregelnden Instanz wie Autor, Seele, Geist oder Subjekt. Es müssen diskursive Regelmäßigkeiten, die in direktem Bezug zu Praktiken, Institutionen und Technologien, die der Produktion, Verbreitung und Rezeption von Sprache zugrunde liegen, betrachtet werden. Kittlers Verständnis der Aufschreibesysteme beschreibt genau jene theoretischen Prämissen, da er die Aufschreibesysteme als eine Art Datenverarbeitungsmaschinerie einer gegebenen Kultur betrachtet, die jeweils unter historisch kontingenten technischen und institutionellen Gegebenheiten mit Daten operiert.

Wie bereits in Kapitel 4.1.4 ausgeführt, besteht Kittlers Kritik an Foucault darin, dass sich dessen Diskursanalyse nur auf die Epoche beschränkt, in der der Buchdruck das Leitmedium darstellt, und seine Untersuchungen demnach um 1850 enden. Dies versucht Kittler nachzuholen und Foucaults Grundüberlegungen an diesem Punkt fortzusetzen, so dass eine Archäologie nicht mehr bloß als Diskursanalyse, sondern als eine Analyse auch der analogen und digitalen Medien betrieben werden muss. So folgt auf die Literaturwissenschaft konsequenterweise die Medienwissenschaft, um die Diskursanalyse von ihrer textorientierten auf eine medientechnische, materialistische Seite zu verlegen. Neben dieser vertikalen zeitlichen Trennung zwischen Buchzeitalter und modernem Medienzeitalter setzt Kittler auch auf sachlicher, horizontaler Ebene bei Foucault an und fordert, auch alte Bücher und Schriften als Mediensysteme zu betrachten und diese als mediales Apriori in archäologischen Analysen zu berücksichtigen. (Vgl. Winthrop-Young 2005: 85 f.) Auch Kittlers Terminologie ist eindeutig an Foucault angelehnt, wenn er von Dispositiv, Diskurs und Archäologie bzw. Medienarchäologie spricht. Foucault bildet das Fundament von Kittlers medienwissenschaftlichem Theoriegebäude.

Jacques Lacan und die Psychoanalyse

Der Einfluss der *Psychoanalyse* im Sinne Lacans zeigt sich deutlich in Kittlers ‚Draculas Vermächtnis. Technische Schriften' (1993: 64 ff.) und ‚Grammophon, Film, Typewriter' (1986). Hier verwendet Kittler die Begriffstrias des Imaginären, Symbolischen und Realen nach Lacan:

„Das Symbolische von Buchstaben und Zahlen, vormals als höchste Schöpfung der Autoren oder Genies gefeiert-: eine Welt der Rechenmaschinen. Das Reale in seinen Zufallsserien, vormals Gegenstand philosophischer Behauptungen oder gar ‚Erkenntnisse'-: ein Unmögliches, dem nur Signalprozessoren (und Psychoanalytiker von morgen) beikommen. Das Imaginäre schließlich, vormals Traum aus und von Seelentiefen-: ein schlichter optischer Trick." (Kittler 1986: 248)

Diese Begriffstrias gebraucht Lacan in der Psychoanalyse und sieht diese als symbolische Ordnung und Bedingung für Psyche und Ich-Erfahrung an (vgl. Kloock/Spahr 2007: 188 f.). Das *Imaginäre* taucht im sogenannten Spiegelstadium auf. In der frühen Phase der Kindheitsentwicklung vom 6. bis zum 18. Monat bildet das Kind ein Selbstbewusstsein aus, da es sich das erste Mal selbst im Spiegel erkennt. Das Kind erfährt dadurch die Spaltung eines ganzheitlichen Ichs, da es sich sowohl mit seinem eigenen wahrgenommenen Körper identifiziert als auch mit dem visuellen Spiegel-Ich. Das Selbstbewusstsein ist durch diesen fundamentalen Dualismus begründet, der mit dem Imaginären bezeichnet wird. (Vgl. Lacan 1973: 61 ff.) Die Ebene des *Symbolischen* ist durch die Sprache zu erklären. Lacan erklärt die Funktionsweise von Sprache mit der strukturalen Linguistik Ferdinand de Saussures. Er unterscheidet zwischen Signifikant und Signifikat und spricht dem Signifikanten eine Vormachtstellung zu. Sprache repräsentiert nicht Wirklichkeit, denn sie referiert nicht auf äußere Bedeutung. Sprache als symbolische Ordnung bildet ein geschlossenes System, so dass das Subjekt keine unmittelbare Erkenntnis über äußere Gegebenheiten erhalten kann. Der Zugang der Wirklichkeit erfolgt demnach über die systemimmanente Logik der Sprache. Denken ist erst über eine symbolische Ordnung möglich. (Vgl. Lacan 1973: 71 ff.) Das *Reale* nach Lacan ist nicht unmittelbar fassbar und beschreibbar. Es erklärt sich nur ex negativo aus dem Umstand, dass das Reale nicht in die Ordnung des Imaginären oder Symbolischen fällt, sondern sich als Störung der beiden Ordnungen kennzeichnet.

Mit einer unorthodoxen Interpretation von Lacans Unterscheidung des Imaginären, des Symbolischen und des Realen nimmt Kittler Bezug auf die Medien. Das Imaginäre setzt Kittler mit dem Visuellen gleich. Die Kategorie des Imaginären wird beispielsweise durch den Film repräsentiert, der den Bereich der Bilder und der Phantasie besetzt. Es ist der Ort der bildhaften Vorstellung, die ihre technische Umsetzung idealiter im Kino findet. Kittler vergleicht dieses medientechnische Stadium mit dem Spiegelstadium Lacans, in dem das Kind beginnt, eine visuelle Erfahrung des Körpers zu machen. Parallel zu der Wahrnehmung eines zerstückelten Körpers des Kleinkindes stehen die Schnitte und die Zerstückelung des Filmbildes in Aufnahmen pro Sekunde. In einem zweiten Schritt kommt dann wieder eine Einheit zustande, denn durch die Projektion gibt es einen zusammenhängenden Bilderfluss. Ebenso erfährt das Kleinkind im Spiegelstadium nach Lacan erstmals visuell eine Einheit seines eigenen Körpers. Filmmontagetechniken ermöglichen es, mentale Prozesse und somit die Bilderwelt des Imaginären sichtbar zu machen. Der Film wird von Kittler als Objektivation der Imagination selbst gesehen. (Vgl. Kittler ⁴2003 [1985]: 329 ff.)

Die Sprache bzw. sprachliche Zeichen, Buchstaben und Zahlen werden wie bei Lacan dem Bereich des *Symbolischen* zugeschrieben. Medial wird demnach dem Buch und der Schreibmaschine nach Kittler die Sphäre des Symbolischen zugeordnet. (Vgl. Kittler 1986: 4ff., 71ff., 180 ff., 246, 332; Kittler ⁴2003 [1985]: 311) Mit der Schrift wird stets nur niedergeschrieben, was bereits Teil des symbolischen Universums ist. Das Schreiben unterliegt einer Norm bzw. syntaktischen Regeln, und insbesondere durch die Schreibmaschine erfährt das Schreiben zusätzlich eine typografische Ordnung, da die Zeichen einer klaren räumlichen Anordnung unterliegen. Mit der Schreibmaschine schiebt sich ein Apparat zwischen Subjekt und Geschriebenes, auf diese Weise entsteht ein Bereich des Symbolischen.[167]

Der Bereich des *Realen* hingegen wird durch die analogen Medien wie den Phonographen repräsentiert. Mit den technischen Analogmedien ist es möglich, das Außersymbolische, das Natürliche selbst aufzuzeichnen. Der Bereich des Realen ist ein Rauschzustand, dem das Aufschreibesystem 1900 zugeordnet werden kann. Das Unterbewusstsein des Menschen vergleicht Kittler insofern mit dem Phonographen, da diese technischen Aufzeichnungsmedien Geräusche und Töne ohne Berücksichtigung auf jeglichen Bedeutungsgehalt speichern können. Genauso wenig selektiert der Analyst in der Psychoanalyse das Gesagte des Patienten, so dass gerade nicht der Geist oder Bedeutungsinhalte in den Vordergrund geraten, sondern das Hören, Schreiben, Sprechen, Aufnehmen, Abspeichern und Abspielen selbst: „Das Reale in seinen Zufallsserien, vormals Gegenstand philosophischer Behauptungen oder gar ‚Erkenntnisse' -: ein Unmögliches, dem nur Signalprozessoren beikommen." (Kittler 1986: 248)

---

167 Zur Veranschaulichung der Begriffe des Symbolischen und des Imaginären verwendet Kittler auch Beispiele aus der Militärtechnologie. Für ihn ist das Schachspiel als älteste Simulation des Krieges zu verstehen, das im Symbolischen operiert, weil es nicht auf äußere Bedeutung referiert, sondern in sich ein geschlossenes System bildet. Modell, Karte oder Messtisch bezeichnet er als Imaginäres, das noch eine Gestalterkennung erlaubt. (Vgl. Kittler 1989b: 73)

Tabelle 29: Kittlers Interpretation von Lacans Psychoanalyse

	Das Imaginäre	Das Symbolische	Das Reale
Lacan	Spiegelstadium: Spaltung des Ichs, Entwicklung eines Selbstbewusstseins	Symbolische Ordnung: Sprache und Denken	Rauschzustand, Störung
Kittler	Film: Bereich der Bilder und Fantasie	Buch, Schreibmaschine: typografische Ordnung, klare Anordnung	Grammophon, Phonograph: Aufzeichnung von Geräuschen ohne Selektion

Quelle: eigene Darstellung

Grundsätzlich kann folgender Leitgedanke des französischen Strukturalismus bzw. Poststrukturalismus für Kittlers medientheoretische Überlegungen festgehalten werden: Kittler geht grundsätzlich davon aus, dass Menschen Subjekte historisch datierbarer, kontingenter diskursiver Praktiken und psychischer Einschreibungen sind. Gesellschaftliche Ordnungen sind demnach als Diskursergebnisse von bestimmten sozialen Praktiken und Redeordnungen sowie von medialen Dispositiven zu verstehen. Es geht nicht um menschliche Intentionen, Grundbefindlichkeiten, Sinngehalte und Bedeutungsinhalte, sondern um diskursive Regelmäßigkeiten, die in Bezug zu Praktiken, Institutionen und Technologien der Datenspeicherung, -übertragung und -verbreitung stehen. Insofern sind Kultur, Gesellschaft oder Soziales nicht als Produkte den Subjekten zuzuschreiben, sondern medial determinierte Diskursergebnisse. Foucault und Lacan werden bei Kittler theoretisch miteinander verschränkt. Mediale Ordnungen formen demgemäß das Unterbewusstsein der Menschen. Hierin zeigt sich der psychoanalytische Einfluss Lacans maßgeblich.

Zusammenfassend können demnach die *Diskontinuität* aufeinander folgender medialer Ordnungen und die *Vorgängigkeit* medialer Ordnungen auf den französischen Poststrukturalismus zurückgeführt werden. Subjekte setzen Medien nicht primär ein, sondern umgekehrt: Sie werden von den jeweiligen medialen Konstellationen geformt, die ihnen vorausgehen. Die Art der Formung ändert sich im historischen Verlauf durch radikale Zäsuren. Diskursordnungen sind historisch kontingent, so dass keine geistesgeschichtlichen Kontinuitäten verzeichnet werden können. (Vgl. Winthrop-Young 2005: 34 ff.)

Informationstheoretisches Kommunikationsmodell von Shannon und Weaver

Neben diesen Einflüssen spielen auch techniktheoretische bzw. ingenieurswissenschaftliche Modelle eine Rolle für Kittlers Medientheorie. Er zeigt eine klare Affinität zu natur- und technikwissenschaftlichen Ansätzen. Die Ingenieurswissenschaften bringen Kittlers Interesse an Schaltungen hervor. Beispielsweise wird das Konzept des Geistes von ihm aus der Perspektive von Operationalisierbarkeit und Steuerbarkeitstechniken betrachtet. Es geht Kittler dabei nicht so sehr um eine Anschließbarkeit an die technischen Fächer, sondern um ein Umdenken der Kultur als Prozess der Datenverarbeitung. Somit konstatiert er einen Paradigmenwechsel von der Kategorie des Sinns hin zu der Kategorie der technischen Bedingungen medialer Kommunikation.

Kittlers Abkehr von der Hermeneutik hin zu einem medienmaterialistischen Verständnis von Kommunikation ist an Claude Shannons[168] und Warren Weavers nachrichtentechnischem und informationstheoretischem Modell der Kommunikation angelehnt und bildet den systematischen Ausgangspunkt seiner medientheoretischen Überlegungen:[169]

„Nur wie Menschen ohne Sprache zu ihren Vorstellungen oder Ideen überhaupt gekommen sein sollen, vergißt die Philosophie zu fragen. Aus dieser abgründigen Verwirrung hat erst ein technischer Begriff von Information befreit, der seit Shannons ‚Mathematischer Theorie der Kommunikation' jede Bezugnahme auf Ideen oder Bedeutungen, damit aber auch auf Menschen unterläuft." (Kittler 1993b: 170)

Shannons und Weavers Konzept von Informationssystemen beruht auf der Betrachtung und Analyse von Kanälen, Signalen und Codes, d.h., ausschließlich der medientechnischen Aspekte von Datenübertragungsprozessen. Kommunikationssysteme werden mit Informationssystemen gleichgesetzt, wobei Übertragungsprozesse indifferent hinsichtlich Bedeutungs- und Sinnaspekten werden. Kommunikation als rein technisierbares Geschehen wird demnach nicht durch zwischenmenschliche Aspekte der Verständigung oder semiotische Komponenten definiert, sondern als rein berechenbare Größe nachrichtentechnischer Übertragung verstanden. Selbst Sender und Empfänger werden zu bloßen Nachrichtenquellen reduziert. Der Sender als Nachrichtenquelle selektiert aus dem Repertoire möglicher Nachrichten eine, codiert diese, um diese mittels eines technischen Kanals an das Nachrichtenziel, den Empfänger, zu senden, der die Nachricht decodiert. Ob es sich bei Nachrichtenquelle und -ziel um menschliche oder maschinelle Übertragungsprozesse handelt, wird in dem Modell vernachlässigt. Kommunikation wird auf ihr bloßes Prinzip der Nachrichtenübertragung und ihrer berechenbaren Störung verkürzt. Der Kern des informationstheoretischen Modells ist, dass Information in diesem Sinne die statistisch berechenbare Wahrscheinlichkeit bzw. Unwahrscheinlichkeit des Auftretens ist. Je unwahrscheinlicher eine Nachricht auftritt, desto informativer ist sie. Infor-

---

168 Zu Kittlers Shannonrezeption siehe insbesondere Kittler (2002b: 42 f.).

169 Obwohl für Computerwissenschaftler das informationstheoretische Modell eher von geringer Bedeutung ist und eher Ansätze aus der Kybernetik und Theorien der Selbstorganisation von Systemen für die Betrachtung des Untersuchungsgegenstandes Computer als zeitgenössisch und wegweisend angesehen werden, bleibt für Kittler das nachrichtentechnische Modell nach Shannon und Weaver zentral.

mation ist insofern eine quantitative, mathematische, statistische Größe und keine semiotische. Der Informationsgehalt einer Nachricht lässt sich als Logarithmus von Wahlmöglichkeiten bestimmen und nicht als Bedeutungsinhalt eines Signals oder gar als Reaktion des Empfängers. Das quantitative Verhältnis zwischen dem Signal und der Anzahl aller möglichen Signalereignisse definiert das, was als Information begriffen wird.[170] Information ist demnach als Maß der Wahlfreiheit bzw. als Entscheidungsgröße bestimmt. Mit jener Grundauffassung wurde die mathematische Theorie der Kommunikation zum Standardrepertoire der Kommunikations- und Medienforschung.

Insbesondere in Überlegungen zu neuen Technologien, zum Computer und zur Digitalisierung als Inbegriff für automatisierte technische Prozesse wird das mathematische Modell bei Kittler zugrunde gelegt. Weiterhin wird dieses für ihn im militärischen Kontext relevant, wenn er das Phänomen des *Rauschzustandes* näher betrachtet und das Verhältnis zwischen Signal und Rauschen, Übertragung und Störung, Codierung und zusätzlicher Verschlüsselung untersucht. Die Grundannahme lautet, dass Informationsübertragung stets mit Zufallsrauschen verbunden ist. In der Nachrichtentechnik besteht das Ziel darin, den Signal-Rausch-Abstand maximal zu halten, damit bei der Übertragung keine Störgeräusche auftreten und die ‚reine' Botschaft empfangen werden kann. Die Signal- und die Rauschquelle werden dabei mathematisch gleichwertig behandelt. Information als das beabsichtigte und Rauschen als das zufällige Signal erhalten somit einen äquivalenten Stellenwert. Das bedeutet, dass das Rauschen ebenso wie das Signal als programmiert verstanden wird von jemandem, der verhindern möchte, dass die Botschaft empfangen wird. Gerade die Frage, wie der Signal-Rausch-Abstand zu regulieren ist, d.h., inwiefern der störungsfreie Empfang von Botschaften kontrolliert werden kann, wird unter Kriegsanforderungen für Kittler interessant. Im militärischen Kontext wird die zentrale Frage der Kommunikationstheorie umgekehrt, indem nun nach den Möglichkeiten der Verschlüsselung von Botschaften durch Rauschzustände gesucht wird. Hier kommt es zu einer Zusammenführung von Informationstheorie und Kryptogra-

---

170 Bei einem Wurf mit einem Würfel ist das Signal beispielsweise der Würfelwurf 6, während die Anzahl der möglichen Signalereignisse 1, 2, 3, 4, 5 und 6 sind. Beim Würfelwurf handelt es sich um gleichwahrscheinliche Ereignisse. Daneben gibt es noch Ereignisse, die nicht-gleichwahrscheinlich auftreten, da sie davon abhängig sind, was diesem bestimmten Ereignis vorausgeht bzw. folgt. Beispielsweise ist in der deutschen Sprache ein Wort mit dem Anfangsbuchstaben Q selten, der Informationsgehalt des Buchstaben Q ist demnach hoch. Die Wahrscheinlichkeit, dass nach dem Q ein u folgt, ist relativ hoch, so dass der Informationsgehalt des u relativ gering ist. Shannons Beitrag ist hierbei, dass er eine Formel entwickelt hat, um gleichwahrscheinliche Ereignisse wie den Würfelwurf ebenso wie nicht-gleichwahrscheinliche Ereignisse zu bestimmen. (Vgl. Winthrop-Young 2005: 137)

fie. Das Rauschen wird in diesem Falle als Code und beabsichtigtes Signal interpretierbar. Insofern verbindet Kittler Shannons Informationstheorie auch mit seinen Ansichten von Krieg und militärischen Technologiefragen:

„Wenn jedoch Shannons Mathematisierung auf seiner >fundamentalen Idee< beruhte, den >nachrichtentechnischen Effizienzbereich einer gestörten Übertragung< durch Konzepttransfer aus ihrem kryptoanalytischen Effizienzbereich herzuleiten, werden Störungen als Eingriffe einer feindlichen Intelligenz intelligibel und die Geschichte der Kommunikationstechniken als eine Serie strategischer Eskalationen. Ohne Referenz auf Menschen haben Kommunikationstechniken einander überholt, bis schließlich eine künstliche Intelligenz zur Interzeption möglicher Intelligenzen im Weltraum schreitet." (ebd.: 188)

Ähnlich wie bei Foucaults antihermeneutischer Diskursanalyse geht es im informationstheoretischen Modell ebenso um die Trennung zwischen Information und Bedeutung, da es nicht um Aussageninhalte und Bedeutungsfragen geht, sondern primär technische Strukturen und Bedingungen von Signalübertragung und Rauschen, innerhalb derer Bedeutungsfragen erst möglich werden. (Vgl. Winthrop-Young 2005: 138)

Alan Turing und die Turingmaschine

Eine weitere zentrale Einflussquelle für Kittlers computertechnische Grundlagen sind Alan Turings Arbeiten, die in den 1940er und 1950er Jahren Pionierarbeit für die Grundlagentheorie in der Mathematik geleistet haben. Kittler sieht das Modell der Turingmaschine als Signatur der Epoche, die sich in einem Übergang von der Mechanik zu einer neuen historischen Phase des Technologischen, einer „*sich selbst organisierenden, evolutionären Technik*" (Mersch 2006: 202; Hervorhebung im Original) befindet.[171] Für Kittler stellt die Turingmaschine die mathematische Grundlage für den Computer dar: „[K]ein Computer, der je gebaut wurde oder gebaut werden wird, kann mehr. Noch die modernsten Von-Neumann-Maschinen [...] laufen schneller, aber nicht prinzipiell anders als Turings unendlich langsames Modell." (Kittler 1986: 33) Der Computer, der alle Medien mathematisierbar und berechenbar macht, wird zu einer Universalmaschine, die auf der einfachen binären Logik von Ein/Aus beruht. Alle mathematischen Grundfunktionen lassen sich mit der Turingmaschine simulieren. Wie Turing konstatiert, lässt sich jedes Medium ersetzen. Ebenso stellt Kittler fest, dass mit einfachen Binäroperationen auf Digitalbasis alles möglich wird. Kittlers Verständnis von Digitalität fußt demnach auf den grundlegenden Annahmen Turings.

---

171 Neben der Mathematik der Turingmaschine nennt er zusätzlich die Kybernetik, die Informationstheorie und die Systemtheorie als basale theoretische Modelle, die den Übergang von hierarchischen Strukturen zu komplexen rekursiven Modellen kennzeichnen.

Tabelle 30: Soziale Voraussetzungen Kittler

Soziohistorischer Kontext	
Zeit	Ab 1945 (Nachkriegszeit)
Ort	Deutschland (Freiburg)
Politischer Kontext	Kalter Krieg, 1968er-Bewegung
Ökonomischer, sozialer, kultureller Kontext	1968er-Bewegung, Protestkultur, Studentendemonstrationen
Biografische Hintergründe	Abwendung von der 1968er-Bewegung
Berufliche/akademische Laufbahn	Studium der Romanistik, Germanistik (Literaturwissenschaft), Medienwissenschaft, ‚Kittlerschule'
Theorie-, ideengeschichtlicher Kontext	
Fachepistemologie	Geisteswissenschaft
Fachtradition	Literaturwissenschaft

Rezeptionslinien: Theorieschulen, Theoretiker	- Strukturalismus/Poststrukturalismus
	   - Michel Foucaults Diskursanalyse und Archäologie
	   - Jacques Lacans Psychoanalyse
	- Claude Shannons und Warren Weavers Informationstheorie
	- Alan Turins Turingmaschine

Alternative Einflüsse, Denkmodelle	/

Quelle: eigene Darstellung

4.6.5 Vilém Flusser: Persönliche und akademische Entwurzelung

4.6.5.1 Vilém Flussers soziohistorischer Kontext: Bodenlosigkeit

Flussers Werk und sein Denken sind stark mit seiner Lebensgeschichte verwoben. In seiner philosophischen Autobiografie ‚Bodenlos' (1992b) weist er ausdrücklich darauf hin, dass Biografien nicht von einem ‚Ich' handeln, sondern die Vernetzungen und Verknotungen aufzeigen, die das ‚Ich' konstituieren.[172] Diese Vernetzungen und Verknotungen sollen im Folgenden näher betrachtet werden. Gerade die sozialen und biografischen Voraussetzungen geben Aufschluss über Flussers Œuvre. Insbesondere fällt dabei auf, dass sich seine Erfahrungen ständiger Emigration, Flucht und Entwurzelung als roter Faden durch sein Leben ziehen.

Der 1920 in Prag geborene Vilém Flusser wächst in einer jüdischen Akademikerfamilie auf. Nicht nur kulturell befindet er sich zwischen west- und osteuropäischer Kultur, auch sprachlich bewegt er sich zwischen deutsch und tschechisch als Muttersprache. Sein Abitur macht er in Prag und beginnt dort sein Philosophiestudium. Mit dem deutschen Einmarsch in die Tschechoslowakei flieht er mit seiner

---

172 Im weiteren Verlauf wird noch näher auf diese Subjektauffassung eingegangen, wenn es um Martin Bubers Dialogphilosophie als zentrale Einflussquelle von Flussers Denken geht.

zukünftigen Frau Edith Flusser 1938 aus seiner Heimatstadt nach London, wo er sein Philosophiestudium beendet, und 1940 weiter nach Brasilien auswandert. Dort lebt und arbeitet er bis 1972. Seine Familie wird unterdessen in Buchenwald von den Nationalsozialisten getötet. Die Emigration und das Schicksal seiner Familie führen zu einer Erfahrung starker Entwurzelung. Während er in Brasilien zunächst in einer Import-Export-Firma arbeitet, um bis Ende der 1950er den Lebensunterhalt für seine Frau und seine drei Kinder zu verdienen, bildet er sich autodidaktisch weiter: „Das bedeutete, daß man am Tag Geschäfte trieb und in der Nacht philosophierte." (Flusser 1992b: 41) Nach eigener Aussage befindet er sich in einem Stadium zwischen Selbstmord und Lebenswillen.

Das akademische Außenseitertum von Flussers Frühphase wird dadurch deutlich, dass er sich in Brasilien als Autodidakt philosophische Texte aneignet: „Vilém Flusser ist in diesem Sinne ein brasilianischer ‚Ideenfresser', der zunächst im Selbststudium die europäische Tradition verschlingt, um dann in der Kommunikationstheorie eine Brücke zwischen Technokratie und kritischem Engagement zu schlagen." (Röller 2003: 61) Ab 1960 beginnt er jedoch, in Brasilien ein Netzwerk an Freundschaften zu knüpfen, die seinen Einstieg in das akademische Milieu bedeutet.[173] Er kehrt 1972 nach 32 Jahren aufgrund seiner Furcht vor dem brasilianischen Militärregime den Rücken zu und flieht nach Genf. Auch hier tritt das Gefühl der Entwurzelung wieder ein, das konstitutiv für seine theoretischen Abhandlungen ist. Seine Kommunikationsphilosophie bzw. Kommunikologie wird durch die Erfahrung der Entwurzelung maßgeblich geprägt, da aus der Not der Sinnlosigkeit des Lebens für ihn die Möglichkeit und gleichzeitig Notwendigkeit des Menschen zu kommunizieren entsteht.

Nach der Erfahrung der ständigen Emigration lässt er sich schließlich im Süden Frankreichs in Robion nieder, hält an verschiedenen französischen Universitäten und Hochschulen Vorträge und reist ab 1985 durch die Schweiz und Deutschland, wo er 1991 eine Gastprofessur an der Ruhr-Universität Bochum erhält und dort auch Friedrich Kittler kennenlernt. Am 26.11.1991 hält er seinen ersten und einzigen Vortrag in deutscher Sprache in seiner Heimatstadt Prag. Am Tag darauf stirbt er bei einem Autounfall. An Flussers Biografie ist abzulesen, dass sein Nomadentum beinahe schon als programmatisch zu deuten ist:

---

173 Obwohl Flusser häufig als Visionär und Verfechter elektronischer Medien gehandelt wird, hat er sich stets dem Computer als Arbeitsmedium verweigert und begründet seine Herkunft in der Schriftkultur. Er erklärt, dass das Schreiben für ihn lebensnotwendig war. Diese Ambivalenz zeigt sich auch in seinen Schriften, wenn er einerseits die Notwendigkeit des Schreibens betont und andererseits eine von ihm positiv bewertete Verabschiedung der Schriftkultur mit den Neuen Medien prognostiziert.

"Jeder kennt die Bodenlosigkeit aus eigener Erfahrung. [...] Aber es gibt Menschen, für die Bodenlosigkeit die Stimmung ist, in der sie sich sozusagen objektiv befinden. Menschen, die jeden Boden unter den Füßen verloren haben, entweder weil sie durch äußere Faktoren aus dem Schoß der sie bergenden Wirklichkeit verstoßen wurden, oder weil sie bewußt diese als Trug erkannte Wirklichkeit verließen. Solche Menschen können als Laboratorien für andere dienen. Sie existieren sozusagen intensiver." (Flusser 1992b: 11)

Im Laufe seines Lebens fügt er sich in heterogene Kontexte, unterschiedlichste Länder, Kulturen, Sprachen, Disziplinen und Diskurse ein: Als zeitlebens Emigrierter publiziert er nicht nur in zahlreichen Sprachen wie Portugiesisch, Englisch, Französisch und Deutsch, sondern passt sich stets auch neuen kulturellen Bedingungen an, die sich auch in verschiedenen Schaffensphasen wiederfinden: Es können grundsätzlich zwei Phasen seines Gesamtwerks ausgemacht werden: Die frühe brasilianische Phase, in der Flusser sich hauptsächlich mit philosophisch-ontologischen Fragen beschäftigt und auf Portugiesisch publiziert, und die späte europäische Phase, in der medientheoretische Fragestellungen in den Vordergrund rücken, die hauptsächlich auf Englisch, Französisch und Deutsch behandelt werden (vgl. Fahle/Hanke/Ziemann 2009: 8 f.). Demnach können sowohl sprachliche als auch kulturelle und thematische Zäsuren identifiziert werden.[174] Seine Ideen lassen sich auch nicht bloß einer bestimmten Denkschule noch *einem* bestimmten Spezialdiskurs zuordnen.

Späte akademische Sozialisation:
Von Mystik, Okkultismus, Philosophie und Kunst

Was Flussers akademische Sozialisation angeht, so kann ihm keine eindeutige disziplinäre Verortung zugeschrieben werden. In den ersten zehn Jahren seiner Le-

---

174 Hinsichtlich der Rezeption seiner Texte gibt es verschiedene Schwierigkeiten: Die Texte aus der brasilianischen Werkphase werden erst spät in Europa rezipiert, und genauso sind viele Schriften der brasilianischen Phase in Europa lange Zeit unbekannt. Dies ist zum einen den erst späten Übersetzungs- und Editionsarbeiten zuzuschreiben, zum anderen auch dem späten Interesse an neuen Medien im wissenschaftlichen Diskurs (vgl. ebd.: 9). Das erst späte Renommee Flussers im akademischen Umfeld aufgrund von vernachlässigten Übersetzungen, sozialen und politischen Bedingungen in Brasilien oder der späten Konsolidierung der Medienwissenschaft als akademische Disziplin in Deutschland haben zu einer durchwachsenen Rezeption Flussers geführt. (Vgl. ebd.: 8 f.) So schreibt Kittler im Vorwort zu ‚Kommunikologie weiter denken': „Seine Bücher waren erschienen und sogar eine Festschrift. Aber von den verschiedenen Gastprofessuren in Europa und Nordamerika, die sie ihm zuschrieb, konnte keine Rede sein. In Deutschland, dessen Denker Flusser doch geprägt hatten, blieb er ein Fremder, prophetisch, verstörend, unakademisch." (Kittler 2009: 9)

bensphase in Brasilien beschäftigt er sich mit mystischen Autoren wie Meister Eckhart, Angelus Silesius sowie mit buddhistischen Schriften. Später sind es insbesondere Kant und Anhänger der Marburger Schule wie Ernst Cassirer, die ihn aus einer religiösen Existenzialanalyse zu einer stärker logischen Analyse bringen. Er wendet sich dem Forschungsgebiet der Sprache zu, die er als „symbolische Form, als Wohnort des Seins, als Enthüllung und Verhüllung, als Kommunikationsmittel, als Feld der Unsterblichkeit, als Kunstwerk, als Eroberung des Chaos" (Flusser o.J.: 14) versteht. Zu dem Faszinationsfeld Sprache kommen Lektüren von Petr Demianovich Uspenskij, einem russischen Okkultisten, der mit ‚Tertium Organum' eine Synthese aus mathematischen, theosophischen und philosophischen Überlegungen offeriert. Diese Schriften beeinflussen Flusser in seiner Weltanschauung und in seiner eigenen theoretischen Überlegung zu historischen Phasen. Zentrale Begriffe wie null-, ein-, zwei-, drei- und vierdimensional entwickelt er zu diesem Zeitpunkt.

Erst 1960 findet Flusser den Kontakt zum akademischen Establishment, als es zu einer Begegnung zwischen ihm, Vicente Ferreira da Silva, der maßgeblich Heideggers Philosophie in Brasilien einführte, und dem Philosophen und Ingenieur Milton Vargas kommt.[175] Er knüpft weiterhin Kontakte zu Philosophen, Ingenieuren, bildenden Künstlern, Dichtern und Politikern.[176] Anfang der 1960er sucht er den akademischen Anschluss, tritt mit dem Brasilianischen Philosophischen Institut in São Paolo in Kontakt und hält Vorträge und Vorlesungen über Wissenschaftstheorie an der Universität von São Paolo. 1961 arbeitet er als Kritiker und Kolumnist

---

175 Milton Vargas schreibt über seine erste Begegnung mit Flusser über ihn: „Ich traf Vilém Flusser zum ersten Mal vor etwa vierzig Jahren [1960] im Hause von Vicente Ferreira da Silva in São Paolo. Vicente […] und ich waren ins Gespräch vertieft, als jemand an die Tür klopfte. Es war ein eigenartiger, schon damals glatzköpfiger junger Mann mit einer scharfen Nase und beeindruckender Brille. Er war uns völlig unbekannt. Selbstbewusst stellte er sich vor und sagte, er suchte Leute, mit denen er Gedanken austauschen könne. São Paolo sei eine menschen- und gedankenleere Wüste, fügte er hinzu." (Vargas in Flusser 1992b: 279)

176 Dazu gehören u.a. Mira Schendel und Samson Flexor aus dem Bereich der bildenden Kunst, Haroldo de Campos und João Guimarães Rosa aus Literatur und Dichtung sowie Miguel Reale, der eine politische und institutionelle Expertise besitzt. Nils Röller stellt in seinem Aufsatz die Behauptung auf, dass Flusser nicht aus Furcht vor der politischen Situation in Brasilien nach Europa geflohen, sondern seine Migration aus eigenem Antrieb heraus erfolgt ist. In den Dialogen mit den Akteuren seines brasilianischen Netzwerkes hat Flusser Diskrepanzen zwischen sich und den Freunden festgestellt, die sich in einer wachsenden Distanz zur brasilianischen Kultur im Allgemeinen niedergeschlagen haben. Dies hat seine Entscheidung begründet, dass er von der brasilianischen Gesellschaft Abstand nimmt und Einsamkeit daher die logische Konsequenz ist, so Röller. (Vgl. Röller 2009: 97 f.)

für eine Tageszeitung. Auch hier macht er sein Exildasein, den Umgang mit verschiedenen Sprachen und das Übersetzen als Lebensform zu grundlegenden Themen (vgl. Hochscheid 2011: 614). 1962 wird er Mitglied des Brasilianischen Philosophischen Instituts, 1963 erhält er eine Professur für Kommunikationsphilosophie an der Fundação Armando Alvares Penteado in São Paulo, hält Vorlesungen und Gastvorträge u.a. in Brasilien, an renommierten Universitäten wie Harvard, Yale, MIT, Cornell, Columbia in den USA, Barcelona, Berlin und Wien.

Der freundschaftliche und fachliche Austausch mit Milton Vargas, Philosoph und Spezialist für Bodenmechanik, beeinflusst Flusser während seiner brasilianischen Phase insbesondere in der Entwicklung seiner Überlegungen zur kulturellen Dimension der Technik. (Medien-)technische Erfindungen wie die Dampfmaschine oder elektronische Rechner gewinnen in Flussers Denken an Bedeutung, so dass seine zunächst sprachphilosophisch orientierte Kulturphilosophie durch eine (medien-)technische Komponente bereichert wird. Die technik- und informationstheoretischen Ansätze der Kommunikation werden genauso wie ästhetische und sprachliche als wirklichkeitskonstituierend mitberücksichtigt.

Auch in Europa knüpft Flusser Kontakte, insbesondere mit Künstlern, Kommunikationswissenschaftlern und Kunstkritikern, darunter Abraham Moles, Fred Forest, Wenig-Ying Tsai und Alexandre Bonier, zu denen er auch ein freundschaftliches Verhältnis pflegt. Durch den Kontakt beginnt er, die Bedeutung der Videotechnik für künstlerische und kommunikationswissenschaftliche Arbeiten zu entdecken. Schon in den 1960er Jahren lehrt er an deutschen und österreichischen Kunsthochschulen und wirkt maßgeblich als Beiratsmitglied an der Biennale von São Paolo mit, wofür er auch in Europa recherchiert. Nicht nur publiziert er dort in den 1980er Jahren für renommierte Zeitschriften wie Artforum oder European Photography, sondern wird insbesondere auch auf Festivals für elektronische Kunst als Vortragender eingeladen. Posthum wird ihm auch vom ZKM in Karlsruhe und dem Siemens Kulturprogramm der Medienkunstpreis verliehen.

Während seiner Reisen in Europa übernimmt Flusser zunehmend eine phänomenologische Betrachtung der Welt. Er beginnt, Essays über Allerweltsdinge wie Teppiche, Töpfe, Autos, Flaschen usw. zu verfassen. Diese phänomenologischen Betrachtungen, die er in seinem Werk ‚Gesten. Versuch einer Phänomenologie' (1995b)[177] ausarbeitet, werden zur Voraussetzung seiner medientheoretischen Überlegungen. In Frankreich setzt er sein akademisches Wirken fort und hält Vorträge, Vorlesungen und Seminare an verschiedenen französischen Universitäten. Ab 1985 beginnt er Studienreisen durch die Schweiz und Deutschland, wo er schließlich auch 1991 eine Gastprofessur an der Ruhr-Universität Bochum erhält. Aus seinen

---

177 Hierin versucht Flusser, von einzelnen, konkreten Phänomenen auszugehen wie der Geste des Telefonierens, des Schreibens, des Fotografierens oder des Pfeiferauchens.

gesammelten Bochumer Vorlesungen wird posthum ‚Kommunikologie weiter denken' (2009) veröffentlicht.

An diesem biografischen Überblick wird offensichtlich, dass Flusser ein großer Teil seiner Einflüsse aus dem nicht-akademischen Bereich kommt und er sich erst 1960 in das akademische Umfeld integrieren kann. Eine universitäre Anbindung ergibt sich erst verhältnismäßig spät. Dennoch können bei Flusser einige zentrale theoretische Größen und Strömungen identifiziert werden, die für sein kommunikologisches Denken ausschlaggebend sind.

4.6.5.2 Vilém Flussers theorie- und ideengeschichtlicher Kontext

Ein Potpourri aus Denkschulen, Theoretikern und Philosophen

Unternimmt man den Versuch, Flussers intellektuelle Einflussgrößen ausfindig zu machen, so stößt man auf eine Vielzahl von Bezugsquellen:

„Der Tractatus von Wittgenstein hatte in diesem Sinne einen großen Einfluß auf mich. Die Erschütterungen des Krieges, die Zerstörung meiner Welt, die Emigration nach Brasilien und die daraus folgernde Anforderung, Werte und fremde Konzepte zu assimilieren, zerrissen meine ursprüngliche Tendenz zum Formalismus. Ich geriet unter den Einfluß der Existentialphilosophie, besonders in der Form Heideggers. [...] Später (1943 oder 44) nahm ich Kontakt mit Buber auf, und das führte mich dazu, protestantische Existentialtheologie zu lesen. Den Krieg und die Konzentrationslager im Hintergrund, bin ich immer mehr in den Bereich der mystischen Spekulationen abgewichen (das war schon am Ende des Tractatus vorauszusehen), ich interessierte mich für das orientalische Denken, für San Juan de la Cruz, Ekkehart, Angelus Silesius, ich entdeckte erneut die deutsche Romantik und Dostojewski. In diesem [dem brasilianischen; Anm. d. Verf.] Milieu verstärkten sich meine Ängste gegenüber der Anziehungskraft des Mystizismus (Macumba, Spiritismus und anderes Geschwätz), doch wurde mir auch die Sterilität des rationalen Formalismus klar (Positivismus, Marxismus à la brasileira, Scholastik, Akademismus). [...] Ich lief in meiner Verzweiflung zu Nietzsche, zu den Vorsokratikern, und ich begann den späten Husserl zu verstehen, kehrte auch zu Frege zurück und entdeckte von neuem Leibniz. Das war die Zeit, in der ich "Die Geschichte des Teufels" in Deutschland schrieb, da ich noch kein Vertrauen in mein Portugiesisch hatte. Meine Katharsis war Kant. Ich habe nicht nur ihn, auch Cassirer, Cohen, die ganze Marburger Schule verschlungen." (Flusser o.J.: 14)

Flussers transdisziplinäre Ausrichtung, die von der Physik über die Kybernetik und Informationstheorie bis hin zu kultur-, medien-, kommunikationswissenschaftlichen und philosophischen Diskursen wie Edmund Husserls Phänomenologie, Martin Heideggers Ek-sistenz-Denken, Ernst Cassirers Philosophie der symbolischen Formen oder Martin Bubers Dialogphilosophie reicht, die damit verbundene methodische Vielfalt und seine wechselnde Schwerpunktsetzung lässt sich mit seinem bewegten Lebenslauf in Einklang bringen. Neben diesen expliziten Nennungen von Disziplinen, Philosophen und Theoretikern verdeutlichen insbesondere Flussers begriffliche Setzungen die vielfältigen Einflussbereiche: Termini wie ‚Entropie' und ‚Information', die ‚Phänomenologie der Geste', ‚Abstraktion von der Lebenswelt', ‚Dasein' oder ‚In-der-Welt-sein', ‚Dialog' und ‚Diskurs' lassen auf eine Auseinandersetzung mit oben genannten Philosophen und Prägungen durch deren Denkrichtungen schließen. Unklar bleibt dabei jedoch, „ob Flusser diese Ausdrücke im Sinne ihrer Schöpfer bzw. in kohärentem oder systematisch korrektem Werkzusammenhang, in anverwandelndem oder gar in alternativem oder vielleicht gegenläufigem Sinn gebraucht." (Kroß 2009: 73) Es ist beinahe unmöglich, alle Referenzen für Flussers Theoriegebäude in seiner Vollständigkeit zu identifizieren. Daher befassen sich die folgenden Ausführungen nur mit den Einflüssen, die offensichtlich in Flussers Werk wiederzufinden sind und sein kommunikations- und medientheoretisches Denken maßgeblich strukturiert haben.

Martin Bubers Dialogphilosophie
Flusser nennt Martin Buber explizit als Impulsgeber für seine Kommunikologie:

„Ich war ein Bub von vielleicht 17, 18 Jahren, da kam der Buber nach Prag. Das hat bei mir einen unglaublichen Eindruck hinterlassen. Schon dieser große schwarze Bart und diese starke Gestalt und dieser Blick! Das war der Blick eines Sehers! Und er sprach nicht über das dialogische Leben, sondern über das Vorurteil gegen Gott. Er hat das fabelhaft gesagt. In diesem seinem Vortrag wurde mir deutlich, was Buber mit dem ‚Ich und Du' meint, was er mit dem dialogischen Leben meint. Und so habe ich Einsicht gewonnen in die jüdisch-christliche Weisheit, wonach Nächstenliebe der einzige Weg ist, um zu Gott zu kommen." (Flusser 1996b: 203)

Betrachtet man die Grundgedanken und Grundbegriffe von Flussers Kommunikologie wie Dialog und Diskurs, Verantwortung oder Verwirklichung, so lassen sich zahlreiche Schnittstellen zu Bubers Dialogphilosophie rekonstruieren, die Flusser unter den Bedingungen der neuen, digitalen Technologien reformuliert. Bubers Dialogphilosophie oder Dialogik basiert auf dem Grundgedanken, dass der Mensch nur in Beziehung zu einem Anderen existiert. Insofern sind die dialogphilosophischen Grundbegriffe nicht bloß Einzelworte, sondern stets Wortpaare bzw. Relationen. (Vgl. Buber 1962: 79) Buber unterscheidet zwischen Ich-Du- und Ich-Es-Beziehungen, die zwei Formen des menschlichen Daseins bzw. zwei Einstellungen zur Welt bezeichnen: Die *Es-Welt* verweist auf die Beziehungen des Menschen zur Welt der Dinge und Gegenstände und umfasst alle wahrnehmbaren Subjekte und Objekte, während die *Ich-Du-Beziehung* in und durch Sprache besteht. Die Sprache stellt für Buber den Grundbaustein des menschlichen Miteinanders dar. Das Ich wird somit erst in seiner Relation zu einem Du begreifbar und ist nicht die Voraussetzung, sondern eine Folge von Interaktion. Auf diese Weise erfolgt der Prozess der Menschwerdung, denn das Ich kann sich erst in Differenz bzw. Beziehung zu einem Du als solches begreifen. (Vgl. Bidlo 2006: 62 ff.; Bidlo 2009: 58 ff.)

Die Dialogphilosophie versucht mit dieser intersubjektiven Perspektive, das autonome Subjekt und die Subjektphilosophie zu überwinden, indem es das Ich stets in einer Beziehung zu einem Du oder Es definiert. Die Grundwortpaare Ich-Du und Ich-Es stellen insofern zwei verschiedene Beziehungsmodi bzw. -formen dar, in die das Ich ins Verhältnis mit der Welt tritt. Dabei können diese beiden Grundwortpaare jedoch nicht strikt voneinander getrennt betrachtet werden, da diese vielmehr in einem Wechselspiel zueinander stehen und ineinander übergehen. Beide Zugangsarten zur Welt sind notwendig: Während die Es-Welt der Welt Sicherheit und Dauer verleiht, da die Welt in einem geordneten und stabilen Rahmen existiert, vermittelt die Du-Welt dem Menschen Sinn. Jegliches Handeln wird demnach nicht als Resultat innerer Eigenschaften dem Subjekt zugeschrieben, sondern als Konsequenz einer Beziehung zwischen dem Subjekt und dem Anderen sowie der Situation, in der Ich und Du in Beziehung treten, konzipiert. Sprache, Kommunikation und Interaktion sind somit Grundlagen der menschlichen Existenz. Durch den Dialog bricht der Mensch aus seinem hermetisch abgeriegelten Inneren, aus der Einsamkeit, aus, indem er in Beziehung zu Anderen tritt. In diesem Zwischenfeld der Ich-Du-Beziehung liegt schließlich etwas Gemeinschaftsbildendes. In diesem Zusammenhang benutzt Buber auch den Begriff der Verantwortung, denn der Mensch ist als Du für den anderen verantwortlich in dem Sinne, dass er sich zu einer Antwort bereit erklären muss, damit überhaupt eine Ich-Du-Beziehung zustande kommt. (Vgl. Biblo 2009: 57 ff.)

Diese Kernunterscheidung von Ich-Du- und Ich-Es-Beziehung durch Buber ist in Flussers Dialog- und Diskursbegriff und der utopischen Vorstellung einer telematischen Gesellschaft, die auf Vernetzung, Zwischenmenschlichkeit und dialogischen Beziehungen aufbaut, wiederzufinden. Flusser geht von einem Gemisch aus Dialogen und Diskursen in einer Gesellschaft aus, in der jedes dialogische Medium in ein diskursives umgewandelt werden kann und vice versa. Ebenso hat bereits Buber konstatiert, dass sich Ich-Du- und Ich-Es-Relationen stets gegenseitig beeinflussen und ineinander umgekehrt werden können. Dabei betont Buber, dass der Idealzustand erreicht ist, wenn eine Ausgewogenheit zwischen Ich-Du- und Ich-Es-Beziehungen, in Flussers Terminologie Dialog und Diskurs, herrscht. (Vgl. Biblo 2009: 65 ff.) Beide Theoretiker bevorzugen implizit die dialogische Form, da ein Überschuss an diskursiven Formen der Kommunikation zu einer ‚faschistischen' Gesellschaft führt. Der Dialog hingegen beinhaltet den Aspekt der Verantwortung für den anderen und die Bereitschaft, eine Antwort für den Anderen zu geben. So bemerkt auch Buber schon: „In unserem Zeitalter hat die Ich-Es-Relation, riesenhaft aufgebläht, sich fast unangefochten die Meisterschaft und das Regiment angemaßt. Das Ich dieser Relation, […] das unfähig ist, Du zu sprechen, unfähig, einem

Wesen wesenhaft zu begegnen, ist der Herr der Stunde." (Buber 1962: 598) Dabei versucht Flusser, das Beziehungsgeflecht zwischen Ich und Du nicht nur auf face-to-face-Kommunikation zu beziehen, sondern medientechnisch zu denken. Er entwirft auf Grundlage von Bubers Dialogphilosophie eine telematische Gemeinschaft als technologisch-dialogisches Miteinander: „Je näher mir jemand ist, je zahlreichere Fäden mich mit ihm verbinden, desto größer die Zahl der zwischen uns strömenden Informationen. Das heißt: der Reden und Antworten, die zwischen uns pendeln. Je näher mir jemand steht, desto größer die Verantwortung, die wir einander gegenüber tragen." (Flusser 2000: 208 f.)

Flusser behandelt in seiner Kommunikologie Strukturen der Vernetzung als einem intersubjektiven, dialogisch ausgerichteten Beziehungsgeflecht. Ebenso spricht Buber von einem zwischenmenschlichen Miteinander, das eine gemeinschaftliche Gesellschaftsstruktur zum Ziel hat. Der Konnex zwischen Dialog, Kommunikation und Gesellschaftsform begründet sich auf dem Gedanken Bubers, Gemeinschaft und Zwischenmenschlichkeit durch dialogische Beziehungen herzustellen. (Vgl. Ebd.: 63 ff.; Biblo 2006: 206 ff.) Nicht nur Flussers Verweis auf Buber hinsichtlich seiner kommunikologischen Überlegungen wird hier deutlich, sondern auch das Bekenntnis zum Judentum zeigt eine weitere zentrale Parallele zu Buber: „Hingegen gibt es eine implizite Analyse des Dialogs in der jüdisch-christlichen Tradition, welche in Bubers ,Dialogischem Leben' ganz explizit wird und in überraschender Weise das dem Netzdialog inhärente existenzielle Problem beleuchtet." (Flusser ³2003 [1996]: 293) Der Netzdialog bei Flusser entspricht dabei der jüdisch-christlichen Dialogvorstellung, die auf der Grundlage einer Verantwortung füreinander beruht.

Auf der Mikroebene konzipiert Flusser wie Buber den Menschen als sinnsuchendes, einsames Lebewesen, das durch Kommunikation versucht, der Welt Bedeutung zu geben und den Tod zu vergessen. Etwas schöpferisch Neues kann sich erst im Gespräch, im Dialog verwirklichen, so Buber. Dies ist die anthropologische Grundkonstante des Menschen. Die Sprache dient dabei dazu, die Einsamkeit zu überwinden. Das Subjekt steht nicht in einem Verhältnis der Differenz zum Objekt, sondern beide Pole werden als notwendig füreinander betrachtet, wobei vielmehr das Dazwischen von Interesse ist als die ontologischen Einzelgrößen. Das Subjekt bei Flusser wird aufgehoben, da es als relationale Größe, als ein Resultat aus Verknotungen konzipiert wird. Identität wird nicht mehr als harter Kern konstruiert, sondern ganz im Gegenteil als Resultat aus zusammenlaufenden, verwobenen Fäden eines Kommunikationsnetzes:

„Wir bilden uns nicht mehr ein, daß wir irgendeinen soliden Kern in uns bergen (irgendeine ,Identität', ein ,Ich', einen ,Geist' oder eine ,Seele'), sondern eher, das wir in ein kollektives psychisches Feld getaucht sind, aus dem wir wie provisorische Blasen auftauchen, welche Informationen erwerben, prozessieren, weitergeben, um wieder unterzutauchen." (Flusser 1993a: 283)

Flusser geht ebenso wenig wie Buber von positiven Einzelgliedern aus, sondern stets auch von der Beziehung bzw. dem Feld der Beziehungen, aus dem sich die Einzelglieder erst herauskristallisieren (vgl. Flusser 1998a: 49).

Ernst Cassirer und symbolische Formen

Neben Martin Buber stellt auch der deutsche Philosoph Ernst Cassirer eine zentrale Bezugsquelle für Flussers kommunikations- und medientheoretische Grundlagen dar. Anfang der 1920er Jahre veröffentlicht Cassirer sein dreibändiges Hauptwerk ‚Philosophie der symbolischen Formen' (1997), in dem er eine sprachphilosophische Wende zum Symbolischen hin vollzieht. Cassirer konzentriert sich auf kulturtechnisch bedingte Formen der menschlichen Erfahrung und begründet mit seiner Symbolphilosophie systematisch eine Theorie des kulturellen Sinnverstehens, das einen Übergang von einer philosophischen Erkenntnistheorie hin zu einer kulturphilosophischen Symboltheorie und Anthropologie markiert (vgl. Hartmann 2010b: 275). In ‚Philosophie der symbolischen Formen' (1997) heißt es:

„Er [der Mensch; Anm. d. Verf.] lebt nicht mehr in einem bloß physikalischen, sondern in einem symbolischen Universum. Sprache, Mythos, Kunst und Religion sind Bestandteile dieses Universums. Sie sind die vielgestaltigen Fäden, aus denen das Symbolnetz, das Gespinst menschlicher Erfahrung gewebt ist. Aller Fortschritt im Denken und in der Erfahrung verfeinert und festigt dieses Netz. Der Mensch kann der Wirklichkeit nicht mehr unmittelbar gegenübertreten; er kann sie nicht mehr als direktes Gegenüber betrachten. Die physische Realität scheint in dem Maße zurückzutreten, wie die Symboltätigkeit des Menschen an Raum gewinnt. [...] So sehr hat er sich mit sprachlichen Formen, künstlerischen Bildern, mythischen Symbolen oder religiösen Riten umgeben, daß er nichts sehen oder erkennen kann, ohne daß sich dieses artifizielle Medium zwischen ihn und die Wirklichkeit schöbe." (Cassirer 1990: 50)

Der Mensch ist nach Cassirer nicht bloß ein vernunftbegabtes Wesen, ein ‚animal rationale', sondern ein „animal symbolicum" (ebd.: 51), das sich mit der Welt durch den Gebrauch von Symbolen in Beziehung setzt und ihr auf diese Weise Sinn verleiht. Der Mensch verschafft sich durch deren Gebrauch sein Selbst- und Weltverständnis. Die Fähigkeit des Menschen, Symbole zu entwickeln, ist die spezifische anthropologische Leistung. Er lebt in einem symbolischen Universum, das er selbst geschaffen und gestaltet hat. Cassirer konstatiert, dass jegliche menschliche Erfahrung und jegliche Form der Weltwahrnehmung Akte symbolischer Sinngebung sind. Dabei organisiert sich unsere menschliche Erfahrung durch die Art der symbolischen Formen, die Cassirer versteht als „jede Energie des Geistes [...], durch welche ein geistiger Bedeutungsgehalt an ein konkretes sinnliches Zeichen geknüpft und diesem Zeichen innerlich zugeeignet wird." (Cassirer 1959: 175) Sinn und Sinnlichkeit werden somit im Begriff des Symbolischen miteinander in Beziehung gesetzt. Symbolische Formen wie beispielsweise die Sprache[178] sind als intersubjektiv gültige Formen des Verstehens der Welt zu begreifen. Mithilfe dieser Formen gelingt es dem Menschen, bedeutsame Lebenswelten zu konstruieren, kulturelle Deutungen zu bestimmen und zu strukturieren. Sinn wird nie voraussetzungslos produziert, sondern stets innerhalb bestimmter Schemata und Rahmungen, innerhalb symbolischer Formen, die Bezüge und Strukturen in der Welt erkennbar machen und Verstehen ermöglichen. Kultur ist somit die Art und Weise der Symbolisierung, durch die der Mensch Sinn erzeugt. (Vgl. Paetzold 1993: 43 ff.)

Dabei stehen im Zentrum von Cassirers theoretischen Annahmen die Fragen nach Genese, Veränderung und Wandlung symbolischer Formen, die sich miteinander vermischen und wechselseitig beeinflussen. Symbolisieren ist eine anthropologisch notwendige Tätigkeit. Das Symbol als nicht materieller, sondern funktionaler Gegenstand ist überhaupt erst die Bedingung der Möglichkeit bewusster Erfahrung. Der Mensch als formgebendes Wesen transzendiert seine natürliche Lebensumwelt durch Symbolisierung und bringt dadurch eine kulturelle Welt, eine zweite Natur, hervor, die wiederum eine je spezifische Epistemologie vorgibt:

„Im ganzen genommen könnte man die Kultur als den Prozeß der fortschreitenden Selbstbefreiung des Menschen beschreiben. Sprache, Kunst, Religion und Wissenschaft bilden unterschiedliche Phasen in diesem Prozeß. In ihnen allen entdeckt und erweist der Mensch eine neue Kraft – die Kraft, sich eine eigene, eine ‚ideale' Welt zu errichten. […] Sie [die symbolischen Formen; Anm. d. Verf.] lassen sich nicht auf einen gemeinsamen Nenner bringen. Sie streben in verschiedene Richtungen und gehorchen unterschiedlichen Prinzipien. […] Alle diese Funktionen vervollständigen und ergänzen einander. Jede von ihnen öffnet einen neuen Horizont und zeigt uns einen neuen Aspekt der Humanität." (Cassirer 1990: 345 f.)

Gemäß Cassirer versteht Flusser den Menschen grundsätzlich und existenziell als ein ‚animal symbolicum', das auf Grundlage seiner Codes die Welt symbolisch er-

---

178 Cassirer hat in seinem dreibändigen Hauptwerk ‚Philosophie der symbolischen Formen' (1997) den Mythos, die Sprache und die wissenschaftliche Erkenntnis als symbolische Formen untersucht. In ‚Versuch über den Menschen. Einführung in eine Philosophie der Kultur' (1990) erweitert er seine Analyse auf die Geschichte, die Kunst und die Technik und entwickelt somit seine Kulturphilosophie der Symbole in einem anthropologischen Kontext weiter. An anderer Stelle nennt er auch die Religion, die Sitte und das Recht sowie die Wirtschaft als weitere symbolische Formen bzw. Symbolsysteme, die eine spezifische Wirklichkeit erschließen und der Welt auch wieder neue Dimensionen hinzufügen.

fassen, darstellen und konstituieren kann. Über Sprache, Bilder oder Texte schafft sich der Mensch einen Zugang zu einer für ihn sinnhaft geordneten Welt. Innerhalb von Flussers medienhistorischer Rekonstruktion wird deutlich, dass sich die Art der In-Beziehung-Setzung der Welt mit den Codes verändert: Der lineare, eindimensionale Code der neuzeitlichen Moderne ermöglicht dabei einen gänzlich anderen Zugang zur Welt als der flächenhafte, zweidimensionale Code der mythisch-magischen Welt. Auch der punktartige, nulldimensionale Code eröffnet eine neue Art des Weltzugangs bzw. eine neue Epistemologie. Der Mensch abstrahiert und bewegt sich im Laufe der historischen Entwicklung schrittweise von einem vierdimensionalen zu einem nulldimensionalen Code.

In Anlehnung an Cassirer gewinnt Flusser auch die Einsicht, dass verschiedene Sprachen verschiedene Zugänge und Wechselbeziehungen zur Wirklichkeit möglich machen. Er selbst wechselt zwischen verschiedenen Sprachen, u.a. Deutsch, Französisch, Portugiesisch und Englisch. Das Verhältnis von Sprache und Wirklichkeit beschäftigt Flusser in seiner brasilianischen Phase. Später wird diese sprachphilosophische Frage jedoch noch ausgeweitet auf den Bereich der symbolischen Formen im Allgemeinen und auf Phänomene der technisch-medial induzierten Kommunikation, die neben sprachlichen Formen als neue Formen der Wirklichkeitsgestaltung begriffen werden können.

Jedoch stellt Flusser gleichzeitig die Frage, ob es eine Urform der Erfahrung gibt, die unvermittelt ist. Diese Suche nach einer nichtmediatisierten, uncodierten Wirklichkeit bzw. der Versuch, die Phänomene an sich selbst zu untersuchen, ist in der philosophischen Richtung bzw. Methode der Phänomenologie zu finden.[179]

Edmund Husserls Phänomenologie

Edmund Husserl kann als einer der Hauptvertreter der Phänomenologie genannt werden, der seinen Blick auf die Phänomene selbst, auf das ‚Eigentliche', richtet. Er sucht das Phänomen an sich, das von jeglichen kulturellen und historischen Überlagerungen freigelegt ist. Die Dinge, die man wahrnimmt, sind dabei nie ‚wirklich und eigentlich', insofern spricht Husserl von einem vergessenen Sinnfundament. Unsere Lebenswelt ist stets überformt und vorgeformt. (Vgl. Husserl 1952: 145) Flusser überträgt dies auf die Medienwirklichkeit: Die medial, symbolisch und durch Codes überlagerte Lebenswirklichkeit, die kodifizierte Welt, muss phänomenologisch untersucht werden, um das verborgene Sinnfundament wiederzufinden.[180] Er beruft sich in ‚Gesten. Versuch einer Phänomenologie' (1995b) explizit

---

179 Hartmann konstatiert, dass die Phänomenologie im Allgemeinen als methodischer Ansatz zu einer „wirkungsmächtigen Grundlage medienphilosophischer Theoriebildung" (Hartmann 2010b: 277) geworden ist.

180 Hartmann bemerkt zu Flusser: „Von Medien und ihrer symbolischen Überformung dieser Lebenswelt bis hin zur Verdichtung einer sekundären Realität der simulierten Wirk-

auf Husserls phänomenologische Methode. Flussers Ziel ist es, in seinen Einzelanalysen, jegliches Vorwissen und Gewohnheiten von den Dingen und vom Umgang mit ihnen wegzudenken, um die Phänomene und ihre Gebrauchspraxis als solche in ihrem eigentlichen Wesen zu begreifen. Dies entspricht Husserls phänomenologischer Wesensschau. So konstatiert Flusser z.b. für die fotografische Geste:

„Die beklemmende Herrschaft, die das Werkzeug auf unser Denken ausübt, findet auf vielen Ebenen statt, und einige darunter sind weniger offensichtlich als andere. Wir dürfen den Werkzeugen nicht erlauben, im Sattel zu sitzen und uns zu reiten. Im vorliegenden Fall dürfen wir die Geste des Fotografierens nicht so zu betrachten versuchen, als ob wir sie fotografieren würden, sondern müssen sie so ins Auge fassen, als ob uns nichts an ihr bekannt wäre und wir sie ganz naiv zum ersten Mal sähen, wenn wir herausbekommen wollen, was dabei ‚wirklich' abläuft." (Flusser 1995b: 102 f.)

Mit der Untersuchung der Gesten in phänomenologischer Hinsicht geht es Flusser darum, ontologische und epistemologische Fragen neu zu stellen. Gesten sind eine Art des Seins in der Welt und das Reflektieren über Gesten eine Erklärung für das menschliche Dasein. Jegliches Vorwissen von den Dingen muss abgelegt werden, um die Phänomene an sich und ihre (mediale) Gebrauchsweise zu betrachten und im Sinne Husserls in ihrem Wesen wiederzuentdecken. In Bezug auf Medien bedeutet das für Flusser, dass die Selbstverständlichkeit des Mediengebrauchs hinterfragt wird. Dadurch wird es auch möglich, Technologien zu untersuchen, die neue Theorien hervorbringen. (Vgl. Flusser 1995b: 7 ff.)

Naturwissenschaftliche Anleihen – Physikalische Grundlagen

Neben diesen grundlegenden zentralen Referenzen auf philosophische Denker, nimmt Flusser genauso Bezug auf naturwissenschaftliche Wissenssysteme. Die Grundbegriffe, Entropie und Information, entwickelt er aus dem Verständnis der Theoretischen Physik heraus. Im Ersten Hauptsatz der Thermodynamik der Wärmelehre heißt es, dass Energie nicht verloren gehen kann. Im Zweiten Hauptsatz wird konstatiert, dass Energie sich dabei irreversibel zerstreut. Die Energie ist demnach nicht in der gleichen Menge und an der gleichen Stelle rückführbar, sondern verläuft in eine Richtung. Jene naturwissenschaftlichen Grundlagen über thermodynamische Prozesse werden von Flusser analog auf Sozialsysteme angewendet und auf

---

lichkeiten war zu jener Zeit allerdings noch nicht die Rede. Erst Vilém Flusser sollte diesem methodischen Versuch unter Bedingungen einer neu kodifizierten Welt eine ganz andere Färbung geben: Phänomenologie als Absage an die Illusion, dass hinter der medialen Oberfläche sich etwas Ursprünglicheres verberge." (Hartmann 2010b: 276 f.)

seine Kommunikologie übertragen, wie bereits in Kapitel 4.1.5 erläutert wurde:[181] Information ist demgemäß ein Zustand negativer Entropie, der sich durch Ordnung und Unwahrscheinlichkeit charakterisiert, während der Zustand hoher Entropie sich durch Zerfall, Unordnung, Zerstreuung und Wahrscheinlichkeit auszeichnet. Im entropischen Prozess verwandelt sich Ordnung in Unordnung, dieser Vorgang der Zerstreuung und des Zerfalls ist wahrscheinlich. Ebenso übernimmt Flusser den Begriff des Wärmetods als wahrscheinliches Ereignis der völligen Zerstreuung verfügbarer Energie: „Dem Zweiten Hauptsatz der Thermodynamik zufolge neigt nun das emportauchende Punkteuniversum zu immer wahrscheinlicheren Situationen, zur Desinformation, also einer immer gleichmäßigeren Streuung von Punkteelemente, bis diese schließlich alle ‚Form' verlieren." (Flusser [2]1989 [1985]: 18) Den Menschen konzipiert er als grundsätzlich negentropisch ausgerichtetes Wesen, das eine Ordnung schafft und Information speichert. Mit der Fähigkeit zur Abstraktion ist er zur Umkehrung des entropischen Prozesses in der Lage.

Weiterhin nutzt Flusser Anleihen aus der nachklassischen Physik und stützt seine Kommunikologie auf die Korpuskel- und Feldtheorie. In der Korpuskeltheorie geht es um die Quantelung von Energiewirkung in Strahlungsfelder und die Ausbreitung von Photonen und Elektronen. Flusser überträgt die Theorie auf informatische Prozesse, wenn er beispielsweise vom Punkteuniversum spricht, das zerstreubar, aber gleichzeitig auch wieder synthetisierbar ist. Genauso spielt die Feldtheorie in seine Annahmen hinein. Reale Objekte, Ereignisse und Erscheinungen sind nach dieser Auffassung eine Art Verdichtung oder Knoten von Energiefeldern. Ebenso spricht Flusser in seiner Kommunikologie von Punktstreuungen, Relations- und Streuungsfeldern als Organisationsstruktur unserer Wirklichkeit. Insbesondere im digitalen Zeitalter wird diese Auffassung relevant, wenn die Technobilder, die aus Punktelementen zusammengesetzt, also kalkuliert und komputiert sind, zu den do-

---

181 Besonders starke Kritik haben Sokal/Bricmont (2001) an den postmodernen Theorien geübt und ihnen den Missbrauch naturwissenschaftlicher Modelle und Theorien vorgeworfen. Insbesondere kritisieren sie den Umgang mit mathematischen und physikalischen Begriffen. Ihrer Meinung nach scheitern die Versuche einer Applizierung auf geistes-, sozial- und kulturwissenschaftliche Felder, da die postmodernen Denker die Begriffe und Modelle sowohl oberflächlich, unsinnig als auch falsch gebrauchen. Leschke wirft den Postmodernen vor, naturwissenschaftliche Modelle lediglich als Gewinnung von Respekt oder als „Inanspruchnahme des Prestiges der Naturwissenschaften" (Leschke 2003: 279) zu benutzen und deskreditiert diese Bemühungen als Effekthascherei: „Umgekehrt verschaffen sich die Medienontologien bei den Geisteswissenschaften allein schon dadurch Respekt, dass sie überhaupt mit den Naturwissenschaften Umgang pflegen und von diesen – wie Flusser im Fall der Entropie – die Sicherheit von Gesetzmäßigkeiten borgen zu können meinen." (Leschke 2003: 278)

minanten Codes des Weltbezugs werden. Auch Flussers Subjektvorstellung orientiert sich an der Idee der Verdichtung und Verknotung.

Tabelle 31: Soziale Voraussetzungen Flusser

	Soziohistorischer Kontext
Zeit	1940-1972 brasilianische Phase, 1972-1991 europäische Phase
Ort	Tschechische Republik, Brasilien, England, Frankreich, Deutschland
Politischer Kontext	Zweiter Weltkrieg, Militärdiktatur in Brasilien, Emigration
Ökonomischer, sozialer, kultureller Kontext	Nomadentum (sprachlich und kulturell)
Biografische Hintergründe	Permanente Emigration (‚Bodenlosigkeit')
Berufliche/akademische Laufbahn	Philosophiestudium, Tätigkeit in einer Import-Export-Firma, Autodidakt, Intellektuellennetzwerk, späte akademische Sozialisation (ab 1960er Jahre)
	Theorie-, ideengeschichtlicher Kontext
Fachepistemologie	Geistes-, teilweise Naturwissenschaft
Fachtradition	Philosophie
Rezeptionslinien: Theorieschulen, Theoretiker	- Martin Bubers Dialogphilosophie - Ernst Cassirers Philosophie der symbolischen Formen - Edmund Husserls Phänomenologie - Naturwissenschaft: Physik (Thermodynamik, Entropie, Korpuskel- und Feldtheorie)
Alternative Einflüsse, Denkmodelle	Mystik, orientalisches Denken, Okkultismus, Kunst

Quelle: eigene Darstellung

4.6.6 Resümee der sozialen Voraussetzungen und kritischer Vergleich

4.6.6.1 Resümee des soziohistorischen Kontextes

Vergleicht man die Theoretiker hinsichtlich ihrer sozialen und historischen Hintergründe, so sind klare Disparitäten erkennbar, die bereits auch in der Auswahl (Kapitel 3.1) begründet sind. Allein durch die geografische Disparität (Kanada, Frankreich, Deutschland, Brasilien) finden sich unterschiedliche politische, soziale und kulturelle Ereignisse und Kontexte, die für die Theoriebildung der untersuchten Autoren relevant geworden sind. Auch die biografischen und berufssozialisatorischen Daten sind disparat.

Pop-Art, die 68-er und der Krieg –
Divergente soziohistorische Hintergründe

Der Aufstieg der Populärkultur und die Jugend- und Protestkultur der 1960er Jahre in Nordamerika und die verstärkte Prominenz des Fernsehens sowie die zunehmende Bedeutung der Werbung prägen McLuhans Theoriebildung. Im kulturellen Kontext genießt McLuhan einen hohen Grad an Aufmerksamkeit. Sowohl in der Kunstszene der 1960er Jahre als auch in der Medienbranche und in der Werbung wird er als neuer Prophet der Medien gefeiert, der häufig öffentlich im Fernsehen oder Radio auftritt und auch Interviews in Modezeitschriften und Zeitungen gibt. Gleichzeitig ist er stets auch in ein akademisches Umfeld eingebunden. Er studiert und lehrt Literaturwissenschaft in Kanada und England. Auffällig ist zudem seine starke Neigung zum Katholizismus, der seine universitäre Laufbahn leitet.

Für Baudrillard stellen die Maiunruhen und Studentenproteste 1968 in Frankreich die entscheidende historische Begebenheiten dar, die seine Theoriebildung beeinflussen. Sein akademisches Leben ist stark von den Ereignissen der Studentenrevolten geprägt. Er erlebt die Besetzungen und Schließungen der Universitätsgebäude der Sorbonne und in Nanterre sowie die Straßenkämpfe und Massendemonstrationen unmittelbar mit. Während er an der Universität von Nanterre lehrt, schreibt er sich sogar selbst eine gewisse Radikalität und Zugehörigkeit zu den links orientierten, antikapitalistischen Situationisten zu. Auch die politische Lage in Frankreich in den 1970er Jahren findet Eingang in Baudrillards Theoriebildung. Jede Form von Widerstand und Protest ist wirkungslos geworden, da die Politik und politische Oppositionen wie links und rechts sich aufgelöst haben. Die Utopie des Sozialismus hat sich auch mit dem Wahlsieg Mitterands nicht erfüllt.

Bei Virilio wiederum stechen die Kriegserlebnisse des Zweiten Weltkrieges hervor, so dass der Krieg als dominante theoretische Einflussgröße Eingang in seine Dromologie findet. Ebenso wie McLuhan ist Virilio im außeruniversitären Kontext präsent. Seine praktische Beschäftigung mit der Architektur und Kunst sowie seine fehlende universitäre Anbindung im Bereich der Sozial- und Geisteswissenschaften machen ihn jedoch – anders als McLuhan und Baudrillard – eher zu einem akademischen Außenseiter.

Für Kittler kann resümierend festgehalten werden, dass er wie Baudrillard und Virilio zwar vom Geburtsjahrgang her ein Kind der 68er-Generation ist, ihn die Studentenrevolten, Straßendemonstrationen und politischen Kämpfe allerdings unbeeindruckt gelassen haben. Trotz der Demonstrationen und aktiven Friedensbewegungen in seinem Wohnort Freiburg hat Kittler politisch nicht Stellung bezogen wie Baudrillard. Vielmehr setzt er sich mit den Begebenheiten des Kalten Krieges auseinander und bringt wie Virilio das Element des Krieges in seine theoretischen Ausführungen ein. Insbesondere in ‚Grammophon, Film, Typewriter' (1986) werden der Zusammenhang zwischen Krieg und medientechnologischen Entwicklungen thematisiert. Im Vordergrund stehen dabei weniger die politischen und sozialen Verhältnisse des Kalten Krieges, sondern eher die medientechnischen Neuerungen.

Flussers Biografie ist geografisch, kulturell und sprachlich von einem ständigen, meist ungewollten Wechsel und permanenter Emigration geprägt. Charakteristisch für seine Lebensgeschichte ist die ständige Migration und Flucht, die sich stark in seinem Theoriegebäude widerspiegeln. Dies bezeichnet Flusser als bodenlos und sich selbst als Nomaden. Vor seiner Anbindung an den wissenschaftlichen Betrieb eignet er sich im Selbststudium europäische Philosophie und alternative Wissens- und Glaubensmodelle an. Zudem versucht er, insbesondere in seiner Zeit in Brasilien, ein Netzwerk an Intellektuellen aus verschiedenen Disziplinen aufzubauen. Zunächst ist er im Kunstmilieu aktiv und bekannt und findet erst spät Eingang in den wissenschaftlichen Diskurs.

Hinsichtlich ihres soziohistorischen Kontextes unterscheiden sich die Theoretiker stark voneinander. Biografische und berufssozialisatorische Hintergründe sowie institutionelle Rahmenbedingungen divergieren. Auch die geografischen, sozialen, ökonomischen, politischen und kulturellen Rahmenbedingungen differieren und sind kaum miteinander vergleichbar.

4.6.6.2 Resümee des theorie- und ideengeschichtlichen Kontextes

Betrachtet man die akademischen, berufssozialisatorischen und institutionellen Rahmenbedingungen, in die die Theoretiker teilweise eingebunden sind, so lassen sich auch dort Disparitäten erkennen. McLuhan und Kittler stammen aus der Literaturwissenschaft, Baudrillard ist Germanist und Soziologe, während der akademische Außenseiter und Autodidakt Virilio aus der Architektur kommt und Flusser ein Philosophiestudium absolviert hat. Die untersuchten Theoretiker stammen aus verschiedenen Fachdisziplinen. Ebenfalls lassen sich sehr divergente theorie- und ideengeschichtliche Bezüge und Referenzen erkennen.

Von James Joyce bis zur Korpuskeltheorie –
Disparate ideengeschichtliche Einflüsse

Theorie- und ideengeschichtlich können mehrere Einflussquellen genannt werden, die für McLuhans medientheoretisches Œuvre relevant geworden sind. Als zentrale Einflussgröße kann die literaturtheoretische und -kritische Richtung des New Criticism genannt werden, die Texte nicht nach ihrer Bedeutung oder nach Intentionen des Autors untersucht, sondern die immanente Struktur des Textes analysiert. Strukturelle und formale Merkmale eines Textes werden den inhaltlichen vorgezogen, woraus McLuhan für die Medien das Formprimat ableitet und konstatiert: ‚Das Medium ist die Botschaft'. Weiterhin haben ihn Autoren des 20. Jahrhunderts nachhaltig beeinflusst, insbesondere James Joyce, Ezra Pound, William Butler Yeats und T.S. Eliot. Diese haben McLuhans Literaturverständnis sowohl auf einer methodischen als auch auf einer inhaltlich-formalen Ebene erweitert. Methodisch übernimmt McLuhan die mosaikartige, eklektische, nicht-lineare Form des Schreibens. Inhaltlich stellen die Autoren für ihn einen anderen Zugang zur modernen Welt dar, da sie eine neue Perspektive auf die technischen Massenmedien bieten. Besonders einflussreich sind auch die Arbeiten von Harold Innis für McLuhans medientheoretische und -historische Thesen. Dieser stellt einen Zusammenhang zwischen Medienwandel und gesellschaftlichem Wandel her und unterscheidet dabei zwischen harten und weichen Medien, die jeweils unterschiedliche soziale Strukturen hervorbringen. Betrachtet man McLuhans Medienhistoriografie, so sind die Bezugnahmen zu Innis offensichtlich. Schließlich kann er in die Tradition der Prothesentheorie gestellt werden, wendet man sich seinen medienanthropologischen Thesen zu, die die Medien als Ausweitung des Körpers begreifen.

Baudrillard integriert vielfältige Anleihen aus der Soziologie und Linguistik. Baudrillards Simulationsthesen weisen klare Bezüge zu Guy Debords ‚Die Gesellschaft des Spektakels' auf, in der eine Konsum- und Scheinwelt moderner Industriestaaten beschrieben wird. Baudrillards linkspolitische Ausrichtung tritt bereits in seinen frühen Werken sehr deutlich zutage. Bereits unter dem Marxisten Lefèbvre, der ihn nach Nanterre an die Universität holt, beschäftigt er sich mit der Kritik an der Konsumgesellschaft. Er stellt fest, dass eine marxistisch-materialistische Theorie nicht in der Lage ist, die Phänomene der Kommunikation und Medien angemessen zu erfassen. Dennoch sind seine Simulationsthesen stark von Marx und seiner Kritik der politischen Ökonomie geprägt. Baudrillard übernimmt dessen Grundideen und -begriffe und vermischt diese mit Ferdinand de Saussures' zeichentheoretischen Überlegungen. Beide theoretischen Schulen bilden die Grundlage für Baudrillards Epochenkonstruktionen von Imitation, (Re-)Produktion und Simulation, die das jeweilige Beziehungsverhältnis zwischen Signifikant und Signifikat bzw. von Tausch- und Gebrauchswert anzeigen. Zunehmend wendet er sich jedoch von marxistischen Ansätzen ab. Baudrillards Marxkritik zeigt sich in dem Aufsatz ‚Requiem für die Medien' (1972), in dem Baudrillard Enzensbergers sozialistische Medientheorie diskutiert. Er konstatiert, dass Enzensberger zwar Fragen der Kommunikation und Bedeutung als Überbauphänomen thematisiert, jedoch das Ziel der Medien als demokratisches Instrument der Partizipation utopisch verklärt. Ebenso ist die Idee des Potlatch sensu Mauss und Bataille zentral für Baudrillards Überlegungen. Auch hier kritisiert er die Unzulänglichkeit des marxistischen Produktionsparadigmas und konstatiert in ‚Der symbolische Tausch und der Tod', dass die Grundlage des Tausches nicht nach der Logik materieller Äquivalenz funktioniert, sondern auf einer symbolischen Geste der Gabe. Schließlich können McLuhans Thesen als Einflussgröße für Baudrillards Theoriegebäude genannt werden. Explizit bezieht sich Baudrillard auf dessen populären Aphorismus ‚The medium is the message' und formuliert diesen in ‚The medium is the mass-age' um, übernimmt die Unterscheidung zwischen Explosion und Implosion in seiner historischen Rekonstruktion, die Differenz zwischen heiß und kühl sowie seine prothesentheoretischen Annahmen. Hinsichtlich der Behauptung, Baudrillard sei eine französische Inkarnation McLuhans, kann konstatiert werden, dass Baudrillard die grundlegenden Thesen McLuhans transformiert und invertiert.

Virilio hingegen lässt sich keiner theoretischen Strömung oder Schule eindeutig zuschreiben. Sein theorie- und ideengeschichtlicher Hintergrund liegt weniger in der Sozial- oder Geisteswissenschaft noch in der Naturwissenschaft. Seine jahrelange praktische Beschäftigung mit Architektur und Kunst sowie seine fehlende universitäre Anbindung machen ihn – anders als McLuhan und Baudrillard – eher zu einem akademischen Außenseiter. Insofern lässt sich auch als einzige offensichtliche Einflussquelle der italienische Futurismus als nicht wissenschaftliche, sondern künstlerische Bewegung des 20. Jahrhunderts identifizieren. Dieser behandelt die Sujets Krieg, Geschwindigkeit, Bewegung, Modernisierung und technischer Fortschritt und bildet einen zentralen Referenzrahmen für Virilios Dromologie.

Kittlers disziplinärer Ursprung liegt wie McLuhans in der Literaturwissenschaft. Er hat ebenso wie McLuhan und Baudrillard eine klassische universitäre Laufbahn durchlaufen und ist auch stets in ein akademisches Umfeld eingebunden gewesen. Betrachtet man seinen theorie- und ideengeschichtlichen Einfluss, so können zahlreiche Disziplinen, Theorien und Modelle genannt werden, die von geisteswissenschaftlichen bis hin zu naturwissenschaftlichen Ansätzen reichen. Insbesondere sind die strukturalistischen und poststrukturalistischen Theorien als zentrale Einflussgrößen herauszuheben. Dabei sind für ihn allerdings andere Theoretiker relevant als für Baudrillard. Foucaults Archäologie und Diskursanalyse sowie Lacans psychoanalytische Grundlagen haben Eingang in Kittlers theoretische Annahmen gefunden. Auch Kittlers Verständnis von Kommunikation fußt – anders als bei Baudrillard – nicht auf semiotischen Ansätzen wie von de Saussure, sondern auf technischen und mathematischen Grundlagen. Kittler erweitert das Feld um ingenieurswissenschaftliche und informationstheoretische Bezugsquellen. Er nimmt auf Shannons und Weavers Informationstheorie sowie Turings Turingmaschine Bezug.

Flussers Referenzen sind ebenso vielfältig. Betrachtet man die theoretischen und ideengeschichtlichen Einflussgrößen, so fällt die Breite seiner expliziten und impliziten Bezugnahmen auf. An Flussers Referenzen wird deutlich, dass er nicht bloß eine Kommunikations- und Medientheorie entwirft, sondern sein Ansatz darüber hinausgeht. Er versucht, den Menschen und seine Beziehung zur Welt grundsätzlich zu erklären und ihn als Kulturwesen, genauer als ‚animal symbolicum', zu begreifen. Damit schlägt er den Bogen zu einer umfassenden Anthropologie und Kulturtheorie. Hierfür ist Ernst Cassirers Philosophie der symbolischen Formen als zentrale Referenz für Flussers Theoriegebäude zu nennen. Dessen Kulturphilosophie und Anthropologie hat Flussers Verständnis vom Menschen und seinem Bezug zur Welt maßgeblich geprägt. Eine weitere relevante Position ist Martin Bubers Dialogphilosophie, da dieser mit der Unterscheidung von Ich-Du- und Ich-Es-Beziehungen Flussers Konzept von Dialog und Diskurs angeregt hat. Zudem nimmt

Flusser explizit auf Edmund Husserls Phänomenologie Bezug. Mit seiner Phänomenologie versucht er, zu den Dingen und Phänomenen selbst zurückzufinden und diese zu untersuchen. Auf diese Weise betrachtet Flusser die Gegenstände sowie mediale Handlungs- und Gebrauchspraktiken, um die Frage nach den Medien selbst zu stellen. Auch die Anleihen aus der Physik sind prägnant für Flussers sowohl geistes- als auch naturwissenschaftlich ausgerichteten Kommunikations- und Informationsbegriff. Seine Referenz auf die Hauptsätze der Thermodynamik oder die Korpuskel- und Feldtheorie geben Flussers Kommunikologie, die vornehmlich kulturphilosophisch und anthropologisch ausgerichtet ist, einen naturwissenschaftlichen Einschlag.

Trotz dieser grundlegenden Disparitäten hinsichtlich der Fachdisziplinen und Referenzen lässt sich herausstellen, dass alle untersuchten Theoretiker interdisziplinär arbeiten und neben benachbarten Disziplinen aus den Geistes- und Sozialwissenschaften auch auf andere Wissens- und Glaubenssysteme zurückgreifen wie z.B. die Bezugnahme auf literarische Autoren der Moderne bei McLuhan, die Affinität zur Kunst bei Virilio, die Referenz auf die Ingenieurswissenschaft, Mathematik und Informatik bei Kittler oder die Anleihen aus der Physik oder religiösen, orientalischen und mystischen Diskursen bei Flusser. Diese radikalen Bezugnahmen auf andere Disziplinen sowie außerwissenschaftliche Diskurse lassen sich als grobe Gemeinsamkeit erkennen.

Vom Außenseitertum zum Kanon

Betrachtet man die Gemeinsamkeiten hinsichtlich des sozialen und historischen sowie akademischen, theorie- und ideengeschichtlichen Kontextes, so ist feststellbar, dass alle Theoretiker in verschiedenen Hinsichten ‚Außenseiter' sind.

Bei Virilio und Flusser beginnt dieses Außenseitertum bereits in der fehlenden bzw. späten Anbindung an den wissenschaftlichen Diskurs und an ein universitäres Umfeld. Insbesondere Virilio ist nicht wie McLuhan, Baudrillard und Kittler akademisch sozialisiert, sondern hat sich seine Fähigkeiten und sein Wissen autodidaktisch angeeignet. Als Glasermeister, Architekt und Künstler bewegt er sich eher im außerakademischen Bereich anstatt in sozial-, geisteswissenschaftlichen oder philosophischen Kreisen. Ebenso wenig hat Flusser bis Anfang der 1960er Jahre Anschluss an die akademische Gemeinde gefunden. Wie Virilio ist Flusser Autodidakt und beschäftigt sich im Selbststudium mit der europäischen Philosophie und alternativen Denk- und Glaubensmodellen. Eigenständig baut er sich in Brasilien ein Netzwerk an Intellektuellen aus unterschiedlichen Disziplinen auf und beginnt erst spät seine akademische Laufbahn an der Hochschule in São Paolo.

McLuhan, Baudrillard und Kittler haben trotz einer klassischen universitären Karriere, mit einem thematisch-inhaltlichen Außenseitertum zu kämpfen, da alle mit ihren Thesen etablierte Theorien und Methoden ihrer Fachdisziplin in Frage gestellt und damit neue Perspektiven aufgezeigt haben. McLuhan, Baudrillard und

Kittler kritisieren, provozieren und attackieren den vorherrschenden Diskurs und etablierte Methoden ihrer jeweiligen Disziplinen. Philip Marchand, der eine Biografie über McLuhan verfasst hat, bezeichnet diesen als Außenseiter, da er durch seine eigentümliche Art und ungewöhnliche Lehrmethoden auffällt. Sein Forschungsschwerpunkt führt außerdem über die gewöhnlichen Methoden der Literaturkritik, des New Criticism, hinaus. Insofern weitet er das Untersuchungsfeld der Literaturwissenschaft auf den Gegenstand der Massenmedien und Populärkultur aus. Ähnlich ist es auch bei Baudrillard, der akademisch sozialisiert ist, jedoch auch die zu seiner Zeit dominanten Theorien in Frage stellt. Er zeigt die Defizite marxistischer Theorien für den Bereich der Kommunikation und der Medien auf. Er entwickelt seine Simulationsthesen, indem er marxistische, (post-)strukturalistische und linguistische Elemente miteinander verbindet. Kittlers Provokation liegt in der Kritik der Hermeneutik als Methode der Literaturwissenschaft und seiner Wende zu einem technisch-medialen Apriori. Damit erweitert er die Literaturwissenschaft um eine technische, medienmaterialistische Perspektive.

Sowohl bei McLuhan als auch bei Kittler ist jedoch zu bemerken, dass die einstige Provokation im wissenschaftlichen Diskurs Anklang gefunden hat und ihre Thesen sogar in den Kanon medientheoretischer Texte aufgenommen wurden. McLuhans theoretische Aussagen sind selbst schon wieder Referenzpunkt für weitere Forschung geworden. Mit der Toronto School of Communication kann sogar von einer Theorieschule gesprochen werden, die sich mit McLuhan-Forschung beschäftigt und seine grundlegenden Thesen weiterführt. McLuhan ist aus dem Kanon der Medientheorie nicht mehr wegzudenken. Auch Kittler hat sich in den Kanon medientheoretischer Positionen eingegliedert. Mittlerweile kann sogar von einer Kittlerschule die Rede sein, die sich grundlegend mit medienarchäologischer Forschung beschäftigt und institutionell um Kittler herum an der Humboldt-Universität zu Berlin angesiedelt ist. Ähnlich wie auch bei McLuhans Toronto School of Communication ist feststellbar, dass die zunächst außenseitigen, unakademischen theoretischen Aussagen in den wissenschaftlichen Diskurs Eingang gefunden haben und zu prominenten identitätsbegründenden Positionen der Medientheorie avanciert sind.

Die soziohistorischen, theorie- und ideengeschichtlichen Kontexte der postmodernen Theoretiker kennzeichnen sich zusammenfassend durch Inkommensurabilität. Sowohl die sozialen, ökonomischen, politischen, kulturellen, berufssozialisatorischen und biografischen Kontexte als auch die theorie- und ideengeschichtlichen Bezugsquellen unterscheiden sich grundsätzlich voneinander. Hinsichtlich der Dimension ‚Soziale Voraussetzungen von Theorien' kann dem Postmodernediskurs eine prinzipielle Heterogenität zugeschrieben werden.

Tabelle 32: Zusammenfassung Soziale Voraussetzungen von Theorien

	McLuhan	Baudrillard	Virilio	Kittler	Flusser
Soziohistorischer Kontext					
Zeit	1960er	1960er-1980er	Ab 1945	Ab 1945	1940-1972 und 1972-1991
Ort	Kanada, England	Frankreich	Frankreich	Deutschland	Brasilien, Europa
Sprache	Englisch	Französisch	Französisch	Deutsch	u.a. Portugiesisch, Französisch, Deutsch, Englisch
Politischer Kontext	Protest-, Bürgerrechtsbewegungen, Wahlkampf Kennedy und Nixon	Gaullismus, Mairevolten 1968, franz. Sozialismus (1970er und 1980er)	Zweiter Weltkrieg, Algerienkrieg	Kalter Krieg, 1968er-Bewegung	Zweiter Weltkrieg, Militärdiktatur in Brasilien, Emigration
Ökonomischer, sozialer, kultureller Kontext	Hippiebewegung, Aufstieg der Jugend- und Popkultur (u.a. Werbung und TV)	Hohe Arbeitslosigkeit, nationale Streiks, Protestbewegungen	Zweiter Weltkrieg, Algerienkrieg	1960er-Bewegung, Protestkultur, Studentendemonstrationen	Nomadentum (sprachlich und kulturell)
Biografische Hintergründe	Katholizismus	Maiunruhen, Studentenproteste	Kriegserfahrungen in Kindheit und Jugend	Abwendung von der 1968er-Bewegung	Permanente Emigration (Bodenlosigkeit)
Berufssozialisation: Akademisches Umfeld, Anbindung an wissenschaftl. Institutionen	Studium und Lehre der Literaturwissenschaft, Gründung der Toronto School of Communication	Studium der Germanistik, Soziologie und Philosophie	Maler, Glasermeister, Redakteur, Friedensforscher, Künstler, Studium und Lehre der Architektur	Studium und Lehre der Literaturwissenschaft, Medienwissenschaft, ‚Kittlerschule'	Philosophiestudium, Autodidakt, Intellektuellennetzwerk, universitäre Anbindung ab 1960
Theorie- und ideengeschichtlicher Kontext					
Fachepistemologie	Geisteswissenschaft	Geistes- und Sozialwissenschaft	Praxis	Geisteswissenschaft	Geistes- und teilweise Naturwissenschaft
Fachtradition	Literaturwissenschaft	Germanistik, Soziologie, Philosophie	Architektur	Literaturwissenschaft	Philosophie
Rezeptionslinien: Theorieschulen, Theoretiker	- Oralitätsforschung - New Criticism - Harold Innis - Prothesentheorie	- Situationismus (Debord) - Marxismus (u.a. Marx, Enzensberger) - Strukturalistische Linguistik (Saussure) - Potlatch (Mauss und Bataille) - McLuhan	- Toronto School of Communication - Italienischer Futurismus	- Archäologie, Diskursanalyse (Foucault) - Psychoanalyse (Lacan) - Ingenieurs-, Informations-, Techniktheorien (Shannon und Weaver, Turing)	- Dialogphilosophie (Buber) - Symbolphilosophie (Cassirer) - Phänomenologie (Husserl) - Naturwissenschaft: Physik (Entropie, Korpuskel- und Feldtheorie)
Alternative Einflüsse, Denkmodelle	Moderne Literatur: englische Autoren des 20. Jh. (u.a. Joyce, Pound, Eliot)	/	Architektur, Kunst	/	Mystik, orientalisches Denken, Okkultismus, Kunst

Quelle: eigene Darstellung

5. Zusammenfassung der zentralen Ergebnisse

Im Folgenden werden die Ergebnisse des Theorievergleichs zusammengefasst. Zunächst wird direkt auf die komparative Analyse und die systematische Rekonstruktion eingegangen, um die forschungsleitende Frage (Frage 2) nach der (relativen) Inkommensurabilität zu beantworten (Kapitel 5.1). Anschließend geht es um die grundsätzliche Frage postmoderner Medientheorien und ihres semantischen Gehalts. Dabei spielen ebenso die blinden Flecken der Theorien eine Rolle. Kapitel 5.2 bezieht sich insofern auf die forschungsleitenden Fragen 1 und 3, während in 5.3 schließlich die Frage nach der Anschlussfähigkeit und Brauchbarkeit postmoderner Theorien diskutiert wird.

5.1 POSTMODERNE MEDIENTHEORIEN UND DIE THESE DER RELATIVEN INKOMMENSURABILITÄT

Die forschungsleitenden Fragen, *was* die postmodernen Theoretiker unter Mediengeschichte und Medienwandel verstehen und *wie* sie jene konzeptualisieren, wurden im Laufe des Theorievergleichs mit Hinblick auf die Ausdifferenzierung der Vergleichsdimensionen beantwortet. Die wichtigsten Gemeinsamkeiten und Unterschiede, die detailliert in den einzelnen Kapiteln im Resümee zusammengefasst wurden und in kompakter Form anhand der Ergebnismatrix (Kapitel 5.1.1, Tabelle 33) und der vergleichslogischen Matrix (Kapitel 5.1.2, Tabelle 34) nachvollzogen werden können, werden an dieser Stelle prägnant dargestellt.[1]

---

[1] Die Ergebnismatrix (siehe Link auf der transcript-Verlagsseite unter http://www.transcript-verlag.de/ts2439/ts2439.php, Kapitel 5.1.1) hat die bisher erzielten Ergebnisse des Theorievergleichs tabellarisch in einer Übersicht zusammengestellt. Die Zeilen entsprechen dabei der jeweiligen Vergleichsdimension, während die Spalten die untersuchten Theoretiker auflisten. Das Faltblatt zeigt komprimiert die wichtigsten Ergebnisse des Theorievergleichs mit inhaltlichen Erklärungen, während die vergleichslogische Ergeb-

Trotz offensichtlicher Disparitäten hat die komparative Analyse doch zahlreiche Strukturäquivalenzen aufzeigen können, die sich unter einem gemeinsamen Paradigma der Postmoderne subsumieren lassen. Anhand des systematischen Theorievergleichs konnte herausgestellt werden, dass Disparitäten hinsichtlich der thematischen Ausrichtung bestehen. In der Vergleichsdimension der *Problemhinsicht* konnte auf einer objekttheoretischen, inhaltlichen Ebene konstatiert werden, dass die Problemfoki (Ende der Gutenberg-Galaxis, Simulation, Dromologie, Medienarchäologie, Kommunikologie) stark differieren und die postmodernen Medientheorien auf dieser Vergleichsebene inkommensurabel sind. Die Disparitäten zeigen sich dabei insbesondere auch an den Startoperationen und den resultierenden Beurteilungen bzw. Gegenwartsdiagnosen und Zukunftsprognosen. Die Problemausrichtung liegt bei McLuhan auf dem Ende des Buchdruckzeitalters und dem Aufkommen einer neuen durch elektronische Medien geprägten Ära, bei Baudrillard auf Zeichenstrukturen und dem damit zusammenhängenden zeichentheoretisch geprägten Ansatz der Simulation, während Virilio aus einer ‚dromologischen' Perspektive mit Geschwindigkeiten, Beschleunigung und militär- und kriegsgeschichtlichen Hintergründen argumentiert. Kittler hingegen konzentriert sich in seiner Medienarchäologie primär auf Materialitäten und technische Aspekte, während Flusser mit seiner Theorie der Kommunikologie Abstraktionsgrade (Dimensionalitäten) und Codes aus einer informations- und kommunikationstheoretischen Perspektive im weitesten Sinne betrachtet. Die Bewertungen der Verhältnisse, die aus jenen verschiedenen Voraussetzungen resultieren, reichen von einer utopischen, medienaffirmativen (McLuhan) bis hin zu einer pessimistischen Haltung (Baudrillard und Virilio) hinsichtlich der medialen Entwicklung. Dazwischen befinden sich auch neutrale bis kritische Beurteilungen (Kittler) oder kritische bis optimistische Sichtweisen (Flusser).

Trotz dieser grundlegenden Disparitäten lässt sich jedoch ebenso eine gemeinsame thematische Basis finden, die in der Thematisierung von Veränderungs-, Wandlungs- und Transformationsprozessen von und mit Medien liegt. Medienhistorische Zäsuren, Umbrüche, Revolutionen oder allgemein mediale Entwicklungen werden reflektiert, wobei diese bei allen Theoretikern als ein Wandel von medialen Strukturen bzw. Kodifizierungsstrukturen im Sinne eines Ordnungsprinzips verstanden werden. Dabei werden insbesondere auch die individuellen, kognitiven, wahrnehmungstechnischen sowie gesellschaftlichen, sozialen und kulturellen Konsequenzen berücksichtigt.

Weiterhin kann die Inkommensurabilitätsthese insofern relativiert werden, dass trotz der inhaltlichen Disparitäten in der Medienhistoriografie gleiche historische

---

nismatrix (Kapitel 5.1.2) einen Überblick über die vergleichslogischen Verhältnisse gibt und anzeigt, in welchen Vergleichsdimensionen die Theoretiker kommensurabel bzw. inkommensurabel sind.

Referenzräume sowie medienhistorische Referenzfiguren und -motive auftauchen. So gehen beispielsweise alle Theoretiker von einem natürlichen Urzustand aus oder sehen das 20. Jahrhundert als die letzte relevante mediengeschichtliche Zäsur an. Auch werden der Buchdruck oder das industrielle Zeitalter als medienhistorische Marker bzw. Motive verwendet, die zumindest Teilkompatibilitäten zwischen den Theorien kennzeichnen. Insofern kann davon gesprochen werden, dass die Theorien in Hinblick auf ihre Problembereiche nur *teilweise inkommensurabel* sind. (Vgl. Kapitel 4.1.6)

Hinsichtlich der *Problemlösungsansätze* (Kapitel 4.2) lässt sich zunächst auch eine gewisse Inkommensurabilität erkennen. Diese reichen von Straßenprotesten, Graffiti über die Mosaikmethode oder das Prinzip der Verführung, der Forderung nach Entschleunigung oder dem Erlernen von Programmiersprachen bis hin zu der Errichtung von Kommunikationsschulen. Auffällig ist bei den Problemlösungen jedoch, dass Teilkommensurabilitäten auftreten. Virilio, Kittler und Flusser fordern auf je spezifische Weise dazu auf, ein stärkeres Problembewusstsein für die Lage zu entwickeln. Auf einer metatheoretischen Ebene ist diese Haltung bei allen Theoretikern zu erkennen. Diesbezüglich sind sie nicht inkommensurabel. Alle fordern die Revision überkommener Denkmuster, die dem gegenwärtigen medialen Zeitalter noch nicht angemessen sind oder verlangen nach einem wissenschaftstheoretischen bzw. grundlagentheoretischen (Kittler) Perspektivwechsel. Die Problemlösungsvorschläge McLuhans, Baudrillards, Kittlers und Flussers thematisieren alle die Notwendigkeit zur Revision erkenntnistheoretischer Denkmuster und den Bedarf neuer Perspektivität. Baudrillard und Flusser vertreten dabei ähnliche Vorstellungen, die mit einer ‚Perspektivrelativierung' beschrieben werden können, während Kittler einen Wechsel vom Idealismus zum Materialismus bzw. von der Hermeneutik zur Medienarchäologie vorschlägt. Virilio hingegen erwähnt nur die Notwendigkeit einer neuen Haltung, ohne diese näher auszuführen. Auch hinsichtlich der Problemlösungen können Teilkompatibilitäten festgestellt werden. Die Problemlösungen sind somit ebenso *teilweise inkommensurabel*. (Vgl. Kapitel 4.2.6)

Betrachtet man die *Begrifflichkeiten* und die damit zusammenhängenden *theoretischen Voraussetzungen*, so lässt sich genauso feststellen, dass die einzelnen Konzepte auf einer rein terminologischen und definitorischen Ebene inkommensurabel sind. Gerade beim Medienbegriff ist erkennbar, dass dieser ganz divergente Phänomene meint: prothetische Ausweitungen des Körpers, Zeichen, Codes, Krieg, technisch-materielle Substrate, Instrumente der Beschleunigung usw. Die konzeptionellen und terminologischen Disparitäten sind offensichtlich. Ebenso lässt sich eine augenscheinliche Heterogenität hinsichtlich der hintergrundtheoretischen Fundierung dieser Konzepte feststellen. Es wird deutlich, dass sowohl Setzungen als auch Voraussetzungen unvereinbar sind. Als minimale Gemeinsamkeit kann hinsichtlich des Medienbegriffs lediglich konstatiert werden, dass Medien im weitesten Sinne als Strukturierungsprinzip für Geschichtsschreibung fungieren und in gewisser Weise von einem Medien- oder Codeapriorismus ausgegangen wird. Diese vorherrschende Inkommensurabilität hinsichtlich des Medienbegriffs lässt sich genauso für den Kommunikationsbegriff feststellen. Während bei Virilio der Kommunikationsbegriff gänzlich unbedeutend ist, wird je nach Problemhinsicht Kommunikation als Vergemeinschaftung bzw. Demokratisierung und Partizipation (McLuhan), als Austauschbeziehung (Baudrillard), als rein technischer Übertragungsprozess (Kittler) oder als Informationsherstellung und -verbreitung im Sinne von menschlicher Bedeutungs- und Sinnkonstitution (Flusser) verstanden. Die kommunikations- und medientheoretisch relevanten Begrifflichkeiten sind demnach *inkommensurabel*. (Vgl. Kapitel 4.3.6)

Die Analyse des *Abstraktionsgrades bzw. der Reichweite und Reflexionstiefe* der postmodernen Medientheorien hat ergeben, dass die Theorien sich in Hinblick auf die Problemhinsichten auf einer basistheoretischen Ebene nach Weber bzw. sozialtheoretischen Ebene sensu Hondrich befinden. Sie bieten ein Bündel an Modellen, Definitionen und Begrifflichkeiten an, um mit ihrer Hilfe die Wirklichkeit zu erfassen und beschreiben zu können. Betrachtet man die Problemlösungen, so ist feststellbar, dass diese sich auf einer supertheoretischen Ebene befinden, d.h., Theorien zweiter Ordnung und somit metatheoretische bzw. wissenschaftstheoretische Betrachtungen sind. In dieser strukturellen Dimension des Abstraktionsgrades von Theorien sind die untersuchten Theorien *kompatibel und kommensurabel*. (Vgl. Kapitel 4.4)

Ebenso sind die *logischen, argumentativen Strukturen* sowie die *narrativen, textuellen, rhetorischen und sprachlichen Strategien* der postmodernen Medientheorien durchaus *kommensurabel*. In der Untersuchung der Vergleichsdimension der Strukturmerkmale konnte bei allen Theoretikern ein klarer Bruch mit dem wissenschaftlichen Duktus in logischer als auch sprachlicher Hinsicht festgestellt werden. Statt Logik, Kohärenz, Konsistenz oder Präzision geht es eher um deren Dekonstruktion durch literarische, essayistische Ausführungen. Konkret lassen sich gleiche Konstruktionsprinzipien von Theorien erkennen. So ist hinsichtlich der medienhistoriografischen Modelle feststellbar, dass alle Theoretiker ihre mediengeschichtlichen Entwicklungen mit Leitmedien oder -codes als Strukturierungsmarker plausibilisieren und ein Mehrstufen- bzw. Mehrphasenmodell entwickeln. Weiterhin ist auffällig, dass alle medienhistorischen Modelle ein Gemisch aus kontinuierlichen und diskontinuierlichen Elementen enthalten und sowohl prozessual-evolutionäre als auch revolutionäre Verlaufsformen anzufinden sind. Bei fast allen Theoretikern zeigt sich die Neigung zu teleologischen Verlaufsformen von Mediengeschichte, eine monokausale Theoriearchitektur sowie die Tendenz zu Letztbegründungen. Ein weiteres konstitutives strukturelles Merkmal sind die Oppositionen bzw. Basisdichotomien und Negationsketten, durch die der mediengeschichtliche Verlauf plausibilisiert und normativ besetzt wird. *Aufgrund dieser Argumentationsstrukturen, die sich durch Universalisierungs- und Totalisierungselemente auszeichnet, kann Mediengeschichte als Universalgeschichte oder große Medienerzählung sensu Lyotard identifiziert werden.* Sprachlich kennzeichnet sich der Diskurs durch einen wissenschaftlich unkonventionellen, eher literarischen und essayistischen Duktus, der sich insbesondere durch eine reiche Metaphorik, Sprachartistik, Wort- und Sprachspiele, Assoziationen, Analogiebildungen, Polysemien, etymologische Ableitungen, Aphorismen oder abschweifende Exkurse auszeichnet. Rhetorik ersetzt zuweilen logische, argumentative Strukturen. Generell ist festzustellen, dass ästhetische Relationen kausale und logische Annahmen substituieren und argumentative Verknüpfungen häufig durch sprachliche Zusammenhänge hergestellt werden. *Anzumerken ist allerdings auch, dass die Theoretiker alle ihre Art der Theoriebildung reflektieren und als bewussten Gegenentwurf bzw. als Antitheorie oder Theoriefiktion vorstellen. Insofern fordern sie implizit zu einem „Anything goes" bezüglich verschiedener Erkenntnismethoden auf.* Dennoch können die Universalisierungstendenzen, die in den Theorieentwürfen durch die Analyse der Strukturmerkmale offensichtlich wurde, nicht von der Hand gewiesen werden. (Vgl. Kapitel 4.5.6)

Schließlich lässt sich über die *kontextuelle Dimension bzw. hintergrundtheoretische Ebene* aussagen, dass die Theoretiker sich hinsichtlich der soziohistorischen Einordnung als auch der theorie- und ideengeschichtlichen Kontextualisierung grundlegend unterscheiden und *inkommensurabel* sind. Sowohl die sprachlichen, geografischen als auch die politischen, ökonomischen, kulturellen und sozialen Hintergründe sowie die biografischen und berufssozialisatorischen Variablen sind grundsätzlich verschieden. Hierbei können nur wenige Teilkommensurabilitäten festgestellt werden. Beispielsweise spielen Kriegserfahrungen für Virilio eine große Rolle, die 1968er Bewegung sowie das Aufkommen von Jugend- und Protestkulturen sind bei McLuhan und Baudrillard dominant, während Kittler diesen historischen Ereignissen gleichgültig gegenübersteht. Flusser wiederum ist maßgeblich durch eine permanente Emigration und ein unfreiwilliges Nomadentum geprägt. Bezüglich der Berufssozialisation konnte herausgestellt werden, dass die akademische Anbindung bei McLuhan, Baudrillard und Kittler sehr stark ist und diese eine klassisch wissenschaftliche Karriere durchlaufen, während Virilio und Flusser zunächst Autodidakten sind und erst spät eine akademische Anbindung finden. Was den theorie- und ideengeschichtlichen Kontext betrifft, so ist der Unterschied der Bezugnahmen auf Fachdisziplinen, auf theoretische Schulen, Wissens- und Referenzsysteme, theoretische Diskurse und einzelne Theoretiker offensichtlich. Wie hier gezeigt werden konnte, ist Theoriebildung stets in Kontexte eingebettet und somit historisch überaus kontingent. *Hinsichtlich der sozialen Voraussetzungen der Theorien sind diese inkommensurabel.* (Vgl. Kapitel 4.6.6)

Zusammenfassend lässt sich in Bezug auf die forschungsleitende Frage nach der Inkommensurabilität der postmodernen Medientheorien feststellen, dass in der *inhaltlichen Dimension bzw. auf der objekttheoretischen Ebene* (Problemhinsicht und

Problemlösungen) zunächst inkommensurable und autonome Erklärungsmodelle auszumachen sind. Divergente thematische Schwerpunktsetzungen, Problemausrichtungen, disparate Begrifflichkeiten und Konzepte sowie verschiedenartige Gegenwartsdiagnosen und Zukunftsprognosen weisen auf eine grundsätzliche Inkommensurabilität der Ansätze hin. Jedoch lassen sich bereits auf der inhaltlichen Ebene kommensurable Motive und historische Referenzräume in den mediengeschichtlichen Modellen finden, die auf einen Grundkonsens von Mediengeschichtsschreibung hindeuten. Insbesondere bei den Problemlösungen wird deutlich, dass mit der vehementen Forderung nach Reflexion und dem Wechsel auf eine metatheoretische Beobachtungsebene ein gemeinsames Problembewusstsein hinsichtlich der veränderten Medienlage offensichtlich wird, welches als Grundkonsens identifiziert werden kann. In Hinblick auf die *strukturelle Dimension bzw. die metatheoretische Ebene* kann im Gegensatz zur inhaltlichen Dimension bzw. objekttheoretischen Ebene konstatiert werden, dass die postmodernen Theorien durchaus kommensurabel sind. Was die Analyse der Konstruktionsprinzipien und den Erklärungsbereich bzw. die Reichweite der Theorien betrifft, konnte herausgestellt werden, dass starke Ähnlichkeiten aufzuweisen sind. Auf struktureller Ebene sind die Theorien demnach durchaus kommensurabel. Für die *kontextuelle Dimension bzw. die hintergrundtheoretische Ebene* wiederum ist eine starke Disparität und Inkommensurabilität der soziohistorischen sowie theorie- und ideengeschichtlichen Verortung festzustellen. Es zeigt sich, dass Theoriebildung stets durch kontextuelle außertheoretische Faktoren und Variablen dermaßen beeinflusst wird, dass Theorien stets als historisch kontingente Konstrukte verstanden werden müssen und die Disparität auf inhaltlicher Ebene auch auf diese externen Faktoren zurückzuführen ist, die im Theorievergleich aufgezeigt werden konnten.

Insgesamt konnte die relative Inkommensurabilitätsthese bestätigt werden. Die Theorien sind zwar auf einer inhaltlichen, objekttheoretischen und kontextuellen, hintergrundtheoretischen Ebene weitestgehend inkommensurabel.[2] *Diese sind jedoch auf struktureller Ebene – insbesondere in Hinblick auf die logischen und sprachlichen Voraussetzungen – durchaus kommensurabel.* Die forschungsleitende Annahme, dass trotz der behaupteten Disparitäten und Inkommensurabilitäten postmoderner Theorien strukturelle Ähnlichkeiten ausgemacht werden können, wurde bestätigt. Postmoderne scheint nach dieser Systematisierung seine Identität weitestgehend über die logischen und sprachlichen Ähnlichkeiten auf ästhetischer Ebene zu gewinnen, während die Inhalte weitestgehend disparat sind.

---

2 In einigen Hinsichten sind Teilkompatibilitäten zwischen einzelnen Theoretikern auszumachen, jedoch sind diese gering.

5.1.1 Ergebnismatrix des Theorievergleichs – Eine tabellarische Synopse

In der Ergebnismatrix des Theorievergleichs werden alle Inhalte der einzelnen Vergleichsdimensionen in einer umfassenden Übersicht zusammengestellt. Anhand der Tabelle können die Ergebnisse der systematischen Rekonstruktion (Kapitel 4) im Einzelnen nachvollzogen werden.

Tabelle 33: Ergebnismatrix des Theorievergleichs – Eine tabellarische Synopse

Siehe hierzu den Link auf der transcript-Homepage unter http://www.transcript-verlag.de/ts2439/ts2439.php.

Quelle: eigene Darstellung

5.1.2 Vergleichslogische Ergebnismatrix

Tabelle 34 zeigt kompakt die vergleichslogischen Verhältnisse der Theorien auf. Hierbei wird auf einen Blick deutlich, in welchen Hinsichten diese inkommensurabel, kommensurabel oder teilweise (in-)kommensurabel sind.

Tabelle 34: Vergleichslogische Ergebnismatrix

	McLuhan	Baudrillard	Virilio	Kittler	Flusser
A) Inhaltliche Dimension (Objekttheoretische Ebene)					
1. Problemhinsicht vgl. Tabellen 4-9	Teilweise inkommensurabel				
2. Problemlösungen vgl. Tabelle 10	Teilweise inkommensurabel				
B) Strukturelle Dimension (Metatheoretische Ebene)					
3. Begrifflichkeiten und theoretische Voraussetzungen (Medien- und Kommunikationsbegriff) vgl. Tabellen 11-18	Inkommensurabel				
4. Abstraktionsgrad und Reflexionstiefe vgl. Tabelle 19	Kommensurabel				
5. Strukturmerkmale vgl. Tabellen 20-25	Kommensurabel				
C) Kontextuelle Dimension (Hintergrundtheoretische Ebene)					
6. Soziale Voraussetzungen vgl. Tabellen 26-32	Inkommensurabel				

Quelle: eigene Darstellung

5.2 So far – Diskussion und kritische Relektüre der postmodernen Medientheorien

Ist die Postmoderne ein Oberflächeneffekt? Was sich hinter dem Label postmodern verbirgt, wenn es um die untersuchten medientheoretischen und medienhistoriografischen Ansätze geht, wird an dieser Stelle eingehend erörtert und diskutiert.

5.2.1 Anything goes! Unsere postmoderne Postmoderne

Postmoderne Theoriebildung zeichnet sich durch das „anarchistische Unternehmen" (Feyerabend ^{9}2004 [1975]: 12) aus, nach neuen Erkenntnisformen zu suchen. Dass sich die untersuchten Theoretiker nicht in ein großtheoretisches Design einordnen lassen und eigenständige, alternative Denkansätze und autonome Erklärungsmodelle kreieren, hat sich durch die Divergenz der Theorieansätze von dem Ende der Gutenberg-Galaxis, Simulation, Dromologie, Medienarchäologie und Kommunikologie gezeigt. Sie wenden sich verschiedenen Phänomenen zu und zeigen Theoriealternativen auf bzw. erweitern das Möglichkeitsfeld und den Beobachterraum durch ihre teilweise selbsternannten Wissenschaftsgebiete. Die Heterogenität ihrer ‚Disziplinen' umfasst die Verabschiedung des Buchdrucks, die Selbstreferenzialität von Zeichen und die damit prognostizierten Phänomene der Auflösung, Fraktalisierung und Orientierungslosigkeit, die Problematik von Geschwindigkeit und Beschleunigung, die zunehmende Bedeutung von Technik sowie die Potenzierung von Handlungsmöglichkeiten in einer neuartigen, nulldimensionalen „Bild(schirm)kultur" (Kloock 2003: 9). Mit ihren Szenarien thematisieren sie alle die medienhistorischen Veränderungen, mit dem Eintritt in die Postmoderne lösen sich die vorher bekannten Ordnungen auf. Insbesondere in struktureller Hinsicht wird dies durch die Art der Theoriebildung bestätigt. Diesbezüglich erscheint es so, dass das Ende der Metaerzählungen durch die postmodernen Medientheorien eingeläutet wird. Die Theorieangebote erscheinen als offenes, fragmentiertes Experiment, als Gegenentwurf zu den großen Entwürfen und als ein Schreiben von kleinen Geschichten. Ihr wissenschaftlicher Anarchismus konnte gerade in der Analyse der Strukturmerkmale (vgl. Kapitel 4.5), insbesondere des sprachlichen Duktus und der methodischen Vorgehensweise herausgestellt werden. Sie lassen sich in kein festgelegtes ‚Methodenkorsett' zwängen. Die Regelverstöße gegen den methodisch geleiteten Erkenntnisgewinn, gegen Kohärenz, Logik und stringente Argumentationslinien offenbart sich in der Anwendung vielfältiger Wortähnlichkeiten (z.B. Antwort – Verantwortung), etymologischer Ableitungen (z.B. fasces – fascistisch), Sprachspielen und Analogien aus anderen Fachdisziplinen, die sie auf kulturelle Prozesse übertragen (z.B.

Entropie). Ihr essayistischer[3] Schreibstil bricht mit der traditionell wissenschaftlichen Textorganisation, sie lassen künstlerische, fiktionale und narrative Elemente mit Theorie und Analyse interferieren. Der Grundsatz ‚Anything goes!' ist dabei keine stilistische Willkür und Zufallsprodukt, sondern die *bewusste Kritik am regelgeleiteten Erkenntnisgewinn*: „Die poststrukturalistischen Programme sind nicht geschrieben, um referierbar zu werden." (Kittler 1980: 12) Die Sprachspiele und Argumentationsfiguren orientieren sich dabei nicht an logischen, sondern vielmehr an ästhetischen Maximen: „Die Wissenschaft stellt sich als eine Kunstform heraus und die Kunst als eine Quelle von wissenschaftlicher Erkenntnis." (Flusser [2]1989c [1987]: 28 ff.) Da Philosophie und Wissenschaft nicht mehr ausreichen, um ihren Gegenstand zu begreifen, „muß man sich von den gängigen Praktiken befreien, um andere Verfahren und Zugänge zu entwickeln, wie sie Dichter und Schriftsteller seit langem kennen und auch benutzen." (Virilio zitiert in Rötzer 1986: 149) Das tendenzielle Zusammenfallen bzw. die Auflösung der Grenzen von Wissenschaft und Kunst wird in dem Anpassen der Struktur und Form an ihren Inhalt deutlich. Die Brüchigkeit, Unbestimmtheit, Offenheit und Ambivalenz, die sie auf inhaltlicher Ebene für die obsolet gewordenen medialen Konstellationen und ihren epistemologischen Konsequenzen feststellen, drückt sich somit auch strukturell durch die übereinstimmende (logisch) brüchige, offene und ambivalente Form aus. Die postmodernen Denk- und Erklärungsmodelle widersetzen sich jedweder Anpassung an wissenschaftliche Kriterien und institutionalisierte Diskurssysteme:

„Meine Theorie schmiegt sich an ihr eigenes Objekt an. Wenn ich von Simulation rede, dann ist mein Diskurs simulatorisch, wenn ich von Verführung spreche, dann ist die Theorie auch Verführung. Sie kommt so ihrem Objekt näher. Und wenn ich von fatalen Strategien rede, dann ist die Theorie fatal. Es gibt keinen Standpunkt des Subjekts mehr, sondern Objekt und Subjekt spielen miteinander. Das ist keine Verwirrung, sondern eine Verschmelzung des Gesichtspunktes. Ob das allerdings gelingt, weiß ich nicht." (Baudrillard zitiert in Rötzer 1986: 32)

Wie alle Theoretiker auch explizit bemerken, entspricht ihr postmoderner Schreibstil vielmehr einer Philosophie- bzw. Theorie*fiktion* im Sinne eines Potpourris aus Fabel, philosophischem Abenteuer und experimentierender Methode (vgl. Moles 1990: 61).[4] Die herkömmlichen Konzepte von Theorie werden destabilisiert bzw. bewusst parodiert:

---

3 Flusser bezeichnet den Essay als Fug, Gefüge bzw. Fügung, da er auf Dialog ausgerichtet ist. Hingegen benennt er die wissenschaftliche Abhandlung als Unfug, da sie sich nicht in eine Dialogstruktur einfügen lässt. (Vgl. Flusser 1998b: 139 f.; Zepf 2001: 151 ff.)

4 Beispielsweise vereint Flussers Text „Vampyrotheutis infernalis" diese Charakteristika in sich. Bei diesem Wesen handelt es sich um ein imaginiertes Wesen unbekannter, biologi-

„Heute geht es darum, die Theorie zu zerstören. [...] Die Destruktion der Theorie kann nur am Leitfaden einer solchen Parodie erfolgen; sie besteht keineswegs in einer Kritik der Theorie, da die Kritik selbst ein Moment ist, von dem man nicht die Destruktion der Theorie erwarten kann. Die Theorie destruieren heißt, eine oder mehrere Pseudo-Theorien zu machen. Das theoretische Verbrechen liegt in der Erstellung von Theoriefiktionen." (Lyotard 1979: 92 f.)

Es finden sich bei den untersuchten Theoretikern keine hermetischen Analysen von Sachverhalten und klar definierte, abgegrenzte Untersuchungsgegenstände, sondern sie brechen aus dem herkömmlichen Duktus wissenschaftlicher Forschung aus, wie sich auch in der Bestimmung des Medienbegriffs exemplarisch gezeigt hat (vgl. Kapitel 4.3). Sie verstehen ihre theoretischen Ansätze eher als Heuristik statt als einen fertigen Entwurf, eher als theoretisches Experiment statt als geschlossenes Theorieangebot.

Was von den jeweiligen Autoren als neue Art der Theoriebildung, innovative, fragmentarische, offene und patchworkartig experimentierende Methodik, kreative Erweiterung oder postmoderne Theoriealternative vorgestellt wird, lässt sich in einigen Fällen als Abgrenzungsversuch zur Moderne allerdings nicht plausibilisieren. Die von den Theoretikern vorgestellten Erklärungsmodelle für Mediengeschichte werden zum Teil generalisiert und universalisiert, wie im Theorievergleich bereits herausgestellt werden konnte (vgl. u.a. Kapitel 4.1, 4.3 und 4.5) Im Folgenden wird zusammenfassend dargestellt, dass nicht alle Theorieansätze den Denktypus moderner Metaerzählungen nach Lyotard verabschieden, sondern ironischer- und paradoxerweise de facto Globalerklärungen bzw. Universaltheorien und somit moderne Metaerzählungen vorlegen. Obwohl sie selber bewusst mit den wissenschaftlichen Normvorstellungen brechen und ihre Art der Theoriebildung als intendierten Abgrenzungsversuch deklarieren, so wird jedoch von ihnen weder thematisiert noch überhaupt wahrgenommen, dass ihre Theoriekonzepte dabei dennoch jene spekulativen, metaphysischen, großtheoretischen Entwürfe darstellen, die Lyotard als geschichtlich überholte Metaerzählungen entlarvt: „[N]ach dem Ende der großen Metaerzählungen (Lyotard) ist Geschichtsphilosophie bemerkenswerterweise nicht zu ihrem Ende gelangt. Im Gegenteil, sie feiert ihre Wiederauferstehung in Gestalt der spekulativen Medienphilosophien." (Wittwer 2001: 25) Gerade in Momenten der Verabschiedung von etwas wie der Verabschiedung der Metaerzählung, gelangt es zu neuer Blüte. Das Verdrängte kehrt mit der Behauptung seiner Verabschiedung umso stärker wieder zurück und gewinnt an Relevanz und Geltung. Das Ende der Metaerzählung kann wiederum scheinbar nur erzählt werden: „Medientheorien er-

---

scher Art, das auf dem Meeresboden lebt und eine Intelligenz, Lebensweise und Fähigkeiten entwickelt, die anders sind als unsere. Es kreuzen sich bei dieser Abhandlung Fantasie, theoretische Biologie, Phänomenologie der Wahrnehmung und logische Analyse.

zählen noch einmal Geschichten über die Geschichte, die in einer Gesamtschau sich zu einer Meta-Erzählung fügt, deren Erzähler am oder schon jenseits des Endes der Geschichte zu sein vorgeben und für sich einen exklusiven geschichtsphilosophischen Hochsitz reklamieren." (ebd.: 372)

5.2.2 Die großen Medienerzählungen der Postmoderne

> „Denn in Wahrheit verhält es sich nicht so, daß alles ginge [im Sinne des ‚Anything goes!'; Anm. d. Verf.], sondern nur einiges geht im Sinne des Gelingens, während anderes bloß ein Stück weit geht und wieder anderes schlicht daneben geht oder zugrunde geht. Es ist lächerlich, sich solcher Unterschiede durch die Proklamation eines generellen ‚es geht' zu begeben."
> (WELSCH 2008: 322)

Wirft man resümierend einen Blick in das Terrain der als postmodern bezeichneten Medientheorien, so trifft man eben auf jene Verabschiedungsgesten, Abschiedsbekundungen und je spezifische End-Zeit-Szenarien: McLuhan verkündet das Ende der Gutenberg-Galaxis, während Baudrillard das Ende des Realen oder der Repräsentation ausruft. Virilio beklagt das Ende oder die Zerstörung des Raumes und der sinnlichen Wahrnehmung, während Kittler vom Ende des Humanismus und des autonomen Subjekts spricht und Flusser sich vom neuzeitlichen Bewusstsein und linear-kausalen Denkmustern verabschiedet. Nicht nur in inhaltlicher, sondern auch in stilistischer und rhetorischer Hinsicht verabschieden sich die postmodernen Theoretiker mit ihrem literarisch anmutenden Duktus von gewohnten wissenschaftlichen Darstellungsformen, Reflexionsweisen und Diskurspraktiken. Hingegen scheint sich aber vielmehr der Verdacht einzuschleichen, dass das Ende der Metaerzählungen bloß eine Farce ist. Das Ende der großen Erzählungen ist somit noch nicht zu ihrem Ende gelangt. Vielmehr ist das Gegenteil der Fall, und diese erfahren eine Wiederbelebung in Gestalt postmoderner Medientheorien. Paradox ist dabei, dass gerade die Verabschiedung der Metaerzählungen diese nahezu gestärkt hat, wie bereits erwähnt wurde, und diese in Form der jeweiligen Theoriekonzeptionen zurückgekehrt sind. Totalitätsdenken, Technikeuphorie und Medienoptimismus, Medienapokalypse und Kulturpessimismus oder Teleologie sind konstitutive Bestandteile des postmodernen medientheoretischen Diskurses. Medien werden zu einer Projektionsfläche für soziale, politische, kulturelle und ästhetische Hoffnungen und Befürchtungen. Die Visionen vom Ende der Gutenberg-Galaxis, dem Eintritt in eine Hyperrealität, der Kolonisierung des Körpers oder der Potenz medialer Materialitäten offenbaren einen universalen, totalitären Charakter. Innerhalb der untersuchten Theorieangebote haben sich folgende Richtungen herauskristallisiert:

1. Die Metaerzählung des medialen Fortschritts – Marshall McLuhan
2. Die Metaerzählungen des Endes – Jean Baudrillard und Paul Virilio
3. Die Weiterführung der Metaerzählung Materialismus, eine moderne Kippfigur – Friedrich Kittler
4. Das Ende der Metaerzählungen – Vilém Flusser

5.2.2.1 Die Metaerzählung des medialen Fortschritts – Marshall McLuhan

> „Auch ein Buch über das Ende der Buchkultur ist natürlich ein Buch."
> (BOLZ 1993: 8)

McLuhan verabschiedet sich vom Zeitalter des Buchdrucks und ruft das Ende der Gutenberg-Galaxis aus, das er mit der gesamten abendländisch-neuzeitlichen Gesellschaft verbindet. Mit der Erfindung des Buchdrucks und der einseitigen Betonung des visuellen Sinns gehen Fortschrittsdenken, ein historisches Bewusstsein, Rationalität, Abstraktion sowie Individualisierung und Vereinsamung einher. Das Zeitalter der Neuzeit, das durch den Buchdruck Mitte des 15. Jahrhunderts eingeleitet wird, wird als Negativfolie verwendet und mit der utopischen Vision eines globalen Dorfes kontrastiert. Obwohl er die Neuzeit hinter sich lassen möchte, schreibt er doch eine neuzeitliche Metaerzählung unter dem Vorzeichen elektronischer Medien fort. Mit seiner Utopie stellt er einen Entwurf vor, der die Medientechnik als Motor einer globalen Vergemeinschaftung konstruiert. Das von McLuhan prognostizierte ‚global village' als die weltweit vernetzte Kommunikationsgesellschaft kennzeichnet seine ungebrochene medienoptimistische Perspektive. Die elektronischen Medien, allen voran das Fernsehen, lösen das Versprechen einer allumfassenden Partizipation und Demokratie ein. Auf der Ebene der Aisthesis kann konstatiert werden, dass auch dort ein ideales Gleichgewicht sinnlicher Stimulation, dem Wechselspiel von Auge und Ohr – oder wie McLuhan es nennt, ein interplay of senses – erfüllt ist. Die neuzeitliche Hoffnung einer Befreiung bzw. Demokratisierung durch die Technik hat sich in McLuhans Theorieentwurf weitergeschrieben. Seine Medienprognose folgt einem blinden Fortschrittsglauben an das Fernsehen als heilsbringende Final- und Erlösungsinstanz, die sich mit einer Idealisierung tribaler Gesellschaftsstrukturen verbindet. McLuhan führt dabei die charakteristischen Signa der modernen Neuzeit von Technik- bzw. Medienoptimismus und Fortschrittsglaube fort. Die Metaerzählung, die laut Lyotard in einer noch einzulösenden Zukunft, einem noch nicht erfüllten Versprechen liegt, ist bei McLuhan die

Idee der wiederkehrenden Gemeinschaft, die durch die Metapher des globalen Dorfes und den Medien als ausgeweitetes Zentralnervensystem verdeutlicht wird. Die große Erzählung eines Übergangs vom Zeitalter des Visuellen, der Gutenberg-Galaxis, in eine Epoche der Taktilität, einer teilnehmenden, ganzheitlichen Welt der elektronischen Medien, wird hier als medienhistorisches Modell vorgelegt. Diese Vision paart sich mit dem Wunsch nach einer Rückkehr in eine prämoderne oder präneuzeitliche Gesellschaftsform unter neuen medialen Bedingungen. Das globale Dorf ist Sinnbild für die Erfüllung eines archaischen Wunschtraums, einen Erlösungsmythos und eine „regressive Sehnsucht" (Heuermann 1994: 90). Die Hoffnung auf Rückkehr in einen tribalen Zustand ist tiefenstrukturell in McLuhans Geschichtsmodell angelegt:

„Während die Inspirationsquelle zweifelsohne in der Vergangenheit liegt, zielt die Vision selbst erkennbar auf die Zukunft. [...] Gleichwohl besteht hier ein komplementäres Verhältnis, denn letztlich dürfte es die Erinnerung an einen archetypisch vorgeprägten Glückszustand sein, die die Hoffnung auf ein geschichtlich erreichbares Fernziel nährt. [...] Aus dem Alten entsteht Neues – Neues, das Altes integriert und zugleich transzendiert." (ebd.: 107)

Sein bedingungsloser Optimismus lässt sich auch als überspannte Utopie und Ideologie verstehen. Das Ende der Gutenberg-Galaxis ist eine Metaerzählung über das Ende der Gutenberg-Galaxis.

5.2.2.2 Die Metaerzählungen des Endes – Jean Baudrillard und Paul Virilio

> „Es ist ein erstaunliches Paradox: Eigentlich ist die Apokalypse ein Phantasma aus unaufgeklärter, religiöser Zeit. Doch erst heute wird sie mit den Mitteln der technologischen Moderne konkret. Angst- und Schreckensszenarien des Mythos erfahren ihr technologisches Update. Zwar bleibt die Rolle des strafenden Gottes unbesetzt, der Weltuntergang ist jetzt Menschenwerk. Aber wir haben das unheilvolle Gefühl, dass Mythos und Technik auf gespenstische Weise zur Deckung kommen."
> (MANGOLD 2011: 52)

Baudrillards und Virilios theoretischen Konzepte stehen der utopischen Vision McLuhans diametral gegenüber. Auch wenn sie kein in der Zukunft einzulösendes Versprechen enthalten, so bleiben auch die dystopischen Entwürfe einem universalen Geltungsanspruch verhaftet. Beide, Baudrillard und Virilio, konstatieren eine

Überwindung des industriellen Zeitalters. Während Baudrillard die industrielle Epoche als den Beginn einer zunehmenden Emanzipation und Autonomisierung des Zeichens vom Bezeichneten interpretiert und die Kritik an der kapitalistischen Reproduktionslogik in einer zeichentheoretischen Konkretisierung in den Vordergrund stellt, thematisiert Virilio die potenzierende Dynamisierung und Beschleunigung gesellschaftlicher Verhältnisse. Sie beklagen auf unterschiedliche Weise den Verlust eines natürlichen Idealzustandes und konzipieren die letzte historische Phase als logische, konsequente und radikale Weiterführung des industriellen Programms. Die Emanzipationsbewegung der Signifikanten bis zum Verlust des Realen und die Fortsetzung des Beschleunigungsprogramms in der körperlichen Bewegungsstarre münden jeweils in der Katastrophe, der totalen Simulation und dem rasenden Stillstand. In beiden Theorieentwürfen läuft (Medien-)Geschichte sukzessive auf ein Ende zu. Die historische Entwicklung wird als eine schicksalhafte Notwendigkeit erachtet, in der die Katastrophe unabwendbar oder sogar schon eingetreten ist. Denn jede geschichtsmächtige Handlung des Menschen ist obsolet, so dass die Apokalypse zwingend geschehen muss. Der Mensch ist kein autonomes Subjekt, sondern wird durch eine fremde Macht, hier die Medien, determiniert. Dabei spielt auch das Motiv des Regressiven bzw. des Wunsches nach einer Rückkehr in vorherige Verhältnisse (unter neuen medialen Bedingungen) auch in den apokalyptischen Vorstellungen Baudrillards und Virilios eine zentrale Rolle, nur wird dabei – anders als in McLuhans medienhistorischem Modell – der Wunsch nach einem vorherigen Idealzustand als unerreichbar dargestellt. Insofern steuert die Welt auf eine Katastrophe oder sogar auf ihr eigenes Ende zu. Die regressive Hoffnung „verlagert sich auf die Antizipation einer Endzeit, welche die Erwartungshaltung umpolt und das Weltbild negativ einfärbt." (Heuermann 1994: 111) Das Ende der Geschichte, hier im negativ emphatischen Sinne, ist demnach selbst nur wieder eine Geschichte, und dabei keine neue. Der apokalyptische Endzustand kann als konträre, aber strukturell komplementäre Variante zu der medienutopischen Version McLuhans gelesen werden. Hinsichtlich ihrer Inhalte stellen sie dabei spezielle und neue Narrative vor, hinsichtlich ihrer Struktur und ihrer normativen Ausrichtung lassen sie sich als große Medienerzählung demaskieren: „Simulation ist am Ende vielleicht einfach nur die neueste Version der Ideologie am Ende aller Ideologie." (Huyssen 1992: 169)

Betrachtet man die Medienhistoriografien McLuhans, Baudrillards und Virilios, so kann gefolgert werden, dass Heilsgeschichte wie auch Apokalypse sich hier als Metaerzählungen im Sinne Lyotards kennzeichnen, denn „Technik-Verdammung war schon immer – nicht anders als ihre Kehrseite: reflexionslose Technik-Euphorie – *zutiefst ideologisch* (...)" (Kreimeier 2002: 42; Hervorhebung d. Verf.). In Zeiten medialer Zäsuren, so kann also gefolgert werden, entstehen strukturell ähnliche Diskursfiguren und narrative Logiken, in die sich McLuhans Technikaffirmation und Vision vom globalen Dorf sowie Baudrillards und Virilios Verlustklagen nahtlos einreihen. Diese Theoretiker lassen sich demnach in ein bereits bekanntes Diskursgefüge, das Narrativ der Integrierten und Apokalyptiker nach Umberto Eco bzw. der Befürworter und Gegner nach Siegfried J. Schmidt einordnen (vgl. Eco ⁵1994 [1964]: passim; Schmidt/Zurstiege 2000: 207).

Eine Zwischenbemerkung: Die Tradition der ‚Befürworter und Gegner', eine Diskursfigur – McLuhan, Baudrillard und Virilio

Wenn von Medienwandel oder epochalen Medienumbrüchen die Rede ist, so kann beobachtet werden, dass es beim Auftreten eines neuen Mediums stets Befürworter und Gegner, Apokalyptiker und Integrierte, Anhänger und Kritiker gibt, die der medientechnischen Erneuerung und den damit in Verbindung gebrachten Konsequenzen hoffnungsvoll oder pessimistisch gegenüberstehen. Auf der einen Seite der radikalen Medienkritiker wird Verblendung, Verdummung und Repression diagnostiziert, auf der anderen Seite verwirklicht sich ein Kommunikationsideal, das sich durch störungsfreie Verständigung und Aufhebung sozialer und kultureller Barrieren kennzeichnet. Medien werden als apokalyptisches Ende oder Vervollkommnung der menschlichen Kultur bewertet. Wird im medientheoretischen Diskurs über Wandel gesprochen, ist insofern eine Klassifizierung, die um die beiden Enden des Bewertungsspektrums kreist, nicht unüblich. Mit der Diskursfigur des „Demokratisierungsversprechens" (Schmidt/Zurstiege 2000: 207) ist die Mediengeschichte bereits seit der Einführung der Schrift durchzogen. Mit jeder Veränderung oder Durchsetzung neuer Diskursbedingungen durch Medien – von der Erfindung des Alphabets über den Buchdruck, Film oder Radio bis zum Fernsehen – finden sich stets Befürworter und Gegner, Integrierte und Apokalyptiker, Utopisten und Chronisten bzw. Optimisten und Pessimisten, die Hoffnung machen und Angst schüren. Haben die Theoretiker einmal eine präskriptive Haltung angenommen, stellt sich die Frage nach der Richtung ihrer Bewertungen, „die immerhin zwischen solchen Antagonismen wie Erlösung und Untergang changieren" (Leschke 2003: 264) und diese bereits bekannte Diskursform konstituieren. Wie auch in dieser Analyse offensichtlich wurde, bewerten die Kritiker und Apologeten die neue Medienkonstellation und ihre Folgen entweder als Schreckens- und Verlustszenario (Baudrillard, Virilio) oder als utopische Wunschvorstellung (McLuhan). Betrachtet man die Gegenwartsszenarien und Zukunftsprognosen von McLuhan, Baudrillard und Virilio, so fällt es nicht schwer, ihre Theorieangebote an einem der Pole zu verorten. Auf der einen Seite ist die Rede von einem Verfall zwischenmenschlicher Kommunikation durch die zunehmende Medialisierung, auf der anderen Seite wird eine Rhetorik der Befreiung propagiert (z.B. Befreiung von der Linearität oder der Tyrannei des Schriftmonopols). Kulturkritische Verlust- und Verfallsszenarien stehen einem überhöhten Medienoptimismus dabei diametral gegenüber. Ebenso zeigt sich damit einhergehend eine regressive bzw. nostalgisch gefärbte Sehnsucht nach einem Zustand, „den es *realiter* in der Menschheitsgeschichte selbstverständlich nie gegeben hat, der aber nichtsdestoweniger mit einer Intensität gesucht, imaginiert, symbolisiert, projiziert oder halluziniert wird, die erstaunen muß." (Heuermann 1994: 90; Hervorhebung im Original)

In den utopischen und apokalyptischen Erzählungen wird zudem die Sehnsucht nach Mythen offensichtlich. Der Mythos ist hierbei eben jene Geschichte, die erzählt wird, um sich in der Welt zu orientieren, und die darüber hinaus normative Ansprüche stellt sowie formative Kraft besitzt.[5] Nostalgische Verklärung gepaart mit Befreiungsrhetorik wie in McLuhans Prognose des globalen Dorfes oder Depravation und Apokalypse, die durch einen medialen Determinismus hervorgerufen wird, sind gängige Positionen:

„Wer die Debatten über die neuen Medien verfolgt, dem werden die emotionsgeladenen Töne sowohl ihrer Kritiker als auch ihrer Befürworter auffallen. Pessimistische wie optimistische Prognostiker und Propheten sind sich einig, daß die neuen Medien die Gesellschaft grundlegend verändern werden. Stellen die Medien für die eine Seite den Untergang des Abendlandes dar, so verheißen sie für die andere Seite die Erlösung der Menschheit von den Krankheiten der Moderne." (Neswald 1998: 1)

Utopie und Antiutopie im medientheoretischen Diskurs sind demnach keine Seltenheit, vielmehr kann sogar konstatiert werden, dass sich diese Denkfigur selbst schon als Diskurskonstante bzw. als theoretischer „Begleitdiskurs" (Winkler 1997: 213) von Medienhistoriografie denken lässt.[6] Nicht nur bieten derartige universelle und

---

5 Jan Assmann unterscheidet bei Mythen zwischen zwei Typen, dem fundierenden und dem kontrapräsentischen Mythos. Ersterer „stellt Gegenwärtiges in das Licht einer Geschichte, die es sinnvoll, gottgewollt, notwendig und unabänderlich erscheinen lässt" (Assmann 1997: 77). Letzterer hebt „das Fehlende, Verschwundene, Verlorene, an den Rand Gedrängte" (ebd.: 79) in den Vordergrund, die Gegenwart wird hierbei gegenüber einer besseren Vergangenheit relativiert. Beispielsweise gilt das mythische Zeitalter vor der Erfindung der Schrift, die zum Zeitalter des Logos führt, in einigen postmodernen Medientheorien als Verlorengegangenes, das es wiederzuerlangen gilt. Allerdings werden dabei die Mythen nicht lediglich nacherzählt, da die präliterale Epoche bereits abgelöst wurde und als verloren gilt. Vielmehr wird Medientheorie selbst wieder zum Mythos, indem sie die Geschichte der Medien erzählt, die von einem heilen Urzustand über ein dunkles Zeitalter der Schrift bzw. des Buchdrucks geht, um zu einer „strahlenden Apotheose des versöhnten Computerzeitalters" (Wittwer 2001: 373) zu gelangen.

6 Siegfried J. Schmidt spricht von dem Demokratisierungsversprechen als mediengeschichtliche Konstante, Umberto Eco von Apokalyptikern und Integrierten und Hartmut Winkler von einem theoretischen Begleitdiskurs: „Die Medientheorie erscheint aufgespalten in einen Diskurs, der bei den analogen Medien verharrt und die Computer als eine Art Sündenfall betrachtet, und einen zweiten, der gegenwarts-kompatibel und medienprä-

stark ideologisch gefärbte Entwürfe neuer Mediensituationen für die Feuilletons Schreibanlässe für die Thematisierung von Medien und ihren Auswirkungen, auch im postmodernen Mediendiskurs scheint diese Form der Auseinandersetzung und Bewertung üblich zu sein. Diese Art der diskursiven Behandlung von Medien und Medienwandel findet sich also nicht nur in der Alltagskultur, sondern auch im wissenschaftlichen Feld.

Gerade bei dieser theoretischen Diskursfigur zeigt sich die verkürzte Sicht auf die medienhistorischen Entwicklungsprozesse. Diese liegt bei den apokalyptischen Vorstellungen in der Ausblendung der positiven Möglichkeiten, während die utopische Version die Gefahren und Risiken komplett vernachlässigt. Gerade jener Kontingenzgedanke auch anderer möglicher mediengeschichtlicher Entwicklungen fällt bei McLuhan, Baudrillard und Virilio weg. In den Gegenwartsszenarien und Zukunftsprognosen dieser Theoretiker ist Medialität nicht mehr nur ein Ordnungsprinzip im Sinne einer Diskursbedingung, sondern zu einem totalitären Determinierungsfaktor geworden, das Mediale avanciert somit zur absolut programmierenden, funktionalisierenden Bestimmungsgröße in positiver sowie negativer Hinsicht. Jene Multiplizität und Kontingenz von Perspektiven wird durch die Vorgabe der utopischen (McLuhans globales Dorf) bzw. dystopischen Sichtweise (Baudrillards Simulation, Virilios rasender Stillstand) auf eine Option reduziert. Die Deklarierung eines definitiven Endstadiums, auf den die Medienentwicklung teleologisch zusteuert, widerspricht geradezu der postmodernen Offenheit und dem Widerstreben nach Dauerhaftem. Jene Sichtweise ist eine Vereinseitigung, Verabsolutierung und Uniformierung der Perspektiven. Die Erzählung von Medienutopie und -apokalypse kann demnach als eine moderne Metaerzählung nach Lyotard aufgedeckt werden. Der Blick ist noch ganzheitlich ausgerichtet, daher muss das Auftauchen von Pluralität und Vervielfachung als Auflösung, Indifferenzerzeugung und Katastrophe interpretiert werden. Der genuine Schritt in Richtung radikale Pluralität wird nicht vollzogen, stattdessen werden bereits bekannte Globalitäten bzw. Einseitigkeiten im Sinne von Pauschalurteilen vertreten. Gerade in der Analyse der Strukturmerkmale (Kapitel 4.5) konnte dies herausgestellt werden. Mithilfe von Leitmedien bzw. Leitcodes, die teleologische Ausrichtung medienhistorischer Prozesse, die monokausalen, reduktionistischen Begründungszusammenhänge, Letztbegründungsstrategien durch ontologisierte Größen und Entitäten sowie radikal dichotome Konzepte modellieren sie Mediengeschichte und bringen dadurch Metanarrative hervor. Hinsichtlich ihrer inhaltlichen Ansätze, die mediale Innovationen, Lebens-, Erlebens-

---

sent, die Rechner um so entschiedener zu seiner Sache macht. In diesem zweiten Diskurs wird die Attraktivität schlichtweg vorausgesetzt. Ja, mehr noch: eine affirmative Haltung wird als die Basis angesehen, über das neue Medium sinnvoll überhaupt sprechen zu können, nachdem man Kritik und Ideologiekritik hinter sich gelassen hat." (Winkler 1997: 11) und Wahrnehmungsformen sowie gesellschaftliche, kulturelle, soziale und epistemologische Veränderungen thematisieren und erörtern, propagieren die Theoretiker in ihren Prognosen zwar je spezifische spezielle und neue Gedanken. Bezüglich ihrer strukturellen Ausrichtung reihen sie sich jedoch in das bereits bekannte Diskursgefüge von Apokalypse und Utopie ein. Mit den veränderten postmodernen Verhältnissen sind radikalisierte Untergangsprognosen und überzogene Utopien als Beschreibung und Erklärung der Welt jedoch nicht haltbar. Ihre Theorieangebote kennzeichnen somit jene Kontinuität und Weiterführung einer bereits bekannten Konstante medienhistorischer Entwicklungen. Plakativ formuliert kann festgestellt werden, dass sie *gefangen sind in der Metaerzählung der Befürworter und Gegner.*

Baudrillards Versuch, sich von der eben behandelten Diskursfigur der Befürworter und Gegner zu lösen, findet sich erst in seinen Problemlösungsvorschlägen seit den frühen 1980er Jahren. Das Prinzip der Verführung, der symbolische Tausch und der Tod sowie die Virulenz lösen sich von der Einnahme der kritischen, defätistischen Haltung und reflektiert das eigene Theorieangebot und somit das Verhaftetsein in die bekannte Diskursformation auf metatheoretischer Ebene. Dies kann als Annäherung an eine *reflexive* Haltung gegenüber der Moderne gelesen werden. Kritik und Kausalität führt er durch Ironie und spielerische, multiple Denkweisen ad absurdum. Das Prinzip der Reversibilität, der Umkehrbarkeit, ist die Revision des eigenen Denkentwurfs. In spielerischer Form entfernt er sich dadurch von der Idee der totalen Negativität und des Antagonismus von Subjekt und Objekt und lässt sie in eine sich gegenseitig bestimmende Relation, eine „geheimnisvolle dual/duellhafte Beziehung" (Baudrillard 1983: 129) treten. Absolutheitsansprüche und Dominanzverhältnisse verlieren mit der neuen Sichtweise an Bedeutung und eröffnen die Pluralität möglicher, konkurrierender Geltungen. Die Problemlösungsvorschläge können damit als postmoderne Einstellung betrachtet werden. Baudrillard reflektiert seine eigenen Voraussetzungen und distanziert sich von der Einheitsobsession universeller Simulation. Allerdings ist der Versuch eines Abrückens als bloße Intention nicht ausreichend, „er müßte schon die Konzeption ändern." (Welsch 2008: 152) So bleibt seine Theorie der Simulation der modernen Diskursfigur verhaftet, während sein Problemlösungsvorschlag als postmoderne Annäherung verstanden werden kann.

Auch Virilios Problemlösungsvorschläge zeigen Reflexionsvermögen in Bezug auf seine Problemhinsicht. Er betont, dass es sinnlos ist, in Absolutheiten und Totalitäten zu denken. Man kann sich den Veränderungsprozessen entziehen oder verweigern, die Frage nach der Technik muss permanent gestellt und die Kehrseite des Fortschritts mitgedacht werden. Anders als Baudrillard bleibt er jedoch seiner kritischen, resignativen Haltung verhaftet und stellt keine Theoriealternativen vor. Mit der Forderung nach ‚Entschleunigung' und Verlangsamung führt er die soeben ausgeführte Argumentationslinie der Gegner bzw. Apokalyptiker fort. Die nostalgische Verklärung eines Idealzustandes von natürlicher Bewegung und die Überbetonung der ausschließlich negativen Effekte von Beschleunigungsprozessen stehen im Vordergrund seiner Ausführungen, die die Kehrseite der Entwicklung mit ihren Chancen unberücksichtigt lässt. Er fordert zwar dazu auf zu reflektieren, jedoch findet Selbstreflexion, -beobachtung und -problematisierung hinsichtlich seiner eigenen theoretischen Setzungen und Voraussetzungen nicht statt.

Als Zwischenfazit kann festgehalten werden, dass die utopische Erzählung McLuhans und die dystopischen Erzählungen Baudrillards und Virilios vielmehr in einer Traditionslinie moderner Vorstellungen stehen. Die Medienutopie des globalen Dorfes als klassische Fortschrittserzählung der Moderne sowie die End-Szenarien der Hyperrealität und Dromologie sind auch nur als kontinuierliche Weiterführung der großen Metaerzählung über „Befürworter und Gegner, die immer die gleichen Argumente verwenden" (Schmidt/Zurstiege 2000: 207) zu lesen, die sich schon seit Entstehung des Alphabets über Epochengrenzen hinweggesetzt hat. Eine radikalisierte, generalisierte und totalisierte Form von Utopie oder Apokalypse lässt sich demnach als Abgrenzung zur Moderne und als Eintritt in die Postmoderne nicht plausibilisieren:

„Eine sachgemäße Rezeption der (post-)modernen Medientheorien muss diese also differenziert betrachten und Spreu von Weizen trennen. Mit ‚Spreu' meine ich jenes [.] ideologische Beiwerk, das bislang jede Medienrevolution mit sich geführt hat und das auch die Telematik – deren Chronisten und Utopisten, Beschreiber und Ideologen die Theoretiker der Neuen Medien ja gleichzeitig sind – mit sich führt." (Margreiter 2004: 57)

Im Gegensatz zu Virilios Problemlösungsangebot muss Baudrillard jedoch ein höherer Grad an Reflexion und Selbstproblematisierung zugesprochen werden, die ihn hinsichtlich seiner Problemhinsichten als modernen, innerhalb seiner Problemlösungen allerdings als postmodernen Denker verortet. Hat Lyotard noch das Ende der Ideologie mit dem Ende der Metaerzählung ausgerufen, so proklamiert Baudrillard das Ende von Ideologiekritik.

5.2.2.3 Die Weiterführung der Metaerzählung Materialismus, eine moderne Kippfigur – Friedrich Kittler

> „In dieser Lage bleiben nur Rückblicke und das heißt Erzählungen."
> (KITTLER 1986: 4)

Kittlers Prognose lässt sich weder als radikale Dystopie noch als absolute Utopie lesen, so dass er sich außerhalb jener eben ausgeführten Diskursformation befindet. Er versucht, die Perspektive der Sozial- und Geisteswissenschaften auszudehnen und den Beobachtungsraum zu erweitern. Er betont, dass auch die technische Seite in einer humanistisch geprägten sozialwissenschaftlichen Landschaft nicht vernachlässigt werden darf. Er spricht sich gegen rein mentalistische Konstruktionen und Bewusstseinsannahmen aus und betrachtet manifeste technische Funktionsweisen der Medien. Dieser Perspektivwechsel als das Bedenken auch anderer (Beobachtungs-)Möglichkeiten kann als kreative Spielraumerweiterung im Sinne Feyerabends (1978: 49) interpretiert werden. Die „ironische Pointe" (Margreiter 2004: 56) an dieser scheinbaren Perspektiverweiterung auf technische und materielle Aspekte ist jedoch, dass er zwar die traditionelle Denklinie des Humanismus und des Idealismus reflektiert und einen Alternativvorschlag ausbreitet, diesen aber ebenso wie McLuhan, Baudrillard und Virilio ihre Geschichte vom Ende (der Gutenberg-Galaxis, der Realität, der Bewegungsfreiheit) verabsolutiert. Es geht weniger um eine Erweiterung der Perspektiven als um eine *Ersetzung*. Er führt dabei keine bekannte Metaerzählung fort, sondern substituiert eine schon bekannte – nämlich die des Humanismus und Idealismus – durch seine eigene. Kittler verabschiedet sich in seinem medienarchäologischen Geschichtsmodell vom Humanismus des 18. Jahrhunderts und der Idee des autonomen Subjekts. Während die Metaerzählung der Aufklärung von eben diesem autonomen Subjekt und dem Subjekt als aktive Instanz und Gestalter von Fortschritt und historischer Entwicklung ausgeht, stellt sich Kittler gegen diese metanarrative Auffassung von Geschichte als Fortschrittserzählung. Er verabschiedet dabei die humanistische und aufklärerische Idee und entlarvt die bisherige wissenschaftliche Beschäftigung in den Geisteswissenschaften im Allgemeinen und den Literatur- und Medienwissenschaften im Speziellen, als Subjekt verliebten, auf Sinn und Bedeutung fixierten und technikvergessenen Diskurs. Demgegenüber stellt er seinen Theorieansatz der Medienarchäologie, die allerdings eine bloße Kippfigur der Metaerzählung des Idealismus und Humanismus darstellt: „Ein *Materialismus* dieser Art ist nur das *Kippbild des Idealismus*." (Margreiter 2004: 57; Hervorhebung d. Verf.) Sein ideologischer Impuls liegt in der Überhöhung eines Technikdeterminismus oder Medienmaterialismus, der im Zeitalter des Computers der Technik eine Autonomie durch Vollautomatisierung einräumt. Seine Metaerzählung kann als Metaerzählung des Medienmaterialismus bezeichnet werden, die er dem vorherrschenden Diskurs als bloße diametrale Figur entgegensetzt. Er ersetzt die eine Medienerzählung durch ihr Gegenteil, das autonome Subjekt durch eine autonome Technik. Ihm kann somit eine ontologische Fixiertheit auf technische Medien und eine Fetischisierung medialer Materialitäten vorgeworfen werden, denn andere Sichtweisen blendet er gänzlich aus. Damit vollzieht er lediglich einen Positionswechsel von einer Metaerzählung zu einer anderen und schlägt damit eine (post-)moderne „Pseudo-Alternative" (Ebd.) vor. Kontingenzbearbeitung, subjektive Konstruktions- und Deutungsprozesse oder soziale Variablen werden nur marginal betrachtetet bzw. gänzlich ignoriert, da es rein um technische Materialitäten geht. Kittlers anti-hermeneutische Sichtweise lässt Sinnsetzungsprozesse, situative, psychische und soziale Faktoren außer Acht. Jene Ambivalenz und

Spannung, das Oszillieren zwischen Möglichkeitsüberfluss und Chancennutzung sind Aspekte, die durch eine rein technikzentrierte Herangehensweise vernachlässigt werden, da jede Entscheidungsfreiheit durch die Schaltbarkeit der Apparaturen vorgegeben ist. Die Verabschiedung einer Subjektphilosophie endet in Kittlers Theorieansatz im „Tod des Subjekts" (Welsch 2008: 315), die als eine Form theoretischer Überzeichnung das Obsoletwerden des Subjekts konstatiert.

Während Kittler mit dem Aufschreibesystem 1800 zunächst ein Zusammenspiel technischer, kultureller und sozialer Faktoren beschreibt und damit auf eine Strukturvorgängigkeit und Diskursbedingungen aufmerksam macht, verengt er dieses Blickfeld im Laufe seiner Ausführungen auf rein materielle, technische Komponenten, die nicht mehr nur strukturvorgängig, sondern struktur*determinierend* sind. Medientechnologien zur Entnahme, Speicherung, Übertragung und Verarbeitung von Daten zum alles bestimmenden Faktor zu ernennen, folgt jenen dualistischen Ordnungsprinzipien und Absolutheitspostulaten, die die Postmoderne als überholte Denkmuster bewertet. Sein Technikzentrismus ist *eine* Perspektive, die nicht den Beobachtungsraum kreativ erweitert, sondern durch die Absolutsetzung der ‚Hardware' eine Engführung bedeutet. Nicht die Multiplizität und Heterogenität von Perspektiven und die Einnahme verschiedener Aussichten und Möglichkeitsformen, wie sie charakteristisch für die Postmoderne ist, sondern die Ersetzung der Metaerzählung Idealismus durch die des Materialismus kennzeichnet Kittlers Theorieangebot. Die versuchte Einführung alternativer Potenziale kennzeichnet sich in der „impliziten Ganzheitsokkupation" (ebd.: 321) einer materialistischen, technizistischen Sichtweise. Dies führt er auch konsequent in seinem Problemlösungsvorschlag weiter. Damit reflektiert er nicht seine eigene Beobachterperspektive, sondern spricht all jenen Theorieangeboten, die von einer technikorientierten Schwerpunktsetzung abweichen, Gültigkeit ab. Er fordert dazu auf, sich einem Materialismus zu verpflichten, was gerade das Recht auf Differenz, Pluralität und die Anerkennung auch weiterer Alternativen negiert.

Die Delegitimierung großer Metaerzählungen durch eine Strategie der kleinen Erzählungen vollzieht sich hier nur scheinbar. Die „Infragestellung der Möglichkeitsbedingungen tradierter geisteswissenschaftlicher Konzepte" (Pias 2010: 253) mittels eines technikorientierten Oppositionsmodell ist als postmoderne Legitimationsgrundlage nicht haltbar. Kittlers Problemhinsichten sowie deren Lösungsvorschläge sind in der Metaerzählung des Materialismus verhaftet:

„Medienhardware ist aus dieser Perspektive das Subjekt der Geschichte, und im Informationszeitalter kommt dieses Subjekt endgültig zu sich. Jetzt kann man das ganze Abendland mit seinen Obsessionen wie Sinn, Geschichte, Subjekt, Vernunft und Freiheit mit einer großen Geste auf den Schutthaufen der Geschichte fegen." (Matejovski 2001: 274)

In Kittlers Ansatz wird die Konzentration auf technische Materialitäten und die Erhebung der Technik zum medienkulturellen Apriori selbst schon zu einem metaphysischen Prinzip. Technik wird glorifiziert und zur absoluten Deutungsallmacht erhoben.

Ebenso wie bei McLuhan, Baudrillard und Virilio geben die Strukturmerkmale Auskunft über die Form der Erzählung, der auch Kittler folgt: Mediendeterministische Begründungszusammenhänge, Letztbegründungen durch ontologische Größen wie Krieg und Technik, die als Beschreibungsgrundlage und Erklärungsmodell für soziale Dynamiken und gesellschaftliche Prozesse dienen, sowie die Autonomisierung der Technik als teleologischer Verlauf kennzeichnen Kittlers Theorieentwurf (vgl. Kapitel 4.5.4).

Auch methodisch ist feststellbar, dass Kittler den proklamierten Abschied der Geisteswissenschaften inkonsequent verfolgt. Die alten Sinngebungsgeschichten oder Metaerzählungen der Geisteswissenschaften werden radikal infrage gestellt, das Subjekt als Gestalter historischer Prozesse verabschiedet und der humanistische Diskurs per se hinterfragt. Obwohl er fordert, auch in den Medienwissenschaften Technikanalysen durchzuführen und den Untersuchungsgegenstand aus einer technischen Perspektive zu betrachten, verbleibt seine eigene methodische Herangehensweise jedoch innerhalb des geisteswissenschaftlichen Diskurses, denn er gebraucht selbst eine traditionell geisteswissenschaftliche Darstellungsform: die Erzählung. Die Grundlage dieser Erzählung liegt in einer Kriegsontologie, die die Rahmenerzählung für die Mediengenese bildet. Er entwirft eine neue sinnstiftende Erzählung, die von der Verabschiedung des Sinns handelt. Trotz seiner provokanten Formel und präskriptiven Forderung der ‚Austreibung des Geistes aus den Geisteswissenschaften' bedient er sich einer hermeneutisch interpretierenden Methode und konstruiert selbst wiederum eine Erzählung anstatt den Wandel zu einem technikversierten Verfahren tatsächlich zu vollziehen. Seine Erzählung von der Verabschiedung der Hermeneutik und der Hinwendung zum Medienmaterialismus wird demnach nicht durch naturwissenschaftliche oder technische Analysen erklärt, sondern stützt sich auf narrative Verläufe bzw. Deutungen und Interpretationen zu medientechnischer Materialität. Wie auch in Kapitel 4.5.4 über die sprachlichen Voraussetzungen herausgearbeitet wurde, bedient er sich literarischen Erzählmethoden und Motiven, die von Metaphern über Etymologien, Wort- und Sprachspielen, Assoziationen, semantischen Ähnlichkeiten oder Polysemien reichen und durch technisches Fachvokabular verdichtet werden. Insofern ist die ‚Austreibung des Geistes aus den Geisteswissenschaften', wie sein gleichnamiger Titel verrät, gar nicht so radikal, da ihre Form eine erzählende bleibt, und zwar genauer eine hermeneutisch interpretierende. Die Medienwissenschaft verschafft sich daher nicht über ein neues Paradigma Relevanz, sondern durch einen von Kittler *lediglich postulierten Paradigmenwechsel*. Die Wende hin zu einem medienmaterialistischen Forschungsparadigma begründet sich dabei primär durch die selbst behauptete Universalität. In dieser Hinsicht verharrt Kittler in der Tradition der großen Erzählungen.

5.2.2.4 Das Ende der Metaerzählungen – Vilém Flusser

Betrachtet man Flussers medientheoretische Entwürfe, so kann behauptet werden, dass seine Kommunikologie die Form einer kleinen Erzählung annimmt. Flussers Theorieangebot verortet sich jenseits der Diskursformation der Befürworter und Gegner. Er entwirft weder eine Metaerzählung des medialen Fortschritts noch eine apokalyptische Untergangserzählung des Endes.[7] Genauso wenig führt er eine bereits bekannte Erzählung fort und schließt sich nicht wie Kittler einem totalitär materialistischen Weltbild an. Anders als bei Kittler erweitert Flusser den theoretischen Spielraum nicht um jene eben thematisierte ‚Pseudo-Alternative'. Er behandelt die Medienentwicklung, insbesondere den Schritt vom Zeitalter der Schrift zur digitalen, telematischen Kultur als ein Oszillieren zwischen Notwendigkeit und Kontingenz. Er beschreibt die Krise des linearen Codes und die Notwendigkeit zu einer neuen Kodifizierungsstruktur, die den Bezug zur Welt auf einer epistemologischen Ebene angemessener beschreiben kann. Die Zukunft dieses technoimaginären Codes ist dabei jedoch noch unbestimmt. Flusser thematisiert die Notwendigkeit eines Umbruchs, lässt die Frage nach der Richtung dieses Umbruchs jedoch offen. In diesem Zusammenhang fordert er dazu auf, sich auf die neuen Gegebenheiten einzulassen. Er thematisiert die Chancen aber gleichzeitig auch die Gefahren, die das digitale Zeitalter mit sich führt. Der Mensch ist in einem Zwischenraum zwischen einer Dominierung durch den vorherrschenden Code und andererseits der Möglichkeit zur Gestaltung und Selbstverwirklichung. Das Bewegen zwischen den Polen von Notwendigkeit und Kontingenz, Chance und Gefahr, Mediendeterminismus und Autonomie des Subjekts charakterisiert Flussers Theoriegebäude. Er befindet sich zwischen verschiedenen Narrativen, ohne eines davon zu begünstigen. Eine große Ideologie ist für Flussers Theoriekomplex nicht grundlegend, stattdessen steht als zentrales Motiv die Kombination narrativer Elemente sowie die Ambivalenz und Kontingenz des historischen Entwicklungsprozesses im Vordergrund. In seinem Theorieangebot finden sich jene Motive und Momente der Instabilität, Unsicherheit und der Kontingenz, welche die Postmoderne kennzeichnen.

Die Lage muss nicht zwangsläufig in einer unabwendbaren Apokalypse wie bei Baudrillard und Virilio enden oder eine partizipative Weltgemeinschaft zur Konsequenz haben wie bei McLuhan. Eine teleologische Ausrichtung in normativer Hinsicht ist bei Flusser nicht zu erkennen, wie in Kapitel 4.5 herausgestellt wurde. Auch sind medienhistorische Prozesse nicht monokausal begründet. Medienge-

---

7 Sich auf den Verlust zu beschränken und die auftauchenden Chancen der neuen Medienrevolution zu missachten, hieße für Flusser, „tote Pferde kicken" (Flusser 1989c: 53).

schichtliche Entwicklungen erklärt Flusser aus einem Geflecht multipler Faktoren, in dem Medien bzw. Codes eine strukturgebende, aber keine strukturdeterminierende Funktion einnehmen. Medien bzw. Codes werden somit nicht zum generalisierten Zentrum hochstilisiert, sondern gerade die Handhabbarkeit und die sinnerzeugende Nutzung demonstrieren einen komplementären Zusammenhang von Struktur und Prozess anstatt einer absoluten Strukturdeterminiertheit (vgl. Kapitel 4.1 und insbesondere 4.3 und 4.5). Sein Theoriegebäude charakterisiert sich gerade durch Uneindeutigkeit, Undeterminiertheit und Offenheit an Möglichkeiten ohne Vorgabe einer großen Erzählung oder Perspektive. *Kontingenz* und *Pluralisierung* sind seine zentralen Voraussetzungen. Flussers Darstellung verortet sich mit seinem Theorieangebot zwischen Kulturkritik und Medienutopie.

Mit dem Ausbruch aus alten Denkgefügen löst er sich von den Universalideologien und großen Metaerzählungen. Er fordert dazu auf, sich auf die neuen Handlungs-, Erlebnis-, Denk- und Erkenntnismöglichkeiten einzulassen und sich nicht von den althergebrachten „eigenen Denkkategorien, welche uns hindern, den Sprung ins Abenteuer zu wagen" (Flusser 1998c: 32), aufhalten zu lassen. Flusser folgt mit seinen Ansichten dem Leitprinzip der Kontingenz und Denkfiguren der Theorie der Chaosforschung, in dem er Unwahrscheinlichkeiten im Programm und Unterbrechungen, z.B. Katastrophen, Unfälle, Gewaltakte, nicht *ausschließlich* negativ interpretiert wie Virilio, sondern ganz im Gegenteil auch als *Provokation* und als *kreative, schöpferische Kraft* bewertet (vgl. Kloock 2003: 118). Das *Scheitern der Moderne als Glücksmoment* zu interpretieren, charakterisiert Flussers postmodernen Denkstil: „Das Nichtgelingen ist unser Glück." (Welsch 1994: 16) Die theoretischen Voraussetzungen Relativierung, Prozessualität und Pluralität, die Flussers Ausführungen zugrunde liegen, brechen mit den modernen Schemata von Geschlossenheit, Chronologie, Fortschritt und Kontinuität:

„Die moderne Weltanschauung sieht etwa so aus: Wir stehen als sogenannte Subjekte, vor einer ‚Welt' genannten Bühne. Im Rampenlicht stehen uns Erscheinungen gegenüber, nennen wir sie Objekte. Und dahinter auf der Bühne wird es immer dunkler. Was dort im Hintergrund vor sich geht, muß erst noch herausgefunden werden. […] Dorthin also müssen wir vordringen, wollen wir die Macht an uns reißen und selbst die Erscheinungen lenken. Dieses unser Vordringen in die Hintergründe nennen wir ‚Fortschritt' Ganz so primitiv wie hier geschildert, geht die Sache allerdings nicht vor sich." (Flusser 1997: 223)

Seine Theorie befindet sich somit in einer fragmentierenden, im Patchwork experimentierenden Postmoderne, die dem *Kontingenzbewusstsein* theoretisch Raum gibt. Dieser Leitgedanke wird in den Problemlösungsvorschlägen weitergeführt: „Also nicht: ‚Was kommt?', sondern ‚Wonach geht es?' Das ist eine Fragestellung, auf die wir noch keine adäquate Methode des Antwortens gefunden haben. Paradigmenwechsel." (ebd.: 201) Den Paradigmenwechsel vollzieht er im Gegensatz zu

Baudrillard sowohl in seinen Zukunftsprognosen als auch in seinen Problemlösungsvorschlägen. Flusser fordert eine der Postmoderne gerecht werdende Erkenntnisform. Dabei vollzieht er nicht bloß einen Positionswechsel vom Idealismus zum Materialismus wie Kittler, sondern legt einen neuartigen Denkentwurf vor. Zwar weist dieser ebenso strukturelle Merkmale auf wie Begründung durch Oppositionen und Dichotomien, jedoch ist bei Flusser anzumerken, dass er Universalisierungen vermeidet. Weder verläuft die medienhistorische Entwicklung teleologisch auf ein Ende zu noch argumentiert Flusser mit Letztbegründungen oder monokausalen Erklärungsmodellen. Stattdessen entwirft er multikausale Begründungszusammenhänge und ersetzt Teleologie durch Kontingenz (vgl. Kapitel 4.5.5).

5.2.2.5 Fazit

Resümierend kann festgestellt werden: Lyotard hat den Beginn der Postmoderne durch die Verabschiedung dieser großen Erzählungen begründet, die einen totalisierenden Charakter aufweisen. Die postmodernen Medientheorien können als große Erzählung sensu Lyotard deklariert werden. Blickt man auf jenes eben vorgestellte Panorama der (post-)modernen Medientheorien, so lässt sich konstatieren, dass sich die Theoretiker zwischen Uniformierung/Verabsolutierung/Indifferenz und Pluralisierung verorten. Sie beschreiben eine mögliche, wahrscheinliche oder sogar notwendige Zukunft, die eintreten wird, wobei die Szenarien und Prognosen als hochgradig utopisch- oder dystopisch-normativ einzuordnen sind. Die Medienerzählungen folgen einer heilsgeschichtlichen (McLuhan) oder apokalyptischen Betrachtung (Baudrillard, Virilio) und enthalten somit stark ideologische Aussagen. Medientheorien fungieren als neue Sinnkonstruktionen, Medien als sinngebende Instanzen für Geschichte, die ehemals durch Gott oder die Wissenschaft begründet wurde, und neuerdings durch mediale Artefakte wie den Computer eingenommen werden. Die Diagnose der Niedergangs (des Subjekts, der Kultur, des Sinns etc.) oder des Endes (der Gutenberg-Galaxis, des Buchs, des linearen Denkens, der Hermeneutik, der Repräsentation) scheint dabei ein beliebtes Motiv darzustellen. Die Problemhinsichten von McLuhan, Baudrillard, Virilio und Kittler sind durch *Universalisierung und Totalisierung* ihres eigenen Theorieangebots geprägt und inhaltlich von Zukunftsoptimismus und Fortschrittsgläubigkeit (McLuhan), Gefahr, Verlust, Niedergang, Zerstörung (Baudrillard, Virilio) und Technizismus, Anti-Hermeneutik und Mediendeterminismus (Kittler) durchzogen. Sie zeigen auf diskursiver Ebene die Schwierigkeit, erkennbare Konzepte für Alternativen offensiv zu besetzen. Die Einführung alternativer Potenziale erweist sich als eine Reproduktion der „alten Einheitsfehler […] bloß mit anderem Inhalt" (Welsch 2008: 321). Sie vertreten wiederum bekannte Globalitäten und neue Einseitigkeiten, die ein Hervortreten von Pluralität übersehen, da ihr Blick auf Ganzheitlichkeit gerichtet ist. Gegen Pluralisierung, Möglichkeitsoffenheit, Chancen, Freiheits- und Kreativitätspotenziale, die Flusser als zentrale Theoriebausteine aufführt, setzen sie ihre verabsolutierten Theorieangebote als neue, große Metaerzählung respektive *als Weiterführung bereits vorhandener Metaerzählungen*. Der Versuch, die Welt durch diese großen Erzählungen in ihrer Gesamtheit und ihrer Funktionsweise zu erklären, der *Universalitätsanspruch*, ist charakteristisch für jene Theorieangebote. Nicht Multi-, sondern Monoperspektivität kennzeichnen ihre inhaltlichen Ausrichtungen. Die Substituierung der großen Metaerzählungen durch den eigenen Theorievorschlag stellt keine ausreichende Abgrenzung zur modernen Metaerzählung im Sinne einer Diskontinuität und Perspektiverweiterung dar: „Sie setzen – allerdings ohne dessen rationalistischen Systemanspruch – die spekulative Tradition des deutschen Idealismus und seiner materialistischen Folgekonzepte [als *große Erzählungen*; Anm. d. Verf.] fort." (Margreiter 2004: 56) Problematisch sind dabei nicht so sehr die Substituierungen per se, sondern vielmehr deren fehlende Benennung und Reflexion (vgl. ebd.: 70). Die Denkvoraussetzungen werden nicht bzw. nicht ausreichend thematisiert und problematisiert. Die *eigenen* Annahmen zu explizieren und zu reflektieren, findet bei McLuhan und Virilio gar nicht statt, während Kittler seine Argumentationslinie auf metatheoretischer Ebene weiterführt und nur Baudrillard einen Bruch mit seiner Theorie der Simulation dann in seinen Problemlösungen verzeichnet und seine Nähe zur Postmoderne signalisiert. Flussers Theorieangebot hingegen kann als kleine Erzählung gelesen werden. Das Oszillieren zwischen Verlust und Chance, die Offenheit des Ausgangs und die Möglichkeiten zur Einflussnahme sind die Grundgedanken seines Ansatzes. Sein Konzept skizziert eine neue Auffassung, die jene Komplexitätseffekte des Pluralen berücksichtigt.

Die Etikette ‚postmoderne Medientheorien' vereint somit ein Ensemble aus kleinen Mikroerzählungen und großen Metaerzählungen. Zum einen kann eine gesteigerte Indifferenz diagnostiziert werden, die im Modernediskurs verhaftet ist und keine angemessene und differenzierte Beobachtung von medialen Veränderungs- und Wandlungsprozessen erlaubt, sondern reduktionistisch und monokausal argumentiert. Zum anderen wird eine Entfaltung möglicher Vielfalt propagiert und das Pluralitätspostulat der Postmoderne akzeptiert. Anstatt ein utopisches Ideal zu zeichnen, das katastrophische Ende zu prognostizieren oder altbekannte Modelle zu tradieren, wird progressive Kontingenzerfahrung als theoretische Grundlage zur Beobachtung von Mediengeschichte offen gelegt. Die Koexistenz des Unterschiedlichen im Ganzen gesehen charakterisiert das Label ‚postmodern'. Nicht der Konsens der vorgestellten Ansätze, sondern das Recht zu Dissens kennzeichnet ihre ‚Postmodernität' als gruppierte Anordnung, während die Ansätze im Einzelnen auch moderne Vorstellungen propagieren und den Phänomenbereich Medienwandel unzureichend differenziert und nicht immer angemessen postmodern beschreiben.

Die vorliegende Arbeit hat gezeigt, dass die meist vorschnelle Einordnung der untersuchten Medientheorien in den postmodernen Diskurs durch die Belabelung ‚postmodern' *ihren totalisierenden und metaphysischen Charakter programmatisch überdeckt*. Die als postmodern bezeichneten Medientheorien können immer noch im Kontext bekannter Modernediskurse verortet werden (Teleologische Geschichtsschreibung, Autonomie des Subjekts – invertiert). Diese Medientheorien stehen trotz jeglicher Verabschiedungsbemühungen und -rhetorik im Zeichen alter Wertvorstellungen wie dörflicher Gemeinschaft (McLuhan, Baudrillard), face-to-face-Kommunikation, Verständigung und Dialog (Baudrillard, Flusser) oder körperliches und sinnliches Erleben (Virilio), die sich durch eine nostalgische und idealisierte Rückschau auf vergangene historische Phasen begründet. Abschließend kann demnach konstatiert werden, dass die Rede vom Ende oftmals zutreffender als „feuilletonistische Drohgebärde mit begrenzter Originalität" (Matejovski 2001: 276) zu beschreiben ist denn als zutreffende Gegenwartsdiagnostik. Das Ende der Metaerzählungen ist in den meisten Fällen wiederum nur eine große Erzählung. Statt vom Ende der Metaerzählung zu sprechen, kann der postmoderne Diskurs eher als ein Konglomerat von Metaerzählungen des Endes beschrieben werden. Die Verabschiedung der großen Medienerzählungen ist demnach ein Paradox, das vielleicht als das Grundmerkmal der Postmoderne schlechthin diagnostiziert werden kann.

5.3 AND FROM NOW ON? – WISSENSCHAFTLICHE ANSCHLUSSFÄHIGKEIT

Unter dem Begriff der Anschlussfähigkeit können zunächst zwei grundlegende Richtungen festgestellt werden. Zum einen behandelt die Frage der Anschlussfähigkeit das Problem der *Kompatibilität* der Theorie mit vorhandenen Forschungsrichtungen. In diesem Falle wird nach der Konvergenz theoretischer Elemente in verschiedenen Theorietraditionen gefragt. Dies verlangt dementsprechend nach einem interparadigmatischen Theorievergleich. Im zweiten Falle geht es um die Frage der *Relevanz und Brauchbarkeit* der Theorie im Kontext wissenschaftlicher Forschung. Ersteres, die Frage nach Kompatibilität, kann als deskriptive Kategorie, letzteres, die Frage nach Relevanz und Brauchbarkeit, als normative Kategorie verstanden werden. Um die Frage nach Kompatibilität zu beantworten, ist es notwendig, verschiedene Theorien im Gegensatz zu der in dieser Arbeit durchgeführten intraparadigmatischen Analyse auf eine interparadigmatische Weise miteinander zu vergleichen. Weder kann dies in diesem Abschlusskapitel angestrebt noch erreicht werden. Erste Andeutungen konnten in dem Kapitel 4.6 über die theorie- und ideengeschichtliche Einbettung gemacht werden. Die Frage der Anschlussfähigkeit im Sinne einer Beurteilung nach Relevanz und Brauchbarkeit gibt die Leistungsfähigkeit der einzelnen Theorie an, die im Folgenden skizziert werden soll. Dabei ist zu beachten und zu betonen, dass jene normative Bewertung von Relevanz und Brauchbarkeit stets nur *beobachterabhängig* und *endgültig vorläufig* im Sinne S.J. Schmidts beantwortet werden kann. Für die Beurteilung einer Theorie kann also nicht von einer objektiven oder neutralen Entscheidungsgrundlage ausgegangen werden. Das spezifische Erkenntnisinteresse der Theorie und die Beobachterabhängigkeit formen die Kriterien der Beurteilung.

Das Erbe der postmodernen Medientheorien für das zeitgenössische Denken über Medien wird herausgestellt, indem Einflüsse der analysierten Medientheorien auf die Diskurslandschaft der heutigen Medien- und Kommunikationswissenschaft herausgestellt werden. Dabei werden auch Aspekte genannt, die jene Theorien im Hinblick auf konkrete und exemplarische Fragen fruchtbar gemacht haben. Dieses Kapitel beschäftigt sich demnach mit dem Versuch einer *Evaluation* der untersuchten postmodernen Medientheorien. Hier wird abgehandelt, welche Impulse sie für kommunikations- und medienwissenschaftliche Theoriebildung bereits geliefert haben, welche Forschungsgebiete und Diskursfelder auf jene Theoretiker rekurrieren und welches heuristische Potenzial diese noch bergen. Hier geht es um die Frage, was heute noch von den Konzepten ‚übrig bleibt' und worin der nachhaltige Ertrag der Theorien im Bereich wissenschaftlicher, insbesondere kommunikations- und medienwissenschaftlicher, Beschäftigung liegt bzw. liegen könnte.

Dies stellt den Verwertungszusammenhang der Untersuchung dar, da der Anschluss an Verwertbarkeitskontexte eine Qualität von Theoriebildung ausweist. Hierbei wird die Perspektive erweitert und jenseits des (post-)modernen Diskurses betrachtet werden, welche der (post-)modernen Elemente fruchtbare Anstöße für weitere Forschung liefern oder bereits geliefert haben. Für das kommunikations- und medienwissenschaftliche Theoretisieren ist zu entscheiden, welche inhaltlichen und theoretischen Defizite, Kritikpunkte und Probleme des postmodernen Diskurses aufgezeigt werden müssen und gleichzeitig, welche neuartige Orientierungsleistung bzw. welches Leistungspotenzial als anregende und stimulierende Beobachterperspektiven entdeckt werden können, damit die Theorieansätze nicht folgenlos bleiben und nicht bloß als „hermetische Insider-Diskurse" (Weber 2010b: 310) wahrgenommen werden. Dabei wird auch herausgestellt, welche unbeobachteten Möglichkeiten und blinden Flecken der kommunikations- und medienwissenschaftliche Diskurs bisher aufgewiesen hat.

Ein Blick aus den Reihen empirischer Sozialwissenschaft

> „Diese äußerst konkreten Paradigmen, wie sie etwa von McLuhan, Virilio oder Flusser vorgeschlagen werden, verfügen über eine vergleichsweise geringe Übertragbarkeit; ihre Universalität meinen sie demgegenüber von der Universalität ihres Gegenstandes beziehen zu können [...]. Es ist eine Universalität, die sich auf Omnipräsenz des Objekts und nicht auf universelle Strukturen stützt."
> (LESCHKE 2003: 244)

Nimmt man Beurteilungskriterien, die häufig zur Bewertung für die Qualität wissenschaftlicher Arbeiten herangezogen werden wie Praxisrelevanz, Fachbezug, Theorie- und Methodenniveau, Differenziertheit bzw. Komplexität, Stringenz, Plausibilität, Exaktheit oder Empiriefähigkeit so lassen sich Defizite der postmodernen Medientheorien diagnostizieren, wie insbesondere in Kapitel 4.5 herausgestellt wurde. Die Legitimation innerhalb der Geistes- und Sozialwissenschaften im Allgemeinen und innerhalb des kommunikations- und medientheoretischen Diskurses im Speziellen erfahren die Postmodernen in vielen Hinsichten nicht durch die Einhaltung wissenschaftlicher Gütekriterien. Aus akademischer Sicht kann den Postmodernen vorgeworfen werden, dass ihre Theorieangebote durch die essayistischen Präsentationsformen und die eigenwillige Sprachartistik nicht anschluss-, sondern „sloganfähig" (Reck 1996: 103) sind. Denn die rhetorische Qualität ist zuweilen relevanter als die argumentative Aussagekraft, so dass Kausalitäten durch rhetorisch hergestellte Konnexe und Konsistenz durch Metaphorik substituiert werden (vgl. Leschke 2003: 244). Logisch begründete Sinnzusammenhänge, Stringenz, Kohärenz und Exaktheit der Aussagen werden durch Metaphern und provokative, ungenaue, wertende Ausführungen und willkürliche Setzungen abgelöst, die ihre Anschlussfähigkeit fraglich machen, ihren Evidenz- bzw. Diskurseffekt, d.h. den Ereignischarakter von Theorien aber erhöhen.

Betrachtet man den untersuchten Phänomenbereich des Medienwandels im Konkreten, so konnte in Kapitel 4.1 und 4.5 herausgestellt werden, dass historische Veränderungsprozesse auf Mikro- und Makroebene häufig zur abhängigen Variablen von Medien im Sinne linear-kausaler Verhältnisse werden und damit wechselseitige oder multikausale Beziehungszusammenhänge im Vorfeld ausgeschlossen werden. Die gesamtkulturelle Definitionsmacht der Medien, die insbesondere in den utopischen und apokalyptischen sowie den medienmaterialistischen Vorstellungen McLuhans, Baudrillards, Virilios und Kittlers gekennzeichnet ist, verweist auf eine simplifizierte, monokausale Theoriearchitektur. Jenes Allmacht-Ohnmacht-Verhältnis verkürzt die Sicht auf komplexe, dynamische Funktionszusammenhänge und schließt sich reduktionistischen, linear-kausalen Kommunikationsmodellen an, die aktantenbezogene Nutzungsaspekte und aktive Sinnerzeugung vernachlässigen. Das mediendeterministische Denken blendet mögliche andere intervenierende Faktoren für die Erklärung historischer Veränderungsprozesse aus. Ursache-Wirkungs-Zusammenhänge verengen die Sichtweise, denn „Telematik ist als kulturtechnisches Prinzip nicht erst ein Produkt der Neuen Medien." (Hartmann 2003: 170) Technologien sind daher nicht als bloße Ursachen, sondern auch als Ausdruck der gesellschaftlichen Komplexität anzusehen. Gerade in postmodernen Verhältnissen reichen die Entscheidung für ein Entweder-Oder und die Absolutsetzung einer Position als Begründungsversuch nicht aus, sondern verengen das Beobachtungspotenzial. Erklärungsdefizite finden sich bei der Frage nach historischen Wandlungsprozessen nicht nur in der Monokausalität als Begründungsmodus. Die Konzeption von historisch kontingenten Leitmedien bzw. -codes in Verbindung mit einem Mehrstufenmodell legt bereits nahe, den Medien eine universale Bedeutung zuzusprechen. So stellen sich grundlegende Fragen wie etwa: Sind Vergemeinschaftungsstrukturen rein durch mediale Konstellationen erklärbar? Können Konstellationen von Zeichen gesamte gesellschaftliche Strukturen und Logiken bestimmen? Ist die Konzeption, alles Menschliche als Ergebnis technischer Schaltungen zu definieren, haltbar? Sind technische Prothesen und Transplantationstechniken bloß als Belastung und Zerstörung des menschlichen Körpers zu empfinden oder sind sie auch Ausdruck von Notwendigkeit und Erleichterung?

Der Theoriereduktionismus zeigt sich außerdem in der teleologischen Ausrichtung der historischen Modelle (Globales Dorf und Weltgemeinschaft, Simulation, Rasender Stillstand), der Epochenkonstruktion mithilfe von Oppositionsketten oder Basisdichotomien (heiß/kühl, Explosion/Implosion, natürlich/medial vermittelt, Dialog/Diskurs, sinnliche/mediale Wahrnehmung), Letztbegründungsversuchen oder der Ontologisierung von abstrakten Größen (Krieg). Ebenso sind Gleichsetzungen wie Medien = Krieg oder Medien = Beschleunigung Kennzeichen unterkomplexer theoretischer Konstruktionen. Zudem hat sich bei der Untersuchung der Begrifflichkeiten gezeigt, dass es den Theorieangeboten an Differenziertheit und Systematisierung mangelt (vgl. Kapitel 4.3; Tabelle 11-18). Die postmodernen Theoretiker dehnen ihr Verständnis des Medienbegriffs so weit aus, dass u.a. Tiere, Graffiti, die Straße, Werkzeuge, Fußbälle, Klassenräume auf ‚kultürliche' Weise Eingang in die Medientheorie finden. Aus Sicht der Kommunikations- und Medienwissenschaft sind diese Medienbegriffe daher als zu unsystematisch, zu undifferenziert, zu vage und zu allgemein einzustufen. Unklare Bezeichnungen und Polyvalenzen erschweren somit deren Rezeption, Anschlussfähigkeit und Anwendungsmöglichkeiten. Neben strukturellen und begrifflichen Defiziten werden die postmodernen Theoretiker gerade auf sprachlicher Ebene außerhalb des wissenschaftlichen Diskurses angesiedelt. Aufgrund ihrer essayistischen Schreibweise, der weitreichenden Metaphorik, dem Gebrauch zahlreicher Analogien, Wortähnlichkeiten, Assoziationsketten, Etymologien, Aphorismen oder Polysemien und schließlich aufgrund der expliziten Positionierung als Anti-Theoretiker erfahren die Postmodernen Kritik. Ihr sprachlicher Duktus entspricht nicht der Wissenschaftssprache, so dass ihr Stil oftmals als unwissenschaftlich bezeichnet wird.

Aus diesen Gründen kennzeichnet sich die Rezeption gerade im kommunikations- und medienwissenschaftlichen Diskurs stets durch weitestgehende Ablehnung. So spricht beispielsweise Ulrich Saxer von einem „Mythos Postmoderne" (Saxer 2000: 85) und wirft den postmodernen Theorien Konturlosigkeit, Vagheit, fehlende Nachvollziehbarkeit sowie Empirieferne vor. Er kommt zu dem Schluss, dass es sich bei postmodernen Medientheorien um ein „fruchtloses wissenschaftsgeschichtliches Intermezzo" (ebd.: 88) handelt und die Brauchbarkeit der Theorien daher als gering einzustufen ist.[8] Auch Rainer Leschke wirft den postmodernen Medientheorien einen übertriebenen Populismus und Effekthascherei vor. Gerade die Positionierung am Pol der unbegrenzten Technikaffirmation oder am anderen Ende der absoluten Technikverdammung ist als nicht ganz ideologiefrei und zweckgebunden zu verstehen. Popularität und Präsenz in den Medien scheint oftmals wichtiger als die Plausibilität der Aussagen: „[Es] geht [.] postmodernen Medienontologien auch eher um die Zustimmung des breiten Publikums, denn um die Konsistenz des theoretischen Modells [...] Popularität sticht so wissenschaftliche Kriterien." (Leschke 2003: 245) Die Negativideologien, die beispielsweise in Baudrillards und Virilios Problemstellungen zum Ausdruck gebracht werden, erzeugen Untergangsszenarien mit übertriebenem, zerstörerischem Ausmaß. In diesen Theorievorschlägen sind Medien im weitesten Sinne so bedeutsam geworden, dass sie gleich auch autonom das ganze Gesellschaftsgefüge erklären können und wollen. Die Behauptung, ihr Gegenstandsbereich sei universal gültig, erhöht dabei ebenfalls Aufmerksamkeitsgrad und Medienwirksamkeit, was ihr Auftauchen in den Feuilletons erklärt. Ihre Rhetorik und die Serie von Metaphern, die Thematisierung gesellschaftlich aktueller Probleme und Trends gepaart mit dem Bekanntheitsgrad des Autors ließen die Aufmerksamkeit für die neuartigen Theorieangebote und ihre „allseitige Zitierfähigkeit" (ebd.: 295) ansteigen.

Für den *empirisch-nomologischen* Wissenschaftsbereich, gemeinhin als empirische Sozialforschung bezeichnet, sind die postmodernen Medientheorien demnach wenig brauchbar bzw. nicht anschlussfähig. Wie bereits bei der Untersuchung der strukturellen und formalen Voraussetzungen gezeigt werden konnte, sind die Erkenntnismethoden weder streng formalisiert noch einem logischen Schema der Be-

---

8   S.J. Schmidt und Westerbarkey haben daraufhin eine Replik verfasst und die Vorwürfe Saxers relativiert und entkräften können. Hierzu siehe Schmidt/Westerbarkey (2000). Jedoch muss dennoch konstatiert werden, dass die ablehnende Haltung bezüglich postmoderner Medientheorien als die dominante Haltung insbesondere innerhalb der sozialwissenschaftlich orientierten Kommunikationswissenschaft angesehen werden muss.

weisführung zur Prüfung oder Anwendung wissenschaftlicher Aussagen unterworfen. Diesen Kriterien verweigern sich die postmodernen Theoretiker auch explizit. Die untersuchten postmodernen Medientheorien können mitnichten als „interessengeleitete, systemhafte Verknüpfung von methodologischen Leitsätzen, Problembeständen, Forschungsmethoden und bereits vorliegenden Forschungsergebnissen" (Kromka 1984: 58) aufgefasst werden. Eine weitere Schwierigkeit liegt darin, die verwendeten Begriffe zu operationalisieren. Durch die unpräzise Bestimmung und die Aversion gegen einen forschungslogischen Aufbau der theoretischen Aussagen wird die konventionelle Auffassung wissenschaftlichen Arbeitens verletzt. Von den empirisch-nomologischen Sozialwissenschaften wird erwartet, zur Klärung und Lösung gesellschaftlicher Probleme beizutragen. Das Erkenntnisinteresse begründet sich in dem „Ziel der Entdeckung wissenschaftlicher Gesetzmäßigkeiten und deren Synthese zu allgemeinen, möglichst quantitativ formulierten Theorien, mit deren Hilfe sich Ereignisse in der Wirklichkeit erklären und voraussagen lassen." (Klima 1971: 206) Der Beitrag der Wissenschaft kann lediglich darin liegen, empirisch geprüfte Theorien anzuwenden, d.h., aus den Theorien abzuleiten, welche Bedingungen modifiziert werden müssen, um der Theorie gemäß voraussagbare Ereignisse zu erzielen. Die untersuchten postmodernen Medientheorien können nicht in die Tradition empirisch-nomologischer Forschung eingereiht werden. Ihnen wird dadurch Empirieferne attestiert und Praxisrelevanz abgesprochen.[9] Grundsätzlich lässt sich zwischen theoretisch orientierter Grundlagenforschung und anwendungsorientierter Entwicklungsforschung unterscheiden. Für Letzteres konnte herausgestellt werden, dass die untersuchten Theorien ungeeignet sind.

Postmoderne Medientheorien als Potenzierung von Beobachtungsmöglichkeiten

Allerdings ist jene voreilige Disqualifizierung unberechtigt, denn „[d]ie Totengräber der Theorie sind letztlich auch die Totengräber der Wissenschaft." (Weber 2010a: 17) Die postmodernen Theoretiker streben keine empirische Operationalisierbarkeit ihrer Ansätze an, sondern sie verfolgen eher ein theoretisches Interesse und leisten somit vielmehr einen Beitrag für die theoretische Grundlagenforschung oder die Philosophie.[10] Es ist sinnvoll, hier die wissenschaftsimmanente, theoretische Relevanz zu beurteilen. Rein theorieinterne Forschung hat ihre Berechtigung darin, spezifische Beobachtungsmöglichkeiten aus einem breiten Theoriespektrum bereitzustellen, um eine „forschungsleitende und strukturierende Perspektive" (Ebd.) anzubieten. Sie liefern keine konkreten Instrumente zur Problemlösung oder

---

9 Jene vermeintliche Praxisblindheit wird häufig durch die Grundsatzdebatte begleitet, inwiefern theoretische Wissenschaft überhaupt noch relevant für eine berufliche Praxis ist.

10 In Kapitel 1.2.1 konnte festgestellt werden, dass die postmodernen Medientheoretiker häufig dem Bereich der (Medien-)Philosophie zugeordnet werden.

empiriefähige und operationalisierbare Begrifflichkeiten, sondern eher *heuristische Konstrukte*, um die Medienlage aus verschiedenen Perspektiven zu betrachten. Sie potenzieren die *Beobachtungsmöglichkeiten* und machen *Sinngebungsangebote* zur Beschreibung gesellschaftlicher und medialer Komplexität. Sie schildern gesellschaftliche Grundbefindlichkeiten und liefern dadurch eher Anregungen und Anstöße als konsistente Erklärungsmodelle und Theorien. Es wäre daher ein voreiliger und verfehlter Ansatz, die Werke McLuhans, Baudrillards, Virilios, Kittlers und Flussers einzig an den Maßstäben wissenschaftlicher Diskurse und deren Geschichtsmodelle als Analysen empirischer Beobachtungen und Sachverhalte zu interpretieren. Anstatt den theoretischen Zustand postmoderner Theoriebildung als defizitär und unwissenschaftlich zu beurteilen, kann jene komplexe Vielgestaltigkeit ebenso als positiv bewertet und als *disziplinäre Lebendigkeit und Zukunftsfähigkeit* gelesen werden. Vielmehr haben ihre Gegenwartsdiagnosen und Zukunftsprognosen einen *hohen Inspirationsgrad*. Denn betrachtet man den Einfluss und die Präsenz postmoderner Medientheorien im kommunikations- und medienwissenschaftlichen Diskurs, so kann dennoch von einem ‚Impact' bzw. einer Wirkungskraft auf das Fach gesprochen werden.

Wenn also die postmodernen Ansätze jeglicher Theorie den Boden entziehen und ihr Anspruch jenseits der konventionellen Wissenschaft liegt, so muss nicht nur nach den (invisibilisierten) Defiziten gefragt werden, sondern auch ihre Applikationsfähigkeit bzw. ihr Leistungspotenzial erkannt werden. Der postmoderne Diskurs zwingt den Beobachter in eine Position *zwischen* zwei Stühlen und zeigt, dass nicht die Entscheidung für eine Seite vonnöten ist, sondern die Besetzung beider Stühle zur gleichen Zeit: „Was zählt, ist nicht, die Gegensätze aufzulösen, sondern gleichzeitig einzunehmen." (Weisser/Vetter 2006: o.S.) Was bedeutet ‚Theorie' in diesem Zusammenhang noch? Welche Konsequenzen entstehen daraus für die Rezeption ihrer Werke? Wie können ihre Ideenkonstrukte Kritik und unberücksichtigte Aspekte aufzeigen? Die Rezeption ihrer Ansätze kann nicht *entweder* aus der Sicht theoretischer Systematisierung, hermetischer Analyse und Methodologie *oder* absoluter Beliebigkeit, ‚Theorielosigkeit' und intentionaler Abgrenzung erfolgen, sondern muss jene Widersprüchlichkeit akzeptieren, um fruchtbare Elemente herauskristallisieren zu können. Theoretisieren wird zum Experiment, so dass die Einteilung des Denkstils in Dichotomien wie wissenschaftlich *oder* populistisch, affirmativ *oder* kritisch, aufklärerisch *oder* verwirrend oft nicht zutreffend ist. Es geht weder um die Gewinnung neuer, absolut gültiger Erkenntnisse noch um Letztbegründungen. Theorie wird zur Absurdität und Spekulation, deren Irrtümer und Selbstwidersprüche schon inhärent sind, so dass ihre Ideenkonstrukte nicht als integrative Bestandteile gelesen werden können, sondern eher als „eine Art *intellektuelles Trend-Monitoring*." (Bolz 1994: 93; Hervorhebung d. Verf.)

Die Postmoderne erhält einen neuen Status und bewegt sich in einem Oszillationsfeld zwischen Anspruch und Verwirrung. Die Theorieangebote offerieren daher auch *keine Anwendungen*, sondern allenfalls *Anregungen*. Zur exakten Beschreibung empirischer Sachverhalte und Fakten oder zur Operationalisierung für empirische Forschung sind jene theoretischen Ansätze ungeeignet, wie bereits erörtert wurde, da sie sich vielmehr im Bereich philosophischer Beschreibungsversuche bewegen. Die Theorieansätze sind eher als erfinderisches Ensemble und Terrain, das mit der „Rückkehr der ausgeschlossenen Partikularitäten" (Pias 2010: 255) einen unendlichen Analysekontext beansprucht, anzusehen. Wenn die Theoretiker aber auch allzu bekannte Metaerzählungen wieder aufführen, dann können die (post-)modernen Diskurse nicht als Problemlösungszusammenhang, sondern als ein Aufzeigen *beobachtbarer Kontingenzen* rezipiert werden. Die Uneindeutigkeit der Lage zeigt, dass es auch keine eindeutigen Problemlösungen und Problemlösungszusammenhänge gibt. Die uneingelösten Prognosen können als unaktualisierte Möglichkeit gelesen werden. Kontingenz wird zum allgegenwärtigen Paradigma, das Kontexte für Beobachtungen aufzeigt, die nicht in ihrer Gesamtheit anschlussfähig sind, sondern durch ihre Partikularität und Spezifizität überzeugende Gedanken vermitteln können. Denn auch Verwirrungen, Irrtümer und Irritationen können sich als Bedeutungsträger erweisen (vgl. Blask 2005: 8). Wenn die untersuchten Theoretiker traditionelle wissenschaftliche Methoden verlassen, einen eigenen Sprach- und Schreibstil sowie eigene Begrifflichkeiten konsequent vertreten und vorantreiben, kann dies zum einen als defizitär eingestuft werden, muss zum anderen allerdings die jeweilige metaphorische, innovative Bedeutung ihrer übergeordneten Ideenkonstrukte als „Generator der Verwirrung" (ebd.: 131) berücksichtigen.

Fachgrenzen neu setzen – Disziplinäre Erweiterungen

Der bewusste Bruch mit wissenschaftlichen Gütekriterien und dem wissenschaftlichen Sprachstil sowie die fehlende Empirisierbarkeit schränkt die Anwendbarkeit der postmodernen Theorien zwar ein, erweitert gleichzeitig aber auch die kommunikations- und medienwissenschaftlichen Beobachtungsfelder. Die systematische Rekonstruktion des Postmodernediskurses anhand der Vergleichsdimensionen hat herausgestellt, dass die postmodernen Theorien wissenschaftliche Defizite aufweisen, die als fehlende Anschlussfähigkeit interpretiert werden können, gleichzeitig aber den Formalgegenstand kommunikations- und medienwissenschaftlicher Forschung über ihre disziplinären Grenzen hinausführt. Beispielsweise konnte in Kapitel 4.3 bei der Analyse der Begrifflichkeiten festgestellt werden, dass die Medienkonzeptionen auch Dimensionen aufgewiesen haben, die sich nicht ohne weiteres innerhalb des Schemas Massenmedien verorten ließen, z.B. jegliche lebendigen Organismen, die Virilio in seinem Medienbegriff mit einbezieht oder Gegenstände wie Fußbälle oder Klassenräume, die Flusser als Medien definiert. Insofern kann auch umgekehrt argumentiert werden, dass der Medienkompaktbegriff, der hier als Vergleichsschablone genutzt wurde, durch seine ‚disziplinierte' Sichtweise den Bedeutungsrahmen von Medien im Sinne postmoderner Vorstellungen einschränkt. Mit diszipliniert ist dabei gemeint, dass die Herangehensweise an den Untersuchungsgegenstand schließlich zum Selbstverständnis und zur Legitimation des Fachs und seines disziplinären Zugangs gehört, der Problemstellungen an spezifische Begriffe und ergo kommunikationsspezifische Fragen koppelt. Doch gerade durch den Unwillen der vorgestellten Theoretiker, sich konventionell wissenschaftlichen Kriterien, Ordnungen und Schemata anzupassen, zeigt sich das *Innovations- und Emanzipationspotenzial* der postmodernen Theorieangebote, die jene Voraussetzungen der Kommunikations- und Medienwissenschaft visibilisieren und den Bedeutungsspielraum und das Beobachtungsfeld des Medien- oder Kommunikationsbegriffs inter- respektive transdisziplinär erweitern, indem sie ungewöhnliche, irritierende bzw. perturbierende Komponenten berücksichtigen. Insofern können diese Theorien als *Kontroll- bzw. Reflexionsinstanz* verstanden werden, um die bereits naturalisierten und nicht mehr reflektierten Voraussetzungen des Fachs wieder zu hinterfragen.

Die postmodernen Theoretiker erweitern das Beobachtungsfeld von Medien, gehen über fachdisziplinäre Fragen hinaus und bieten keine wissenschaftlich anschlussfähige Definition eines Massenmedienbegriffs für die Kommunikations- und Medienwissenschaft. Im Vordergrund der postmodernen Medientheorien stehen keine einzelwissenschaftlichen Analysen, sondern mediale Kodifizierungsstrukturen im weitesten Sinne. Medialität wird dabei als ein Grundprinzip betrachtet, das *Strukturvorgängigkeiten, Diskursbedingungen und -verhältnisse* im Allgemeinen ins Blickfeld nimmt. Vorgeschaltete Strukturen, Codes oder Schaltungen werden zum *Dispositiv* für jegliche soziale, gesellschaftliche sowie kognitive Konstellationen erklärt. Es geht um die Codierung von Diskursformationen und das Aufzeigen von strukturellen Vorgängigkeiten technischer, institutioneller, räumlicher, zeitlicher oder semiotischer Art, die die „medienwissenschaftlichen Schauplätze" (Pias 2010: 262) auf Verkehrswege, Architektur, Symboliken, Körper oder andere lebendige Organismen lenken und erweitern. Die Rekonstruktion von Bedingungszusammenhängen modelliert den Menschen als historischen Effekt bzw. als Diskursfigur. Insbesondere Flusser betont dabei auch, dass die Konstellation oder das Gewebe heterogener Elemente Kontingenz schafft und Emergenzen hervorbringt, „das Dispositiv macht in diesem Sinne soziale Erfindungen." (ebd.: 280) Die Theoretiker distanzieren sich insofern auch von produktions- oder rezeptionsanalytischen sowie von inhalts- und wirkungsforschungsorientierten Fragestellungen, die in der Kommunikationswissenschaft prominent sind, und zeigen stattdessen Beobachtungsalternativen und mögliche *Anschlussstellen* mit anderen Disziplinen auf. Kulturwissenschaftliche, philosophische, soziologische, aber ebenso natur- und ingenieurswissenschaftliche Diskursfelder werden dabei gestreift:

„Die zentralen Begriffe gelangten über Theorie-Importe ins Land, indem man Schriften des Anglisten McLuhan, des Soziologen Baudrillard, des Architekten Virilio oder des ehemaligen Kraftwerksdirektors Flusser rezipierte, oder aber sie entwickelten sich durch die akademischen Grenzüberschreitungen der Germanisten, Philosophen, Mediävisten oder Ägyptologen. Gegenstände waren die Materialität der Kommunikation, Medien und Herrschaft, Technikgeschichte, ästhetische Fragen, aktuelle Fragen der Medienrezeption von kulturkritischen Spekulationen bis hin zu Aspekten der Software-Entwicklung. Damit soll gesagt werden, daß es ein wirkmächtiges, aber unsystematisches Ensemble von Medientheorien gab, bevor eine verfestigte Medienwissenschaft ihr Haupt erheben konnte. [...] Baudrillards mittlerweile zu Volkshochschullehren gelangte Simulationstheorie, Virilios Dromologie sowie seine Verbindung von Militärgeschichte mit Medientheorie und Flussers nomadisierende Streifzüge durchs Computerland bereiteten das Feld für eine Beschäftigung mit Medien, die mehr war als die Analyse von Dramenverfilmungen oder als die gewohnte kulturkritische Medienschelte." (Matejovski 2001: 274 f.)

Insofern stellen sie die Frage nach den Fachgrenzen neu und tragen dabei zu der Identitätsbegründung und -konstitution des Faches bei.

Von konkreten Medienanalysen zu interdisziplinären Forschungszweigen

„[D]enn wenn man als Wissenschaftler überhaupt etwas zu geben hat, dann eher Rüstzeug als Lektionen, eher Werkzeugkisten als Fertigbauten, eher Instrumente als Wahrsage-Systeme, die Rezeptwissen bereitstellen, eher Metaphern und Modelle als Definitionen. Letztlich einen Markt perspektivischer Denkmöglichkeiten und Theoriewelten, die nicht exklusiv von einer wissenschaftlichen Disziplin vereinnahmt werden und somit disziplinär übergreifend anwendbar sein können. Das Ziel hierbei besteht darin, wissenschaftliche Forschung von einem Wirklichkeits-, in einen Möglichkeitsraum zu transformieren, das Erkenntnisinteresse nicht auf (objektive, allgemein verbindliche) Wahrheit und unbedingte empirische Validierung, sondern auf Perspektivität und Konstruktivität zu fokussieren."
(KLEINER 2006: 37)

Im Folgenden soll im Einzelnen herausgestellt werden, welche grundsätzlichen Gedanken, welches Rüstzeug, welche Instrumente oder welches Rezeptwissen im Sinne des obigen Zitats Eingang in den kommunikations- und medienwissenschaftlichen Diskurs gefunden haben. Es wird exemplarisch auf Weiterentwicklung der Theorien und empirische Forschung hingewiesen, die auf Grundlage der untersuchten postmodernen Theoretiker bereits stattgefunden hat, um die Wirkungsgeschichte der jeweiligen Theoretiker und ihre Relevanz aufzuzeigen. Dies demonstriert im Konkreten, welche Anschlussstellen bereits ausgelotet, welche Empirisierungsversuche unternommen wurden und in welchen disziplinübergreifenden Forschungsfeldern die postmodernen Medientheoretiker Anklang gefunden haben bzw. ihre Ansätze fruchtbar gemacht worden sind und weiterhin ertragreich sein können. Anhand von aktuellen Sammelbänden und Forschungsliteratur kann exemplarisch das Leistungspotenzial der einzelnen Theoretiker hervorgehoben werden.

McLuhan im Computerzeitalter

McLuhan bietet den Ausgangspunkt für vielfältige Wirkungsgeschichten[11], in denen sich seine Denkfiguren entfalten und die sich bis heute in die medienwissenschaftliche Theoriebildung in Europa und Nordamerika weitergezogen haben (vgl. Hartmann 1996: 118): „McLuhan kommt im 21. Jahrhundert an und auf eine unerwartete Weise zu sich selbst: als Metapher." (Leeker/Schmidt 2008: 46) Seine Anschlussfähigkeit zeigt sich dabei nicht nur metaphorisch, sondern auch in aktuellen Forschungsarbeiten:

2008 ist ein Sammelband mit dem Titel ‚McLuhan neu lesen' erschienen, der eine Re-Lektüre von McLuhan vorschlägt und seine Thesen für weiterführende Arbeiten evaluiert (vgl. De Kerckhove/Leeker/Schmidt 2008). Es steht die Frage im Vordergrund, inwieweit McLuhans Thesen auf zeitgenössische Medienentwicklungen anwendbar gemacht werden können. Unter verschiedenen Perspektiven werden die theoretischen Überlegungen McLuhans dabei als Ausgangspunkt genommen,

---

11 McLuhan wird häufig als Gründungsfigur einer eigenständigen Medientheorie oder „Mediumstheorie" (Krotz 2001: 79) genannt. Einerseits wird seine Bedeutung für die Etablierung einer eigenständigen Medienwissenschaft hervorgehoben (vgl. u.a. Leschke 2003: 245, Lagaay/Lauer 2004: 15). Andererseits wird er als „Schwätzer" (Faulstich 2002: 22) abgetan und regelrecht als Blender und Pseudowissenschaftler abgelehnt. Er ist in vielen Hinsichten zur Zielscheibe von Kritik geworden. Faulstich kann als einer der schärfsten Kritiker angesehen werden, wenn er McLuhan und seine Arbeiten diskreditiert: „McLuhan war vieles, ein Eklektiker, ein Überflieger, ein Blender, ein Visionär, ein Schwätzer; nur eines war er nicht: ein Wissenschaftler." (Faulstich 2002: 22) Vornehmlich in der Kommunikationswissenschaft wird er stark kritisiert (vgl. Bonfadelli 2002: 42 f.). Diese McLuhan-Ablehnung wird selbst wieder auf metareflexive Weise betrachtet: „Das *McLuhan-Bashing* gehört heute wieder zum vornehmen Ton akademischer Diskurse […]." (Hartmann 2003: 19; Hervorhebung im Original) Eine starke Begeisterung hat McLuhan hingegen in den 1960er Jahren in der Literatur- und Kunstszene erfahren, da seine Gedanken der Pop Art nahestanden und Massenmedien wie Fernsehen und Video als Formen neuer Wahrnehmungsmöglichkeiten betrachtete. Siehe hierzu genauer Kapitel 4.6.1.

um konkrete Kultur- und Medienanalysen durchzuführen. Anhand der Beobachtung unserer zeitgenössischen Kultur und aktuellen technischen Entwicklungen der heutigen Medienlandschaft werden die theoretischen Grundlagen McLuhans weitergeführt, reaktualisiert und neu definiert. Dabei wird die Frage nach der Anwendbarkeit auf den Bereich des Computers zentral genauso wie eine kritische Lektüre der Extensionsthesen und der sozialutopischen Vision des globalen Dorfes. Es wird mit McLuhan über McLuhan hinausgegangen und aus Positionen zeitgenössischer Medienwissenschaft gelesen und evaluiert.

Georg Christoph Tholen wendet sich McLuhans Grundannahme über Medien als Extensionen des Körpers aus der Sicht einer Negativen Anthropologie zu und versucht damit, den Computer medientheoretisch zu begreifen (vgl. Tholen 2008: 127 ff.) Ebenso stellt Claus Pias McLuhans Bedeutung für die Erfolgsgeschichte des Computers heraus und hebt dabei McLuhans Einfluss auf die *technikorientierte Medienwissenschaft der 1980er Jahre* hervor (vgl. Pias 2008: 140 ff.). McLuhans Nachfolger und Schüler an der Toronto School of Communication Derrick de Kerckhove hat McLuhans Grundüberlegungen außerdem verstärkt in den *computertheoretischen Diskurs* überführt, in dem dieser auch als Bezugsquelle von Theoretikern wie *Sherry Turkle, Howard Rheingold oder Jay D. Bolter* dient. Diese haben McLuhans Überlegungen zum globalen Dorf als neue Form der Vergemeinschaftung aufgegriffen und diese auf das Feld der CMC (Computer-Mediated Communication) übertragen.[12] Zwar hat McLuhan sich selbst nicht mit dem Computer beschäftigt, jedoch hat ihn gerade seine „sozialutopische Sicht auf den Computer, die in den 1960er/1970er Jahren Computeraktivisten auf die Zielgerade zum PC brachte, ohne den die Entwicklungen der zeitgenössischen Medienlandschaft überhaupt nicht möglich wären" (Leeker/Schmidt 2008: 21), für eine computergeschichtlich orientierte Medienwissenschaft relevant gemacht.

Auch im Bereich der *Medienphilosophie* wird auf McLuhans Grundüberlegungen rekurriert. Dieter Mersch nimmt McLuhan als Negativfolie und entwickelt auf Grundlagen seiner Thesen eine medienphilosophische Theorie des Medialen (vgl. Mersch 2008: 34). Auch bezieht sich beispielsweise Mike Sandbothe auf McLuhans Unterscheidung von heißen und kühlen Medien und schlägt „eine pragmatische Reinterpretation dieser Unterscheidung vor" (Sandbothe 1997: 114), um jene Differenz auf das Internet anzuwenden und diese Medieneigenschaften nicht als den Medien immanente Dispositionen, sondern als relative Größe zu verstehen. Eine Weiterführung McLuhans sieht Bernhard Vief auch in seiner Medientheorie als Geldtheorie, da Geld eben dasjenige Medium ist, „das die symbolische Invarianz als Medialität par excellence inkorporiert und transportiert." (Vief 2008: 213 ff.)

---

12 An verschiedenen Stellen haben Turkle, Bolter und Rheingold explizit auf McLuhan verwiesen. Zu Einzelheiten siehe exemplarisch Turkle (1995: 178), Bolter (1997: 51), Bolter (2008: 291 ff.) und Rheingold (1994: 24 f.).

Neben diesen theoretischen Weiterführungen werden McLuhans Grundannahmen im Kapitel ‚Seitenblicke' auch aus der Sichtweise fremder Disziplinen, anderer Wissenschaftler und Künstler interpretiert, um die Potenziale und Grenzen seines Denkens auszuloten. Darunter finden sich ebenso *bildwissenschaftliche Anschlussstellen*, die McLuhans Denken in ikonischen Strukturen offen legen (vgl. Bexte 2008: 323 ff.) sowie Arbeiten, die die Produktivität von McLuhans Fernsehtheorie im *Kontext der Medienkunst* anwendbar machen, wie exemplarisch an Nam June Paiks elektronischen Bildern (Broeckmann 2008: 338 ff.) oder an den historischen Avantgarden in den USA der 1960er Jahre, der Performance Art und der Medien- und Computerkunst, gezeigt wird (vgl. Leeker 2008: 345 ff.). Außerdem wird McLuhan auch auf *praktische Anwendungsfelder und auf die aktuelle Medienlandschaft* bezogen: Phänomene wie das Web 2.0, soziale Netzwerke, Social Sharing, Blogs, Wikis oder Social Software, Second Life, Multimedia-Anwendungen, Handy, Navigationssysteme und GPS-Technologien, Computerspiele und Spielkonsolen sowie Medienkunstprojekte werden aus der Perspektive von McLuhans Theoremen theoretisch erklärt (vgl. Leeker/Schmidt 2008: 22 ff.; Bartels 2008: 409 ff.; Altena 2008: 430 ff.).

Ebenso bemerkenswert ist, dass zahlreiche Konferenzen sich aktuell McLuhan und seinen theoretischen Ansätzen widmen. So kann zum einen exemplarisch die internationale und interdisziplinäre Konferenz am Marburger Zentrum für Kanada-Studien genannt werden, die vom 12.-14. Mai 2011 anlässlich McLuhans 100. Geburtstags abgehalten wurde. Diese beschäftigte sich mit dem Thema ‚McLuhan's Global Village Today: Transatlantic Perspectives on Medium and Message'.[13] Ähnlich thematisch gelagert war auch die Tagung ‚Re-Touching McLuhan: The Medium is the Message', die mit Konferenzbeiträgen, Installationen, Performances und Filmvorführungen die Aktualität des Medientheoretikers aufzeigte.[14] Es kann zusammenfassend konstatiert werden:

„McLuhan ist also keineswegs ‚tot'. Er ist vielmehr von einer Kultur absorbiert worden, die gerade erst erkennt, dass sie sich aus einer die ganze Welt umspannenden Teilnahme an elektronischen Technologien konstituiert. Neu an der zeitgenössischen McLuhan-Forschung ist, dass er endlich ernst genommen zu werden scheint. Es gibt immer noch viel zu lernen vom ‚Orakel des elektronischen Zeitalters'. Es ist tatsächlich die Zeit gekommen, auf McLuhan zurück und über ihn hinauszugehen, weil er erst in letzter Zeit, vielleicht sogar zum ersten Mal, verstanden wird." (De Kerckhove 2008: 10)

---

13 Zu Einzelheiten siehe http://www.uni-marburg.de/mzks/globalesdorf [Stand: 16.05.2011].
14 Zu Einzelheiten siehe http://mcluhan2011.eu/berlin/ [Stand: 30.05.2011].

Eingeschränkte Baudrillard-Rezeption

Betrachtet man die Forschung, die im Anschluss an Baudrillards theoretische Überlegungen bereits unternommen worden ist, so kann konstatiert werden, dass eine intensivere Baudrillard-Rezeption im deutschsprachigen Raum[15] erst in den 1980er Jahren stattgefunden hat, als das in Florian Rötzers (1986) ‚Französische Philosophen im Gespräch' erschienene Interview mit Baudrillard einen Anstoß für die Kultur- und Mediensoziologie gab. Erst ca. 10 Jahre später erschien ein Einführungsband des Kommunikationswissenschaftlers und Journalisten Falko Blask (2005; 1. Auflage von 1995), der eine systematische und nicht nur punktuelle und selektive Auseinandersetzung mit den zentralen Topoi Baudrillards lieferte. Auch der 1994 erschienene Sammelband von Ralf Bohn und Dieter Fuder soll hier als erste deutschsprachige Zusammenstellung von Aufsätzen erwähnt werden. Mit Beiträgen aus der Philosophie, Medienwissenschaft, Literaturwissenschaft und Soziologie, die von renommierten Vertretern der jeweiligen Disziplinen verfasst wurden, konnte Baudrillard Anschluss an den akademischen Diskurs in Deutschland knüpfen. Auf unterschiedliche Weise werden Baudrillards Theoriekonstrukte kritisch diskutiert, weitergeführt oder anderen zeitgenössischen Theoretikern wie Flusser, Lyotard, Virilio oder Lacan gegenüber gestellt (vgl. Bollmann 1994: 103 ff., Dobbe 1994: 115 ff., Wetzel 1994: 139 ff., Bohn 1994: 165 ff.). Die 1990er können dabei im deutschsprachigen Raum als Hochphase der Baudrillard-Rezeption diagnostiziert werden. Den Versuch, Baudrillards Denken anschlussfähig an soziologische Theoriebildung zu machen, hat bisher bei Kramer (1998) und bei Schetsche (2000) stattgefunden. Kramer vergleicht Günther Anders und Baudrillard miteinander unter dem Aspekt der medientechnisch induzierten wirklichkeitsverändernden Wirkung des Fernsehens und neuerer digitaler Medien. Dabei stellt er deren geschichtsphilosophische Diagnose vom Ende der Geschichte nebeneinander. Schetsche versucht, Baudrillards Simulationstheorie *metatheoretisch fruchtbar* zu machen, indem er sie zu seiner theoretischen *Grundlage für eine relativistische Problemtheorie* macht. Dabei wird die Spaltung in der Theorie sozialer Probleme in einen objektivistischen und einen konstruktivistischen Zweig erklärt. (Vgl. Schetsche/Vähling 2011: 78) Auch Bernhard Giesen (1991) nimmt Baudrillard als Ausgangspunkt seiner Arbeit über die Veränderungen im wissenschaftlichen Denken von der Moderne zur Postmoderne, die er anhand von Baudrillards Theoriebildung nachzeichnet und zu erklären versucht. Giesen spricht von einem Entdinglichungsprozess des Sozialen, den er explizit in Bezugnahme auf Baudrillards theoretische Überlegungen begründet.

---

15 Im englischsprachigen Raum findet man eine stärkere Auseinandersetzung mit Baudrillard. Einen guten Überblick über die aktuelle englischsprachige Diskussion findet sich im ‚International Journal of Baudrillard Studies' unter http://www.ubishops.ca/baudrillard-studies/.

Weitere Weiterentwicklungs- und Anwendungsversuche sind bisher spärlich geblieben oder auf Unverständnis und geringe Rezeption gestoßen. Anders als bei McLuhan sind Vorhaben, Baudrillards theoretische Überlegungen zum Ausgangspunkt empirischer Forschung zu machen oder seine Theorie weiterzuentwickeln, bisher nicht unternommen worden. Auffällig ist zudem, wie Schetsche und Vähling betonen, dass die Schwerpunktsetzung der deutschen Rezeption insgesamt auf dem Verständnis von Medien und Simulakren in Zusammenhang mit der Frage nach Wirklichkeit steht und Baudrillard grundsätzlich fest mit dem Begriff der Simulation verknüpft ist. Daher wird er hauptsächlich als *Medienphilosoph und Kulturkritiker* gelesen (vgl. Schetsche/Vähling 2011: 78).

Virilios Dromologie und der Anstoß für zeitsoziologische Forschung

Virilio „avancierte in den 1980er Jahren zu einem der populärsten Medien- und Kulturtheoretiker überhaupt und gewann entscheidende Inspirationskraft u.a. auf die medienmaterialistische Schule F. Kittlers [...]." (Kirchmann 2002: 359) Er hat die Rolle der Medien in Zusammenhang mit Beschleunigung und Krieg hervorgehoben und damit dazu beigetragen, eine zunehmend intellektuelle Auseinandersetzung mit dem *Gegenstandsbereich Beschleunigung als medientheoretische Frage* anzustoßen. Er hat ein gesteigertes Bewusstsein für Beschleunigungs- und Geschwindigkeitsphänomene hervorgebracht, die jene zu einem Maßstab für die kulturelle und historische Befindlichkeit unserer Zeit hypostasieren. Zeit, Beschleunigung und Geschwindigkeit werden somit nicht in ihrer faktischen, sondern in ihrer semantischen Relevanz thematisiert:[16]

„Insofern zeigt sich die eigentliche Gegenwartsrelevanz der Dromologie nicht darin, daß sie uns tatsächlich Einsichten in den Zustand unserer Kultur vermitteln könnte, als vielmehr darin, daß sie den geringen Grad unserer Bereitschaft, sich mit der gewachsenen Komplexität dieser Kultur substantiell auseinanderzusetzen, freiwillig spiegelt." (Kirchmann 1998a: 199)

Beschleunigungsphänomene und die Veränderung von Zeitstrukturen und gesellschaftlichem Zeitempfinden sowie das Thema ‚Entschleunigung' sind gerade in po-

---

16 Allerdings ist die „Semantisierung der Temporalstrukturen" (Kirchmann 1998a: 196) bereits in der Neuzeit als konstitutives Merkmal auszumachen. Das Bewusstsein einer konstanten Beschleunigung der geschichtlichen Bewegung hebt Reinhart Koselleck als zentrales und definitionsrelevantes Kennzeichen der neuzeitlichen Moderne für ihr Selbstverständnis hervor, das er als Fortschrittssemantik beschreibt (vgl. Koselleck 1989: 300 ff.). Für den Bereich der Medientheorien kann jedoch festgestellt werden, dass dieser Themenkomplex erst maßgeblich mit Virilio Eingang in die Medienwissenschaft gefunden hat.

pulärwissenschaftlichen Diskursen aktuell und beliebt. Im wissenschaftlichen Diskurs haben sich bisher kaum Anschlussstellen an Virilio gefunden. Das Thema Beschleunigung und Geschwindigkeit wird im kommunikations- und medientheoretischen Diskurs eher stiefmütterlich behandelt bzw. kaum weiterführend verfolgt. Zeitsoziologische und modernetheoretische Forschung zu Beschleunigungsprozessen wird aktuell von dem Soziologen und Politikwissenschaftler Hartmut Rosa betrieben. Dieser betrachtet jedoch zum größten Teil eine ökonomische induzierte Beschleunigung, die er auch mit der Technikentwicklung des 19. und 20. Jahrhunderts zusammenbringt.[17]

Kittlerschule und medienarchäologische Forschung

Kittler wird als eine zentrale Figur der deutschen Medienwissenschaft gehandelt. Seine Thesen sind innerhalb der deutschen Literatur- und Medienwissenschaft seit den 1970er und 1980er Jahren stark rezipiert und diskutiert worden. Kittlers Denken hat den medientheoretischen Diskurs „entscheidend geprägt" (Lagaay/Lauer 2004: 19), ein „neues medienwissenschaftliches Paradigma" (Hartmann 2010a: 61) begründet oder einen „heute nicht mehr ignorierbaren Kernbestand jedweder zeitgenössischen Medientheorie" (Krämer 2004: 201) etabliert. Auf der anderen Seite wird er auch als technikzentrierter Medienwissenschaftler abgelehnt, der jegliche Sinn- und Bedeutungsfragen kategorisch ausblendet (vgl. Faulstich 2002: 31). Er steht namentlich quasi paradigmatisch für den Bereich der Medienarchäologie. Medienarchäologie als methodische Annäherung an den Gegenstandbereich Medien untersucht die Materialität der Kultur unter historisch kontingenten Bedingungen. Medienarchäologische Forschung in der Tradition Kittlers wird in der aktuellen Medienwissenschaft weiterhin betrieben. Es kann sogar ein gewisser Grad an Institutionalisierung festgestellt werden.[18] An der Humboldt-Universität zu Berlin existiert am Institut für Musik- und Medienwissenschaft ein Forschungsbereich der Medienarchäologie am Lehrstuhl Medientheorien, an dem medientechnische Artefakte in ihrer technischen Eigenschaft untersucht werden. Als konkrete Materialobjekte dienen insofern technische Apparaturen. So heißt es auf der Homepage des Lehrstuhls:

„Es geht dabei für eine epistemologisch orientierte Medienwissenschaft, die weder ein Ingenieurs- noch ein Informatikstudium ist, nicht darum, an technologischen Medien alles zu kennen - die ganze Technik, die ganze Mathematik. Sondern epistemogene Mediendinge meint die Reihe technischer Schlüsselelemente - etwa für die Nachrichtentechnik und Elektromechanik die Röhrentechnik, Speichertechnik, Tranistortechnik und Schaltkreistechnik. [...] Die Medienwissenschaft der Humboldt-Universität in der Sophienstraße betreibt eine Medienwis-

---

17 Siehe hierzu u.a. Rosa (2010).
18 Dies wurde bereits in Kapitel 4.6.6.2 erwähnt.

senschaft eng an der Realität des Mediums. Die Studenten müssen die Dinglichkeit der Untersuchungsgegenstände als Voraussetzung ihrer Existenz erkennen."[19]

Das Anliegen medienarchäologischer Forschung ist es, technische Artefakte nicht nur technologisch, sondern auch in ihrem epistemologischen Spezial- oder Mehrwert deuten und verstehen zu können. Dazu wurde am Lehrstuhl Medientheorien der HU Berlin ein medienarchäologischer Fundus eingerichtet, der nicht als Museum technischer Artefakte, sondern als konkreter physikalischer Ort von Medien dient, an dem Kittlers methodische Herangehensweise an das Materialobjekt technischer Medien weitergeführt wird. Dieser Forschungsbereich hat sich auch nach Kittlers Emeritierung weiterhin bewährt und wird aktuell maßgeblich von Prof. Wolfgang Ernst betrieben.[20] Ebenso findet sich in Berlin das Zentrum für Literatur- und Kulturforschung, das von 2005-2007 aus DFG-Mitteln ein Projekt Medienarchäologie durchgeführt hat. Kittler war auch dort als ehemaliger Mitarbeiter tätig.[21]

Nicht grundlos wird heute von einer Berliner Schule gesprochen, die in der Tradition Kittlers steht und sich mit dem Gegenstandsbereich Medien primär aus einer materialistischen und technikzentrierten Perspektive auseinandersetzt. Des Weiteren wird Kittler auch transnational als führende Figur respektive Referenzfigur für die deutsche Medienwissenschaft angesehen, oder zumindest wird sein Name in einen direkten Bezug zur deutschen Medienwissenschaft und Medientheorie gesetzt.[22]

Flusser in der Kunst, im Web 2.0 und in Japan
Die Fruchtbarkeit und Aktualität von Flussers theoretischen Grundlagen stellen Oliver Fahle, Michael Hanke und Andreas Ziemann in der Einleitung ihres 2009 erschienenen Sammelbandes ‚Technobilder und Kommunikologie. Die Medientheorie Vilém Flussers.' heraus:

---

19 Siehe hierzu http://www.medientheorien.hu-berlin.de/foswiki/bin/view. [Stand 06.02.2011]
20 Siehe hierzu http://www.medientheorien.hu-berlin.de/.
21 Zu Einzelheiten siehe http://www.zfl.gwz-berlin.de/forschung/projekte-bis-2007/medienarchaeologie/.
22 Exemplarisch kann dafür die Konferenz „media transatlantic. Media Theory in North America and German-Speaking Europe" genannt werden, die vom 08.-10. April 2010 in Vancouver stattfand. Dort sollte der transatlantische Dialog zwischen der nordamerikanischen und deutschen Medienwissenschaft vertieft werden. Anhand der Vorträge ist ersichtlich, dass aus nordamerikanischer Perspektive Kittler beinahe als Gründungsvater der deutschen Medienwissenschaft gehandelt wird und in einem Atemzug mit der deutschen Medienwissenschaft genannt wird. Siehe http://www.mediatrans.ca/. Allerdings muss bemerkt werden, dass diese Zuordnung wiederum aus einer bestimmten Forschergemeinschaft erfolgt und in dem Sinne eine kontingente Setzung darstellt.

„Diese beiden Begriffe, Kommunikologie und Technobilder, sind nicht nur in Flussers Werk weit verbreitet, von ihm immer wieder aufgenommen und in seinen ‚Hauptwerken' auch am weitesten theoretisch konturiert worden – sie sind auch zugleich die medienwissenschaftlich anschlussfähigsten Konzepte, die gegenwärtig wieder neu zu diskutieren sind. Vielleicht entscheidet sich auch anhand dieser Begriffe, ob Flusser mit der ambivalenten Verortung als ‚Klassiker' eine zurückgezogene Rolle spielt oder ob mit ihm in manch aktuelle medientheoretische Diskussion gewinnbringend einzugreifen ist. [...] Die [...] Sensibilität für den Zusammenhang von Kommunikation und Kultur sowie, unter veränderten medialen Bedingungen, der Medienkultur, macht seinen Kommunikationsbegriff jedoch heute noch aktuell und in fruchtbarer Weise anschlussfähig." (Fahle/Hanke/Ziemann 2009: 8)

Der Band zeigt die heutige Relevanz, Anschlussfähigkeit, Brauchbarkeit und das theoretische Potenzial Flussers auf sehr differenzierte und heterogene Weise:

Im *Bereich der Kunst und Ästhetik* werden Felder aufgezeigt, die mit Flussers theoretischen Konzepten sinnvoll gedeutet werden können. Beispielsweise werden künstlerische Projekte von Nam June Paik über Harold Cohen bis hin zu Peter Weibel mithilfe einer flusserschen Lesart von telematischer Kunst reinterpretiert. Die Anwendbarkeit Flussers im Bereich der gegenwärtigen Medienkunst wird dargelegt und eine grundlegende Reflexion über das Verhältnis von Kunst und Technologie angestoßen. (Vgl. Machado 2009: 177 ff.) Marcel René Marburger widmet sich dem Verhältnis zwischen Dialog und Kreativität und überführt damit Flussers kommunikologische Überlegungen ebenso in den Bereich der Ästhetik und des Kunstschaffens. Damit gelingt ihm ein *Brückenschlag zwischen Kommunikations- und Kunsttheorie*. Marburger leistet dadurch einen Beitrag zu einer interdisziplinären Lektüre Flussers, indem er das Phänomen der Kreativität sowohl kommunikationswissenschaftlich als auch ästhetisch deutet. (Vgl. Marburger 2009: 107 ff.)

Betrachtet man konkret Flussers Analysen zum digitalen Subjekt und sein Konzept des Projekts sowie seine kommunikologischen Grundannahmen diskursiv und dialogisch geprägter Sozialstrukturen, so werden seine Thesen gerade in Hinblick auf *aktuelle Phänomene wie Web 2.0, Social Media, virtuelle Welten, Computerprogrammierungen, -spiele und -conventions* interessant. Ziemann konstatiert, dass Flussers theoretische Grundlagen zur Untersuchung derartiger Phänomene begrifflich, theoretisch und methodisch einen interessanten Ansatz liefern, empirisch jedoch bisher wenig produktiv gewesen sind (vgl. Ziemann 2009: 138). Weiterhin wird die Anschlussfähigkeit seines Denkens überprüft, indem er mit anderen etablierten *philosophischen Positionen* konfrontiert (Buber, Heidegger, Deleuze) und *innerhalb anderer disziplinärer Diskurse wie der Bildtheorie oder der Physik* plausibel verortet wird. Fragen zum epistemologischen und ästhetischen Status von Bildern konnten somit von der Bildtheorie auch in die Medienwissenschaft überführt werden und neue Impulse für die Disziplin liefern. Flussers These zur Bedeutung technischer Bilder hat auch *Anwendung im Bereich aktueller technischer Verfahren* wie der Rastertunnelmikroskopie gefunden. Auch können seine theoretischen Grundlagen weiterhin auf andere kulturelle Kontexte appliziert werden, wobei Flussers Modell der Dimensionalitäten sich als theoretischer Interpretationsrahmen anbietet. Exemplarisch hat Makoda Suehiro den Begriff des Technocodes bei Flusser auf den Kontext der visuellen Kultur Japans angewendet und damit die ‚girly photographers', die ihre Welt zeichenhaft mithilfe von Kompaktkameras und Schnappschüssen wiedergeben, sowie das Phänomen Manga untersucht. Ihre Analyse ermöglicht eine *interkulturelle Lesart* Flussers und zeigt die Anwendbarkeit seiner Position für eine Kultur außerhalb des Okzidents auf. Flussers heutige Relevanz und Brauchbarkeit zeigt sich demnach darin, Flusser mithilfe von Flusser über Flusser selbst hinauszudenken, weiterzuführen und ihn auf neue Kontexte oder Gegenstände zu beziehen, was exemplarisch an dem aktuellen Sammelband zu Flusser gezeigt werden konnte.

Obwohl sich die Theoretiker durch ihren theoretischen, methodischen und sprachlichen Duktus vom akademischen Stil abgrenzen und damit „rezeptionale Ausgrenzung" (Schetsche/Vähling 2011: 79) evozieren, kann dennoch festgestellt werden, dass sie *zum Ausgangspunkt weiterführender Medienanalysen und auch einiger empirischer Anwendungsversuche geworden sind, die disziplinübergreifend gelten und auch die Grenzen der einzelnen Disziplinen aufzeigen*. Auffällig ist bei den Ansätzen, dass sie vielmehr in den Bereich kulturwissenschaftlich orientierter und philosophischer Fragestellungen reichen. Das Ende vom Ende der Metaerzählungen ist damit längst noch nicht in Sicht.

Anregungen für Forschung und Lehre:
Aktualisierung von Klassikern oder Die Doppelung des Diskurses
Das Potenzial der postmodernen Theorien liegt zudem in einer „Doppelung des Diskurses" (Kaesler 2005: 27) im Sinne eines Re-Reading von Klassikern. Wie in Kapitel 4.6 gezeigt wurde, beziehen sich die untersuchten Theoretiker häufig auf etablierte Positionen der Philosophie und modernen Soziologie wie Marx, Saussure, Bataille, Mauss, Foucault, Buber oder Cassirer. Dies ermöglicht die Weiterentwicklung der Grundannahmen der genannten Klassiker, indem diese aus immer neuen Perspektiven betrachtet werden und insofern permanent (wieder-)entdeckt werden. Philosophische, soziologische oder kulturwissenschaftliche Fragestellungen werden dadurch unter einer medientheoretischen Perspektive auch für Kommunikations- und Medienwissenschaftler interessant. Mit einem fortwährenden Rekurs werden ganz eigene Perspektiven der Wirklichkeitsbetrachtung entwickelt und in einem neuen Stil durch die Bereitstellung spezifischer Metaphern neu gelesen, reinterpretiert und unter neuen medialen Bedingungen reaktualisiert. Dies birgt gerade für die Lehre das Potenzial, Klassiker neu zu lesen, relevant und aktuell zu machen und ihre Annahmen unter medientheoretischen Gesichtspunkten zu reflektieren. Für die Lehre kann damit nicht nur die Relevanz von Theoriearbeit aufgezeigt werden, son-

dern im besten Falle gleichzeitig Spaß am intellektuellen, analytischen und differenzierenden Denken vermittelt werden.

Denn im Wissenschaftsbetrieb hat sich mittlerweile eine gewisse Theoriefeindlichkeit im Allgemeinen etabliert. Kritiker von Theorie-Diskursen folgern oftmals daraus, dass rein theorieinterne Debatten per se keine Existenzberechtigung haben sollten, da diesen „Empirieferne und Praxisblindheit" (Weber 2010a: 16) zugeschrieben werden kann. So äußert sich Stefan Weber über den Status Quo theorieimmanenter Forschung: „Angesichts der aktuell zunehmenden Tyrannei der Praxis werden sich Medienphilosophen zukünftig wiederholt die Frage gefallen lassen müssen, wozu man ‚das' denn überhaupt brauchen wird in der turbokapitalistisch beschleunigten Welt." (Weber 2003: 175) Das „zunehmende Praxisprimat" (Ebd.) schlägt sich auch in den Universitäten nieder, die die Studenten seit der Umstrukturierung der Studiengänge, insbesondere durch den Bologna-Prozess, auf ein temporäres Prüfungswissen abfragen. Das Lernen wird auf fragmentiertes Quizwissen und Namedropping verkürzt, um die Studenten in rasantem Tempo durch den Studiengang zu bringen:

„*Bricolage*-Prinzip und oberflächliches *theory shopping* haben Hochkonjunktur. [...] Ich verstehe Medienphilosophie somit in der Tat *auch* als intellektuelle Gegenbewegung, als eine Renaissance des Luxus des reflektierenden Denkens im Kontext einer Medienwissenschaft, die sich immer mehr der Tyrannei der Praxis unterwirft." (ebd.: 176; Hervorhebung im Original)

Die Beschäftigung mit epistemologischen, erkenntnistheoretischen Grundfragen kommunikations- und medienwissenschaftlicher Theoriebildung ist für eine wissenschaftliche Praxis von großer Bedeutung, um nicht in eine theorie- oder hypothesenlose Empirie abzudriften. Diese zunehmend beobachtbare Theoriefeindlichkeit führt zwangsweise zu Desorientierung innerhalb der Vielfalt bzw. des Pluralismus von Theorien sowie zu einer fehlenden Beschäftigung mit meta- und wissenschaftstheoretischen Fragen. Daher plädiert diese Arbeit für Forschung und Lehre, theorieinterne Debatten wieder stärker in den Fokus zu rücken und die Reflexion von Theorie selbst vermehrt zum Gegenstand zu machen.

Abschließend kann konstatiert werden, dass die postmodernen Medientheorien zwar zu methodischen und logischen Anforderungen wissenschaftlicher Theoriebildung im Widerspruch stehen, dadurch aber gerade eine Ergänzung und Bereicherung bedeuten. Die Elemente postmoderner Medientheorien können vielmehr als *Irritation* und *Agitation* im Sinne einer Sensibilisierung und Aufforderung zur Selbstreflexion verstanden werden. Sie decken die bisher unbeobachteten Möglichkeiten durch ihre bewusste Widersetzung gegen eine disziplinäre Einordnung auf und weisen auf interdisziplinäre Verknüpfungs- und Übergangsstellen hin. Insofern kann der postmoderne Diskurs auch als Beobachtungsinstanz zweiter Ordnung verstanden werden. Ungedachtes, Undisziplinierbares und Unkonventionalitäten zuzulassen, ist die Leistung der Postmodernen. Gleichzeitig ist paradoxerweise zu bemerken, dass die untersuchten Theoretiker selbst auch schon wieder zu Klassikern geworden sind, denn „[b]einahe 40 Jahre später sind die Revolutionäre alt geworden, und das vordem Marginale wurde institutionalisiert." (Sokal/Bricmont 2001: 260) Der Konventionsbruch ist somit selbst wieder schon zur Konvention, die Innovation zur Gewohnheit geworden. Die postmoderne Innovationsästhetik ist bereits zu einer vertrauten und teilweise etablierten Form geworden. Die Theoretiker werden

„aller Rebellenrhetorik zum Trotz das übliche Klassikerschicksal erleiden: Integration. Was als radikale, kompromisslose Alternative antrat, wird vom akademischen Betrieb in Form simpler Umgewichtungen einverleibt. [...] Alte Einseitigkeiten werden durch neue Einseitigkeiten korrigiert, indem sie abgewogene oder gedankenlose Kompromisse eingehen. Wenn die faul sind, ist die Zeit reif für neue Übertreibungen." (Winthrop-Young 2011: 578)

Irritation und Integration sind somit als Einheit der Differenz im Sinne S.J. Schmidts zu verstehen: „Ohne Nicht-Beobachtbares, [...] nichts Beobachtbares." (Schmidt 2003a: 30) Die *dritte forschungsleitende Annahme* hinsichtlich der Anschluss- und Leistungsfähigkeit postmoderner Theorien kann somit ebenso bestätigt werden: *Postmoderne Medientheorien geben nicht nur Sinnsetzungsangebote für das Nachdenken über und mit Medien, sondern sie leisten genauso einen Beitrag zur Identitätsbegründung des Faches, indem sie irritieren, provozieren, Fachgrenzen neu reflektieren und erweitern sowie neuartige Zugangsweisen, Perspektiven und Beobachtungsmöglichkeiten anbieten.*

6. Fazit, Ausblick und Bewertung der eigenen Arbeit

„Die gesellschaftliche Evolution antizipiert nicht Zukunft, sondern reagiert auf Komplexität. […] Als Kompass in der offenen Zukunft können uns also nicht mehr Prophetie, Utopie, Eschatologie oder die Geschichtsphilosophie des Fortschritts dienen. Was wir stattdessen brauchen, ist Komplexitätsempfindlichkeit. Und vor allem auch Empfindlichkeit für die Komplexität der eigenen Beobachtungslage. […]. Mein blinder Fleck ist die Bedingung der Möglichkeit meiner Beobachtung. […] Theorie bietet weder Kenntnisse der Welt noch Instruktionen für die Praxis, sondern nur polytexturale Beschreibungen. Man kann blinde Flecke nicht vermeiden, aber man kann versuchen, sie deutlich zu machen, indem man die Begriffsunterscheidungen und Theorieentscheidungen der eigenen Analyse klar zu erkennen gibt, sie gewissermaßen ausstellt."
(BOLZ 2001: 211 FF.)

Nachdem in den vorangegangenen Kapiteln eine Beschreibung und Bewertung postmoderner Medientheorien stattgefunden hat, folgt abschließend eine Selbstbewertung bzw. Selbstreflexion über die Leistung der vorliegenden Arbeit.

Durch die Repräsentation des Paradigmas Postmoderne, das anhand einer ausgewählten Menge einzelner Theoretiker rekonstruiert und verglichen wurde, hat die vorliegende Untersuchung einen Beitrag dazu geleistet, den medientheoretischen Postmodernediskurs exemplarisch beschreiben zu können, indem sie diese ausdifferenziert und in theorievergleichender Perspektive systematisiert hat. Denn das „Theorie-Bündel" (Weber 2010a: 31) des Postmodernediskurses hat sich bisher stets als ein verwirrendes, divergentes, durch Inkommensurabilität gekennzeichnetes, inkohärentes Nebeneinander von Theorieangeboten dargestellt, das es zu entwirren gilt. Dabei konnte der theoretische Bezugsrahmen ein Raster zur Untersuchung und Bewertung der ausgewählten Theorieangebote hinsichtlich des Gegenstandsbereichs Medienwandel liefern. Denn „[i]m Zeitalter einer Koexistenz zahlreicher (mitunter rivalisierender) Paradigmen, Super- und Basistheorien ist ein derartiger Überblick über den Status quo unerlässlich." (Weber 2010b: 309) Die vorliegende Untersuchung hat den Anspruch erhoben, Theorien nicht als „hermetische Insider-Diskurse" (ebd.: 310) hinzunehmen, „sondern als unabdingbare Orientierungen für medienwissenschaftliche Forschung, als intellektuell anregende und die weitere Forschungsarbeit stimulierende Beobachterperspektiven." (Ebd.) Dies konnte durch den Theorievergleich als Beobachtungsofferte, Theorien aus einer komparativen Perspektive zu betrachten, geleistet werden. Somit versteht sich diese Arbeit als ein Strukturierungsangebot für das Fach und als grundlegende Reflexion der in den Kommunikations- und Medienwissenschaft auftretenden Theorie- und Denktraditionen, in diesem Falle die der Postmoderne.

Reanimation des Theorievergleichs

Zunächst wurde auf methodischer Ebene eine *Wiederbelebung des Theorievergleichs* angestrebt. Die postmodernen Medientheorien von McLuhan, Baudrillard, Virilio, Kittler und Flusser wurden als exemplarischer Gegenstand ausgewählt, um gerade die als inkommensurabel bezeichneten Theorien unter verschiedenen Vergleichsdimensionen miteinander in Beziehung zu setzen und diese hinsichtlich ihrer Inkommensurabilität zu hinterfragen. Hierbei konnte die Fruchtbarkeit des Theorievergleichs gezeigt werden, da nicht eine unhinterfragte Vielfalt und Unordnung als gegeben hingenommen wurde. Vielmehr verdeutlicht die vorliegende Untersuchung, dass die Frage nach Gemeinsamkeiten und Unterschieden in der Theoriebildung, also die Frage nach Inkommensurabilität oder Kommensurabilität, nicht vorab abstrakt postuliert werden kann, sondern am konkreten Fall bzw. an einer konkreten Durchführung eines Theorievergleichs gezeigt werden muss. Es genügt keineswegs, die bloße Existenz von Theorievergleichen als Indikator für ihre Validität hinzunehmen. Die vorliegende Untersuchung hat es ermöglicht, apriorisch vermutete Disparitäten zwischen den Theorieangeboten der postmodernen Theoretiker zu relativieren, indem sie diese einer genaueren Prüfung unterzogen hat. *Somit konnte die forschungsleitende Annahme nach einer relativen Inkommensurabilität postmoderner Medientheorien bestätigt werden.* Anhand des modifizierten Vergleichsinstrumentariums Hondrichs wurden die Theorien auf systematische Weise in ein vergleichslogisches Verhältnis gesetzt, um Unterschiede und Gemeinsamkeiten auf inhaltlicher, gegenstandsbezogener Ebene zum Phänomenbereich Medienhistoriografie sowie auf struktureller, metatheoretischer und kontextueller, hintergrundtheoretischer Ebene herauszuarbeiten und eine erste Binnendifferenzierung des Postmodernediskurses durchzuführen. Die Voraussetzungen der postmodernen Theorieangebote zu visibilisieren, ist dabei Hauptanliegen der vorliegenden Arbeit gewesen. Ziel war es herauszustellen, welche möglichen Szenarien im postmodernen Theorieraum entworfen werden und auf welchen theoretischen Vorannahmen und Axiomen sie aufbauen. Insgesamt kann der untersuchte Diskurs, der sich durch strukturelle Ähnlichkeiten und inhaltliche Divergenzen auszeichnet, als Einheit der Differenz von Ausdifferenzierung und gleichzeitig Entdifferenzierung charakterisiert werden. Jene strukturellen Ähnlichkeiten konnten insbesondere durch die Visibilisierung der Voraussetzungshaftigkeiten erkannt werden.

Bewertung und Einordnung der postmodernen Medientheorien
Auf Grundlage des Theorievergleichs, der sowohl inhaltliche, strukturelle als auch kontextuelle Merkmale berücksichtigt hat, konnten somit die blinden Flecken der postmodernen Medientheorien systematisch herausgearbeitet werden. Jede Theorie bedarf der Selbstreflexion und der Thematisierung, Explizierung und Problematisierung ihrer Annahmen, denn jede Setzung hätte auch immer anders vollzogen werden können. Die Verabsolutierung einer Setzung negiert Kontingenzerfahrung und Pluralität: „Kontingenz ist vielmehr eine Kategorie sozialer Selbstproblematisierung und so ein Reflexionsprodukt." (Makropoulos 1997: 14) Daher ist es unbedingt erforderlich, theoretische Bewertungsmaßstäbe und Referenzen offenzulegen, um nicht in einen wissenschaftlichen Fundamentalismus und Extremismus zu verfallen. Die Untersuchung versteht sich somit auch als ‚Kontrollinstanz' bzw. Metadiskurs. Sie hat überprüft, in welchen Traditionen und Wertmaßstäben der Postmodernediskurs verhaftet ist und welche neuen Perspektiven (Möglichkeiten und Chancen bzw. Risiken) durch ihn hervorgebracht werden. Die Beantwortung der Frage ‚Anything goes?' hat die postmodernen Diskursformationen über ihre medienhistorischen Aussagen in folgende Richtungen eingeteilt:

1. *Die Metaerzählung des medialen Fortschritts* beschreibt McLuhans Ansatz, der einem Technik- und Fortschrittsglauben verhaftet bleibt.
2. *Die Metaerzählungen vom Ende* beschreibt jene Theorieansätze, die Szenarien des Verlusts und der Auflösung thematisieren und die Unbestimmtheit der postmodernen Lage durch einen medialen Strukturdeterminismus erklären. Die Entwicklung, die auf ein unumkehrbares, entweder utopisches oder apokalyptisches Ende zusteuert, und der Wunsch nach Übersichtlichkeit dominieren jene Diskursformation. Diese beiden Formen der Metaerzählung lassen sich in die Tradition der ‚Befürworter und Gegner' als immer wiederkehrende Diskursform einordnen.
3. *Die Weiterführung von bereits bekannten Metaerzählungen*, beispielsweise die des Materialismus, skizziert den Versuch, neue Beobachtungsmöglichkeiten vorzustellen, die jedoch auch in eine bereits bekannte Traditionslinie fallen und

somit eine postmoderne ‚Pseudo-Alternative' vorlegen. Diese Manifestationsarten bzw. Metaerzählungen zeigen, dass ihre scheinbaren Alternativkonzepte keine erkennbare Abgrenzung zur Moderne darstellen bzw. bereits bekannte Motive der Moderne unreflektiert weiterführen. Ihnen diametral gegenüber steht
4. *das Ende der Metaerzählungen* als postmodernes Angebot kleiner Erzählungen, die sich nicht durch die Naturalisierung ihrer Annahmen, sondern durch die Offenlegung von Kontingenz legitimieren. Sich in die postmodernen Verhältnisse aus der Rolle eines Spielers, der Ungewissheit sowohl unsicher als auch mutig entgegentritt, zu begeben, zeichnet die letztgenannte der vier Positionen aus.

Die vorliegende Analyse hat gezeigt, dass die Form der Medienhistoriografie der postmodernen Theoretiker der narrativen Logik moderner Metaerzählungen folgt und somit die forschungsleitende Annahme bestätigt. Der Ausspruch ‚Das Ende der Metaerzählungen' wird tatsächlich zu einem Paradox, da die Medienerzählungen von McLuhan, Baudrillard, Virilio und Kittler strukturell und narrativ den großen Erzählungen im Sinne Lyotards folgen und noch längst nicht verabschiedet worden sind.

Zähmung des Unzähmbaren

Letztlich zeigt der Theorievergleich, wie die Szenarien der Postmodernen generiert werden, auf welche theoretischen, methodischen und sprachlichen Voraussetzungen sie sich stützen und welche Impulse und Anschlussstellen aufgezeigt werden können, die als Anregung für wissenschaftliches Arbeiten und eine integrative Theoriearbeit fruchtbar sein können. Hierbei hat sich herausgestellt, dass einigen (post-)modernen Ansätzen theoretisch reduktionistische Modelle zugrunde liegen, die unter der Favorisierung medialer Apriori Nutzerperspektiven und komplexe Funktionszusammenhänge vernachlässigen. Flussers Theorieangebot hingegen hat ebenso dargestellt, dass Konnektivitäten und Dispositive auch Kontingenzen hervorbringen können, die vielfältige Formen von Kontingenznutzung ermöglichen. Die (post-)modernen Ansätze können einerseits reine Diskurs- und Evidenzeffekte erzeugen, andererseits auch produktiv verwirren und provozieren. Sie bringen Metaphoriken hervor anstatt empirische Anleitungen zu geben. Sie zeigen Innovationspotenzial, indem sie sich gerade gegen wissenschaftliche Gütekriterien zur Wehr setzen, und sind paradoxerweise aus diesem Grund auch in den Kanon medientheoretischer Texte integriert worden. *Wie zu Beginn der Arbeit als forschungsleitende Annahme formuliert wurde, haben die untersuchten postmodernen Medientheorien einen konstitutiven und konstruktiven Beitrag zur Identitätsbildung der Kommunikations- und Medientheorie beigetragen, wenn sie als Potenzierung von Beobachtungsmöglichkeiten gelesen werden. Sie geben Anlass zur Selbstreflexion disziplinärer Fachgrenzen und erweitern diese dadurch gleichzeitig. Sie perturbieren, irritieren und geben aber ebenso Anschlussstellen für konkrete Medienanalysen. Die*

Theorieangebote sind demzufolge Ausgangspunkte weiterer Forschungsvorhaben geworden, die im letzten Abschnitt aufgezeigt worden sind. Zum einen wurden Anwendungsbezüge der theoretischen Überlegungen in außerwissenschaftlichen Bereichen wie der Kunst herausgestellt, zum anderen konnten Reaktualisierungen und Weiterführungen der theoretischen Grundlagen identifiziert werden, die auf die heutige Relevanz, Aktualität und Anschlussfähigkeit der postmodernen Theoretiker verweist. Rezeptionshistorisch kann konstatiert werden, dass sich die untersuchten Theoretiker von akademischen Außenseitern zu kanonischen Referenzfiguren transformiert haben. Innovation, Irritation und letzten Endes Integration stehen hier in einem unzweifelhaften Zusammenhang.

Ausblick

Auch die vorliegende Arbeit soll anschlussfähig und relevant für die Kommunikations- und Medienwissenschaft im Allgemeinen und für medientheoretische bzw. medienphilosophische Forschung im Speziellen sein und für weitere wissenschaftliche Untersuchungen Anregungen bieten. Hierfür ist es sinnvoll, theorieimmanente Praxisbezüge zu identifizieren. Diese Untersuchung versteht sich in der Tat eher als „Ausdifferenzierung theorieinterner Debatten" (Weber 2010b: 298) anstatt als Empirisierungsversuch. Die Arbeit liefert einen Beitrag zu einer historischen und systematischen Rekonstruktion des Postmodernediskurses innerhalb der Medientheorie. Zukünftig kann noch weitere komparatistische Arbeit betrieben werden. Neben intraparadigmatischen Vergleichen können ebenso interparadigmatische Vergleiche vorgenommen werden. Zum einen kann auf das in der vorliegenden Untersuchung verwendete vergleichslogische Instrumentarium zurückgegriffen werden, um die Binnendifferenzierung des Postmodernediskurses weiterzuführen. Da ein erster Schritt dazu ad exemplum durchgeführt wurde, ist eine apriorisch angelegte Methodenerprobung hinfällig und kann somit eine Fortsetzung zügig implementieren. Zum anderen ist auch ein *interparadigmatischer Vergleich* zwischen Fachdiskursen möglich. So steht bisher eine Gegenüberstellung unterschiedlicher Basistheorien, z.B. zwischen postmodernen, medienphilosophischen, techniktheoretischen, ökonomischen, kritischen, feministischen, psychoanalytischen, zeichentheoretischen, konstruktivistischen, systemtheoretischen, handlungstheoretischen, entscheidungstheoretischen, phänomenologischen, hermeneutischen, symboltheoretischen, biologischen, physikalischen oder mathematischen Ansätzen[1] weitestgehend aus und ist für eine Ausdifferenzierung im medientheoretischen Kontext nicht nur sinnvoll, sondern zwingend notwendig. Zudem ist auch ein *interdisziplinärer Vergleich* gerade bei Gegenstandsbereichen, die in verschiedenen Disziplinen aus unterschiedlichen Perspektiven betrachtet werden, z.B. Paradigmen aus Soziologie, Politik, Philosophie, Ethnologie oder Psychologie, denkbar.

---

1 Diese Ausdifferenzierung nach Basistheorien ist Weber (2010: 31 ff.) entnommen.

Die vorliegende Arbeit versteht sich im Allgemeinen auch als *wissenschaftstheoretisches Postulat*, die Verantwortung für die Reflexion seiner eigenen Voraussetzungen zu übernehmen und diese nicht zu übergehen, zu vernachlässigen oder bewusst zu ignorieren oder gar programmatisch zu überdecken, um nicht aufgrund der Kontingenzfreilegung seiner eigenen Behauptungen im wissenschaftlichen Diskurs womöglich an Legitimation, Anerkennung und Autorität zu verlieren. Doch diese Kontingenzinvisibilisierung kann nicht nur als Selbsterhaltungstrieb oder Abwehrmechanismus des Wissenschaftlers betrachtet bzw. unterstellt werden, sondern ist auch aufgrund des Überflusses an Kontingenzbewusstsein als Gefahr der Handlungsunfähigkeit zwingend erforderlich. Einschränkungen bezüglich der Explizierung theoretischer, methodischer und sprachlicher Voraussetzungen für wissenschaftliche Modelle und Konzepte werden daher sowohl aus den genannten forschungsökonomischen bzw. -politischen Gründen als auch zur Reduzierung und Vermeidung von Handlungsunfähigkeit vollzogen. Eine Verankerung und Intensivierung der Chancen von bewusster, „‚kontrollierte[r]‘ Kontingenzreflexion" (Nölle 2004: 107) im Sinne einer Darlegung der eigenen Voraussetzungen sollte im universitären Bereich stärker erfolgen. Wünschenswert ist dabei das Bewusstsein und das Bewusstmachen für das eigene Theoretisieren zu schärfen und durch die Darlegung des eigenen Standpunktes zukünftig für das wissenschaftliche Arbeiten eine inter- bzw. transdisziplinäre Grundlage zu schaffen, um auf langfristige Sicht durch bewusste und bewusstgemachte Selbstreflexion bzw. Selbstreflexivität den Mechanismus von Irritation und Integration weiterzuführen: „Von allerhöchster Bedeutung ist für Wissenschaft […] der kontinuierliche Diskurs, in dem sich Wissenschaft selbst reflektiert und weiterentwickelt." (Krotz 2005: 28)

7. Literaturverzeichnis

Abarbanell, Stephan (2011): Marshall McLuhan – Ein Rückblick auf den Propheten des Medienzeitalters. URL: http://www.european-mediaculture.org/fileadmin/bibliothek/deutsch/abarbanell_mcluhan/abarbanell_mcluhan.html#sdfootnote 16anc [Stand 05.07.2011]

Altena, Arie (2008): Kunst und GPS. Esther Polaks lokative Kunst. In: De Kerckhove, Derrick/Leeker, Martina/Schmidt, Kerstin (Hrsg.): McLuhan neu lesen. Kritische Analysen zu Medien und Kultur im 21. Jahrhundert. Bielefeld: 430-443.

Altwegg, Jürg (1989): Baudrillard. In: FAZ-Magazin. Nr. 512. 13.10.1989: 12-23.

Ars Electronica (Hrsg.) (1989): Philosophien der neuen Technologie. Berlin.

Assmann, Jan (1997): Das kulturelle Gedächtnis. Schrift, Erinnerung und politische Identität in frühen Hochkulturen. München.

Averbeck, Stefanie (2008): Zur Methodologie fach- und theoriehistorischer Forschung. Triadischer Epistemologiebegriff. In: Arnold, Klaus/Behmer, Markus/Semrad, Bernd (Hrsg.): Kommunikationsgeschichte. Positionen und Werkzeuge. Ein diskursives Hand- und Lehrbuch. Münster: 259-286.

Averbeck-Lietz, Stefanie (2009): Konstruktivismus in der deutschen und der französischen Kommunikationswissenschaft. In: Schulz, Peter J./Hartung, Uwe/Keller, Simone (Hrsg.): Identität und Vielfalt der Kommunikationswissenschaft. Konstanz: 65-87.

Bachmann-Medick, Doris (2006): Cultural turns. Neuorientierungen in den Kulturwissenschaften. Reinbek bei Hamburg.

Baltes, Martin/Höltschl, Rainer (Hrsg.) (2002): absolute Marshall McLuhan. Mit einem biografischen Essay von Philip Marchand. Freiburg.

Barck, Karl-Heinz (1997): Harold Adam Innis – Archäologie der Medienwissenschaft. In: Ders. (Hrsg.): Harold A. Innis. Kreuzwege der Kommunikation. Wien/New York: 3-13.

Bartels, Klaus (2008): Die Antiquiertheit der Prothese – McLuhan, das Spiel, die Avatare. In: De Kerckhove, Derrick/Leeker, Martina/Schmidt, Kerstin (Hrsg.):

McLuhan neu lesen. Kritische Analysen zu Medien und Kultur im 21. Jahrhundert. Bielefeld: 409-421.
Bartsch, Ingo (2002): Der mechanisierte Mensch in der Ideologie des Futurismus. In: Bartsch, Ingo/Scudiero, Maurizio (Hrsg.): ...auch wir Maschinen, auch wir mechanisiert!... Die zweite Phase des italienischen Futurismus 1915-1945. Bielefeld: 40-46.
Bataille, Georges (2001): Die Aufhebung der Ökonomie. München.
Baudrillard, Jean (1967): Marshall McLuhan Understanding Media: The Extensions of Man. In: L'Homme et la société 5 (July – September 1967): 227-230
Baudrillard, Jean (1972): Requiem für die Medien. In: Pias, Claus et al. (Hrsg.) (2002): Kursbuch Medienkultur. Die maßgeblichen Theorien von Brecht bis Baudrillard. Düsseldorf: 279–299.
Baudrillard, Jean (1978a): Agonie des Realen. Berlin.
Baudrillard, Jean (1978b): Kool Killer oder Der Aufstand der Zeichen. Berlin.
Baudrillard, Jean (1979). Im Schatten der schweigenden Mehrheit oder Das Ende des Sozialen. In: Freibeuter. Vierteljahresschrift für Kultur und Politik. Jahrgang 1, Heft 1 und 2. Berlin: 17-33 und 37-55.
Baudrillard, Jean (1983a): Laßt euch nicht verführen! Berlin.
Baudrillard, Jean (1983b): Der Tod der Moderne. Eine Diskussion, mit Beiträgen von Baudrillard, Bergfleth u.a. Tübingen.
Baudrillard, Jean (1983c): In the Shadow of the Silent Majorities: Or, the End of the Social. New York.
Baudrillard, Jean (1986): Die göttliche Linke. München.
Baudrillard, Jean (1989a). Videowelt und fraktales Subjekt. In: ARS ELECTRONICA (Hrsg.): Philosophien der neuen Technologie. Berlin: 113-131.
Baudrillard, Jean (1989b): Paradoxe Kommunikation. Bern.
Baudrillard, Jean (1989c): Cool Memories. München.
Baudrillard, Jean (1990): Das Jahr 2000 findet nicht statt. Berlin.
Baudrillard, Jean (^{2}1991a [1982]): Der symbolische Tausch und der Tod. München.
Baudrillard, Jean (1991b): Die fatalen Strategien. München.
Baudrillard, Jean (1991c): Viralität und Virulenz. Ein Gespräch. In: Rötzer, Florian (Hrsg.): Digitaler Schein. Ästhetik der elektronischen Medien. Frankfurt am Main: 81-92.
Baudrillard, Jean (1991d): Das System der Dinge. Über unser Verhältnis zu den alltäglichen Gegenständen. Frankfurt am Main.
Baudrillard, Jean (1992a): Transparenz des Bösen. Ein Essay über extreme Phänomene. Berlin.
Baudrillard, Jean (1992b): Von der Verführung. München.
Baudrillard, Jean (1994a): Die Illusion des Endes oder Der Streik der Ereignisse. Berlin.
Baudrillard, Jean (1994b): Die Illusion und die Virtualität. Bern.

Baudrillard, Jean (2002): Simulation. Medial aufgezwungene Realitätsmodelle. In: Helmes, Günther/Köster, Werner (Hrsg.): Texte zur Medientheorie. Stuttgart: 275–281.
Baudrillard, Jean (2007): Cool Memories V. 2002-2004. Wien.
Baudrillard, Jean (2010): Im Schatten der schweigenden Mehrheiten oder Das Ende des Sozialen. Berlin.
Baumgarth, Christa (1966): Geschichte des Futurismus. Reinbek bei Hamburg.
Bayertz, Kurt (1981): Wissenschaftstheorie und Paradigmabegriff. Stuttgart.
Beck, Klaus (1994): Medien und die soziale Konstruktion von Zeit. Über die Vermittlung von gesellschaftlicher Zeitordnung und sozialem Zeitbewusstsein. Opladen.
Bertemes, Claude (2005): Alles nichts – oder? Systematische Rekonstruktion und Vergleich ausgewählter Paradigmen zur Fernsehunterhaltung. Münster
Bexte, Peter (2008): Cadillac und Gebetsmatte. McLuhans TV-Gemälde. In: De Kerckhove, Derrick/Leeker, Martina/Schmidt, Kerstin (Hrsg.): McLuhan neu lesen. Kritische Analysen zu Medien und Kultur im 21. Jahrhundert. Bielefeld: 323-337.
Bidlo, Oliver (2006): Martin Buber. Ein vergessener Klassiker der Kommunikationswissenschaft? Dialogphilosophie in kommunikationswissenschaftlicher Perspektive. Marburg.
Bidlo, Oliver (2009): Telematik und Dialog: Vilém Flussers Rekurs auf Martin Buber. In: Fahle, Oliver/Hanke, Michael/Ziemann, Andreas (Hrsg.): Technobilder und Kommunikologie. Die Medientheorie Vilém Flussers. Berlin: 57-72.
Blask, Falko (2005): Jean Baudrillard zur Einführung. Hamburg.
Block, Fritz/Heibach, Christiane (2002): Medientheorie und Medienphilosophie. In: Filk, Christian/Grisko, Michael (Hrsg.): Einführung in die Medienliteratur. Eine kritische Sichtung. Siegen: 20-31.
Bohn, Ralf (1994): Zeitlichkeit des Zeichens. Psychosentheorie bei Baudrillard und Lacan. In: Bohn, Ralf/Fuder, Dieter (Hrsg.): Baudrillard. Simulation und Verführung. München: 165-202.
Bohn, Ralf/Fuder, Dieter (Hrsg.) (1994): Baudrillard. Simulation und Verführung. München.
Bollmann, Stefan (1994): Sprung in die Fiktion. Einige Überlegungen zu Baudrillard und Flusser. In: Bohn, Ralf/Fuder, Dieter (Hrsg.): Baudrillard. Simulation und Verführung. München: 103-113.
Bolte, Karl Martin (Hrsg.) (1978): Materialien aus der soziologischen Forschung. Verhandlungen des 18. Deutschen Soziologentages vom 28. September bis 1. Oktober 1976 in Bielefeld. München.
Bolter, Jay David (1997): Das Internet in der Geschichte der Technologien des Schreibens. In: Münker, Stefan/Roesler, Alexander (Hrsg.): Mythos Internet. Frankfurt am Main: 37-55.

Bolter, Jay David (2008): McLuhan und die skopischen Ordnungen der zeitgenössischen Kultur. In: De Kerckhove, Derrick/Leeker, Martina/Schmidt, Kerstin (Hrsg.): McLuhan neu lesen. Kritische Analysen zu Medien und Kultur im 21. Jahrhundert. Bielefeld: 291-303.

Bolz, Norbert (1993): Am Ende der Gutenberg-Galaxis. Die neuen Kommunikationsverhältnisse. München.

Bolz, Norbert (1994): Es war einmal in Amerika. In: Bohn, Ralf/Fuder, Dieter (Hrsg.): Baudrillard. Simulation und Verführung. München: 93-102.

Bolz, Norbert (1997): Die Sinngesellschaft. Düsseldorf.

Bolz, Norbert (2001): Jenseits der großen Theorien: das Happy End der Geschichte. In: Schröder, Gerhart/Breuninger, Helga (Hrsg.): Kulturtheorien der Gegenwart. Ansätze und Positionen. Frankfurt am Main: 203-215.

Bolz, Norbert (2006): „Exhibitionismus – leichtgemacht". In: DER SPIEGEL. Nr. 29/2006: 68-69.

Bonacker, Thorsten/Greshoff, Rainer/Schimank, Uwe (2008): Sozialtheorien im fallbezogenen Vergleich: Wie sind soziale Gebilde wie die IRA soziologisch zu erklären? In: Dies. (Hrsg.): Sozialtheorien im Vergleich. Der Nordirlandkonflikt als Anwendungsfall. Wiesbaden: 7-13.

Bonfadelli, Heinz (2002): Medieninhaltsforschung. Grundlagen, Methoden, Anwendungen. Konstanz.

Breuer, Ingeborg/Leusch, Peter/Mersch, Dieter (1996): Der Triumph der Zeichen über das Reale. Jean Baudrillards nihilistische Kulturphilosophie. In: Dies. (Hrsg.): Welten im Kopf. Profile der Gegenwartsphilosophie. Band 2. Frankreich/Italien. Berlin: 35-47.

Broeckmann, Andreas (2008): Machine – PAIK – Medium. Einige Resonanzen zwischen Nam June Paik und Marshall McLuhan. In: De Kerckhove, Derrick/Leeker, Martina/Schmidt, Kerstin (Hrsg.): McLuhan neu lesen. Kritische Analysen zu Medien und Kultur im 21. Jahrhundert. Bielefeld: 338-344.

Buber, Martin (1962): Werke. Band I: Schriften zur Philosophie. München/ Heidelberg.

Buschhaus, Markus (2008): Am einen & am anderen Ende der Gutenberg-Galaxis. Von Büchern, Bildern & Revolutionen. In: Grampp, Sven et al. (Hrsg.): Revolutionsmedien - Medienrevolutionen. Konstanz: 205-228.

Cassirer, Ernst (1959): Wesen und Wirkung des Symbolbegriffs. Darmstadt.

Cassirer, Ernst (1990): Versuch über den Menschen. Einführung in eine Philosophie der Kultur. Frankfurt am Main.

Cassirer, Ernst (1997): Philosophie der symbolischen Formen. 3 Bände. Darmstadt.

Debord, Guy (1996 [1967]): Die Gesellschaft des Spektakels. Berlin.

Debray, Régis (1996): Media Manifestos: On the Technological Transmission of Cultural Forms. London.

De Kerckhove, Derrick (2008): Vorwort. Alors, McLuhan? Toujours mort? In: De Kerckhove, Derrick/Leeker, Martina/Schmidt, Kerstin (Hrsg.): McLuhan neu

lesen. Kritische Analysen zu Medien und Kultur im 21. Jahrhundert. Bielefeld: 9-17.
De Kerckhove, Derrick/Leeker, Martina/Schmidt, Kerstin (Hrsg.) (2008): McLuhan neu lesen. Kritische Analysen zu Medien und Kultur im 21. Jahrhundert. Bielefeld: 9-17.
Dobbe, Martina (1994): Und wenn ich ein Bild sehe? Anmerkungen zur (Trans-) Ästhetik-debatte bei Baudrillard und Lyotard. In: Bohn, Ralf/Fuder, Dieter (Hrsg.): Baudrillard. Simulation und Verführung. München: 115-138.
Eco, Umberto (^{5}1994 [1964]): Apokalyptiker und Integrierte. Zur kritischen Kritik der Massenkultur. Frankfurt am Main.
Encke, Julia (2004): Jean Baudrillard wir 75. Der Philosoph mit der Sprechblase. URL: http://www.sueddeutsche.de/kultur/artikel/625/35590/ [Stand 28.10.2006]
Eliot, T.S. (1933): The Uses of Poetry and the Use of Criticism. London.
Engell, Lorenz (2008): Vorwort für Fortgeschrittene. In: Heinevetter, Nele/Sanchez, Nadine (Hrsg.): Was mit Medien… . Theorie in 15 Sachgeschichten. Paderborn: 7-9.
Engell, Lorenz/Vogl, Joseph (2002): Vorwort. In: Pias, Claus et al. (Hrsg.): Kursbuch Medienkultur. Die maßgeblichen Theorien von Brecht bis Baudrillard. Stuttgart: 8-11.
Engelmann, Peter (1994): Vorwort. In: Ders. (Hrsg.): Das postmoderne Wissen. Ein Bericht. Wien: 9-11.
Engelmann, Peter (2007): Einführung. Postmoderne und Dekonstruktion. Zwei Stichwörter zur zeitgenössischen Philosophie. In: Engelmann, Peter (Hrsg.): Postmoderne und Dekonstruktion. Texte französischer Philosophen der Gegenwart. Stuttgart: 5-32.
Enzensberger, Hans Magnus (1970): Baukasten zu einer Theorie der Medien. In: Pias, Claus et al. (Hrsg.): Kursbuch Medienkultur. Die maßgeblichen Theorien von Brecht bis Baudrillard. Stuttgart: 264-278.
Fahle, Oliver (2002): Zur Einführung. In: Pias, Claus et al. (Hrsg.): Kursbuch Medienkultur. Die maßgeblichen Theorien von Brecht bis Baudrillard. Stuttgart: 13-17.
Fahle, Oliver/Hanke, Michael/Ziemann, Andreas (2009): Einleitung. In: Dies. (Hrsg.): Technobilder und Kommunikologie. Die Medientheorie Vilém Flussers. Berlin: 7-19.
Faulstich, Werner (1999): Medientheorien. Einführung und Überblick. Göttingen.
Faulstich, Werner (2002): Einführung in die Medienwissenschaft. München.
Faulstich, Werner (2004): Grundwissen Medien. München.
Feyerabend, Paul K. (1974): Kuhns Struktur wissenschaftlicher Revolutionen – ein Trostbüchlein für Spezialisten?. In: Lakatos, Imre/Musgrave, Alan (Hrsg.): Kritik und Erkenntnisfortschritt. Braunschweig: 191-222.
Feyerabend, Paul K. (1978a): Das Märchen Wissenschaft. Plädoyer für einen Supermarkt der Ideen. In: Kursbuch 53, September 1978: 47-70.

Feyerabend, Paul K. (1978b): Der wissenschaftstheoretische Realismus und die Autorität der Wissenschaften. Ausgewählte Schriften, Band 1. Braunschweig.
Feyerabend, Paul K. (1979): Erkenntnis für freie Menschen. Frankfurt am Main.
Feyerabend, Paul K. (1981): Probleme des Empirismus. Schriften zur Theorie der Erklärung, der Quantentheorie und der Wissenschaftsgeschichte. Ausgewählte Schriften. Band 2. Braunschweig.
Feyerabend, Paul K. (1984): Wissenschaft als Kunst. Frankfurt am Main.
Feyerabend, Paul K. (1995a): Zeitverschwendung. Frankfurt am Main.
Feyerabend, Paul K. (1995b): Briefe an einen Freund. Frankfurt am Main.
Feyerabend, Paul K. (^{9}2004 [1975]): Wider den Methodenzwang. Skizze einer anarchistischen Erkenntnistheorie. Frankfurt am Main.
Fiedler, Leslie A. (1969): Überquert die Grenze, schließt den Graben! Über die Postmoderne. In: Welsch, Wolfgang (Hrsg.) (1994): Wege aus der Moderne. Schlüsseltexte der Postmoderne-Diskussion. Berlin: 57-74.
Flusser, Vilém (1963): Lingua e realidade. São Paulo.
Flusser, Vilém (1966): Filosofia da linguagem. Instituto Tecnologica Aeronautico. São José dos Campos: 133-210.
Flusser, Vilém (1978): Die kodifizierte Welt. In: Ders. (Hrsg.) (1995): Die Revolution der Bilder. Der Flusser-Reader zu Kommunikation, Medien und Design. Mannheim: 29-37.
Flusser, Vilém (1989): Die Alphanumerische Gesellschaft. In: Ders. (Hrsg.) (1995): Die Revolution der Bilder. Der Flusser-Reader zu Kommunikation, Medien und Design. Mannheim: 38-58.
Flusser, Vilém (^{2}1989 [1985]): Ins Universum der technischen Bilder. Göttingen.
Flusser, Vilém (1990a): Eine neue Einbildungskraft. In: Ders. (Hrsg.) (1995): Die Revolution der Bilder. Der Flusser-Reader zu Kommunikation, Medien und Design. Mannheim: 141-149.
Flusser, Vilém (1990b): Nomadische Überlegungen. In: Wagnermaier, Silvia/ Röller, Nils (Hrsg.) (2003): absolute Vilém Flusser. Freiburg: 184-191.
Flusser, Vilém (1991a): Digitaler Schein. In: Rötzer, Florian (Hrsg.): Digitaler Schein. Ästhetik der elektronischen Medien. Frankfurt am Main: 147–159.
Flusser, Vilém (1991b): Gespräch mit Florian Rötzer. München 1991. In: Wagnermaier, Silvia/Röller, Nils (Hrsg.) (2003): absolute Vilém Flusser. Freiburg: 7-23.
Flusser, Vilém (1992a): Die Schrift. Hat Schreiben Zukunft? Göttingen.
Flusser, Vilém (1992b): Bodenlos. Eine philosophische Autobiographie. Düsseldorf/Bensheim.
Flusser, Vilém (1993a): Lob der Oberflächlichkeit. Für eine Phänomenologie der Medien. Mannheim.
Flusser, Vilém (1993b): Nachgeschichte. Eine korrigierte Geschichtsschreibung. Mannheim.

Flusser, Vilém (1995a): Die Revolution der Bilder. Der Flusser-Reader zu Kommunikation, Medien und Design. Mannheim.

Flusser, Vilém (1995b): Gesten. Versuch einer Phänomenologie. Frankfurt am Main.

Flusser, Vilém (1996a): Die Auswanderung der Zahlen aus dem alphanumerischen Code. In: Matejovski, Dirk/Kittler, Friedrich (Hrsg.): Literatur im Informationszeitalter. Frankfurt am Main: 9-14.

Flusser, Vilém (1996b): Zwiegespräche. Interviews 1967-1991. Göttingen.

Flusser, Vilém (1997): Medienkultur. Frankfurt am Main.

Flusser, Vilém (1998a): Vom Subjekt zum Projekt. Menschwerdung. Frankfurt am Main.

Flusser, Vilém (1998b): Essay über Essays. In: Manuskripte. Zeitschrift für Literatur, 38. Jg., Heft 141: 139-140.

Flusser, Vilém (1998c): Standpunkte. Göttingen.

Flusser, Vilém (o.J.): Ein philosophisches Selbstportrait. In: Zentrum für Kunst und Medientechnologie Karlsruhe (Hrsg.) (1997): Siemens Medienkunstpreis 1997. München: 14-16.

Flusser, Vilém (2000): Telematik. Verbündelung oder Vernetzung? In: Matejovski, Dirk (Hrsg.): Neue schöne Welt. Frankfurt am Main: 204-210.

Flusser, Vilém (^{3}2003 [1996]): Kommunikologie. Frankfurt am Main.

Flusser, Vilém (2009): Kommunikologie weiter denken. Die Bochumer Vorlesungen. Frankfurt am Main.

Foerster, Heinz von (1993): Wissen und Gewissen. Versuch einer Brücke. Frankfurt am Main.

Foucault, Michel (1973): Archäologie des Wissens. Frankfurt am Main.

Foucault, Michel (1974): Die Ordnung der Dinge. Frankfurt am Main.

Foucault, Michel (1991): Die Ordnung des Diskurses. Frankfurt am Main.

Freud, Sigmund (1974): Das Unbehagen in der Kultur. Frankfurt am Main.

Fuchs, Christian (2006): Werbe-Models auf Abwegen. URL: http://www.spiegel.de/kultur/gesellschaft/0,1518,431043,00.html [Stand 28.10.2006]

Fuder, Dieter (1994): Don-Juanismus in der Erkenntnis oder von der Macht der Verführung. In: Bohn, Ralf/Fuder, Dieter (Hrsg.): Simulation und Verführung. München: 23-46.

Gächter, Sven (1991): Jean-François Lyotard und Jacques Derrida: Totalität in Fetzen. In: du. Die Zeitschrift der Kultur. Das Verschwinden der Wirklichkeit. Ein Kursbuch. Heft Nr. 11, November 1991: 30-34.

Gane, Mike (1991): Baudrillard. Critical and fatal theory. London.

Gehlen, Arnold (1986): Anthropologische und sozialpsychologische Untersuchungen. Reinbek bei Hamburg.

Genosko, Gary (1999): McLuhan and Baudrillard. The Masters of Implosion. London.

Giesen, Bernhard (1991): Die Entdinglichung des Sozialen. Eine evolutionstheoretische Perspektive auf die Postmoderne. Frankfurt am Main.

Giesen, Bernhard/Schmid, Michael (1978): Methodologische Modelle und soziologische Theorien. In: Hondrich, Karl Otto/Matthes, Joachim (Hrsg.): Theorienvergleich in den Sozialwissenschaften. Darmstadt/Neuwied: 232-254.

Goldschmidt, Werner (1973): Gesellschaftliche Krise und die Perspektive der Arbeiterbewegung in Frankreich. Eine Untersuchung zur Herausbildung einer gemeinsamen Strategie der französischen Arbeiterbewegung im Verlauf einer Periode verschärfter Streikbewegungen vom Mai 1968 bis zum März 1973. Marburg/Lahn.

Graf, Jürgen (2010): Literatur an den Grenzen des Copyrights. In: Die Zeit, Nr. 8, 18. Februar 2010: 47.

Grampp, Sven/Seifert, Jörg (2004): Die Ordnungen der Medientheorien. Eine Einführung in die Einführungsliteratur. In: Rezensionsforum Literaturkritik.de. Ausgabe Nr. 10, Oktober 2004. URL: http://www.literaturkritik.de/public/ rezension.php?rez_id=7502&ausgabe=200410 [Stand: 03.07.2010]

Grampp, Sven (2009): Ins Universum technischer Reproduzierbarkeit. Der Buchdruck als historiographische Referenzfigur in der Medientheorie. Konstanz.

Grampp, Sven/Wiebel, Eva (2008): ‚Revolution in Permanenz'. Die Erfindung des Buchdrucks als Gründungsfigur der Neuzeit. In: Grampp, Sven et al. (Hrsg.): Revolutionsmedien - Medienrevolutionen. Konstanz: 95-123.

Greshoff, Rainer/Kneer, Georg (1999): Zum neuartigen Buchprojekt „Struktur und Ereignis in theorievergleichender Perspektive": Hintergründe, Ergebnisse und Perspektiven. In: Greshoff, Rainer/Kneer, Georg (Hrsg.): Struktur und Ereignis in theorievergleichender Perspektive. Ein diskursives Buchprojekt. Opladen/Wiesbaden: 7-9.

Greshoff, Rainer/Kneer, Georg (Hrsg.) (1999): Struktur und Ereignis in theorievergleichender Perspektive. Ein diskursives Buchprojekt. Opladen/Wiesbaden.

Greshoff, Rainer/Kneer, Georg/Schimank, Uwe (Hrsg.) (2003): Die Transintentionalität des Sozialen. Wiesbaden.

Griffin, Matthew/Herrmann, Susanne (1997): Interview mit Friedrich A. Kittler. In: Weimarer Beiträge. Zeitschrift für Literaturwissenschaft, Ästhetik und Kulturwissenschaften. Nr. 43/2 (1997). Wien: 286-296.

Grube, Gernot (2004): Vilém Flusser – Mundus ex machina. In: Lagaay, Alice/Lauer, David (Hrsg.): Medientheorien. Eine philosophische Einführung. Frankfurt am Main: 173-199.

Guttmann, Giselher (1992): Zur Psychophysiologie des Bewußtseins. In: Guttmann, Giselher/Langer, Gerhard (Hrsg.): Das Bewußtsein. Multidimensionale Entwürfe. Wien/New York: 263-307.

Habermas, Jürgen (1988): Die Einheit der Vernunft in der Vielfalt ihrer Stimmen. In: Ders. (Hrsg.): Nachmetaphysisches Denken. Philosophische Aufsätze. Frankfurt am Main: 153-186.

Habermas, Jürgen (1994): Die Moderne – ein unvollendetes Projekt. In: Welsch, Wolfgang (Hrsg.): Wege aus der Moderne. Schlüsseltexte der Postmoderne-Diskussion. Berlin: 177-192.

Haller, Max (2003): Soziologische Theorie im systematisch-kritischen Vergleich. Opladen.

Hanke, Michael (2009): Vilém Flussers Kommunikologie: Medien- oder Kommunikationstheorie? In: Fahle, Oliver/Hanke, Michael/Ziemann, Andreas (Hrsg.): Technobilder und Kommunikologie. Die Medientheorie Vilém Flussers. Berlin: 39-56.

Hartmann, Frank (1996): Cyber-Philosophy. Medientheoretische Auslotungen. Wien.

Hartmann, Frank (1998): Vom Sündenfall der Software. Medientheorie mit Entlarvungsgestus: Friedrich Kittler. URL: http://www.heise.de/tp/r4/artikel/6/6345/1.html [Stand 10.11.2010]

Hartmann, Frank (2000): Medienphilosophie. Wien.

Hartmann, Frank (2003): Mediologie. Ansätze einer Medientheorie der Kulturwissenschaft. Wien.

Hartmann, Frank (2010a): Techniktheorien der Medien. In: Weber, Stefan (Hrsg.): Theorien der Medien. Von der Kulturkritik bis zum Konstruktivismus. Konstanz: 51-77.

Hartmann, Frank (2010b): Medienphilosophische Theorien. In: Weber, Stefan (Hrsg.): Theorien der Medien. Von der Kulturkritik bis zum Konstruktivismus. Konstanz: 267-293.

Haupt, Heinz-Gerhard/Kocka, Jürgen (1996): Historischer Vergleich: Methoden, Aufgaben, Probleme. Eine Einleitung. In: Dies. (Hrsg.): Geschichte und Vergleich. Ansätze und Ergebnisse international vergleichender Geschichtsschreibung. Frankfurt am Main/New York: 9-45.

Hegel, Georg Wilhelm Friedrich (1965): Wissenschaft der Logik. Bände 1-3. Leipzig.

Heilmann, Till A. (2010): Digitalität als Taktilität. McLuhan, der Computer und die Taste. In: zfm. Zeitschrift für Medienwissenschaft (Hrsg.): Aufzeichnen. Nr. 3, 2/2010. Berlin: 125-134.

Heinevetter, Nele/Sanchez, Nadine (2008): Was mit Medien... Theorie in 15 Sachgeschichten. Paderborn.

Helmes, Günter/Köster, Werner (Hrsg.) (2002): Texte zur Medientheorie. Stuttgart.

Heuermann, Hartmut (1994): Medien und Mythen. Die Bedeutung regressiver Tendenzen in der westlichen Medienkultur. München.

Hochscheid, Kai (2011): Kommunikation und menschliche Existenz. In: Moebius, Stephan/Quadflieg, Dirk (Hrsg.): Kultur. Theorien der Gegenwart. Wiesbaden: 613-624.

Höltschl, Rainer (2005): Eintrag: Gutenberg-Galaxis. In: Roesler, Alexander/Stiegler, Bernd (Hrsg.): Grundbegriffe der Medientheorie. Paderborn: 77-81.

Holzer, Horst (1982): Soziologie in der BRD. Theoriechaos und Ideologieproduktion. Frankfurt am Main.

Hondrich, Karl Otto (1976): Entwicklungslinien und Möglichkeiten des Theorievergleichs. In: Lepsius, Rainer (Hrsg.): Zwischenbilanz der Soziologie. Verhandlungen des 17. Deutschen Soziologentages. Stuttgart: 14-36.

Hondrich, Karl Otto (1978): Viele Ansätze - eine soziologische Theorie. In: Hondrich, Karl Otto/Matthes, Joachim (Hrsg.): Theorienvergleich in den Sozialwissenschaften. Darmstadt/Neuwied: 314–330.

Hondrich, Karl Otto/Matthes, Joachim (Hrsg.) (1978): Theorienvergleich in den Sozialwissenschaften. Darmstadt/Neuwied.

Houellebecq, Michel (2001): Die Welt als Supermarkt. Hamburg.

Hoyningen-Huene, Paul (1989): Die Wissenschaftsphilosophie Thomas S. Kuhns. Rekonstruktion und Grundlagenprobleme. Braunschweig/Wiesbaden.

Hütter, Anton/Hug, Theo/Perger, Josef (1992): Vorwort. In: Dies. (Hrsg.): Paradigmenvielfalt und Wissensintegration. Beiträge zur Postmoderne im Umkreis von Jean-François Lyotard. Wien: 11-12.

Husserl, Edmund (1952): Ideen zu einer reinen Phänomenologie und phänomenologischen Philosophie. Dritte Buch: Die Phänomenologie und die Fundamente der Wissenschaften. In: Biemel, Walter (Hrsg.): Husserliana VI. Den Haag.

Huyssen, Andreas (1992): Im Schatten von McLuhan: Jean Baudrillards Simulationstheorie. In: Krenzlin, Norbert (Hrsg.): Zwischen Angstmetapher und Terminus. Theorien der Massenkultur seit Nietzsche. Berlin: 165-181.

Ingold, Felix Philipp (1995): Das Menschenmögliche. In: Flusser, Vilém (Hrsg.): Die Revolution der Bilder. Der Flusser-Reader zu Kommunikation, Medien und Design. Mannheim: 219-220.

Innis, Harold Adams (1951): The bias of communication. Toronto.

Innis, Harold Adams (1954): The Cod Fisheries: The History of an International Economy. Toronto.

Innis, Harold Adams (1956): The Fur Trade in Canada: An Introduction to Canadian Economic History. Toronto.

Innis, Harold Adams (1972 [1950]): Empire and communications. Toronto.

Jakob, Michael (1994): Aussichten des Denkens. München.

Jauß, Hans Robert (1984): Ästhetische Erfahrung und literarische Hermeneutik. Frankfurt am Main.

Joffe, Josef (2010): Über das Plagiat. In: Die Zeit, Nr. 8, 18. Februar 2010: 46.

Jünger, Sebastian (2002): Kognition, Kommunikation, Kultur. Aspekte integrativer Theoriearbeit. Wiesbaden.

Jung, Werner (1995): Von der Mimesis zur Simulation. Eine Einführung in die Geschichte der Ästhetik. Hamburg.

Junge, Matthias (2004): Soziologie der Simulation: Jean Baudrillard In: Moebius, Stephan/Peter, Lothar (Hrsg.): Französische Soziologie der Gegenwart. Konstanz: 325-354.

Kämpf, Heike (1999): Die Lust der Verschwendung. Batailles Untersuchung des Potlatsch als Beitrag zur Ethnologie. In: Hetzel, Andreas/Wiechens, Peter (Hrsg.): Georges Batailles: Vorreden zur Überschreitung. Würzburg: 211-222.

Kaesler, Dirk (2005): Post-klassische Theorien im Haus der Soziologie. In: Ders. (Hrsg.): Aktuelle Theorien der Soziologie. Von Shmuel N. Eisenstadt bis zur Postmoderne. München: 11-40.

Karmasin, Matthias (2008): Kommunikations-Kommunikationswissenschaft: Wissenschaftstheoretische Anmerkungen zur Theoriediskussion in den Kommunikationswissenschaften. In: Winter, Carsten/Hepp, Andreas/Krotz, Friedrich (Hrsg.): Theorien der Kommunikations- und Medienwissenschaft. Grundlegende Diskussionen, Forschungsfelder und Theorieentwicklungen. Wiesbaden: 229-247.

Kapp, Ernst (1877): Grundlinien einer Philosophie der Technik. Braunschweig.

Käuser, Andreas (2006): Historizität und Medialität. Zur Geschichtstheorie und Geschichtsschreibung von Medienumbrüchen. In: Schnell, Ralf (Hrsg.): Medien-Revolutionen. Beiträge zur Mediengeschichte der Wahrnehmung. Bielefeld: 147-166.

Kellner, Douglas (1989): Jean Baudrillard: From Marxism to Postmodernism and Beyond. Cambridge.

Kimmich, Dorothee (2006): Einführung in die Literatur der Jahrhundertwende. Darmstadt.

Kirchmann, Kay (1998a): Blicke aus dem Bunker. Paul Virilios Zeit- und Medientheorie aus der Sicht einer Philosophie des Unbewußten. Stuttgart.

Kirchmann, Kay (1998b): Verdichtung, Weltverlust und Zeitdruck. Grundzüge einer Theorie der Interdependenzen von Medien, Zeit und Geschwindigkeit im neuzeitlichen Zivilisationsprozeß. Opladen.

Kirchmann, Kay (2002): Eintrag: Virilio, Paul. In: Schanze, Helmut (Hrsg.): Metzler Lexikon Medientheorie – Medienwissenschaft. Ansätze – Personen – Grundbegriffe. Stuttgart/Weimar: 359-360.

Kittler, Friedrich A. (Hrsg.) (1980): Die Austreibung des Geistes aus den Geisteswissenschaften. Programme des Poststrukturalismus. Paderborn.

Kittler, Friedrich A. (1986): Grammophon, Film, Typewriter. Berlin.

Kittler, Friedrich A. (1988): Fiktion und Simulation 1. In: Reck, Hans Ulrich (Hrsg.): Kanalarbeit. Medienstrategien im Kulturwandel. Basel/Frankfurt am Main: 269-274.

Kittler, Friedrich A. (1989a): Arsenale der Seele. Literatur- und Medienanalyse seit 1870. München.

Kittler, Friedrich A. (1989b): Fiktion und Simulation. In: ARS ELECTRONICA (Hrsg.): Philosophien der neuen Technologie. Berlin: 57-81.

Kittler, Friedrich A. (1989c): Nacht der Substanz. In: Pias, Claus et al. (Hrsg.): Kursbuch Medienkultur. Die maßgeblichen Theorien von Brecht bis Baudrillard. Stuttgart: 507-524.

Kittler, Friedrich A. (1993a): Draculas Vermächtnis. Technische Schriften. Leipzig.
Kittler, Friedrich A. (1993b): Geschichte der Kommunikationsmedien. In: Huber, Jörg et al. (Hrsg.): Raum und Verfahren. Basel/Frankfurt am Main: 169-188.
Kittler, Friedrich A. (1993c): Synergie von Mensch und Maschine. Ein Gespräch mit Florian Rötzer. In: Rötzer, Florian/Rogenhofer, Sara (Hrsg.): Kunst machen? Gespräche über die Produktion von Bildern. Leipzig: 83-102.
Kittler, Friedrich A. (1994a): Wenn die Freiheit wirklich existiert, dann soll sie heraus. In: Maresch, Rudolf/Negt, Oskar (Hrsg.): Am Ende vorbei. Wien: 95-129.
Kittler, Friedrich A. (1994b): Die Parameter ändern. Ein Gespräch mit Rudolf Maresch am 4.4.1992. In: Tumult. Schriften zur Verkehrswissenschaft. Nr. 19. Wien: 119-131.
Kittler, Friedrich A. (1995): Signal-Rausch-Abstand. In: Gumbrecht, Hans U. (Hrsg.): Materialität der Kommunikation. Frankfurt am Main: 342-359.
Kittler, Friedrich A. (1996): Computeranalphabetismus. In: Matejovski, Dirk/ Kittler, Friedrich (Hrsg.): Literatur im Informationszeitalter. Frankfurt am Main: 237-251.
Kittler, Friedrich A. (1998a): Gleichschaltungen. Über Normen und Standards der elektronischen Kommunikation. In: Faßler, Manfred/Halbach, Wulf (Hrsg.): Geschichte der Medien. München: 255-267.
Kittler, Friedrich A. (1998b): Hardware, das unbekannte Wesen. In: Krämer, Sybille (Hrsg.): Medien, Computer, Realität. Wirklichkeitsvorstellungen und Neue Medien. Frankfurt am Main: 119-132.
Kittler, Friedrich A. (2001): Eine Kulturgeschichte der Kulturwissenschaft. München.
Kittler, Friedrich A. (2002a): Short Cuts. Frankfurt am Main.
Kittler, Friedrich A. (2002b): Optische Medien. Berliner Vorlesung 1999. Berlin.
Kittler, Friedrich A. (2003): Blitz und Serie – Ereignis und Donner. In: Müller-Schöll, Nikolaus (Hrsg.): Ereignis. Eine fundamentale Kategorie der Zeiterfahrung. Bielefeld: 145-158.
Kittler, Friedrich A. (^{4}2003 [1985]): Aufschreibesysteme 1800/1900. München.
Kittler, Friedrich A. (2009): Vorwort. In: Flusser, Vilém (Hrsg.): Kommunikologie weiter denken. Die Bochumer Vorlesungen. Frankfurt am Main: 9-12.
Kittler, Friedrich A./Banz, Stefan (1996): Platz der Luftbrücke. Ein Gespräch. Köln.
Kittler, Friedrich A./Greber, Erika (Hrsg.) (2002): Materialität und Medialität von Schrift. Bielefeld.
Kleiner, Marcus S. (2006): Medien-Heteropien. Diskursräume einer gesellschaftskritischen Medientheorie. Bielefeld.
Klima, Rolf (1971): Theorienpluralismus in der Soziologie. In: Diemer, Alwin (Hrsg.): Der Methoden- und Theorienpluralismus in den Wissenschaften. Meisenheim am Glan: 198-219.
Kloock, Daniela (2003): Von der Schrift- zur Bild(schirm)kultur. Analyse aktueller Medientheorien. Berlin.

Kloock, Daniela/Spahr, Angela (2007): Medientheorien. Eine Einführung. München.

Klüver, Jürgen (1991): Formale Rekonstruktion und vergleichenden Rahmung soziologischer Theorien. In: Zeitschrift für Soziologie 20/1991/3: 209-222.

Kneer, Georg (1999): Struktur und Ereignis bei Jürgen Habermas und Michel Foucault. Ein Theorievergleich In: Greshoff, Rainer/Kneer, Georg (Hrsg.): Struktur und Ereignis in theorievergleichender Perspektive. Ein diskursives Buchprojekt. Opladen/Wiesbaden: 51-69.

Kneer, Georg (2005): Jean Baudrillard. In: Kaesler, Dirk (Hrsg.): Aktuelle Theorien der Soziologie. Von Shmuel N. Eisenstadt bis zur Postmoderne. München: 147-167.

Knoll, Reinhold (2006): Warum Wissenschaft eine Kunst ist... Gedanken zu Paul Feyerabend. In: Stadler, Friedrich/Fischer, Kurt R. (Hrsg.): Paul Feyerabend. Ein Philosoph aus Wien. Wien: 49-60.

Kordig, Carl R. (1971): The Justification of Scientific Change. Dordrecht.

Koselleck, Reinhart (1977): ‚Neuzeit'. Zur Semantik moderner Bewegungsbegriffe. In: Ders. (Hrsg.) (1977): Studien zum Beginn der modernen Welt. Stuttgart: 264-299.

Koselleck, Reinhart (1989): Vergangene Zukunft. Zur Semantik geschichtlicher Zeiten. Frankfurt am Main.

Koslowski, Peter/Spaemann, Robert/Löw, Reinhard (Hrsg.) (1986): Moderne oder Postmoderne? Zur Signatur des gegenwärtigen Zeitalters. Weinheim.

Krämer, Sybille (2004): Friedrich Kittler – Kulturtechniken der Zeitachsenmanipulation. In: Lagaay, Alice/Lauer, David (Hrsg.): Medientheorien. Eine philosophische Einführung. Frankfurt am Main: 201-224.

Kraemer, Klaus (1994): Schwerelosigkeit der Zeichen? Die Paradoxie des selbstreferentiellen Zeichens bei Baudrillard. In: Bohn, Ralf/Fuder, Dieter (Hrsg.): Simulation und Verführung. München: 47-69.

Kramer, Wolfgang (1998): Technokratie als Entmaterialisierung der Welt.. Zur Aktualität der Philosophen von Günther Anders und Jean Baudrillard. Münster.

Kreimeier, Klaus (2002): Im digitalen Schreibergarten. Aporien und Chancen der Medienwissenschaft. In: Rusch, Gebhard (Hrsg.): Einführung in die Medienwissenschaft. Wiesbaden: 36-52.

Kromka, Franz (1984): Sozialwissenschaftliche Methodologie. Eine kritisch-rationale Einführung. Paderborn.

Kroß, Matthias (2009): Arbeit am Archiv: Flussers Heidegger. In: Fahle, Oliver/Hanke, Michael/Ziemann, Andreas (Hrsg.): Technobilder und Kommunikologie. Die Medientheorie Vilém Flussers. Berlin: 73-91.

Krotz, Friedrich (2001): Marshall McLuhan Revisited. Der Theoretiker des Fernsehens und der Mediengesellschaft. In: Medien und Kommunikationswissenschaft, 49. Jahrgang, Nr. 1: 62-81.

Krotz, Friedrich (2005): Neue Theorien entwickeln. Eine Einführung in die Grounded Theory, die Heuristische Sozialforschung und die Ethnographie anhand von Beispielen aus der Kommunikationswissenschaft. Köln.

Kühne, Ulrich (2003): US-Forschung - angeblich manipuliert die kleine Wahrheit. URL: http://www.sueddeutsche.de/kultur/artikel/175/16159/ [Stand 28.10.2006]

Kuhn, Thomas S. (^{19}2006 [1969]): Die Struktur wissenschaftlicher Revolutionen. Frankfurt am Main.

Kümmel, Peter (2010): Autor und Über-Autor. In: Die Zeit, Nr. 8, 18. Februar 2010: 46.

Lagaay, Alice/Lauer, David (Hrsg.) (2004): Medientheorien. Eine philosophische Einführung. Frankfurt am Main.

Lagaay, Alice/Lauer, David (2004): Einleitung – Medientheorien aus philosophischer Sicht. In: Lagaay, Alice/Lauer, David (Hrsg.): Medientheorien. Eine philosophische Einführung. Frankfurt am Main: 7-29.

Lakatos, Imre (1974): Falsifikation und die Methodologie wissenschaftlicher Forschungsprogramme. In: Lakatos, Imre/Musgrave, Alana (Hrsg.): Kritik und Erkenntnisfortschritt. Braunschweig: 89-190.

Leavis, Frank R. (1933): Culture and Environment. London.

Leeker, Martina (2008): Camouflagen des Computers. McLuhan und die Neo-Avantgarden der 1960er Jahre. In: De Kerckhove, Derrick/Leeker, Martina/Schmidt, Kerstin (Hrsg.): McLuhan neu lesen. Kritische Analysen zu Medien und Kultur im 21. Jahrhundert. Bielefeld: 345-375.

Leeker, Martina/Schmidt, Kerstin (2008): Einleitung. McLuhan neu lesen. Zur Aktualität des kanadischen Medientheoretikers. In: De Kerckhove, Derrick/Leeker, Martina/Schmidt, Kerstin (Hrsg.): McLuhan neu lesen. Kritische Analysen zu Medien und Kultur im 21. Jahrhundert. Bielefeld: 19-48.

Lefèbvre, Henri (1977): Kritik des Alltagslebens. Kronberg.

Lepsius, Rainer (Hrsg.) (1976): Zwischenbilanz der Soziologie. Verhandlungen des 17. Deutschen Soziologentages. Stuttgart.

Leroi-Gourhan, André (1995): Hand und Wort. Die Evolution von Technik, Sprache und Kunst. Frankfurt am Main.

Leschke, Rainer (2003): Einführung in die Medientheorie. München.

Lindenberg, Siegwart/Wippler, Reinhard (1978): Theorievergleich: Elemente der Rekonstruktion. In: Hondrich, Karl Otto/Matthes, Joachim (Hrsg.): Theorienvergleich in den Sozialwissenschaften. Darmstadt/Neuwied: 219-231.

Linder, Rolf (2004): Die Vereinnahmung der Kulturwissenschaften. In: Ästhetik & Kommunikation. 126. 35/4, Herbst 2004, Themenheft: Wozu Kulturwissenschaft? Berlin: 23-25.

Lueken, Geert-Lueke (1992): Inkommensurabilität als Problem rationalen Argumentierens. Stuttgart/Bad Cannstatt.

Luhmann, Niklas (1981): Soziologische Aufklärung 3. Opladen.

Luhmann, Niklas (1996): Soziale Systeme. Grundriß einer allgemeinen Theorie. Frankfurt am Main.
Luhmann, Niklas (1997): Die Gesellschaft der Gesellschaft. Zweiter Teilband. Kapitel 4-5. Frankfurt am Main.
Lyotard, Jean-François (1979): Apathie in der Theorie. Berlin.
Lyotard, Jean-François (1982): Rasche Bemerkungen zur Frage der Postmoderne In: Lyotard, Jean-François (Hrsg.) (1985): Grabmal des Intellektuellen. Wien: 80-88.
Lyotard, Jean-François (1983a): Grabmal des Intellektuellen. In: Lyotard, Jean-François (Hrsg.) (1985): Grabmal des Intellektuellen. Wien: 9-19.
Lyotard, Jean-François (1983b): «Nach» Wittgenstein. In: Lyotard, Jean-François (Hrsg.) (1985): Grabmal des Intellektuellen. Wien: 68-74.
Lyotard, Jean-François (1984a): Randbemerkungen zu den Erzählungen In: Engelmann, Peter (Hrsg.) (1997): Postmoderne und Dekonstruktion. Texte französischer Philosophen der Gegenwart. Stuttgart: 49-53.
Lyotard, Jean-François (1984b): Eine Widerstandslinie. In: Lyotard, Jean-François (Hrsg.) (1985): Grabmal des Intellektuellen. Wien: 53-67.
Lyotard, Jean-François (1987): Der Widerstreit. München.
Lyotard, Jean-François (1989): Die Moderne redigieren. In: Ders. (Hrsg.): Das Inhumane. Plaudereien über die Zeit. Wien: 51-69.
Lyotard, Jean-François (^{3}1994a [1979]): Das postmoderne Wissen. Ein Bericht. Wien.
Lyotard, Jean-François (1994b): Die Analytik des Erhabenen. Kant-Lektionen. München.
Lyotard, Jean-François (1994c): Beantwortung der Frage: Was ist postmodern? In: Welsch, Wolfgang (Hrsg.): Wege aus der Moderne. Schlüsseltexte der Postmoderne-Diskussion. Berlin: 193-203.
Lyotard, Francois (^{2}1996 [1986]): Postmoderne für Kinder. Briefe aus den Jahren 1982-1985. Wien.
Machado, Arlindo (2009): Reflexionen zu Flusser und den technischen Bildern. In: Fahle, Oliver/Hanke, Michael/Ziemann, Andreas (Hrsg.): Technobilder und Kommunikologie. Die Medientheorie Vilém Flussers. Berlin: 177-195.
Mangold, Ijoma (2011): Update des Endes. In: Die Zeit, Nr. 12, 17. März 2011: 52.
Makropoulos, Michael (1997): Modernität und Kontingenz. München.
Marburger, Marcel (2009): Der Dialog als Akt der Schöpfung: Kreativität in kommunikologischer Hinsicht. In: Fahle, Oliver/Hanke, Michael/Ziemann, Andreas (Hrsg.): Technobilder und Kommunikologie. Die Medientheorie Vilém Flussers. Berlin: 107-119.
Marchand, Philip (1989): Marshall McLuhan. The Medium and the Messenger. New York.
Marchand, Philip (1999): Marshall McLuhan. Botschafter der Medien. Stuttgart.

Margreiter, Reinhard (1999): Realität und Medialität. Zur Philosophie des „Medial Turn". In: Medien Journal, 23. Jahrgang, Nr. 1: 9-18.
Margreiter, Reinhard (2004): Medienphilosophie. Rostock.
Margreiter, Reinhard (2007): Medienphilosophie. Eine Einführung. Berlin.
Marinetti, Filippo Tommaso (2009): Der multiplizierte Mensch und das Reich der Maschine. In: Schmidt-Bergmann, Hansgeorg (Hrsg.): Futurismus. Geschichte, Ästhetik, Dokumente. Reinbek bei Hamburg: 107-110.
Masterman, Margaret (1974): Die Natur eines Paradigmas. In: Lakatos, Imre/Musgrave, Alan (Hrsg.): Kritik und Erkenntnisfortschritt. Braunschweig: 59-88.
Matejovski, Dirk (2001): Von der Sinnstiftung zum Informationsdesign? Die Kulturwissenschaften in den neuen Medienwelten. In: Wenzel, Horst/Seipel, Winfried/Wunberg, Gotthart (Hrsg.): Audiovisualität vor und nach Gutenberg. Zur Kulturgeschichte der medialen Umbrüche. Wien: 273-282.
Matthes, Joachim (1978): Die Diskussion um den Theorienvergleich in den Sozialwissenschaften seit dem Kasseler Soziologentag 1974. In: Hondrich, Karl Otto/Matthes, Joachim (Hrsg.): Theorienvergleich in den Sozialwissenschaften. Darmstadt/Neuwied: 7-20.
Mauss, Marcel (1990 [1925]): Die Gabe. Form und Funktion des Austauschs in archaischen Gesellschaften. Frankfurt am Main.
McLuhan, Marshall (1984): Das Medium ist Massage. Berlin.
McLuhan, Marshall (1987): Letters of Marshall McLuhan. Oxford/Toronto.
McLuhan, Marshall (1994): Geschlechtsorgan der Maschinen. ‚Playboy'-Interview mit Eric Norden. In: Ders. URL: http://www.digitallantern.net/mcluhan/mcluhanplayboy.htm [Stand 22.09.09]
McLuhan, Marshall (1995): The global village. Der Weg der Mediengesellschaft ins das 21. Jahrhundert. Paderborn.
McLuhan, Marshall (^{2}1995 [1962]): Die Gutenberg-Galaxis. Das Ende des Buchzeitalters. Bonn.
McLuhan, Marshall (^{2}1995 [1964]): Die magischen Kanäle. Understanding Media. Düsseldorf/Wien.
McLuhan, Marshall (1996): Die mechanische Braut. Volkskultur des industriellen Menschen. Amsterdam.
McLuhan, Marshall (1953): Kultur ohne Schrift. In: Baltes, Martin et al. (Hrsg.) (1997): Medien verstehen. Der McLuhan-Reader. Mannheim: 68-76.
McLuhan, Marshall (2001): Das Medium ist die Botschaft. Dresden.
McLuhan, Marshall/Fiore, Quentin (1967): Even Hercules Had to Clean out the Augean Stables but Once. In Stearn, Gerald E. (Hrsg.): McLuhan: Hot and Cool – a Critical Symposium. New York: 266-302.
McLuhan, Marshall/Fiore, Quentin (1969): The medium is the massage. Frankfurt am Main.

Meinecke, Thomas (1987): Vom Absturz der Metaphern in die Realität. Die göttliche Linke. Jean Baudrillards Simulations-Theorie. In: Die Zeit online vom 06.03.1987. URL: http://www.zeit.de/1987/11/Die-goettliche-Linke [Stand 06.12.2010].

Melischek, Gabriele/Seethaler, Josef/Wilke, Jürgen (2008): Einführung. In: Melischek, Gabriele/Seethaler, Josef/Wilke, Jürgen (Hrsg.): Medien und Kommunikationsforschung im Vergleich. Grundlagen, Gegenstandsbereiche und Verfahrensweisen. Wiesbaden: 9-16.

Merrin, William (2005): Baudrillard and the Media. A Critical Introduction. Cambridge.

Mersch, Dieter (2006): Medientheorien. Zur Einführung. Hamburg.

Mersch, Dieter (2008): Kritik des Medienteleologismus. McLuhan, Flusser und Hegel. In: De Kerckhove, Derrick/Leeker, Martina/Schmidt, Kerstin (Hrsg.): McLuhan neu lesen. Kritische Analysen zu Medien und Kultur im 21. Jahrhundert. Bielefeld: 196-209.

Merten, Klaus (1994): Evolution der Kommunikation. In: Merten, Klaus/Schmidt, Siegfried J./Weischenberg, Siegfried (Hrsg.): Die Wirklichkeit der Medien. Eine Einführung in die Kommunikationswissenschaft. Opladen: 141-162.

Merten, Klaus (1999): Einführung in die Kommunikationswissenschaft. Bd. 1: Grundlagen der Kommunikationswissenschaft. Münster.

Michael, Joachim (2009): Vilém Flussers Kommunikologie: Medientheorie ohne Medien? In: Fahle, Oliver/Hanke, Michael/Ziemann, Andreas (Hrsg.): Technobilder und Kommunikologie. Die Medientheorie Vilém Flussers. Berlin: 23-38.

Mitterer, Josef (1992): Das Jenseits der Philosophie. Wider das dualistische Erkenntnisprinzip. Wien.

Mitterer, Josef (2001): Die Flucht aus der Beliebigkeit. Frankfurt am Main.

Moebius, Stephan/Peter, Lothar (2004): Vorwort. In: Moebius, Stephan/Peter, Lothar (Hrsg.): Französische Soziologie der Gegenwart. Konstanz: 7-8.

Moles, Abraham (1990): Philosophiefiktion bei Vilém Flusser. In: Rapsch, Volker (Hrsg.): Über Flusser. Die Fest-Schrift zum 70. von Vilém Flusser. Düsseldorf: 53-61.

Morisch, Claus (2011): Paul Virilio. Geschwindigkeit ist Macht. In: Moebius, Stephan/Quadflieg, Dirk (Hrsg.): Kultur. Theorien der Gegenwart. Wiesbaden: 559-571.

Müller-Pohle, Andreas/Neubauer, Bernd (1992): Glossar. Schlüsselbegriffe Vilém Flussers, zusammengestellt aus Buch- und Zeitschriftenveröffentlichungen, Vorträgen und Interviews. Erstveröffentlichung European Photography 50, Jg. 13, Nr. 2. Göttingen/Berlin. URL: http://www.equivalence.com/labor/lab_vf_glo_d.shtml [Stand: 16.07.2006]

Münker, Stefan (2003): After the Medial Turn. Sieben Thesen zur Medienphilosophie. In Münker, Stefan/Roesler, Alexander/Sandbothe, Mike (Hrsg.): Medienphilosophie. Beiträge zur Klärung eines Begriffs. Frankfurt am Main: 16-25.

Münker, Stefan (2009): Philosophie nach dem "Medial Turn". Beiträge zur Theorie der Mediengesellschaft. Bielefeld.

Neswald, Elizabeth (1998): Medien-Theologie. Das Werk Vilém Flussers. Köln u.a.

N.N. (2005): Besuch beim Kulturkritiker Paul Virilio, der in den Pariser Tumulten das Fanal einer weltweiten Erschütterung erkennt. In: DER SPIEGEL. Nr. 47/2005: 162-163.

Nölle, Anselm (2004): Übertragungen. Metaphorik und Wissenschaftssprache. Unveröffentlichte Magisterarbeit. Münster.

Nowotny, Helga/Scott, Peter/Gibbons, Michael (2005): Wissenschaft neu denken. Weilerswist.

Opp, Karl-Dieter (1978): Probleme und Strategien des Theorienvergleichs (1). In: Hondrich, Karl Otto/Matthes, Joachim (Hrsg.): Theorienvergleich in den Sozialwissenschaften. Darmstadt/Neuwied: 213-218.

Opp, Karl-Dieter/Wippler, Reinhard (1990a): Vorwort. In: Opp, Karl-Dieter/Wippler, Reinhard (Hrsg.): Empirischer Theorienvergleich. Erklärungen sozialen Verhaltens in Problemsituationen. Opladen: 1.

Opp, Karl-Dieter/Wippler, Reinhard (1990b): Resümee: Probleme und Ertrag eines empirischen Theorienvergleichs. In: Opp, Karl-Dieter/Wippler, Reinhard (Hrsg.): Empirischer Theorienvergleich. Erklärungen sozialen Verhaltens in Problemsituationen. Opladen: 229-233.

Paetzold, Heinz (1993): Ernst Cassirer zur Einführung. Hamburg.

Perger, Josef (1992): Vorwort. In: Hütter, Anton/Hug, Theo/Perger, (Hrsg.): Paradigmenvielfalt und Wissensintegration. Beiträge zur Postmoderne im Umkreis von Jean-François Lyotard. Wien: 3-18.

Pias, Claus et al. (Hrsg.) (2002): Kursbuch Medienkultur. Die maßgeblichen Theorien von Brecht bis Baudrillard. Stuttgart.

Pias, Claus (2008): Die Welt des Schmoo. ‚Computer als Medium' – nach, mit und neben McLuhan. In: De Kerckhove, Derrick/Leeker, Martina/Schmidt, Kerstin (Hrsg.): McLuhan neu lesen. Kritische Analysen zu Medien und Kultur im 21. Jahrhundert. Bielefeld: 140-157.

Pias, Claus (2010): Poststrukturalistische Medientheorien. In: Weber, Stefan (Hrsg.): Theorien der Medien. Konstanz: 252-266.

Poe, Edgar Allen (1841): The descent into the maelstrom. Charlottesville, VA.

Poster, Mark (2008): McLuhan und die Kulturtheorien der Medien. In: De Kerckhove, Derrick/Leeker, Martina/Schmidt, Kerstin (Hrsg.): McLuhan neu lesen. Kritische Analysen zu Medien und Kultur im 21. Jahrhundert. Bielefeld: 181-195.

Postman, Neil (1997): Vorwort. In: Marchand, Philip (Hrsg.) (1999): Marshall McLuhan. Botschafter der Medien. Biographie. Stuttgart: 7-15.

Prampolini, Enrico/Pannaggi, Ivo/Paladini, Vinicio (1922): Die mechanische Kunst. In: Schmidt-Bergmann, Hansgeorg (2009) (Hrsg.): Futurismus. Geschichte, Ästhetik, Dokumente. Reinbek bei Hamburg: 110-113.

Putnam, Hilary (1982): Vernunft, Wahrheit und Geschichte. Frankfurt am Main.
Raaz, Oliver (2010): Die Komplexität der Kommunikationswissenschaft. Entwicklung eines systemtheoretisch fundierten Vergleichsinstrumentariums und Anwendung am Beispiel Werbeforschung. Berlin.
Radisch, Iris (2010): Die alten Männer und das junge Mädchen. In: Die Zeit, Nr. 8, 18. Februar 2010: 45.
Reck, Hans Ulrich (1996): Auszug der Bilder? Zum problematischen Verhältnis von Erinnern, Techno-Imagination und digitalem Bild. In: Bolz, Norbert et al. (Hrsg.): Riskante Bilder. Kunst – Literatur – Medien. München: 103-115.
Reckwitz, Andreas (2003): Die Krise der Repräsentation und das reflexive Kontingenzbewusstsein. Zu den Konsequenzen der post-empiristischen Wissenschaftstheorien für die Identität der Sozialwissenschaften. In: Bonacker, Thorsten et al. (Hrsg.): Die Ironie der Politik. Über die Konstruktion politischer Wirklichkeiten. Frankfurt am Main/New York: 85-103.
Reckwitz, Andreas (2006): Die historische Transformation der Medien und die Geschichte des Subjekts. In: Ziemann, Andreas (Hrsg.): Medien der Gesellschaft – Gesellschaft der Medien. Konstanz: 89-107.
Reckwitz, Andreas (2008): Die Transformation der Kulturtheorien. Zur Entwicklung eines Theorieprogramms. Weilerswist.
Redhead, Steve (2008): The Jean Baudrillard Reader. Edinburgh.
Reese-Schäfer, Walter (1995): Lyotard zur Einführung. Hamburg.
Reich, Kersten/Sehnbruch, Lucia/Wild, Rüdiger (2005): Medien und Konstruktivismus. Eine Einführung in die Simulation als Kommunikation. Münster.
Reijen, Willem van/Veerman, Dick (1988): Die Aufklärung, das Erhabene, Philosophie, Ästhetik. Gespräch mit Jean-François Lyotard. In: Reese-Schäfer, Walter (1995) (Hrsg.): Lyotard zur Einführung. Hamburg: 121-165.
Reschika, Richard (2001): Philosophische Abenteurer. Elf Profile von der Renaissance bis zur Gegenwart. Tübingen.
Rheingold, Howard (1994): Virtuelle Gemeinschaft. Soziale Beziehungen im Zeitalter des Computers. Bonn.
Richards, Ivor A. (1929): Practical Criticism. New York.
Röller, Nils (2003): Biographie II. Ideenfresser 1940-1972. In: Wagnermaier, Silvia/Röller, Nils (Hrsg.): absolute Vilém Flusser. Freiburg: 52-62.
Röller, Nils (2009): Radikale Migration: Medientheorie als Subversion von Diskurs und Dialog. In: Fahle, Oliver/Hanke, Michael/Ziemann, Andreas (Hrsg.): Technobilder und Kommunikologie. Die Medientheorie Vilém Flussers. Berlin: 93-106.
Roesler, Alexander (2003): Medienphilosophie und Zeichentheorie. In: Münker, Stefan/Roesler, Alexander/Sandbothe, Mike (Hrsg.): Medienphilosophie. Beiträge zur Klärung eines Begriffs. Frankfurt am Main: 34-52.
Rörig, Horst (2006): Die Mär vom Mehr. Strategien der Interaktivität. Begriff, Geschichte, Funktionsmuster. Berlin.

Rötzer, Florian (Hrsg.)(1986): Französische Philosophen im Gespräch. München.
Rosa, Hartmut (2010): Beschleunigung. Die Veränderung der Zeitstrukturen in der Moderne. Frankfurt am Main.
Rusch, Gebhard (2002): Eintrag: Medientheorie. In: Schanze, Helmut (Hrsg.): Metzler-Lexikon Medientheorie – Medienwissenschaft. Ansätze – Personen- Grundbegriffe. Stuttgart/Weimar: 252-255.
Sandbothe, Mike (1997): Ist das Internet cool oder hot? Zur Aktualität von McLuhans Vision medialer Gemeinschaft. In: Luutz, Wolfgang (Hrsg.): Das „Andere" der Kommunikation. Theorien der Kommunikation. Leipzig: 107-122.
Sandbothe, Mike (1998): Was heißt hier Postmoderne? Von diffuser zu präziser Postmoderne-Bestimmung. In: Bordwell, David/Rost, Andreas (Hrsg.): Die Filmgespenster der Postmoderne. Frankfurt am Main: 41-54.
Saxer, Ulrich (1993): Basistheorien und Theorienbasis in der Kommunikationswissenschaft: Theorienchaos und Chaostheorie. In: Bentele, Günter/Rühl, Manfred (Hrsg.): Theorien öffentlicher Kommunikation. Problemfelder, Positionen, Perspektiven. München: 175-187.
Saxer, Ulrich (1997): Publizistikwissenschaftliche Basistheorien: Eine Annäherung aus drei Perspektiven. In: Bonfadelli, Heinz/Rathgeb, Jürg (Hrsg.): Publizistikwissenschaftliche Basistheorien und ihre Praxistauglichkeit. Zürcher Kolloquium zur Publizistikwissenschaft. Dokumentation. Zürich: 51-66.
Saxer, Ulrich (1998): Zur Theorie von Medien-Kulturkommunikation. In: Saxer, Ulrich (Hrsg.): Medien-Kulturkommunikation. Publizistik, Sonderheft 2/1998. Opladen/Wiesbaden: 9-43.
Saxer, Ulrich (2000): Mythos Postmoderne: Kommunikationswissenschaftliche Bedenken. In: Medien und Kommunikationswissenschaft, 48. Jahrgang, Nr. 1: 85-92.
Saxer, Ulrich (2008): Konstituenten, Leistungen und Perspektiven vergleichender Medien- und Kommunikationsforschung. In: Melischek, Gabriele/Seethaler, Josef/Wilke, Jürgen (Hrsg.): Medien und Kommunikationsforschung im Vergleich. Grundlagen, Gegenstandsbereiche und Verfahrensweisen. Wiesbaden: 451-478.
Schäfer, Jörg-Olaf (2010): Helene Hegemann: Remix Meisterwerk oder postmoderner Plagiarismus. URL: http://www.netzpolitik.org/2010/helene-hegemann-remix-meisterwerk-oder-postmoderner-plagiarismus/comment-page-1/ [Stand: 26.02.2010]
Schetsche, Michael (2000): Wissenssoziologie sozialer Probleme. Grundlegung einer relativistischen Problemtheorie. Wiesbaden.
Schetsche, Michael T./Vähling, Christian (2011): Jean Baudrillard: Wider die soziologische Ordnung. In: Moebius, Stephan/Quadflieg, Dirk (Hrsg.): Kultur. Theorien der Gegenwart. Wiesbaden: 70-80.
Schimank, Uwe/Greshoff, Rainer (2005) (Hrsg.): Was erklärt die Soziologie? Münster.

Schmidt, Christopher (2005): Frankreich ist nur ein Land, Amerika ist ein Modell. URL: http://www.sueddeutsche.de/kultur/artikel/934/64870/ [Stand 28.10.2006]

Schmidt, Siegfried J. (2000): Kalte Faszination. Medien Kultur Wissenschaft in der Mediengesellschaft. Weilerswist.

Schmidt, Siegfried J. (2003a): Geschichten und Diskurse. Abschied vom Konstruktivismus. Reinbek bei Hamburg.

Schmidt, Siegfried J. (2003b): Kognitive Autonomie und soziale Orientierung. Konstruktivistische Bemerkungen zum Zusammenhang von Kognition, Kommunikation, Medien und Kultur. Münster.

Schmidt, Siegfried J. (2003c): Medienkulturwissenschaft. In: Nünning, Ansgar/ Nünning, Vera (Hrsg.): Konzepte der Kulturwissenschaften. Stuttgart/Weimar: 351-369.

Schmidt, Siegfried J./Spieß, Brigitte (1997): Die Kommerzialisierung der Kommunikation. Fernsehwerbung und sozialer Wandel 1956-1989. Frankfurt am Main.

Schmidt, Siegfried J./Westerbarkey, Joachim (2000): Mehr Querschläger als Blattschuss: Eine Replik auf Ulrich Saxers Philippika wider postmoderne Kommunikationstheoreme. In: Medien & Kommunikationswissenschaft, 48. Jg. 2000, Nr. 2: 247-251.

Schmidt, Siegfried J./Zurstiege, Guido (2000): Orientierung Kommunikationswissenschaft. Was sie kann, was sie will. Reinbek bei Hamburg.

Schmidt-Bergmann, Hansgeorg (2009): Futurismus. Geschichte, Ästhetik, Dokumente. Reinbek bei Hamburg.

Schneider, Wolfgang Ludwig (1999a): Verschiedene Möglichkeiten, Theorien miteinander zu vergleichen, oder: Wie vergleicht man Weber und Luhmann? In: Greshoff, Rainer/Kneer, Georg (Hrsg.): Struktur und Ereignis in theorievergleichender Perspektive. Ein diskursives Buchprojekt. Opladen/Wiesbaden: 287-315.

Schneider, Wolfgang Ludwig (1999b): Struktur und Ereignis in Systemtheorie und objektiver Hermeneutik. In: Greshoff, Rainer/Kneer, Georg (Hrsg.): Struktur und Ereignis in theorievergleichender Perspektive. Ein diskursives Buchprojekt. Opladen/Wiesbaden: 143-175.

Schöttker, Detlev (Hrsg.) (1999): Von der Stimme zum Internet. Texte aus der Geschichte der Medienanalyse. Göttingen.

Schulz, Winfried (2008): Kommunikationsforscher als Komparatisten. In: Melischek, Gabriele/Seethaler, Josef/Wilke, Jürgen (Hrsg.): Medien und Kommunikationsforschung im Vergleich. Grundlagen, Gegenstandsbereiche und Verfahrensweisen. Wiesbaden: 17-25.

Schurz, Gerhard (1998): Koexistenzweisen rivalisierender Paradigmen. Eine begriffserklärende und problemtypologisierende Studie. In: Schurz, Gerhard/ Weingartner, Paul (Hrsg.): Koexistenz rivalisierender Paradigmen. Eine postkuhnsche Bestandsaufnahme zur Struktur gegenwärtiger Wissenschaft. Opladen/Wiesbaden: 1-51.

Sim, Stuart (1996): Jean-François Lyotard. London.
Singer, Gerwulf (1976): Person, Kommunikation, soziales System. Paradigmata soziologischer Theoriebildung. Wien/Köln/Graz.
Sokal, Alan/Bricmont, Jean (2001): Eleganter Unsinn. Wie die Denker der Postmoderne die Wissenschaften mißbrauchen. München.
Spreen, Dierk (1998): Tausch, Technik, Krieg. Die Geburt der Gesellschaft im technisch-medialen Apriori. Berlin/Hamburg.
Stadler, Friedrich (2006): Paul Feyerabend – Ein Philosoph aus Wien. In: Stadler, Friedrich/Fischer, Kurt R. (Hrsg.): Paul Feyerabend. Ein Philosoph aus Wien. Wien: ix-xxxiv.
Stäheli, Alexandra (2000): Materie und Melancholie. Die Postmoderne zwischen Adorno, Lyotard und dem pictorial turn. Wien.
Tepe, Peter (1992): Postmoderne/Poststrukturalismus. Wien.
Tholen, Georg Christoph (2008): Mit und nach McLuhan. Bemerkungen zur Theorie der Medien jenseits des anthropologischen und instrumentellen Diskurses. In: De Kerckhove, Derrick/Leeker, Martina/Schmidt, Kerstin (Hrsg.): McLuhan neu lesen. Kritische Analysen zu Medien und Kultur im 21. Jahrhundert. Bielefeld: 127-139.
Tilg, Bernhard (1992): Einige lose Bemerkungen zu Jean-François Lyotard. In: Hütter, Anton/Hug, Theo/Perger, (Hrsg.): Paradigmenvielfalt und Wissensintegration. Beiträge zur Postmoderne im Umkreis von Jean-François Lyotard. Wien: 107-114.
Turkle, Sherry (1995): Life on the screen. Identity in the Age of the Internet. New York.
Vief, Bernhard (2008): Medienkultur In: De Kerckhove, Derrick/Leeker, Martina/Schmidt, Kerstin (Hrsg.): McLuhan neu lesen. Kritische Analysen zu Medien und Kultur im 21. Jahrhundert. Bielefeld: 213-232.
Virilio, Paul (1975): Fahrzeug. In: Pias, Claus et al. (Hrsg.) (2002): Kursbuch Medienkultur. Die maßgeblichen Theorien von Brecht bis Baudrillard. Stuttgart: 166-184.
Virilio, Paul (1978): Fahren, fahren, fahren. Berlin.
Virilio, Paul (1980): Geschwindigkeit und Politik. Ein Essay zur Dromologie. Berlin.
Virilio, Paul (1986): Ästhetik des Verschwindens. Berlin.
Virilio, Paul (1987): Cinéma français. In: FilmFaust. Internationale Filmzeitschrift, 60/61: 10-29.
Virilio, Paul (1989a): Der negative Horizont. Bewegung/Geschwindigkeit/Beschleunigung. München.
Virilio, Paul (1989b): Die Sehmaschine. Berlin.
Virilio, Paul (1989c): Krieg und Kino. Logistik der Wahrnehmung. Frankfurt am Main.
Virilio, Paul (1993): Revolutionen der Geschwindigkeit. Berlin.

Virilio, Paul (1994): Die Eroberung des Körpers. Vom Übermenschen zum überreizten Menschen. München/Wien.

Virilio, Paul (1996a): Fluchtgeschwindigkeit. Essay. München/Wien.

Virilio, Paul (1996b): Warum fürchten Sie einen Cyber-Faschismus, Monsieur Virilio? Ein Interview von Jürg Altwegg. In: Frankfurter Allgemeine Magazin, 19.04.1996, Heft 842: 58-59.

Virilio, Paul (1997): Krieg und Fernsehen. Frankfurt am Main.

Virilio, Paul (2002): Rasender Stillstand. München.

Virilio, Paul/Lotringer, Sylvère (1984): Der reine Krieg. Berlin.

Wagnermaier, Silvia (2003): Biographie III. Nomadisch 1972-1980. In: Wagnermaier, Silvia/Röller, Nils (Hrsg.): absolute Vilém Flusser. Freiburg: 110-119.

Weber, Stefan (1996): Die Dualisierung des Erkennens. Zu Konstruktivismus, Neurophilosophie und Medientheorie. Wien.

Weber, Stefan (1999): Die Welt als Medienpoiesis. Basistheorien für den ‚Medial Turn'. In: Medienjournal. 1/1999: 3-7.

Weber, Stefan (2001): Medien – Systeme – Netze: Elemente einer Theorie der Cybernetzwerke. Bielefeld.

Weber, Stefan (2003): Under Construction. Plädoyer für ein empirisches Verständnis von Medienepistemologie. In: Münker, Stefan/Roesler, Alexander/Sandbothe, Mike (Hrsg.): Medienphilosophie. Beiträge zur Klärung eines Begriffs. Frankfurt am Main: 172-184.

Weber, Stefan (2005): Non-dualistische Medientheorie. Eine philosophische Grundlegung. Konstanz.

Weber, Stefan (Hrsg.) (2010): Theorien der Medien. Von der Kulturkritik bis zum Konstruktivismus. Konstanz.

Weber, Stefan (2010a): Einführung: (Basis-)Theorien für die Medienwissenschaft. In: Ders. (Hrsg.): Theorien der Medien. Von der Kulturkritik bis zum Konstruktivismus. Konstanz: 15-48.

Weber, Stefan (2010b): Komparatistik: Theorieraum der Medienwissenschaft. In: Ders. (Hrsg.): Theorien der Medien. Von der Kulturkritik bis zum Konstruktivismus. Konstanz: 295-312.

Wehling, Peter (1992): Die Moderne als Sozialmythos. Zur Kritik sozialwissenschaftlicher Modernisierungstheorien. Frankfurt am Main.

Weibel, Peter (1987): Die Beschleunigung der Bilder. In der Chronokratie. Bern.

Weiss, Hilde (1999): Theorienrelativität oder Konsens über Kriterien? Methodologische Aspekte der Theorienvergleiche. In: Greshoff, Rainer/Kneer, Georg (Hrsg.): Struktur und Ereignis in theorievergleichender Perspektive. Ein diskursives Buchprojekt. Opladen/Wiesbaden: 325-334.

Weisser, Annette/Vetter, Ingo (2006): Was zählt, ist nicht, die Gegensätze aufzulösen, sondern gleichzeitig einzunehmen. Arbeiten 1996 – 2006. URL: http://www.lwl.org/LWL/Kultur/Landesmuseum/index2_html [Stand: 03.09.2006]

Welsch, Wolfgang (1987): Die Philosophie der Mehrsprachigkeit. In: Die politische Meinung. 32. Jg., 1987, Nr. 231: 58-68.
Welsch, Wolfgang (1989): Postmoderne. Zwischen Indifferenz und Pluralität. In: Burtscher, Peter et al. (Hrsg.): Postmoderne – Philosophem und Arabeske. Eine Begriffsreise durch Sozialphilosophie und Ästhetik. Frankfurt am Main: 21-49.
Welsch, Wolfgang (Hrsg.)(1994): Wege aus der Moderne. Schlüsseltexte der Postmoderne-Diskussion. Berlin.
Welsch, Wolfgang (1994): Einleitung. In: Ders. (Hrsg.): Wege aus der Moderne. Schlüsseltexte der Postmoderne-Diskussion. Berlin: 1-43.
Welsch, Wolfgang (2008): Unsere postmoderne Moderne. Berlin.
Wetzel, Michael (1994): Paradoxe Intervention. Jean Baudrillard und Paul Virilio: Zwei Apokalyptiker der neuen Medien. In: Bohn, Ralf/Fuder, Dieter (Hrsg.): Baudrillard. Simulation und Verführung. München: 139-154.
Windgätter, Christof (2004): Jean Baudrillard – Wie nicht simulieren oder: Gibt es ein Jenseits der Medien? In: Lagaay, Alice/Lauer, David (Hrsg.): Medientheorien. Eine philosophische Einführung. Frankfurt am Main: 127-148.
Winkler, Hartmut (1997): DOCUVERSE. Zur Medientheorie der Computer. München.
Winkler, Hartmut (2000): Die prekäre Rolle der Technik. Technikzentrierte versus „anthropologische" Mediengeschichtsschreibung. In: Heller, Heinz B. (Hrsg.): Über Bilder sprechen. Positionen und Perspektiven der Medienwissenschaft. Marburg: 9-22.
Winkler, Hartmut (2008): Die magischen Kanäle, ihre Magie und ihr Magier. McLuhan zwischen Innis und Teilhard Chardin. In: De Kerckhove, Derrick/Leeker, Martina/Schmidt, Kerstin (Hrsg.): McLuhan neu lesen. Kritische Analysen zu Medien und Kultur im 21. Jahrhundert. Bielefeld: 158-169.
Winthrop-Young, Geoffrey (2005): Friedrich Kittler zur Einführung. Hamburg.
Winthrop-Young, Geoffrey (2011): Friedrich Kittler: Kultur als Datenverarbeitungsgestell. In: Moebius, Stephan/Quadflieg, Dirk (Hrsg.): Kultur. Theorien der Gegenwart. Wiesbaden: 572-579.
Wittwer, Alexander (2001): Verwirklichungen. Eine Kritik der Medientheorie. Freiburg im Breisgau.
Zapf, Hubert (1996): Kurze Geschichte der anglo-amerikanischen Literaturtheorie. München.
Zepf, Irmgard (2001): Vilém Flusser, ein Medientheologe? Fug und Unfug im Umgang mit Flussers Texten. Bielefeld: 151-168.
Ziemann, Andreas (2009): Flussers Phänomenologie der Geste: zwischen Kommunikologie und Medienkultur. In: Fahle, Oliver/Hanke, Michael/Ziemann, Andreas (Hrsg.): Technobilder und Kommunikologie. Die Medientheorie Vilém Flussers. Berlin: 121-138.
Zima, Peter (1997): Moderne – Postmoderne: Gesellschaft, Philosophie, Literatur. Tübingen, Basel.

Edition Medienwissenschaft

Sven Grampp, Jens Ruchatz
Die Fernsehserie
Eine medienwissenschaftliche Einführung

März 2014, ca. 200 Seiten, kart., ca. 16,80 €,
ISBN 978-3-8376-1755-9

Bernd Kracke, Marc Ries (Hg.)
Expanded Narration. Das Neue Erzählen

Oktober 2013, ca. 750 Seiten, kart., 34,99 €,
ISBN 978-3-8376-2652-0

Ramón Reichert
Die Macht der Vielen
Über den neuen Kult der digitalen Vernetzung

Oktober 2013, 216 Seiten, kart., 24,99 €,
ISBN 978-3-8376-2127-3

Leseproben, weitere Informationen und Bestellmöglichkeiten
finden Sie unter www.transcript-verlag.de

Edition Medienwissenschaft

CHRISTINA L. STEINMANN
Medien und psychische Prozesse
Wie sich Traumata und Wünsche in Medien ausdrücken und deren Entwicklung antreiben

September 2013, 260 Seiten, kart., zahlr. Abb., 32,80 €,
ISBN 978-3-8376-2506-6

THOMAS WAITZ
Bilder des Verkehrs
Repräsentationspolitiken der Gegenwart

Februar 2014, ca. 220 Seiten, kart., zahlr. Abb., ca. 31,99 €,
ISBN 978-3-8376-2599-8

Leseproben, weitere Informationen und Bestellmöglichkeiten
finden Sie unter www.transcript-verlag.de